교회사에 나타난
마가·누가복음
명설교 요약

복음서 명설교 시리즈 ❷

교회사에 나타난
마가·누가복음
명설교 요약

해럴드 엘링슨 편
전의우 옮김

국립중앙도서관 출판시도서목록(CIP)

(교회사에 나타난) 마가·누가복음 명설교 요약 / 해럴드 엘링슨 편 ; 김원주 옮김. -- 개정판. -- 고양 : 크리스챤다이제스트, 2008
   p. ;   cm. -- (복음서 명설교 시리즈 2)

원표제: Homiletic studies in the gospels : Mark·Luke
원저자명: Harald F. J. Ellingsen
영어 원작을 한국어로 번역
ISBN 978-89-447-0468-0 94230 : ₩20000
ISBN 978-89-447-0466-6(세트)

233.6-KDC4
226-DDC21   CIP2008000923

머리말

    일반 학문의 모든 분야에서 사람들은 앞 세대들로부터 기록된 지식과 전수된 연구 결과들을 신뢰하고 또 도움을 받아 왔다. 종교 분야에서도 역시 그러한데 특히 설교학 분야에서 그런 사실이 두드러진 것은 정말 현명하고 적절하다.

    타고난 능력과 쌓은 지식으로 "하나님의 은혜의 복음"을 선포하는 일에 무척 뛰어난 아주 경건한 설교자조차도 다른 복음 사역자들의 연구 결과에 주의하면 자신의 생각을 향상시키고 자신의 마음을 풍성하게 할 수 있다. 이 복음의 사역자들은 그들의 남긴 저서에서 주님의 무진장한 보고로부터 그들이 발견한 "새것과 옛것"을 설명하였다. 실로, 복음의 사역자들이 그들과 같이 "하나님의 동역자들"인 사람들의 영감을 위하여 말씀을 사랑하는 자들이 기록한 책들을 "주의해서 읽어야 하는" 것은 자신들의 양떼뿐만 아니라 자신에 대한 의무이다.

    엠마오로 가고 있던 제자들에게 "성경을 풀어 주심으로써" 그들의 마음에 거룩한 불을 댕기셨던 그분은 지금도 "하나님께 가르침을 받은" 자들에 의해 만들어진 기록된 말씀으로 우리 가운데 비슷한 결과를 내놓으시고 있다. 이 책들을 만드는 동안에 우리 스스로도 이런 경험을 하였고 또 이 책들을 읽게 될 사람들에게도 동일한 복이 임하기를 간절히 바라는 바이다.

    우리는 본서에 원작 외에도 수세기 동안 설교에 심혈을 기울인 300명 이상의 성경 강해자의 설교 발췌문을 싣고 있다. 설교의 역사에 얼마간 지식이 있고 설교 문헌을 좀 알고 있는 사람들은 여기에 제시되는 이름들 가운데 예수 그리스도의 가장 고귀한 대사들일 뿐만 아니라(호라티우스 보나르〈Horatius Bonar〉, 찰스 피니〈Charles G. Finney〉, 자우엣〈J. H. Jowett〉, 디 엘 무디〈D. L. Moddy〉, 조셉 세이스〈Joseph H. Seiss〉, 토리〈R. A. Torrey〉), 가장 예리한 분석적 지성을 소유한 자들(에딘버러의 존 브라운〈John Brown of Edinburgh〉, 토머스 굿윈〈Thomas Goodwin〉, 렌스키〈R. C. H. Lenski〉, 토머스 맨튼〈Thomas Manton〉, 존 오웬〈John Owen〉, 데이비드 토머스〈David Thomas〉)인 것을 금방 알 것이다. 이들 중에는 그들의 강단 설교로 온 나라를 움직인 사람들도 있고(토머스 찰머스〈Thomas Chalmers〉, 윌버 채프먼〈J. Wilbur Chapman〉, 고든〈A. J. Gordon〉, 마시〈F. E. Marsh〉, 헨리 멜빌〈Henry Melvill〉, 스펄전, 조지 화이트필드〈George Whitefield〉), 영적인 열심과 거룩한 야망으로 대중들에게 영감을 불어넣는 데 생애를 바친 이들도 있다(헤이〈W. Hay〉, 에이트컨〈M. H. Aitken〉, 맥더프〈R. Macduff〉, 마이어〈F. B. Meyer〉, 캠벨 모건〈G. Campbell Morgan〉, 모울〈H. C. G. Moule〉, 존 서머필드〈John Summerfield〉).

어떤 이름들에서는 우리는 평생을 바쳐 교회의 영적 활기를 위해 수고한 이들의 거룩한 삶을 떠올리게 된다(헨리 로〈Henry Law〉, 피어슨〈A. T. Pierson〉, 라일〈J. C. Ryle〉, 심프슨〈A. B. Simpson〉, 가디너 스프링〈Gardiner Spring〉, 제레미 테일러〈Jeremy Taylor〉). 참된 헌신과 자기를 부인하는 일을 아주 구체적으로 나타낸 사람들도 있다(루이스 뱅크스〈Louis A. Banks〉, 알버트 반스〈Albert Barnes〉, 존 번연, 존 플라벨〈John Flavel〉, 앤드류 머리, 아돌프 사피어〈Adolph Saphir〉). 또 대부분 거의 모르는 이가 없을 정도로 잘 알려진 이들로서 주옥 같은 성경 강해를 남긴 사람들도 있다(아키발드 알렉산더〈Archibald Alexander〉, 윌리엄 아노트〈William Arnot〉, 윌리엄 버키트〈William Burkitt〉, 조나단 에드먼드슨〈Jonathan Edmondson〉, 리처드 뉴턴〈Richard Newton〉, 다니엘 마치〈Daniel March〉).

발췌된 대부분 항목들은 현대식 표준 형식과 표현법에 맞추기 위하여 고쳐 썼다. 어떤 것들은 이 시리즈의 목적에 좀더 부합시키기 위하여 수정, 개작, 축소, 확대하였다. 어떤 경우든지 원저자의 이름을 써 넣음으로써 그 출처를 밝혔다. 원저작의 날짜나 출판 날짜는 알려짐으로써 많은 사람들의 관심을 끌 수 있고 또 어떤 사람들에게 중요하다고 생각되면 첨부하였다.

최근에 출판한 것은 전혀 사용하지 않았고 또 이미 대부분 목회자의 서고에 꽂혀 있음직한 주석들과 설교집에서는 전혀 발췌하지 않았다. 지난 수세기 동안의 아주 훌륭한 설교 자료로서 대부분 목회자들과 성경 학자들이 얻기 어려운 귀한 자료들을 발굴하여 보존하는 것이 우리가 목적하는 바이다.

복음서 설교 연구가 삼중의 목적에 도움을 주리라고 우리는 감히 믿는다. 즉:

1. 성경을 공부하는 사람들에게 아주 좋은 설교들의 표본을 제공한다. 이 설교들은 그 암시적인 특성에 의해 읽는 사람으로 하여금 영감된 말씀을 더욱더 탐구하도록 한다.

2. 말씀의 사역자들에게 "다듬지 않은 목재"를 공급한다. 사역자들은 이것을 가지고 죄인들을 회개케 하고 성도들을 교화시키기 위한 그들 자신의 영적 강화를 다듬고 조립한다.

3. 엄청난 설교 문헌들에서 발췌한 이 내용들에서 독자들이 원자료에 관심을 가지게 되고 거기서 그들의 연구에 영감을 불어넣고 설교에 보탬이 되는 자료를 더 찾아내게 된다면 우리는 더 이상 바랄 것이 없을 것이다.

해럴드 엘링슨

마가복음

차례

머리말 ··· 5

마가복음 1장 ··· 13
마가복음 2장 ··· 33
마가복음 3장 ··· 44
마가복음 4장 ··· 58
마가복음 5장 ··· 70
마가복음 6장 ··· 78
마가복음 7장 ··· 90
마가복음 8장 ··· 108
마가복음 9장 ··· 118
마가복음 10장 ··· 126
마가복음 11장 ··· 137
마가복음 12장 ··· 146
마가복음 13장 ··· 153
마가복음 14장 ··· 163

12 마가복음 명설교

마가복음 15장 ·· 172
마가복음 16장 ·· 180

마가복음 1장

막 1:1. 그리스도의 비길 데 없는 영광

"하나님의 아들 예수 그리스도 복음의 시작이라." 참으로 놀라운 시작이었다! 세상에서 가장 웅대하고 가장 영광스러운 것이 예수 그리스도의 복음, 곧 좋은 소식이다. 복음은 기록되기 전에 먼저 말로 전하여졌다. 그 다음에 네 복음서 기자가 기록으로 우리에게 복음을 전한다. 마가는 마태와 다르게 우리 주님의 족보로부터 시작하지 않고, 누가처럼 주님의 탄생의 기사로부터 시작하지 않으며, 요한처럼 영원한 말씀에 대한 교리로부터 시작하지 않는다는 사실에 주목할 필요가 있다. 마가는 예수 그리스도를 사람들 가운데 다니고 일하시는 하나님의 구주로 소개한다. 마가는 주님을 아브라함의 자손이라거나 다윗의 자손, 혹은 아담의 자손이라고 하지 않고 하나님의 아들이라고 쓰고 있다. 이 용어는 예수의 구주 되심과 그의 신성을 표시한다. 예수는 마가가 여기서 시작하는 놀라운 이야기의 실질이자 그 저자이다. 이러한 사실에서 비길 데 없는 그리스도의 영광이라는 본문의 주제가 나온다.

I. 그리스도의 전기는 영광스럽다

그리스도의 전기는 바로 죄인에 대한 복음이다. 그의 전기는 이 세상의 다른 어떤 이야기도 줄 수 없는 것을 타락한 인류에게 제공한다.

A. 예수 그리스도의 복음은 영혼의 자유를 제공한다. 인간 영혼은 신체적 오감과 사람을 얽매는 편견, 혹은 악한 습관과 타락한 사회의 영향력에

지배를 받는다. 영혼의 예속에 비하면 다른 모든 예속은 그림자에 지나지 않는다. 몸을 쇠사슬에 묶어 깊디 깊은 지하 감옥에 던져 넣어도 영혼은 자유로울 수가 있다. 그러나 영혼이 사로잡혀 있으면 그 사람 자체가 쇠사슬에 매여 어둠 가운데 있는 것이다(참조. 눅 4:18; 요 8:31-36)

B. 예수 그리스도의 복음은 영혼의 순결을 제공한다. 영적으로 거듭나지 않은 사람은 지적인 능력이나 도덕적인 능력 모두가 도덕적 악으로 더럽혀져 있다. 사람을 둘러싸고 있는 도덕적 분위기 전체가 더럽기 때문에 사람의 그런 능력들은 사람을 이끌고 푸른 창공으로 가기보다는 진흙과 수렁 속에서 뒹굴고 있다. 복음은 사람의 영혼을 철저하게 씻어서 그 영혼이 결국에는 "티나 주름 잡힌 것이나" 이런 것들이 없이 나타나도록 한다(참조. 요일 1:7; 엡 5:26-27).

C. 예수 그리스도의 복음은 영혼에 활력을 제공한다. 영적으로 거듭나지 않은 사람은 도덕적으로 얼마나 허약한지! 이런 사람은 악을 반대하고 담대함으로 견디며 두려하지 않고 죽을 수 있는 능력이 없는, 단지 환경과 타락한 충동에 지배를 받는 피조물일 뿐이다. 복음은 이런 사람에게 참된 힘, 곧 마귀를 발로 밟고 환난 가운데서 기뻐하며 세상을 이길 수 있는 힘을 준다(시 6:2; 빌 4:13).

D. 예수 그리스도의 복음은 영혼에 지극한 복을 준다. 참된 행복은 신체의 오감을 즐겁게 하거나 어리석은 자들이 추구하듯 식욕을 마음껏 채우는데 있지 않다. 참된 행복은 밖에서 오지 않는다. 참된 행복은 안에서만 솟아 나올 수 있다. 즉 거룩한 사랑과 풍성한 소망과 자비로운 목적으로 이루어진 순수하고 상쾌한 샘으로부터만 나올 수 있다. 복음은 영혼이 모든 영적 기쁨의 유일한 원천이신 가장 선하신 하나님과 최상의 교감을 누리도록 만들어 준다(눅 2:10; 행 8:8; 벧전 1:8).

II. 그리스도의 구주 되심은 영광스럽다

"예수 그리스도." 예수라고 부른 것은 그가 구주이셨기 때문이다. 그리스도라고 부른 것은 그가 기름 부음을 받았기 때문에 혹은 그 거룩한 일을 위해 성별 되셨기 때문이다. 예수만이 구주이시다. "다른 이로서는 구원을 얻을 수 없나니 천하 인간에 구원을 얻을 만한 다른 이름을 우리에게 주신 일이 없음이니라"(행 4:12).

 A. 예수 그리스도는 타락한 사람에 대한 하나님의 사랑의 결과이자 증거이며 전달자로 오셨다.

 B. 예수 그리스도는 인간이 자기의 창조주로부터 소외되어 있는 데서 구원하기 위해 오셨다. 어떤 도덕적 존재도 하나님을 사랑하는 교제 가운데 있지 않고서는 참된 행복을 누리지 못한다.

 C. 예수 그리스도께서는 "만물을 자기와 화목케 하시기" 위해 오셨는데(골 1:20), 무한자의 마음에 어떤 변화를 일으킴으로써가 아니라 사람의 마음 속에 변화를 일으킴으로써 그 일을 하신다.

한때 왔다가 사라졌거나 아니면 지금도 여전히 일하면서 사람의 참된 구원을 위해 어떤 방식으로든 기여하는 사람들은 "우리를 구속하시고 우리를 깨끗하게 하사 선한 일에 열심하는 친 백성이 되게 하기" 위해 오신(딛 2:14) 분의 종들밖에 없다. "모든 것이 하나님께로 났나니 저가 그리스도로 말미암아 우리를 자기와 화목하게 하시고 또 우리에게 화목하게 하는 직책을 주셨다"(고후 5:18).

III. 그리스도의 신성성은 영광스럽다

"하나님의 아들." 예수께서 이 호칭을 자기에게 사용했다고 해서 유대인 공회가 예수께 사형 선고를 내렸다. 참된 그리스도인은 모두가 "하나님의 아들"로 입양된 자들이다(요 1:12). 그러나 예수께서는 우리로서는 다 알 수 없는 초월적인 의미에서 하나님의 아들이시다. 아들 하나님이 아버지 하나님과 맺고 계신 관계에는 세 가지 사실이 함축되어 있다

 A. 영원하신 성부와 영원하신 성자 사이에는 신비한 관계가 있다.

 B. 성자의 영원한 세대(히 7:3)와 성령의 작용에 의한 성자의 기적적

인 출생(눅 1:35).

C. 하나님의 아들이신 그리스도는 신적 본질의 무한한 모든 속성을 지니신 하나님이시며(요 1:1-14; 10:30-38; 빌 2:6) 하나님과 동등이시다(요 5:17-25).　　　　　　　　　　　　　　　　　　　— 데이비스.

우리가 연구하고 감탄할 최고의 주제가 여기 있다. 하나님의 아들이신 그리스도를 다른 사람들에게 알리도록 하자. 그는 하나님과 사람 사이에 계시는 중보자이다. 믿음의 눈으로 그를 볼 때 우리는 "저와 같은 형상으로 화하여 영광으로 영광에 이르니 곧 주의 영으로 말미암음이니라"(고후 3:18).

마가는 그리스도의 영광스런 전기의 "시작"을 썼다. 우리는 생활로써 계속 그 전기를 써나가도록 하자. 하나님의 아들 예수 그리스도께서 우리 속에 살아 계시게 하자!　　　　　　　　　　— *The Homilist*,, 1886.

막 1:1. 복음의 본질과 목적

"예수 그리스도의 복음." 복음은 기쁜 소식이다. 복음은 구주를 계시하며 죄인을 위한 구원을 선포한다. "미쁘다 모든 사람이 받을 만한 이 말이여 그리스도 예수께서 죄인을 구원하시려고 세상에 임하셨다 하였도다"(딤전 1:15).

I. 복음의 본질

복음의 모든 것이 예수 그리스도이고 또한 복음의 모든 것 속에 예수 그리스도께서 계신다.

A. 예수 그리스도는 위대한 선생이시다. "그 사람의 말하는 것처럼 말한 사람은 이때까지 없었나이다"(요 7:46; 참조. 마 7:29). 예수의 가르침은 철학자의 가르침을 무한히 뛰어넘는다. 플라톤이나 소크라테스, 그 밖의 철학자들은 밤의 어둠을 그저 조금 밝혀 주는 희미한 별에 불과하다.

예수는 힘있게 비추고 온 세상을 빛과 기쁨으로 채우는 의의 태양이시다.

B. 예수 그리스도는 위대한 구속자이시다. "피 흘림이 없은즉 사함이 없느니라"(히 9:22). 짐승의 피로는 사함을 얻을 수 없다. 열등한 피조물의 죽음으로는 고등한 피조물의 죄를 속할 수 없기 때문이다. 사람의 피로도 안 된다. 사망은 죄의 삯이므로, 죄인의 죽음으로는 다른 죄인을 구속할 수 없기 때문이다. 그러면 무엇이 우리 죄를 속할 있는가? 흠 없고 점 없는 분, 곧 "자기를 제사로 드려 죄를 없게 하시려고 나타나신"(히 9:26; 참조. 롬 3:25) 우리 주 예수 그리스도의 피만이 우리 죄를 속할 수 있다.

C. 예수 그리스도는 위대한 모범이시다. 모범이 없는 교훈은 효과가 없다. 고대 현자들의 부도덕 때문에 대중들이 그들의 격언을 무시하였다. 그러나 그리스도의 삶은 그 자신의 교훈과 일치하였다. 깨끗한 거울처럼 그 삶은 그리스도의 교훈의 순결함과 자비로움을 그대로 반영하였다. 그러므로 우리는 "믿음의 주요 또 온전케 하시는 이인 예수를 바라보면서"(히 12:2) 의의 길로 행해야 한다.

II. 복음의 목적

A. 하늘의 세계를 계시한다. 철학과 과학은 일시적인 것들을 설명하지만 영원한 사실들은 계시하지 못한다. 고대 시대에 인간 지성은 계시로부터 도움을 받지도 못한 채 보이지 않는 세계의 어둠을 꿰뚫어 보려고 헛되이 노력했다. 인간 지성은 영혼의 존재나 죽은 자의 부활, 사람의 영원한 운명에 대해 전혀 확신 있게 말할 수 없었다. 예수 그리스도만이 이 문제들을 해결하실 수 있었다. 그는 "복음으로써 생명과 썩지 아니할 것을 드러내셨다"(딤후 1:10).

B. 하늘의 세계에 들어가도록 우리를 준비시킨다. 영화롭게 되기에 앞서 깨달음과 사죄, 거룩함이 있어야 한다. 이렇게 복음은 우리가 하나님과 어린양의 보좌 앞에서 거룩한 천사들과 즐거이 교제하도록 만든다. 그러므로 우리는 무덤을 넘어서서 우리에게 들어오라고 초대하는 아름답고 순수

하고 영광스런 세계를 본다. "이는 그의 사랑하시는 자 안에서 우리에게 거저 주시는 바 그의 은혜의 영광을 찬미하게 하려는 것이라."
— 라이트(P. J. Wright), 1861.

막 1:1. "복음의 시작이라"

복음에는 세 가지 시작이 있었는데, 그 각각을 하나의 시작으로 이야기하는 것이 옳다.
1. 복음은 단지 생각으로 있을 때 하나님의 지혜 가운데서 시작되었다.
2. 복음은 사람이 되었을 때 성육신 안에서 시작되었다.
3. 복음은 "새로운 창조"가 될 때 신자 속에서 시작되었다.

막 1:9. 하나님의 종 혹은 마가복음에 나타난 그리스도

"그 때에 예수께서 갈릴리 나사렛으로부터 와서 요단강에서 요한에게 세례를 받으셨다." 마가복음이 그리스도에 대해 그리고 있는 모습은 아버지의 종인 그리스도이다. 마가복음은 특별히 행동의 복음으로 우리에게 본보기가 되는 행동가의 모습을 제시하고, 제자들이 그리스도의 족적을 따를 때 보인 참된 봉사의 정신을 보여 준다.

1. 그리스도의 봉사는 요한과 성령에게 세례를 받으면서 시작되었다(1:9-11). 주께서 위로부터 능력을 입히울 때까지 공적 사역을 시작하려고 하시지 않았다면 우리가 자신의 선천적인 힘으로 하나님을 위한 봉사를 하려고 한다는 것은 참으로 주제 넘는 일이다.
2. 마가복음은 말씀보다 행위가 특징으로 나타난다. 긴 강화는 없고 특색 있는 비유가 있을 뿐이다. 첫 장의 절반에 이르기도 전에 벌써 우리는 그리스도의 갈릴리 사역의 절반 정도를 보게 된다. 이 복음서는 문장마다

집합 나팔소리나 군대 전투 이야기처럼 들린다.

3. 이와 더불어, 또 그와 균형을 이루는 사실로서, 주님의 삶에는 행동뿐 아니라 휴식의 필요에 대한 정당한 인식도 있다. 세례 요한이 죽임을 당한 후에 슬픔에 잠긴 제자들에게 주께서 "너희는 따로 한적한 곳에 와서 잠간 쉬어라"(6:31)고 말씀하신 사실을 마가는 기록하고 있다.

4. 더욱 중요한 것은 그리스도께서 모든 사역에서 실례를 통해 보이신 동정과 사랑의 정신이다. 마가복음에서 우리는 주님의 동정을 묘사하는 글을 아주 자주 읽는다. "예수께서 민망히 여기사 손을 내밀어 저에게 대시며 가라사대 내가 원하노니 깨끗함을 받으라"(1:41).

5. 주님의 사역은 기도의 사역이었다. 따라서 진정한 행동가라면 누구나 주님처럼 은혜의 보좌로부터 영감을 끌어내야 한다. "새벽 오히려 미명에 예수께서 일어나 나가 한적한 곳으로 가사 거기서 기도하시더니"(1:35). 우리에게 참으로 뛰어난 모범이다! 기도는 우리의 주된 사역이다.

6. 마가는 참된 행동가를 그리면서 특별히 믿음의 사역을 강조한다. "예수께서 저희의 믿음을 보시고 중풍병자에게 이르시되 소자야 네 죄사함을 받았느니라"(2:5). 믿는 영혼의 눈길에는 즉각적인 반응을 바라는 빛이 역력히 드러났다. 그리스도는 우리나 어느 누구에게서든지 속에 믿음이 있음을 보실 때는 언제든 무슨 일인가를 행하신다.

7. 주 예수께서는 친히 일하셨을 뿐만 다른 사람들을 일하도록 훈련시키셨고 자신의 일 가운데 많은 부분을 제자들에게 맡기셨다. 우리는 예수께서 공생애를 막 시작하면서 첫 제자들을 부르시는 것을 본다(1:16-20). 그 다음에는 그 제자들을 사도로 세우시는 것을 본다(3:14). 그 다음에 6:7에서는 그 제자들을 둘씩 짝을 지어 보내며 직접 사역을 하도록 하

시는 것을 본다.

8. 그리스도의 일차적인 사역은 언제나 죄인을 구원하는 것이었다. 첫 장에는 그리스도께서 "때가 찼고 하나님 나라가 가까웠으니 회개하고 복음을 믿으라"는 감동적인 복음의 메시지를 전하면서 사역을 곧바로 시작하시는 것이 나온다. "내가 의인을 부르러 온 것이 아니요 죄인을 부르러 왔노라"(2:17).

9. 마가는 그리스도를 묘사하면서 병들고 고난받는 자를 위하여 일하는 분으로 소개한다. 그리스도는 언제나 병들고 고난받는 자들 가운데 계셨고 그들이 실망한 채로 돌아간 적은 한 번도 없었다. 그러나 우리는 그리스도께서 병들고 고난받는 자를 대하는 가운데 보이신 아주 지혜로운 분별을 주목하게 된다. 주께서는 병 고치는 것을 중대한 일이나 첫번째 일로 삼지 않으셨다. 중풍병자를 고칠 때 주께서는 먼저 그가 사죄와 구원을 위한 회개와 믿음에 이르게 하신 것을 본다.

10. 마가복음에서 모범적인 행동가이신 그리스도께서는 아이들을 잊지 않으셨다. 10:13-16에 나오는 묘사는 참으로 감동적이며 교훈적이다. 여기서 우리는 사람들이 어린아이들을 예수께 데려오자 제자들이 어린아이들을 꾸짖는 것을 본다. "어린아이들의 내게 오는 것을 용납하고 금하지 말라 하나님 나라가 이런 자의 것이니라 하시고 그 어린아이들을 안고 저희 위에 안수하시고 축복하시니라."

11. 주님의 활동은 적극적이었다. 사람들이 주님을 가버나움에 붙들어 두려고 하자 주님은 이같이 대답하셨다. "우리가 다른 가까운 마을들로 가자 거기서도 전도하리니 내가 이를 위하여 왔노라"(1:38-39). 그리스도를 진정으로 좇는 자라면 그 사람도 역시 적극적인 행동가가 될 것이다. 세상은 이런 사람의 교구가 될 것이다.

12. 이 모든 사실의 논리적인 절정은 대 사명이다. "너희는 온 천하에 다니며 만민에게 복음을 전파하라"(16:15). 주님의 참된 제자라면 누구든 외국 선교에 무관심할 수가 없다. 그리스도의 참된 종이라면 누구든 "나는 국내에서 활동하도록 부름을 받았다"고만 말할 수 없을 것이다. 비록 우리의 발이 세상 끝까지 이를 수는 없다 할지라도 우리의 믿음과 사랑이 세상 끝까지 미치지 않고서는 국내에서 활동할 준비가 되었다고 말할 수 없을 것이다.

13. 주님은 당신의 일꾼들을 보내실 때 각자 자기 자원을 사용하도록 하시지 않고 그들에게 그들의 사역을 입증하는 신임장으로 하나님의 능력과 초자연적인 특별한 선물을 주겠다고 약속하셨다. "믿는 자들에게는 이런 표적이 따르리니"(16:17). 그리스도를 위한 우리의 사역은 단지 인간적인 조직의 문제만이 아니다. 그것은 초자연적인 큰 힘이다. 따라서 우리는 언제나 주님의 전능한 자원을 의지해야 하며 주께서 중보자로서 모든 능력을 가지고 우리에 앞서 가시고 우리 곁에 계시리라고 기대해야 한다.

14. 이 복음서에서 사역에 대해 설명하는 마지막 그림은 복음서 마지막 구절에 나온다. "제자들이 나가 두루 전파할새 주께서 함께 역사하사 그 따르는 표적으로 말씀을 확실히 증거하시니라." "주께서 함께 역사하사." 이것은 초자연적인 사역, 전투의 교회, 승리하는 삶, 오랫동안 기대해왔던 부흥 운동, 이 모든 것을 설명해 주는 말씀이다. "제자들이 나가 … 주께서 함께 역사하사." ― 심슨(A . B . Simpson), 1906.

막 1:14-15. "회개하라"

오 나의 하나님, 우리는 모두 죄인입니다! 주께서는 우리의 마음을 아신다! 우리가 우리의 죄로 알고 있는 것을 당신께서는 용서할 만한 것으로 보신다. 그러나 우리 모두는 우리가 죄 없음으로 구원받을 권리가 있다고 주장하지 못한다는 것을 인정한다. 그러므로 남아 있는 유일한 자원은 한 가지 뿐인데, 그것은 회개이다. 왕이든 신하든, 높은 자든 낮은 자든, 회개로써만 하나님의 구원하시는 은혜를 받을 수 있다.

회개하는 자란 어떤 사람인가? 테르툴리아누스(160년경 — 230년경)의 말에 따르면, 회개하는 자란 과거에 하나님을 버리고 잃어버렸던 때의 불행을 순간 순간마다 느끼는 신자이다. 곧 끊임없이 자신의 죄를 보고 어디를 가든 죄의 흔적을 보고 기억하는 사람이다.

회개하는 자란 하나님으로부터 자신에 대해 불리한 판단을 받은 사람이다. 과거에 지극히 죄악된 일에 탐닉하였기 때문에 이제는 전혀 해가 없다고 하는 즐거움마저 거부하고, 지극히 필요한 만족마저도 힘들여 참는 사람이며, 자신의 몸을 정복할 필요가 있는 적으로 간주하고, 더럽혀져 있어서 깨끗이 씻어야 하는 그릇으로, 마지막 한푼까지 철저히 거두어들여야 하는 불성실한 채무자로 간주하는 사람이다.

회개하는 자는 자신이 더 이상 살 가치가 없기 때문에 자신을 사형 선고를 받은 죄인으로 본다. 그는 부나 건강을 잃을 때는 한때 남용했던 은총들이 철회되는 것일 뿐이라고 보며, 수치스러운 일을 당할 때는 자신의 죄로 인한 고통일 뿐이고, 자신이 겪는 고뇌는 받아 마땅한 형벌의 시작일 뿐이라고 생각한다. 이러한 사람이 회개하는 자이다.

우리 가운데 이런 묘사에 합당한 회개하는 자가 있는가? 이제 여러분 주위를 둘러 보라. 나는 지금 여러분에게 여러분의 형제를 판단하라고 말하는 것이 아니라 여러분 주위에 있는 사람들의 태도와 품행이 어떤지 살펴보라고 하는 것이다. 드러내놓고 공공연하게 죄를 지으며 미덕의 외양마저도 내팽개친 죄인을 두고 말하는 것도 아니다. 나는 지금 여러분과 같은 사람들, 곧 대부분의 사람들이 살 듯이 살며 일반 대중이 볼 때 특별히 수치스럽거나 저열한 행동을 전혀 보이지 않는 사람들을 말한다. 이들은 죄인이며 그 사실을 인정하는 사람들이다. 그들은 깨끗하지 못하며 그 사실을 고백한다. 그러나 이런 사람들이 회개하는 자이다. 여러분은 회개하는 자인가?

나이, 직업, 좀더 심각한 활동이 아마도 젊음의 분출을 억제해왔을 것이다. 전능하신 하나님께서 우리로 고통과 기만, 세상의 배반, 재산을 잃음, 건강의 악화로 쓴맛을 보게 하심으로써 우리의 열정이 식어버렸거나 마음의 이런저런 소원이 억눌렸을 수도 있다. 많은 죄를 짓는 동안에 여러분이 죄에 넌더리가 났을 수도 있다. 열정은 시간이 가면 스러지는 법이다. 시간은 흐르고 마음은 변덕스럽기 때문에 이런 일이 일어날 것이다. 무능력으로 인한 죄를 짓지 않는다고 해서 여러분이 하나님께 더 가까이 있는 것은 아니다.

세상 사람들의 말에 따르면 여러분은 공적인 의무나 개인적인 의무를 이행하는 일에 있어서 더 현명해지고 더 규칙적이 되며 더 청렴해지고 더 정확해진다고 한다. 그렇다고 해서 여러분이 회개한 사람은 아니다! 여러분이 개심한 사람은 아니다. 여러분은 마음에서 일어나는 이러한 거룩한 작용을 경험하지 못하였기 때문이다. 그럴지라도 여러분은 사실 참으로 위험한 상황인 이런 사실을 알고도 놀라지 않는다!

— 메시옹(John Baptist Massillon: 1662-1742).

"혹 네가 하나님의 인자하심이 너를 인도하여 회개케 하심을 알지 못하여 그의 인자하심과 용납하심과 길이 참으심의 풍성함을 멸시하느뇨?"(롬 2:4). "너희도 만일 회개치 아니하면 다 이와 같이 망하리라"(눅 13:3). "그러므로 너희가 회개하고 돌이켜 너희 죄 없이 함을 받으라"(행 3:19; 참조. 막 2:17; 행 5:31). "회개하고 복음을 믿으라." — H. E.

막 1:21-28. 기독교와 마귀의 관계

성경은 영적 세계를 계시하고 그 세계와 관련된 놀라운 사실들을 많이 가르쳐 준다. 이중에서 본문의 주제와 관련이 있는 두 가지 사실을 살펴보자.

첫째, 영적 우주에는 타락한 천사들의 세계가 있다. 이 사실에서 창조주의 권위에 반역하였고 이제는 "어두운 구덩이에 두어 심판 때까지" 지킴을 받는(벧후 2:4) 고등한 지적 존재들이 있음을 알 수 있다.

둘째, 이 타락한 천사들이 인간 본성을 차지한다. 이 천사들은 두 가지 방식으로, 곧 직접적으로나 영향력에 의해 사람을 점령한다. 신약 성경에는 악한 천사들이 직접 사람을 지배한 것처럼 보이는 예들이 나온다. 즉 악한 영이 사람의 머리와 마음과 입 전체를 지배한 것으로 보이는 예들이 있다. 본문에서는 기독교와 관련하여 그런 예들에서 생각해 볼 수 있는 몇 가지 사실이 나타난다.

I. 악한 영들이 그리스도의 사역을 만난다

A. 귀신이 하나님의 집으로 나온다. 그리스도께서는 이때 유대인의 예배 처소인 회당에 계셨는데, 그곳에 귀신이 나타난다. 그러나 이것이 특이한 일은 아니다. 귀신은 "이 세상 신이 믿지 아니하는 자들의 마음을 혼미케 하는"(고후 4:4) 세상의 모든 성소에 드나들기 때문이다. 복음 사역을 수행하는 사람들에게서 일어나는 형식에 얽매임, 부주의, 무관심, 회의는 이 같은 마귀의 활동을 떠나서 제대로 설명하기 어려울 것이다.

B. 귀신이 사람의 모습으로 하나님의 집에 온다. 이 귀신은 뱀의 모양이나 천사의 모양으로 오지 않았다. 사람 속에 들어 있으면서 하나님의 전에 나왔다. 귀신은 사람들 속에서 살면서 사람들을 통해 이 세상에서 활동한다.

C. 귀신이 하나님의 집에서 그리스도를 대면한다. 여기 묘한 장면이 연출되고 있다. 최상의 존재와 최악의 존재가 가버나움의 작은 회당에서 얼굴을 맞대고 서있는 것이다. 두 존재가 만났을 때 각각 사람의 몸을 취하고 있었다.

D. 귀신이 하나님의 집에서 설교를 듣고 놀란다. 그리스도께서는 이때 설교자로 활동하면서 자기 사람들에게 권위 있게 말씀하셨다. 마가는 백성

들이 놀랐다고 기록하고 있다. 백성들은 예수님 말씀에서 권위를 느꼈다. 마귀도 그렇게 느꼈다. 그래서 귀신이 "우리를 내버려두소서" 하고 외쳤던 것이다. 그리스도의 말씀이 그의 타락한 본성에 깊이 파고들었다. 귀신이 "소리지른" 것은 자비를 구하는 외침이 아니다. 자기가 받을 자비는 없다는 것을 그는 알고 있었기 때문이다. 귀신들의 외침은 악의와 양심의 가책과 절망과 공포에서 나오는 부르짖음이다.

E. 하나님의 집에서 귀신이 귀신 들린 사람에게서 쫓겨난다. 그리스도께서 명령하시자 그 귀신이 사람에게서 나왔다. 귀신을 사람의 본성에서 쫓아내는 이것이 그리스도께서 하시는 일이며 또한 그리스도의 사역자들이 하는 일이다. 강단이 사람들에게서 귀신을 쫓아내지 못하면 강단의 사명에 실패하는 것이다.

II. 악한 영들은 그리스도의 구속 사역에 관심이 없다

"우리가 당신과 무슨 상관이 있나이까?" 이 말은 관심이 완전히 떠났음을 표시한다. 당신과 우리 사이에는 공통점이 아무것도 없다는 말이다. 당신이 구주이시지만 우리의 구주는 아니시라는 것이다. 당신에게는 바다와 같은 자비가 있지만 우리에게는 한 방울의 자비도 허락되지 않는다는 말이다. 당신은 세상에서 죄를 사하는 권세가 있지만 우리를 용서하시는 권한은 없고, 당신께서 우리를 구원하기 위해 오신 것이 아니므로 "우리를 내버려 두라"는 것이다.

감사하게도 사람들은 구주이신 그리스도께 관심이 있다.

III. 악한 영들은 그리스도께 멸망당할 것을 두려워하고 있다

"우리를 멸하러 왔나이까?" 마치 귀신들은 "우리의 멸망이 목전에 이르는 것을 느끼나이다" 하고 말하는 것 같았다. 귀신이여, 그대는 어떤 파멸을 두려워하는가? 그대의 존재, 양심, 성격, 기억의 소멸을 두려워하는가? 귀신이 그러한 소멸을 두려워한다고 생각지 않는다. 그러한 소멸이라면 귀신들은 환호하며 맞이할 것이다. 귀신들이 두려워하는 것은 계획의 좌절과 자기들 제국 전체의 전복이다. "하나님의 아들이 나타나신 것은 이는 마귀의 일을 멸하려 하심이니라"(요일 3:8). "자녀들은 혈육에 함께 속하였으매 그도 또한 한 모양으로 혈육에 함께 속하심은 사망으로 말미암아 사망의 세력 잡은 자 곧 마귀를 없이 하시며"(히 2:14).

IV. 악한 영들은 그리스도의 내력을 잘 알고 있다

"나는 당신이 누구인줄 아노니 하나님의 거룩한 자니이다." 이 말은 그리스도의 정결함과 신성을 드러내는 참으로 놀라운 증거이다! "나는 당신이 누구인줄 안다." 그렇다! 나는 당신을 알고 있다. 나는 오랜 세월 동안 당신에 대해 들어왔다. "여인의 후손"에 대한 그 최초의 약속이 수 세기 동안 내 속에서 점점 더 커지는 천둥소리처럼 울려왔다. "나는 당신이 누구인줄 안다!" 족장들의 믿음에서, 모세의 율법들에서, 선지자들의 예언에서 당신을 만났다. "나는 당신이 누구인줄 안다!" 귀신들은 그리스도를 안다. 사람들은 그리스도에 대해 각기 견해가 다르지만 귀신들은 그리스도가 누구이신지에 대해 일치된 의견을 갖고 있다.

그리스도에 대한 귀신들의 지식은 불행이다. 그리스도에 대한 우리의 지식은 복이다. "영생은 곧 유일하신 참 하나님과 그의 보내신 자 예수 그리스도를 아는 것이니이다"(요 17:3).

V. 악한 영들이 그리스도의 말씀으로 쫓겨난다

귀신들의 외침에 대해 그리스도께서는 어떻게 답변하셨는가? "잠잠하라." 네가 그렇게 부르짖을지라도 내 마음은 움직이지 않는다. 나는 너를 불쌍히 여기지 않는다. 네 고백이 참되긴 하지만 내 마음에 감동을 주지 못한다. 예수께서 사람들은 절대로 이렇게 대하시지 않는다! 예수께서 가나안 여인과 소경 바디매오, 죽어 가는 강도를 어떻게 대하셨는가? "귀신아, 잠잠하라!"

귀신들이 그리스도의 손으로부터 받은 이러한 대접에서 우리는 신적 성품을 얼핏 볼 수 있다. 다음의 영감어린 선포에서 참으로 놀라운 통치권과 독립성, 공의, 긍휼이 계시된다. "자녀들은 혈육에 함께 속하였으매 그도 또한 한 모양으로 혈육에 함께 속하심은 사망으로 말미암아 사망의 세력을 잡은 자 곧 마귀를 없이하시며 또 죽기를 무서워하므로 일생에 매여 종 노릇 하는 모든 자들을 놓아주려 하심이니 이는 실로 천사들을 붙들어 주려 하심이 아니요 오직 아브라함의 자손을 붙들어 주려 하심이라 그러므로 저가 범사에 형제들과 같이 되심이 마땅하도다 이는 하나님의 일에 자비하고 충성된 대제사장이 되어 백성의 죄를 구속하려 하심이라"(히 2:14-17). — 데이빗 토머스, 1865.

막 1:21-22. 권세 있는 목소리

사람들이 모이는 곳에는 언제나 봉사할 기회가 있다. 지혜는 사람들이 모이는 곳에 있기를 좋아한다. 모범적인 활동가이신 예수께서는 지혜롭게 활동하실 곳을 쉽게 찾으셨다. 예수께서는 환경에 즉각 적응하셨다. 시기와 장소, 백성들의 기대를 볼 때 현재 필요한 것은 가르침이라는 것이 나타났다. 그래서 예수께서 가르치셨다. 예수께서는 새로운 것을 추구하려고 애쓰지 않았고 기이한 일로 사람들의 이목을 끌려고도 하시지 않았다. 예수께서는 히브리 성경 본문에서 서기관과 랍비들이 시작했던 곳에서 시작하셨다. 그러나 그곳에서 시작하셨지만 그들보다 더 깊은 데까지 들어가셨다. 옛 말씀이 새로운 의미를 지니고서 살아났다. 예수께서는 당신 혼자만 가지고 계시는 열쇠로 보물 창고를 열어 숨겨진 부를 내오셨다. 묘한 빛이 듣는 사람들의 마음에 스며들었고 새로운 능력이 조용히 모든 사람의 영혼에 파고들었다. 사람들의 세상적인 꿈이 깨어졌고, 악한 습관의 족쇄들이 풀렸다. 주님의 말씀에 배어있는 저항할 수 없는 높은 권위는 주님이 전하시는 메시지에 본래부터 고유하게 있는 권위였다.

그리스도의 권위는 이 세상에서 사람들의 권위가 흔히 그렇듯이 힘이나 기교, 대중적인 인기에 기초를 두고 있지 않고 진리와 의, 양심에 기초를 두고 있다.

1. 그리스도의 말씀은 진리이기 때문에 권위가 있다.
2. 그리스도의 명령은 옳기 때문에 권위가 있다.
3. 그리스도의 호소는 비할 데 없는 사랑에서 나오기 때문에 권위가 있다.
4. 그리스도의 결정은 무한한 지혜에 기초를 두고 있기 때문에 권위가 있다.
5. 그리스도의 마지막 심판은 아버지께서 "심판을 다 아들에게 맡기셨으니, 인자됨을 인하여 심판하는 권세를 주셨기"(요 5:22,27) 때문에 권위가 있을 것이다. ― H. 엘링슨.

막 1:21-22. 우리 주께서 가르치는 일에 성공하시는 이유

"그 가르치시는 것이 권세 있는 자와 같고 서기관들과 같지 아니함일러라." 예수께서는 자신이 가르치는 교리의 주가 되시므로 자신의 이름으로 가르치셨다. 선지자들처럼 "여호와께서 이같이 이르시되"라고 말하지 않고 "나는 너희에게 이로노니"라고 말씀하셨다. 그리고 예수께서는 교훈을 가르치고 나서 놀라운 기적을 행하셨다.

그리스도께서 백성들에 대해 자신의 인격과 교훈의 권위를 유지하려고 조심하셨듯이 그리스도의 사역들은 교인들 가운데서 자신들의 권위가 멸시받거나 자신들이 무시당하지 않고 자신들의 교훈이 존중을 받고 사람들에게서 지켜지도록 처신해야 한다. ― 윌리엄 버키트(William Burkitt).

막 1:29-35. 그리스도께서 가정에서 병을 치료하심

그리스도께서 이때 회당을 떠나 시몬과 안드레의 집으로 들어가셨다. 그리스도께서는 자비를 행하는 일에 싫증을 낸 적이 없으셨다. 예수께서 한 가지 일에서 얼마나 빨리 다른 일로 옮겨가시는지 살펴보면 놀랄 지경이다. 온갖 수고를 주께서는 기꺼이 받아들이고 쉽게 처리하셨다. 주께서는 회당의 모든 요구 조건에 부응하셨을 뿐만 아니라 가정 생활에 필요한 모든 것에도 응하셨다. 그리스도는 사람에게서 귀신을 쫓아내실 수 있었고 열병을 고치실 수도 있었다. 그리스도의 사역은 인간의 필요에 광범위하게 부응한다.

I. 가정의 어려운 일

"시몬과 안드레의 집에 들어가시니."

A. 제자의 집이었다. 그리스도의 제자라고 해서 일상 생활에서 흔히 찾아오는 불행이 비켜 가는 것은 아니다. 그래서 우리는 참된 경건과 심한 고난이 한 장소에 거하는 것을 종종 본다.

그러나 이러한 불행은 하늘의 거룩하고 자비로운 목적을 이루고 그리스도인의 생활에 정념과 아름다움을 주기 위해 일어나는 것이다.

B. 그리스도께서 방문하신 집에서 일어났다. 그리스도께서는 믿음이 있는 병자의 집을 즐거이 찾아가시는데, 이는 병자를 격려하고 재난을 덜어 주기 위해서이다. 대개 그리스도께서 오시면 재난이 집에 오래 머물러 있지 못한다.

눈에 보이지 않을지라도 구주의 방문이야말로 가정의 재난에 가장 확실한 치료책이다. 가정의 참된 건강은 도덕적 선에 있다.

II. 이 가정의 불행을 치료하심

"나아가사 그 손을 잡아 일으키시니."

A. 치료가 애정어린 손길로 이루어졌다. 그리스도께서 이 여인을 치료하시는 일에 전능한 능력을 보이셨는데, 그리스도께서 발휘하는 능력은 언

제나 부드러웠다. 그리스도께서는 자기 백성의 불행을 사랑의 손길로 제거하신다.

그리스도는 부드럽게 치료하신다. 또한 그리스도는 회개하는 영혼의 도덕적 악을 부드럽게 치료하신다.

B. 치료는 즉각적으로 시행되었다. 시몬과 안드레는 이 병든 여인을 치료하기 위해 그리스도를 모셔오는데 많은 논쟁을 벌이거나 열심히 설득할 필요가 없었다. 그리스도께서 이들 집에 들어가 고통받고 있는 자에게 치료의 말씀을 전하시는데 오래 지체하지 않으셨다.

그리스도는 슬픔과 고통의 집을 찾아가는데 결코 지체하시지 않는다. 회개하는 자의 부르짖음은 즉각 답변과 구원을 가져온다.

III. 이 치료 뒤에는 봉사가 따랐다

"여자가 저희에게 수종드니라."

A. 이 여인은 새로 힘을 얻고 기뻐서 봉사를 하였다. 이 여인이 힘을 다시 얻었을 때 제일 먼저 자기 주위에 있는 사람들을 섬기는 것보다 더 적합한 일이 무엇이겠는가? 여기에는 이 여인이 건강을 회복한 것에 기뻐서 행하는 활동이 있다.

영적 치유를 경험한 사람들이 자기 속에서 일어나는 강하고 새로운 충동을 따르고자 한다면 그들은 다른 사람들의 도덕적 선을 위하는 일에 열심을 내게 될 것이다.

B. 이 여인은 비현실적인 핑계를 대면서 이 봉사를 회피하지 않았다. 이 여인은 자신이 이제 방금 치료받았다고 이유를 대지 않았고, 자기가 부여받은 새로운 힘을 조금이라도 더 즐기고자 하였다. 이 여인은 자신이 아직은 일하기에 힘이 충분치 못하다고 핑계를 대거나 때 이르게 움직이면 병이 재발할 것을 두려워하지도 않았다. 이 여인은 일체 핑계를 대지 않았다. 당장에 봉사를 시작하였다.

구원 받은 영혼은 절대로 영적 일을 회피하지 않을 것이다. 그리스도인의 활동은 결코 영적 퇴보를 일으키지 않는다. 오히려 새로 활기를 얻은 영혼에 힘을 더욱 길러준다.　　　— 조셉 엑셀(Joseph S. Exell), 1875.

막 1:40-45. 그리스도께서 문둥병자를 고치심

그리스도의 이적은 비유를 행동으로 보이는 것으로 영적 의미가 가득 들어 있으며, 인간 영혼에 대한 그리스도의 구원 활동을 예증한다.

문둥병은 만성적인 성격과 상실과 무기력함에 있어서 전형적인 죄이다. 위대한 의사이신 예수께서 문둥병자를 고치셨다. 그리스도께서 우리의 영적 질병을 고치고 영혼을 회복시키는 능력이 있다는 것을 분변하지 못한다면 이 기적의 더 중요한 의미를 놓치는 것이다.

I. 문둥병자의 행동

A. 그는 예수께 왔다. 이 점에서 그는 우리의 본보기가 된다. 우리도 필요 의식을 느끼고 소망을 가지고 그리스도께 가자.

B. 그는 도움을 간청하였다. "꿇어 엎드리어 간구하여 가로되." 목소리뿐 아니라 태도도 그의 기도와 기대의 간절함을 드러내 보였다.

C. 그는 그리스도의 능력을 믿었다. "원하시면 저를 깨끗케 하실 수 있나이다." 이 문둥병자의 용무, 부르짖음, 예배, 신뢰 중 어느 것 하나 효과 없이 끝난 것이 없었다.

II. 그리스도의 다루심

A. 그리스도께서 동정을 보이셨다. "예수께서 민망히 여기사."

B. 그리스도의 사랑이 나타났다. "손을 내밀어 저에게 대시며." 이 문둥병자는 그 손길의 의미를 바르게 깨달았을 것이다.

C. 그리스도의 능력이 나타났다. "내가 원하노니 깨끗함을 받으라." 예수

께서는 오래 사용하고 나서야 효과가 나타날 수도 있을 처방전을 써주시지 않았다. 그리스도의 말씀과 뜻은 즉시 효과를 냈다. "곧 문둥병이 그 사람에게서 떠나가고 깨끗하여진지라."

예수께서는 그에게 "삼가 아무에게도 아무 말도 하지 말라"고 경계하셨으나 "그 사람이 나가서 이 일을 많이 전파하여 널리 퍼지게 하였다."

구원에 대해 감사의 심정이 생기면 잠잠히 있기가 어려울 것이다.

— 브레이스웨이트(M. Braithwaite), 1879.

마가복음 2장

막 2:1-12. 중풍병자를 고치심

인간의 모든 질병이 영혼의 도덕적 상태를 보여주는 상징이듯이 예수께서 사람의 몸에 행하시는 모든 이적은 예수께서 영혼에 어떤 일을 행하실 수 있는지 보여 주는 표시이다.

I. 중풍병자를 데려온 사람들의 믿음

A. 중풍병자를 데려온 사람들은 예수께 가까이 다가갈 수가 없었다. 예수께서는 집안에 계셨고 그 집의 지붕은 얇았다. 그러나 그 사람들은 그들의 고통받는 친구가 어떻게 해서든 예수님을 보도록 해야 한다고 굳게 결심하였다. 그래서 이들은 밖에 있는 계단 혹은 사다리를 올라가 지붕을 벗긴 다음 병자가 누워 있는 침상을 달아 내렸다.

B. 예수께서는 그들의 실천적인 동정심에 감동을 받으셨다. 이들이 중풍병자를 데려오지 않았다면 그 사람은 필시 죽을 때까지 중풍병자로 지냈을 것이기 때문이다. 이 병자에게 건강과 힘을 회복시켜 준 것은 주님의 능력과 뜻에 대한 이들의 믿음이었다. 예수께서는 이들의 믿음에 깊은 인상을 받으셨다. 이들이 바란 모든 것을 얻게 만든 것은 바로 이들의 그러한 믿음이었다.

II. 중풍병자의 상태

A. 이 사람이 극단적인 마비상태에 있었다는 것은 그 사람이 침상에

누워 있고 다른 사람들이 침상을 들고 다녔다는 사실에서 명백히 나타난다. 그것은 전혀 움직일 수 없는 경우였다. 죄인의 본래 상태는 그와 같이 전적으로 무력한 것이다.

　B. 이 기사 전체를 통해서 우리 주님은 죄를 고통과 연결 지으신다. 죄를 없앤다면 의사라는 직업이 필요 없게 될 것이다. 비숍 워즈워스(Bishop Wordsworth)가 이야기하듯이 "몸이 천사의 건강과 아름다움을 누릴 것이다." 그리스도께서는 중풍병자를 치료받게 하기 위해 데려온 사람들의 믿음을 전지하신 능력으로 분명히 보셨듯이 중풍병자의 영혼의 고통도 확실하게 보셨다. 또한 주께서는 이 중풍병자가 얼마나 낫기를 고대하며 그리스도를 신뢰하고 있는지도 아셨다.

III. 구주의 자비

　A. "예수께서 저희의 믿음을 보시고 중풍병자에게 이르시되 소자야 네 죄사함을 받았느니라 하시니." 곁에 섰던 사람들은 틀림없이 속으로 이렇게 말했을 것이다. "이 사람이 어찌 이렇게 말하는가 참람하도다 오직 하나님 한 분 외에는 누가 능히 죄를 사하겠느냐?" 이들은 하나님만이 죄를 사하실 수 있다는 것은 알았으나 "이 사람"이 바로 하나님이시라는 것은 알지 못하였다.

　B. "내가 네게 이르노니 일어나 네 상을 가지고 집으로 가라." 전에는 손이나 발을 쓰지 못했던 사람이 일어났다. 이것은 신체의 하반신 근육을 부분적으로 사용할 수 있게 되었다는 것을 의미한다. 그 다음에 이 사람이 상을 가지고 나갔다. 이것은 신체의 상반신 근육을 힘있게 사용할 수 있게 되었다는 것을 뜻한다. 마침내 그 사람이 자기 집으로 갔다. 이것은 그 사람이 모든 근육의 힘을 지속적으로 사용할 수 있게 되었다는 뜻이다.

　이 사람의 영혼과 신체의 회복은 완전한 것이었다. 이 사람의 조금 전의 모습과 지금의 모습이 얼마나 큰 대조를 이루는가! 신체는 건강해지고 영혼은 기쁨에 차있다. 오, 이 같은 구원이 얼마나 복된지! 하나님의 사죄하시는 은혜를 믿음으로 받은 죄인들만이 이 사실을 안다(시 32:1; 103:1-5). ― 에드워드 호르(Edward Hoare).

막 2:3. "한 중풍병자를 네 사람이 데려옴"

자신들의 영향력을 합하여 친구들을 그리스도께로 데려오려고 하는 이 같은 네 사람들을 얻을 수 있다면! 무디 씨는 이같이 영향력을 하나로 모으면 거의 언제나 한 사람을 그리스도께 데려올 것이라고 말한다. 그 말은 일리가 있다.

한 사람이 아침에 일어났는데, 아내가 눈물을 흘리며 간절한 목소리로 이렇게 말하는 것을 듣는다고 생각해 보자. "여보, 저는 당신 영혼이 몹시 걱정스러워요." 그 다음에 아래층으로 내려가다가 딸을 만났는데, 딸이 아버지의 개심을 위해 기도하고 있다고 말한다. 아침 식사 후에 아들이 문앞까지 따라오면서 말한다. "아버지, 아버지가 그리스도인이면 좋겠어요." 사무실에 도착했더니 가장 믿을 만한 사업상 동료가 전화를 걸어 그리스도께 복종하라고 이야기한다.

"그 사람은 아마도 그날로 그리스도께 복종할 것이라"고 무디 씨는 말한다. ― 루이스 알버트 뱅크스(Louis Albert Banks).

중풍병은 암처럼 고통스럽지 않고 문둥병처럼 역겹지 않으며 콜레라처럼 치명적이지도 않다. 그러나 환자로 하여금 철저히 무력하게 만드는 병이다.

영적 중풍병에 걸려 결코 죄를 노려보는 일이 없고 활기도 없고 종교적 결단의 능력도 없이 지내는 사람들이 있다.

영적 무관심에 빠져 너무 무기력해져서 스스로 그리스도를 찾지 못하는 사람들을 그리스도께 데려오는 것이 교회의 사명이다.

막 2:18-22. 새로운 종교 혹은 금욕주의자와 형식주의자들에

대한 교훈

사람이 자기 속에 참된 것을 덜 가지고 있으면 있을수록 그만큼 더 다른 사람을 의심하고, 악의 영향을 받으면 받을수록 언제나 가면을 쓰고 어두운데서 다른 사람을 해치는 경향이 그만큼 많다는 것이 사실이다. 반면에 진리의 적을 의심하고 따질 때 진리에 대한 관심이 생기는 경우가 종종 있다. 쇠가 부싯돌과 부딪혀 불꽃을 일으키듯이 오류는 종종 진리의 잠재적인 에너지를 끌어내곤 한다.

본문에는 세 가지 중요한 교훈이 담겨 있다.

I. 그리스도의 새로운 종교에서 외적인 봉사는 언제나 마음의 표현이 되어야 한다

A. 예수께서 자기 제자들이 금식하지 않는 이유는 금식이 제자들의 마음 상태와 일치하지 않기(19절) 때문이라고 가르치신다. 참된 금식, 곧 하나님께서 인정하시는 금식은 슬픔의 결과이며 표시이다. 그리스도의 제자들은 기쁘고 행복해서 잔치를 베풀고 있었다. 그래서 이때는 금식하지 않는 것이 제자들 마음에 대한 솔직한 표현일 것이다.

B. 일반적으로 유대인들과 특별히 바리새인들은 습관과 일상적인 일과로서 종교적 의식을 행하는 버릇이 있었다. 이들의 종교적 체계에서는 수많은 예식과 의례를 이행해야 했다. 그래서 이들은 사람에 대한 그리고 자신들의 창조주에 대한 의무를 면제받는 근거로서 이 예식과 의례들을 외적으로 지키는데 관심을 갖게 되었다. 그리스도께서는 이런 모든 행태가 전혀 가치 없고 근본적으로 위선이라고 가르치셨다.

II. 그리스도의 이 새 종교에 의해 새로이 깨어나는 지배적인 감정은 기뻐하는 것이다

"혼인집 손님들이 신랑과 함께 있을 동안에 슬퍼할 수 있느뇨?"(마

9:15)

 A. 제자들 편에서 볼 때 그리스도의 임재에 대한 의식은 언제나 지극히 고상한 기쁨과 연결되어 있다. 결혼식은 지극히 빛나고 가슴 벅찬 기쁨의 시간이다. 그리스도께서 주님의 제자들이 그리스도의 임재 속에서 경험하는 기쁨을 가리키기 위해 여기서 사용하시는 비유가 바로 이 결혼식의 행복이다.

 B. 그리스도의 임재에 대한 이 의식이 깨트려질 때 제자들의 기쁨이 방해를 받는다(20절). 제자들은 한동안 자신들이 늑대들 가운데 목자 없이 지내는 양 같다는 느낌을 갖게 될 것이다. 그러나 제자들이 이처럼 기쁨에 방해를 받는 일은 오래 가지 않을 것이다. 제자들은 다시 주님을 볼 것이다!(참조. 요 16:22; 요일 3:2).

 III. 그리스도의 이 새 종교의 원칙들에 따르려면 다른 모든 종교와 구별되게 지내야 한다(21절)

 A. 사람에게는 오래된 어떤 형식과 비성경적인 가르침을 기독교와 연결지으려는 경향이 언제나 있어 왔다. 요한의 이 제자들은 그리스도께서 제자들에게 금식의 관례를 지키라고 명하시기를 원하였다. 사람들은 이와 같은 시도들을 종종 행하였다(참조. 마 15:9).

 B. 우리는 그러한 경향에 휩쓸려가지 않도록 열심히 싸워야 한다. "새 포도주"를 낡은 부대에 넣으면 포도주가 못쓰게 되고 만다. 영혼을 감싸고 장식할 새 천을 잘라서 낡은 의복에 붙이면 천이 쓸모 없게 된다(이에 대한 적절한 적용을 보려면 사 64:6; 61:10; 고후 5:17을 보라. — H. E.).

— *The Homilist*,, 1856.

막 2:18-20. 자유와 규율

 어떤 주제에 대한 절반의 진리로는 그리스도를 전혀 이해하지 못한다는 것이 그리스도의 교리의 고귀한 한 가지 특징이다. 예를 들면, 그리스도인의 생활과 경험에 자유로운 요소가 있고 또한 제한적인 면이 있다면, 그리스도는 그리스도인들의 직무나 관계를 조정하는 일에서 자유로운 요소와 제한적인 면을 모두 이해하고 적용하신다. 이 예를 우리는 본문에서 보게 된다.

"요한의 제자들과 바리새인의 제자들"에 대한 주님의 답변은 이와 같다. 마음에 사랑이 가득하고 영혼이 현재의 증거를 보고 그리스도의 임재를 느끼며 기뻐할 때는 제한적이거나 심하게 자기를 규제하는 훈련은 필요하지 않다. 그러나 그와 같이 신성한 임재 의식이 없을 때, 곧 영혼이 근거를 잃고 시험에 굴복하며 냉담하고 모호한 가운데 헤매고 있을 때는 삶의 철저한 수정이 절실히 요청되며 그러한 수정을 거부해서는 안 된다. 달리 말하자면, 하나님 안에서 자유를 누릴 수 있을 때는 자유를 누리고, 필요할 때는 강제적인 훈련과 규율로 단단히 자신을 단속해야 한다는 것이다.

1. 그리스도인의 생활에는 신랑과 함께 있을 때 요청되는 지배적인 개념이 있다. 바른 관계가 수립된 상태가 있다. 이런 상태에서 영혼은 하나님을 직접적으로 의식하고 하나님의 영감에 의해 자유롭게 움직인다. 자신의 의지로 행하는 규율, 곧 자기 규제가 필요할 수도 있다. 그러나 그러한 규율은 아무리 많이 행할지라도 그리스도인의 덕을 이룰 수 없다. 기독교에서는 모든 것이 자유로운 성향을 통해 이루어져야 한다. 바로 여기서, 즉 하나님 자녀의 성향이 전적으로 선과 하나님에게 기울어져 있을 때 하나님 자녀의 고귀함이 시작된다. 그리스도와 함께 잔치를 벌이는 것이 하나님 자녀의 의무가 되었을 때 그들에게는 신랑의 기쁨이 있다.

2. 신랑을 빼앗기게 될 때 그리스도께서 친히 필요하다고 여기시는 자기 훈련의 전체적인 면의 위치와 가치는 무엇인가? 그리스도인 경험의 인간적인 측면에서 볼 때 의지로 행하는 모든 일에는 일반적인 목적 혹은 직무가 한 가지 있다. 즉 영혼을 하나님이 쓰식에 적합한 위치에 놓음으로

하나님께서 영혼을 차지하고 지배하시며 하나님의 영감으로 움직이실 수 있도록 하는 것이다. 우리가 해야 할 행동이 어떤 것이든, 즉 자기 수양이나 자기 부인이든, 거룩한 결심이나 끈기 있는 기다림이든 그 목적은 같다. 즉 하나님께서 우리를 차지하실 위치에 들어가는 것, 곧 그리스도께서 내 주하시도록 하는 것이다.

3. 그러면 금식은 어떤가? 금식은 기독교에 속하는 것인가? 그렇다고 우리는 생각한다. 그리스도께서는 제자들에게 자기가 사라질 때는 금식을 해야 한다고 선언하셨다. 그리스도께서는 지상 사역을 시작하실 때 오랜 기간 금식하셨다. 또 기도와 구제에 대해 말씀하시듯 금식에 대해서도 동일한 말씀을 하신다. 금욕을 반대하는 그럴듯하게 포장된 주장은 우리 시대의 큰 잘못이다. 사도 바울이 "이것을 인하여 나도 하나님과 사람을 대하여 항상 양심에 거리낌이 없기를 힘쓰노라"(행 24:16)라고 말할 때 기독교의 금욕주의를 설명하는 것이다. 이러한 건전한 금욕주의를 받아들일 때, 우리가 몸을 가장 중요하게 여기고 있다는 것을 안다면, 즉 우리의 중요한 감정이 몸의 방종으로 질식당하고 있다는 것을 안다면, 우리는 몸을 향하여 진정으로 이렇게 말할 수 있을 것이다. '내가 내 몸을 쳐 복종하게 한다'(고전 9:27).

형제들이여, 우리는 이러한 엄격한 훈련의 안전 장치를 매력있게 느껴야 한다. 우리는 오늘날의 경건에 깊이와 풍성함이 결여되어 있는 것을 느낀다. 혹독한 훈련을 감당하기로 동의하지 않는 한 우리의 경건은 달라질 수 없다! 단순히 은혜만을 구하고 걸핏하면 감정 때문에 눈물짓는다면 가벼운 그리스도인은 될지언정 진정한 그리스도인은 되지 못한다. 우리 주께서 "아무든 나를 따라 오려거든 자기를 부인하고 자기 십자가를 지고 나를 좇을 것이니라"는 말씀에서 우리가 발견하기를 바라시는 의미는 참으로 깊다.   — 호레이스 부쉬넬, 1873.

막 2:23-28. 안식일을 정당하게 지키는 일

"안식일에 예수께서 밀밭 사이로 지나가실새." 본문에는 이렇게 나와 있다. 익은 곡식이 향기로운 미풍에 물결치는 밀밭 사이로 걸어가는 일은 틀림없이 그리스도와 제자들에게 편안하고 상쾌한 경험이었을 것이다.

이러한 걸음은 종종 거룩한 안식일에 들판에서 어슬렁거리는 게으른 자의 산책이 아니었다. 또한 자연을 찬미하는 단순한 감상주의자의 걸음도 아니었다. 이런 자들은 열광적인 찬사를 쏟아내느라 장엄하고 좋은 인상도 그 마음에서 사라지고 만다.

그리스도의 마음은 틀림없이 그 장엄하고 보기 좋은 광경에 아주 민감하게 반응하였을 것이고 제자들도 그리스도의 영향을 받아 자신들의 창조주의 마음 속에 일어난 고귀한 정서에 어느 정도 동참하였을 것이 분명하다.

"그 제자들이" 시장하여(참조. 마 12:1) "길을 열며 이삭을 자르기" 시작하였다. 이것을 보고 항상 제자들과 그리스도를 감시하며 잘못을 발견하기를 고대하는 트집잡기 좋아하는 바리새인들은 이 행동을 악의적으로 보고 그리스도께서 안식일을 어겼다고 이야기했다. "저희가 어찌하여 안식일에 하지 못할 일을 하나이까?"

제자들의 행동에 놀라서 하는 이 말은 바로 그리스도를 비난하기 위한 것이 분명하였다. 마치 그들은 이런 식으로 말하는 것과 같았다. "우리를 놀라고 두렵게 하는 제자들의 불경건을 볼 때 그들의 선생은 하나님을 모독하는 사람임에 틀림없다!"

그리스도께서는 이 트집 잡기 좋아하는 위선자들을 너그럽고 조용한 태도로 맞이하여 다음과 같이 답변하신다. 첫째는 바로 이들의 역사로부터 권위 있는 예를 인용하고(25-26절; 마 12:5), 둘째는 안식일의 참된 이론을 제시함으로써 그리하신다. 주께서는 안식일의 목적은 누군가 곤경에 처해 있어서 자비를 베풀어야 할 상황일 때 사람이 자비를 행하지 못하도록 하는 것이 아니라 사람의 참된 이익을 돕는 것이라고 설명하신다. 모든 면에서 "안식일은 사람을 위하여 있다." 이 기사에서 우리는 다음과 같은 점들을 추론해 볼 수 있다.

I. 사람의 지상 생활에서 일곱 째 날은 특별히 종교적으로 주의를 기울여야 한다는 것이 사람에 관하여 하나님의 정하신 원칙이다

물론 이렇게 말한다고 해서 사람이 다른 날에 대해서는 종교적인 관심을 기울일 필요가 없다는 뜻은 아니다. 다만 우리의 영적 생명이 일주일 가운데 다른 날들을 위해 필요한 힘을 얻기 위한 날로 이 날을 사용해야 한다는 것이다. 이 주장을 세 가지 면에서 생각해 볼 수 있을 것이다.

A. 세속적인 노동은 하나님의 정하신 제도이다(참조. 출 20:9). 노동은 이 세상 생활에서 우리의 물질적인 이익을 증진시킨다. 그러한 노동 없이는 우리가 이 세상에서 한 순간도 존재할 수 없다는 것은 모두가 명확히 알고 있는 사실이다. 우리가 자연으로부터 우리의 신체적 존재에 필요한 자양분을 끌어내는 것은 바로 이처럼 지적 기술과 육체적 노력을 통해서이다. 안식일에도 그러한 노동은 하게 된다. 안식일은 "사람을 위한" 규정이므로 사람은 노동을 해야 한다. 아주 게으르게 빈둥거리며 지내는 사람이 어떻게 이 안식일의 의미를 깨달을 수 있을지 나는 모른다. 음식은 모든 사람을 위한 것이지만 배고픈 사람만이 음식을 즐길 수 있다. 안식일은 모든 사람을 위한 것이지만 일하는 사람만이 그 날의 진가를 음미할 수 있다.

B. 사람에게는 세속적인 노동을 통해 얻고자 하는 이익 말고 다른 이익도 있다. 세속적인 노동의 직접적인 목적은 신체를 위하는 것이다. 그러므로 우리의 창조주께서 일주일마다 하루는 세속적인 모든 일상사를 중단하라고 요구하신다는 사실은 사람이 "떡으로만 살 수 없는" 존재이며, 사람에게는 물질적인 것과의 관계 말고 다른 관계도 있고, 세상이 채워줄 수 없는 결핍이 있다는 것을 보여 준다. 사람에게는 개발해야 할 지력이 있고 훈련시켜야 할 마음이 있으며, 구원해야 할 영혼이 있다. 안식일은 바로 영

혼의 이러한 존재와 요구 사항들을 함축하고 있다. 사람이 영이라는 사실은 사람이 기억해야 할 하나님의 경고이다. 안식일에는 다음과 같은 의미가 함축되어 있다.

C. 세상일은 사람이 자기 영혼의 더 고귀한 이익을 소홀히 여기게 만드는 위험이 있다. 그렇지 않다면 무엇 때문에 이 날을 세속적인 일 말고 다른 일에 전적으로 바쳐야 하겠는가? 일반적으로 사람은 신체적인 노동을 통해서만 세상에서 살 수 있다고 이미 말한 바 있다. 원칙은 이것이다. "누구든지 일하기 싫어하거든 먹지도 말게 하라." "네가 얼굴에 땀이 흘러야 식물을 먹고."

이러한 상황은 우연히 생긴 것이 아니다.

하나님께서는 우리가 겪을 세상일의 압박을 아셨다. 하나님께서 칠일 가운데 하루를 세상일이 아닌 더 고귀한 목적을 위해 바치도록 자비와 지혜 가운데 정하신 것은 이 모든 세상일의 소용돌이 가운데서 영혼을 완전히 소홀히 하지 않도록 하기 위해서였다.

II. 단순한 법령으로서 안식일을 존중하는 것은 어느 시대든 참된 안식일 준수가 되지 못했다

이 사실은 본문의 경우에 분명하게 함축되어 있다. 그리스도와 그 제자들에 대한 깊은 미움 때문에 이 바리새인들은 "예수를 송사하려 하여"(마 12:10) 잘못을 발견하기를 기대하고 이 안식일 아침에 일찍 나와 이들의 행동을 감시하였다. 누가는 이러한 악의가 정도를 벗어나는 격정으로 발전하였다고 말한다. "저희는 분기가 가득하여"(6:11). 그리고 마태는 "바리새인들이 나가서 어떻게 하여 예수를 죽일꼬 의논하였다"(12:14)고 말한다(이 두 구절 모두 안식일 사건과 관련이 있다. — H. E.). 이 날에 이 바리새인들은 율법의 문자는 지켰을지 몰라도 세상 누구보다 안식일을 크게 범한 것이 아닌가?

반면, 그리스도와 그 제자들은 안식일의 정신을 바르게 지킨 것이 드러났다.

예수께서 이 날에 여느 때와 달리 매우 힘들게 일하셨던 것으로 보인다. 마태는 "사람이 많이 좇는지라 예수께서 저희 병을 다 고치셨다"(12:15)고 일러준다. 아마도 예수께서는 이 위선자들에게 율법의 문자에 따르면 "아무 일도" 해서는 안 되지만 열심히 일하는 것이 반드시 안식일의 정신을 위반하는 것은 아님을 보여 주기 위해 이렇게 하셨던 것 같다.

— 데이비드 토머스, 1857.

마가복음 3장

막 3:1-6. 가버나움 회당에 계신 예수님

본문에서는 우리 주께서 다시 기적을 행하시는 일이 나온다. 예수께서는 회당에서 "한편 손 마른" 사람을 고치신다. 예수께서는 항상 아버지 하나님의 일에 관심을 갖고 계시며, 언제나 선을 행하신다. 주님은 친구들 뿐 아니라 적들 앞에서도 그같이 행하셨다. 이것이 우리 주께서 세상에 계실 때 매일 일하시던 취지였다. 이 점에서 또한 주님은 "너희에게 본을 끼쳐 그 자취를 따라 오게 하려" 하셨다(벧전 2:21). 아무리 약할지라도 자기 주님을 본받으려고 하는 그리스도인들은 실로 복되다. 본문에서 다음과 같은 사실들을 눈여겨보자.

I. 주님의 적들이 우리 주 예수 그리스도를 어떻게 감시하였는가

본문을 보면 "사람들이 예수를 송사하려 하여 안식일에 그 사람을 고치시는가 엿보았다"고 나온다.

A. 우리는 여기서 인간 본성의 악함에 대한 참으로 우울한 증거를 본다! 이 일들이 일어난 때는 바로 안식일이었다. 그 일은 사람들이 모여 하나님의 말씀을 듣고 예배하는 회당에서 일어났다. 이 야비한 형식주의자들은 우리 주님을 해하려는 음모를 꾸미고 있었다. 사소한 일에도 그처럼 엄격함과 거룩함을 주장하는 사람들 자신이 회중 한 가운데서 악하고 분한 생각을 가득 품고 있었다(잠 5:14).

B. 그리스도의 사람들은 이 점에서 자신들의 주님보다 더 낫게 지낼 것

으로 기대해서는 안 된다. 이들은 언제나 심술궂고 악의에 찬 세상에게 감시를 당하였다. 이들의 행동은 예리한 질투의 눈길에 자세히 조사 당하였다. 이들은 세상의 눈길을 피해서 어떤 일도 할 수가 없다. 이들의 옷차림이나 돈 씀씀이, 시간의 사용, 생활의 모든 관계에서의 행동 등, 모든 것이 엄격하고 꼼꼼하게 평가받는다. 이들의 적은 이들이 걸려 넘어지기를 기다리고, 어느 때고 이들이 잘못을 저지르면 불경건한 자들은 기뻐한다.

C. 그리스도인이라면 누구나 이 사실을 염두에 두는 것이 좋다. 우리는 어디를 가든, 무엇을 하든 주님처럼 "감시를 당하고 있다"는 사실을 기억하도록 하자. 이 사실을 생각하면 우리는 자신의 모든 행동에 주의하게 되어 적이 하나님을 모독하게 할 행동은 하지 않게 된다. 또한 우리가 "악은 모든 모양이라도"(살전 5:22) 피하려고 애쓰게 된다. 그렇게 생각하면 무엇보다도 우리는 화를 참고 혀를 삼가며 매일 사람들 앞에서 행동을 조심하기 위해 많이 기도하게 될 것이다. 친히 "엿봄"을 당하신 우리 구주께서는 자기 백성이 곤경에 처했을 때 어떻게 그들을 동정하고 돕는 은혜를 공급하실 줄 아신다.

II. 우리 주께서 안식일 준수에 관해 규정하시는 대 원칙

주께서는 안식일에 선을 행하는 것이 정당하다고 가르치신다.

A. 주께서는 이 원칙을 주목할 만한 질문을 던짐으로써 가르치신다. 주께서는 주변에 있는 사람들에게 이같이 물으신다. "안식일에 선을 행하는 것과 악을 행하는 것, 생명을 구하는 것과 죽이는 것, 어느 것이 옳으냐?" 주 앞에 있는 고통받는 이 불쌍한 사람을 고치는 것이 더 나은가 아니면 마른손을 가진 채 그대로 보내는 것이 더 나은가? 안식일에 사람의 건강을 회복시키는 것이 안식일에 살인할 음모를 꾸미고 주를 반대하면서 무고한 사람에 대해 미움을 키우는 것보다 더 죄짓는 일인가? 사람을 죽이기를 바란 이들은 죄가 없는가? 그런 질문 앞에서 우리 주의 적들이 "잠잠한" 것은 당연한 일이다.

B. 주님의 이 말씀을 볼 때 그리스도인이 주의 날에 진정으로 선한 일을 해야 할 경우에는 결코 머뭇거려서는 안 된다는 것이 분명하다. 병든 자를 돌보거나 고통을 덜어주는 일과 같은 자비의 일은 언제든지 주저함이 없이 행할 수 있다. 안식일의 계명이 주의 날에 부여하는 거룩함이 이같은 일을 한다고 해서 조금이라도 침해되지 않는다.

C. 그러나 우리는 주께서 여기서 규정하신 이 원칙을 남용하고 나쁜 이유에 이용하지 않도록 조심해야 한다. 안식일에 "선을 행할" 수 있다고 해서 누구나 주의 날에 자신이 좋아하는 일을 할 수 있다고 생각해서는 안 된다. "선을 행할" 수 있다고 해서 마음놓고 오락을 하거나 세상적인 잔치를 벌이거나 육체적인 만족을 추구할 수 있다는 뜻이 아니다. 어떤 종류의 "선을 행할" 것인지에 대해서는 우리 주께서 모범으로 규정하셨다는 사실은 기억하도록 하자.

III. 우리 주님의 적들의 행동이 주님의 마음에 불러일으킨 감정

우리는 본문에서 주께서 "저희 마음의 완악함을 근심하사 노하심으로 저희를 둘러보셨다"는 것을 읽는다.

A. 이 표현은 매우 특이해서 특별히 주의를 기울일 필요가 있다. 이러한 표현에서 우리는 우리 주 예수 그리스도께서 모든 일에 우리와 같으시되 다만 죄를 짓지 않으셨다는 것을 기억하게 된다. 사람의 체질에 속하는 감정 가운데 죄 없는 감정은 어떤 것이든 우리 주님도 느끼셨고 경험으로 아셨다. 우리는 성경에서 주님이 "놀라셨다" "기뻐하셨다" "우셨다"는 글을 읽으며 여기서는 주께서 "노하셨다"는 표현을 본다.

B. 이 말씀에서 우리는 정당하고 옳고 죄가 되지 않는 "노여움"이 있다는 것을 분명히 본다. 정당할 수 있고, 어떤 경우에는 드러내는 것이 옳다고 할 수 있는 분냄이 있는 것이다. 솔로몬의 교훈이나 사도 바울의 가르침도 동일한 교훈을 가르치는 것 같다. "북풍이 비를 일으킴 같이 참소하는 혀는 사람의 얼굴에 분을 일으키느니라"(잠 25:23). "분을 내어도 죄를

짓지 말며 해가 지도록 분을 품지 말고"(엡 4:26).

C. 그러나 우리는 이 문제가 매우 어렵다고 고백하지 않을 수 없을 것이다. 사람이 마음으로 경험하는 모든 감정 가운데서 분노만큼 사람이 아주 쉽게 죄를 짓는데 이르게 되는 감정은 없을 것이다. 분노만큼 일단 자극을 받으면 통제하기 어려운 것이 없으며, 많은 악을 짓는 데로 빠지게 되는 것도 없다. 경건한 사람일지라도 성급함이나 화를 잘냄, 격정에 사로잡히면 결국 어떤 데로 끌려가는지 모두가 알 것이다.

우리는 이 문제를 놓고 간절히 기도하여 우리 영이 분노에 사로잡히지 않게 조심할 수 있도록 하자. 죄를 짓지 않는 분노란 좀처럼 경험하기 어려운 것이다. 사람의 분노가 하나님의 영광을 나타내는 일이란 좀처럼 없다. 어떤 경우든 의로운 분노에는 우리 주님의 경우에서처럼 분노를 일으킨 사람들에 대한 슬픔과 비통함이 섞여 있다. 아무튼, 이 점만은 분명하게 알 수 있다. 즉 화를 내고 죄를 짓는 것보다 아예 화를 내지 않는 것이 낫다는 것이다.　　　　　　　　　　　　　　　　— J. C. 라일.

막 3:1-6. 신앙과 불신앙의 대조

"한편 손 마른 사람이 거기 있는지라." 마가복음 전체가 그렇듯이 이 기사도 생생하게 묘사된다.

I. 신앙의 순종이 나타난다

A. 이 사람은 그리스도의 적들 앞에서 순종하였다. "예수께서 손 마른 사람에게 이르시되 일어나 한 가운데 서라 하시니 저가 일어나 서거늘"(눅 6:8).

B. 이 사람은 선천적인 무능력으로 고통을 받고 있었지만 순종하였다. 예수께서 그 사람에게 "손을 내밀라"고 말씀하셨다. 마른 손을 내밀라고 하신 것이다. "그가 내밀매." 이렇게 그리스도께서는 영적으로 죽은 사람들

에게 믿고 복종하고 살라고 명령하신다.

C. 이 사람은 복종하여 큰 복을 받았다. "그 손이 회복되었더라." 오늘날 그리스도는 부르심에 그처럼 순종하는 자들에게 "말할 수 없는 은혜" 곧 새 생명을 주신다.

II. 불신앙의 적개심이 드러난다

이 불신앙은 의심이나 판단 중지가 아니라 그리스도와 그리스도 자신에 대한 주장들을 적극적으로 거부하는 것이다. 이런 불신앙에는 다음과 같은 특징들이 나타난다.

A. 적의가 있다. "사람들이 예수를 송사하려 하여 엿보거늘." 이런 식으로 움직이는 마음은 비열하다. 이러한 불신앙은 언제나 그리스도에 대해 적의가 있다.

B. 냉담하다. 이들은 동정심이 없었다. 이들에게는 불구가 된 사람의 행복은 하찮은 일이었다. 이들은 도덕적으로 무감각한 자들이었다. 불신앙은 언제나 냉혹하고 냉담하다. 완고한 불신앙에는 반드시 따라다니며 또한 최종적으로 이르게 되는 상태는 도덕적으로 굳어져 무감각해지는 것이다.

C. 무분별하다. 이러한 특징은 선에 대한 불신앙의 지독한 미움을 통해 나타난다. 그리스도는 사람으로 나타나신 온전한 선이다. 그런데도 그들은 그리스도를 지독하게 미워했다. 이러한 무분별함은 이들이 진리의 설명자요 옹호자인 그리스도를 죽임으로 진리를 억누르려고 하는 그 목적에서 드러난다. "바리새인들이 나가서 곧 헤롯당과 함께 어떻게 하여 예수를 죽일꼬 의논하니라." 이렇게 행동하는 것은 전능하신 하나님과 싸우려 덤비는 태도이다.

막 3:5. 의지

"손을 내밀라 하시니 그가 내밀매 그 손이 회복되었더라." 여기에 세 가지 사실을 보여 주는 예가 있다.

 1. 의지력을 인정함. 그리스도의 이 명령은 이 병자가 의지력을 갖고 있음을 암시한다. 사람은 결심할 수 있다.

 2. 의지의 참된 법칙. 그 의지가 환경을 따르지 않고 그리스도의 뜻에 따랐다. 이 사람이 자신의 약함과 질병에 대한 생각에 굴복하고 환경에 굴복하였다면 그의 손은 회복되지 못했을 것이다.

 3. 순종하는 의지의 가치. 이 사람은 그리스도께 순종하였다. 그의 의지가 피와 생명과 활력을 마른 손으로 흘려보낸 것이다.
 그리스도께서 명하시는 것을 하려고 마음먹으면 놀라운 일을 행할 것이다. — 데이비드 토머스, 1877.

막 3:31-35. 천국의 관계

 인간 관계의 유대 속에서 우리 모두가 끔찍이 아끼고 소중히 여기는 것이 있다. 사회 생활의 유대와 혈연 관계는 세상에서 우리 모두가 소중히 여기는 것들이다. 영혼과 육체를 한데 묶어주는 것처럼 소중하고 때로는 그보다 더 소중한 것이 된다. 이런 유대 관계를 통해서 우리는 하나님에 대해 더 많은 것을 알게 된다.
 우리가 가정이 의미하는 바를 생각할 때 하늘의 가정에 대해 이야기하지 않는다면 가정의 의미를 충분히 알 수 없다. 하늘에 계신 아버지를 더 잘 이해하지 않고서는 육신의 아버지를 잘 알 수 없다. 형제보다 더 가깝고 더 소중한 친구이신 그리스도를 생각지 않고서는 친구의 사랑을 생각할 수 없다.
 세상의 관계들은 하늘의 관계들을 예표한다. 주께서는 세상의 관계들을 부인하시지 않는다. 주께서는 세상의 관계들을 인정하고 그 관계들을 통해 우리를 당신께로 이끌고, 우리와 맺으려고 하시는 영광스럽고 영원한 관계로 이끌려고 하였다.

　이것이 우리 주께서 본문의 말씀을 하셨을 때 품으셨던 생각이다. 그리스도는 우리를 서로에게 아주 밀접하게 묶어 주는 이러한 혈연 관계를 하나하나 거론하시면서 이 관계들에 대해 좀더 깊은 어떤 사실을 일깨워 주려고 하신다. 주님은 "누구든지 하나님의 뜻대로 하는 자는 내 형제요 자매요 모친이니라"고 말씀하심으로써 손을 뻗쳐 혈연 관계 속에 있는 우리를 붙잡아 자신과의 거룩한 관계 안으로 이끌어들이신다.

— A. B. 심슨, 1892.

I. 영적 관계의 사실

　여기서 주님은 모친, 자매, 형제라는 말을 전혀 다른 두 가지 의미로 사용하신다. 한 가지는 자연적인 의미로, 다른 한 가지는 영적인 의미로 사용하신다.

　A. 서로의 관계가 전적으로 신체적인 단순한 관계에만 의존하고 있는 존재들이 있다. 우리를 둘러싸고 있는 비이성적인 피조물이 그런 존재들이다.

　B. 순전히 영적인 관계 가운데 존재하는 것들이 있다. 하늘의 천사들이 그런 존재이다. 이들 사이에는 혈족 관계가 전혀 없다. "장가도 아니 가고 시집도 아니 가고 하늘에 있는 천사들과 같으니라."

　C. 사람은 이 두 관계에 모두 속할 수 있다. 사람은 자연적인 유대 관계에 의해 다른 사람들과 연합된다. 또 영적 유사성과 관심에 의해 다른 사람들과 연합될 수 있다. 아버지, 어머니, 형제, 자매와 같이 그것 자체로 말할 수 없이 귀중한 인간의 선천적인 관계들은 사람이 가질 수 있고 또 계발해야 하는 영적 관계를 상징하기도 한다.

　영적인 아버지가 있고 영적인 형제가 있다. 바울은 디모데를 아들이라고 부른다. 요한은 편지를 자신의 어린 자녀들에게 보낸다. 그리스도께서 머리가 되시고 모든 그리스도인들이 형제가 되며 계속해서 식구가 늘어가는 영적 가족이 세상에 있다. 영적으로 이들은 한 성령에게서 났고, 동일한 자식과 형제로서의 성향을 지니고 있고 한 가족으로서 공감대와 관심을 갖고 있다.

II. 영적 관계의 기초

"누구든지 하나님의 뜻대로 하는 자." 다음의 사실들을 살펴보자.

A. 교회의 유대는 관계가 아니다. 사람들이 한 교회에 속해 있을 수 있고 같은 정책을 채용하고 같은 의식을 행하지만 영적으로는 관련이 없을 수 있다.

B. 신학적 제휴는 관계가 아니다. 우리는 동일한 신조를 지지하고 같은 신앙을 변호하는데 열심을 내면서도 하늘에 계신 아버지의 뜻을 행하고 있지 않을 수가 있다.

III. 영적 관계의 우위성

우리 구주께서는 자연적인 관계를 영적인 관계에 비해 부차적인 것으로 취급하셨다. 어떤 점에서 영적인 관계가 자연적인 관계보다 우위에 있는가?

A. 영적인 관계가 자연적인 관계보다 더 친밀하다. 자연적인 관계의 유대는 강력하다. 이 자연적인 관계의 본능이 발동하면 부모는 자식을 위해 어떤 희생이든 감수하려고 할 것이다. 그럴지라도 자연적인 관계가 가장 친밀한 것은 아니다. 자연적인 관계는 사람에게 도덕적인 합일을 가져다주지 못한다.

사람과 사람 사이의 가장 친밀한 연합은 영혼의 연합이며(참조. "성령의 하나 되게 하신 것", 엡 4:3-6. — H. E.) 선과 진리와 하나님에 대한 도덕적 공감의 연합이다.

B. 영적인 관계가 더욱 즐겁다. 모든 자연적인 관계에서 행복을 느낄 수 있지만 단순한 자연적인 애정에서 나오는 행복은 종종 슬픔과 고통으로 변한다. 한때는 비길 데 없는 환희였던 압살롬에 대한 다윗의 사랑은 고뇌로 변하였다.

그러나 영적인 관계는 언제나 행복하다. "형제가 연합하여 동거함이 어찌 그리 선하고 아름다운고"(시 133:1).

C. 영적인 관계는 더욱 고귀하다. 사람들은 때로 자연적인 관계에 의해 관례적으로 높고 명예로운 지위를 누릴 누릴 수가 있다. 그러나 어떤 때는 자기가 속한 계층이 낮고 불명예스러울 수도 있다.

그러나 참된 영적 관계는 우리를 크고 영광스러운 하나님의 가족으로 이끌어들이므로 우리는 "하나님의 후사이며 그리스도와 함께 하는 후사"가 되고 "하나님께 왕 같은 제사장이 된다."

D. 영적인 관계는 더욱 광범위하다. 아무리 큰 집안이라도 한 세대에 비하면 지극히 작고, 한 세대라도 전 인류에 비하면 아주 작다.

그러나 영적 관계는 우리를 세상의 모든 시대, 모든 계층, 모든 인종 가운데서 나온 하나님의 백성들과 연합시킨다. 영적 관계는 우리를 족장과 선지자들과 사도들과 순교자들과 연합시킨다.

E. 영적인 관계는 더욱 영구적이다. 자연적인 관계는 영적인 관계와 연합되지 못하면 지극히 덧없다. 많은 사실들이 세상에서 애정을 무너뜨리고, 결국 죽음이 모든 자연적인 관계를 해체시킨다.

그러나 영적인 관계는 영원히 존속한다. 하나님의 뜻을 행하는 일에 연합된 영혼들은 태양과 행성들 사이보다 더 굳게 결합되어 있다.

"보라 아버지께서 어떠한 사랑을 우리에게 주사 하나님의 자녀라 일컬음을 얻게 하셨는고 우리가 그러하도다 그러므로 세상이 우리를 알지 못함은 그를 알지 못함이니라. 사랑하는 자들아 우리가 지금은 하나님의 자녀라 장래 어떻게 될 것은 아직 나타나지 아니하였으나"(요일 3:1-2).

막 3:31-35. 그리스도에 대한 관계

그리스도에 대한 관계가 본문에서 주님이 말씀하시는 특별 주제이다. 주님의 모친과 형제들(일반적인 의미의 형제들 — 참조. 요 7:3-5; 행 1:14)이 밖에 서서 사람을 보내어 주님을 불렀다. 무리가 그 메시지를 전하였고, 그 메시지 때문에 이 장면이 묘사되고 그 다음의 말씀이 나오게 되었다. 어쩌면 주의 모친과 형제들의 행동이 무례했는지도 모른다. 그러나 주께서는 이러한 간섭을 직접 대놓고 책망하지 않으시고 "누가 내 모친이며 동생들이냐"고 물으심으로써 간접적으로 꾸짖으신다. 이 질문에 대한 답변으로 주님은 밖에 서서 부르는 친족을 보지 않고 가까이 몰려들어 있는 무리를 보신다. 마치 무리들 가운데 참된 친족을 찾으시는 듯, 세상의 친족 관계는 아주 열등한 것이듯 그렇게 하신다. 결국 혈연 관계는 외적이고 일시적인 것이다. 주께서는 좀더 영구한 친족 관계, 모든 사람이 참여할 수 있는 관계를 자신의 육신의 가족에서 찾지 않으시고 무리들 가운데서 찾으신다. 물론 세상의 혈연 관계는 소수의 사람에게만 한정될 수 있지만 하늘의 관계는 무한히 확장될 수가 있다.

예수님과의 관계는 사람들에게 얼마든지 제시된다. 그래서 우리 주님은 이 문제를 단순한 혈족의 문제로 처리하신다. 그런데 사람들은 이런 혈족의 관계를 그처럼 중시하였다. 그것은 인간적이고 세상적인 관계이지 하늘의 관계는 아니다. 주께서는 좀더 낮은 유대를 부인하시지 않지만 그 유대는 촛불이 햇빛 앞에서 빛을 잃듯이 훨씬 더 높은 유대 관계 속에 융화되어야 한다는 것을 보이신다. 주께서는 사람들이 생각했던 것보다 훨씬 더 높고 신성한 관계 속에서 자신을 계시하신다.

그리스도께서는 이 문제에 관해서 지금도 말씀하고 계신다. 주께서는 역사 대대로 "누가 내 모친이며 동생들이냐?"고 말씀하면서 손을 벌리고 계셨듯이 지금도 손을 벌리고 서 계신다. 그리스도께서는 지금도 세상의 무리들 한 가운데 서 계시면서 복을 나누어 받고 자신의 식구가 되고 가장 가까운 친척이 되라고 초청하신다. 이 관계에 대해서 세 가지 점에 유의할 필요가 있다.

I. 이 관계의 중요성

지위와 관계가 사람들 가운데서는 중요한 사실로 평가된다. 지위와 관계에는 많은 특권이 포함되어 있을 뿐만 아니라 애정과 공감도 포함된다. 이러한 인척 관계와 연합 관계는 상당히 중요한 것으로 보인다! 왕의 친척이 되고 동맥에 왕의 피가 흐른다는 이런 사실이 사람들로서는 더할 수 없는 자랑거리가 된다. 그런데 왕 중의 왕과 친족이 된다는 것은 얼마나 더 중요하겠는가! 이것은 영원한 관계이다. 여기서 다음의 사실을 기억할 필요가 있다.

A. 이 관계는 세상의 헛된 것에서 우리를 구출해낸다. 우리를 현세적이고 통속적인 영향력에서 떼어놓을 수 있는 것은 오직 더 높은 관계를 형성함으로써만 가능하다. 이렇게 할 때 우리는 세상적인 연합의 속박과 판에 박힌 틀과 헛됨에서 해방된다.

B. 이 관계는 우리를 구원과 영생에 연결시킨다. 이 관계는 살아 있는 가지를 참 포도나무에 접붙이는 것이다. 이 관계는 우리를 파멸에서 구출하여 기쁘고 더할 수 없이 복된 생활에 연결시킨다. 이 관계를 통하여 우리를 당신의 친족으로 삼으시는 그분이 우리를 소생시키고 구원하신다. "내가 살았고 너희도 살겠음이라."

C. 이 관계는 우리에게 명예와 영광을 가져다준다. 우리의 거룩한 친족께서 가지신 모든 것이 우리 것이 된다. 그의 지위, 재산, 권리, 명예, 이 모든 것을 누리게 된다. 이후로 우리의 이익은 영원히 그분의 이익과 연결되어 있다. 그분은 아들이시다. 그래서 우리는 하나님의 아들들이 된다. 그분은 후사이시다. 그래서 우리도 후사가 된다. "우리가 그리스도와 함께 참예한 자가 되리라"(히 3:14). 아니 "신의 성품에 참예하는 자가 되게 하려 하셨으니"(벧후 1:4).

II. 이 관계의 형성

이 관계는 기억할 만한 말씀과 함께 우리에게 제시되는데, 이 말씀에는 적극적인 면과 소극적인 면이 있다. "영접하는 자 곧 그 이름을 믿는 자들에게는 하나님의 자녀가 되는 권세를 주셨으니 이는 혈통으로나 육정으로나 사람의 뜻으로 나지 아니하고 오직 하나님께로서 난 자들이니라"(요 1:12). 이렇게 함으로써 우리는 우리에게 선언된 새로운 유대 관계를 형성한다. 우리가 하나님의 아들이 되는데, 하나님의 아들을 영접함으로써 그같이 된다. 혹은 이렇게 말할 수도 있다. 우리가 나사렛 예수를 하나님께서 그에 대하여 선언하시는 분으로, 곧 말씀이 육신이 된(요 1:14) 분으로, 하나님의 아들로 받아들임으로써 하나님의 아들들이 된다. "예수께서 그리스도이심을 믿는 자마다 하나님께로서 난 자니"(요일 5:1).

내적인 과정 자체가 성령의 역사이며, 주권적인 목적의 결과, 곧 새 창조이다. 그러나 그 과정의 보일 수 있는 혹은 의식할 수 있는 부분이 우리가 그리스도를 영접하는 일이다. 기도나 개혁 혹은 회개가 아니라 단순히 그리스도를 받아들이는 것뿐이다. 이것이 전부이다. 이렇게 할 때 우리는 단번에 이 새로운 관계, 새로운 지위, 새로운 영광에 들어가게 된다! 예수를 하나님의 아들로 받아들임이 우리를 하나님께 묶어 주고 우리를 새로운 가족으로 들여보내며 우리를 모든 특권과 명예와 함께 "믿음의 가정"(갈 6:10), 곧 "하나님의 권속"(엡 2:19)의 한 식구가 되게 하는 연결 고리이다.

예수를 영접하라! 오, 당신은 그것을 아는가? 아버지 하나님의 증거에 따라 예수를 영접하라. 그것이 전부이다! 당신은 예수를 하나님이 육체로 나타나신 분으로, 하나님의 어린양으로 영접하였는가? 영접하지 않았다면 당신은 그분의 친족이 아니다. 당신은 여전히 세상의 친족으로 있는 것이다.

III. 이 관계의 나타남

봉사의 생활, 곧 하나님의 뜻을 행하는 생활로 나타난다. 우리가 믿음을 가졌을 때 첫번째 하는 행동은 하나님의 뜻을 처음으로 행하는 것이다. 우리의 전 생활이 하나님의 뜻을 행하는 것이다. 하나님의 뜻을 행하는 가운데 우리가 누구의 사람이며 어떤 혈족 관계에 속해 있으며 어떤 가정 혹은 권속에 속한 사람인지가 나타난다.

이러한 하나님의 뜻을 실제로 행한다는 사실이 우리가 하늘의 관계에 속해 있음을 보여 주는 증거이다. 이러한 하나님의 뜻을 전혀 행하지 않거나 그 뜻에 반대하는 것은 모두가 이 세상 친족 관계에 속했음을 보여 주는 것이다. 그렇다면 여기서 우리는 하나님의 뜻을 행하는 생활을 우리의 기독교 신앙을 시험하는 시금석으로 볼 수 있다.

우리는 자신이 그리스도인이라고, 즉 그리스도의 친족이라고 말한다. 그렇다면 우리 자신을 시험해 보자. 우리가 하늘에 계신 아버지, 곧 그리스도의 아버지이시며 우리의 아버지이신 하나님의 뜻을 행하고 있는가? 그럼으로써 우리가 하나님께 속했다는 것을 공적으로 드러내고 있는가?

A. 우리의 마음이 아버지의 뜻을 행하고 있는가? 하나님의 뜻이 곧 우리의 뜻인가? "마음으로 하나님의 뜻을 행하여"(엡 6:6).

B. 우리의 지성으로 아버지의 뜻을 행하고 있는가? 오늘날 사람의 지성은 전적으로 하나님께 반항한다. 우리의 지성은 하나님께 즐거이 복종하였는가?

C. 우리의 목적이 아버지의 뜻을 행하고 있는가? 매일의 생활은 목적과 계획으로 가득 차 있다. 우리의 목적과 계획은 어떤 것인가? 세상적인 것인가 아니면 하늘에 속해 있는가? 거룩한가 아니면 믿음이 없는 것인가?

D. 우리의 생활이 아버지의 뜻을 행하고 있는가? 생활은 짧든 길든 많은 일로 이루어져 있다. 우리가 일상 생활이라고 부르는 것을 구성하는 이 많은 일들의 성격은 어떤 것인가?

E. 우리의 가정 생활이 아버지의 뜻을 행하고 있는가? 우리가 가정 생활을 꾸려 가는 방식에 비추어 볼 때 우리가 주 예수 그리스도의 친족임이 드러나고 있는가?

F. 우리의 사업 활동이 아버지의 뜻을 행하고 있는가? 우리는 사업에 하나님을 모셔들였는가? 모든 계약서를 하나님의 임재를 의식하고 하나님의 인정을 받기 바라는 마음으로 작성했는가?

이와 같이 우리의 그리스도와의 관계를 시험해보도록 하자. 예수께서는 "주여 주여" 하는 자가 아니라 "내 아버지의 뜻대로 행하는 자"(마 7:21)가 하나님의 아들의 친족이라고 말씀하신다. 예수께서는 그런 사람을 가리켜 "내 형제요 내 자매요 모친이니라"고 하신다.

— 호라티우스 보나(1808-1889).

마가복음 4장

막 4:21. 눈에 잘 띄는 제자도

나는 무엇보다 빛을 퍼뜨리는 사람이 되기보다 먼저 빛을 받는 사람이 되어야 한다. 나의 제자도는 실제적인 것이 되어야 한다. 이것이 첫번째이고, 눈에 보이는 것은 두번째 일이다.

1. 하나님의 계획은 사람의 힘을 사용하여 세상을 구원하는 것이다. 다른 방법을 쓰실 수도 있었다. 하나님이 그리스도께서 자신의 생명의 메시지를 전하게 하는 것 말고 다른 어떤 손에 일을 맡기지 않으실 수도 있었다. 구원의 일이 끝날 때까지 계속해서 그리스도께서 친히 세상에 계시도록 하실 수도 있었다. 혹은 창조된 피조물 가운데 그처럼 큰 일을 맡기에 유일하게 적합한 존재인 천사의 손에 그 일을 맡기실 수도 있었다. 그러나 어떤 천사도 죄인에게 복음을 전하기 위해 보냄을 받지 않았다. 입술과 생활로써 구속의 복음을 죽은 자들에게 전하는 일은 구속받은 사람들에게 맡겨졌다. 우리의 명예와 복과 책임이 얼마나 놀라운 것인지!

2. 우리는 그리스도인으로서 생활하면서 촛불을 켜는 단 하나의 목적은 촛불 없이 어둠 가운데 있을 사람들에게 빛을 비추기 위한 것이라는 사실을 기억하도록 하자. 너무도 많은 그리스도인들이 관심을 가져야 할 것이 자기 개인 생활뿐인 것처럼 생각하는 것 같다. 이들이 추구하려고 하는 것은 자신의 빛을 간직하려고만 하는 것이다. 자연스런 그 결과는 빛을 그릇으로 덮어둠으로 촛불이 점점 약해져서 결국 공기가 없어 꺼지게 되는 것

이다. 자신을 중심에 놓고 생각하는 제자도는 전혀 쓸모 없다. 그런 제자도는 얼마 가지 않아 전혀 제자도가 되지 않을 위험이 있다.

3. 하나님께서 등불을 가지고 밝히려고 하시는 어둠은 바로 가까이에 둘러싸고 있는 어둠이라는 사실을 주께서는 이 질문을 통해서 강력하게 암시한다. 하나님은 등불을 가지고 불을 밝히려고 하는 바로 그곳에 촛대를 놓으신다. 빛을 비추는 자로서 내 활동의 범위에 대해서는 나는 전혀 관여하지 못한다. 그 범위는 하나님께서 정하신다. 내가 할 일은 단지 내가 있는 곳에서 빛을 비추는 것뿐이다. 빛은 어디든지 필요하다. 빛은 오두막집뿐만 아니라 왕궁에도 필요하고 가난한 움막집뿐 아니라 부자의 집에도, 무지하기 그지 없는 곳뿐 아니라 교양 있는 학교에도 필요하다. 감사하게도 하나님은 높고 낮은 모든 곳에 등불을 두신다. 하나님은 등불이 자기 있는 곳에서 주변의 어둠을 밝히며 빛을 비추기를 바라신다.

4. 세상의 어둠을 밝히는 이 일이 쉽다는 사실이 여기서 암시된다. 적어도 불이 붙은 등잔은 빛을 비추기 위해 어떤 노력도 할 필요가 없는 만큼 쉽다. 필요한 것은 빛이 퍼져나갈 수 있을 만한 공간뿐이다. 주께서는 "너희 빛을 비춰게 하라"고 말씀하신다. 단지 등불이 빛을 비추도록 두면 빛을 비추게 될 것이다. 등불을 손질하고 켜두도록 하라. 등불 앞에 장애물을 제거하여 빛이 비치도록 하라. 그러므로 불을 밝히고 있는 촛대가 어떠한가는 상관이 없다. 촛대가 매우 귀한 것일 수도 있고 천한 것일 수도 있다. 내 등불이 밝게 타오르고 있다면 내가 왕궁에 있는 다니엘 같은 사람이든 문지기로 있는 모르드개 같은 사람이든 등불은 빛날 것이다.

5. 불을 켜는 것이 해야 할 일 중의 한 가지라는 사실을 기억하도록 하자. 다른 한 가지 일은 불이 켜 있을 때 불을 간직하고 보호하는 것이다. 불을 켜는 첫번째 일이 하나님의 일이라면 불을 간직하고 보호하는 두번째 일은 우리의 할 일이다. 공개적으로 비추는 불은 은밀하게 간수해야 한

다. 불꽃이 연료의 공급을 받아 계속 생명을 유지하는 것은 은밀한 과정, 곧 남의 눈에 띄지 않는 과정을 통해서 이루어지기 때문이다. 그 과정은 계속되지만 언제나 은밀히 이루어진다.

6. 이같이 빛을 비추려면 나의 어떤 것을 희생해야 될 것이다. 무릇 빛을 비춘다는 것은 힘을 소비하는 것을 뜻한다. 기름과 심지는 불이 타고 있는 동안에 소모될 수밖에 없다. 그러나 내가 그런 소비를 아까와할 수가 있는가? 내가 하나님을 섬기는 일에 소비되는 만큼 내 자신이 타오르는 불꽃에 의해 변화될 때 오히려 그 점을 기뻐해야 하는 것이 아닌가?(참조. 고후 12:15). ― G. H. 나이트.

막 4:22. 숨긴 것과 그것의 드러남

I. 중요한 많은 것들이 한동안은 숨겨져 있다

이 말씀이 일차적으로 가리키는 것은 복음 진리이다. 또한 하나님의 섭리의 비밀을 가리키는 것으로도 볼 수 있을 것이다. 그러나 이 진리가 사람과 사람의 행실에 적용될 때 우리는 이 진리를 보지 않으려고 하고 못 본 체하며 지나간다.

A. 교회와 세상 사이의 실제적인 구별이 숨겨져 있다. 우리는 사람의 고백과 행실을 보고서 그 사람의 기독교 신앙을 판단한다. 그러나 이런 판단 기준으로 사람들을 실제로 구분하게 되지는 못한다. 볼 수 있게 고백하지 않는 사람들 가운데 구원받을 사람들이 있고, 입술로 고백하는 사람들 가운데 위선자들이 많기 때문이다. 또 그리스도인의 특성들은 어느 정도 흉내낼 수가 있다.

B. 우리 개인의 영향력의 성격과 정도가 숨겨져 있다. 세 영역에서 우리의 성격은 선한 쪽으로나 악한 쪽으로 영향을 미친다. 가정과 교회와 세

상이 그 영역이다. 우리의 영향력은 두 가지인데, 의식적인 영향력과 무의식적인 영향력, 곧 자발적인 영향력과 본의 아니게 행사하는 영향력이 있다. 전체적으로 볼 때 우리의 영향력은 어떤 것인가? 복음을 위하는가? 아니면 복음에 적대적인가? 이러한 영향력을 발휘하는 우리에게 이 점은 깊이 숨겨진 사실이다.

C. 다른 사람들에게 그리고 어느 정도는 자신에게 숨긴 개인의 역사가 있다. 사람마다 세상은 전혀 모르지만 자기 가슴에 품고 있는 죄와 타락의 개인 역사가 있다. 아무리 가까운 친구에게도 열어 보이지 않은 비밀한 방이 있고, 그곳에서 우리의 은밀한 우상이 경배를 받는다. 하나님께는 이런 것들이 전혀 비밀이 아니다. 그러나 사람에 관한 한 우리 모두가 다소간에 차이가 있을지언정 감추는 기술에 능통하다. 우리의 죄들 가운데 어떤 것은 자신에게도 숨기고 있다. 어떤 행동의 동기를 제대로 파악하거나 알지 못할 때가 있고 습관 때문에 어떤 구체적인 죄에 대한 각성이 무디어진 때도 있었다.

II. 이런 숨긴 것들이 드러날 때가 오고 있다

A. 이 가운데 더러는 이 세상에서 밝혀진다. 아무리 은밀히 행해진 것일지라도 인간 법을 어긴 범죄는 거의가 틀림없이 발각된다. 하나님의 법을 어긴 범죄도 종종 이 세상에서 밝혀진다. 위선자들은 사람을 속이다가 자칫 화를 내거나 큰 실수를 함으로써 종종 하나님과 사람 앞에서 수치를 당하게 된다.

B. 장래의 세상에서는 사람의 숨긴 것들이 훤히 드러날 것이다. 천국과 지옥이 마음과 양심의 모든 비밀을 드러낼 것이다.

천국에서는 어떤 은밀한 죄도 없을 것이다. 이 세상에서처럼 마귀가 뱀으로 가장하고 나타날 수 없을 것이다. 천국에서는 성도가 종종 이 세상에서 그렇듯이 두려움 때문이나 동정을 받지 못할 것을 염려하여 자신의 지극히 거룩한 확신을 억누르는 일이 없을 것이다. 지옥에서는 이 세상에서처럼 숨기려는 동기를 갖지 못할 것이다. 지옥에서는 죽게 되어 있는 절망적인 범죄자들이 자신의 끔찍한 비밀들을 털어놓는다.

— 찰스 쇼트(Charles Short), 1857.

막 4:23. 세상이여 들으라!

"들을 귀 있는 자는 들으라."

1. 하나님의 말씀을 듣는 것은 보편적인 의무이다. "누구든." 주님의 이 권고가 얼마나 자주 반복되는지 눈여겨볼 필요가 있다(마 11:15; 막 4:9,23; 눅 8:8; 계 2:7,17,29; 3:6,13,22).

2. 하나님의 말씀을 듣는 것이 무엇보다 중요하다. "들을 귀 있는 자는." 즉 들을 능력이 있는 사람은 그 은사를 무엇보다 복음을 듣는데 사용해야 할 것이다.

3. 하나님의 말씀을 듣는 것은 지극히 큰 특권이다. "들으라." "하나님의 말씀을 듣고 지키는 자가 복이 있느니라"(눅 11:28; 계 1:3).

— H. 엘링슨.

막 4:24-25. "너희가 무엇을 듣는가 스스로 삼가라"

복음 전파에 대한 교훈이 많지만 우리 주께서는 주로 듣는 것에 대해 교훈 하셨다. 듣는 기술은 전파하는 것만큼이나 어렵다(참조 욥 12:11).

I. 인식하는 일이 있다

"너희가 무엇을 듣는가 스스로 삼가라." 이 앞 구절은 "들을 귀 있는 자는 들으라"이다. 즉 네 귀를 최상의 목적에 맞게 잘 사용하라는 것이다.

A. 분별력을 가지고 들어라. 거짓 교훈은 멀리 하라(요일 4:1).

B. 주의 깊게 들어라. 착실하고 열심히 들어라(마 13:23).
C. 네 자신을 위해 듣고 자신에게 적용하라(삼상 3:9).
D. 듣고 잘 간직하고 진리를 기억하도록 힘쓰라.
E. 들은 말씀으로 참된 복을 받기를 바라고 기도하라.
F. 실제적으로 듣고 받은 권고에 복종하라.

좋아하는 교훈만 이같이 듣지 말고 하나님 말씀 전체를 그같이 들어라(시 119:128).

II. 교훈이 있다

"너희의 헤아리는 그 헤아림으로 너희가 헤아림을 받을 것이요." 너희가 듣는 만큼 유익을 얻을 것이다. 이 점은 설교의 결과에서 특별히 예증된다.
A. 말씀에 관심이 없는 사람은 말씀에 흥미를 느끼지 못한다.
B. 트집을 잡으려고 하는 사람은 설교에서 얼마든지 결함을 찾아낸다.
C. 진리를 추구하는 사람은 성실한 목회자로부터 언제든지 진리를 배운다.
D. 배고픈 사람은 음식을 찾는다.
E. 믿음으로 듣는 사람은 확신을 얻는다.
F. 즐거운 마음으로 오는 사람은 기쁨을 얻는다.

그러나 오류를 들어서는 아무도 복을 얻지 못한다. 진리를 들을 때 생각 없이 듣거나 듣고 잊어버리거나 트집 잡으려는 심정으로 들어서도 복을 얻지 못한다.

III. 약속이 있다

"또 더 받으리니 있는 자는 받을 것이요." 듣는 사람은
A. 들으려는 마음이 더 생길 것이다.
B. 듣는 것을 더욱 더 이해하게 될 것이다.
C. 듣는 것이 진리임을 더욱 확신하게 될 것이다.

D. 들음으로써 오는 복을 더욱 얻게 될 것이다.
E. 영광스런 복음을 들으면서 더욱 기쁨을 누릴 것이다.
F. 들음으로써 실제적인 유익을 더욱 얻을 것이다.

하나님은 자기에게 있는 것을 소중히 여기는 사람들에게 더 많은 것을 주신다.

IV. 예고의 말씀

"없는 자는 그 있는 것까지 빼앗기리라."
A. 우리는 빛을 전하지 않으면 빛을 잃는다.
B. 우리에게 공기가 충분하지 않으면 촛불을 꺼진다.
C. 우리가 "주님의 말씀에 거하지" 않으면 주님의 제자가 될 수 없다(요 8:31).
D. 우리가 주님의 "참 제자"가 되지 않으면 진리를 알 수 없다(요 8:31)
E. 우리가 진리를 알지 못하면 진정으로 "자유케 될" 수 없다(요 8:31).
F. 하나님이 우리에게 주신 것을 잘못 사용하면 이미 주신 것을 가져가 버리실 것이다.

적용: 들어라. 하나님께서 말씀하시는 것을 아는 것은 여러분의 지혜이다. 잘 들어라. 즉 하나님의 가르침은 온 신경을 곤두세우고 들을 가치가 있다. 자주 들어라. 주의 날을 헛되이 쓰지 말고, 누구든지 그 날의 예배를 헛되이 낭비하지 말라. 주중의 성경 공부와 기도 모임에 참석하라. 더 잘 들어라. 더 잘 들으면 더욱 거룩하게 성장할 것이다. 믿음으로 들으면 하늘의 기쁨을 맛볼 것이다.   — D. L. 무디.

막 4:26-29. 그리스도의 종교

이 짧고 중요한 비유는 마가복음에만 나온다. 이 비유를 제외하고 마가복음에 나오는 다른 모든 비유는 다른 복음서 기자들도 기록하고 있다. 마가가 어떻게 이 비유를 알고 기록했는지 우리로서는 알 수 없다. 이 비유를 가지고 그리스도의 종교를 예증해 보자.

"종교란 무엇인가?"라는 질문은 여러 시대에 제기되었고, 다양한 답이 제출되었으며 종종 모순되는 답변들이 제시되곤 하였다. 이 비유에 비추어 볼 때 그리스도의 종교에 대해 다음과 같은 점들을 추론할 수 있을 것이다.

I. 그리스도의 종교는 통치이다

그리스도의 종교를 본문에서는 "나라"라고 말한다. 사람들은 종종 종교를 마치 신조나 어떤 감정 혹은 어떤 의식인 것처럼 생각하고 말하기도 한다. 그러나 그렇지 않다. 종교는 통치권, 즉 법적 힘이다. 그리스도의 종교는 사람의 지력과 마음과 의지와 지성을 지배하는 권력이다. 그 권한이 이같이 왕의 권력이 아니라면 아무것도 아니다.

A. 통치로서 하나님 나라는 영적이다. 그 나라의 보좌는 속에 있다. "하나님의 나라는 너희 안에 있느니라"(눅 17:21).

B. 통치로서 하나님의 나라는 자유롭다. 이 나라는 영혼의 완전한 자유를 허락할 뿐만 아니라 보장하기도 한다(요 8:32,36).

C. 통치로서 하나님의 나라는 변함이 없다. 하나님의 나라는 오늘 최고의 권위를 지니지만 내일은 다른 것에 종속되는 그런 것이 아니다. 이 나라의 지배권은 언제나 지속된다. 그것은 "진동치 못할 나라"(히 12:28)이다.

II. 그리스도의 종교는 하나님의 통치이다

그리스도의 종교는 "하나님의 나라"이다. 사람에게 있어 종교적인 요소는 너무 깊고 영향력이 커서 하나님에게서 나오지 않은 많은 종교들도 지배적인 힘을 휘두른다. 그러나 그리스도의 종교는 영혼 속에서 행사되는 하나님의 통치이다.

　A. 이 종교가 사람 본성에 적합하다는 사실이 이 종교의 신성성을 증명한다. 이 종교는 이성과 양심, 영혼의 가장 깊은 갈망과 일치한다. 다른 어떤 것도 인간 마음의 갈망을 만족시킬 수 없지만 이 종교는 만족시킨다.

　B. 이 종교가 인간 생활에 미치는 영향력이 이 종교의 신성성을 증명한다. 그리스도의 종교는 하나님의 통치이다.

III. 그리스도의 종교는 증대하는 통치이다

이 통치권은 개인 영혼 속에서 뿐만 아니라 그 통치에 복종하는 사람들 속에서도 점점 더 증대된다. 이 통치의 증대에 관해 다음 세 가지 사실을 생각해 볼 수 있다.

　A. 이 통치는 조용하다. 이 통치는 씨앗이 자라듯이 소리 없이 조용히 전진한다. 이 통치는 인간 군주의 통치처럼 요란하고 시끄럽게 행사되거나 사회적 격동과 피비린내 나는 전쟁을 통해서 전진하지 않는다. 이 통치는 증류되는 물방울처럼, 아침 햇살처럼 조용하게 사람 마음 속에서 작용하고 사회를 통하여 퍼져나간다.

　B. 이 통치는 점진적이다. 씨앗이 단번에 완전한 식물이나 나무로 자라는 법은 없다. 이 통치는 한 단계 한 단계 조용히 거치며 나아간다. 하나님은 사실 당신의 모든 일을 점진적으로 행하시는 것 같다. 이 땅은 점차 사람이 거하기에 적합하도록 발전하였다. 영원한 나라도 황급히 오지 않는다.

　C. 이 통치는 은밀하게 행사된다. "씨가 나서 자라되 그 어떻게 된 것을 알지 못하느니라." 지금까지 어떤 과학자도 도토리 하나에서 어떻게 숲이 생기는지 설명하지 못했다. 하나님의 성령이 사람의 마음 속에서 어떻게 일하시는지 아무도 충분히 설명할 수 없다(요 3:18).

IV. 그리스도의 종교는 인간에 의해 진척될 수 있는 통치이다

A. 이 비유에는 사람의 노력이 포함되어 있다. 사람은 땅에 씨를 뿌린다. 사람이 곡물을 창조할 수 없지만 사람이 없이는 곡물이 나지 않을 것이다. 그래서 그리스도께서는 당신의 나라의 확장을 어느 정도 사람의 손에 맡기셨다. "너희는 온 천하에 다니며 만민에게 복음을 전파하라."

B. 이 비유에는 하나님의 법에 대한 확신에 기초를 둔 사람의 노력이 포함되어 있다. 이 비유에 등장하는 사람은 씨를 땅에 뿌린 다음에는 전혀 걱정하지 않는 것으로 나온다. 이 사람은 자연의 법칙이 자기 노력을 보상해 줄 것으로 믿고 가서 일상 생활을 하며 자고 일어난다.

이렇게 그리스도의 나라를 확장시키는 일은 사람들과 함께 이루어질 것이다. 사람들은 일하되 확신을 가지고 일해야 한다. 씨앗을 뿌리고 물을 주되 하나님께서 자라게 하실 것을 믿으면서 그렇게 해야 한다.

"떡갈나무 가지들이 일단 풀밭에 닿자
　해마다 가지들이 자랐네
　땅위에서 조금씩 더 자라고
　점점 더 푸른 하늘에 더 가까워졌네

시간이 부드럽게 지나는 동안
너희도 날마다 그처럼 살아서
땅에서 조금씩 더 멀어지고
점점 더 하늘에 가까워졌으면."　　　　— 데이비드 토머스, 1875.

막 4:28. 성장의 단계들

"처음에는 싹이요 다음에는 이삭이요 그 다음에는 이삭에 충실한 곡식이라." 성장에는 뚜렷이 구별되는 네 단계가 있다. 씨앗과 싹은 발아의 기간에 속한다. 이삭과 충실한 곡식은 증식의 시기에 속한다.

마찬가지로 "나라"도 심는 시기와 발아의 시기가 있다. 그러나 이것은 좀더 중요한 증식의 시기를 위한 준비일 뿐이다. 나라가 위로 열매를 맺을 수 있으려면 먼저 아래로 뿌리가 서려야 한다(왕하 19:30). 그러나 우리는 각 단계나 단계들 간의 상호 관계를 무시해서는 안 된다.

I. 준비

이 기간에는 다음의 일들이 생긴다.
A. 씨를 뿌린다.
B. 잎사귀가 나온다.

II. 증식

이 증식은 또한 두 가지가 있다.
A. 이삭이 나온다.
B. 곡식이 익는다.

먼저 하나님의 생명이 심겨야 하고 그 다음에 뿌리를 내리고 자라야 한다. 이때는 뿌리와 발아의 시기이다. 그러나 열매를 맺으려면 성장이 필요하다. 이 과정은 씨를 심으면서 시작되듯 열매를 맺으면서 끝이 난다.

밀알이 땅에 떨어지면 그 자체는 죽지만 다시 곡식으로 살아난다. 우리 속에 있는 하나님의 생명이 무르익으면 자기를 주는 일의 원칙인 사랑으로 발전한다. 사람의 구원이라는 큰 과업에서는 다음 두 가지 조건이 곡식을 성장시키는데 도움이 된다. 첫째는 인간의 필요에 대한 지식이다. 둘째는 인간 영혼에 대한 사랑이다. 이 두 요건이 합쳐지면 사람은 기도와 증거와 자기 부인에 이르게 된다.

하나님 나라 진행의 전 역사가 이렇게 여기서 열네 마디로 간략하게 진술된다. 하나님의 생명이 우리의 것이 되어야 한다. 그 생명은 위아래로 자라서 우리 속에 뿌리를 내리고 하나님을 위해 열매를 맺어야 한다. 하나님의 나라를 진정으로 우리의 소유로 만들고 그 나라가 좀더 신속하고 체계적으로 재생산되고 퍼져나가도록 돕는 것은 무엇이든 그 나라의 광대한 목적을 이루는 것으로 크나큰 가치가 있다.   ― A. T. 피터슨.

 심는 일과 거두는 기쁨이 영적 밭에서는 동시에 진행된다. 자연의 영역에서 농부는 한 철에 씨를 뿌리고 다른 철에 거두는 것이 전부이다. 그러나 하나님의 말씀은 그와 다른 경험을 제공한다. 하나님의 나라에서는 일 년 중 씨를 뿌려서는 안 되거나 곡식을 거둘 수 없는 때가 없다. 이 두 가지 과정이 경험상에는 아주 밀접하게 연관되어 있다. 이 두 과정은 교대로 상호간에 원인이 되기도 하고 결과가 되기도 한다.

 우리가 지상 생활에서 조금이라도 거둘 수 없게 된다면 씨를 뿌리는 일은 맥빠지게 진행되거나 아예 그치게 될 것이다. 또 한편으로 씨 뿌리는 일을 그친다면 오랫동안 계속해서 거두는 일도 없을 것이다.

― 윌리엄 아노트, 1876.

마가복음 5장

막 5:1-43. 세 가지 구원

1. 귀신으로부터의 구원(1-21절).
2. 질병으로부터의 구원(25-34절).
3. 죽음으로부터의 구원(22-24, 35-43절).　　　　— W. 로버트슨.

막 5:1-21. 가다라의 귀신들린 자

I. 그리스도를 만나기 전 — 귀신들려 있었다

　A. "귀신들린 자 하나가"(눅 8:27).
　B. "그 사람은 무덤 사이에 거처하는데"(막 5:3).
　C. "여러 번 고랑과 쇠사슬에 매였어도"(막 5:4).
　D. "아무도 저를 제어할 힘이 없는지라"(막 5:4).
　E. "밤낮 늘 소리지르며"(막 5:5).
　F. "돌로 제몸을 상하고 있었더라"(막 5:5).
　G. "이 사람은 옷을 입지 아니하며 집에 거하지도 아니하고"(눅 8:27).

II. 그리스도를 만난 후 — 귀신에게서 풀려나고 병이 나았다

　A. "귀신이 나갔다"(눅 8:35).

B. "예수의 발아래 앉은 것을 보고"(눅 8:35).
C. "옷을 입고"(막 5:15).
D. "정신이 온전하여"(막 5:15).
E. "귀신 들렸던 사람이 함께 있기를 간구하였으나"(막 5:18).
F. "집으로 돌아가 네 친속에게 고하라"(재결합 — 막 5:19)
G. "주께서 네게 어떻게 큰 일을 행하사 너를 불쌍히 여기신 것을 고하라"(증거! — 막 5:19).　　　　　　　　　　　　　　— F. E. 마쉬.

막 5:1-21. 가다라에 가신 예수님

사탄이 사람의 몸을 괴롭히도록 허락 받아 사용하는 어떤 질병도 사탄이 죄로 말미암아 날 때부터 모든 영혼에 행사하는 지배력과는 비교가 되지 않는다. 무덤 사이에 거하던 가다라 지방의 귀신들린 자와 마찬가지로 죄인은 타락과 죽음이라는 우울한 영역 가운데 지낸다. 귀신들린 자와 같이 죄인은 의가 없는 점에서 옷을 벗고 지내며 따라서 하나님의 의로운 분노에 노출되어 있다. 맹렬한 정욕과 열정에 사로잡혀 있는 죄인은 하나님의 법의 구속을 위반한다. 하나님의 법의 족쇄는 죄인이 "육신으로 말미암아 연약하기"(롬 8:3) 때문에 그를 효과적으로 묶어둘 수가 없다. 늘 "소리지르며 제몸을 상하고 있던" 이 불쌍한 사람처럼 죄인은 스스로가 자신의 적이다. 죄인은 끊임없이 행복을 갈망하지만 모든 노력은 비참에 비참을 더할 뿐이다.

이러한 사람이 예수님을 만난다. "무장을 한 강한 자"가 자기보다 더 강한 자에게 쫓겨난다(눅 11:21-22). 이렇게 해서 행복하게 된 이 사람은 "새로운 피조물"(고후 5:17)이다. 그는 죽음의 자리를 버리고 본질적으로 생명이신 분에게 속했다. 그는 하나님 앞에서 흠 없고 온전한 의로 옷 입었다. 그는 이제 유순해지고 순종하는 사람이 되었는데, 율법의 족쇄로 인해서 된 것이 아니라 사랑과 은혜의 즐거운 약속으로 말미암아 되었다. 그는 예수의 발 아래에 앉아 주님과 교제하는 가운데 최상의 기쁨을 맛보고 있다. 그는 주님의 명령에 따라 나가 바로 사탄의 경내에서 그리스도의 사랑과 은혜와 능력을 증거하고 그리스도의 구원의 능력과 구원하시고자 하는 뜻을 증거하기를 기뻐한다.

주

가다라라는 고대 도시는 오늘날 아랍의 옴케이스(Om-Keiss)라는 마을로 남아 있다. 이 마을이 자리 잡고 있는 언덕은 기둥과 건축물의 잔재들로 덮여 있다. 지금도 흥미로운 점은 산의 측면들에 고대에 무덤으로 사용되었던 굴들이 뚫려 있다는 것이다. 지금은 이 무덤들을 개인들뿐 아니라 가족 전체가 거처로 쓰고 있다. 버킹엄(Buckingham) 씨가 이곳을 방문했을 때 이 동굴 가운데 한 곳이 쟁기를 만드는 목공소로 사용되고 있었다. 무덤 속에 완벽하게 보존되어 있던 석관은 그곳에 자리잡고 있는 가족이 식료품 저장고로 사용하고 있었다.

— 필립 헨리 고스(Philip Henry Gosse), 1878.

막 5:22-24, 35-43. 회당장의 어린 딸

"예수께서 아이의 손을 잡고" (아이에게 말씀하셨다).

나는 이제 열두 살 된 어린 여자아이에 대해 이야기하려고 한다. 여러분은 그 나이에 관해 많은 점을 알고 있다. 여러분 가운데 더러는 바로 그 또래인 사람들도 있을 텐데, 그러면 여러분은 내가 이 아이에 관해 이야기하려고 하는 것을 더 잘 이해할 수 있을 것이다.

1. 그 여자아이는 아버지가 끔찍이 사랑하는 어린 딸이었다. 그러므로 나는 그 아이가 틀림없이 매우 착실한 소녀였을 것이라고 생각한다. 아버지를 기쁘게 하려고 하는 딸이었을 것이다. 그 아이는 아버지가 집에 오는 것을 기뻐하고 아버지도 어린 딸이 껑충 껑충 뛰면서 맞으러 나오는 것을

보고 기뻐서 미소짓곤 하였을 것이다.

2. 그 여자아이는 아주 많은 사람에게 사랑을 받는 소녀였다. 이 아이는 틀림없이 성품이 매우 상냥했을 것이다. 매우 부드럽고 이타적이었을 것이다. 언제나 이런 아이들이 사람들의 호감을 샀다.

3. 그 여자아이가 병이 들어 죽었다. 이 아이는 보던 책과 하던 놀이를 그만두어야 했다. 우리는 이 아이가 어떤 병에 걸렸는지는 알 수 없으나 그 아이는 날마다 약해져서 부모는 아이가 죽을 것이라고 생각했다. 그러나 아직 이들에게 희망이 있었다. 그들은 예수께 희망을 걸었다. 그래서 어머니가 집에서 아이를 간호하고 있는 동안에 아버지가 예수께 찾아가 말씀을 드렸다. 그런데 예수께서 오시기 전에 아이가 죽었고 어머니의 마음은 찢어지는 듯했다.

4. 그 여자아이는 예수께서 죽은 자들 가운데 일으키심으로 살아났다. 이때 예수께서는 틀림없이 아이 부모의 슬픔을 보고 매우 안쓰러워 하셨을 것이다. 예수의 마음은 매우 부드럽고 사랑이 많으셨다. 그래서 예수께서는 아이의 아버지가 요청하자 그 집으로 가셨다. 예수께서는 마음이 부드럽고 사랑이 많으실 뿐만 아니라 고치실 능력도 있으셨다. 그래서

5. 예수께서는 여자아이의 손을 잡고 죽은 자들 가운데서 일으키셨다. 이후로 이 아이는 자신이 다시 살아났을 때 그처럼 친절하고 강력하신 분이 자기 손을 잡고 계신 것을 보게 된 순간을 거듭거듭 생각했을 것이다.

죽은 여자아이는 손을 예수께 내밀 수가 없었다. 그래서 예수께서 아이의 손을 잡으셨다. 그러나 여러분은 살아있으므로 예수께 손을 내밀 수 있다. 예수께서는 여러분이 그렇게 하기를 바라신다. 예수께서는 일생 동안 내내 여러분을 인도하고 지도하기를 바라신다. 여러분이 어떤 사람이든 예수께 기도하며 이같이 말할 수 있다. "오, 예수여 제 손을 잡아 주소서!"

― 웍스텝(F. Wagstaff), 1878.

또 한 가지 사실, 곧 우리 주 예수 그리스도의 능력이 얼마나 놀라운지에 대해서 배우도록 하자. 딸이 죽었다는 메시지가 회당장의 마음에 꿰뚫

고 지나갔지만(35절) 우리 주님의 발걸음을 한동안도 멈추게 하지 못했다. 예수께서는 즉시 "두려워 말고 믿기만 하라"는 영광스러운 말씀으로 아버지의 약해지는 심령을 북돋았다. 그 다음에 예수께서는 많은 사람들이 울고 통곡하고 있는 집에 오셔서 여자아이가 죽어 누워있는 방에 들어가신다. 예수께서 여자아이의 손을 잡고서 "소녀야 내가 네게 말하노니 일어나라"고 말씀하신다. 그 즉시 아이의 심장이 다시 뛰기 시작하고 숨이 생명 없던 몸에 돌아온다. "소녀가 곧 일어나서 걸으니." "사람들이 크게 놀라고 놀라거늘"이라는 글을 읽는 것이 당연하다.

이 집에 일어난 변화는 얼마나 놀라운 것이었겠는가? 울음에서 기쁨으로, 통곡에서 축하로, 죽음에서 생명으로 바뀌었다. ― J. C. 라일.

막 5:25-34. 그리스도와의 의식적인 접촉

마태, 마가, 누가가 모두 이 기적을 기록하고 있는데, 정황에 대한 설명이 각기 조금 다르다. 이 기사 전체가 매우 흥미롭고 시사하는 바가 깊지만 여기서는 본문에서 제기되는 두 가지 생각에만 주의를 기울이고자 한다.

I. 복음적인 신앙이 있으면 사람은 의식적으로 그리스도와 접촉하게 된다

"딸아 네 믿음이 너를 구원하였으니." 어떻게 구원하였는가? 그 믿음이 그녀로 하여금 직접 그리스도와 접촉하도록 만들었기 때문이다. 그녀는 "그의 옷에 손을 댔다." 믿음이 있으면 어떻게 영혼이 의식적으로 그리스도와 접촉하게 되는가?

A. 그리스도 자신이 믿음의 중요한 대상이시다. 진정한 복음적 신앙은 단지 그리스도께서 선포하신 진리나 행하신 놀라운 일, 혹은 주께서 겪으신 고난과 죽으신 죽음만을 믿는 것이 아니다. 그것은 바로 그리스도를 믿

는 것이다. 그것은 그리스도를 지극히 선하고 사랑이 지극히 풍성한 하나님이 보내신 구주로 무한히 신뢰하는 것이다.

B. 믿음의 대상인 그리스도를 영혼이 깨닫게 될 때 그리스도는 영혼 속에서 언제나 지배적인 영구한 힘으로 거하신다. 사람의 이성적인 능력과 도덕적인 정서, 깊은 영적 필요에 대해 그리스도께서 그와 같은 존재로 계시므로, 일단 믿음으로 예수님을 알고 그 믿음에 의해 예수께서 영혼 속으로 들어가시면 영혼 속에서 그런 분으로 계실 것이다. 예수께서는 영혼 속에 거하면서 통치하실 것이고 모든 것보다 뛰어나실 것이다.

II. 그리스도와 의식적으로 접촉함으로 건강이 온전히 회복된다

그 여인은 그리스도의 옷에 손을 대었고 "병이 나은 줄을 몸에 깨달으니라." 이 접촉의 능력에 대해 많은 것을 말할 수 있고 심지어 물질적으로 생각할 수도 있다. 그러나 우리가 생각하는 것은 감각적인 접촉이라기보다는 영적인 접촉이다. 즉 존재들 사이의 영적인 접촉, 영혼들 사이의 접촉이다.

A. 수많은 실망거리들로 낙담하고 의기소침해진 사람들을 낙천적이고 밝고 희망찬 분 앞으로 데려가면 압박이 사라지고 낙담한 영혼이 새로 힘을 얻고 다시 일어설 것이다. 이런 지적인 접촉, 곧 영적인 접촉이 인간 사회에서는 매일 놀라운 일을 일으킨다. 무지한 자가 깨우침을 받고 슬퍼하는 자가 기뻐하며 낙담해 있는 사람이 희망으로 마음이 가벼워진다.

B. 영적 질병이 그리스도와 접촉하게 되면 영적 건전함으로 나아가게 된다. 건강을 회복시키는 것은 새 생명을 나누어주는 것이다. 그리스도는 영적 생명의 원천이시다. "또 증거는 이것이니 하나님이 우리에게 영생을 주신 것과 이 생명이 그의 아들 안에 있는 그것이니라 아들이 있는 자에게는 생명이 있고"(요일 5:11-12).

참된 믿음의 능력을 보라! 참된 믿음은 바울이 말하기를 하나님이 지극히 높여 모든 이름 위에 뛰어난 이름을 주셨다고 하는(빌 2:9) 그 분과 영혼이 의식적으로 접촉하게 만든다. — *The Homilist,,* 1875.

막 5:25-34. 혈루증으로 앓는 여인

본문에서 우리는 다음과 같은 점을 배울 수 있다.

1. 죄는 사람의 힘이나 구제책으로 치료할 수 없는 질병이다.
2. 그러므로 모든 자아의 노력은 헛되고 속상하고 절망스러울 뿐이다.
3. 사람은 자신의 끝에 이를 때에야 비로소 하나님의 시작을 발견한다(참조. 돌아온 탕자. 눅 15장). 사람의 곤경은 하나님의 기회이다.
4. 치료의 조건은 하나님께 있는 능력을 자발적으로 자기 것으로 사용하는 것이다. 치료의 효력은 믿음에 있는 것이 아니라 그리스도께 있다. 구체적인 행동은 하나님의 약속을 붙잡는 것이다.
5. 치료는 즉각적이고 완전하며 영구하고 종종 의식할 수 있게 이루어진다.
6. 고백이 의무이자 특권으로서 뒤따라야 한다. 믿음의 고백은 그리스도를 영광스럽게 하고 또한 사람에게 유익을 끼친다. 이 여인의 행동은 전례가 없었으나 여인이 행하자 전례가 되었다(마 14:36).
7. 의무를 온전히 행하자 더욱 복이 따른다(롬 10:9-10). 믿음을 고백하면 구원을 얻는다. 여인이 믿음을 고백한 후에 그리스도께서 "딸"이라는 말을 사용하신 것을 유의할 필요가 있다.

사람들의 해결 방법은 자아 혁명이나 인간의 결심이다. 새로운 환경과 연합이 해결 방법으로 제시될 수도 있지만, 최선의 환경도 유다에게 도움이 되지 못했다. 교육이 죄의 분야와 형태를 바꾸긴 해도 그 뿌리를 뽑지는 못한다. 의식주의, 중독, 즐거움과 쾌락, 다른 사람들과 비교하여 자신을 옳다고 여김, 등 이 모든 것은 해결책이 되지 못하며 오히려 불신앙이고 믿음의 파산이나 마찬가지이다.

여기에 나오는 "접촉"은 역사적이거나 학문적이 아니고 심미적이나 윤리적인 혹은 교회적인 것이 아니라 경험적인 것이다.　― A . T. 피어슨.

마가복음 6장

막 6:6. 예수께서 사람의 불신앙을 이상하게 여김

I. 누가 이상하게 여겼는가?

하나님의 아들이셨다. 사람들이 이상하게 여기는 것은 별로 중요하지 않을 수 있다. 그러나 그리스도께서 이상하게 여기신 것에는 깊은 의미가 있다. 그리스도의 판단은 정확하셨기 때문이다. 그리스도께서 잘못 알고 이상하게 여기신 적은 없다. 그리스도께서 몹시 슬퍼하셨다거나 화를 내셨다는 기록은 없지만 이상하게 여기셨다는 사실은 기록되었다. 그것은 너무도 큰 실망을 뜻하는 것이었다. 그리스도께서 열매를 얻으려고 왔지만 아무것도 발견하지 못하셨다.

II. 예수께서 누구를 이상하게 생각하셨는가?

갈릴리 사람들을 이상하게 여기셨다. 예수께서 이들 가운데 자라셨으므로 이들은 예수님을 잘 알고 있었다. 예수께서는 갈릴리에서 대부분의 이적들을 행하셨고 은혜로운 말씀을 가장 많이 하셨다. 예수께서 자기 사람들에게 오셨는데 자기 사람들이 예수님을 받아들이지 않았다. 그러므로 예수께서 이상하게 여기신 것이 당연하다.

III. 예수께서 무엇을 이상하게 생각하셨는가?

갈릴리 사람들의 죄나 죄받을 언동이나 품행이 아니라 그들의 불신앙을 이상하게 여기셨다. 예수께서는 그들의 병든 것을 이상하게 여기신 것이 아니라 그들이 의사를 거절하는 것을 이상하게 생각하셨고, 그들이 멸망하게 된 사실이 아니라 구원받기를 거절하는 사실을 이상하게 생각하셨다.

그런데 예수께서 이들의 불신앙을 이상하게 여기신 이유는 무엇인가? 불쌍한 죄인의 불신앙은 이상하게 여길 만한 일이었다. 그렇다면 이들의 불신앙은 더더욱 말할 것도 없이 이상하게 여길 만한 것이 아닌가? 왜 그런가?

A. 이들의 불신앙은 너무나 터무니없었다. 예수께서는 불신앙을 제거하거나 방지하기 위해 할 수 있는 모든 일을 하셨다. 예수께서는 자신이 하나님께로부터 받은 사명과 자신의 말이 진리임에 대해 더할 수 없이 충분한 증거를 주셨다. 따라서 이들의 불신앙은 참으로 까닭이 없고 핑계나 변명할 수 없는 것이었다. 한 마디로 너무나 터무니없었다.

B. 이들의 불신앙은 너무도 냉담하였다. 예수께서는 오랫동안 이들 가운데 드나드셨다. 이들을 사랑하고 동정하며 초청하셨다. 그러나 이들은 믿으려고 하지 않았다. 예수께서는 이들 가운데서 죽은 자를 일으키고 병든 자를 고치며 소경의 눈을 뜨게 하고 이적을 베풀어 많은 무리를 먹이셨다. 그런데도 이들은 믿으려고 하지 않았다.

C. 이들의 불신앙은 너무도 큰 죄였다. 하나님의 아들을 믿기를 거부하였다. 주님의 이적을 마치 속임수인 것처럼, 주님의 말씀을 거짓말인 것처럼, 주님 자신을 사기꾼인 것처럼 대하였다. 불신앙 때문에 이 모든 짓을 하는 것이다. 따라서 불신앙이 죄 중의 죄가 아니겠는가?

D. 이들의 불신앙은 너무나 무익하였다. 이들은 불신앙으로 아무 것도 얻지 못하였다. 불신앙이 이들에게 아무 유익도 끼치지 못하였다. 아무리 줄잡아 말하더라도 이들의 불신앙은 쓸데없이 하나님을 화나시게 할 뿐이었다. 그것은 마치 어린아이가 진짜 금보다 싸구려 장난감을 더 좋아하는 것과 같은 것이었다. 오, 불신앙의 어리석음이여! 오, 불신앙의 무익함이여!

E. 이들의 불신앙은 너무나 위험하였다. 이들의 불신앙은 현재의 평안을 버리고 참된 사랑을 치워버렸다. 이들은 불신앙 때문에 이 세상에서는 비참하게 되었고 진노의 날에 대해서는 진노를 쌓았다(롬 2:5). 이들의 불신앙은 영생을 던져버리는 것이었다. 그것은 지옥을 자신들의 몫으로 고의적으로 선택한 것이었다. 이러므로 예수께서 이상하게 생각하신 것이 당연하였다.

　　F. 이들의 불신앙은 너무도 고의적이었다. 이 사실이 불신앙 전체를 요약하였다. 이들의 불신앙은 의도적으로 그리스도와 그리스도의 메시야 되심을 거부하였다. 이들은 자유롭게, 순전히 자신의 의사와 선택으로, 즉 아무도 그들을 강요한 일이 없이 그렇게 하였다. 그러므로 예수께서 이들의 불신앙을 이상하게 여긴 것이 당연하다.

　　죄인들이여, 예수께서는 여러분의 불신앙을 이상하게 여기신다. 여러분이 그리스도 자신보다 세상을 더 좋아하는 것을, 생명보다 죽음을, 천국보다 지옥을 더 좋아하는 것을 이상하게 생각하신다.

　　타락한 자들이여, 예수께서는 여러분의 불신앙을 이상하게 생각하신다. 불신앙이 타락의 근원이다. 타락은 불신앙의 악한 마음이 다시 일어나는 것이다.

　　염려하는 영혼들이여, 예수께서는 여러분의 불신앙을 이상하게 생각하신다. 여러분이 계속해서 평안을 얻지 못하도록 만드는 것은 바로 여러분의 불신앙이다. 여러분은 자신의 불신앙에 대해 어떤 이유를 댈 수 있는가?

　　신자들이여, 예수께서는 여러분의 불신앙에 대해서도 이상하게 생각하신다. 그런 주와 구주를 모시고 있으면서도 여러분은 왜 항시 의심하는가? "미련하고 선지자들의 말한 모든 것을 마음에 더디 믿는 자들이여"(눅 24:25). 우리가 진실로 모든 것, 곧 주님께 관한 모든 것을 믿는다면 참으로 다른 사람이 될 것이다!　　　　　　　　　　— 호라티우스 보나.

　　모든 불신앙은 이유에 어긋나는 범죄이다. 기독교 신앙은 이성을 초월하여 존재한다. 그러나 이성을 따라 생각해 보면 믿음으로 사는 것이 타당한 것임을 알 수 있다. 우리는 계시가 있다는 것과 그 계시가 곧 우리의 성경이라는 사실을 면밀한 추론을 통해 증명할 수 있다. 그리고 그렇게 증명되고 나면 이성은 우리에게 성경에 담겨 있는 모든 것을 믿으라고 요구한다. 그 다음에 성경은 우리를 믿음의 영역으로 끌어들인다. 그리고 일단 믿음의 영역에 들어가면 이성은 종속적인 것이 된다. 우리는 깊이를 헤아릴 수 없고 신비하며 이해할 수 없는 것들 가운데 살고 있다. 여기서 이치를 따지는 것은 적절한 일이 아닐 것이다.

모든 불신앙의 예들에 대해서는 곧바로 하나님께 가서 여러분의 불신앙을 물리쳐달라고 기도하라. 여러분에게서 이 두려운 미혹을 치료해달라고 구하라.

그리스도의 제자들, 곧 그리스도를 따르기로 마음먹은 사람들, 모든 교회는 이렇게 말하자. "주여, 우리에게 믿음을 더하소서."

— 자베스 번팅(Jabez Bunting: 1779-1858).

막 6:31. 와서 쉬어라

"너희는 따로 한적한 곳에 와서 잠깐 쉬어라." 여기서 우리는 예수께서 당신을 위하여 일하는 사람들을 돌보신다는 사실을 알 수 있다. 우리는 어떻게 해야 참된 쉼을 얻을 수 있고 우리의 쉬는 시간을 진정으로 또 영구히 즐길 수 있는가?

1. 쉼은 획득해야 한다. 예수께서는 갈릴리의 여러 마을에서 바쁘게 복음을 전하셨다. 주님의 제자들도 그렇게 하였다. 오늘날과 같은 방종과 사치의 시대에 소위 많은 휴일들이 그렇듯이 이들의 쉼은 단순히 게으름을 더 부추기는 것이 아니었다. 이처럼 바쁘고 긴장이 되는 때에 지친 몸과 쑤시는 머리는 반드시 휴식이 필요하다. 전혀 휴식을 취하지 못하는 사람

들은 불쌍하다! 그러나 일하지 않는 사람은 진정으로 쉴 수 없다는 사실을 분명히 알도록 하자. 참된 휴식은 한결같이 열심히 일한 수고의 시간과 노력을 회고하게 된다.

2. 휴식은 더 봉사할 수 있는 힘을 주어야 한다. 이 경우에 물러남은 제자들이 "잠깐 쉬고" 다시 일할 수 있도록 준비시키려는 것일 뿐이었다. 그것이 매우 종교적인 일이든 일상적으로 되풀이되는 평범한 의무이든 하나님을 위하여 일하는 사람들에게는 다 그와 같다. 앞으로 들어가야 할 새로운 문은 언제나 있고 복음으로 구원해야 할 새로운 사람들(추수해야 할 들판)은 언제든지 있는 법이다. 그리스도께서는 호수를 건너 산꼭대기로 와 함께 쉬자고 우리를 부르신다. 그런데 우리가 바닷가로 돌아가고 먼지 나는 평지로 내려오는 것은 그곳에 힘들게 봉사해야 할 일이 있기 때문이다.

3. 그리스도 앞에서 쉰다. 주께서는 제자들을 자기 곁에 두신다. 주님의 말씀은 "가라"는 것이 아니라 한적한 곳으로 "와서" 잠깐 쉬라는 것이다. 일할 때에도, 압박하는 근심이 있을 때에도, 물론 죽음이 가까이 나타날 때에도 하나님께서는 우리 곁에 계신다. 그러나 즐거울 때, 친구들과 흥겹게 떠들고 놀 때는 하나님께서 떠나 계시는가? 정말 그런가? 우리는 우리의 즐거움에 대해 이같이 말할 수 있는가? "주의 앞에는 기쁨이 충만하고 주의 우편에는 영원한 즐거움이 있나이다." 적어도 즐거운 시간에는 우리가 하나님을 잊고 나가서 친구들과 흥겹게 떠들 수 있다는 생각을 가지고 한 번 해 보라. 주님의 임재는 순수한 즐거움을 감소시키고 솔직한 기쁨을 우울하게 만들 것이라는 생각을 가지고 한 번 행해 보라. 과연 그렇게 할 수 있는가? 예수 그리스도께서는 "언제든지" 곧 일하는 날뿐 아니라 휴일에도 우리와 함께 하려고 하신다. ― 드루리(T. W. Drury).

막 6:31. 휴식의 사역

"너희는 따로 한적한 곳에 와서 잠깐 쉬어라." 이것은 노인의 말이 아니라 아주 젊은 사람, 곧 겨우 삼십삼 세 정도 되었고 인류의 구속이라는 최대의 사역을 맡은 분의 말씀이었다. 주님의 공생애에서 모든 일은 시간이 짧다는 전제 아래 이루어졌다. 그럴지라도 예수께서는 쉴 시간을 만드셨다!

때로 우리는 우리의 일이 신성하다는 생각에 휴식을 게으름으로 간주하고 휴양을 낭비로 생각할 수가 있다. 참된 휴식은 향상을 가져온다. 은거의 시간이 우리의 공적 봉사를 더 풍부하게 해 준다.

— J. H. 자우엣(Jowett).

막 6:34. 예수의 불쌍히 여기심

그리스도께서는
1. 목자의 동정심을 가지고 무리를 찾으신다(마 9:36).
2. 치료자의 동정심을 가지고 시력을 회복시켜 주신다(마 20:34).
3. 깨끗케 하는 자의 동정심을 깨끗케 하신다(막 1:41).
4. 권능자의 동정심을 가지고 구원하신다(막 5:19).
5. 구원자의 동정심을 가지고 해방시키는 일을 하신다(막 9:22,25).
6. 위로자의 동정심을 가지고 위로하신다(눅 7:13).
7. 아버지의 동정심을 가지고 사랑하신다(눅 15:20).
8. 하나님의 동정심을 가지고 축복하신다(다섯 번에 걸쳐 하나님께서 "인자가 풍성하신" 분으로 언급되는 점에 유의하라. 시 78:38; 86:15; 111:4; 112:4; 145:8).

— F. E. 마쉬

막 6:47-53. 두려움: 그 원인과 치료

두려움은 본문의 경우에서 볼 수 있는 것처럼 그리스도인들 가운데서도 매우 강력하게 역사하기도 하고 그로 인해 매우 큰 피해를 불러오기도 한다. 두려움이 어떤 사람들에게는 선천적인 기질처럼 보이고 또 어떤 사람들에게는 습관인 것처럼 보인다. 경건한 사람은 그처럼 부적당한 정신적 태도에 잘 빠지지 않을 수 있다. 그리스도인은 어느 누구보다도 두려워할 일이 적기 때문이다. 분명한 위험이 그리스도인을 위협할지라도 사실 궁극적인 상해가 그에게 닥칠 수는 없다.

I. 두려운 경우

A. 두려움은 때로 그리스도인 생활의 환경 때문에 생긴다. 베드로의 경우가 그러했다. 베드로는 요동치는 물결을 밟고 그리스도에게로 가고 있었다. 그런데 예수를 바라보던 그의 눈길이 요동치는 바다로 쏠리면서 이 영웅적인 인물은 가라앉기 시작하였다. 베드로는 두려움에 사로잡혀 소리쳤다. "주여 나를 구원하소서"(마 14:30).

이렇게 두려움은 인생의 다양한 환경 때문에, 곧 물질적인 궁핍이나 지적인 불안, 도덕적 무능력 때문에 경건한 자의 마음에 일어난다. 인생이라는 큰 바다에는 그리스도인의 마음을 위협하는 굽이치는 물결과 사나운 바람이 있다.

B. 두려움은 때로 물질적인 우주의 현상 때문에 생긴다. 제자들의 마음은 두려움에 사로잡혔다. 제자들이 갑판이 없는 작은 배에서 사나운 폭풍을 만났기 때문이다. 이들은 죽지 않을까 하여 두려웠다. 이들은 하나님의 섭리에 대한 조용한 확신이 없었다. 아마도 이들은 하나님의 섭리를 거의 이해하지도 못하였을 것이다.

혹독한 물질적 현상은 종종 사람들 마음에 두려움을 일깨운다. 사람은 항거할 수 없는 자연의 세력에 부딪힐 때 자신의 약함을 깨닫는다. 자연의 세력은 인간의 울부짖음을 듣지 않고 인간의 책망에 아랑곳하지 않기 때문이다. 자연의 세력은 파괴적이므로 사람은 그 앞에서 떤다. 그러면 이 자연의 세력들이 하나님의 뜻에 의해서도 다스려지지 않는가? 그럴 수 없다. 그렇다면 왜 자연의 세력을 두려워하는가?

C. 두려움은 때로 하나님의 임재가 나타나고 인간 영혼의 도덕적 약함이 드러날 때 생긴다. 베드로는 하나님의 임재가 특별히 나타나는 것을 경험하였을 때 주께서 자기를 떠나기를 구하였다(눅 5:8). 요한은 강림하신 주를 뵈었을 때 죽은 자처럼 엎드러져 있는 것으로 나온다(계 1:17).

사람의 영혼은 죄가 많고 너무 연약하여서 하나님이 가까이 오시거나 직접적으로 나타나실 때 두려워하지 않을 수 없다. "아담과 그 아내가 여호와 하나님의 낯을 피하여 동산 나무 사이에 숨은지라"(창 3:8).

II. 두려움의 결과

A. 두려움은 종종 사람을 인생의 재난 가운데 빠지게 한다. 베드로가 그리스도를 의지하기보다는 맹렬한 바람과 사나운 파도를 두려워하기 시작하였을 때 바다에 빠지기 시작하였다. 두려움은 언제나 사람을 당혹스런 환경 속에 빠지게 만든다.

B. 두려움은 종종 진정한 이유가 없이 사람을 걱정하게 만든다. 예수께서 배에 자기들과 함께 계시는데 자신들에 안전에 대해 그처럼 걱정해야 할 필요가 어디 있는가? 두려움은 언제나 사람들로 하여금 지나치게 걱정하게 만들고 아무 것도 없는데도 위험을 상상하게 만든다.

C. 두려움은 종종 사람들이 맡은 의무를 제대로 이행하지 못하게 만든다. 사도 요한은 두려움 때문에 엎드러져서 눈앞에 보이는 일들을 기록할 수가 없었다. 두려움은 사람이 어떤 일이든 제대로 하지 못하게 만든다.

III. 두려움의 치료

A. 두려움은 하나님의 섭리를 철저하게 의지함으로써 치료될 것이다. 인생의 모든 폭풍 가운데서는 우주의 영원하신 통치자이신 하나님의 사랑과 지혜와 능력을 신뢰하라. 하나님께서는 바다 위에서 요동치는 모든 배

를 보시고 당신의 백성들이 처해 있는 모든 상황을 아시며 자기에게 부르짖는 모든 자의 기도 소리를 들으신다.

B. 두려움은 그리스도의 은혜로운 말씀에 주의를 기울임으로써 치유될 것이다. "내니 두려워 말라." "곧 산 자라 내가 전에 죽었었노라 볼지어다 세세토록 살아 있어 사망과 음부의 열쇠를 가졌노니"(계 1:18).

C. 두려움은 성령의 정결케 하는 사역으로 생긴 도덕적 순결에 대한 의식으로 얻은 자아에 대한 거룩한 통제에 의해 치유될 것이다. 죄가 두려움의 주요 원인이다. 하나님의 의롭게 하시는 은혜와 정결케 하시는 능력을 신뢰할 때 우리는 넘어지지 않게 우리를 지키시고 우리를 그리스도께서 영광 중에 나타나실 때 지극히 큰 기쁨으로 그 앞에 흠 없이 서게(유 24절) 하실 수 있는 그리스도의 지키심을 믿게 된다. ─ 조셉 S. 엑셀, 1875.

막 6:47-53. "내니 두려워 말라"

본문에서 우리는 우리 구주께서 바다 위로 걸어 오셔 제자들과 다시 함께 계시는 가운데 행하신 또 다른 이적을 보게 된다. 여기서 다음 몇 가지 점을 생각해 보자.

1. 제자들이 처한 큰 위험과 부닥치지 않을 수 없던 곤경. "배는 바다 가운데 있고." "바람이 거스르므로." "제자들의 괴로이 노 젓는 것을 보시고." 그리고 무엇보다 슬픈 사실은 예수께서 계시지 않았다는 것이다.

때로 하나님께서는 자기 자녀와 백성들이 괴로움을 당하게 하시는데 여러 가지 걱정거리로 크게 괴로움을 당하도록 하신다. "세상에서는 너희가 환난을 당하나"(요 16:33). "우리가 하나님 나라에 들어가려면 많은 환난을 겪어야 할 것이라"(행 14:22).

2. 예수께서는 제자들에게 시기적절한 구조와 구원을 베푸셨다. "밤 사경 즈음에 바다 위로 걸어서 저희에게 오사." 폭풍우가 치는 사나운 바다

도 주님과 제자 사이를 갈라놓을 수 없었다.

자기 백성을 구원하기 위해 피의 바다와 진노의 바다를 헤치고 오신 주님께서는 자기 백성을 구조하고 구원하시기 위해 어떤 "바다"도 걸어서 오실 것이다. 주께서 "사경 즈음" 곧 우리가 오랫동안 몸부림칠 때까지 기다릴 수 있지만 반드시 오셔서 우리를 모든 고난에서 건져내실 것이다.

3. 제자들이 아주 비참한 상황에 처해 있을 때 주님께로부터 나온 한 마디 말씀은 제자들의 곤경을 덜어주기에 충분했다. "내니 두려워 말라." 폭풍은 여전히 사납게 몰아치고 있었지만 두려움은 진정되었다.

우리가 아무리 고난 가운데 있을지라도 주님의 목소리를 듣는다면, 주님의 복된 임재를 의식할 수 있다면 그것을 충분한 도움이 될 것이다. 악이 제아무리 날뛸지라도 오, 구주시여 "내니 두려워 말라"는 말씀 한 마디만 하여 주소서. ― 윌리엄 버키트(William Burkitt), 1856.

막 6:56. "손을 대는 자는 다 성함을 얻으니라"

그리스도의 시대에 유대에는 온갖 종류의 신체적 질병이 성행하였다. 그리스도께서는 모든 신체적 질병을 치유하실 수 있음을 증명해 보이셨다. 많은 무리가 예수님을 따랐고 예수께서는 모든 사람을 고치셨다. 본문 말씀을 사람의 영적 질병을 예증하는 말로 사용하는 것은 정당하고 또 유익할 수가 있다.

I. 사람은 도덕적으로 질병에 걸려 있다

인간의 영적 시각은 흐려졌고 인간의 영적 귀는 닫혔으며, 영적 능력은 연약해졌고 영적 감각은 무디어졌으며 마찬가지로 인간은 도덕적으로 비참해졌다. "발바닥부터 머리까지 성한 곳이 없이 상한 것과 터진 것과 새로 맞은 흔적뿐이어늘"(사 1:6).

A. 신체적 질병과 마찬가지로 도덕적 질병도 사람으로 하여금 일을 할

수 없도록 만든다.

　B. 신체적 질병과 마찬가지로 도덕적 질병도 즐거움을 누릴 수 없게 만든다.

II. 그리스도는 인류의 치료자이시다

그리스도는 사람을 "성하게" 만드셨다.
　A. 그리스도는 언제나 계시는 의사이시다.
　B. 그리스도는 치료비를 전혀 요구하지 않으시는 의사이시다.
　C. 그리스도는 도덕적 질병을 치료할 수 있는 유일한 의사이시다. 국회의원, 윤리학자, 시인, 사제, 모두가 도덕적 질병을 없애려고 노력하였지만 실패하였으며, 그것도 철저히 실패하였다. "나를 보내사 눈 먼 자에게 다시 보게 함을 전파하며"(눅 4:18).

III. 그리스도의 치유하는 효력은 그와 접촉함으로써만 병든 자에게 임한다

"손을 대는 자는 다 성함을 얻으니라." 신체적인 질병을 치료하실 때 예수께서는 자기에게 손을 대지 않은 자들도 고치셨다. 그러나 도덕적 환자는 주께 "손을 댐으로"써만, 즉 그 사람의 영혼, 곧 도덕적 자아가 그리스도의 마음과 영혼과 접촉하도록 함으로써만 고침을 받을 수 있다.

— 데이비드 토머스, 1878.

우리는 주님의 말씀을 통하여, 그의 복음을 통하여 우리의 치료자이신 그리스도와 접촉한다. 주의 말씀은 우리에게 믿음과 회개와 중생을 통한 좀더 풍성한 생명에 이르는 길을 보여 준다. 그 생명의 길은 하나님께서 무한하신 은혜로 영적으로 병들고 고통받는 자들에게 제시하신 길이다.

— H. E.

"게네사렛 땅"의 이 사람들을 본받아 선한 행실과 함께 믿음과 확신으로 지칠 줄 모르고 참된 의사를 찾는 그 병자는 복이 있다! 아주 다양한 방법으로 우리에게 오시는 그리스도의 임재를 통해 유익을 얻는 법을 배우도록 하자. 병자를 돕고 치료하는 것은 그리스도께서 받으실 만한 자비의 행위이다. 그렇다면 영혼의 건강을 회복시키는 일을 돕는 것은 얼마나 더 그리스도께서 기꺼이 받으실 일이겠는가? — 파스케르 케넬.

마가복음 7장

막 7:5-16. 전통적인 종교가들

(참조. 마 15:2-9; 골 2:8)

우리는 이 바리새인과 서기관들을 여기에 나오는 대로 모든 시대의 교회에서 볼 수 있는 대다수 계층의 전형으로, 곧 소위 전통적인 종교가라고 말할 수 있는 계층으로 볼 것이다.

여기서 다음과 같은 점을 유의할 필요가 있다.

I. 이들은 자신들의 보잘것 없는 영혼을 스스로 드러낸다

A. 이들은 속이 텅 빈 채 격식만 차리는 정신을 보인다. 이들이 그리스도의 제자들의 행동에서 눈여겨보고, 제자들에 대해 관심을 가진 것이라곤 제자들이 의식의 세세한 점, 즉 "손을 씻는 일" 같은 것을 무시한다는 것뿐이었다.

그리스도의 제자들이 호흡한 거룩한 정신, 고결한 대화, 제자들의 성품을 중점적으로 형성했던 거룩한 원칙들, 제자들의 정직성과 명예, 제자들의 말과 생활에서 드러난 올곧음과 신앙, 이 모든 것이 마음이 텅 빈 이 전통주의자들에게는 아무 평가도 받지 못하였다. 이들에게는 깨끗한 마음이 아무것도 아니었고, 이들이 생각한 것은 깨끗한 손뿐이었다.

이 같은 부류에게는 언제나 문자가 영보다, 세세한 격식이 원칙보다 높임을 받아왔다. 사람이 아무리 선할지라도, 다시 말해 바울처럼 열심히 있고 요한처럼 유순할지라도 그것은 중요하지 않으며, 그 사람이 자기 당파에 속해 있지 않다면, 자기들 신조에 동의하지 않고 자기들 법규와 의식을 존중하지 않는다면 아무것도 아니고, 아무 것도 아닌 게 아니라 오히려 비난과 욕설을 받아 마땅한 이단이라고 이들은 생각한다.

B. 이들은 트집잡기 좋아하고 주제넘게 나서기 잘 하는 정신을 보인다. 이들은 제자들에게 간섭해야 할 무슨 용무가 있었는가? 왜 이들은 이 선한 사람들이 자기 방식대로 살고 스스로 자기 행동을 규제하도록 내버려 둘 수 없었는가?

이들을 부추긴 것은 트집잡기 좋아하는 정신이었다. 종교의 영적 중요성과 주장들보다는 종교의 형식과 예의에 더 열중하는 사람이 있는가? 그 사람은 트집잡기 좋아하는 그 정신 때문에 자기가 속한 단체의 조화를 항상 깨트리는 사람일 것이다. 교회에서 무엇보다 형식과 의례에 관심을 쏟는 부류는 지극히 비판적인 정신을 지니고 있고, 극단적인 파벌주의자이며, 신자들 사이에 분열을 일으키는데 선수들이다.

C. 이들은 불경건하고 주제 넘는 정신을 보인다. 이들이 사사건건 간섭하는 것은 그런 문제에 자신들이 권위가 있다고 생각하기 때문이었다. 이들은 마치 자기들이 성품의 판단자, 곧 운명의 결정자인 것처럼 행동한다. 왜 이들은 이런 오만을 보이는가? 그것은 순전히 이들이 전통주의자들이었기 때문이다. 이들은 진리와 경건의 껍데기만 가지고 살았다. 이들은 사물의 영적 본질을 꿰뚫어보지 못하였다.

누가 걸핏하면 이 권한을 가장 잘 사칭한 사람들인가? 걸핏하면 자기 형제를 이단이라고 비난하며 처형한 사람들이다. 그러면 이들은 영혼의 위대한 영성과 사고의 공평무사함이나 마음의 법에 대한 철학적 통찰과 복음의 교리, 하나님의 통치의 원칙들에 탁월한 사람들이었는가? 아니다. 이들은 그 생각이 편협하고 피상적이며 물질적인 사람들이었고, 생각 없는 자들에게는 매력적으로 보일지 모르나 다른 모든 지성에는 지극히 혐오스러운 조잡한 개념 다발을 복음으로 갖고 있는 자들이었다.

이 전통적인 종교가들이 그리스도의 시대에 보인 정신이 그런 것이고, 그들 계층이 항상 보여왔던 것이 바로 그런 정신이다. 서기관과 바리새인들을 비난하면서 우리는 지금 사라진 과거 인물들을 비난하고 있는 것이 아니라는 사실을 기억하도록 하자. 그들은 현재 살고 있는 사람들이다.

II. 이들의 오만한 가정을 제자들은 무시한다

제자들은 진실한 사람들이었다. 제자들은 이 종교가들의 격식을 차리는 태도를 무시하였다.

음식을 먹을 때에 손을 씻는 것은 해롭지 않은 관습일 뿐만 아니라 물질적이고 사회적인 이유에서 단정하고 유익한 일이다. 이 관습이 단지 이러한 이유들에 근거하고 있었다면 제자들은 틀림없이 그 관습을 받아들였을 것이다. 그러나 이 서기관과 바리새인들은 그 관습을 종교적인 예식으로까지 높였고 거기에다 미신적인 중요성까지 덧붙였다. 이 이유에서 사도들은 그 관습을 비난하였다. 여기서 우리는 다음 두 가지 점을 주목하자.

A. 제자들의 행동은 정당하였다. 그리스도께서는 제자들이 이 예식을 소홀히 한 것이 잘못이라는 암시를 조금이라도 나타내기보다는 제자들을 비난하는 자들을 고발하고 비난하며 제자들은 잘못한 것이 전혀 없다는 것을 명백히 보이신다.

그 자체로는 해가 없고 적절하게 사용될 때는 유익할 수 있는 관습과 의례일지라도 부당한 위치로 올라가고 지나치게 중시될 때는 그런 것을 무시하는 것은 언제나 정당하다. 놋뱀이 상징으로서 좋고 연구할 만한 것이지만 신으로 간주될 때 그것은 마땅히 파괴해야 하는 재앙이 되었다.

B. 제자들의 행동은 자연스러운 것이었다. 사람들이 영적 원칙을 아는 일이나 하나님과 우주에 대해 공감하는 일에서 진보하면 할수록 종교의 단순한 문자와 예절에 대해 그만큼 더 무관심해지는 것은 자연스런 일이다. 교회의 전례 법규들은 도토리의 껍질처럼 영적 생명의 씨앗이 그 속에서 자라기 시작하고 마침내 껍질을 깨고 나올 때까지 그대로 남아 있을 것이다.

이래서 히브리 그리스도인들이 유대교를 떠났고 종교개혁자들은 가톨릭을 떠났던 것이다.

이 구절을 따라가다 보면 마침내 우리는 다음의 사실을 보게 된다.

III. 이들의 가증한 성품이 재판장에 의해 드러날 것이다

"너희가 너희 유전을 지키려고 하나님의 계명을 잘 저버리는도다"(9절). 그리스도의 이 말씀은 서기관과 바리새인들에 관해 다음 네 가지 사실을 말해 준다.

A. 이들이 사람들 앞에서는 아무리 정통 신앙인으로 나타날지라도 하나님 보시기에는 이단이었다. 이들은 자신들의 종교적 견해가 정확하다고 자부하였다. 사람들은 이들을 그런 문제의 권위자로 간주하였다. 이들은 자신들이 인간 신앙과 생활에 필수적인 모든 진리의 깊이를 다 헤아린 것처럼 사람들로 믿게 하곤 하였다. 그러나 이런 사실에도 불구하고 그들은 참된 신학의 기초조차 알지 못한 이단이었다.

이들은 옳음과 경건의 원칙들을 경험으로 익숙히 알지 못하였다. 아니, 이런 원칙들을 실제적으로 알기는커녕 이들은 진리에 대한 전통적인 견해로 인해 오히려 그런 지식을 전적으로 무시하기까지 하였다. "너희의 전한 유전으로 하나님의 말씀을 폐하며"(13절). 단순한 전통적인 신앙은 영적 신앙의 대체물인 것이 아니라 영적 신앙의 걸림돌이 된다. 사실 전통적인 신앙은 "죽이는 의문"이다. 도덕적 이단은 흔히 지적인 정통주의자와 연합한다. 그리스도의 말씀에서 다음과 같은 사실을 볼 수 있다.

B. 이들이 사람들 앞에서는 아무리 사회적으로 옳게 보였을지라도 하나님 보시기에는 순종치 않는 사람들이었다. 그리스도는 여기서 이들의 도덕이 건강하지 못하다는 것을 보여 주고, 이들이 전통으로써 하나님의 율법을 어겼다는 것을 증명하기 위해 문제를 제기하신다. "너희는 가로되 사람이 아비에게나 어미에게나 말하기를 내가 드려 유익하게 할 것이 고르반 곧 하나님께 드림이 되었다고 하기만 하면 그만이라 하고 제 아비나 어미에게 다시 아무 것이라도 하여 드리기를 허하지 아니하여 너희의 전

한 유전으로 하나님의 말씀을 폐하며 또 이 같은 일을 많이 행하느니라" (11-13절; 참조. 마 15:5-6). 여기서 다음 두 가지 사실을 볼 수 있다.

1. 의무의 신성한 원칙. 이 원칙은 부모를 공경하는 것이 자녀의 의무라는 것이다. "공경한다"는 말은 단순히 정서적으로 공감하거나 공손한 행동을 보이거나 외적으로 순종하는 것만을 뜻하지 않고 마땅히 요구되는 대로 부모를 보살피고 부양해야 하는 것(참조. 딤전 5:8) 또한 포함한다.

이 의무는 두려운 형벌에 의해 명령된다. "아비나 어미를 훼방하는 자는 반드시 죽이리라"(10절). 여기서 "훼방한다"는 말은 "공경한다"는 말과 대치되는 것으로 보아야 한다. 자식으로서 순종해야 한다는 이같이 신성한 원칙은 이성과 본성의 지시에 일치한다. 우리는 우리의 존재와 지지와 보호와 어린 시절의 모든 복을 부모로부터 이끌어냈으므로 부모의 안위를 살펴드림으로써 받은 혜택을 마땅히 돌려드려야 한다. 그리스도의 말씀에서 또한 다음의 사실을 볼 수 있다.

2. 이러한 전통들로써 이 신성한 원칙을 위반함. "너희가 가로되 사람이 아비에게나 어미에게나 말하기를 내가 드려 유익하게 할 것이 고르반 곧 하나님께 드림이 되었다고 하기만 하면 그만이라 하고"(11절). "고르반"이란 하나님의 봉사에 바쳐진 것을 뜻한다. 이 서기관과 바리새인들은 그러한 기부에 관심이 많았고, 이들 계층의 이기심으로 인해 자녀가 자기 소유를 종교적 목적에 사용되도록 바치면 그는 자기 부모를 부양해야 하는 의무로부터 "자유로워"진다는 전통이 생겨났다. 그리고 일단 바친 재산은 되찾을 수 없었다. 그것은 영구히 "고르반"이 된 것이다. 이같이 이들은 그런 전통으로써 자식의 의무라는 원칙을 위반하였다. 이들은 궁핍한 부모의 부양과 지지에 마땅히 드렸어야 할 재물을 종교의 이름으로 자녀에게서 탈취하였다. 그처럼 경건을 가장한 사기꾼들이 슬프게도 시대마다 너무 많았다.

3. 이들이 사람들 앞에서는 아무리 신앙인인 것처럼 보였을지라도 하나님 보시기에는 신앙이 없는 사람들이었다. "이사야가 너희 외식하는 자에 대하여 잘 예언하였도다 기록하였으되 이 백성이 입술로는 나를 존경하되 마음은 내게서 멀도다"(6절). 이들은 상습적인 위선자들이었다. 여기서 그리스도께서 언급하신 경우, 곧 도덕적으로 궁핍한 부모의 몫인 재산을 자신의 소유로 전용하고 그것도 신앙의 이름으로 그렇게 한 경우는 그 사실을 보여 주는 많은 증거 중의 하나일 뿐이었다. 이사야서에서 인용된 글은 이들의 성격을 아주 적절히 묘사하고 있다. 이들은 매우 신앙적이라고 사회로부터 평가를 받은 사람들이었다. 이들은 "다른 사람들 곧 토색 불의 간음을 하는 자들"과 같지 않았다. 이들은 일주일에 두 번씩 금식하였고 모든 소유의 십일조를 바쳤다. 이들은 모든 종교적 의무에서 아주 꼼꼼하였다. 세상의 눈으로 볼 때 이들은 지극히 경건한 사람들이었다. 그러나 하나님의 눈에 이들은 신앙이 없는 자요 도덕적 무신론자들이었다. "마음은 내게서 멀도다." 이들의 신앙은 소리와 형식 외에 아무것도 아니었다.

4. 이들의 종교가 사람들 보기에 아무리 가치 있을지라도 하나님 보시기에는 전혀 무가치하였다. "사람의 계명으로 교훈을 삼아 가르치니 나를 헛되이 경배하는도다." 벵겔은 이같이 말한다. "이들은 하나님의 계명을 별로 존중하지 않았고 사람의 계명을 지킴으로써 하나님의 계명을 더럽히지는 못했다." 틀림없이 이런 사람들은 모범적인 성도요 공적 신앙의 보호자로 간주되었을 것이다. 그러나 마음을 살피시는 자에게 그들의 종교적 봉사는 전혀 가치가 없었다. "나를 헛되이 경배하는도다." 이들의 신앙에는 마음이 없었고 따라서 효력이 없었다.
"하나님은 영이시니 예배하는 자가 신령과 진정으로 예배할지니라."
— 데이비드 토머스(1859).

막 7:5-16. 예배에서의 위선 혹은 거짓 예배와 참 예배

위선은 전투하는 교회에 언제나 존재하는 문제이다. 본문을 보면 이사야 선지자도 이때보다 750년 전에 이같이 파렴치한 사람들을 알고 있었던 것 같다.

우리는 이들의 후손이 지금도 우리 가운데 있다는 것을 안다. 예를 들면, 교회에 위선자가 있거나 있을 수 있다는 이유 때문에 회중에 가입하지 못하거나 공예배마저도 참석하지 않는 사람들을 생각해 보자. 이들의 이런 태도는 그들이 바로 같은 부류에 속해 있다는 것을 증명한다. 왜냐하면 그들이 하나님을 예배하는 일에 성실하다면 위선자들이 선포되는 하나님 말씀을 듣는 기회와 특권을 빼앗도록 내버려두지 않을 것이기 때문이다.

이들이 비록 교회에서 위선자들을 만날지라도 그런 무리에게 속하여 영원을 낭비하기보다는 위선자들과 함께 지내는 것이 더 나을 것이다. 마태복음 23장에서 그리스도께서 말씀하신 "화"와 비교해 보라. 위선자들은 고대 유대인들 가운데만 있는 것이 아니고 위선은 옛날 바리새인들만 행한 기술이 아니다. 주께서 다시 오시어 세상을 청소하시고 마음의 숨은 비밀들을 드러내실 때까지 그런 부류는 계속 있을 것이다. 진짜 통화가 유통되지 않는다면 위조 지폐도 없을 것이다. 마찬가지로 세상에 참된 그리스도인이 있으므로 위선자들도 있다.

앨버트 반스(Albert Barnes)는 말하기를 위선은 "종교라는 미명 아래 비열한 원칙들을 숨기는 것"이라고 한다. 뉴먼(J. P. Newman)은 위선자들은 "보수를 받고 죄를 미워하는 사람들"이라고 말한다.

성경은 이들을 "경건의 모양은 있으나 경건의 능력은 부인하는" 자라고 말하며(딤후 3:5) "저희가 하나님을 시인하나 행위로는 부인한다"고 진술한다(딛 1:16).

본문에서는 위선이 어떻게 하나님께 대한 예배와 관련해서, 그리고 사람들 사이의 관계에서 드러나는지 알 수 있다.

1. 위선자들은 참된 신자들의 예배에 대해 흠을 잡으려고 애쓴다(5절; 참조. 2절). 우리는 1절을 보고서 서기관과 바리새인들이 그리스도와 그

제자들을 비판하기 위해 예루살렘에서부터 갈릴리까지 먼 길을 무릅쓰고 왔다는 것을 안다. 흠을 잡기 위해서는 더 멀리까지 갈 사람들도 있을 것이다.

　2. 위선자들은 개인적인 이익을 추구하면서 다른 사람의 이익은 무시하며 동정을 보여야 할 자리에서 오만하게 행동한다.

　3. 위선자들은 종교의 외적인 일들에 몰두하면서 기독교 신앙의 참된 정신과 실제 의미는 깨닫지 못한다(5-6절).

　4. 위선자들은 하나님의 오류 없는 말씀보다는 사람의 전통에 더 주의를 기울인다(이들은 "장로의 유전"을 말하였으나 그리스도께서는 "너희의 유전"이라고 말씀하셨다. — 5, 9절). 이 사실은 8, 11-12절에 예증되며, 그 결과는 13절에 나온다. "하나님의 말씀을 폐하며."

　5. 위선자들은 다른 사람들의 경건을 무시하면서 자신들의 경건은 자랑한다. "너는 네 자리에 섰고 내게 가까이 하지 말라"(사 65:5).

　6. 위선자들은 하나님을 헛되이 예배하면서도 율법의 문자는 지키려고 애쓴다(7절; 참조. 눅 11:39; 마 6:2, 5, 16; 고후 5:12; 삿 12:5-6).

　7. 그러나 위선자들에게도 소망은 있다. "오라 우리가 서로 변론하자 너희 죄가 주홍 같을지라도 눈과 같이 희어질 것이요 진홍같이 붉을지라도 양털같이 되리라"(사 1:18; 참조. 마 12:31-32; 딤전 1:14-16).

막 7:17-23. 악의 기원

　여기서 우리 주님은 인간의 마음에서 악이 시작된다고 선언하신다. 세상을 어둡게 하는 악이 우리 속에서 생긴다고 말씀하신다. 주께서는 죄악의 비밀을 영혼의 비밀에서 찾으라고 가르치신다. 여기서 다음의 점들을 유의해서 보자.

　I. 악의 기원에 관한 이론들 — 본문에서 정죄하는 이론들

A. 물질적인 세상에서 악의 기원을 찾는 이론. 본문에 나오는 여러 가지 죄는 신체와는 전혀 상관이 없다. 육신적인 죄들을 구체적으로 언급할 때 그 죄들은 내적인 원인에서 일어난다.

B. 악의 기원을 사람의 지적 본성에서 찾는 이론. 아주 예민한 죄책감을 가져오고 지극히 비통한 재난의 경험을 하게 만드는 무력증이나 맹목, 배은망덕, 이기주의, 잔인성, 완고함 등은 지적 교양과 상관이 없다. 지성을 구원한다고 해서 마음이 구원을 받는 것은 아니다. 사람은 지식의 확대로부터 너무 많은 것을 기대하기가 쉽다.

C. 환경의 힘에서 악의 기원을 찾는 이론. 그리스도께서는 인간 성품은 영혼의 문제이지 상황의 문제가 아니라고 가르치셨다. 선한 행실과 악한 행실의 이유를 알려면 인간의 깊디 깊은 마음을 살펴보라고 가르치셨다. 죄는 환경의 개선으로 치유되지 않을 것이다.

II. 악에 대한 그리스도의 처리

A. 그리스도께서 죄는 영혼 속에서 시작되었다고 선언하셨으며, 그래서 영혼 속에서 죄를 다루려고 하신다. 즉 영적 전염병에 대해 영적 해독제를 제공하신다. 그리스도는 우리 앞에 최고의 사상과 이상을 제시하신다. 그리스도는 우리 속에 이러한 사상과 이상들에 대한 강력한 믿음을 일으키신다. 그리스도께서는 우리의 "속 사람"을 강건케 하시어 우리가 이렇게 베일이 벗겨진 고지들을 올라갈 수 있도록 하신다. 십자가는 순수한 사상의 상징이다. 십자가는 하나님의 진리와 사랑과 의를 나타내며 사람의 이성과 마음과 양심에 호소한다.

B. 우리는 여기서 그리스도께서 강조하시는 중생의 필요성을 본다. 마음은 악의 원천이다. 마음이 바뀌고 선의 원천이 되어야 한다. 성품 전체가 온전해지는 일은 속으로부터 시작되어야 한다. 즉 신성한 생각과 감정과 의지로 성취되어야 한다. 모든 참된 아름다움의 총체이신 그리스도께 생각을 더욱 고정시키도록 하자. 그러면 그 아름다움이 우리 속에서도 나타날

것이다.

C. 세상의 역사는 생각의 역사이다. 인류의 최초의 대재앙은 생각에서, 곧 아래에서 난 생각에서 발생하였다. "여자가 본즉"(창 3:6). 그같이 본 데서, 곧 그 같은 상상과 욕망에서 비극이 나왔다. 구속의 대 종교는 생각, 곧 위에서 난 생각에서 시작되었다. 관대한 생각에서 우리 구속의 장엄한 전체 역사가 시작되었다. ― W. L. 왓킨슨.

막 7:21-23. 마음에서 나오는 악들

1. 참으로 끔찍한 악의 목록이다!
2. 거룩하신 자가 보기에 더러운 악들이다!
3. 이런 악들 때문에 우리는 진실된 고백과 회개, 그리고 하나님의 용서하고 거룩하게 하시는 은혜에 대한 믿음을 가져야 한다. ― H. 엘링슨.

막 7:31-37. 예수님의 보심

그리스도의 생애에서 하찮은 것이라곤 아무것도 없다. 그리스도의 지극히 단순한 행동들도 의미로 가득 차 있었다. 예수께서 하신 말씀이나 하신 행동은 무엇이든 다 주님의 마음과 신성한 영을 드러내는 것이었다. 이 점에서 그리스도만이 하나님 앞에서는 온전한 사람으로 서 계시며 또한 사람들 앞에서는 아버지의 "본체의 형상"으로 유일하게 홀로 서 계신다.

I. 하늘을 우러러 봄

"하늘을 우러러"(34절). 이 행동은 호소라기보다는 증거였다(참조. 요 11:41-42). 이같이 우러러보는 행동에서 다음의 사실들이 나타난다.

A. 하늘에 대한 독실한 믿음. 주님의 신체적인 눈은 여느 사람보다 더

멀리 보지 못했을 수도 있다. 그러나 주님의 영적 눈은 참으로 여느 사람과 다르다. 주의 영적 눈은 보이지 않는 것들을 참으로 뚜렷이 파악하고 계신다! 주님의 영적 눈은 "세번째 하늘"의 비밀도 꿰뚫어 보실 뿐만 아니라 "성소", 곧 영원하신 아버지의 마음도 꿰뚫어 보신다.

　B. 하늘과 의식적인 일치. 우리는 실제로 하나님의 영광을 보기 위해 하늘을 우러러볼 수 있는가? 볼 경우에 그 결과는 어떨 것인가? 선지자 이사야는 이렇게 말한다. "화로다 나여 망하게 되었도다"(사 6:1-5). 그러나 예수께는 하늘과의 완벽한 일치감이 있었다. 주께서는 하늘을 우러러보며 "나와 아버지는 하나이니라"는 말을 하실 수 있었다. 하나님은 내려다보면서 "이는 내 사랑하는 아들이요 내 기뻐하는 자니"라고 말씀하실 수 있었다.

　C. 하늘에 대한 의심 없는 신뢰. 우리는 의심과 두려움이 많다. 죄의식이 들면 두려움이 생긴다. 다윗처럼 우리도 "나의 죄악이 내게 미치므로 우러러볼 수도 없으며"(시 40:12)라고 슬프게 말하지 않을 수 없다. 그러나 예수께서는 그렇게 말씀하실 필요가 없다. 주께서는 "죄를 알지도 못하시기" 때문이다. 그러나 아버지에 대한 주님의 신뢰는 굳건하고 흔들리지 않았다. 예수께서 "아버지여 때가 이르렀사오니 아들을 영화롭게 하사 아들로 아버지를 영화롭게 하게 하옵소서"(요 17:1)라고 말씀하셨을 때 하늘을 우러러보는 그 모습에서 이루 다 표현할 수 없는 사랑과 기쁨이 비쳤다.

II. 탄식

　이상하게도 인자는 하늘을 우러러보고 탄식하였다. 무슨 뜻인가? 주님의 탄식은 이런 사실들을 나타낸다고 말할 수 있을 것이다.

　A. 주님의 거룩한 슬픔. "하나님이 그 지으신 모든 것을 보시니 보시기에 심히 좋았더라"(창 1:31)고 기록되어 있다. 그러나 죄가 세상에 들어온 후의 변화에 유의하라. "여호와께서 사람의 죄악이 세상에 관영함과 그 마음의 생각의 모든 계획이 항상 악할 뿐임을 보시고 … 마음에 근심하시

고"(창 6:5-6). 이제 예수 안에서 그리고 예수를 통하여 하나님이 목소리를 내고 뜻을 표현하셨다. 예수께서 "탄식하셨다." 그것은 죄로 인한 황폐 때문에 생긴 창조주의 슬픔이었다.

이 사람의 귀 먹은 상태는 이 세상을 가득 채우고 있는 혼란과 불행을 보여주는 한 예일 뿐이다. 이외에도 하늘과 땅의 현저한 차이가 암시되기도 하였다. 하늘에서는 모든 귀가 열려 하나님의 말씀을 듣고, 모든 혀가 하나님을 찬송하는데 사용된다. 하늘에서는 하나님의 뜻만이 존중받고 행해진다. 그러나 여기 세상에서는 어떤가?

B. 주님의 거룩한 동정심. 우리는 하나님을 볼 수 없고 하나님의 동정심도 볼 수 없다. 하나님의 아들께서는 아버지와 마찬가지로 우리에 대해 깊은 동정심을 가지고 계셨지만 주께서 친히 우리의 본성을 취하고 우리 가운데 거하시기까지는(요 1:18; 히 4:15) 동정심을 우리에게 나타내지 않으셨다. 예레미야는 "내 눈이 내 심령을 상하게 하는도다"고 말하였고 예레미야보다 훨씬 더 애정어린 심정을 지니신 분은 "탄식하셨다."

C. 주님의 근심어린 열망. 에스겔 선지자는 백성들에게 "네가 어찌하여 탄식하느냐"는 질문을 받았을 때 "몇 가지 소식" 때문이라고 답하라는 말을 들었다(겔 21:6-7). 이와 같이 예수의 예언하는 영이 주님을 슬프시게 만든 몇 가지 소식을 예수께 가져왔을지도 모른다. 예수께서 이 사람에게 말하는 능력을 회복시켜 주려고 하셨는데, 그 결국은 어떤 것이겠는가? "죽고 사는 것이 혀의 권세에 달렸나니"(잠 18:21). 매튜 헨리는 이렇게 말한다. "신부(新婦)와 함께 있는 때처럼 혀를 지키는 은혜가 없다면 그의 혀가 그대로 묶여 있는 것이 더 낫다." 혀가 아무리 이 사람의 경우처럼 맺혀 있을지라도 그 혀로 얼마나 끔찍한 악들을 행하였을 수 있겠는가!(참조. 약 3:5-8; 시 22:6-8).

III. 말씀

"에바다." 이 말씀은 우리에게 낯설고 신비스럽다. 그러나 이 말씀을 들은 사람들과 특별히 예수께서 이 말씀을 하셨던 그 사람에게 이 말씀은 지극히 달콤하게 들렸을 것이다. 그것은 그들의 모국어였기 때문이다. 마가는 그 말을 "열리라"는 뜻이라고 해석을 붙인다.

　A. 그것은 사랑의 말이었다. 그 말에는 친절함이 풍겼다. 그것은 마음에서 나와 마음으로 전달되었다. 서로에게 기쁨을 주는 말이었다.

　B. 그것은 권능의 말이었다. 하나님께서 말씀하셨다. "빛이 있으라 하시매 빛이 있었고"(창 1:3). 하나님의 아들은 이같이 말씀하신다. "열리라 하시니 그의 귀가 열리고 혀의 맺힌 것이 곧 풀려 말이 분명하더라."

　C. 그것은 예언적인 의미가 담긴 말이었다. 이 사람의 맺힌 혀가 회복된 일은 미래와 더 큰 승리에 대한 증거이자 전조였다(눅 24:45; 요 8:12; 고후 4:6; 사 35:10; 계 21:1-4).

　　　　　　　　　　　　　— 윌리엄 포사이스(William Forsyth), 1874.

막 7:31-37. 친구를 예수께 데려옴(참조. 약 5:19-20)

친구들끼리는 서로에게 많은 호의를 베풀어 줄 수 있다. 그런데 가장 큰 호의는 여기에서 이름이 언급되지 않은 친구들이 귀먹고 어눌한 사람을 위해 했던 일을 하는 것이다. 이 사실은 다음의 점을 볼 때 명백히 나타난다.

　Ⅰ. 그리스도가 없다면 모든 사람이 발견하게 되는 큰 불행을 볼 때(32절)

　A. 그리스도가 없다면 우리는 하나님 말씀에 대해 귀먹은 자가 되어 자연에서도 양심에서도, 성경이나 교회에서도 하나님의 말씀을 듣지 못한다.

　B. 그리스도가 없다면 우리는 하나님의 뜻에 귀를 기울이지 못한다. 자신의 뜻을 더 좋아하고 모든 우리 행동의 동기는 이기주의가 된다.

C. 그리스도가 없다면 우리는 우리 인생의 운명이 달려 있는 하나님의 활동과 섭리에 귀먹은 자가 된다. — 안트(J. F. W. Arndt).

D. 그리스도가 없다면 우리는 귀먹은 자가 되어 성령의 지시를 알아듣지 못하고 영적 분별력이 없는 자가 된다(고전 2:14).

II. 그리스도께서 불행한 사람들에게 베푸신 큰복을 생각할 때(33-35절)

A. "예수께서 그 사람을 따로 데리고 무리를 떠나사."

B. "하늘을 우러러 탄식하시며 그에게 이르시되 에바다 하시니 이는 열리라는 뜻이라."

C. "그의 귀가 열리고."

D. "혀의 맺힌 것이 곧 풀려 말이 분명하더라." — H. 엘링슨.

막 7:33. 홀로 예수와 함께

홀로 자연과 함께 있는 것은 큰 일이다. 바다의 소리가 있고 산의 소리가 있다. "나무에 혀가 있고 흐르는 시내에 책이 있으며 바위에 설교가 있다."

고귀한 마음을 지닌 사람과 홀로 함께 있는 것은 큰 일이다. 자유로운 대화가 있고 남자답고 정직한 충고와 말이 있을 때 즉 영혼과 영혼의 참된 사귐이 있을 때 그 혜택은 이루 다 헤아릴 수 없다. 이런 사람들과 몇 시간 함께 지내는 것은 흔한 일상적인 잡담으로 몇 해를 보내는 것보다 낫다.

그러나 홀로 예수와 함께 지내는 것은 훨씬 좋은 일이다. 많은 사람들에게 예수는 알렉산더나 카이사르처럼 한낱 이름, 곧 단순한 역사적 인물에 불과하다. 또 어떤 사람들에게 예수는 죽은 친구 정도에 불과하다. 즉 자기들을 위해 큰 일들을 행했고 많은 사랑을 보여주었지만 이제는 볼 수 없는 인물로 생각하는 것이다.

참된 그리스도인은 다르게 느낀다. 이들은 홀로 예수와 함께 있으면서 진지하고 애정 어린 친교 가운데 예수께 얼굴을 맞대고 흉금을 털어놓았다. 이들에게 예수는 실재하시는 분이고 사랑하시는 인격적인 구주이시다. 따라서 이들은 정말 진심으로 "나의 의뢰한 자를 내가 안다"고 말할 수 있다.

이 사람에게 행하신 일(33절)은 사실상 주께서 유익을 주고자 하시는 모든 사람에게 행하시는 것이다. 예수께서는 고통, 질병, 사별이나 그 같은 일들을 통해 우리를 "무리를 떠나" 다른 곳으로 데리고 가신다. 우리가 이런 일에서 보아야 할 것은 우연이나 괴로운 운명 혹은 독단적인 권한이 아니라 예수의 애정 어린 손길이다. 이때 예수님의 목적이 어떤 것일지 한 번 생각해 보자.

I. 예수께서는 우리의 개체성에 대한 의식을 일깨우려고 하신다

우리 각 사람은 우주에서 주변의 모든 것들로부터 떨어져서 홀로 선다. 여러분의 생각, 느낌, 목적, 경험은 바로 여러분의 것이다. 선한 일이든 악한 일이든 여러분이 행하는 것에 대해서는 다른 사람이 아니라 바로 여러분이 답변해야 한다.

예수께서는 우리로 하여금 우리의 상태와 운명에 대해 곰곰이 생각하지 않을 수 없도록 하기 위해 우리를 따로 데려가신다. "나는 어떤 존재인가? 나는 어디에서 왔다가 어디로 가는가? 하나님과 영원에 대해 나는 어떤 관계가 있는가?" 등을 생각하도록 만드시는 것이다. 이런 문제들이 우리에게 닥쳐오면 우리는 자신의 위대함뿐 아니라 하찮음도 깨닫게 된다. 그런 순간에 구주의 임재를 인식하고 우리 마음을 구주의 가르침에 굴복시킨다면 우리는 행복한 자이다.

II. 예수께서는 우리가 우리의 영적 필요를 좀더 진지하게 의식하게 하

려고 하신다

이 귀먹은 사람에 대해 생각해 보자. 예수께서 그에게 "손을 대셨다." 아무데나 대지 않으셨다. 그러면 어디에 손을 대셨는가? "귀"와 "혀"에 대셨다. 귀먹은 사람이 가장 예민하게 느끼는 곳에 손을 대셨다. 거기에 악이 있었고 치료가 필요하였다. 그 사람은 이제 어느 때보다 자신의 상실을 더 느꼈다. 주위에는 자기가 경험하지 못하는 즐거움을 누리는 수많은 사람들이 있었다. 그는 아직까지 사람의 목소리를 듣지 못했고 자신의 마음을 귀중한 인간 언어로 표현해 보지 못했다. 마침내 그 도움이 올 수 있을까? 희망이 그의 마음 속에서 깨어났다. 그의 갈망이 그 어느 때보다 강렬해졌다. 그의 영혼도 그러했다. 활동은 여러 가지이지만 성령은 한 분이시다. 어떤 사람은 이곳을 예민하게 느끼고 다른 사람은 저곳을 예민하게 느낀다. 그래서 그리스도의 다루시는 방식은 다양하다. 어떤 사람들에 대해서는 그들의 두려움을 통해 그들에게 손을 대시고, 또 어떤 사람들에 대해서는 그들의 희망을 통해 손을 대신다(예: 니고데모와 사마리아 여인, 빌립보의 선원, 자주 장사 루디아).

III. 예수께서는 우리가 모든 소망을 당신께 집중하도록 하신다

이 사람은 시력이 있었기 때문에 거룩하신 예수의 얼굴을 올려다 볼 때 그 속에 성령께서 거하신다는 것을 의심할 수 없었다. 그리고 그는 눈으로 그 감정을 분명히 표현했을 것이다. 목소리를 낼 수 있었다면 바디매오처럼 그 감정을 소리쳐 표현했을 것이다. 그러면 그는 실망했는가? 그렇지 않다. 고침을 받았다. 그의 귀를 뚫고 들려온 첫 마디는 구주의 말씀이었다. 새로 말을 찾은 그의 혀가 뱉은 첫 마디는 감사와 찬양이었다.

그리스도는 헛되이 하시는 일이 전혀 없다. 그리스도께서 여러분을 따로 데리고 가신다면, 그리스도께서 여러분을 병상에 눕히신다면, 여러분의 소중한 것을 가져가신다면, 그리스도께서 여러분을 "홀로 무리를 떠난 놀란

사슴"(쿠퍼)처럼 떼어놓으신다면 그것은 여러분의 영혼이 하나님 보시기에 귀하기 때문이다. 훈련이 필요한 것이다. 주를 바라보라. 그러면 그의 사랑과 능력을 의심할 수 없을 것이다. 여러분을 주께 맡기라. 그러면 모든 것이 잘 될 것이다.

IV. 예수께서는 우리를 영원히 자신에게 묶어두려고 하신다

은혜에도 좋은 은혜가 있는가 하면 더 나은 은혜가 있고 최상의 은혜가 있다. 이 사람은 치료를 받았고, 틀림없이 그의 인격 전체가 그 복을 누렸을 것이다. 영구히 그는 예수를 따랐을 것이다. "삼겹 줄은 쉽게 끊어지지 아니하느니라"는 말씀대로 구속자에게 매여있었을 것이다. 감사와 찬양과 믿음은 우리를 영원히 구주에게 묶는다. 구주는 우리의 모든 것이 되신다 (참조. 고후 5:14-17; 롬 8:35-39).

홀로 예수와 함께 있기를 즐거워하자. 그 은택이 클 것이다. 예수께서 면류관을 위해 우리를 따로 떼어놓으시는 일을 겪을 때 주님의 사랑을 깨닫도록 하자. 그런 일들은 참된 의미의 특별한 섭리이다. 우리 각 사람이 큰 여행, 즉 모든 여행 가운데 가장 큰 여행을 홀로 가야하는 때가 올 것이다.

"내 영혼아 그대는 홀로 나가야 한다
그대는 홀로 가야 한다
다른 무대로, 다른 세계로
죽을 수밖에 없는 인간은 알지 못하는 세계로."

그런 시간에 여러분이 예수께서 여러분과 함께 계시기 때문에 "홀로 있지 않다"고 느낄 수 있다면 참으로 복된 것이다. 그리고 죽는 순간에도 시편 기자처럼 노래부를 수 있다면 참으로 복될 것이다.

"내가 사망의 음침한 골짜기로 다닐지라도

해를 두려워하지 않을 것은
주께서 나와 함께 하심이라
주의 지팡이와 막대기가 나를 안위하시나이다."

— 윌리엄 포사이스(1876).

막 7:34. 구주의 탄식

구주에 탄식에서 우리는 다음을 볼 수 있다.
1. 그의 완전한 인성.
2. 그의 마음의 무한한 정.
3. 자신의 생애의 목적과 사명에 대한 무한한 열심.

구주께서 "탄식"하셨지만 그것은 또한 마음 속의 억누를 수 없이 타오르는 열심이 표출된 것이기도 하다. 그 탄식은 구주의 전생애와 갈보리에서 마쳐진 그 사역의 시작을 예증하는 것이다.

— 제임스 포스터(1884).

막 7:37. "그가 다 잘 하였도다"

1. 창조에서. 2. 구속에서. 3. 섭리에서.

— 하그리브스(E. Hargreaves), 1871.

막 7:37. "그가 다 잘 하였도다"

사람은 죄를 범할 수 있고 변할 수 있으며 옳고 순결한 것을 이루지 못할 수 있으나 주께서는 그렇지 않으시다. 우리는 주의 손안에 있다.

— 조셉 모리스.

마가복음 8장

막 8:1-9. 생명의 떡이신 우리 주님에 관한 비유

주께서 배고프고 지친 무리들을 위해 이적을 행하시는 과정에서 자신을 우리 내적 생명의 지지물과 음식으로 주시는 일을 유추해 볼 수 있다.

I. 우리 주께서 비슷한 필요에 직면하신다

A. 무리가 광야에 있었다. 이들의 곤경을 해결할 수 있는 것이 주변에 전혀 없었다. 이와 같이 이 세상이 기독교를 떠나서는 인간 영혼이 갈망하는 것, 곧 용서와 은혜와 영원에 대한 확신을 제공할 수 없다. 우리 주님은 친히 자신을 주심으로써 이 광야를 잔칫집으로 변화시키신다.

B. 이 무리의 필요는 인간 능력으로 채울 수 없었다. 이 무리의 굶주림을 해결해야 한다는 생각 자체에 제자들은 겁을 먹었다. 그래서 제자들의 바람은 "저들을 보내는" 것이었다. 영적 결핍의 영역도 이와 같다. "아무도 결코 그 형제를 구속하지 못하며."

C. 이 무리의 필요는 모든 사람의 공통된 필요였다. 이들은 저마다 각기 다른 결핍이 있는 것이 분명하지만 모든 사람이 다같이 음식이 필요하였다. 개인 영혼의 필요가 무엇이든 간에 이들 모두는 다같이 그리스도를 필요로 한다. 우리 주께서는 이 공통된 필요를 충족시키신다. 왜냐하면 그에게만 "족함이 있기" 때문이다.

II. 우리 주께서는 종종 동일한 방법으로 준비하신다

이 기적에서처럼 주님은 은혜의 수단을 통해 영혼들에게 자신을 나누어 주신다.

A. 주께서는 일반적인 사물을 복의 수단으로 사용하신다. 떡 일곱 덩이와 생선 몇 마리는 지극히 소박한 음식에 불과하였다. 그렇지만 그것은 주께서 행하신 이적의 기초이다. 주께서는 지금도 이와 같이 천사들을 쓰지 않고 "전도의 미련한 것"으로, 교사들과 책을 통해서 사람들을 구원하신다.

B. 주께서는 제자들을 은혜 베푸는 사람들로 사용하신다. 예수께서 "제자들에게 주어 그 앞에 놓게 하시니 제자들이 무리 앞에 놓더라." 이 두 경우에서 모두 하나님의 준비가 사람들의 손을 통해 시행된다.

III. 우리 주께서 동일한 보살핌과 위엄을 나타내신다

이 기적에서나 그리스도께서 영혼을 구속하시는 방식에서나 모두 어머니의 보살핌과 군주의 위엄이 나타난다.

A. 그리스도의 보살핌을 유의해 보자.

1. 주께서는 무리의 굶주림을 눈여겨보신다.
2. 주께서는 무리의 피곤함을 보시고 무리들이 쉴 만한 푸른 풀밭을 찾으신다.

다양한 필요를 채우시려는 주님의 준비, 곧 복음에서, 그리고 어쩌면 교회의 여러 부서에서 바로 이런 보살핌이 나타나는 것을 볼 수 있을 것이다.

3. 주께서는 무리의 필요를 풍부하게 채우신다. 먹고 남은 것이 일곱 광주리나 되었다.

B. 그리스도의 위엄을 유의해 보자.

1. 조용한 위엄이 있다. 주님의 태도나 목소리에는 동요가 전혀 없다.
2. 왕으로서 명령하는 권위가 있다. 제자들에게나 무리에게나 주님은 확신을 불러일으키고 순종을 이끌어내는 권위를 가지고 말씀하신다.
3. 초자연적인 존재의 권위가 있다. 그리스도는 영혼들에게 그 같은 권

위를 가지신다. 그리스도는 왕이시며 구속자이시다. "네 왕이 네게 임하나니." ― 우리자 리스 토머스(Urijah Rees Thomas), 1882.

막 8:1-9. 그리스도께서는 목자처럼 양무리를 먹이신다(사 40:11; 참조. 겔 34:13-15,23; 시 23장)

I. 자연적인 음식으로

A. 그리스도는 자연적인 음식으로 먹이신다(본문의 기사)
1. 그리스도는 만물의 창조주이시다. 그는 우리의 음식과 의복이 되는 식물과 동물을 지으신 말씀이시다. 우리 밭의 산출력은 주님의 유지하시는 능력에서 나온다. 우리의 일용할 양식은 주님에게서 나온다(창 1:11; 레 26:4; 시 65:10; 104:27; 145:15).
2. 그리스도는 우리에게 선한 모든 은사를 전해 주시는 중보자이시다. 땅이 아담에게 넘겨졌으나 아담이 땅을 잃었다. 그 다음에 이 땅은 두번째 아담에게 넘어갔다(요 3:35; 1:16; 시 8:6).
B. 그리스도는 음식을 나누어주신다(본문의 기사). 그리스도께서는 사람들을 자신의 청지기요 대리인으로 삼으신다(사 58:7; 히 13:16; 롬 12:13; 요일 3:17).
C. 그리스도는 음식을 모으신다(본문의 기사). 절약은 하나님의 명령이며 하나님께 복 받는 일이다. "네 광주리와 떡반죽 그릇이 복을 받을 것이며"(신 28:5).

II. 영적 음식으로

A. 그리스도는 음식을 제공하신다(본문의 기사). 오 천명을 먹이신 후에 하신 강화(요 6:26)와 비교해 보라. 복음의 그리스도는 광야와 같은 이

세상에서 생명의 떡이시다.

B. 그리스도는 음식을 나누어주신다. 그리스도는 제자들을 설교자로 만드셨다. 설교자들은 지금도 사람들의 영혼에 양식을 공급하는 기독교 사역의 제도이다(눅 10:16; 살전 2:13-14).

C. 그리스도는 음식을 모으신다. 우리 선조들의 경건한 글과 기도서, 찬송과 주해, 학식 있는 논문들, 다시 말해 경건한 그리스도인의 연구에서 나오는 성숙한 모든 결실은 "일곱 광주리"와 같은 것이다.

가뭄의 때에는 이 같은 단편들이 많은 사람들의 마음에 양식이 되었다. 기독교 예술과 서신들을 소중히 여기고 기독교 학교를 육성하도록 하자. 이런 것들을 통해 복음이 보존되고 우리에게까지 전해지기 때문이다.

막 8:6-7. 인간의 도움

자연적인 세계에서 뿐 아니라 영적인 세계에서도 부차적인 원인들이 있다. 여기서 그리스도는 떡을 떼어 무리에게 주고 계셨는데 자신이 직접 무리에게 전달하시지 않는다. 그리스도는 중간 매개물을 통해 전달하신다. 떡을 제자들에게 주시면서 갖다 주라고 말씀하신다. 하나님의 섭리는 언제나 이와 같다. 그리스도께서 우리 영혼을 먹이실 떡을 보내시되 세상의 사역자들을 통해 보내시는데 때로 "질그릇"에 담아 보내신다.

주여, 저를 당신의 부차적인 원인 중의 하나로 삼으소서. 내 뜻이 있든 없든 그렇게 만드소서. 만물은 당신의 거룩한 목적에 복종해야 하기 때문입니다. 그러나 내 뜻 없이 당신을 섬기고 싶지는 않습니다. 나는 당신의 우주에서 낮의 태양이나 밤의 달과 별처럼 단지 기계적인 대리자가 되고 싶지 않습니다. 나는 자발적으로 자유로이 뜻을 가지고 당신을 섬기고자 합니다. 당신의 떡을 굶주린 무리에게 의식을 가지고 전달하는 자가 되고 싶고, 당신의 힘을 약해지고 있는 무리에게 의식을 가지고 전달하는 사역자가 되고 싶습니다. 나는 당신이 떼신 떡을 받아 그 다음에는 다시 내가 떼어 나누어주고 싶습니다.   — 조지 매티슨(George Matheson).

막 8:31. "인자가 많은 고난을 받고"

1. 그리스도는 고난받을 것을 예견하셨다(마 16:21; 17:22; 막 8:31; 눅 9:22).
2. 그리스도는 시험을 받으시면서 사탄의 손에 고난받으셨다(마 4:1-11; 막 1:12-13; 눅 4:1-13; 히 2:18; 4:15).
3. 그리스도는 적의 손에 고난당하셨다(마 16:21).
4. 그리스도는 부인 당하고 배반당하며 버림받음으로써 친구의 손에 고난을 당하셨다(눅 22:54-62; 마4 14:43-46; 14:50).
5. 그리스도는 버림받음으로써 아버지의 손에 고난당하셨다(사 53:4; 시 22:1-2; 마 27:46).
6. 그리스도는 그의 거룩한 영혼이 "우리를 위하여 죄가 되심으로" 고난 당하셨다(고후 5:21).
7. 그리스도는 지금도 그의 지체들을 통해서 고난받으신다(고후 1:5; 빌 3:10; 벧전 4:13)   — H. 엘링슨.

막 8:31. 그리스도의 육체적 고난

1. 그의 얼굴이 상하였다(사 52:14).
2. 그의 등이 상하였다(요 19:1).
3. 그의 이마에 상처가 났다(마 27:29).
4. 그의 손과 발이 꿰뚫렸다(시 22:16).
5. 그의 몸이 폭도들의 사악한 눈길을 받았다(시 22:12,13,16; 마 27:36-44; 눅 23:35).   — 마쉬(F. E. Marsh).

막 8:34-38. 이익과 손실을 통해서 배우는 교훈

본문에서 주님은 회계하는 일에 있어서 한 가지 교훈을 주신다. 그것은 누구나 관심이 있는 주제이다. 회사들은 정기적으로 전문가들을 시켜서 회계 장부를 검토하여 이익과 손실을 비교하여 순익을 확인하도록 한다. 회사보다는 덜 조직적인 개인들도 이따금씩 자신들의 물질적인 성과를 판단하기 위해 적어도 머리 속으로라도 계산해본다. 그러나 그렇게 계산하는 가운데 많은 사람들이 자신들의 가장 큰 자산이며 가장 귀한 보물인 자신들의 불멸의 영혼과 그 영원한 운명은 간과한다. 그래서 주님은 이 세상의 부와 비교해서 영혼의 참된 가치를 올바르게 아시기 때문에 우리가 다음의 사실들을 알기 원하신다.

I. 최대의 이익은 최대의 손실이다

A. 이익에 관심이 없는 사람은 스토아 철학파의 현자이거나 게으름뱅이다. 전자는 백만 명에 하나 정도 있고, 후자는 무수히 많다. 그러나 보통 사람은 그 어느 쪽도 아니다. 보통 사람은 이익을 얻기 위해 몸과 마음으로 수고한다. 보통 사람은 자신의 미래와 가족의 행복에 관심이 있다. 부와 사회적 지위, 명망, 지적 업적 등을 높이기 위해 애쓴다. 그리고 이것은 칭찬할 만한 일이다(참조. 롬 12:17; 딤전 5:8).

B. 그러나 이기주의와 탐욕은 경멸할 만한 것이다. 명예, 미덕, 양심의 평안이 황금의 신에게 희생당한 것이다. 이기적인 사람들은 이 세상과 거기 충만한 것이 주님의 것임을 깨닫지 못한다. 이들은 사랑과 동정의 감정을 모두 질식시켜버렸기 때문에 이들의 마음은 차갑다. 이런 사람들의 삶에는 참된 행복이 없다. 구두쇠는 행복하지 못하다. 그러나 우리는 부자뿐 아니라 거지도 황금의 숭배자가 될 수 있다는 것을 간과하지 않는다. 부자는 바로 제단에서 예배하고 거지는 멀리 떨어져서 예배할 뿐이다.

C. 세상의 소유가 많든 적든 정당하게 사용하면 참된 즐거움과 행복이

늘어난다. 그렇게 하지 못하는 것은 손실을 뜻한다. 좀더 고귀한 정서들을 잃는 것이다. 다시 말해 이타적인 봉사에서 오는 참된 기쁨의 손실과 진정한 친구 가운데 가장 좋은 친구의 손실, 장차 반드시 올 악한 날에 인간적인 동정의 손실, 그리스도와 그의 구원하는 은혜의 손실, 영혼의 영구한 손실을 겪게 된다. 그러면 그의 소유는 어떻게 되겠는가? 그것도 역시 잃게 된다. 이같이 하여 이 세상에서 세상적 부를 얻기만 구하는 사람은 모든 것을 잃는다.

II. 최대의 손실은 최대의 이익이다

A. 최대의 손실이 결국은 최대의 이익이 된다는 것에 대해서는 말할 것도 없고 어떻게 손실로부터 이익이 나올 수 있는지 생각하기가 어려울 수 있다. 그러나 이 세상일에서도 손실이 결국은 이익이 되는 경우가 때때로 있다. 예를 들면, 정직과 성실을 엄격히 고수하는 탓에 계속해서 재산상의 손실을 겪는 경우에 그 일은 결국 명망과 평가에서 이익을 얻을 것이고, 종종 더 큰 세상적인 이익을 가져오기도 한다.

B. 예수께서는 십자가와 자기 부인에 대해 말씀하신다. 예수께서는 제자들을 초청하실 때 세상 집단과 조직이 하듯이 이익을 추구하는 동기에 호소하시지 않는다. 예수께서는 강요하시지 않고 "아무든지 나를 따라 오려고" 하는 사람에게 그 특전을 은혜롭게 베푸신다. 그리스도의 제자들은 모든 것을 버리고 주를 좇았다. 그들의 생활은 상실과 고난의 삶이었다. 그리스도를 따르면 지금도 결국 좋고 가치 있다고 생각되는 많은 것을 상실하게 될 수 있다.

C. 이것이 전부는 아니다. 그리스도의 말씀은 훨씬 더 중요한 것을 가르친다. 그리스도의 참된 제자는 자기를 부인해야 한다! 이런 자기 부인은 단지 이따금씩 발휘되는 어떤 형태의 자기 부인이 아니다. 그것은 자아가 본래부터 죄악된 성향과 열정과 정욕을 가진 것으로 인정하고 부인하는 것을 뜻한다. 옛 자아는 버리고 그 자리에 하나님의 형상을 따라 하나님의

은혜로 새로워진 새 본성이 와야 한다. 그것은 오직 하나님의 조명을 받아 깨달음을 얻은 지성만이 이해할 수 있는 의무에 대해 모든 면에서 헌신적으로 자기를 바치는 것을 의미한다.

자기 부인! 여러분 존재의 가장 깊은 곳이 소멸되었는지 살펴보고, 여러분이 이같이 기초적인 기독교 미덕에서 좋은 시작을 했는지 판단해 보라. 하나님 앞에서 여러분이 주를 따랐다고 고백하는 세월 동안에 그 부분에서 조금이라도 진보했는가? 새로워지지 않은 마음은 자기 부인에서 손실밖에 볼 수 없을 것이다.

그러나 참된 그리스도인은 음란한 세대 앞에서(38절) 그리스도를 고백할 것이다. 그 사람은 루터처럼 언제든지 생명과 재물과 명성과 자녀와 배우자를 포기할 준비가 되어 있을 것이다. 그 사람은 그리스도와 복음을 위하여 기꺼이 자기 생명을 버릴 것이다. 세상은 그를 바보라고 할 수 있으나 세상의 지혜로는 그의 이익을 볼 수 없다. 세상은 그의 마음을 볼 수 없고, 지각을 초월하는 평강, 곧 그리스도의 구속 사역 안에서 하나님께 용서받았고 믿음으로 구원받았다는 지식에서 오는 평강을 알지 못한다. 그리스도인은 구주이신 그리스도께 모든 것을 드렸으므로 그리스도 안에서 모든 것을 얻었다는 것, 곧 참된 신자는 세상 사람이 보기에 최대의 손실을 기꺼이 겪었지만 하늘에서 볼 때 최대의 이익을 얻었다는 사실을 세상은 알 수 없다. — 코팡코(H. G. F. Kopanko).

막 8:36-38. 중대한 질문

I. 생각하게 하는 질문

"사람이 만일 온 천하를 얻고도 제 목숨을 잃으면 무엇이 유익하리요?" 이 질문을 대할 때 우리는 다음의 사실들을 생각하지 않을 수 없다.

A. 합법적인 "이익"과 정당하게 생계비를 벌어서 가족을 부양해야 할

의무. "누구든지 일하기 싫어하거든 먹지도 말게 하라"(살후 3:10). "누구든지 자기 친족 특히 자기 가족을 돌아보지 아니하면 믿음을 배반한 자요 불신자보다 더 악한 자니라"(딤전 5:8).

B. 부당한 "이익"과 "온 천하를 얻으려고 하는" 헛된 시도. "불의의 재물은 무익하여도"(잠 10:2). "재물은 진노하시는 날에 무익하나"(잠 11:4).

II. 마음 속을 살펴보게 하는 질문

"사람이 무엇을 주고 제 목숨을 바꾸겠느냐?" 이 질문을 대할 때 우리는 다음의 점들을 생각하지 않을 수 없다.

A. 세상적인 부의 의심스러운 가치. 부로써 영혼의 영원한 행복을 얻을 수 없다. "정녕히 재물은 날개를 내어 하늘에 나는 독수리처럼 날아가리라"(잠 23:5). "어리석은 자여 오늘밤에 네 영혼을 도로 찾으리니 그러면 네 예비한 것이 뉘 것이 되겠느냐?"(눅 12:20).

B. 불멸의 영혼의 의심할 나위 없는 가치. 가난 때문에 영혼의 영원한 지복을 얻지 못하는 일은 있을 수 없다. "저희 생명의 구속이 너무 귀하며"(시 49:8). "구속된 것은 ……그리스도의 보배로운 피로 한 것이니라"(벧전 1:18-19).

III. 운명을 결정하는 질문

여러분은 어떤 결정을 할 것인가? 구주께서 이 질문을 하셨다. 여러분은 여기에 답변을 해야 한다.

A. 여러분의 운명을 "이 음란하고 죄 많은 세대"와 함께 던져버릴 것인가? 여러분은 이 말씀을 기억해야 한다. "세상에 있는 모든 것이 육신의 정욕과 안목의 정욕과 이생의 자랑이니 다 아버지께로 좇아 온 것이 아니요 세상으로 좇아 온 것이라 이 세상도 그 정욕도 지나가되"(요일 2:16-17).

B. 아니면 주께서 "아버지의 영광으로 거룩한 천사들과 함께 올 때"에 주께 인정받기를 원하는가? "그때에 의인들이 자기 아버지 나라에서 해와 같이 빛나리라"(마 13:43). "이 의인들의 부활시에 네가 갚음을 받겠음이니라"(눅 14:14). — H. 엘링슨.

마가복음 9장

막 9:17-29. 믿음의 분투

　귀신들린 아이를 치료하신 사건이 복되신 우리 주님의 변화산 사건과 맺고 있는 관계는 매우 인상적이고 암시하는 바가 많다. 변화산 사건은 구속자의 위엄의 크심과 영광을 보여주었고, 고통받는 아이를 치료하신 사건은 구속자의 자비의 크심과 영광을 보여주었다.
　이 자비의 기적은 우리 주님의 제자들이 그 귀신을 쫓아내지 못하였다는 사실로 인해 훨씬 더 두드러져 보인다. 아이의 아버지는 제자들이 귀신을 쫓아내지 못하는 것을 보고서 주님께 와서 "무엇을 하실 수 있거든 우리를 불쌍히 여기사 도와주옵소서" 하고 말했다. 그 사람은 자신의 처지가 절망적인 것을 느꼈고 그리스도께서 그 일을 해결하실 수 있을 지 궁금하였다.
　이 사람은 장애가 되는 어려움이 있다면 자기편에 있고 약함이 있다면 자기에게 있다는 것을 즉시 깨달았다. 그리스도께서 "믿는 자에게는 능치 못한 일이 없으므로" 그 사람이 구하는 복을 붙잡고 전유할 수 있는 능력을 갖느냐 못 갖느냐 하는 것은 믿음의 문제라고 답변하셨다.
　아이의 아버지는 그리스도의 말씀의 의미를 바로 깨달았던 것 같다. 왜냐하면 "곧 그 아이의 아비가 소리를 질러 가로되 내가 믿나이다 나의 믿음 없는 것을 도와주소서" 하고 말하였기 때문이다. 그 아버지는 자기가 믿지만 자신의 믿음이 약하고 불완전하여 그리스도께서 자기를 도와주시지 않으면 자신의 탄원이 효과를 나타내지 못하리라는 것을 알았다.
　그의 겸손하고 정직하면서 마음에서 우러난 그 고백을 그리스도께서 인정하셨다. 그리스도께서 벙어리 되고 귀먹은 귀신을 쫓아내어 그 아버지의 마음에 이루 말할 수 없는 기쁨을 채우신 사실을 보면 그것을 알 수 있다. 여기서 다음의 사실들을 주목해 보자.

1. 우리에게는 본문의 진술을 채용할 만한 견고한 기초가 있다.

이 사람은 주님을 보고 들었으며, 주님의 이적들 가운데 몇 가지에 대해서는 소문을 듣고 어쩌면 목격했을 지도 모른다. 그래서 그는 확고한 믿음을 가지고 제자들에게 갔을 것이다. 그런데 제자들의 실패를 보고 그의 확신이 흔들려서 주님께 가정하는 말을 사용하여 자기 사정을 아뢰었다. 그러나 그가 구속자의 얼굴을 보고 그의 은혜로운 말씀을 듣자 다시 그의 믿음이 온전히 안정되었고 그는 마침내 "주여, 내가 믿나이다" 하고 외쳤다.

우리는 이 사람이 그리스도와 얼굴로 대면하였을 때 보인 기민함과 담대함에 탄복하게 된다. 그는 그리스도께서 자신의 요청을 허락해 주시고 아이의 병을 고쳐주실 뜻이 있음과 능력이 있음을 마음 속 깊이 믿었다.

하나님의 아들에 대한 우리의 믿음을 선포하는데 있어 우리가 갖는 기초는 그보다 더 넓고 더 견고하다. 왜냐하면 우리에게는 이 사람이 전혀 알지 못한 증거와 물증이 있기 때문이다. 그는 단지 구주를 사람으로 보았고, 그것도 한참 고난과 수고의 삶을 사시는 모습을 보았을 뿐이다. 우리 앞에는 주님의 전 역사가 있고, 수많은 목소리가 주께 대해 "사람이시며" 또한 "하나님이시다"고 외친다. 우리는 구주의 삶뿐만 아니라 구주의 죽음과 부활, 하늘에 오르심도 알고 있다. 우리는 이 사건들 각각에 대해 그처럼 오래된 다른 어떤 역사적 사실들을 예증하기 위해 끌어들일 수 있는 것보다 더 설득력 있는 적절하고 풍성한 증거를 갖고 있다. 우리에게는 또한 19세기 동안 축적된 증거들이 있다.

2. 우리에게는 본문의 기도를 채용해야 할 슬픈 이유가 있다.

이 사람은 그리스도께서 자신의 기도를 들어주실 수 있는 능력이 있다는 것에 대한 자신의 믿음이 아무리 강할지라도 여전히 자기 속에 불신앙이 다소 남아 있다는 것을 느꼈다. 그는 자신의 믿음이 약하므로 더해질 필요가 있고, 불신앙이 도움을 받아 강한 믿음으로 변할 필요가 있다는 것을 알았다.

이 사람의 기도에는 칭찬할 만한 정직함과 겸손이 있다. 그는 자기 말이 너무 지나친 것으로 보일 수 있다고 생각했고 마음으로 어떤 불안을 느끼고서 "주여, 나의 믿음 없는 것을 도와주소서"라고 기도하게 되었다.

나는 우리 모두가 이 사람의 기도를 채용할 필요를 느낄 것이라고 확신한다. 우리는 불신앙을 품거나 거기에 빠져 있지 않을 것이다. 그러나 슬프게도 마음 속에 의심이 구름처럼 피어올라 하나님과 우리 사이에 잠시동안 믿음의 일식 현상을 일으키는 때가 참으로 많다. 그리스도와 그의 구속에 대해서는 우리의 지각을 초월하는 것들이 너무도 많다. 그래서 우리는 그런 점들을 이해할 수 있을 뿐이고, 우리는 지적 한계가 뚜렷하고 또한 곤경과 의심이 있어서 "주여, 나의 믿음 없는 것을 도와주소서"라는 기도를 거듭 되풀이할 필요가 있다.

우리의 독특한 지적 구성, 시련과 근심, 상실과 불행, 생의 고통과 사별, 창조의 신비와 섭리, 은혜, 우리 능력의 근소함과 연약함과 오류로 인해 의심과 불안이 많이 생긴다.

그 다음에 우리는 알면 알수록 점점 더 모르는 것이 많아진다. 빛의 둘레가 커지면 커질수록 어둠의 범위도 그만큼 확대된다. 빛이 강하면 강해질수록 구름은 더 어두워지고 그림자는 더욱 짙어진다. 위에서 말한 원천으로부터 생기는 불신앙과 의심에 빠지지 않고 기도하며 맞서 싸운다면 그런 불신앙과 의심이 죄는 아니다. 불신앙과 의심은 우리의 지적·도덕적 본성의 불완전함을 보여주는 증거들이며, 또한 우리가 이 세상에서 완전해지지 못하리라는 것을 입증하는 증거이다. 이 세상에서는 우리가 부분적으로 보고 알지만 장래 세상에서는 그렇지 않을 것이다. 우리가 현재 알지 못하는 것을 이후에는 알게 될 것이기 때문이다(고전 13:12).

많은 것을 읽고 생각하는 사람들은 본문의 기도를 드려야 할 이유를 종종 발견하게 될 것이다. 왜냐하면 기독교는 세련되고 학식이 많으며 과학적인 회의주의 비평가들의 공격으로 아주 혹독한 시련을 겪기 때문이다. 반대하는 비평들 가운데 더러는 매우 대담하고 그럴듯해서 아주 열심 있는 신자라도 자신의 믿음이 한 동안 비틀거리는 것을 느낄 수 있다. 그래서 그는 본문의 진술대로 말하면서 또한 본문의 기도에서 도피처를 찾고 싶어할 것이다.

우리는 머리로 그리스도를, 곧 그리스도에 관한 역사적으로 중요한 사실들을 믿을 뿐만 아니라 마음으로 곧 고지식함과 뜨거운 사랑으로 그리스도를 믿도록 하자. 그러면 우리의 삶이 그리스도의 삶을 더욱 닮을 것이고 우리는 그만큼 더 신의 성품에 참예하게 될 것이다.

— 브라운(F. W. Brown), 1877.

막 9:17-29. 우리를 가르치며 또한 우리에게 유익이 되는 세 가지 사실

1. 고통받는 자의 처지.
2. 이 아버지가 취한 과정.
3. 그리스도께서 행하신 치료.

여기서 다음의 사실들을 배울 수 있다: 1) 현재와 장래의 모든 악에서 구원하실 수 있는 그리스도의 전능하심. 2) 끈기 있는 믿음의 기도로 그리스도께 오는 바르고 훌륭한 방법. 3) 여기에 반드시 따를 성공.   — 번스.

막 9:17-29. 무능력 대 전능하심

본문에서는 여러 가지 문제가 나온다. 1) 일반적으로 어린아이들과 무고한 사람들의 고난의 문제. 2) 악한 영들이 사람을 사로잡는 불가해한 문제. 3) 마태복음 10:1의 "예수께서 그 열두 제자를 부르사 더러운 귀신을 쫓아내는 권능을 주시니라"는 말씀에도 불구하고 제자들에게서 나타난 무능력의 문제.

우리는 이 문제들을 해결할 수 없고 어떤 사람도 이 현상들을 충분히 이해할 수 없지만 다음의 문제를 생각해 보는 것은 정당할 것이다. 우리는 이 복잡한 문제들을 어떻게 다루어야 할 것인가?

I. 여기에 관련된 사실들이 우울하고 어렵고 복잡할지라도 있는 그대로 인정하도록 하자. 우리는 언제나 변화산상에서만 살 수는 없다(참조. 2-5절)

여기에 관련된 사실들은 어떤 것인가?
A. 죄가 온 인류에게 슬픔을 가져왔고 이성 없는 피조물에게 고통을 가져왔으며 무생물에게 저주를 가져왔다(창 3:14-19; 롬 8:22-23).
B. 악한 권세들은 도처에서 활동하고 있다(낙관론이 있는데, 이것은 전혀 기독교적인 사상이 아니다!). 귀신에게 몹시 괴롭힘을 받는 젊은이가 여기 있다. 아버지는 필사적으로 자식을 구하려고 노력하였고 여러 사람이 도우려고 했지만 헛수고였다.

II. 악의 권세들을 효과적으로 다루는 일에 우리가 무능력함을 인정하도록 하자

다음의 사실들은 매우 상징적인 의미를 담고 있다.
A. 본문에 나오는 철저히 무력한 아이(18, 22절).
B. 필사적으로 도움을 구하는 아버지(17절).
C. 놀라울 정도로 무능력한 제자들(18절).
"우리는 어찌하여 쫓아내지 못하였나이까?" 주님의 답변은 분명하다. "너희 믿음이 적은 연고니라"(마 17:20).

III. 하나님의 능력과 예수 그리스도의 구원하시는 은혜를 우리 것으로

사용할 수 있는 위치에 서도록 하자

A. 기도로써 그 위치에 서도록 하자. "주여 내 아들을 불쌍히 여기소서"(마 17:15). 주께서 정녕 응답하실 것이다! "그를 이리로 데려 오라"(마 17:17).

B. 그리스도의 구원하시는 능력을 믿음으로써 그 위치에 서도록 하자. "할 수 있거든이 무슨 말이냐 믿는 자에게는 능치 못할 일이 없느니라"(23절). 그러나 "할 수 있거든"이라고 말하는 사람들이 있다. 우리는 자신의 믿음이 크다고 자랑할 수 없다. "믿음이 없는 세대여"(19절). 그러나 진실된 죄인이라면 누구나 본문에서 "소리를 질러 가로되 내가 믿나이다 나의 믿음 없는 것을 도와주소서"(24절)라고 소리친 아이의 아버지를 본받을 수 있다.

이와 같이 기도와 믿음을 통해 전능하심이 우리의 무능을 보충할 것이며, 회개하는 자가 은혜를 받고 믿는 자들에게 구원이 올 것이다.

— H. 엘링슨.

막 9:17-23. 영적 능력의 조건

1. 우리는 하나님이 구원의 원천이 되심을 믿어야 한다.
하나님의 영구한 임재를 믿고 하나님의 변함없는 능력을 믿으며 하나님의 신실한 약속을 믿어야 한다.
2. 우리는 사람을 구원받아야 할 대상으로 믿어야 한다.
사람의 선천적인 타락을 믿고 사람의 종교적 가능성과 무한한 가치를 믿어야 한다.
3. 우리는 복음을 구원의 도구로 믿어야 한다.
"우리의 행한 바 의로운 행위로 말미암지 아니하고"(딛 3:5). 복음은 "모든 믿는 자에게 구원을 주시는 하나님의 능력"이다(롬 1:16).

— 배런(T. Baron), 1875.

막 9:43-48. 불못, 이것이 선하심과 일치하는가?

불못은 확실히 두려운 상징이다. 그러나 불은 사람들이 알고 있는 것 가운데 가장 유익한 정화 방법 중의 한 가지라는 사실을 기억해야 한다! 예루살렘에서 강이 도시의 하수와 쓰레기를 쓸어가지 못한 이래로 힌놈 골짜기에서 밤낮 불이 타오르지 않았더라면 예루살렘은 장기간에 걸쳐 전염병이 창궐했을 것이다.

불못의 상(像)은 소돔과 고모라의 두려운 파멸 장면에서 빌어온 것이 분명하다. 이 두려운 파멸로 소돔과 고모라가 서 있던 열대 지방이 사해로 변해버렸다. 예수께서는 이 도시들의 운명은 "꺼지지 않는 불"이 의미하는 바의 본보기를 우리에게 보여 주기 위한 것이었다고 말씀하신다.

베수비오산의 화산 폭발로 매몰된 고대 도시 헤르쿨라네움과 폼페이가 사라진 것이 세상에 좋은 일이 아니었는가? 발굴 유적들에서 볼 수 있듯이 그 파괴는 순간적이었던 것이 틀림없다. 생각이 있는 사람이라면 누구나 하나님께서 우주를 동정하여 파멸의 사자를 쓰셔야 하고 쓰레기 더미를 불과 벌레가 항상 들끓는 곳에 버려야 하신다는 것에 동의한다.

의도적으로 고집스럽게 자신의 본성의 법과 하나님을 어긴 사람들에게는 저 세상에서 끔찍한 고통과 고난이 기다리고 있다는 것은 부인할 수 없는 사실이다. 그러나 우리는 신약 성경에서 어느 구절이 그 점을 언급하고 있는지 조심스럽게 조사해야 한다. 얼마만큼 문자적으로 이해해야 하며, 얼마만큼 이 동양적인 관용어구의 풍부한 색채에서 나온 것으로 보아야 하는지 살펴야 한다. 요한복음 15장과 고린도전서 9장이 언급하듯이 하나님의 자녀들에 대해 이 구절들이 언급하는 바가 무엇이며, 사람의 마음에 전할 수 있는 것 가운데 가장 부드러우면서도 가장 강력한 주장을 발로 밟아버린 사람들의 절망적인 상태에 대해 언급하는 바가 무엇인지 생각해 보아야 한다. — 마이어(F. B . Meyer).

막 9:43-48. 지옥의 고통에 대한 구주의 묘사

우리 구주께서는 사람이 이 세상의 소중하고 귀한 모든 것들을 소유하고 누리며 지옥에 들어가는 것보다 그 모든 것을 잃을지라도 영생에 들어가는 것이 낫다고 딱 잘라 말씀하신다. 죄와 죄로 이끌 수 있는 모든 기회들을 매일 열심히 피하는 노력이 지옥의 고통을 면할 수 있는 특별한 수단이고 천국과 영생에 대한 우리의 업적을 더욱 쌓아올릴 수 있는 수단이 된다는 것을 배우도록 하자.

우리 구주께서 지옥의 고통에 대해 묘사하시는 말씀을 살펴보자.

1. 주께서는 지옥을 극단적으로 묘사하신다. 지옥은 물어뜯는 벌레 같고 사르는 불 같다.

2. 주께서는 지옥이 영구히 존속하는 곳으로 묘사하신다. 지옥은 결코 죽지 않는 벌레 같고 결코 꺼지지 않는 불 같다.

저 세상에는 사악한 자들이 이 세상에서 지은 죄 때문에 형벌과 고통을 받을 장소가 분명히 있다. — 윌리엄 버키트, 1856.

막 9:44, 46, 48. "거기는 구더기도 죽지 않고 불도 꺼지지 아니하느니라"

세 번에 걸쳐 반복되는 주님의 말씀은 죄인에게서 모든 행복을 거두어 가고 죄인을 본문에서 구더기와 불로 표시되는 모든 내적 외적 불행으로 압도할 최종적이고 전체적이며 영구한 대 추방을 피하라는 경고이다. 아직까지 우리 마음의 회개로 이 구더기를 짓밟을 수 있고 회개의 눈물로 이 불을 끌 수 있는 동안에 복되신 우리 구주의 이 유익한 권고에 귀를 기울이자. — 파스케르 케넬.

마가복음 10장

막 10:13-16. 서론의 주해

13-14절. 본문은 복음서들 가운데 아주 잘 알려져 있는 부분 중의 하나이다. 성화에서는 성경에 묘사된 이 장면을 어머니들이 치마폭에 어린아이들을 감싼 채 예수님께 몰려들고 있고 제자들은 그들을 막고 있는 것으로 그렸다.

그러나 이 그림은 사실에 맞지 않다. 경건한 유대인이라면 아이들이 랍비에게 가는 것을 결코 막지 않았을 것이다. 그리고 제자들이 이같이 행동했으리라는 것은 전혀 믿을 수 없는 일이다. 아주 최근에 가버나움에서, 아마도 베드로의 집에서 놀라운 사건을 제자들이 경험했기 때문이다(마 18:2,14; 막 9:33,36).

누가의 이야기가 제자들의 행동을 설명해준다. 누가는 여자들이 "자기 어린 아기를 데리고 오매"(눅 18:15)라고 말한다. 이것은 부당한 침입이었던 것 같다. "아기"라는 말은 1차적으로 태어나지 않은 아이를 가리키며 그 다음에는 여기에서처럼 이제 갓 태어난 아기를 뜻한다. 이 헬라어 단어에는 이외의 다른 의미는 없다. 이 경건한 여성들이 주 예수께 데려온 것은 그들의 갓 태어난 유아들이었다. 그리고 그들의 믿음과 경건은 그들이 주께 구하려고 했던 것보다 훨씬 더 많은 것을 그들에게 가져다주었다. 여인들이 바라는 바는 주께서 아이들을 만져주시는 것이었다.

그런데 주께서는 아이들에게 안수하셨을 뿐만 아니라 "그 어린아이들을 안고 축복하기"까지 하셨다. 그리스도인 어머니가 갓 태어난 아기를 안고 있을 때 성경의 이 구절이 어머니들의 마음에 얼마나 큰 감동을 일으키는

지!(참조. 마 18:14).   — 로버트 앤더슨.

14절. 어떤 계층의 사람도 그리스도의 자비로운 사랑을 받았고 그 사랑에서 흘러나오는 풍성한 복도 받을 수 있다. 그런데 어린아이들과 젊은이에 대해서는 주께서 특별히 더 애정을 보이신 것 같다. 이 복음서 기자는 주께서 어린아이들을 안으셨다는 사실과, 또 온유한 청년을 보고 사랑하셨다는 사실을 신중하게 전한다.   — 셰드(William G. T. Shedd).

하나님께서 우리에게 주신 것 가운데 우리 자신의 영혼 다음으로 가장 큰 위탁물은 우리 자녀이다. 우리가 그리스도께서 구원하시도록 우리 자신의 영혼을 그리스도께 가져왔다면 그리스도께서 우리 자녀를 지금과 영원히 구원하시도록 주께 데려오는 것보다 나은 일을 할 수는 없을 것이다.
— 오 할레스비(O. Hallesby).

15절. 주님의 이 말씀은 매우 적극적이고 단호하므로 자신의 장래 운명에 관심이 있는 사람은 누구나 진지하게 여기에 주의를 기울여야 할 것이다. 이 말씀은 영생에 들어가는데 반드시 필요한 요건들을 언급하고 있기 때문이다.

하나님 나라는 신약 성경에서 때로는 주관적인 것으로, 때로는 객관적인 것으로, 그런가 하면 때로는 사람의 마음 속에 있는 것으로 또 때로는 하늘에 있는 것으로 나타난다. 본문 말씀은 이런 표현들을 하나로 묶는다. 왜냐하면 본문에서는 사람이 하나님 나라를 "받는다"고도 하고, 또 하나님 나라에 "들어간다"고도 하며, 천국이 사람 속에 들어온다고도 하며 사람이 천국에 들어간다고도 말하고 있기 때문이다.   — 쉐드.

막 10:13-16. 예수와 어린아이들

I. 예수께서는 어린아이들을 사랑하신다

A. 주님의 사랑은 어머니의 사랑보다 고귀하고 거룩하다.
B. 주님은 모든 어린아이들을 사랑하신다. 어머니는 특별히 자기 아이를 사랑한다.
C. 주님은 아이의 부모들뿐 아니라 아이들을 위해서도 죽으셨다.

II. 어린아이들은 예수께 속해 있다

A. 그리스도 안에서 기쁨과 평안을 발견한 부모들은 또한 아이들을 그리스도께 데려왔다. 그러므로 아이들은 그리스도의 것이다.
B. 아이들은 먼저 우리에게 주어지고 그 다음에는 그리스도께 드려진다.
C. 아이들은 그리스도의 것이기 때문에 주께서는 "아이들의 내게 오는 것을 용납하고 금하지 말라"고 말씀하신다.

III. 예수께서는 어리아이들을 받으신다

A. 아이들을 예수께 데려 오라. 주 안에서 아이들은 지금과 영원히 안전하다.
B. 기도와 교훈과 모범으로 매일 아이들을 예수께 데려 오라.
C. 아이들을 예수께 데려 오라. 아이들이 주님의 팔 안에서 만족을 누릴 것이다. ─ 구스타프 에릭슨(Gustaf Erickson).

막 10:13-16. 아이들을 예수께 데려와야 한다

그 이유는 다음과 같다.
1. 아이들에게는 불멸의 영혼이 있다(창 2:7; 삼하 12:23; 마 16:26).

2. 아이들도 타락의 결과를 안고 있다(시 51:5; 요 3:5-6; 롬 3:10-19,23; 엡 2:3).

3. 아이들도 그리스도의 구속 사역에 참여한다(신 29:29; 행 2:39; 막 10:14; 롬 3:23-24).

4. 아이들도 하나님의 은혜와 구원을 받는다(막 10:15; 눅 1:15; 고전 10:1-4; 행 2:39).

5. 아이들은 그리스도의 사랑을 받고 용납하심을 받는다(막 10:16).

아이들이 우리 슬하에 있는 동안, 아이들이 아직 어린 동안에(잠 22:6) 예수께 데려 오자. 그러면 아이들이 하늘의 가정에서 우리와 다시 연합하게 될 것이다. ─ 루드비히 엘링슨(Ludvig Ellingsen).

막 10:13-16. 아이들을 그리스도께 데려 오기 위해서는 어떻게 해야 하는가?

I. 아이들에게 그리스도에 대한 지식을 가르쳐야 한다

   A. 독서를 통해서.
   B. 대화를 통해서.
   C. 모범을 통해서.

II. 아이들에게 그리스도의 사랑을 소개해야 한다

   A. 아이들은 그리스도의 사랑을 믿는다.
   B. 아이들은 그리스도의 사랑에 보답한다.
   C. 아이들은 그리스도의 사랑을 모방한다.

III. 아이들이 그리스도의 복을 받도록 데려와야 한다

A. 그리스도의 초청을 생각하라.
B. 그리스도께서 제자들의 행동에 화를 내신 점을 생각하라(14절).
C. 그리스도께서 아이들에게 베푸신 복을 생각하라(16절).
— 칼렙 모리스(Caleb Morris).

막 10:15. 어린아이다움

어른과 아이 사이에는 세 가지 비슷한 특징들이 있다. 불가피한 점과 범죄적인 점, 의무적인 점이 있다.

I. 불가피한 점들

A. 지식의 불완전성. 아이의 지식은 상대적이다. 예를 들면, 어린아이가 자기 아버지에 대해 갖는 지식이란 어떤 것인가? 아이는 자신의 지적·도덕적 특성에 대해서나 인류와 자신의 일반적인 관계에 대해서도 별로 아는 것이 없고 아마도 전혀 알지 못할 것이다. 아버지가 작가나 정치가일 수 있지만 아이가 아는 것이라곤 그 사람이 자기 아버지라는 것뿐이다.

하나님과의 관계에 있어서는 이 점은 어른에게도 그대로 해당된다. 하나님에 대한 사람의 지식은 지극히 상대적이다. 하나님은 어떤 모습을 하고 계시며, 광대한 우주 가운데 멀리 떨어져 있는 부분들에 대해서는 어떤 일을 하고 계시는가? 이런 문제에 대해서 사람은 말 그대로 아무것도 모른다. 사람은 아버지로서의 관계를 알고 있다. 그리고 그것이 거의 전부이다.

B. 의존성. 아이는 다른 사람들의 부양하는 보호와 도움 없이는 거의 하루도 살 수 없을 것이다. 아이는 부모에게 참으로 의존적이다.

그런데 어른들도 명백히 드러나지는 않을지라도 마찬가지로 의존적이다. 사람들의 관계가 늘어날수록, 사람들의 자원이 증가될수록 그만큼 더 사람들은 의존적이 된다. 우리가 의존해서 산다는 사실 자체가 죄는 아니다. 그러나 그 의존의 사실을 인정하지 않는 것이 죄악의 정신이며 불행의 원천이다.

C. 미숙함. 아이들은 전적으로 외모를 보고 판단한다. 이 점은 또한 대체로 어른에게도 해당된다.

아이의 생각과 힘은 미숙하다. 성인의 경우도 마찬가지이다. 차이는 성인이 아이보다 조금 더 발전했다는 것뿐이다. "우리가 다 아이라."

II. 범죄적인 점들

어린아이의 성품 가운데 아이의 경우에는 "죄 없는" 것이지만 어른에게서 발견될 때는 범죄적인 것이 되는 특징들이 있다. 어떤 것이 그런 특징인가?

A. 감각에 의존함. 최초의 단계에서 아이는 식욕과 감각에 좌우되는 피조물이다. 이것이 어린아이에게 있을 때는 "죄 없는" 것이지만 성인에게서는 죄악이 된다.

B. 변덕스러움. 아이들은 충동적으로 행동한다. 밖의 바람이 조금만 다르게 불어도 기분이 변한다. 어른이 그렇게 되면 그것은 죄이다. 어른이라면 누구나 진리의 토양에 깊게 뿌리 내린 확신을 갖고 있어서 밖에서 몰아치는 폭풍은 오히려 확신을 더욱 굳게 해주는 것이 되어야 한다.

III. 의무적인 점들

아이에게는 우리가 본받아야 하는 특징들이 있다. 어떤 것들인가?

A. 지적인 특징. 아이는 참으로 탐구심이 많다! 하루에도 얼마나 많은 문제들을 물어보는지! 또 정보를 얼마나 즉각 잘 받아들이는지! 또 얼마나 편견이 없는지! 아이들은 처음 몇 해 동안 참으로 놀랄 만큼 많은 지식을 모은다!

지식에 대한 이러한 열망과 태도를 우리는 항시 길러야 한다.

B. 사회적인 특징. 아이들은 참으로 교만과 가식이 없다! 아이들은 자기에게 사랑을 보이는 모든 사람에 대해 어린아이 같은 공감을 보인다. 아

이들은 왕의 친절에 대해서 뿐 아니라 거지가 보이는 친절에 대해서도 즐거이 반응할 것이다.

우리도 사람을 외모로 판단해서는 안 된다(약 2:1-9).

C. 도덕적인 특징. 아이의 양심은 참으로 부드럽다! 생각하는 바나 말하는 바가 참으로 진실되다! 아이는 전혀 교활하지가 않다!

이런 점들에서 우리는 아이에게서 배워야 할 것이 많지 않은가?

D. 자식으로서 특징. 아이가 자기 부모를 얼마나 존경하는지! 또 얼마나 맹목적으로 신뢰하는지! 얼마나 확고하게 부모를 믿는지! 아이는 장래에 대해 전혀 걱정하지 않는다. 어머니를 괴롭히고 아버지를 거꾸러트리는 문제도 아이에게는 전혀 걱정이 되지 않는다.

하나님의 자녀인 우리도 이와 같아야 한다.　　　　　　— D. 토머스.

막 10:17-27. 빠져 있는 관계

"네게 오히려 한 가지 부족한 것이 있으니." 젊은 관원에게 하신 주님의 이 짧은 말씀에는 많은 의미가 함축되어 있다. 그의 경우와 상태는 참으로 전형적이다.

I. 좋은 자질들을 보였다

A. 그는 선한 것을 존중하고 공경하였다. "선한 선생님이여"라는 그의 인사말에서 위대하신 선생과 선생의 가르침에 대한 존경심이 드러난다. 그는 관원으로서 그리스도를 미워하고 비웃으며 경멸하고 마침내 그리스도를 십자가에 못박는데 도구 노릇을 한 서기관과 바리새인들을 매일 접촉하였다. 그런데도 그는 그들의 의견에 전혀 영향을 받지 않고 그리스도의 뛰어나심과 도덕적 권위와 능력과 지혜를 인정하였다. 이 사실에서 우리는 그의 판단의 독립성, 분별력, 도덕적 용기를 본다.

B. 그는 영생에 대하여 강한 열망을 지니고 있었다. 지극히 중요한 문

제들을 조심성 없이 대하거나 무시하지 않는다. 그는 현재 자신이 누리고 있는 법적 준수, 부, 지위, 젊은이의 전망으로는 만족할 수 없었다. 그의 열망과 관심이 다음의 사실에서 나타났다.

1. 공개적으로 그리스도께 옴.
2. 달려와 그리스도 앞에 무릎을 꿇음.
3. 영생의 길을 알기를 간절히 바람.

C. 그는 외적 도덕에 관해서는 결점이 없었다. "이것은 내가 어려서부터 다 지키었나이다." 이 말은 다음의 사실들을 함축할 것이다.

1. 유대의 의식을 흠 없이 지킴(안식일, 제사, 금식과 절기).
2. 다른 사람들의 행복을 존중함.
3. 높은 도덕적 성품을 유지함.
4. 젊은이들이 겪기 쉬운 유혹들, 특히 젊은데다 부까지 겸했을 때 겪을 수 있는 시험에도 불구하고 매우 종교적임. 그래서 그리스도께서 이같이 우수한 점들을 인정하셨다. "예수께서 그를 보시고 사랑하사"(21절).

II. 한 가지 부족한 점

A. 이 젊은 관원의 의는 외적이고 의식적인 것에 지나지 않았다. 그가 지금까지 행한 종교적 노력의 잘못된 점이 다음 질문에 나타난다. "내가 무엇을 하여야?" 그는 율법적인 태도로 거룩함을 얻으려고 애써왔던 것 같다.

B. 그는 참으로 선한 것을 분별할 수 없었기 때문에 "선한" 것을 자기 마음에서 내놓을 수 있다고 믿었으며, 그래서 단지 "나"에 대해서만 물었던 것이다. 아마도 그는 엄격한 율법 준수 같은 것이 자기에게 부과될 것으로 기대하였을 것이다. 그랬다면 자기 힘으로 지금까지 그 일을 수행하였다는 사실에 그의 교만한 마음이 우쭐해졌을 것이다.

C. 그러나 그리스도께서는 한 가지 조건을 제시하셨고 한 가지 행동 방침을 지시하셨다. 이 조건과 이 행동 방침으로 인해 그의 도덕적 성품에

빠져 있는 요소가 무엇인지 드러났고, 그에게 외적이고 의식적인 의는 있었지만 하나님의 마음과 뜻에 대한 진정한 복종은 없다는 사실이 드러났다.

그리스도께서는 그의 소유를 바칠 것을 요구하셨다.

1. 그의 마음이 재물에 집착해 있었기 때문이다. 그를 사로잡고 있는 가장 강력한 사랑은 재물에 대한 사랑이었다고 추론할 수 있다.

2. 어떤 희생을 치르더라도 구원을 얻고자 하는 마음이 있는지 시험하기 위해서였다. 자기 부를 희생하는 것은 주께서 말씀하신 부족한 "한 가지"가 아니었고 그 한 가지를 보여 주는 증거였다.

3. 진지하게 자기를 부인하는 길을 전적으로 선택하는 일이 필요하였기 때문이다. 이 요구는 주께서 제시하는 조건의 소극적인 면에 지나지 않았다. 온전하신 그리스도, 튼튼한 영생이신 그리스도께 복종을 바칠 적극적인 면은 "자기 십자가를 지고 나를 좇는" 것이었다. 그런데 그의 마음은 재물에 붙어있기 때문에 십자가를 피하였다.

III. 그 결과: 그리스도의 마음과 뜻에 복종하는 것이 부족하였다

A. 이로 인해 그의 도덕적 성품이 온전해지는 것이 방해를 받았고 훼손되었다. 그의 도덕적 성품이 뛰어나긴 했지만 주님께는 온전한 것이 못 되었다. 우리가 아무리 도덕적이라도 그리스도께 대한 최상의 사랑이 없다면 우리에게는 부족한 것이 있다.

B. 이로 인해 그는 그리스도의 제자가 되지 못했고 아마 영생을 얻지도 못했을 것이다.

하나님께서 원하시는 조건에 따르지 않는다면 구원을 얻을 수 없다. "한 가지" 부족한 것, 단지 한 가지이지만 그것은 가장 중요한 것이다(한 밤중에 기름이 부족했던 어리석은 세 처녀의 경우를 생각해 보라).

한 가지가 우리를 천국으로 데려가기도 하고 들어가지 못하게도 만들 것이다.

우리는 도덕적으로 옳고 확고하며 솔직하고 지적이며 온유할 수 있다. 어떤 점에서는 경건하고 좋은 아버지이며 주인이고 종이면서도 "한 가지"가 부족할 수 있다. 도덕적으로 우수함이 우리에게 천국을 보장해 주지 못하고 그리스도께 대한 최고의 사랑이 우리에게 천국을 가져다 줄 것이다.

— 조지 차터(George Charter), 1875.

막 10:17-27. 심각한 결점

인생의 하찮은 것들이 참으로 비극적이 되는 경우가 종종 있다. 사소한 실수, 계획의 아주 세부적인 일, 잘못 사용한 잠깐의 시간, 생각 없이 말한 중요해 보이지 않는 말들 등이 그렇다. 흠 없을 수도 있을 성격을 종종 훼손시키고 사람의 영적 생활을 파괴하며 영혼을 절망적인 영원으로 거꾸러뜨리는 그 "한 가지"가 얼마나 큰 비극이 되는지!

본문에 나오는 이 젊은이의 운명을 결정한 것은 바로 그 "한 가지"였던 것이 분명하다(반드시 필요한 하나님께 대한 사랑이 없었던 것이다). 그러나 좀더 면밀히 조사해 보면 우리는 이 젊은 바리새인에게서 그 밖의 결점들도 발견하게 된다.

1. 그는 예수께 달려왔으나 그로 하여금 주님과 함께 머물러 있게 했어야 할 것이 부족했다.
2. 그는 주 앞에 무릎을 꿇었으나 신령과 진정으로 주를 예배할 수 있게 했어야 할 것이 부족하였다.
3. 그는 주님을 "선한 선생님이여" 하고 불렀으나 거룩하신 선생께 마땅히 드려야 할 겸손한 복종이 부족했다.
4. 그는 매우 중요한 질문을 가지고 왔으나 그로 하여금 기꺼이 주님의 답변을 받아들이게 만들었어야 할 것이 부족했다.
5. 그는 영생 얻기를 원하였으나 영생을 얻는데 필수적인 헌신의 정신

이 부족했다.

  6. 그는 기꺼이 "행하려고" 하였으나 그가 구하는 것을 "행위 없이" 얻게 만들었을 잘 받아들이는 태도가 부족했다.

  7. 그는 자기가 모세의 십계명을 전부 지켰다고 생각했지만 계명 중 어느 하나라도 이행하려면 필요한 첫번째 조건이 부족하였다.

  8. 그는 그리스도를 칭찬하였지만 결국 그리스도의 제자가 되도록 만들었어야 할 신뢰가 부족하였다.

  9. 그는 영적 가치를 어느 정도 알고 있었지만 그에게 천국의 보물을 확보해 주었을 지혜가 부족하였다.

  10. 그는 와서 무릎 꿇고 묻고 들었지만 십자가를 지고 결국에는 면류관을 얻게 만들었을 결단이 부족하였다.   — H. 엘링슨.

마가복음 11장

막 11:1-11. 그리스도께서 예루살렘에 들어가심

본문은 구주의 생애 가운데 가장 생생한 사건을 기록하고 있다. 사실 이 사건 말고는 예수께서 상상력을 자극하기 위해 혹은 대중의 갈채를 끌어내기 위해 볼 만한 광경을 의도적으로 준비한 경우는 없었다. 지금까지 예수께서는 마음대로 이 거룩한 도시에 드나들면서도 사람들의 눈에 띄려고 하거나 많은 무리로부터 자신의 메시야 되심을 인정받으려고 하신 적이 없었다.

오히려 예수께서는 제자들의 확증을 위해 자신이 메시야이심을 보였던 몇 번의 경우에 대해 제자들마저 비밀을 유지하게 하려고 노력하셨던 것으로 보인다. 거듭거듭 예수께서는 병 고침을 받은 개인들에게 주님의 기적적인 활동에 대해 아무에게도 말하지 말라고 명령하시곤 하였다. 변화산의 사건을 목격한 주님의 총애하시는 세 제자들은 그 이야기를 알리지 말라는 명령을 들었다.

그런데 이제 예수께서 자신의 정책을 갑작스럽게 바꾸신 것이다. 예수께서는 완고한 대제사장 지지자들 앞에서 대제사장들에 대해 공개적이고 직접적으로 도전하신다. 예수께서는 자신이 이스라엘의 보좌에 앉을 다윗의 후계자, 곧 오래 전부터 예언된 메시야라는 주장을 펴신다.

이 예루살렘 승리의 입성에 대한 성경의 기록은 세부적인 면에서 이해하는데 아무 어려움이 없다.

사복음서 기자들 모두 이 사건을 이야기하고 있는데, 요한은 세부적인 기록에서 많은 점을 생략하고 있고 이 사건이 예언을 확증하는 것이라는 사실을 특별히 강조하며 최근에 예수께서 나사로를 죽은 자 가운데 일으키신 일 때문에 일어난 것으로 보는(요 12:16-18) 점이 주목할 만하다. 요한은 또한 "보라 온 세상이 저를 좇는도다"라고 외친 바리새인들의 절망도 언급하고 있다. 마태는 스가랴 9:9의 말씀을 인용한다. 누가는 나귀 새끼의 주인이 구주께서 예견하신 질문을 물었다(19:33)고 기술한다. 누가는 또한 무리가 그 동안 본 능한 일들로 인해 열광의 상태에 이르렀다고(37절) 단언하며, "선생이여 당신의 제자들을 책망하소서"라고 말한 바리새인의 항의와 "내가 너희에게 말하노니 만일 이 사람들이 잠잠하면 돌들이 소리지르리라"고 하신 주님의 답변을 기록하고 있다(눅 19:39-40). 여기서는 모든 사람이 동의할 몇 가지 교훈을 열거하는 것으로 그치겠다.

1. 이 기사는 모든 평범한 사건들에 대한 그리스도의 예지를 보여 준다. 주께서는 제자들이 주님의 심부름을 행하러 나갈 때 곧 일어날 일을 알려 주신다(막 11:1-3).

여리고 평지(예루살렘으로부터 약 29km 정도 떨어져 있다)로부터 긴 오르막길을 오르면 여행자는 감람산 동편 기슭에 도착한다. 가장 동편에 있는 마을이 벳바게인데, 그 가까이에 베다니가 있다. 베다니는 예루살렘으로부터 약 2km 떨어진 감람산 동편 기슭에 자리잡고 있었다. 그래서 이 순례자들은 여기까지 약 27km를 여행해 온 것이다.

우리 주께서는 지금 우리가 살펴보는 이 심부름을 이야기하시면서 아주 놀라운 정확성을 보이신다. 제자들은 네거리를 만날 때까지 가야 했다. 그 네거리는 마을 너머에서 찾지 않고 마을 이쪽에서 찾아야 했다. 그곳에서 제자들은 매여 있는 나귀를 볼 것이고, 그 옆에 나귀 새끼가 서 있을 것이다. 더 나아가 제자들은 나귀의 주인이 할 말을 주님으로부터 그대로 듣고 주인의 동의를 얻기 위해 대답할 말도 지시 받았다.

여기서 우리는 우리 주께서 인간 본성뿐 아니라 앞으로 일어날 사건들에 대해서도 알고 계신다는 놀라운 예증을 본다. 누군가 이것이 하찮은 일이라고 주장한다면 이런 일들이 매우 단순하고 하찮아 보이는 바로 그 이유 때문에 초자연적인 예언의 영이 없다면 그런 일들이 일어날 것을 예언할 수 없다고 반박할 수 있을 것이다. 바울 사도가 예수 그리스도의 이 사건이 있은 지 수년 후에 그 안에는 "지혜와 지식의 모든 보화가 감취어 있느니라. 그 안에는 신성의 모든 충만이 육체로 거하시고"(골 2:3,9)라고 말했을 때 의미하는 바를 이해하는데 이 꾸밈없는 이야기가 도움이 될 것이다.

2. 이 기사는 모든 사람들에 대한 그리스도의 주권(막 11:4-6)을 보여준다. 제자들이 이 짐승을 빌린 주인으로 보인 사람에 관해서는 지금까지 온갖 추측들이 제기되었다. 그러나 여기서 주목해야 할 현저한 사실은 주께서 제자들에게 답변으로 사용하라고 하신 단순한 몇 마디를 하자마자 그 주인이 즉각 행동으로 동의한 점에 있다. 그 주인이라고 하는 사람을 제자들이 전혀 모르거나 혹은 주께서도 전혀 모르는 사람이었다는 것은 중요하지 않았다. 주인으로서는 "주가 쓰시겠다"는 사실을 들은 것으로 충분했던 것 같다.

매튜 헨리는 "그리스도께서 빌린 배를 타고 바다를 건너시고 빌린 방에서 유월절 음식을 잡수시고 빌린 무덤에 장사되었으며 여기서는 빌린 나귀를 타셨다"는 사실에 주의를 기울인다. 어떤 의미에서 크신 하나님은 아무것도 필요치 않지만(참조. 시 50:9-12) 자기를 사랑하는 자들에게 스스로 쓸모 있는 사람이라고 생각할 기회를 주시기를 기뻐하신다고 말할 수 있을 것이다. "주가 쓰시겠다" 하면 언제나 드린다는 이 태도는 참된 모든 그리스도인의 좌우명이 되는 것이 당연하다.

3. 그 다음에 이 기사는 모든 짐승을 부리는 그리스도의 권세를 보여준다(막 11:7-8). 주님에 대한 기사 가운데 예수께서 이 나귀 새끼 말고 다른 어떤 짐승을 타셨다는 기록이 없다. 모든 짐승 가운데 이 나귀 새끼는 틀림없이 혼란스런 행렬에 사용하기에 가장 까다로운 짐승이었을 것이다. 마가와 누가는 이 나귀 새끼가 한 번도 매여본 적이 없고 이전에 한 번도

사람을 태운 적이 없다고 밝히고 있다. 마태는 그 나귀 새끼가 너무 어려서 어미와 함께 있었다고 덧붙이며 스가랴 선지자는 이 나귀를 "짐승의 새끼"라고 불렀다.

그러한 피조물에게 일어난 명백한 기적에 주의를 돌린다면 그것은 놀라운 일이 아닐 수 없다. 왜냐하면 무리들의 떠들썩한 환호성과 아이들의 높은 노랫소리, 종려나무와 화려한 의복, 주변을 온통 둘러싸고 있는 열광적인 흥분을 생각할 때, 전혀 통제할 수 없고 제멋대로 구는 짐승의 가장 대표적이라고 할 수 있는 이 나귀 새끼가 마치 즉각 길들여져서 주님을 위해 든든하게 봉사하고 있는 것처럼 된 것만큼 놀라운 사실은 없을 것이기 때문이다.

4. 이 기사는 하나님의 메시야로서 그리스도의 위엄을 보여준다. 두 복음서 기자는 이 시점에서 이 승리의 예루살렘 입성에 관한 구약의 예언을 인용한다(마 21:9; 막 11:9-10; 참조. 시 118:25-26; 슥 9:9). 우리 주께서 나귀를 타고 예루살렘에 들어가시는 것은 헛된 허장 성세를 부리기 위해서가 아니라 "그 일이 기록되었기" 때문이다.

왕이 사용하던 그런 짐승을 타고 예루살렘에 들어가신 사실을 근거로 예수님의 주장의 진실됨을 주장하는 것은 공정하지 않을 것이다. 왜냐하면 사기꾼이 스가랴의 그 예언을 읽고 그 예언을 성취시키려고 그렇게 할 수도 있기 때문이다. 그보다는 고귀한 자와 비천한 동물이 특이하게 결합되는 가운데 우리 주께서 자기 본성의 왕다우심과 자기 직무의 존귀함을 보이신다고 주장하는 것으로 그치는 것이 좋을 것이다. 주께서는 왕의 짐 나르는 짐승을 타시고 전혀 왕의 수행원 같지 않은 사람들의 수행을 받으신다. 이 행렬을 충분히 이해하고자 하면 우리는 겉으로 드러난 표면의 안쪽을 보아야 한다. 그리스도는 왕이시지만 승리를 전혀 과시하시지 않는다. 그러나 외모는 초라해 보일지라도 여전히 위엄이 있고, 과시하려 하지 않는 겸손한 처신에서도 그 위엄을 쉽게 볼 수 있다.

여기서 우리는 잠시 멈추어 최고의 교훈을 생각해볼 수 있다. "너희 안에 이 마음을 품으라 곧 그리스도 예수의 마음이니"(빌 2:5-11).

5. 끝으로, 이 기사는 죄에 대한 그리스도의 말없는 심문을 보여준다. 우리는 구약에서 이 같은 표현을 본다. "피 흘림을 심문하시는 이가 저희를 기억하심이여 가난한 자의 부르짖음을 잊지 아니하시도다"(시 9:12).

이 같은 예수님의 예루살렘 입성이 보여주는 두드러진 모든 그림 가운데서 마지막 11절에 나오는 지극히 조용한 묘사만큼 인상적인 장면은 없을 것이다. "예수께서는 예루살렘에 이르러 성전에 들어가사 모든 것을 둘러보시고 때가 이미 저물매 열 두 제자를 데리고 베다니에 나가시다." 예수께서는 성전에 들어가 둘러보셨지만 한 말씀도 하시지 않고 떠나셨다. 예수께서는 몇 번에 걸쳐 이같이 둘러보셨다. 근심하시고 노하심으로 제자들을 보셨을 때(막 3:5)와 시몬 베드로를 보셨을 때(눅 22:61) 그같이 보셨다. 여기에서 주님은 잡화와 상품 진열대가 아버지 하나님의 집에 있는 것을 보셨다.

그리고 다음 날에는 형벌이 오고 있었다. — 찰스 로빈슨, 1888.

막 11:11. 예수님의 친구들

"예수께서 때가 이미 저물매 열두 제자를 데리시고 베다니에 나가시다." 베다니에 관해 읽을 때 마음에 뚜렷이 남는 한 가지 인상은 그곳이 예수님과 아주 가깝고 친밀하다는 것이다. 예수께서 마르다와 마리아와 나사로에게는 사랑하는 분이고 친구이며 손님이셨다. 예수께서 그들의 친구들 가운데 앉아 밤늦도록 그들에게 말씀하셨기 때문에, 또 아침 시간이 되었을 때 예수께서 그들에게 평강의 인사를 하셨기 때문에 그들은 더할 수 없는 복과 평온 가운데 들어갔고 네 복음서의 마지막 장들에 집중적으로 기록된 영광스런 말씀과 행동을 듣고 보았다.

이제 많은 사람들이 그리스도의 친밀함의 가치를 확실하게 깨닫게 되었을 때 아쉬워하며 그런 친밀함을 간절히 바랄 수 있다. 이 기록은 오래 전에 일어난 이야기로 읽을 수도 있다. 과거의 멋진 낭만적인 에피소드, 즉 그 믿음과 소망, 두려움과 슬픔이 이제는 감동적인 이야기일 뿐인 예수께 사랑 받았던 죽은 남녀들의 기록으로 읽을 수 있다. 이처럼 예수께서 그 가정에 들어가시고 그 가정 생활에 섞여 지내시는 일은 결코 되풀이 될 수 없다는 생각이 든다.

이 신약의 성도들은 다른 사람들은 결코 누릴 수 없는 특전을 받은 것이 아닌가? 그들은 예수께 가까이 나왔고 육체로 계신 주님을 보았다. 이들은 자기 소유로 주님을 섬겼다. 주님은 그들의 식탁에서 영광스런 손님이었고 그들은 귀한 옥합을 깨트려 주님의 손발에 향유를 부었다. 이들은 주님의 십자가를 져드리고 주께 무덤을 드렸다. 그들은 또한 못자국을 보았다.

이런 일들은 되풀이되지 않을 것이다. 주께서는 지쳐서 이 세상 우물가에 앉으시는 일은 두 번 다시 없을 것이다. 주께서 밤이 되면 여행으로 더러워진 옷차림으로 허기진 채 이 세상 어느 집 문을 두드리시는 일은 다시 없을 것이다. 무거운 십자가를 지고 가느라 약해지시는 일도 다시 없을 것이다. 그래서 예수님과 친하게 지냈던 사람들을 돌아보며 예수께 가까이 지내던 위대한 날들이 이제는 사라져버렸다는 생각이 들며 그런 일이 다시는 일어날 수 없다는 안타까운 아쉬움이 생긴다.

그렇게 생각한다면, 우리는 참으로 중요한 사실을 잊고 있는 것이다! 얼마나 잘못 생각하고 있는 것인가! 우리는 주님과 참으로 가깝고 친밀하게 지낼 수 있다는 것을 전혀 깨닫지 못하고 있는 것이다! 우리는 기독교 신앙의 가장 핵심적인 한 가지 진리를 잊어버린 것이다. 우리는 죽었다가 죽은 자들 가운데서 다시 산 나사로의 예수님을 믿는다. 우리는 항상 살아 계셔서 우리를 위해 기도하시는 그리스도, 곧 그의 임재를 만나면 지금도 우리는 잠잠하게 되고 두려움을 느끼게 되는 살아 계신 그리스도를 믿는다. 그뿐 아니라 우리는 영원히 하나님의 아들이며 사람이신 그리스도, 곧 "사람이 되셨고 사람으로 지내셨으며 또 계속해서 뚜렷한 두 본성 가운데 하나님이시자 사람으로 계시며 영원히 한 분으로 계시는" 그리스도를 믿는다. 사람으로서 그리스도의 마음은 지금도 인류의 사랑과 찬양을 바라시며, 과거와 마찬가지로 지금도 우리가 가까이 다가가고 애정어린 친밀감을 느낄 수 있는 "주요, 영으로서" 계신다.

이 진리를 깨달을 때 우리는 예수께서 그의 품에 의지하여 누웠던 요한보다, 그 발 아래 앉았던 마리아보다 우리에게 더 가까우시다는 것을 알게 된다. "비록 우리가 그리스도도 육체대로 알았으나 이제부터는 이같이 알지 아니하노라"(고후 5:16). 우리는 사람으로 인해 방해나 저지를 받지 않고 영으로 그리스도와 교제하는 가운데서 그리스도를 안다.

모든 시대, 모든 세대를 보면 시간이 흐르는 가운데 주님의 친구 나사로보다 주와 더 가까이 지낸 사람들이 있다. 베드로나 야고보, 요한보다 주님을 더 충분히 더 깊게 안 사람들이 있다. 바울보다 그리스도의 은혜의 풍성함을 더 크게 경험한 사람들이 있다.

오늘과 모든 시대에 걸쳐, 원한다면 사람들은 예수님의 친구가 될 수 있다. 즐거운 교제 가운데서 친구가 될 수 있고, 예수께 대해 더욱 더 깊어지는 지식 가운데서 친구가 될 수 있다. 또 영혼에 대한 주님의 사랑을 갈수록 더욱 공감하는 가운데 친구가 될 수 있다. ― 클로우(W. M. Clow).

막 11:22-24. "하나님을 믿으라"

진실로 인간의 역사을 보면 믿음이 있는 사람은 "산을 옮길" 수 있다는 진리가 풍부하게 예증된다. 영적 일에서 그처럼 위대한 업적을 이루는데 반드시 필요한 세 가지가 있다.

1. 구속의 우주적인 효력에 대한 믿음.
2. 복음이 사람의 영적 본성과 필요에 부응한다는 믿음.
3. 우리가 하나님의 영의 도움을 받아 이런 일을 할 수 있다는 믿음(하나님의 성령께서는 우리 그리스도인의 모든 노력에 우리를 감화하시고 힘

주시며 인도하실 수 있다. — H. E.). 믿음은 세상에 놀라운 일을 일으킬 수 있다. 믿음은 "산을 옮길" 수 있다. 믿음은 하늘에 놀라운 일을 일으킬 수 있다. "무엇이든지 기도하고 구하는 것은 받은 줄로 믿으라 그리하면 너희에게 그대로 되리라." "구하라 그러면 너희에게 주실 것이요." "의인의 간구는 역사하는 힘이 많으니라." 이런 기도로써 우리는 전능자의 힘을 붙잡는다. 즉 우리는 우주를 움직이는 팔을 움직이는 것이다. 엘리야, 아브라함, 모세가 그 예이다.

막 11:24. 기도의 수준들

 믿음과 기도는 아주 밀접하게 연결되어 있어서 둘을 떼어놓고서 어느 한 가지를 이야기할 수 없다. 그러나 기도에는 여러 수준이 있다는 점에 유의해야 한다.

 1. 마태복음 7:7에 기록된 주님의 말씀에서 배우는 첫번째 교훈. "구하라 그러면 너희에게 주실 것이요."
 2. 마태복음 21:22에 기록된 주님의 말씀에서 배우는 두번째 교훈. "너희가 기도할 때 무엇이든지 믿고 구하는 것은 다 받으리라."
 3. 요한복음 16:23에 기록된 주님의 말씀에서 배우는 세번째 교훈. "너희가 무엇이든지 아버지께 구하는 것을 내 이름으로 주시리라." 이것은 단순히 구하는 것, 곧 단지 믿음으로 구하는 것을 넘어서는 일이다. 이것은 그리스도의 힘을 의지하여 그리고 그리스도와 우리의 하나됨을 인하여 구하는 것이다. 그리스도의 이름은 곧 그리스도 자신이다. 그래서 하나님은 우리를 보실 때 우리 본래의 모습을 보시는 것이 아니라 예수 그리스도 안에 있는 우리를 보시는 것이다. 기도의 문제에는 수많은 사람들이 전혀 생각지 못한 "영역"이 있다. 한 사람이 다른 사람의 이름으로 요청을 할 때 호의를 구하는 것은 사실 그 다른 사람인 것이다. 그래서 내가 예수의

이름으로 아버지께 갈 때는 그리스도께서 탄원자가 되시는 것이다. 그리고 아버지께서는 아들이 원하시는 것은 아무것도 거절하실 수 없기 때문에 내가 그리스도의 이름으로 구하는 것을 받으리라는 것은 틀림없는 사실이다.

4. 본문의 말씀에서 우리가 배우는 네번째 교훈. "무엇이든지 기도하고 구하는 것은 받은 줄로 믿으라 그리하면 너희에게 그대로 되리라." 이렇게 예수의 이름으로 기도할 때 내가 구하는 것은 이미 받았다. 그 응답은 확실하다고 믿는 것은 내 특권이다.

그리스도의 교회는 이러한 기도의 능력을 가져야 하고, 단순히 믿음으로 구하는 수준을 넘어서서 주와 우리가 하나이므로 예수의 이름으로 기도할 수 있는 특권이 있음을 깨달아야 한다. 그 다음에, 그리스도와 계속해서 교제하며, 이같이 매일 그리스도와 함께 행하는 일을 소중히 여기고 그러므로 마음 속에 성령께서 일깨운 말할 수 없는 탄식을 품고 있으면, 이런 것들이 보좌 앞에 있는 그리스도의 금향로에 담겨 하늘로 올라가 반드시 아버지 하나님께서 들으시고 응답하실 것이다. — 피어슨(A. T. Pierson).

기도의 효험에 대한 나의 가장 큰 신뢰는 나의 구하는 태도에 있지 않고 예수 그리스도와 그의 많은 약속에 대한 믿음에도 있지 않으며 나에 대한 그리스도의 사랑에 있다. "나 여호와가 옛적에 이스라엘에게 나타나 이르기를 내가 무궁한 사랑으로 너를 사랑하는 고로 인자함으로 너를 인도하였다 하였노라"(렘 31:3). "그들이 부르기 전에 내가 응답하겠고 그들이 말을 마치기 전에 내가 들을 것이며"(사 65:24).   — H. 엘링슨.

마가복음 12장

막 12:41-44. 지켜보시는 주님

이 사건에서 우리 주님의 장엄한 신적 위엄이 조용히 나타난다. 주께서는 이때 마지막으로 성전을 방문하고서 곧 성전을 영원히 떠나시려 하고 있었다. 주께서는 마치 마지막으로 평안과 복의 말씀을 하실 기회를 찾기 위해 문지방에서 서성거리시는 것처럼 보인다. 경건한 과부가 주께 그 기회를 제공해 드렸다.

왕궁과 왕위를 빼앗기고 쫓겨나는 한 프랑스 왕이 시종의 어린아이에게 작별의 축복을 하기 위해 문지방에서 멈추었다. 그것은 왕으로서 가질 만한 관대하고 침착한 태도였다. 이와 같이 그리스도께서도 배척을 당하셨지만 화를 내지 않고 성전을 떠나시면서, 가난한 과부의 경건을 인정하기 위해 기다리심으로써 영혼의 위엄을 조용히 드러내신다. 여기서 다음의 사실들을 생각해 보자.

I. 본문에는 그리스도 자신에 관한 몇 가지 사실이 나타난다

A. 본문에서 그리스도는 마음을 감찰하시는 전지하신 분으로 소개된다. 그리스도께서는 서기관과 바리새인들의 숨겨진 악을 들추어내셨다. 또한 가난한 과부의 숨겨진 가치도 드러내신다. 주님의 눈에는 선과 악이 벌거벗은 듯이 드러난다. 오해받고 잘못 알려지고 혹은 냉대받는 사람들에게는 참으로 위로가 되는 사실이다. 하나님은 다 알고 간과하시지 않기 때문이다.

B. 본문에서 그리스도는 정당한 기준으로 사람의 행동을 판단하시는 분으로 소개된다. 사람은 행동을 보고 마음을 판단한다. 주께서는 마음을 보고 행동을 판단하신다. 사람 속에 있는 동기가 행동보다 더 중요하기 때문이다. 주께서는 사람이 무엇을 가졌는지 혹은 어떤 행동을 했는지 — 이런 것들이 종종 사람을 오해하도록 만든다 — 를 보시지 않고 사람이 어떠한지를 보신다.

II. 본문에는 우리 자신에 관한 몇 가지 사실이 나타난다

A. 본문에는 주님께 드리는 우리의 헌금은 반드시 주께서 우리에게 주신 것에 상당하게 비례해야 한다는 사실이 나타난다. 부자의 많은 헌금도 그의 소유에 비하면 적은 액수였다. 과부의 잔돈 두 푼은 모든 연보 가운데 가장 컸다. 그 두 푼은 그녀의 모든 것, 곧 "생활비 전부"였기 때문이다. 예수께서는 우리 헌금의 참된 가치를 아신다.

B. 본문에는 참된 헌금은 드리는 자에게 복의 원천이 된다는 사실이 나타난다. 하나님은 즐겨 내는 자를 사랑하시며, 우리가 그런 사람인지 아닌지도 아신다. "주라 그러면 너희가 받으리라"고 말씀하신 분은 우리가 무엇을 어떻게 주는 지도 "은밀한 중에 보신다."

III. 본문에는 전 교회에 관한 몇 가지 사실이 나타난다

A. 본문에는 하나님께서 "작은 것들을" 얼마나 가치 있게 여기시는지가 나타난다. 크다고 하는 것들은 모두가 작은 것들로 이루어져 있다. 인내로 작은 일들을 행함으로써 큰 결과를 내려고 애쓰는 것은 지혜롭고 또한 하나님을 본받는 행동이다. 바로 그것이 교회의 영적 성공의 비결이다.

B. 본문에는 그리스도께서 교회가 받은 모든 부를 보고서 교회를 판단하시리라는 것이 나타난다. 우리가 진정으로 "하나님의 선물"을 안다면 우리가 참된 의미에서 주는 자가 되는데 어떤 설득이나 주장도 필요치 않을 것이다. — 제임스 모어(James Moir).

"사랑은 참으로 놀랍고 참으로 신성하여
　내 영혼, 내 생명, 내 모든 것을 요구하네."

막 12:41-44. 과부의 두 렙돈

성경이 하나님에게서 나왔다는 것을 보여주는 증거 중 한 가지는 영감된 이 말씀이 사람을 차별하지 않는다. 다시 말해 가난한 자라고 해서 얕보거나 무시하지 않는다는 사실이다. 사람으로서는 부자를 칭찬하고 가난한 자를 무시하는 것이 당연하다. "가난한 자는 그 이웃에게도 미움을 받게 되나 부요한 자는 친구가 많기"(잠 14:20) 때문이다. 사람이 사람을 판단하는 기준은 가치보다는 부이다. 그러나 주께서는 가난하고 비천한 자를 존중하신다(시 138:6). 본문의 사건은 매우 흥미로우며, 다음의 사실들을 보여준다.

I. 하나님은 이 세상에 연보궤를 두고 계시므로 아무리 가난한 자도 거기에 자기 헌금을 드릴 수 있다

A. 언제나 아낌없이 주시는 분인 하나님께서 자기 피조물로부터 선물을 받으신다는 사실이 놀랍기만 하다. 우리가 드릴 수 있는 어떤 것도 하나님이 받으실 만한 것은 없다. 게다가 금과 은은 이미 하나님의 것이며 천산의 가축도 하나님의 것이다. 그렇지만 하나님은 자기 피조물이 드리는 것들을 언제나 기쁘게 받으셨고 또 피조물들을 위하여 준비하셨다.

B. "예수께서 연보궤를 대하여 앉으사 무리의 연보궤에 돈 넣는 것을 보실" 때. 예수께서는 사람들이 금화뿐 아니라 "렙돈"도 넣을 여지가 있다는 것을 아셨고, 부자가 넣는 것뿐 아니라 가난한 자가 넣는 것에도 동일한 관심을 보이셨다. 그리스도의 교회에 여전히 연보궤가 있고, 연보궤에는 가난한 자가 헌금할 여지가 있으며, 하나님께서는 정직하고 진심으로 넣는 것이면 아무리 적은 돈이라도 받아 당신의 봉사에 쓰신다.

II. 그리스도는 연보궤 옆에 앉아 관심있는 눈길로 주의깊게 관찰하신 다

A. 분명 구주께서는 성전에 있는 사람들이 돈 넣는 것에 깊은 관심을 보이셨다. 예수께서는 급히 지나가면서 잠깐 보신 것이 아니라 "앉으사" "무리가" 돈을 넣은 동안 "지켜보셨다." 때로 사람들은 주님의 연보궤에 넣는 우리의 헌금이 너무 더럽고 세속적인 것이어서 하나님께서 인정하시지 않는 것처럼 말하고 행동한다. 또 마음으로 하나님을 예배하고 정서가 경건하고 건전한 한에는 금전상의 선물 같은 것은 하찮거나 중요하지 않다고 생각한다. 그러나 우리가 대하시는 분은 그렇게 생각지 않으신다!

B. 우리의 주요 선생이신 그리스도께서는 우리가 그리스도의 연보궤에 헌금을 넣기를 기대하신다. 그리고 사실 그리스도의 이름에 대한 구원하는 지식은 사랑으로 드리는 아낌없는 헌금을 통해서 온 세상에 퍼져나가게 되어 있다. 제사와 헌금은 사랑의 시금석이므로, 사람들은 자기들이 주를 사랑하고 주께서 자신을 희생하여 이루려고 하신 대의를 사랑하는 것만큼 주께 드리게 된다.

III. 연보궤에 넣는 돈을 보고서 그리스도께서 오류 없는 의로운 판단을 선언하신다

A. 아마도 가난한 과부는 "두 렙돈"에 불과한 지극히 적은 돈을 연보궤에 넣는 것을 부끄럽게 느꼈을 것이고, 부자가 많은 돈을 넣는 가운데 두 렙돈이 연보궤에 들어가는 것을 연보궤 맡은 자가 보았다면 그런 푼돈은 가치 없고 하찮다고 생각하였을 것이다. 그리고 실제로 그녀의 헌금은 다른 사람의 내는 돈에 비해 적었고, 돈의 법적인 가치로만 평가한다면 대수롭지 않았다.

B. 그러나 예수께서는 다른 기준에 따라 그녀의 헌금을 귀하게 여기셨다. 예수께서는 그 돈을 낸 사람이 가난한 과부라는 것을 아셨고 또 그녀

는 큰 믿음이 있어 "생활비 전부"를 넣을 수 있었으며 외부의 아무런 설득 없이 자발적으로 넣을 수 있었다는 것을 아셨다. 하나님은 우리의 동기뿐 아니라 우리의 수단도 아시며, 비열하고 위선적인 영혼은 인정하시지 않는다. 하나님은 어린아이가 하나님의 대의에 대해 어른의 힘을 내기를 바라시지 않고, 사람이 천사가 하듯이 하나님을 섬기기를 바라시지도 않는다. 그러나 우리가 자신의 개인적인 의무를 행하기를 기대하시며 우리의 최선이 사람들의 눈에는 아무리 작게 보일지라도 우리가 할 수 있는 한 우리의 최선을 드리기를 기대하신다. 그러나 우리는 먼저 마음을 하나님께 기탄 없이 드려야 한다. 그러면 마음은 우리의 헌금보다 언제나 더 클 것이고 따라서 "내가 드릴 수 있는 것이 얼마나 적은가"라는 생각이 들지 않고 오히려 주께서 나를 위해 자신을 바쳐 이루시고자 하는 그리스도의 대의를 위해 내가 얼마나 많은 것을 드릴 수 있는가를 생각하게 될 것이다.

— F. W. 브라운, 1880.

막 12:41-44. 아낌없이 드리는 자

그리스도의 교회에 후한 정신이 보편적으로 결여되어 있는 슬픈 사실에 대해 한탄할 이유가 많지만 도량이 넓고 고귀하고 관대한 정신을 받은 사람들도 아직은 있다. 그런 사람들은 언제나 있었고, 그 숫자가 줄어들고 있지 않기를 바란다. — 헨리 콘스터블(Henry Constable).

몇 년 전에 우리 신학생들 가운데 한 사람이 선교 사업의 일로 여행을 하였다. 그 신학생은 교회에서 선교 사업의 목적을 소개하고 나서 헌금을 받을 생각으로 여러 교회의 교인들을 방문하곤 하였다. 한 곳에서 그는 그곳에 매우 독실한 그리스도인으로 즐겨 내는 부자 농부가 살고 있다는 말을 들었다. 그 학생은 그 부자가 아들들에게는 좋은 집과 현대식 기계와 바랄 수 있는 모든 것을 갖춘 큰 농장을 주었지만 정작 자신은 집안 가구를 보아서는 부유한 집이라고 전혀 생각할 수 없는 작고 오래된 집에 사는 것을 보고 깜짝 놀랐다.

그런데 그 농부가 "죄송합니다만 지금은 수중에 돈이 없습니다"고 말하였을 때 그 학생은 더욱 놀랐다. 사실 그는 이 세상 재물을 충분히 가졌다고 결코 생각하지 않는 그런 불행한 사람이 바로 이 사람이 아닌가 하고 생각하면서 의심하게 되었다. 그 농부는 잠시 뜸을 들였다가 한 마디 덧붙였다. "그런데 50달러를 받으시겠다면 드릴 수 있습니다." 그제서야 그 신학생은 긴장을 풀고 그처럼 꽤 많은 액수를 감사히 받으면서 자신이 그 훌륭한 교인에 대한 이야기를 잘못 듣지 않았다는 것을 알았다. 그러나 그 농부는 자기가 그처럼 가치 있는 목적을 위해 그처럼 "적은" 돈을 드리는 것 때문에 다소 당혹스러워 하는 것 같았다. 그래서 그 농부는 머뭇거리면서 그 사정을 천천히 설명하였다. "저, 사실은 지난 주에 어디에 천 달러, 어디에 천 달러, 어디에 천 달러를 보냈습니다"(그처럼 많은 선교 사업을 위해 한 교단에 한 번에 삼 천 달러나 보냈던 것이다). 그래서 그 농부는 은행 잔고에 100달러도 채 남지 않은 때가 있어서 50달러 "밖에" 낼 수 없었던 것이다. 말할 것도 없이 우리 주께서 친히 칭찬하신 그 가난한 과부와 비교될 만큼 기꺼이 내는 정신을 가진 즐거운 그리스도인이 거기 있었던 것이다. — H. 엘링슨.

막 12:41-44. 중요한 계시들

I. 주께서는 우리의 헌금하는 일을 지켜보신다

A. 그리스도인의 헌금은 하나님의 은혜로운 계획과 일치하기 때문이다.
B. 그리스도인의 헌금은 그리스도인의 생활에 필수적인 부분이기 때문이다.

II. 주께서는 우리의 선물을 지켜보신다

A. 가장 많은 액수가 가장 큰 이기주의의 증거가 될 수 있기 때문이다.
B. 가장 적은 액수가 가장 큰 자기 희생의 증거가 될 수 있기 때문이다.

— H. 엘링슨.

마가복음 13장

막 13:34-37. 진지하게 생각해야 할 가장 중요한 세 가지 주제

1. 인생의 가장 중요한 주제: "주인이 온다."
2. 인생의 가장 중요한 일: "깨어 있으라."
3. 인생의 가장 큰 비극: "너희의 자는 것."   — H. 엘링슨.

막 13:34-37. 깨어 있을 필요성

성경에는 하나님을 기쁘시게 하기 위해 그리고 조만간에 우리가 보게 될 영원한 진실들을 맞이하기 위해 마음을 준비시키는 엄숙하면서도 감동적인 연설이 많이 나온다. "이스라엘아, 네 하나님 만나기를 예비하라"는 말씀은 우리 귀에 거듭거듭 울린 경고이다. 그런데 우리는 이런 경고에 너무 익숙해서 무의미한 말처럼 한 귀로 듣고 한 귀로 흘려보내며 중요하게 생각하지 않는다. 이 말씀이 우리에게 거듭 반복되어 오는데도 우리는 주의를 기울이지 않으며, 뒤에 흔적을 남기지 않은 채 공기를 꿰뚫고 가는 화살처럼 소리 없이 지나가는 이야기로 듣는다.

하나님은 우리에게 경고하셨다는 증거를 남기실 수 있다. 또 이렇게 말씀하실 수도 있다. "그들은 자기의 길을 택하며 그들의 마음은 가증한 것을 기뻐한즉 나도 유혹을 그들에게 택하여 주며 그 무서워하는 것을 그들에게 임하게 하리니 이는 내가 불러도 대답하는 자 없으며 내가 말하여도 그들이 청종하지 않고 오직 나의 목전에 악을 행하며 나의 기뻐하지 아니하는 것을 택하였음이니라"(사 66:3-4). 그러나 하나님은 공의로운 하나님이시며 또한 구주이시다. 하나님은 한 영혼도 멸망하기를 원치 않으시고 모든 사람이 진리의 지식에 이르기를 바라신다. "주 여호와의 말씀에 나의 삶을 두고 맹세하노니 나는 악인의 죽는 것을 기뻐하지 아니하고 악인이 그 길에서 돌이켜 떠나서 사는 것을 기뻐하노라 이스라엘 족속아 돌이키고 돌이키라 너희 악한 길에서 떠나라 어찌 죽고자 하느냐 하셨다 하라"(겔 33:11).

I. 본문에서는 사람들에게 잠자는 무서운 습관이 있음을 전제한다

예수께서는 우리 동료 피조물들 가운데 너무도 많은 사람들이 빠져 있는 지적 무감각을 언급하신다. 여러분들 가운데 이 지적 무감각에 빠져서 지옥으로 떨어질 맨 가장자리에서 잠들어 있는 사람들이 있을까 두렵다.

A. 썩는 것들만을 위해 애쓰는 가운데 이런 일이 일어날 수 있다(요 6:27). 이 세상의 노동과 염려가 우리의 일하는 모든 시간을 차지할 때. 사업의 염려와 요구로 우리의 모든 시간을 소모할 때. 이런 것에 사로잡힌 사람은 이렇게 말할 수 있다. "나는 신앙을 위해서 낼 시간이 없다. 사업을 성공시키기 위해서는 시간을 온통 사업에 바쳐야 하는 것이 내 형편이다." 그러나 사람이 만일 온 천하를 얻고도 제 목숨을 잃으면 아무 유익이 없으리라는 것을 나는 알고 있다.

세상이 줄 수 있는 모든 것을 얻고서 하나님의 사랑과 축복 없이 죽는 것보다 나는 오히려 이름이 알려지지 않고 궁핍한 가운데 살겠다. 가난하고 사람들에게 소홀히 대접받은 채 죽을지라도 세상을 떠날 시간에 하나님의 미소짓는 모습을 보며, 천사들이 내 영혼을 이 세상의 덧없는 곳에서 둥둥 띄워 복된 영원으로 인도하여 가는 것을 즐기기를 택하겠다.

B. 하나님에 대한 거짓된 사상을 받아들일 때 그런 일이 일어날 수 있다. 어떤 사람들은 하나님이 자기들과 꼭 같다고 생각하는 것 같다. 하나님께서 자기들처럼 근시안이며, 경솔하고 변덕스러우며 게으르다고 생각한

다.

그들이 하나님을 그런 분으로 생각지 않는다면 그렇게 행동하지 않을 것이다. 그런데 그들은 스스로에게 이렇게 말한다. 하나님은 깊이 생각하시지 않을 거야. 형벌하시지 않을 거야. 마음을 바꾸실 거야. 하나님은 자비가 많으신 분이야. 이렇게 그들은 하나님에 대해 잘못된 사상을 품고 있으면서 하나님께서 자신의 성품에 맞지 않게, 또 자신의 말씀에 반대되게 행동할 것이라고 꿈꾸고 있다.

이제 여러분에게 간절히 청하니 이 점을 명심하기 바란다. 여러분이 좋아하는 하나님에 대한 개념이 옳다고 아무리 많은 말로 자신을 변호할지라도 그 사상이 하나님에 관한 참된 지식의 유일한 원천인 영감된 책에서 나온 것이 아니라면 여러분은 크게 잘못 생각하고 있는 것이다. 하나님을 그같이 생각하는 것은 지극히 위험한 착각이다. 하나님의 자비에 관한 인기 있는 가짜 만병 통치약 때문에 거짓 안전에 속지 않도록 하라. 나쁜 길로 끌려가지 않도록 하라. 여러분 자신이 성경을 읽고 평강이 없는 때에 "평강하다 평강하다"고 외치지 않도록 주의하라.

C. 우리 자신에 대한 거짓된 개념을 받아들일 때 그런 일이 일어날 수 있다. 어떤 사람들은 자신의 현세적인 환경을 보고서 이렇게 말한다. "하나님께서 악한 자들에게는 불행을 내리신다. 나는 하나님께 은총을 입었다. 나는 다른 사람들처럼 괴로움을 당하지 않고 그들처럼 고난을 당하지 않는다. 나는 건강하고 사업이 번창한다. 하나님께서 내게 화를 내신다면 결코 하나님은 나에게 복 주시지 않을 것이다. 하나님께서 날마다 내게 진노하신다면 내가 성공하도록 두시지 않을 것이다."

그러나 이것은 구약의 입장에만 서서 주장하고 있는 것이다. 기독교 시대에는 현세적인 번영이 하나님의 은총의 증거로 결코 나타나지 않았다. 오히려 현세적인 번영은 하나님의 많은 은혜를 맡은 청지기로서 여러분의 충성을 확인하는 시금석으로 주어졌다. 그러므로 세상적인 번영의 복을 받은 개인은 하나님의 은총의 표시이자 증거로 생각하는 바로 그 물질적 번영을 잘못 사용함으로 하나님의 진노를 쌓는 일을 할 수가 있다.

그러므로 여러분에게 간구하건대, 하나님께서 여러분이 번영하도록 하셨으니 모든 것이 잘 되었다는 생각에 빠지지 않도록 하라. "의인의 적은 소유가 많은 악인의 풍부함보다 승하도다"(시 37:16). 하나님의 인자하심과 용납하심과 길이 참으심이 여러분을 인도하여 회개케 하시기 위함이라는(롬 2:4) 사실을 기억하라.

D. 자신의 공로에 대해 잘못된 생각을 받아들일 때 그런 일이 일어날 수 있다. 사람들은 자신의 도덕적 자질이 하나님께 칭찬 받을 만한 것이라고 생각함으로 자신의 양심을 달래려고 하는 경향이 있다. 이것은 라오디게아 교회가 책망 받은 악이다. "네가 말하기를 나는 부자라 부요하여 부족한 것이 없다 하나 네 곤고한 것과 가련한 것과 가난한 것과 눈 먼 것과 벌거벗은 것을 알지 못하도다." 내 말을 듣는 여러분이여, 여러분에게 "불로 단련한 금"이 없다면 자신이 부자라는 생각을 하지 말라. 여러분에게 하나님의 은혜의 보화가 없다면 여러분이 "부요하다"고 생각하지 말라. 여러분에게 전능하신 하나님의 우정이 없다면 하나님이 전능하신 은혜로 공급하는 모든 것을 쌓아두고 있지 않다면 자신에게 "부족한 것이 없다"고 생각하지 말라.

그런 거짓된 생각에 속지 말라! 그런 생각은 여러분의 영혼을 달래어 파멸할 수밖에 없는 곳으로 데려갈 뿐이고, 거기서 여러분은 두려운 영원한 현실 가운데서 깨어날 뿐이다. "잠자는 자여 깨어서 죽은 자들 가운데서 일어나라 그리스도께서 네게 비취시리라"(엡 5:14). "자다가 깰 때가 벌써 되었으니 …… 낮이 가까웠으니"(롬 13:11-12). 이제 본문에서 우리의 주의를 끄는 두번째 진리를 살펴보자.

II. 본문에서는 종들이 자는 동안에 두려운 사건, 곧 주인이 오는 일이 있을 것을 예견한다

이 비유는 우리 주께서 먼저 제자들에게 하신 것이다. 주께서는 제자들에게 부지런하고 조심하여 주께서 다시 오시는 일을 대비하라고 하셨다.

그러나 이 경고는 주님의 말씀을 듣는 모든 사람에게 마찬가지로 해당된다. 이와 관련해서 우리는 다음의 사실들을 듣는다.

A. 주인의 다시 오시는 시간은 전혀 알 수 없다. "그러므로 깨어 있으라 집 주인이 언제 올는지 너희가 알지 못함이라." 집 주인이 "저물 때" 즉 6시에서 9시 사이에, 혹은 "밤중에" 곧 9시에서 12시 사이에, 혹은 "닭 울 때", 곧 12시에서 3시 사이에 혹은 "새벽에" 곧 3시에서 6시 사이에 올 수 있다. 그 시간은 전혀 알 수 없지만 그 때가 아주 멀지 않다는 이 확신을 우리에게 인상 깊게 심어주기 위해 하루 밤에 네 번의 기간이 언급된다.

청년이여, 여러분의 해가 한낮에 이르기도 전에 질 수가 있다. 바쁘게 일하는 사람들이여 여러분의 해가 중천에 떠 있을 때 져버리고 영원한 죽음의 어두움이 여러분의 여름날 정오의 밝은 모든 영광을 가리울 수가 있다. 예수께서 이같이 말씀하신 사실을 기억하라. "너희도 예비하고 있으라 생각지 않은 때에 인자가 오리라"(마 24:44).

B. 오실 시간이 전혀 불확실하듯이 인자의 다시 오심도 그같이 갑작스러울 것이다. 본문은 "그가 홀연히 와서 너희의 자는 것을 보지 않도록 하라"고 말함으로써 우리가 항상 깨어있어야 할 것을 암시한다. 그리스도의 교회가 항상 "복스러운 소망과 우리의 크신 하나님 구주 예수 그리스도의 영광이 나타나심을 기다리고 있는"(딛 2:13) 동안, 각 사람은 갑작스런 죽음을 통해 자기의 주님을 만날 수 있다는 것을 예상해야 한다.

참된 그리스도인에게는 갑작스런 죽음은 확실히 복이다. 오, 당장 몸을 떠나 주와 함께 있을 수 있다면! 질병의 모든 고통을 피하고 오랜 병을 앓으면서 병이 깊어지는 단계마다 견뎌야 하는 지루하기 짝이 없는 모든 밤을 피하고, 점점 더 쇠약해지는데 따르는 창피스러운 모든 환경을 피하며 헤어지는 장면에 따르는 모든 슬픔을 피하여 주와 함께 있을 수 있다면 복임에 틀림없다. 준비되어 있을 때 가는 것은 복이다. 그러나 우리가 준비되어 있지 않다면 죽음은 실로 두려운 방문객이라는 사실을 기억하라!

롯의 아내가 자기 몸이 굳어지는 것을 느꼈을 때 그랬지 않은가? 나답과 아비후가 치명적인 두려운 불에 목숨을 잃게 되었을 때 그들의 운명이 그렇지 않았는가? 아나니아와 삽비라가 성령을 속임으로 그들에게 성령의 권능이 나타났을 때 그렇지 않았는가? 헤롯이 왕의 화려한 행렬 가운데 있으면서 영광을 하나님께 돌리지 않은 탓으로 주의 천사가 그를 쳤을 때 그랬지 않은가?

죽음이 알지 못하는 사이에 여러분을 불시에 기습할 수 있다는 사실을 기억하라. 아벨이 들판의 목초지에 있을 때 죽음이 그를 찾았다. 에글론이 사신을 받아들이기 위해 왕궁에 앉아 있을 때 죽음이 그를 찾아냈다. 헤롯이 화려하고 당당한 궁정 가운데 있을 때 죽음이 그를 찾아냈다. 시스라와 유두고가 잠이 들어 알지 못하는 사이에 죽음이 그들에게 이르렀다. 죽음이 어떻게 우리에게 이를 지 하나님만이 아신다. 그러므로 죽음이 여러분을 찾을 때 준비되어 있도록 하라!

C. 본문은 당면한 의무를 명령한다. "그러므로 깨어 있으라." 우리는 시련의 때를 예견하고 대비하는 사람을 칭찬한다. 우리는 요셉의 예언적인 통찰에 탄복한다. 요셉은 이런 통찰력이 있었기에 모든 민족에게 임할 기근에 대비하여 7년 동안 곡식을 비축하여 준비하였다. 우리는 여름에 나가서 겨울을 위해 식량을 비축하느라 바쁘게 움직이는 작은 개미들을 본다. 그런데 우리는 시련의 때에 대비하는 것이 매우 선한 일이라는 것을 알면서도 정작 자신은 준비하지 않은 채 지낸다. "깨어 있으라 내가 너희에게 하는 이 말이 모든 사람에게 하는 말이니라."

D. 본문은 깨어 있을 것을 간곡히 권하면서 주의 오심에 대해 끊임없는 기대를 가질 것을 암시한다. 부지런한 칼빈이 강단과 서재에서 아주 정력적으로 일하고 있을 때 한 친구가 말했다. "칼빈, 자네는 너무 열심히 일해." 그러자 칼빈이 대답하였다. "자네는 주님이 와서 내가 게으름 피우고 있는 것을 보시면 어떻게 할 텐가?"

내 말을 듣는 여러분이여, 주의 오심을 항시 기대하는 이 생각이 우리 모두에게 더욱 있어서 주께서 오실 때 우리가 주를 섬기는 일에 바쁘게 움직이고 있는 모습을 보시기를 기도한다.

— 블랙번(J. Blackburn), 1844.

막 13:34. "각각 사무를 맡기며"

주를 위하여 일할 때 우리가 항시 명심해야 할 두 가지 점이 있다. 그 두 가지 점은 우리가 적절하게 생각한다면 우리에게 지침과 여러 가지 일을 감당할 수 있는 힘을 줄 것이다.

I. 주님의 훈계를 기억하자

A. "눈을 들어 밭을 보라 희어져 추수하게 되었도다"(요 4:35).

B. "추수할 것은 많되 일군이 적으니 그러므로 추수하는 주인에게 청하여 추수할 일군들을 보내어 주소서 하라"(눅 10:2).

C. "너희는 온 천하에 다니며 만민에게 복음을 전파하라"(막 16:15; 참조. 마 20:6-7; 눅 19:13).

D. "썩는 양식을 위하여 일하지 말고 영생하도록 있는 양식을 위하여 하라"(요 6:27).

E. "저가 내 안에, 내가 저 안에 있으면 이 사람은 과실을 많이 맺나니, 너희가 과실을 많이 맺으면 내 아버지께서 영광을 받으실 것이요"(요 15:5, 8).

F. "사람이 나를 사랑하면 내 말을 지키리니 내 아버지께서 저를 사랑하실 것이요 우리가 저에게 와서 거처를 저와 함께 하리라"(요 14:23).

G. "보혜사 곧 아버지께서 내 이름으로 보내실 성령 그가 너희에게 모든 것을 가르치시고 내가 너희에게 말한 모든 것을 생각나게 하시리라"(요 14:26).

II. 주님의 모범을 기억하자(참조. 요 13:15; 벧전 2:21).

A. "무리를 보시고 민망히 여기시니 이는 저희가 목자 없는 양과 같이 고생하며 유리함이라"(마 9:36).

B. "내 아버지께서 이제까지 일하시니 나도 일한다. 아버지께서 내게 주사 이루게 하시는 역사"(요 5:17,36; 참조. 눅 2:49).

C. "때가 아직 낮이매 나를 보내신 이의 일을 우리가 하여야 하리라 밤이 오리니 그때는 아무도 일할 수 없느니라"(요 9:4).

D. "나의 양식은 나를 보내신 이의 뜻을 행하며 그의 일을 온전히 이루는 이것이니라"(요 4:34).

E. "하나님이 나사렛 예수에게 성령과 능력을 기름붓듯 하셨으매 저가 두루 다니시며 착한 일을 행하셨으매"(행 10:38).

F. "그가 우리를 대신하여 자신을 주심은 모든 불법에서 우리를 구속하시고 우리를 깨끗이 하사 선한 일에 열심하는 친 백성이 되게 하려 하심이니라"(딛 2:14; 참조. 갈 1:2; 2:20; 딤전 2:6).

G. "아버지께서 내게 하라고 주신 일을 내가 이루어 아버지를 이 세상에서 영화롭게 하였사오니"(요 17:4).

결론: "우리는 하나님의 동역자들이요"(고전 3:9). "제자들이 나가 두루 전파할새 주께서 함께 역사하사 그 따르는 표적으로 말씀을 확실히 증거하시니라"(막 16:20).

"평강의 하나님이 모든 선한 일에 너희를 온전케 하사 자기 뜻을 행하게 하시고 그 앞에 즐거운 것을 예수 그리스도로 말미암아 우리 속에 이루시기를 원하노라 영광이 그에게 세세무궁토록 있을지어다 아멘"(히 13:20-21). — H. 엘링슨.

막 13:34. "각각 사무를 맡기며"

일하는 것은 주님의 모든 신실한 종들의 유산이고 의무이며 책임이다. 이들에게 삶은 단순히 휴일이 아니다. 본문에는 다음의 사실들이 암시된다.

1. 이 의무의 보편성. "각각 사무를 맡기며." 주님의 집에는 각 사람에게 맞는 적소가 있고 그 적소에 우리가 행하기에 가장 잘 맞는 일이 있다. 그것이 각 사람에게 그의 일, 곧 그 자신의 고유한 일이 된다. 주께서 우리가 행하기를 바라는 일이 무엇인지 찾아내고 그 다음에는 다른 사람과 자리를 바꾸기를 바라지 않고 그 일을 하는 것은 중요하다.

2. 그러면 그 일은 어떤 것인가? 그 일은 바로 여러분 가까이에, 곧 바로 여러분 문 앞에 있다. 그것은 여러분이 세상에서 소명으로 받은 일이다. 그것은 여러분이 마음으로 행해야 할 일이고, 성령의 도움을 받아야만 행할 수 있는 일이다. 그것은 여러분 주변에 있는 사람들에게 영향을 끼쳐 거룩하게 하는 일이다. 그러면 끝날이 올 때 우리는 "아버지께서 내게 하라고 주신 일을 내가 다 이루었나이다" 하고 말할 수 있을 것이다.

— 캐논 트웰즈(Cannon Twells).

예화: 큰 오라토리오곡 연주를 위한 중요한 리허설이 진행중이었고 마이클 코스타(Sir Michael Costa) 경이 지휘를 하고 있었다. 합창단원의 목소리가 건물을 가득 메웠고 오르간의 우레 같은 소리, 북의 울림, 금관악기들의 맑은 소리, 심벌즈의 부딪치는 소리, 현악기들의 아름다운 음색이 어우러져 찬란한 하모니를 이루었다. "잠깐" 하는 소리가 들렸다. 모든 사람이 놀란 가운데 지휘자가 갑자기 중단시킨 이유를 들으려고 기다렸다. 지휘자가 물었다. "피콜로 어디 갔어요?"

음악이 장엄하게 울려퍼지는 가운데 그 지휘자는 작은 악기의 음이 들리지 않는 것을 알았고, 그 때문에 그에게는 음악 전체가 불완전했다. 이 작은 사건은 우리에게 큰 교훈을 준다. 예배의 장엄한 합창과 하나님 백성들의 경배에서 우리가 아무 일도 하지 않고 조용히 있다면 주 예수께서 우리를 찾으실 것이다.

막 13:35-37. "그러므로 깨어 있으라"

그리스도인이여 깨어 있으라. 하나님께서 그같이 명령하시기 때문이다. 갑옷을 입고 열심으로 기도하는 가운데 죄에 대해 깨어 있으라. 시험에 대해, 세상에 대해, 육신에 대해, 마귀에 대해 깨어 있으라. 영혼들을 위해 열심과 사랑과 관심을 가지고 깨어 있으라. 그리스도를 위해 사랑을 가지고 죽기까지 인내하며 깨어 있으라. 주의하라, 그러면 오실 자가 오실 때 주께서 여러분을 자신에게 부르실 것이고 그러면 여러분은 영원토록 주와 함께 있을 것이다. — 그레탄 귀네스(H. Grattan Guinness), 1857.

마가복음 14장

막 14:3-9. 마리아가 예수께 향유를 부으심
막 14:6-9. 우리 주께서는 사람들이 당신에게 행한 어떠한 봉사도 참으로 귀하게 평가하신다

아마 복음서 어디에서도 본문에서 이 여인이 받는 것만큼 큰 칭찬을 받은 사람을 찾을 수 없을 것이다. 우리 주님의 말씀 가운데 특별히 두드러지는 세 가지 점이 있다. 자신의 종교적인 이유로 다른 사람을 비웃고 비난하는 많은 사람들은 그 점에 유의하는 것이 좋을 것이다.

1. 우리 주께서는 이같이 말씀하신다. "너희가 어찌하여 저를 괴롭게 하느냐?" 이것은 마음을 감찰하는 질문이며, 자신의 종교 때문에 다른 사람을 핍박하는 사람들로서는 답변하기 어려울 질문이다. 그들이 어떤 이유를 댈 수 있겠는가? 자신들의 행동에 대해 무슨 이유를 말할 수 있겠는가? 없다! 전혀 이유를 댈 수 없을 것이다. 이들은 시기심과 악의, 무지 때문에 그리고 참된 복음을 싫어해서 다른 사람들을 괴롭힌다.

2. 우리 주께서는 이같이 말씀하신다. "저가 내게 좋은 일을 하였느니라." 왕 중의 왕이신 분에게서 나온 이 말씀은 얼마나 크고 놀라운가! 과시나 다른 거짓된 동기에서 돈이 교회에 바쳐지고 자선 기관에 기탁되는 경우가 종종 있다. 그러나 예수님 자신을 사랑하고 공경하는 사람이야말로 실제로 선한 행실을 하는 사람이다

3. 우리 주께서는 이같이 말씀하신다. "저가 힘을 다하여." 이보다 더한 칭찬의 말을 들을 수는 없을 것이다. 수많은 사람들이 은혜 없이 살다가

죽으며 영원히 멸망하고 만다. 이들은 언제나 이같이 말한다. "나는 할 수 있는 한 모든 것을 해보고 할 수 있는 모든 일을 한다." 그러나 그렇게 말하는 가운데 그들은 아나니아와 삽비라처럼 큰 거짓말을 한다. 두려워할 사실은 주님 앞에 이 여인 같은 사람으로 나타날 자가 거의 없고, 실제로 자기가 할 수 있는 일을 다 한다는 말을 들을 만한 사람이 거의 없다는 것이다.

이 여인처럼 그리스도의 영광을 위해 우리 자신과 우리에게 있는 모든 것을 바치자. 세상에서 우리의 위치가 낮을 수 있고 우리의 수단이 별 쓸모가 없을 수 있다. 그러나 그녀처럼 우리의 힘을 다하자. 주께서 우리를 보고 계시며 우리가 행하는 모든 것이 주님의 책에 기록된다는 사실을 기억하면서 일을 계속 하자. 사람들이 우리의 신앙 때문에 우리에 대해 무엇이라고 말하거나 생각하든 신경 쓰지 않도록 하자. 마지막 날에 받을 그리스도의 칭찬은 우리가 이 세상에서 고약한 사람들의 입으로부터 겪은 모든 것을 보상하고도 남을 것이다. ― J. C. 라일.

막 14:8. "저가 힘을 다하여." 여러분의 힘을 다하라

많은 사람들이 그리스도인이 된다는 것은 어떤 느낌을 갖고 어떤 경험을 하는 것일 뿐이라고 생각하는 것 같다. 그런 것은 꽃일 뿐이고 열매가 뒤따라야 한다는 것을 항시 잊고 있는 소치이다. 가지를 접붙이는 것은 좋은 일이고, 수액이 유입되는 것도 좋은 일이다. 그러나 생각해야 할 최종 결과는 열매이다. 그와 같이 믿음이 좋은 것이고 평안과 기쁨이 좋은 것이다. 그러나 포도원의 주인이신 우리 주께서는 또한 열매를 기대하신다.

I. 우리가 할 수 있는 일들이 있다

A. 우리는 그리스도를 사랑하고 더 많이 기도하며 더 많이 찬양할 수 있다.

B. 우리는 더 거룩한 생활을 할 수 있다.
C. 우리는 다른 사람들의 구원을 위해 더 많은 일을 할 수 있다.

II. 우리가 할 수 있는 일을 해야 하는 이유들이 있다

A. 그리스도께서는 우리를 위해 하실 수 있는 일을 하셨다(참조 사 4장).
B. 사탄은 자기가 할 수 있는 모든 일을 다 하였다.
C. 우리는 우리가 할 수 있는 모든 일을 다른 방식으로 하였다(참조. 딤전 1:3; 벧전 4:2-3).

"하나님이 능히 모든 은혜를 너희에게 넘치게 하시나니 이는 너희로 모든 일에 항상 모든 것이 넉넉하여 모든 착한 일을 넘치게 하게 하려 하심이라"(고후 9:8).　　　— 로버트 머리 맥체인, 1813-1843.

막 14:32-42. 겟세마네

우리 주께서는 방금 중보 기도를 마치셨다(요 17장). 기도하시는 동안 주님의 영혼은 흐트러지지 않고 맑았다. 주께서는 영원하신 아버지의 영원한 아들로서 누리는 찬란한 영광을 묵상하고 맛보심으로써 잠시 원기를 회복하셨다. 주께서는 변화산에서 느꼈던 것과 비슷한 것을 경험하셨다.

제자들은 자기들을 위한 구주의 기도를 듣고서 얼마나 힘을 얻었을까! 제자들은 암탉의 날개 아래 있는 병아리들처럼 주님의 보호 아래 있었다. 이 밤에 혹시라도 불쾌한 일이 있으리라는 생각은 아직까지 그들 마음에 추호도 생기지 않았다. 이제 주님의 일행은 전에 다윗 왕이 깊은 슬픔의 날에 건넜던(삼하 15:23), 깊은 골짜기에 있는 어두운 시내를 건넜다. 곧 이들은 감람산 기슭에 도착하였다. 그곳은 제자들이 잘 알고 있는 곳이고 유다도 알고 있는 곳이었다. 제자들이 종종 주님을 따라 그곳에 갔었기 때문이다. 그곳은 주님 일행이 예루살렘의 바쁜 거리를 떠나와 종종 휴식을

취하던 곳이었다.

　그러나 지금은 주님의 일행에게 어떤 조용한 휴식처도 기다리고 있지 않았다. 예수께서는 적과 싸우며 말로 다 할 수 없는 고통을 겪으심으로써 적을 정복하고 뱀의 머리를 상하게 하는 대신 뱀의 무는 통렬한 아픔을 느끼기 위해 이제 막 전투의 무대로 들어서고 계셨다.

　주께서는 동산 입구에 여덟 명의 제자를 남겨 두며 그들에게 깨어서 기도하라고 명령하셨다. 주님도 가서 기도하실 것이었다. 그러나 제자들은 참으로 무서운 고뇌의 기도를 알지 못할 것이다. 왜냐하면 그들은 고뇌의 기도를 견딜 수 없었을 것이기 때문이다.

　아브라함은 아들 이삭과 함께 산에 오를 때 이와 같이 종들을 모리아 산 기슭에 일단 남도록 했다. 그러나 우리 주께서는 세 제자를 데리고 가셨다. 이 세 제자는 "달리다굼"(막 5:41)이라는 주님의 음성이 아직도 귀에 생생하게 들리는 듯 기억하고 있고, 또 변화산에서도 주님과 함께 있던 사람들이었다. 그들은 죽음의 자리까지 주님을 따르고자 했던(눅 22:23; 요 13:37) 베드로, 주님께서 "너희가 나의 마시는 잔을 마실 수 있느냐"고 물으셨을 때 호기롭게 "할 수 있나이다"고 대답한(막 10:38-39) 세베대의 아들들이었다. 주께서는 이들을 데리고 어둠과 공포의 골짜기로 들어가셨다. 주께서 그들과만 있게 되자 곧 묘하고 갑작스런 변화가 주님에게 일어났다. 주님은 폭풍우치는 바다처럼 주님을 덮치는 끔찍한 두려움과 염려에 거의 압도되시는 것 같았다. 영혼의 고통이 얼굴 표정에 나타났다. 주께서는 떨기 시작하셨다. "내 마음이 심히 고민하여 죽게 되었으니"(34절; 참조. 시 40:13-14).

　"너희는 여기 머물러 깨어 있으라." 구주께서는 이같이 세 제자들에게 간곡히 부탁하신다. 이들은 주님과 함께 깨어 있으며 기도해야 하는데 할 수 없었다. 지금 아들과 아버지 사이에 일어나는 일은 전적으로 아들에 관한 것이다. 제자들은 주께서 지고 계신 짐의 그 무게 때문에 주께서 엎드려 얼굴을 땅에 댈 만큼 무거운 그 짐을 조금도 덜어드릴 수 없었다. 키프리아누스(Cyprian)의 순교를 기록하는 그 옛날 역사가는 이같이 평한다.

"우리 주의 고난을 따르는 자들이 있으나 동일한 고난을 받은 자는 아무도 없다." 그러나 제자들은 주님과 함께 깨어 있어야 했다. 예수께서는 당신이 대신하여 고난을 받음으로 구원하려고 하시는 사람들이 보는 데서 힘을 내어 고뇌를 견디려고 하신다. 그들은 자기들의 구속을 위해 그리스도께서 어떤 대가를 치르시는지 듣고 보아야 했다. 그래서 후에 그리스도 고난의 증인(벧전 5:1)으로서 보고 들은 것을 널리 알려야 했다.

우리도 그리스도와 함께 깨어 있어야 한다. 우리는 본문에 묘사된 그림을 조용히 숙고하고 우리를 대신하여 받으신 그리스도의 고난과 공로를 믿음으로 의지해야 한다. 그래서 마지막 심판 때 두려워 떨지 않도록 해야 한다. 이 정신으로 우리는 하나님의 거룩한 말씀에 비추어서 고민하여 죽게 된 구주의 영혼을 들여다 보아야 한다.

"의인은 그 죽음에도 소망이 있느니라"(잠 14:32)고 성경은 말한다. 의기양양한 죽음의 혹독한 고통을 즐거이 견뎌낸 허다한 의인들이 이 사실을 확증한다. 그러나 보라, 여러분 앞에 하나님의 종, 즉 의인이며 아버지 하나님께서 기뻐하시는 하나님의 아들, 곧 죄를 알지도 못하신 예수 그리스도께서는 죽음이 다가올 때 위로를 받지 못하신다. 그는 죄에 희생되셨지만 또한 죄인의 위로가 되신다. "보라 세상 죄를 지고 가는 하나님의 어린양이로다."

그리스도께서 여기서 씨름하고 계시며 그를 두렵게 만드는 것은 의인의 죽음이 아니라 죄인의 죽음이다. 자신의 죽음이 아니라 우리의 죽음이다. 한 죄인의 죽음이 아니라 모든 죄인의 죽음이다. 왜냐하면 사도 바울을 통해 성령께서 이같이 말씀하시기 때문이다. "하나님이 죄를 알지도 못하신 자로 우리를 대신하여 죄를 삼으셨다"(고후 5:21). 그러므로 죄를 알지도 못하신 자가 "죄 있는 육신의 모양"(롬 8:3)을 취하시고 주께서 나서지 않았다면 모든 죄인이 영원히 졌어야 하는 짐을 지고 계시는 것이다. 의인이 불의한 자를 대신하고(벧전 3:18) 재판장으로부터 불의한 한 사람으로서가 아니라 불의한 모든 사람을 자기 안에 다 끌어안은 자로서, 곧 온 세상의 속죄 제물로서 취급받으신다. 타락한 온 인류의 이루 다 헤아릴 수 없는 죄에 대한 하나님의 정당한 진노가 주님의 잔에 쏟아 부어졌다. 예수께서는 모든 사람을 위하여 죽음을 맛보셨고(히 2:9), 하나님의 공의의 선고가 주님에게 내려지고 실행되었다.

그리스도께서 겟세마네에서 우리를 대신하여 서셨다는 것을 알지만 그리스도께서 어떠한 고통을 견디셨는지는 우리로서 전혀 알 수 없다. 죽음이 공포와 함께 죄 있는 사람의 자녀를 사로잡을 때 몸과 영혼이 몹시 떨기 시작한다. 그러나 죽을 수밖에 없는 우리의 타락한 몸에는, 또 죄로 오염된 우리 영혼에는 지울 수 없는 죽음에 대한 친밀감이 있다. 우리는 살기 시작하는 순간부터 바로 죽기 시작하기 때문이다. 그러나 거룩하고 항상 살아 계시는 하나님의 아들이신 그리스도는 죽음과 친밀하지 않다. 아무도 그리스도에게서 생명을 앗아가지 못하였다. 주님의 임재 안에 있으면 아무도 죽을 수 없다. 죽음은 그리스도 앞에서 도망쳤다. 그리스도께서는 죽은 자를 일으키셨다. 죽음과 "사망의 세력을 잡은 자"(히 2:14)는 그리스도를 이길 권세가 없었다. 이들의 맹위는 그리스도와 상관이 없었다. 그러므로 주께서 순결하고 거룩한 본성대로 하자면 아주 끔찍히 싫은 것에서 물러나듯 죽음과 죽음의 쏘는 것을 피하셨어야 했다.

구주께서 아버지 하나님께 드리신 기도를 보면 주님의 고통의 또 다른 면을 얼핏 볼 수 있다. "그가 아들이시라도 받으신 고난으로 순종함을 배워서"(히 5:8). 여기 겟세마네 동산에서 주님의 순종이 온전해져야 했다. 여기서 주님의 뜻이 온전해져야 했다. 여기서 주님의 뜻은 아버지의 뜻 앞에 온전히 철회되어야 했다. 여기서 주님의 고결함은 그대로 유지되어야 했다. 그래서 우리가 그 안에서, 곧 모든 일에 한결같이 시험을 받으시되 죄는 없으신 대제사장 안에서 신실하고 온전한 보증을 얻을 수 있도록 하셔야 했다. 구약의 대제사장이 제단에서 불을 취하고 또 거기에 향을 담아 지성소로 들어간 다음 속죄소에 피를 뿌렸듯이 우리의 대제사장이신 예수 그리스도께서는 십자가에서 자기 피를 뿌리기 전에 기도와 눈물을 사랑의 불꽃으로 불붙은 귀한 향으로서 하나님께 온전한 순종 가운데 바치셨다.

— W. F. 베셀(Besser), 1873.

막 14:32-42. 예수께서는 인간의 동정과 연대감을 갈망하셨다

예수께서 잡히시던 그 숙명적인 날 밤에 겟세마네 동산에서 보내신 시간은 주께서 우리를 아시듯 우리가 알게 될 그 빛의 나라에 들어가기 전까지는 결코 거두어지지 않을 신비로 드리워져 있다. 우리는 인간적인 측면에서만 그 장면에 가까이 갈 수 있을 뿐이다. 그러나 그 관점에서 볼지라도 그 장면은 지극히 중요하다.

이날 저녁 기사와 관련된 것 가운데 지극히 감동적인 한 가지 사실은 예수께서 인간의 동정과 연대감을 갈망하셨다는 것이다. 우리는 주께서 제자들이 큰 고뇌 가운데 있는 자기와 함께 깨어 있게 하기 위해 자고 있는 제자들을 부드러우면서도 애처롭게 깨우기 위해 몇 번이고 다시 오시는 모습을 볼 때 마음 속 깊은 데까지 감동을 받는다. 주의 말씀에 제자들이 잠에서 깨어 슬프고 부끄러운 얼굴을 들었을 때 이같이 부드럽게 제자들을 대하시는 모습에서만큼 주님의 다정함이 아름답게 빛나는 곳은 달리 없다.

우리는 이 장면에서 그리스도께서 우리의 경건과 봉사를 기뻐하신다는 확신을 찾을 수 있을 것이다. 지금도 우리는 주께서 자신과 동일시하시는 주님의 가난한 자들을 사랑으로 대함으로써 주와 함께 깨어 있을 수 있다. 겟세마네 동산에서 그 두려운 날 밤에 주님의 이마에서 피 같은 땀방울이 떨어진데서 나타났듯이 우리를 위한 그리스도의 크신 사랑을 생각할 때 감사하는 마음이 생기지 않을 수 없다. — 루이스 뱅크스, 1898.

막 14:46. "보라 나를 파는 자가 가까이 왔느니라"

이것은 유다의 절망적인 죄를 공표하시는 말씀이었다. 요한복음에 나오는 병행 구절(요 18:5)은 이같이 쓰고 있다. "그를 파는 유다도 저희와 함께 섰더라." 이때 달빛을 받고 그 자리에 서있던 유다가 자신의 옛 동료의 울타리에서 나와 새 집단에 가서 서야 했을 때 제자들은 그가 죽기도 전에 영원히 파멸하고 운명이 끝났다는 것을 느꼈다. 아마도 제자들 가운데 아무도 이전에는 하나님의 버림을 받은 사람을 보지 못했을 것이다. 이제 제자들 모두는 그런 사람을 하나 보았다. 그래서 영감된 말씀이 "사람은 죽으면 소멸되나니 그 기운이 끊어진즉 그가 어디 있느뇨"(욥 14:10) 하고 질문을 할 때, 영감된 말씀은 또한 그 질문에 대해 이같이 답변한다. "유다는 이를 버리옵고 제 곳으로 갔나이다"(행 1:25).

자비가 많으신 구주께서 어떤 사람에게 그가 있어야 할 곳에 있기보다는 존재하지 않는 것이 더 낫다고, 즉 "그 사람은 차라리 나지 아니하였더면 제게 좋을 뻔하였느니라"(막 14:21)고 말씀하실 때 그 사람이 장차 있어야 할 "곳"은 얼마나 두려운 곳이겠는가!　　— 찰스 로빈슨, 1888.

막 14:49. "성경을 이루려 함이니라"

우리 주께서 받으신 모든 수난은 하나님의 말씀에 따라 일어났다. 주께서 자기를 붙잡은 자들에게 하신 말씀이 이 사실을 뚜렷하게 보여준다. "이는 성경을 이루려 함이니라." 우리 주님의 지상 사역을 마무리 짓는 사건들 가운데 그 어느 것도 우연이나 우발적으로 일어난 것은 없었다. 주께서 겟세마네에서 나와 갈보리로 걸어가신 모든 단계는 모두 정해진 것이었다. 시편 22편과 이사야 53장의 말씀이 문자 그대로 성취되었다. 그리스도의 적들의 분노, 친 백성이 그리스도를 배척함, 그리스도께서 범죄자로 취급받음, 그리스도께서 사악한 자들의 회로부터 정죄 받음, 이 모든 것이 미리 알려졌고 예언되었다.

일어난 모든 사건은 세상 죄를 구속하기 위한 하나님의 크신 계획이 실행된 것일 뿐이다. 우리 주위에 있는 모든 사람이 하나님의 신성한 지혜에 따라 명령을 받고 통치를 받는다는 사실을 늘 생각하도록 하자. 교회의 위치가 우리가 바라는 것과는 전혀 다를 때가 종종 있을 수 있다. 세상 사람들의 사악함과 신자들의 모순이 종종 우리의 섬세한 마음을 괴롭힐 수 있다. 그러나 우리 위에는 광대한 우주를 움직이고, 우리의 선과 당신의 영광을 위해 모든 것이 합력하도록 만드시는 손이 있다. ― J. C. 라일.

마가복음 15장

막 15:1-5. 빌라도 앞에 선 그리스도, 몇 가지 관찰 결과

본문은 복음서 역사 가운데 특별히 경외하는 심정을 가지고 읽어야 할 부분이다. 우리는 그리스도의 죽음이 곧 우리의 생명이라는 사실과, 그리스도의 피가 뿌려지지 않았다면 우리는 죄 가운데 비참하게 멸망했을 것이라는 사실을 기억해야 한다. 여기서 우리는 다음 몇 가지 사실을 살펴보자.

1. 유대 관원들은 자기 민족에게 메시야 시대가 이미 왔다는 아주 뚜렷한 증거를 제공하였다. 우리는 대제사장들이 "예수를 빌라도에게 넘겨주었다"는 글을 읽는다. 그들은 왜 그렇게 하였는가? 그들에게는 누구든지 사형에 처할 권한이 없었기 때문이고 로마인들의 통치를 받고 있었기 때문이다. 이 한 가지 행동으로써 그들은 야곱의 예언이 성취되었음을 선언하였다(창 49:10). 이제 홀이 유다를 떠났으므로 메시야이신 실로가 이미 오셨음에 틀림없다. 그런데 이들이 이 예언을 기억했음을 보여주는 사실은 아무것도 없다. 이로 볼 때 이들은 자기들이 행하고 있는 것을 알 수 없었거나 알려고 하지 않았던 것이다.

악한 자들이 자신의 파멸에 대한 하나님의 예언을 성취하고 있으면서 그 점을 알지 못하는 경우가 종종 있음을 잊지 않도록 하자. 그들은 한창 광기와 어리석음과 불신앙을 보이는 가운데서 성경 말씀이 참되다는 새로운 증거를 자기도 모르게 제공하고 있는 경우가 많다. 진지한 모든 종교를 조롱하고 기독교에 관해 이야기할 때마다 비웃고 경멸하는 불행한 조소자들은 자신들의 행동이 이미 오래 전에 예견되고 예언되었다는 사실을 기억하는 것이 좋을 것이다. "말세에 기롱하는 자들이 와서 자기의 정욕을 좇아 행하며 기롱하여"(벧후 3:3).

2. 우리 주 예수 그리스도의 온유함과 겸손함. 예수께서 빌라도 앞에 섰을 때 "대제사장들이 여러 가지로 고소하되 예수께서 아무 말씀도 대답지 아니하셨다." 자기에 대한 고소가 거짓이었고 주께서는 죄를 알지도 못하셨지만 자기에 대한 죄인들의 반대를 아무 답변 없이 참으셨다(히 12:3). 예수께서는 어떤 죄에 대해서도 깨끗하셨지만 자기에 대한 근거 없는 고소를 아무 불평 없이 견디셨다. 첫번째 아담과 두번째 아담이 얼마나 크게 대조되는지! "털 깎는 자 앞에 잠잠한 어린양 같이 그 입을 열지 아니하였도다"(사 53:7).

우리 주님의 모범으로부터 실제적인 교훈을 배우도록 하자. 하나님께서 우리에게 지우기에 적당하다고 생각하시는 것이 무엇이든 불평하지 말고 인내로 지도록 하자. "나의 행위를 조심하여 내 혀로 범죄치 아니하리니 악인이 내 앞에 있을 때에 내가 내 입에 자갈을 먹이리라"(시 39:1). 우리의 시련이 아무리 억울하고 부당하게 보일지라도 화를 내거나 경솔해지지 않도록 하자. 그리스도인의 성품 가운데 인내로 참는 것만큼 하나님을 영화롭게 하는 것은 없다(벧전 2:20-21).

3. 빌라도의 주저하고 우유부단한 행동. 본문에서 볼 때 빌라도는 우리 주님의 무죄를 확신하였다는 것을 알 수 있다. "이는 저가 대제사장들이 시기로 예수를 넘겨준 줄 앎이러라"(10절). 우리는 빌라도가 한동안 우리 주님의 석방을 얻어내 자신의 양심을 달래려고 힘없이 노력하는 것을 본다. 마침내 빌라도는 유대인들의 끈덕진 요청에 굴복하여 "무리에게 만족을 주고자 하여"(15절) 예수를 십자가에 못박히도록 넘겨주고, 그 자신은 영혼의 영원한 수치와 파멸에 이르고 만다.

높은 지위에 있으면서 종교적 원칙이 없는 사람은 이 세상에서 더할 수 없이 가련한 사람들이다. 그는 마치 나침반이나 방향타 없이 바다에서 이 러저리 요동치는 큰배와 같다. 그 사람은 바로 그 중요한 지위 때문에 온 갖 시험과 올무에 빠지게 된다. 중요한 지위는 그에게 선을 위해 쓸 수도 있고 악을 위해 쓸 수도 있는 권한을 주는데, 이 권한을 바르게 사용할 줄 모른다면 필시 그 권한은 그를 곤경에 빠트리고 불행하게 만든다. 이런 사람들은 악으로부터 자신을 지키기 위해서는 큰 은혜가 필요하다. 높은 지위는 미끄러지기 쉬운 곳이다. 그래서 사도가 "임금들과 높은 지위에 있는 모든 사람을 위하여"(딤전 2:1-4) 도고하라고 권하는 것이 이상한 일이 아니다. "네가 너를 위하여 대사를 경영하느냐 그것을 경영하지 말라"(렘 45:5).

4. 그리스도의 죽으심의 문제에서 유대인들의 크나큰 죄. 제 11시에 대제사장들은 회개하려고 했다면 회개할 기회가 있었다. 그들은 예수와 바라바 중 어느 한 사람을 석방시켜야 하는 선택권을 받았다. 이들은 태연하고 신중하게 피비린내나는 일을 끝까지 밀고 나갔다. 살인자를 석방하기로 결정한 것이다. 이들은 생명의 주를 사형에 처하기로 선택하였다. 우리 주님을 사형에 처할 권세가 그들에게는 없었다. 그러나 주님의 죽음에 대한 책임을 이들은 공개적으로 스스로 떠맡았다. "너희가 유대인의 왕이라 하는 이는 내가 어떻게 하랴"(13절)고 빌라도가 물었다. "저희가 다시 소리지르되 저를 십자가에 못박게 하소서"(13절). 우리 주님을 사형에 처한 사람들은 분명 이방인이었다. 그러나 주님의 죽음에 대한 죄책은 유대인들이 주로 져야 한다.

우리는 우리 주님의 역사 가운데 이 부분에서 유대인들의 사악함을 보고 놀란다. 그러나 놀랄 일이 아니다. 그리스도를 배척하고 바라바를 선택하는 것은 실로 어안이 벙벙할 행동이었다! 그것은 마치 무분별과 광기와 어리석음이 마지막까지 간 것처럼 보인다. 그러나 우리도 알지 못하는 사이에 그들의 본을 따르지 않도록 주의하자. 우리가 마침내 바라바를 선택하고 그리스도를 배척하는 일을 하지 않도록 조심하자! 이 세상의 우정과 그리스도의 우정이 계속해서 우리의 주의를 끈다. 우리는 지금 바른 선택을 하고 있는가? 우리는 지금 바른 친구 편에 붙어 있는가? 이것은 심각한 질문이다. 이런 질문에 만족할 만한 답변을 할 수 있는 사람은 복되다!

5. 바라바의 석방이 구원의 복음 계획을 참으로 놀랍게 예표한다. 죄 있는 자가 풀려나고 죄 없는 자가 사형에 처해진다. 바라바가 용서를 받고 그리스도께서 십자가에 못박히신다. 죄인이 구원받고 죄 없으신 분께서 결박당하신다.

우리는 이 인상적인 사건에서 하나님께서 경건치 않은 자들을 용서하시고 의롭다하시는 방법의 생생한 상징을 본다. 그리스도께서 경건치 않은 자들 대신에, 곧 "의인이 불의한 자를" 대신하여 고난을 받으셨기 때문에 하나님께서 그같이 하시는 것이다. 이들은 형벌을 받아 마땅하지만 능하신 대리인이 그들을 대신하여 고난을 받으셨다. 이들은 영원한 죽음을 받아 마땅하지만 영광스런 보증인께서 그들을 대신하여 죽으셨다.

우리 모두는 본래 바라바와 같은 위치에 있다. 우리는 악하고 죄가 많으며 정죄를 받아야 할 존재들이다. "우리가 아직 죄인 되었을 때에 그리스도께서 우리를 위하여 죽으심으로 하나님께서 우리에게 대한 자기의 사랑을 확증하셨느니라"(롬 5:8). 그래서 이제 하나님께서는 그리스도로 인하여 "의로우시며 또한 예수 믿는 자를 의롭다 하신다"(롬 3:26).

우리 앞에 그처럼 영광스런 구원이 펼쳐졌으니 하나님을 찬송하자! 그처럼 큰 구원을 얻었으니 우리 영혼을 위한 구원을 우리 것으로 삼도록 주의하자. 언제나 우리가 드려야 할 탄원은 우리가 마땅히 석방되어야 한다는 것이 아니라 그리스도께서 우리를 위해서 죽으셨다는 것이 되어야 한다. 참되고 살아 있는 믿음으로 "그리스도가 내게 속하였고 나는 그리스도에게 속하였다"고 말할 수 있을 때까지 결코 쉬지 않도록 하자.

— J. C. 라일.

막 15:34. 버림받은 구주

우리는 지금 이 세상이 전혀 알지 못한 지극히 놀라운 죽음의 장면을 생각하고 있는 중이다. 이때 일어난 사건마다 독특하고 여기에 나오는 말씀마다 지극히 중요하다. 지성과 마음이 그것을 이해하고 유익을 얻을 수 있다면! "나의 하나님 나의 하나님 어찌하여 나를 버리셨나이까?" 여기서 다음의 사실들에 유의하자.

I. 예수의 이 외침은 시편 22편의 서두 말씀에 기록되어 있다

A. 죽어 가는 고통 가운데서도 예수께서는 성경에서 위안을 찾으셨다. 인간 경험의 반사경으로서, 고통 중에 있는 인간에 대한 신성한 위로로서 지금도 성경만한 책은 없다.

B. 이 시편이 메시야적인 시라는 것에는 의심의 여지가 없다. "그 고난과 승리가 너무 커서 이 시편이 단연코 다윗의 후손에 대한 예언이라는 것에 대해 의심할 여지가 일체 없다." 예수께서 이 사실에 사람들의 주의를 환기시키려고 하셨다. 이 시편의 나머지 부분들도 이때 성취되고 있었다(7,15,16,18절).

C. 십자가에서 하신 말씀들은 속삭이는 목소리로 하신 것이 아니다. "예수께서 크게 소리지르시되." 성경의 이 부분에 나오는 큰 소리에 유대인들은 마땅히 놀라고 죄를 깨달았어야 했다.

II. 십자가에서 소리지르신 이 외침은 경외하는 심정으로 살펴보아야 한다

A. 그것은 신뢰의 어투로 아버지 하나님께 말씀드린 것이었다. "나의 하나님." 이 사실을 사람들이 너무도 자주 간과한다. 믿음이 있을 때에만 하나님께 그같이 말하려 하고 또 말할 수 있다. 어떤 의미에서 아버지와 아들 사이가 긴장 관계에 있었지만 사이가 결코 깨어지지 않았다.

B. 이 외침은 깊은 고뇌의 경험을 표출하는 것이다. 그리스도께서는 사람들의 손에 넘겨지셨다. 사람들이 그리스도께 가장 악한 일을 행하였지만 하나님께서 개입하시지 않았다.

C. 이 외침은 성급함이나 비겁함 혹은 절망의 소리가 아니었다. 맹목적이고 무모한 회의주의자들만이 그런 주장을 할 수 있었을 것이다. 사실은 정반대이다.

D. 그렇지만 이 외침은 놀람과 무죄 의식에서 나온 것이다. 이것은 그리스도로서는 처음 경험하는 일이었다. 아버지께서 그리스도를 떠나신 것처럼 보였다. 세상이 그리스도를 모욕하고 하늘은 대답하지 않았다. 우리 구주께서는 개인적으로 이런 취급을 받을 이유가 없다는 것을 아셨다. 왜냐하면 주께서는 언제나 아버지의 뜻을 행하셨기 때문이다.

III. 이 외침은 모든 시대를 위한 커다란 질문을 일으킨다

A. 이 외침은 단지 그 당시 우리 구주의 감정을 표출하기 위해서가 아니라 우리의 가장 깊은 생각을 일깨우기 위해 소리치신 외침이 확실하다.

B. 그리스도는 우리를 위하여 "죽음을 맛보셨다." 죄는 하나님과의 관계를 끊는다. 그리스도께서는 우리를 위하여 "죄가 되셨고" 그래서 그 때는 아버지 하나님과 충만한 교제를 누리실 수 없었다.

C. 그리스도께서는 자기가 버림받은 "이유"를 온전히 아셨지만 모든 사람이 그 신비를 조사하고 그 신비와 자신들의 관계를 알아보게 하려고 하셨다. 이 중대한 "이유"는 지금도 주의를 기울여야 할 필요가 있는 문제이다.

십자가에 대해 최상의 생각들을 더욱더 모을 수 있기를 바란다. 우리가 보고 듣고 오래 생각하면 우리가 "그리스도와 함께 십자가에 못박히게" 되고 우리에게 영생을 주는 그리스도의 죽음의 권능을 증명할 수가 있을 것이다. ― 월터 메이어스, 1884.

막 15:34. 깊은 곳에서 나온 외침

　이 외침에는 다른 죽어 가는 사람의 외침과 다른 점이 있었는가? "당신은 어떻게 감히 이 외침을 공적 논의의 주제로 삼을 수 있는가" 하고 말할 사람도 있을 것이다. 사실 우리는 지금 떨면서 말해야 하고 경외심을 가지고 생각해야 한다. 그러나 하나님께서 그 외침에 대한 보고를 하나님의 모든 계시들 가운데 지극히 공개적인 계시로 삼으셨기 때문에 이 외침을 그냥 지나치는 것은 품위는 있을지 모르나 잘못된 것일 뿐이다. 그것은 놀람에서 나온 외침이었고 생명이 마지막 가능성까지 시련 받는데서 나오는 억누를 수 없는 외침이었다.

　그러나 주님의 이 외침은 그 이상의 의미를 지니고 있었다. 주님의 이 죽어 가는 고통은 일반 사람들의 죽어 가는 고통과는 전혀 달랐다. 우리는 예배하는 심정으로 감히 이렇게 물어본다. 무엇이 그처럼 큰 차이를 내게 만들었는가?

　죽을 수밖에 없는 사람으로서는 구체적인 설명을 내놓을 수 없다. 일반적인 설명은 예수께서는 전에 자기 "때"라고 예언적으로 단호하게 말씀하셨던 것을 이 때 겪고 계셨다는 것이다. 시간이 흐르기 시작한 이래로 다른 모든 시간이 이 때를 위해 계산되었다. 주께서는 이 때를 위해 세상에 오셨다. 주께서 이전에 여러 차례에 걸쳐 이 때에 관해 언급하신 말씀들을 보면 이 때가 보통의 죽어 가는 시간이 아니라는 것을 충분히 알 수 있다.

　예수께서 성전에서 마지막으로 자신에 대해 말씀하시면서 자기가 "들릴 것"과 "모든 사람을 자기에게로 이끌" 것을 말씀하실 때 갑작스런 어둠이 주님을 강타하자 주의 영혼이 이렇게 소리쳤다. "지금 내 마음이 민망하니 무슨 말을 하리요 아버지여 나를 구원하여 이 때를 면하게 하여 주옵소서 그러나 내가 이를 위하여 이 때에 왔나이다"(요 12:27-28).

　겟세마네 동산에서 두려운 그림자가 다시 주님을 덮치며 그 때가 가까이 왔다는 생각이 들자 공포심에 소리를 지르셨다. "조금 나아가사 땅에 엎드리어 될 수 있는 대로 이 때가 자기에게서 지나가기를 구하셨다"(막

14:35).

　십자가에 달려 계셨을 때 밖에서는 어둠이 그 현장을 덮쳐오고 속에서는 그 영혼에 무시무시한 어둠이 머물러 있으며, 갈등이 정점에 이르고 고통이 극한 상황에 이른 순간에 "나의 하나님 나의 하나님 어찌하여 나를 버리셨나이까" 하는 외침이 터져 나왔던 것이다. 그렇다, 주님 자신의 말을 생각할 때 십자가에서의 이 시간이 주께서 성전과 동산에서 예견했던 바로 그 때라는 것을 알 수 있다.

　여러분은 이 큰 슬픔이 어디로부터 왔는지, 그 슬픔의 내용은 무엇인지를 묻는다. 주님에게서 이 마지막 외침이 터져 나오게 만들 만큼의 그런 응축이 어떻게 해서 생겼는가? 나는 여전히 이 문제에 대해서도 일반적인 이야기밖에 할 수 없다. 그것은 예수께서 이 때 우리 모든 사람을 대표하여 서서 죽으시고 계셨기 때문이다. "의인으로서 불의한 자를 대신하였으니 이는 우리를 하나님 앞에 인도하려 하심이라"(벧전 3:18).

— 찰스 스탠포드, 1881.

마가복음 16장

막 16:1-7. "안식일이 지나매"

서론

종려 주일과 함께 시작된 그 주간은 예수님과 그 제자들의 적들이 내내 유대 민중을 지배하였던 것 같고 그리스도를 반대하는 지도자들의 태도가 유월절 기간 전체에 걸쳐 뚜렷이 나타났던 것 같다.

주님의 제자들은 잠잠히 있었다. 어떤 제자들은 아마도 두려움 때문에 조용히 있었을 것이다. 그러나 어떤 제자들은 그렇게 하는 것이 상황에 유리하기 때문에 그랬을 것이다. 제자들은 성 금요일이 슬픔과 절망으로 바뀐 이래 그 주간 초기에 가졌던 좋지 않은 예감을 느꼈다. 주님을 따랐던 사람들 가운데 더러는 고향으로 돌아갔거나 매일 일하던 옛날 일터로 돌아갔다. 또 더러는 눈물과 어쩔 수 없는 금식으로 자신의 슬픔을 표출하기 위해 한적한 곳에 틀어박혔다. 이들로서는 예언할 수 없었지만 그럴지라도 예견할 수 있었던 새로운 단계를 보기 위해 최근의 비극이 일어난 현장 가까이에 남아 있던 사람은 별로 없었던 것 같다.

한편 그리스도와 그 백성의 적들은 자신들의 외견상 승리에 흡족해 하며 갈릴리의 예언자와 그의 추종자들의 두려움과 헛된 노력과 궁극적인 실패에 대해 조롱의 말을 하였다. 그러나 지금까지는 그리스도의 예언이 부분적으로밖에 성취되지 않았다. "내가 진실로 진실로 너희에게 이르노니 너희는 곡하고 애통하겠으나 세상은 기뻐하리라 너희는 근심하겠으나 너희 근심이 도리어 기쁨이 되리라"(요 16:20)!

"안식일이 지나매" 소경을 인도하는 소경된 지도자들은 만족하여서 몹시 원했던 휴식을 취하게 되었다.

그러나 "안식 후 첫날 매우 일찍이" 몇몇 신실한 영혼들이 밤새워 애도하는 것을 끝내고 무덤을 향하여 출발하였다. 이들은 무덤에 가서 생명이 없는 주님의 몸에 기름을 바름으로써 흔들림 없는 충성을 추가로 더 보이고자 하였다.

무덤에 도착한 순간, 그들의 슬픔은 기쁨으로 변하였다! 그것은 그 후로 모든 세대의 참된 신자들의 특징이 되어야 하는 기쁨이었다. 우리는 부활의 기쁨의 영을 받았는가? 그렇다면 "산 자라 전에 죽었던"(계 1:18) 그 분에게 소리 높여 즐거운 찬송을 드리도록 하자. ― H. 엘링슨.

막 16:1-7. 부활절

1. 가족의 죽음을 당한 모든 사람에게 기쁨의 날이다!
2. 낙담한 모든 사람에게 소망의 날이다!
3. 모든 십자가의 군병들에게 승리의 날이다! ― 구스타프 에릭슨.

막 16:1-7. 사랑과 사랑의 보상. 부활절 설교

우리 주님의 역사에 나오는 다른 연대기적 사실들에 대해서는 어떠한 의심을 품을지라도 주께서 유월절 전날 밤 혹은 저녁에 죽으셨다가 안식 후 첫날 아침에 다시 사셨다는 사실은 의심할 바 없이 분명하다. 오늘날 우리가 부활절이라고 부르는 날 아침 해뜰 때, 슬픔에 겨워 어쩔 줄 모르던 몇몇 여인들이 무덤에 가서 예수께서 누웠던 곳에 천사가 있는 것을 보고 그로부터 주께서 죽은 자들 가운데서 살아나셨다는 소식을 들었다.

우리가 잠시 부활의 사실 자체를 보지 않고 부활의 사실을 맨 처음 알게 된 여인들에게 그 사실이 끼친 영향과 효과만을 생각해도 우리로서는 노래하고 찬송하게 될 것이다. 여인들이 동산에 있는 무덤까지 간 여행에서 나타난 사랑을 따르고 그 사랑이 가져온 축복에 주목한다면 우리는 더욱 즐거이 봉사할 마음이 생길 수 있고 진심으로 주를 사랑하는 자들에게 마련된 축복도 받을 수 있을 것이다.

I. 이 여인들의 사랑을 생각하고 그 교훈을 배우자

이들은 얼마 전에 인자를 버릴지언정 차라리 죽겠다고 호언장담한 남자들을 부끄럽게 하였다. 사도들, 심지어 베드로와 요한까지도 의심과 절망 가운데 머뭇거렸다. 그러나 마리아와 살로메는 아주 이른 아침에 누구의 도움도 받지 않고 무덤에서 돌을 어떻게 굴려야 할지도 모른 채 무덤에 왔다. 안식일 법이 허락하기가 무섭게, 또 자기들이 사랑의 임무를 이행하는 것을 다른 사람들이 볼 수 있기 전에 이들은 예수의 시신이 놓여 있던 곳으로 서둘러 왔다. 어째서 이들이 그 부활의 날 아침에 제일 먼저 거기에 갔는가?

A. 십자가에 마지막까지 있던 자들이 무덤에 제일 먼저 간 자들이다. 이 사실이 모든 것을 설명해 준다. 이들은 그리스도께서 얼마나 자기들을 사랑하셨고, 자기들에 대한 그리스도의 사랑이 주님을 어디까지 이끌어갔는지 보았다. 그래서 이제 이들은 자기들에 대한 사랑이 죽음보다 강하다는 것을 증명하신 그분에 대해 자기들의 사랑을 보인다. 우리가 그리스도의 사랑을 보고 배우는 것은 바로 십자가에서이다. 우리가 그리스도를 봉사하기 위한 동기와 자극과 힘을 이끌어내는 것은 바로 우리를 위한 그리스도의 죽음에서이다. 우리가 그리스도의 죽음에서 돌이키거나 멀리 떨어져 있다면 그리스도의 영광을 제일 먼저 보지 못할 것이다. 주님을 섬기는 데 제일 앞장서지 못할 것이다.

B. 우리가 이 여인들로부터 배우는 또 한 가지 교훈은 사랑이 믿음보다 크다는 점이다. 그리스도께서는 여러 차례에 걸쳐 자신이 십자가에 못박히고 제 삼일에 살아날 것이라고 예언하셨다(마 20:19; 막 9:31; 10:34;

눅 18:33; 24:17). 예수께서는 이 모든 사실을 매우 무겁고 침통한 어조로 말씀하셨고 매우 깊고 간절히 열망하는 어조로 거듭 말씀하셔서 제자들이 몹시 놀랐다. 사람들은 제자들이 적어도 주님의 그 예언이 부분적으로 성취되는 것을 보았을 때 그 사실을 결코 잊을 수 없었을 것이라고 생각할 것이다. 그러나 제자들은 그 사실을 잊었다. 남자들 뿐 아니라 여자들도 잊었다. 그래서 이 여인들은 전혀 희망의 빛을 품지 않은 채 새벽을 맞이하였다. 이들이 가지고 가는 향료는 이들도 잊고 있었다는 불리한 증거를 할 뿐이다. 이 여인들은 살아 계신 구주에게 인사하기 위해서가 아니라 죽은 친구를 약품처리하여 썩지 않게 보존하려고 가는 것이다. 심지어 무덤이 열려 있고 주님의 누우셨던 자리가 비어 있는 것을 보고도 주님의 예언의 말씀을 기억하지 못하였다. 천사가 그들에게 예수께서 하셨던 말씀을 상기시켜 주어야 했다.

이들은 주님의 말씀을 잊었다. 그러나 사람이신 예수 그리스도, 지혜로운 선생이시고 너그럽고 용서하시는 친구였던 그분은 잊지 않았다. 이와 같이 사랑이 믿음보다 더 오래 남았다는 사실은 이 여인들 모두에게 해당되는 말이다. 이들이 믿음을 잃고 희망을 포기해야 할지라도 사랑하기를 그칠 수는 없다.

C. 사랑은 이기적이지 않은 자기 희생을 수반한다. 이 여인들은 그리스도께서 살아 계셨을 때 그리스도를 따랐다. 그때 그리스도께서 이들에게 다른 어디에서도 배울 수 없는 교훈을 가르치셨다. 이들이 주님을 섬겼다면 주님도 이들을 섬겼다. 그래서 이들은 자기들이 주께 행한 모든 것보다 백 배나 더 주께 받았다고 생각했을지도 모른다.

이들은 그리스도를 십자가에까지 따라갔다. 그러나 십자가에서도 그리스도는 자기가 생명과 죽음의 열쇠를 가졌고 천국의 영예와 왕권을 가졌다고 주장하셨다.

이들은 그리스도를 살았을 때만이 아니라 죽었을 때도 따랐다. 이들은 주님을 사랑하였기 때문에 십자가에도 갔고 무덤에도 갔다. 주께서 자기들을 위해 더 이상 아무것도 해줄 수 없다고 생각했을 때, 모든 희망이 사라져버렸고 구주와 왕으로서 그에 대한 믿음이 주와 함께 무덤에 장사되었을 때도 이들은 주님의 몸을 향품으로 처리하기 위해, 떠나간 친구를 애도하기 위해 왔다. 이들은 마지막 사랑의 의무를 이행하기 위해 유대인들의 분노를 무릅쓰고 로마 군인들로부터 받을 퇴짜와 모욕을 개의치 않았다. 우리는 이들이 이런 행동 가운데서 어떤 이기주의적인 생각이 있었다고 의심할 수 없다. 우리는 우리 자신을 훨씬 초월하는 이들의 헌신적인 태도에 머리를 숙이고 경탄할 뿐이다.

게다가 이들은 이미 했던 일, 어쩌면 서두르고 당황한 가운데 하였을 일을 되풀이하기 위해, 곧 사랑하는 자의 시신을 "향품"으로 처리하기 위해 무덤에 왔다. 이들은 이미 니고데모가 "몰약과 침향 섞은 것을 백근쯤 가져왔을"(요 19:39)지라도 또 향품을 가져왔다.

여러분은 "무슨 목적으로 이것을 허비하느냐"고 묻는다면 나는 이렇게 대답하겠다. 이 여인들의 사랑처럼 깊고 헌신적인 사랑은 희생을 바라며 희생을 치러야 하고 또 그같이 하는 가운데서만 안도와 위로를 얻는다고.

참된 사랑에 언제나 사려분별이 따르는 것은 아니다. 사려분별보다 더 고귀한 지혜가 있다. 그것은 사랑의 신성함과 자기 희생의 아름다움을 고무하는 지혜이다!

우리의 사랑이 그 이름에 걸맞고 그 시작이 가치 있는 것이라면 반드시 이타적인 태도를 담고 있어야 하고 자기 희생에까지 올라가야 한다. 우리의 기독교 신앙이 우리로 자아에 대한 사랑을 넘어서게 하고 자기 희생에서 깊고 엄숙한 기쁨을 찾도록 가르치지 못한다면 그것은 우리에게 부적절하고 좋지 못한 것이다.

II. 이 여인들은 자신들의 사랑과 경건에 대해 세 가지의 보상을 받았다

A. 이들은 무덤에서 천사를 보았다. 그 천사가 "우편에 앉았는데" 우편은 은총을 받는 자리로서 그의 출현이 상서로운 것을 표시한다. 또 그 천사가 "흰옷을 입었다." 이는 희망과 기쁨을 표시하는 의복이다. 바로 부패

의 본거지에 불멸의 아들이 앉아 있다는 이 사실은 그리스도께서 죽음의 어둠을 쫓아내고 생명과 불멸을 밝히셨다는 상징이다. 무덤으로부터 시작하여 무덤을 지나 하늘에 이르는 길이 이제 거기 있다는 표시이다. 우리가 이 육신의 장막을 벗어버리면 하늘로부터 우리의 집을 덧입는다는 상징이다.

B. 이 여인들이 받은 또 다른 보상은 이미 죽으셨기 때문에 그분께 향품 처리 해드리는 것을 가장 큰 소망으로 여겼던 분이 살아 계심을 발견한 사실이었다. 그 천사는 벙어리가 아니었다. 천사가 여인들에게 이같이 말한다. "너희가 십자가에 못박히신 나사렛 예수를 찾는구나. 그가 살아나셨고 여기 계시지 아니하니라. 보라 그를 두었던 곳이니라." 영광스런 소식이었다! 기쁨의 말이었다! 설득력 있는 증거였다!

C. 이들은 다른 사람들보다 먼저 부활의 복음을 선포하도록 위임받았다. "가서 그의 제자들과 베드로에게 이르기를 예수께서 너희보다 먼저 갈릴리로 가시나니 전에 너희에게 말씀하신 대로 너희가 거기서 뵈오리라." 이 여인들은 사도로서 사도들에게 보냄을 받았던 것이다.

주께서 부활하셨고 우리도 부활하여 주와 함께 있을 것이므로 우리가 기쁨으로 부활절 찬송을 부르는 것이 당연하다.

— 사무엘 콕스(Samuel Cox), 1888.

막 16:1-7. 열린 무덤에 대한 최초의 목격자들로부터 배울 수 있는 것

1. 믿음과 사랑이 이성과 묵상보다 중요하다는 것을 배울 수 있다(이 여인들의 행동과 열 한 제자의 태도와 비교해 보라. 1,11절).

2. 충성과 헌신은 항상 실제적인 행동으로 나타나려고 한다는 것을 배울 수 있다(이 여인들은 아주 이른 아침에 예수의 시신에 기름을 바르기 위해 갔다. 2절).

3. 아무리 큰 곤경도 그리스도의 충성스런 제자들이 주님을 위해 무엇인가 하려는 것을 막지 못한다는 것을 배울 수 있다(이 여인들이 그처럼 이른 시간에 무덤에 가는 것은 분명 무익한 일로 보였다. 3절).

4. 하나님께서는 자신의 살아 계신 주님을 예배하고 봉사하려고 하는 참된 신자를 가로막는 장애를 제거해 주신다는 것을 배울 수 있다("돌이 굴려졌으니." 4절).

5. 순전한 믿음은 그 증거를 찾지 않고 기대하지 않았을 때에도 풍성한 증거를 얻는다는 것을 배울 수 있다(이 여인들은 주님의 시신을 보러 무덤에 들어갔다가 거기서 천사를 보았다).

6. 지극히 괴로운 경험과 지극히 혼동스러운 일도 "우리가 믿음으로 행하고 보는 것으로 하지 않을"(고후 5:7) 때에는 납득하게 되리라는 것을 배울 수 있다(이 여인들의 두려움과 곤혹스러움을 생각해 보라. 6절).

7. 주님을 사랑하고 주의 말씀을 순종하는 사람들에게는 언제나 더욱 영광스러운 경험이 기다리고 있다는 것을 배울 수 있다(그리스도에 대한 사랑 때문에 이 여인들은 무덤에 갔고, 거기에서 이들은 천사들이 선포한 부활의 소식을 들었다. 갈릴리로 가라는 명령에 순종함으로 이들은 십자가에 못박히셨다가 부활하신 주님의 임재를 뵙게 되었다) — H. 엘링슨.

막 16:1-7. 부활의 복음의 영광스런 적합성

1. 우리 주님의 부활은 주님의 신성에 대해 결정적인 증거를 제공한다. "죽은 자 가운데서 부활하여 능력으로 하나님의 아들로 인정되셨으니"(롬 1:4).

2. 우리 주님의 부활은 정직하게 진리를 추구하는 사람의 마음에서 의심의 기미를 일체 몰아낸다. 도마는 부활하신 주님을 본 후에는 더 이상 의심하지 않았다(요 20:24-28).

3. 부활의 주님은 신자에게 산 소망을 준다. "예수 그리스도의 죽은 자

가운데서 부활하심으로 말미암아 우리를 거듭나게 하사 산 소망이 있게 하시며"(벧전 1:3).

4. 그리스도의 부활은 모든 참된 신자에게 영생을 보장한다. "내가 살았고 너희도 살겠음이라"(요 14:19). "내가 전에 죽었었노라 볼지어다 이제 세세토록 살아 있어"(계 1:18).

5. 우리 주님의 부활은 주님의 모든 제자에게 가장 유효한 증거를 갖추어 준다. "사도들이 큰 권능으로 주 예수의 부활을 증거하니"(행 4:33).

6. 우리 주님의 부활은 신자에게 히브리서 7:25에 지극히 아름답게 묘사된 위로와 보호를 준다. "그러므로 자기를 힘입어 하나님께 나아가는 자들을 온전히 구원하실 수 있으니 이는 그가 항상 살아서 저희를 위하여 간구하심이니라." (요한복음 17장을 생각해 보고 누가복음 22:32의 말씀으로 설명해 보라). ― H. 엘링슨.

"주가 살아 계신다! 오, 약해지는 마음이여
 네 주와 구주를 다시 기쁨으로 바라보라.
 주가 고요한 방에서 깨어나셨고
 전에 항상 말씀하셨듯이 다시 말씀하시며
 살리는 손을 가지셨도다
 주가 사셨으니 너도 살리라." ― 월린(J. O. Wallin).

막 16:6. "그가 여기 계시지 아니하니라"

예수님 무덤의 비문은 참으로 다르다! 그 비문은 금으로 기록되지 않았고 돌로 새겨져 있지도 않다. 천사가 그 비문을 말하였을 뿐이다. 그 비문은 다른 모든 무덤의 비문과 정반대이다. "그가 여기 계시지 아니하니라."
 ― 베링 굴드(S. Baring-Gould).

막 16:16. 정죄 받지 않으려면 어떻게 해야 하는가?

"믿지 않는 사람은 정죄를 받으리라." "정죄 받는다"는 말은 대체로 잘 사용되지 않았다. 그 이유의 한 가지는 이교도들이 그 말을 아주 많이 사용했기 때문이고, 또 한 가지는 우리가 귀에 거슬리는 진리의 격한 진술을 들으면 꽁무니 빼는 안일한 방식으로 살기 때문이다. 정죄 받는다는 것은 유죄 선고를 받았다, 즉 하나님께 유죄 선고를 받았다는 의미이다. 그러나 정죄 받는다는 말은 유죄 선고를 받는다는 말보다 훨씬 더 격한 표현이다. 그 말은 보통 사람의 마음에 훨씬 더 많은 의미를 생각하게 만든다. 그 말은 하나님께 유죄 선고를 받음으로 인한 두려운 모든 결과를 즉각 상상하게 만든다.

복음을 듣고서도 고집스럽게 복음을 믿지도 받지도 않는 사람은 누구나 정죄를 받을 것이다. 구원받기 위해서, 철저히 구원받기 위해서 사람이 해야 할 일은 주 예수를 믿는 것뿐이다.

사람이 정죄 받으려면, 철저히 정죄 받으려면 주님을 믿지 않기만 하면 된다. 정죄 받기 위해서는 세상에서 악한 자라고 하는 사람이 될 필요가 없다.

1. 무엇보다 주 예수 그리스도의 복음을 믿지 않는 사람은 반드시 정죄 받는다. 왜냐하면 모든 사람이 죄인이고 하나님은 거룩하시므로, 사람이 죄인인 자기와 거룩하신 하나님을 갈라놓는 죄를 없앨 수 있는 어떤 방법을 찾지 못한다면 그는 필연적으로 하나님으로부터 영원히 떨어질 수밖에 없고, 하나님으로부터 떨어지는 것이 곧 정죄이기 때문이다. 우리와 하나님 사이를 가로막고 있는 죄를 없앨 수 있는 길은 주 예수 그리스도의 속죄의 죽음밖에 없다. 여러분과 내가 그 속죄의 죽음을 받을 수 있는 조건은 죽으셨던 그리스도를 믿는 것뿐이다. 그러므로 우리가 그리스도를 믿지 않는다면 우리는 정죄 받을 수밖에 없다.

2. 두번째로, 주 예수 그리스도의 복음을 믿지 않는 사람은 반드시 정죄

를 받는다. 왜냐하면 예수 그리스도를 믿지 않는 행동 자체가 정죄 받을 죄이며 정죄 받을 마음의 상태를 나타내기 때문이다.

— 토리(R. A . Torrey).

막 16:16. 사랑인가 진노인가; 자비인가 공의인가

그리스도의 보혈에서 지난 죄에 대한 용서와 바르게 행할 수 있게 하는 은혜를 찾고, 온전하고 순결한 소망을 찾으라. 그렇지 못하면 이 모든 복을 잃을 것이다. 은혜로운 말씀을 받고 모든 정해진 수단을 써서 그 말씀을 마음에 새겨 두라. 그렇지 않으면 여러분은 죄 가운데 있으면서 하나님의 두려운 심판을 만날 것이다. 하나님께서 정하신 구원의 길을 고집스럽게 제쳐놓으면 무엇으로 구원을 받을 수 있겠는가?

누가복음

차례

누가복음 1장	195
누가복음 2장	225
누가복음 3장	265
누가복음 4장	270
누가복음 5장	287
누가복음 6장	295
누가복음 7장	306
누가복음 8장	321
누가복음 9장	327
누가복음 10장	334
누가복음 11장	355
누가복음 12장	370
누가복음 13장	400
누가복음 14장	413
누가복음 15장	439

누가복음 16장	457
누가복음 17장	474
누가복음 18장	485
누가복음 19장	501
누가복음 20장	514
누가복음 21장	528
누가복음 22장	537
누가복음 23장	544
누가복음 24장	562

누가복음 1장

눅 1:1-4. "사랑을 받는 의원, 누가" (골 4:14).

신약성경에서 누가라는 이름이 언급되는 경우는 세 번밖에 되지 않는다 (골 4:14; 딤후 4:11; 몬 1:24). 바울은 로마에서 첫번째 투옥 기간에 쓴 빌레몬서에서 골로새에 사는 빌레몬에게 자신의 동역자들인 에바브라와 마가와 누가가 전하는 문안을 전한다. 디모데후서에서 바울은 로마의 옥중에서(두번째 투옥 기간) "누가만 나와 함께 있느니라"고 쓴다.

성경과 후대 전승에 실린 누가에 관한 기록을 종합하면 그의 생애를 대략 다음과 같이 정리해 볼 수 있다.

누가는 안디옥에서 유대인이 아닌 이방인 부모에게서 태어났다. 그는 바울의 제2차 전도여행 때 적어도 드로아에서 빌립보까지 동행했음에 분명하다. 이는 사도행전 저자인 누가가 여러 단락에서 '우리'라는 단어를 사용하고, 자신을 바울의 일행으로 말하기 때문이다(행 16:10-17). 그 뒤로 5년 가량 지나서 누가는 빌립보에서 그곳을 다시 방문한 바울을 다시 만났고, 그 사도를 수행하여 예루살렘으로 갔으며(행 20:5-21:18), 그와 함께 로마로 가는 배를 탔다가 난파하여 그와 함께 몰타에 체류했다(행 27:1).

그 뒤 주후 52-58년에 누가는 빌립보에서 살면서 의사로서 활동한 듯하다. 58-63년에는 바울의 신실하고 사랑을 받는 동역자로 활동했다.

고린도후서에도 누가를 가리키는 듯한 단락이 있다(8:18-19). "또 저(디도)와 함께 한 형제를 보내었으니 이 사람은 복음으로서 모든 교회에서 칭찬을 받는 자요 이 뿐 아니라 저는 동일한 주의 영광과 우리의 원을 나타내기 위하여 여러 교회의 택함을 입어 우리의 맡은 은혜의 일로 우리와 동행하는 자라." 바울은 에베소에서 고린도인들에게 쓴 편지에서, 그 교회에서 발생한 여러 무질서한 행위들을 놓고 그들을 엄히 꾸짖었다. 이것이 57년 부활절 무렵에 작성하여 디도 편으로 보낸 고린도전서였다. 그 해 여름에 바울은 부득이한 사정으로 에베소를 떠나 마게도냐(추측건대 빌립보)에 도착하여 그곳에서 석 달을 머물렀다(행 20:3). 이곳에 머무는 동안 고린도후서를 써서 디도와 이 익명의 형제 편으로 보냈는데, 이 형제가 틀림없이 누가였으리라는 것이 고대와 현대를 막론하고 많은 성경학자들의 견해이다.

누가는 바울이 첫번째 투옥을 당할 때 그의 곁에 있었고, 그가 두번째 투옥될 때부터 세상에서 모든 고난의 짐을 벗는 순간까지 계속해서 그의 곁에 남아 있었다. 바울이 죽은 뒤 누가가 어디서 어떤 사역을 했는가 하는 것은 철저히 베일에 가려져 있다. 전하는 바로는 달마티아와 갈리아에서 복음을 전하다가 순교했다고 한다.

누가복음은 데오빌로에게 쓴 글이다. 사도행전도 마찬가지이다. 데오빌로라는 이름은 헬라식 이름이므로 그 사람은 헬라인이었음에 틀림없다. 누가가 그를 '데오빌로 각하'라고 부른 사실로 미루어 볼 때, 그는 지위가 높고 사려 깊은 이방인으로서, 누가의 전도를 받고 회심하여 기독교 신앙을 갖게 되었고, 기독교의 역사와 교리에 관해 더 알기를 원했던 것 같다. 데오필락투스(Theophylact)는 그가 총독이거나 원로원 의원이었을 것이라고 추정했다. 케쿠메니우스(Cecumenius)도 그가 총독이었으리라고 추정했으며, 그로티우스(Grotius)는 그가 헬라의 지방장관이었으리라고 추정했다.

누가복음은 데오빌로를 헬라의 지성을 대표하는 인물로 삼아 그에게 그리스도께서 하나님의 아들이시며 인류의 구주이심을 입증할 목적으로 기록되었다. 특히 서문에 진술된 대로(눅 1:4), 이 복음서는 "[각하로] 그 배운 바의 확실함을 알게 하려"고 기록되었다.

누가도 바울처럼 헬라 문화권에서 좋은 교육을 받았고, 헬라어를 능숙하게 구사했다. 헬라인들의 관념 세계를 잘 알았다. 그는 이 복음서를 가지고 헬라인들에게 이렇게 말한다. "멈춰 서서 보고 들으시오. 이 사람 예수는 완전한 인간입니다. 그리스도는 여러분의 철학자들이 진술했거나 인식했던 것보다 훨씬 더 참된 사람의 아들입니다." 따라서 누가가 독자들에게 묘사하는 그리스도의 상은 남성의 모든 힘과 여성의 모든 자상함과 함께, 지고의 지식과 심오한 사랑과 불굴의 의지와 치밀한 성실과 죽음도 불사하는 희생을 겸비하여 모든 사람이 진리를 아는 데 이르러 구원을 얻게 하기에 능한 완전한 인간의 상이다.

— 놀리(O. M. Norlie). (개요성경<The Outlined Bible>에서 발췌.)

눅 1:1-4. 복음의 확실함

의사요 과학자인 누가는 분명한 지식과 명쾌한 가르침을 높이 평가한다. 그는 데오빌로의 영혼을 염려하며, 따라서 글을 쓰는 목적이 아주 실제적이다. 막연한 감동은 행동으로 이어지지 않는다는 것을 그는 알고 있다. 행동은 강한 확신에서 우러나온다. 그러므로 누가는 복음의 사건들을 소개하되, 수신자의 마음에 확신을 일으키려고 힘쓴다. 본문에는 두 가지가 두드러진다.

1. 신앙 지식으로 확신에 도달할 수 있다. "모든 영적 진리들은 신비로 봉해져 있다"고 많은 사람들이 되뇌어 말한다. 그들은 이 말을 진리에 대한 실질적 무관심을 호도하는 구실로 삼는다. 하지만 그것은 잘못된 구실이다. 하나님께서 당신의 왕국에 대한 진리들과 신령한 삶에 관한 문제들을 가리는 데 적절하다고 보신 신비는 혼란을 일으키는 신비가 아니다. 영적 진리에 관한 신비는 자연에 나타난 하나님의 장엄한 사역을 두르고 있는 신비와 유사하다. 그것은 불확실과 왜곡의 신비가 아니라, 심오하고 숭엄한 신비이다.

복음서 기사는 가르침에서, 암시적인 사고에서, 지친 사람들에게 경외심을 일으키고 위로를 주는 점에서 별이 총총한 밤하늘을 닮았다. 그 깊이를 측량할 수 없으며, 게다가 무한하게 조밀하고 완전하다. 면밀히 살펴볼수록 경이감도 커진다. 정신을 차리고 읽어보면 미처 깨닫지 못한 아름다움과 치밀한 사례들이 새롭게 나타난다. 여기서는 실망한 불가지론의 염증과 권태를 두려워할 필요가 없다. 하지만 그러기까지는 증거를 주의 깊게 살펴야 한다. 과연 복음서의 증거가 확실한가를 알아야 한다.

2. 복음서에는 만족스러울 정도의 확실함이 있다. 이 확실함은 복음서에 실린 메시지의 성격과, 그것이 인간의 결핍, 즉 인간 마음의 갈망과 맺고 있는 관계에서 생긴다. 그 동안 천문학과 화학과 생리학과 그 밖의 중요한 학문들에서 성취된 진리는 대부분의 경우 진리의 근사치에 지나지 않는다. 혹시 이론이 완벽할지라도, 그것을 정확하게 적용하느냐 하는 것은 '자료'를 얻는 방법에 달려 있다. 물리학과 수학의 거의 모든 이론들이 적용 단계에서 최종성이 결여된 결과를 내놓는다. 그 이론들은 개선될 소지가 있고, 보다 나아질 여지가 있다. 따라서 실제로 과학과 예술은 한결같이 다음과 같은 시인의 말을 예증하는 셈이다 — "지근 거리에 '완전'이 서 있음으로써 영원한 추적을 유혹한다."

역사학과 윤리학과 정치학은 시대마다 헌신적인 학자들을 보유하지 않았던가? 이 학문들을 올바로 이해하는 것이 인간의 삶에 물질의 특성들에 관한 지식보다 가치가 덜하다고 말한다면 그것이 과연 정당한 말일까? 만약 계시 종교가 단순한 철학에 비해 더 참된 윤리 표준을 제시한다면, 만약 계시 종교가 더 순수하고 고상한 삶과 인격의 사례들을 드러낸다면, 만약 계시 종교가 자연 신학에 비해 더 높은 재가들과 더 강한 동기들에 의해 이런 것들을 수립한다면, 계시 종교의 문서들은 가장 정직한 고찰과 가장 근실한 연구를 요구하는 셈이다. 그리고 그 결과들은 비록 상정된 대상에 어느 정도 근접할지라도 최대한의 동의를 요구한다.

누가는 (세상의 견해로는) 과학자들 사이에 자신의 이름을 영구히 남길 만한 어떤 기념비적 문서도 남기지 않았고, 어떤 발명도 남기지 않았다. 그가 치료한 어떠한 환자도 그의 인술(仁術)에 감사하는 글을 남기지 않았다. 하지만 그가 하나님의 아들의 행적을 고이 간직한 단순한 단어들은 그에게 오고 오는 시대의 감사를 안겨주었다. 그는 오늘날도 여전히 증시자(證示者)로 남아 있지만, 그가 증시하는 것은 인간 해부학이 아니라, 세상의 구주께서 보이신 따뜻한 마음과 자비의 행위이다.

— 바버(S. Barber, 1882).

눅 1:5-12. 사가랴를 찾아온 천사

누가복음에 기록된 첫 사건은 사가랴라는 유대인 제사장에게 어느 날 갑자기 천사가 나타난 사건이다. 천사는 그에게 머지 않아 기적으로 아들이 생길 것과, 이 아들이 오래 전부터 약속된 메시야의 길을 예비하게 될 것을 고지한다.

하나님의 말씀은 메시야가 오실 때 어떤 사람이 먼저 와서 길을 예비할 것이라고 분명히 예고했다(말 3:1). 지혜로우신 하나님께서는 이 예비자가 나타날 때 제사장 가문에서 태어나도록 마련하셨다.

역사의 이 시점에 사는 우리로서는 천사의 고지가 지니는 엄청난 의미를 제대로 다 이해하기 어렵다. 하지만 경건한 유대인에게는 그것이 경천동지할 만한 기쁜 소식이었음에 틀림없다. 그것은 말라기 시대 이래로 하나님이 이스라엘에게 최초로 입을 열어 하신 말씀이었다. 4백년의 긴 침묵을 깬 이 말씀은 믿는 이스라엘 백성을 향해 하나님의 소중하고도 소중한 약속이 마침내 성취되고 있으며, 땅의 모든 민족에게 복을 끼치게 될 '씨'가 곧 나타날 것이라는 점을 알렸다(창 22:18). 본문에는 각별히 주목할 만한 사항이 몇 가지 있다.

1. 사가랴와 엘리사벳의 인격에 매긴 높은 평가. 본문은 "이 두 사람이 하나님 앞에 의인이니 주의 모든 계명과 규례대로 흠이 없이 행하더라"고 전한다. 이 '의'가 모든 믿는 자들에게 값없이 전가된 의인가, 아니면 성령의 사역으로 믿는 자들의 내면에서 발생하여 성화(聖化)시켜 나가는 의인가? 이것은 문제가 되지 않는다. 두 의는 따로 존재하지 않는다. 우리로서

는 사가랴와 엘리사벳이 은혜가 희귀할 때 은혜를 받았고, 대다수 이스라엘 백성 사이에 의식법이 명분과 껍데기로만 남아 있던 시기에 그 법을 빈틈없이 지켰다는 것을 아는 것만으로도 충분하다.

그 부부처럼 우리도 하나님을 충직하게 섬기고, 우리가 소유한 빛에 합당하게 사는 것이 마땅하다. "의를 행하는 자는 그의 의로우심과 같이 의롭고"(요일 3:7). 남편과 아내가 한결같이 "의롭고" "하나님과 사람을 대하여 항상 양심에 거리낌이 없기를"(행 24:16) 힘썼다는 평가를 받는 그리스도인 가정들은 복이 있다.

2. 하나님께서 사가랴와 엘리사벳에게 내리기를 기뻐하셨던 큰 시련. 그 부부에게는 자녀가 없었다. "저희가 무자(無子)하고"라는 말씀이 지니는 심각한 의미를 오늘날 그리스도인은 제대로 이해할 수 없다. 구약시대 유대인에게는 '무자하다'라는 말에 견디기 어려운 고통이 실려 있었다. 무자하다는 것은 인생을 살면서 겪는 큰 슬픔들의 하나였다(참조. 삼상 1:9-11).

하나님께 은혜를 입는다고 고통이 면제되는 것은 아니다. 우리가 진정 그리스도를 섬긴다고 한다면 이것을 기억하고 고난을 이상하게 여기지 말아야 한다. 하나님께서 우리를 징계하시면 오히려 우리를 "그의 거룩하심에 참여케" 하시려는 것임을 믿어야 한다(참조. 히 12:9-11). 고통을 당함으로써 그리스도와 성경과 기도에 더 가까이 간다면, 그 고통은 적극적인 복이다. 고통의 한복판에서는 그런 생각이 들지 않을지라도, 그 순간을 지나가면 곧 알게 될 것이다.

3. 하나님께서 세례 요한의 출생을 고지하실 때 쓰신 방법. "주의 사자가 저에게 나타나." 천사들의 사역은 심원한 주제이지만, 성경에서 우리 주님의 지상 사역 시기만큼 천사들이 자주 언급되는 곳이 없다. 천사들은 주님의 오심을 고지했고, 주님의 탄생을 선포했고, 주님의 나타나심을 기뻐했으며, 그 뒤에도 여러 번 나타나 주님과 그분께 속한 사람들을 도왔다.

천사들은 죄인들이 회개할 때도 기뻐하며, 구원의 후사들이 될 사람들을 돕기를 즐거워한다(히 1:14). 신자들은 천사들의 관심의 대상이 되고 그들과 함께 기뻐할 수 있도록 노력해야 한다. 이것은 천국과 하나로 어우러지는 한 가지 방법이다. 성경은 천국에 들어가는 사람들이 "하늘의 천사들과 같으니라"고 말한다(막 12:25).

4. 천사가 나타난 일이 사가랴의 마음에 끼친 영향. "사가랴가 보고 놀라며 무서워하니." 다른 성도들도 비슷한 상황에 처했을 때 사가랴와 비슷한 태도를 보였다. 모세는 불이 붙었으나 타지 않는 떨기나무에서, 다니엘은 힛데겔 강에서, 여인들은 무덤에서, 요한은 밧모섬에서 그랬다. 그들은 다른 세계에서 온 존재들을 보았을 때 떨며 두려워했다.

이 두려움을 어떻게 설명해야 할까? 이 질문에는 대답이 한 가지밖에 없다. 인간의 두려움은 내면의 죄의식과 죄책과 윤리적 타락에서 생긴다. 천상에 거하는 분 앞에 맞닥뜨렸을 때, 인간은 어쩔 수 없이 자신의 불완전한 몰골을 생각하게 되고, 그분 앞에 도무지 설 수 없다는 의식이 자연스럽게 생기게 마련이다. 그분의 보좌 앞에는 스랍들이 "거룩하다, 거룩하다, 거룩하다, 만군의 여호와여"라고 창화(唱和)하고 있기 때문이다(참조. 사 6:1-7).

따라서 하나님과 인간 사이에 인간으로 오신 그리스도 예수께서 권능의 중보자가 되신 일을 생각할 때 하나님께 감사하지 않을 수 없다. 그리스도를 믿으면 담대히 하나님께 가까이 나아갈 수 있으며, 심판 날을 두려움 없이 기다릴 수 있다. 권능의 천사들이 하나님의 택하신 사람들을 모으려고 나올 때, 선택된 사람들은 두려워할 이유가 없다. 하지만 천사들이 마치 불에 태울 가라지들을 모으듯 악인들을 모으려고 오는 날에 악인들이 만날 상황을 생각할 때, 우리는 떨지 않을 수 없다. 성도들의 두려움은 근거가 없으며, 잠시밖에 지속되지 않는다. 유기(遺棄)된 사람들의 두려움은 일단 일어나면 충분한 근거가 있는 것이 될 것이며, 영원히 계속될 것이다.
― 라일(J. C. Ryle).

눅 1:6. 행복한 결혼 생활의 전형

사가랴와 엘리사벳은 인품이 고매했던 점으로 미루어, 결혼 생활도 틀림없이 행복했을 것이다. 이 부부에게서 사랑과 평강과 기쁨을 발견할 수 있다면, 공부하기에 아주 아름다운 예가 되는 셈이다. 이 한 절에서 다음과 같은 교훈을 얻게 된다.

I. 성령께서 증거하신 그들의 진실한 내면 생활

A. 그들이 쌓은 인품: '의'(義). 타락하고 무지한 세대에서, 이들은 원칙을 견지하고 하나님을 좇았다. 이들의 성결(聖潔)은 살다보니 자연스럽게 형성된 것이 아니라, 하나님께서 은혜를 베푸사 변개(變改)시키시고 성화시키신 결과이다. 이들은 영원한 본향에 문패와 같은 그 의에 참여하는 사람들이다.

하나님 나라에 들어갈 준비를 해야 한다. 종교의 외형적인 것들에 치중하면 '경건의 모양' 밖에 가질 수 없다. 그러나 "하나님께로서 나와서 우리에게 지혜와 의로움과 거룩함과 구속함이" 되신(고전 1:30) 그리스도를 의지하면 구원에 이르게 하시는 하나님의 권능을 알게 될 것이다.

B. 같은 수준으로 올라간 인품: "이 두 사람이 하나님 앞에 의인이니." 결혼 생활에서 고르지 않은 멍에를 메는 것만큼 비참한 상태가 없다. 사가랴와 엘리사벳은 마음과 정신과 영혼이 하나였다.

결혼한 사람들은 현실적인 점에서나 영적인 점에서 늘 이와 같아야 한다. 이런 부부는 인생의 여정에서 서로 도움이 된다. 참 기독교 신앙으로 공고해진 결합은 보기에 참 아름답다.

C. 그 부부가 지닌 신앙의 실질성: "하나님 앞에 의인이니." 이들의 신앙은 진실한 것이었다. 그것은 사람들 앞에서 모범이 되었을 뿐 아니라, 하나님께도 받으심직했다. 이런 진실한 신앙의 결실이 그들의 생활에 나타났다.

지나가는 이 세상에서는 종교인의 외관을 갖추고 세상으로부터 좋은 평판을 얻는 것이 어려운 일만은 아니다. 하지만 우리는 서로의 내면에 관해서 과연 얼마나 알고 있는가? 마음을 감찰하시는 하나님(참조. 계 2:23)은 우리의 실제 상태가 어떠한지, 우리가 과연 속으로 하나님을 존귀하게 모시고 사는지 알고 계신다.

II. 성령께서 증거하신 그들의 일관성 있는 생활

A. 그들은 신앙 생활이 근실했다: "행하더라." 주님의 일에 적극적이었다. 일시적인 흥분과 시작만을 반복하지 않고, 삶의 길을 항상 견지했다. 자기들의 형편을 살피고, 경건에 이르도록 훈련함으로써 하나님의 뜻을 충직히 이행하려고 힘썼다.

우리도 이런 의욕을 가지고 살아야 한다. "앞에 있는 것을 잡으려고"(빌 3:13) 힘쓰는 한편, 생활과 예배에 두루 근실함으로써 하나님의 뜻을 행하는 데 힘써야 한다.

B. 그들은 하나님의 율법에 순종했다: "주의 모든 계명……대로……행하더라." 계명을 기억만 하고서 다 됐다고 생각하지 않았다. 매일 계명을 실행하는 데 힘썼다.

기독교가 확고한 기반을 갖고 있을진대, 우리는 이 생에서 위로를 주고 내세에서 복락을 주시려고 그 토대로 마련해 주신 율법을 힘써 지켜야 한다.

C. 그들은 자신들의 순번에 빠지지 않고 신앙 의식을 거행했다. 그리고 자신들이 드려야 할 제사를 충실하게 드렸다. 회당에도 빠지지 않고 참석했다. 속죄소를 먼발치에 두고서 하나님과 끊임없이 사귐을 가졌다.

하나님의 규례들을 소홀히 해서는 안 된다. 주일을 범해서는 안 된다. 주의 식탁을 멸시해서는 안 된다. "모이기를 폐하는 어떤 사람들의 관습과 같이 하지" 말아야 한다(히 10:25). 주께서 제정하신 것들을 숭엄하게 여겨 충실하게 지켜야 한다. 주께서는 그것들을 우리의 유익과 복을 위해 제정하셨기 때문이다.

D. 그들은 주님을 온전하게 섬겼다: "주의 모든 계명과 규례대로 흠이 없이 행하더라." 그들은 매사에 자기들의 의무들을 이행했다. 자기들의 입맛에 맞는 계명과 율례만 지키고 나머지 것들에는 눈감아 버리는 식이 아니었다. 그들의 신앙 생활은 온전했다.

오늘날 많은 사람들은 그리스도를 섬기는 일들과 세상이 주는 낙들을 조화시키려고 크게 힘을 쓰고 있다. 오늘날은 쉽고 값싼 종교가 유행한다. 우리는 주님의 모든 교훈에 부합한 예배를 드리기 위해 힘쓰고, 지극히 높으신 분께 헌신하겠다고 서약한 대로 충직하게 살아야 한다.

E. 그들은 인격이 무흠했다: "흠이 없이 행하더라." 그들은 일관성이 없다는 비판을 받지 않았다. 여호와를 좇은 이들의 행실은 그리스도의 길을 예비한 이의 부모가 되는 영예로써 부각되었다. "너의 간구함이 들린지라"(13절). "너도 기뻐하고 즐거워할 것이요 많은 사람도 그의 남을 기뻐하리니"(14절).

기독교는 노골적인 원수들에게 받는 해보다 신자들의 무지와 어리석음 때문에 받는 해가 더 클 때가 많다. 따라서 신자는 신중한 태도로 살고, 순수하게 말하고, 올곧게 행동하고, 한 마디로 하나님 앞에 흠이 없게 되도록 힘써야 한다. 선한 양심을 간직하고, 동료 인간들에게 선한 평판을 받고, 하나님의 인자하신 얼굴을 대하는 그런 삶을 살아야 한다.

— 알프레드 버클리(Alfred Buckley).

부부가 모든 것을 다 하나님께 드리고 사는 결혼 생활은 행복하다. 마음을 깨끗하게 구별하여 하나님께 드리고, 세상 재물에 연연하지 않고, 순수한 사랑을 품고 살고, 하나님의 율법을 신실히 지키고, 하나님의 영광을 위한 열정을 간직하고, 항상 기도하고, 희생 정신을 품고, 모든 신앙 의무들을 실천하는 그런 결혼 생활은 행복하다.

세례 요한이라는 고귀한 인물이 배출되기까지는 유서 깊은 가문이 배후에 있었다. 그 가문은 왕들의 가문도 아니고 장군들의 가문도 아니라, 하나님께 거룩하게 구별된 사람들의 가문이었다. 세례 요한의 고귀한 신분은 부모의 권위나 재산이 아닌, 하나님의 율법을 지키는 부모의 신앙에서 비롯되었다. — 파스케르 케넬.

눅 1:8-10. 제사장의 직무를 하나님 앞에 행함

하나님의 말씀에서 이 단락을 공부하면 몇 가지 실질적인 사실들을 관찰할 수 있다.

1. 아론의 자손만 성소에 들어가 하나님께 분향할 수 있었다. 아론의 아들이라고 해서 다 그럴 수 있었던 것도 아니고, 성소에 들어갈 수 있었던 사람들일지라도 언제나 원하기만 하면 들어갈 수 있었던 것이 아니다.

하나님은 질서의 하나님이시며, 혼란을 불신앙 못지 않게 미워하신다. 그리고 옛 율법 아래에서와 마찬가지로, 오늘날의 복음 아래에서도 하나님께 부르심을 받은 사람 외에는 아무도 하나님께 나아가는 영예를 누릴 수 없다.

2. 제사장들이 한 주일씩 돌아가며 맡았던 사역이 있었다.

하나님은 종들 가운데 특정인에게만 예배의 짐을 지울 생각이 없으시며, 예배가 당신의 사역자들에게 부담이 되는 것을 기뻐하지 않으신다. 아론의 자손들 가운데 많은 사람들이 제비뽑기로 결정되는 다양한 직무에 따라 성전에서 함께 섬겼다.

3. 제사장들은 아침과 저녁으로 하루에 두 번 하나님께 분향함으로써 시간을 만들어 주신 하나님께 하루 중 그 시간들을 거룩하게 구별하여 드렸다.

율법에 따라 드린 분향은 복음 아래서는 우리가 하나님께 드리는 기도를 상징한다. 만약 하루에 두 번 엄숙한 기도로써 하나님께 드리지 않는다면, 복음을 율법보다 덜 규모 없는 것으로 만드는 셈이다. 하나님께서 분향하는 구약 백성보다 우리를 덜 기쁘게 받으시는 것이 정상적인 일일 수 있을까?

4. 향이 타오르는 동안 백성들은 기도를 드렸다. 제사장이 성전 안에서 향을 올리는 동안, 바깥에서 백성들은 기도를 올렸다.

목회자와 회중이 함께 동일한 은혜의 보좌 앞에서 서로를 위해 기도를 드리고, 서로를 위해 함께 간구하려고 힘쓰는 것은 복된 일이다.

5. 제사장과 백성이 각기 제 지위와 신분을 지켰다. 제사장은 성소에서 분향을 했고, 백성은 바깥뜰에서 기도를 드렸다. 사가랴가 지성소로 들어가 분향할 수 없었듯이, 백성들은 성소에 들어가 기도를 드릴 수 없었다.

하지만 지금 복음 아래서는 모든 사람이 하나님께 제사장이며, 예수의 피에 힘입어 지성소에 들어갈 수 있다. 하지만 주님, 만약 저희가 주님을 섬긴다는 미명하에 사람들의 칭찬을 바라고 은연중에 특권을 향상시키기를 꾀한다면, 주님께 나아갈 수 있게 된 이 위대하고 자비로운 자유를 얻은 것이 무슨 유익이 되겠습니까! ─ 윌리엄 버킷(William Burkitt).

눅 1:26-38. 일곱 가지 적극적인 선언

하나님의 말씀이 항상 얼마나 적극적인가! 하나님의 말씀은 그것이 선지자를 통해 전해졌든 천사를 통해서 전해졌든, 우리가 하나님의 음성을 하늘로부터 직접 들었든(벧후 1:17-18), 혹은 아들로 우리에게 말씀하셨든(히 1:2), 언제나 적극적이고, 비타협적이고, 최종적이다. 이 진리는 천사 가브리엘이 수태고지 때 마리아에게 전한 말씀에서 가장 극명하게 예시된다.

이 단락에는 메시야와 관련하여 '당연히 그렇게 될 것이다'라는 뜻의 말이 일곱 번이나 나온다.

1. 그리스도의 인성에 관한 말씀: "네가 수태하여 아들을 낳으리니 그 이름을 예수라 하라"(31절).

2. 구주의 이름에 관한 말씀: "그 이름을 예수라 하라"(31절).

3. 하나님의 아들의 크심에 관한 말씀: "그가 큰 자가 되고"(32절).

4. 우리 주님의 정체에 관한 말씀: "지극히 높으신 이의 아들이라 일컬을 것이요"(32절).

5. 마리아의 아들이 대권을 차지할 일에 관한 말씀: "주 하나님께서 그 조상 다윗의 위(位)를 저에게 주시리니"(32절).

6. 이 왕의 통치할 일에 관한 말씀: "영원히 야곱의 집에 왕 노릇 하실 것이며"(33절).

7. 이 신적 통치자가 영원한 영광을 얻을 일에 관한 말씀: "그 나라가 무궁하리라"(33절).

천사가 전한 이 말씀들 가운데 어느 하나라도 그렇지 않다고 감히 이의를 제기할 사람이 어디 있겠는가? "대저 하나님의 모든 말씀은 능치 못하심이 없느니라"(37절).

"보좌에 앉으신 이와 어린양에게 찬송과 존귀와 영광과 능력을 세세토록 돌릴지어다"(계 5:13). — 엘링슨.

눅 1:26-35. 그리스도께서 동정녀에게서 탄생하시다

"동정녀 마리아에게 나시고." 이것이 기독교 교회의 신앙고백 가운데 기초가 되는 부분인데, 그 이유를 두 가지로 제시할 수 있다. 하나는 객관적인 것이고, 다른 하나는 주관적인 것이다.

I. 동정녀 탄생은 성경이 분명히 가르치는 사실이다

A. 그것은 구주에 관한 첫 약속에 암시되어 있다(창 3:15). '여자의 후손'이라는 단어가 동정녀 탄생을 가리키지 않았다면, 그것은 비과학적인 진술인 셈이다.

B. 그것은 선지자들이 예고했다: 사 7:14; 렘 31:22.

C. 그것은 천사의 말로 확증된다: 눅 1:35; 마 1:20.

D. 그것은 요셉의 행위로써 성립된다: 마 1:18-25.
   II. 동정녀 탄생은 우리의 신앙에 중요한 사실이다
   A. '동정녀 탄생'만이 예언들을 성취할 수 있다. "이 모든 일의 된 것은 주께서 선지자로 하신 말씀을 이루려 하심이니 가라사대 보라 처녀가 ……"(마 1:22-23).
   B. '동정녀 탄생'만이 '하나님의 아들'이라는 말씀을 참되게 만든다. "이러므로 나실 바 거룩한 자는 하나님의 아들이라 일컬으리라"(눅 1:35).
   C. '동정녀 탄생'만이 그리스도께 죄가 없다는 말씀(히 4:15)을 참되게 만든다. 35절에 "거룩한 자"라는 말씀이 실린 데에는 그런 뜻이 있다. (참조. 고후 5:21).
   D. '동정녀 탄생'만이 우리의 죄에 대한 효과적인 제사를 가능케 한다. 히 9:12; 벧전 1:19. — 엘링슨.

눅 1:32. 그리스도, 그 위대하신 분

"저가 큰 자가 되고." 그리스도께서는 여러 면에서 크신 분이다.

   1. 존재 자체로 '크신 하나님'이다. "우리의 크신 하나님 구주 예수 그리스도"(딛 2:13). 그분은 여러 면에서 위대하신 분이다. 본질에서 위대하시다. '사랑'이시기 때문이다. 인격에서 위대하시다. 거룩하시기 때문이다. 이름에서 위대하시다. 여호와이시기 때문이다. 지으신 만물에서 위대하시다. 지으신 만물이 그분의 영광을 선포하기 때문이다. 계시에서 위대하시다. 성부 하나님을 나타내시기 때문이다. 약속에서 위대하시다. "예와 아멘"이시기 때문이다. 뜻에서 위대하시다. 만물의 총합이시기 때문이다(롬 11:36).

   2. 큰사랑을 행동으로 나타내셨다. "우리를 사랑하신 그 큰 사랑을 인하여"(엡 2:4). 이 말씀의 문맥만을 떼어놓고 보면, 하나님의 사랑이 이루어 놓는 여러 가지 일들 가운데서 다음 일곱 가지를 보게 된다. 그의 생명 안

에서 살아나게 하고, 그의 은혜로 구원하시고, 그의 권능으로 일으키시고, 그의 숨씨로 우리를 지으시고, 그의 피로 우리를 가깝게 만드시고, 그의 십자가로 화목케 하시고, 그의 성령으로 우리로 가까이 나아가게 하신다(엡 2:4-18).

3. "큰 구원"을 복으로 주셨다(히 2:3). 구원은 적어도 일곱 가지의 복이다. 하나님이 그것을 내셨고, 그리스도께서 그것을 구현하셨고, 인간은 그 대상이고, 성령께서 그것을 권능으로 적용하셨고, 건져내는 것이 그 의미이고, 성결이 그 열매이며, 영광이 그 절정이다.

4. 은혜로 '큰 인자'를 나타내셨다. "그를 경외하는 자에게 그 인자하심이 크심이로다"(시 103:11). 인자는 행위로 표현하는 사랑이다. 요셉이 형제들에게 보인 인자, 다윗이 므비보셋에게 베푼 인자, 아하수에로가 에스더에게 보인 인자, 보아스가 룻에게 보인 인자, 선한 사마리아 사람이 강도 만난 사람에게 보인 인자, 그리스도께서 행하신 많은 인자하신 일들이 그런 예들이다.

5. '큰 권능'을 발휘하셨다. "우리 주는 광대하시며 능력이 많으시며"(시 147:5). 시편 147장에 묘사된 주님의 권능을 단어들의 흐름을 따라 살펴보자. "고치시며", "싸매시는도다", "부르시는도다", "붙드시고", "엎드러뜨리시는도다", "덮으시며", "예비하시며", "자라게 하시며", "주시는도다", "견고히 하시고", "복을 주셨으며", "배불리시며", "보내시니", "바람을 불게 하신즉", "보이시는도다."

6. "큰 빛"을 계시하셨다. "흑암에 앉은 백성이 큰 빛을 보았고"(마 4:16). 세상의 종교들은 사람을 선하게 되려는 헛된 노력으로 이끌 뿐, 결국은 좌절의 늪과 불확실의 어둠에 빠지게 한다. 그리스도는 그렇지 않다. 그에게는 비추는 빛과 살리는 생명과 생기를 불어넣는 사랑과 예속을 풀어주는 자유와, 만족시키는 양식과 마음을 뿌듯하게 하는 기쁨과 존재케 하는 권능이 있다.

7. 그 백성을 보호하는 "큰 바위"이시다. "곤비한 땅에 큰 바위 그늘 같으리니"(사 32:2). 곤비와 고통이 우리를 두르고 있다. 슬픔과 아픔이 자

주 우리를 좌절시킨다. 시련과 유혹이 수시로 나타나 우리를 괴롭힌다. 일이 제대로 되어 가는 것 같지 않을 때가 많고, 그러면 우리는 어찌할 바를 모른다. 그럴 때 발견되는 주님은 우리가 필요로 하는 모든 것이 되시며, 우리는 그분의 그늘 아래 숨는다. 그 그늘 아래 숨어 있으면 그분의 따뜻한 품과 그분의 권능과 그분의 충족한 은혜를 맛보게 된다.

8. 권능이 많으신 "큰 목자"이시다. "양의 큰 목자"(히 13:20). 주님이 땅에 계실 때 죄와 지옥과 죽음과 질병과 무덤이 그분의 길을 가로막고 서 있었다. 하지만 주님은 자기 몸을 제물로 바치심으로써 질병을 쫓아내시고, 죄를 제거하시고, 지옥의 권능을 정복하시고, 죽음을 추방하시고, 무덤을 이기셨다. 이제 그분은 우리의 원수들을 이기시고, 권능으로 우리를 지키시고, 충만한 은혜와 사랑으로 우리를 돌보실 수 있다.

9. 영광스러운 "큰 왕"이시다. "큰 왕의 성"(시 48:2). 그분처럼 크신 분이 없다. 그분은 지극히 거룩하시고, 은혜가 한량없으시고, 성품이 아름다우시고, 사랑이 극진하시고, 후하게 베푸시고, 항상 보호하시고, 약속을 끝까지 지키시고, 능력이 크시고, 전쟁에서 이기시고, 인자하시며, 공의로 통치하신다. — 마쉬(F. E. Marsh).

눅 1:39-45. 엘리사벳을 찾아간 마리아

작은 마음에 너무나 큰 비밀을 홀로 담아두기가 힘들었던 마리아는 천사의 암시에 힘입어 유대 남부의 산지에 사는 엘리사벳을 찾아갔다. 마리아가 그 집에 들어가자 성령께서 마음을 충만히 채워주시는 것을 못 이긴 요한의 어머니는 거룩한 황홀경 속에서 주체할 수 없는 심경을 토로했다. 감격의 나날을 보내고 있던 어머니는 복중의 아기와 주의 어머니를 보는 순간 반가움을 나타내면서, 마리아와 그녀의 복중에 있는 아기에게 진심으로 복을 빌면서, 이미 마음 속에 싹튼 신앙을 다음과 같은 복된 확신의 말로써 확증했다. "믿은 여자에게 복이 있도다. 주께서 그에게 하신 말씀이 반드시 이루리라."

본문 정경의 배후에 움직이는 이런 작은 감동들에는 짙은 인간미가 흐른다. 인간의 정서와 염려와 기대가 저변에 깊이 깔려 있다. 그런가 하면 초자연적이고 신적인 면도 있어서, 이 둘이 이야기의 진정성과 복음의 실재성을 더할 나위 없이 훌륭하게 뒷받침한다.

차후에 살펴보겠지만, 엘리사벳은 마리아의 신앙을 보고서 그것을 천사가 마리아에게 했던 약속이 실현될 증표의 하나로 증거한다. 주님은 초자연적 권능을 나타내시는 순간에도 사람이 믿음으로 화합할 것을 요구하시는 듯하다. 이 점에서 마리아는 기독교 신앙의 창공에서 밝게 빛나는 구름 같은 증인들의 맨 앞에 서 있다. — 심슨(A. B. Simpson), 1889.

I. 여행(39절).

산중에 자리잡은 유다의 성읍은 예루살렘 남쪽의 헤브론으로서, 제사장들의 성읍(수 21:11)이자 마리아의 고향 나사렛에서 112km 떨어진 곳이었다. 마리아는 천사의 방문을 받은 즉시 서둘러 여장을 꾸린 뒤 "빨리" 그곳으로 갔다. 그렇게 서두른 이유는 다음과 같다.

A. 자기 사촌에게 주께서 행하신 일을 보려는 거룩한 호기심 때문이었다(참조. 36절).

일이 잘못될 경우 사람들은 흔히 하나님의 섭리를 알고 싶은 호기심을 갖는다. 파우스트(Faust)는 "나는 많이 알고 있다. 하지만 전부를 알고 싶다"고 외친다. 이러한 태도가 낙원에서 비참한 결과를 초래했으며, 베드로도 이런 태도 때문에 부활하신 주님께 "[그것이] 네게 무슨 상관이냐? 너는 나를 따르라"는 책망을 받았다. 동기가 호기심을 옳게도 만들고 그릇되게도 만든다.

마리아는 하나님께서 행하신 큰 일을 알리어 그 성호를 거룩하게 할 수 있게 되기를, 그리고 자신이 거쳐야 하는 시련을 통해서 더 강한 신앙을 갖게 되기를 열망했다.

B. 천사가 전해준 기이한 계시를 듣고서 속에서 끓어오르는 정서를 이해하고 공감할 만한 사람과 사귐을 가지려는 의욕 때문이었다.

천상과 더불어 사귐을 가지면 지상의 성도들과의 사귐을 열망하게 된다.

II. 마리아의 도착

"엘리사벳이 마리아의 문안함을 들으매 아이가 복중에서 뛰노는지라. 엘리사벳이 성령의 충만함을 입어 ……"(40-41절). 이 구절들은 연속된 사건들에 관한 기사로 이해하면 안 된다. 성령께서 엘리사벳에게 충만하신 일이 먼저 발생했고, 그 일로 인해 복중의 아이가 뛰놀았을 가능성이 크다. 이것은 요한이 어머니의 복중에서조차 성령에 충만할 것이라는 약속(15절)이 실현된 것이다.

III. 엘리사벳의 인사 (42-45절).

A. 엘리사벳의 열성과 진지함. "큰 소리로 불러 가로되"(42절).

B. 마리아에게 부여된 영예를 인정함: "네가 복이 있으며"(42절). "내 주의 모친"(43절). 마리아가 아직 천사를 만난 일을 알리지 않았는데도, 엘리사벳은 "성령의 충만함을 입어" 그 모든 경위를 알았다. 그것은 기적적 통찰, 즉 계시의 기적에 힘입은 지식이었다. 영혼의 일반적 기능들을 발휘해서 생긴 것으로 간주할 수 없는 지식이었다. 그렇지 않았다면 본문은 왜 엘리사벳이 성령에 충만함을 입었다고 말하겠는가?

C. 엘리사벳의 겸손. "내 주의 모친이 내게 나아오니 이 어찌된 일인고"(43절).

엘리사벳은 마리아보다 나이도 훨씬 많고 게다가 제사장의 아내였으므로 사회적 지위도 훨씬 높았을 텐데도 마리아가 하나님의 호의를 입음으로써 지니게 된 우월성을 기쁘게 인정하고 복을 빌었다. 질투심이 조금도 없었다. 순종의 정신이 질투심을 몰아냈기 때문에 마리아의 방문을 큰 영광으로 여겼다.

D. 엘리사벳은 마리아의 복중에 있는 아기를 자신의 주님으로 인정했다 (43절).

E. 엘리사벳은 마리아의 신앙을 칭송했다: "믿은 여자에게 복이 있도다. 주께서 그에게 하신 말씀이 반드시 이루리라"(45절).

마리아가 성령의 역사에 쓰임을 받을 만한 신앙을 발휘했음을 엘리사벳에게 알게 한 것은 인간의 음성이 아니었다.

하나님과 화목하여 사귐을 갖는 사람들은 동일한 성령과 더불어 사귐을 가지며, 따라서 초인적인 방법으로 서로와 사귐을 가지는 수도 있다. 마리아와 엘리사벳은 시시콜콜하게 설명할 필요가 없었다. 두 사람은 성령의 마음을 알았고, 성령께서는 두 사람의 속마음을 아시고 그것을 드러내셨다.

마리아와 엘리사벳은 영적으로 매우 높은 경계에 거했다. 조금 배우고서 자랑하는 것보다 더 허황된 것은 영적인 일에 접촉함으로써 영적으로 겨우 조금 자라놓고서 떠벌이는 것이다. 영적으로 많이 자라면 초자연적인 것에 대한 의심이 저절로 사라진다. — 펑크(I. K. Funk), 1878.

눅 1:42-45. 엘리사벳이 성령의 감동을 받아 한 말

엘리사벳의 말에서 다음과 같은 점들을 배울 수 있다.
1. 예언의 영이 유대인들에서 완전히 중단된 것이 아니었다.
2. 성령은 빛과 위로와 기쁨의 근원이시다.
3. 예수의 탄생에 관한 모든 일이 기이하며, 예수는 단순한 사람 이상이었음에 틀림없다.
4. 오실 메시야에 대한 기대가 옛 성도들에게는 큰 기쁨과 낙이었다.
5. 인류를 구속하실 분의 어머니가 된다는 것은 크나큰 영예였다.

— 알버트 반스(Albert Barnes).

눅 1:46-55. 마리아의 찬송

폭넓은 경험에 의해서 만큼 가장 잘 입증되는 사실이 없으며, 언어, 특히 종교적 언어를 항상 반복해서 사용해 놓고서 그 의미와 힘에 무감각해지는 습성만큼 조심해야 할 일도 없다. 언어란 아무리 성스러운 내용을 담은 것일지라도, 그리고 지극히 높으신 분이 보편적 용도로 사용하셔서 영적 능력이 풍성하게 부여된 것일지라도, 항상 사용하는 과정에서 그 원래의 의미와 의취를 되새기려는 노력을 하지 않는다면 메마르고 상투적인 언어로 전락하기 십상이다. 예를 들어, 우리 주님께서 제자들에게 친히 가르쳐 주신 지극히 거룩한 기도(마 6:9-13)조차 그러하다. 주기도의 여러 간구들에 관련하여 시대에 따라 붙는 새로운 뉘앙스도, 우리 자신이 그 간구들과 관련하여 거친 숱한 경험도 그 본의를 항상 되새기지 않는다면, 그 기도가 허다한 사람들에게 어떤 의미를 지녀왔으며 우리 자신에게는 어떤 의미를 지니는지 항상 깨우치지 않는다면, 생각 없이 형식적으로 암송하는 위험을 피할 수가 없다. 우리 주님께서 우리에게 사용하라고 주신 말씀이 그렇듯이, 다른 영감된 말들도 마찬가지이다. 특히 생각나는 것이 신약성경에서 구주이신 하나님의 탄생을 노래하여 그 사건을 세상에 알린 첫 성도들이 남긴 세 편의 찬송이다. 첫째는 '베네딕투스'(Benedictus)라고 알려진 사가랴의 찬송이고, 둘째는 '눙크 디미티스'(Nunc Dimittis)로 알려진 사가랴의 찬송이며, 셋째는 '마그니피카트'(Magnificat)로 알려진 마리아의 찬송이다(눅 1:68-79; 2:29-32; 1:46-55).

— 리든(H. P. Liddon).

마리아의 찬송은 왕의 엄위로 일관된다. 마리아는 감사와 감격을 토로하다가, 경외의 심정으로 하나님이 하신 일을 가리키는 데로 나아간다. 그런 다음 선지자적 정신에 충일한 채 마치 높은 데서 아래를 조망하듯이 이 사건이 인간 본성과 역사에 일으켜 놓을 결과들을 생각한다. 찬송의 마지

막 절은 자신에게 부여된 개인적 영예를 자찬하는 말로 끝나지 않고, 선택된 백성을 향한 하나님의 신실하심과 자비의 숭엄한 증표를 환기하는 것으로 끝난다. ― 고데(F. Godet).

―――――――――――

마리아의 찬송은 기독교 세계에서 가장 고귀한 찬송으로 소리 없이 받아들여진다. 실제로 이 찬송은 성경에서 신적 성육신에 관한 찬송으로 우리에게 제시된다. 그리고 그 내용은 명쾌성뿐 아니라 삼가는 태도에서까지 그 역사적 기원과 일치한다. ― 리든.

―――――――――――

구약성경의 이미지와 언어가 잘 살아있는 마리아의 찬송은 자기 민족의 거룩한 글들에 깊이 윤색되었기 때문에, 내용 전체가 곧 선지자들과 신앙 영웅들의 메아리가 된다. 마리아의 찬송이 갖는 고도의 지적 정서와 웅변은 흔히 만나볼 수 없는 자질을 드러내며, 그 안에 실린 강렬한 종교 열정은 대단히 고상한 영적 특성들을 보여준다. ― 가이키(C. Geikie).

―――――――――――

본문은 편의상 다음 네 부분으로 구분할 수 있다: 46-49상; 49하-50; 51-53; 54-55. ― 펑크.

눅 1:46-55. 마리아의 찬송

I. 하나님을 찬송하는 일에 전범을 보여준 마리아 (46-48상)

마리아의 찬송 첫 절에는 찬양이 터져 나온다. 여기서 세 가지 점을 생각할 수 있다.

A. 우선 마리아의 사고 체계에는 하나님을 찬송하는 일이 맨 앞에 온다는 사실이 있다. 하나님께 마땅히 드려야 할 것을 드리는 일이 마리아에게는 앞뒤를 재보고서 해도 되는 일이 아니었다. 그것은 자기 친구들이나 자기 자신에게 관련된 어떤 것에 부속된 것이 아니었다. 마리아의 영혼에서는 하나님이 모든 것의 맨 앞자리에 계셨다. 그러므로 마리아의 찬송에는 하나님께 드리는 찬송이 다른 모든 화두들에 앞서 나온다.

B. 그런 다음 마리아는 자신이 지닌 모든 기능과 자원을 다하여 하나님을 찬송한다. "내 영혼이 주를 찬양하며"; "내 마음이 하나님 내 구주를 기뻐하였음은." '영혼'(soul, 혼)과 '마음'(spirit, 영)은 같은 것을 가리키는 서로 다른 두 단어가 아니다(참조. 살전 5:23). '혼'은 육체의 본성에 더 가깝고, '영'은 하나님의 본성에 더 가깝다. 마리아는 '영'으로 구주 하나님을 기뻐하였으므로, '혼'으로 주님을 찬송하는 것이 마땅하다.

C. 마지막으로 마리아가 하나님을 찬송할 때 어떤 성호를 사용했는가를 눈여겨 보자. 마리아가 사용한 성호는 '내 구주'이다. 성육신에 의해 그녀에게 입혀진 영예는 하나님의 특별한 호의는 다른 여러 이름들로도 묘사할 수 있다. 하지만 숭고한 직분과 개인의 구원은 별개이다. 만약 마리아가 하나님을 자기의 구주라고 불렀다면, 그것은 하나님이 마리아에게 부여하신 지위와 의무들과 독립된 이유들 때문이다. 마리아의 입에서 나온 이 표현의 의미를 생각해 보자.

II. 동정녀 어머니의 특권들 (48하-50절)

A. 마리아는 자신에게 구주의 어머니라는 영예가 부여됨으로써 생길 큰 결과를 먼저 말한다. 이제 자신은 인류의 기억 속에 영원히 살아 있게 될 것이었다. 엘리사벳은 "여자 중에 네가 복이 있으며"라고 말했는데, 마리아도 자신의 이러한 큰 특권을 폄하하지 않고, 그 차원을 훨씬 넘어서서 이렇게 외쳤다. "보라 이제 후로는 만세에 나를 복이 있다 일컬으리로다." 참조. 창 30:13; 잠 31:28.

B. 하지만 마리아가 거의 역사가 끝나는 시점까지 복이 있는 여성으로 기억되리라는 이런 큰 확신을 갖게 된 근거는 무엇인가? 그것은 개인적으로 얻은 어떤 것이 아니다. 마리아 자신의 정신이나 인격에 독특한 어떤 미덕이나 장점이 아니다. 마리아는 다만 자신이 창조주께 큰 특권을 값없이 받았음을 알고 있을 뿐이다(49절). 그리고 그 확신은 물론 천사 가브리엘이 수태를 고지하면서 전한 소식에 함축된 내용에 근거한 것이다(눅 1:28-33, 35).

마리아는 순종하는 믿음으로 이런 보증들을 받았다(눅 1:38). 그리고 이 보증들이 "만세에 나를 복이 있다 일컬으리로다"는 확신의 근거였다.

C. 마리아는 생각의 방향을 하나님께서 자신을 대하신 일에서 하나님의 일반적 섭리의 법칙으로 옮김으로써(50절) 찬송의 둘째 절을 매듭짓는다. 이렇게 일반적 섭리를 말하면서도 하나님을 두려워하는 사람들, 그리고 그 결과 하나님께서 어떤 형태로든 긍휼로써 찾아주시는 사람들 사이에 자신을 포함시키고 있다는 인상을 강하게 준다. 이 점과 관련하여 우리가 감히 말할 수 있는 것은, 심지어 마리아 같은 위인도 성육신하신 성자의 어머니가 되는 것보다 마음에 하나님을 두려워하는 심정을 간직하는 것을 더욱 긴요하게 여겼다는 것이다. 우리 주님께서 친히 우리에게 그렇게 말씀하셨다. 참조. 눅 11:27-28.

III. 인간들과 나라들의 성쇠 (51-53절)

이 절에서 마리아는 광활하게 펼쳐졌고 또 펼쳐질 인류사를 개관한다. 역사에 나타나는 하나님의 권능의 팔을 바라보고, 하나님께서 왕조들과 나라들의 운명에 일으키시는 변화들을 주목한다. 그리고 은혜의 왕국에서 하나님이 행동하시는 원칙을 바라본다.

A. 마리아는 자기 민족의 역사를 개관하면서 하나님의 일반적인 세상 통치 원칙들을 깨달았다. 자신은 다윗 계열의 자손이었다. 따라서 과거에 자기 조상들이 어떻게 권좌에서 끌려 내려왔는지 잘 알았으며, 반면에 낮

은 지위에 있던 자신이 지상의 어떤 군주보다 더 높은 영예의 지위에 올려졌는지를 잘 알았다.

하나님이 세상사와 인간 개인들의 운명에 늘 개입하신다는 사실만큼 널리 고백되면서도 실질 생활에서 크게 잊혀지는 것도 아마 없을 것이다. 그럴지라도 하나님을 믿는 사람들에게는 그것이 항상 입증 가능하다. 왜냐하면 이 사실은, 그리고 오로지 이 사실만 세상에서 발생하는 많은 일들을 설명하기 때문이다. 비록 그 사실만으로 쉽게 이해되지 않는 일들도 많이 발생하긴 하지만, 무한하신 하나님께서 행하시고 허용하시는 일들에서 우리가 이해할 수 없는 많은 일들을 자연스럽게 행하시고 허용하신다는 것을 얼마든지 생각할 수 있다.

B. 마리아는 이제 장구한 역사 속에서 하나님의 특별하신 섭리를 드러내며 한 방향으로 면면히 발생해온 사건들을 생각한다(51-52절).

마리아는 여느 역사가 못지 않은 선지자이다. 하나님께서 행하신 일들에 관해서 말한다. "흩으셨고", "내리치셨으며", "높이셨고", "배불리셨으며", "공수(空手)로 보내셨도다." 이것은 미래 사건을 말할 때 굳이 미래 시제로 말하지 않는 선지자의 스타일이다.

C. 이렇게 교만한 자를 낮추시고 겸손한 자를 높이시는 법칙에 상응한 것이 순전히 영적 세계에 대한 하나님의 통치 원칙이다. 자신들의 결함과 결핍에 민감한 사람들, 진리를 찾고 은혜를 구하는 사람들은 조만간 만족을 얻을 것이다. 하지만 위로부터 아무 것도 필요로 하지 않는 사람들, 모든 문제를 속속들이 안다고 자부하는 사람들, 모든 선을 내신 분으로부터 도움을 받지 않고도 올바로 행할 수 있다고 주장하는 사람들, 자신을 의지하고 스스로 만족하는 이 사람들은 하나님의 은혜에 참여하지 못하도록 배제된다(53절). 식욕은 음식이 해롭지 않을 것이라는 자연의 보증이다. 마찬가지로 만약 영혼이 진리나 은혜로 유익을 얻을 수 있다면, 그 영혼은 틀림없이 위로부터 내리는 복을 사모하게 되어 있다.

IV. 하나님의 성육신에 나타난 하나님의 인자하심과 신실하심(54, 55절).

이 결론절에서 마리아는 자신에게 부여된 은혜의 비밀이 어디서 유래했는지 찾아 올라간다. 그 근원은 하나님의 인자하심과 신실하심이다.

A. 마리아는 우리 주님이 성육신하시게 된 근원이 하나님께서 아브라함과 그 자손들에게 베푸셨던 긍휼을 기억하신 데 있다고 밝힌다. 하나님은 왜 이 특정 민족을 택하시고, 항상 당신의 사자들을 보내사 가르치시고, 당신의 계시와 뜻을 간직하는 민족이 되게 하시고, 그로써 열방 가운데 이렇게 영예로운 자리에 올리셨는가? 이것은 사색은 할 수 있을지라도 확실한 진리에 도달하기가 어려운 주제이다. 우리로서는 사도 바울과 같은 입장에서, 하나님이 긍휼 베풀 자에게 긍휼을 베푸셨다고 밖에 말할 수 없다(롬 9:15).

B. 하지만 족장들이 받은 언약들에 비추어 볼 때 분명한 것은, 하나님의 마음에는 이스라엘이 족장들의 혈통을 이어받은, 즉 사도가 "육신을 따라 난 이스라엘"이라고 한 민족 말고도 다른 사람들도 포함했다는 점이다. 언약의 참 자손들이란 비록 아브라함의 혈통과 동떨어진 민족들에 속해 있을지라도 예수를 믿고 그와 연합함으로써 언약을 자기들의 것으로 삼고 사는 사람들이다. (참조. 롬 4:16; 9:7-8; 눅 1:50; 벧후 1:3-4). 마리아는 하나님의 약속들이 오랫동안 성취되지 않고 남아 있을지라도 종국에는 반드시 성취되고 만다는 확신을 우리에게 남긴다.

— 리든(Liddon), 「마리아의 찬송」(The Magnificat).

눅 1:67-80. 위로부터 임하는, 돋는 해이신 그리스도

본문에서 느낄 수 있듯이, 사가랴의 예언에는 기쁨이 깔려 있다. 우리도 본문에 언급된 영광스러운 사건을 생각하면서 마음에 기쁨이 있기를 바란다. 다음 사항을 생각해 보자.

I. 구주께 대한 수사(修辭)들

A. 구약성경은 구주를 가리켜 야곱에게서 나오는 별(민 24:17)이라고도 하고, 의로운 해(말 4:2)라고도 한다.

B. 신약성경도 비슷한 성호들을 구주께 적용하여, 위로부터 임하는 돋는 해(눅 1:78)라고도 하고, 광명한 새벽 별(계 22:16)이라고도 한다.

C. 예수께서는 이런 수사들에 대해서 몸소 거룩하고 온전한 인품과 복되신 사역으로써 훌륭하게 대응하신다. 의의 태양으로서 허물과 죄로 죽은 영혼을 소생시키신다(참조. 요 1:9). 그분은 빛, 즉 자연적인 빛과 지적인 빛과 영적인 빛을 지으신 분이다.

II. 성취와 그것이 우리에게 주는 의미

A. 높은 데서 임하는 돋는 해이신 그리스도께서 우리를 찾아오셨다(78절; 히 1:1-2). "우리가 그 영광을 보니 아버지의 독생자의 영광이요 은혜와 진리가 충만하더라"(요 1:14).

B. 하나님께서 "우리를 위하여 구원의 뿔을 …… 일으키셨나니"(69절); "이것은 …… 우리 원수에게서와 우리를 미워하는 모든 자의 손에서 구원하시는 구원이라"(70, 71).

C. "우리로 원수의 손에서 건지심을 입고 종신토록 주의 앞에서 성결과 의로 두려움이 없이 섬기게 하리라 하셨도다"(74-75절).

III. 하나님께서 이 모든 일을 행하신 동기

A. 무한하신 자비. "우리 조상을 긍휼히 여기시며 그 거룩한 언약을 기억하셨으니"(72절; 참조. 54-55; 창 22:18; 출 34:6-7; 고후 30:9; 시 86:5, 13, 15; 시 100:5; 눅 1:50; 엡 2:4-7).

B. "그 거룩한 언약"(72하; 참조. 창 17:4-9; 레 26:42; 신 4:31; 시 105:8-10; 111:5; 겔 16:60; 갈 3:15-17).

C. 온 인류를 위해 마련하신 은혜로운 계획. "어두움과 죽음의 그늘에 앉은 자에게 비취고 우리 발을 평강의 길로 인도하시리로다"(79절; 참조.

마 4:16; 요 1:9; 8:12; 12:46; 행 26:18; 엡 5:8; 시 107:13-14; 25:8-10, 12; 사 57:18-21; 렘 33:6; 겔 34:25-26; 눅 2:14; 요 14:27; 롬 5:1; 15:13).

우리도 사가랴와 함께 하나님께 마음과 음성을 모아 "찬송하리로다 주 이스라엘의 하나님이여, 그 백성을 돌아보사 속량하시며"라고 찬송을 드리자. — 엘링슨.

눅 1:68-75. 인간 세상을 찾아오신 구주

구주께서 세상에 강림하신 사건만큼 영광스럽고 흥미로운 사건은 없다. 이 사건과 관련된 모든 일들이 경이로움을 자아내고 찬송의 심정을 일으킨다. 영광스러운 분이 강생하신 일, 그분이 나오신 세계, 그리고 그분이 이 땅에 오신 목적, 이런 주제들은 극히 중요하며, 깊이 묵상할 만하다.

구약성경에는 선구자가 먼저 와서 주의 길을 예비할 것이라고 예고되었다. 그런데 사가랴가 요한의 수태를 고지 받았을 때 곧이 믿지 않은 결과로 벙어리가 되었고(20절), 요한이 율법에 따라 할례를 받은 뒤에야 비로소 입이 열려(59-64절), 본문의 예언의 말(베네딕투스)을 할 수 있었다. 그 내용을 살펴보자.

I. 이스라엘의 하나님께 관한 선포

경건한 유대인들에게는 '이스라엘의 하나님'이라는 말처럼 귀중한 것이 없다. 이 말은 하나님께서 자기 백성과 맺으신 언약과, 그분이 행하신 구원, 그리고 베풀어주신 복들을 기억나게 했다. 하나님은 종종 그들을 찾아오셔서 애굽과 바벨론에서 구원하시는 등 현세적 의미에서 그들을 구원하셨다. 이렇게 백성을 찾아오신 사건들 중 여러 경우가 대단히 현저한 성격을 띠는데, 이를테면 불붙은 떨기나무와 시내산에서 모세에게 나타나신 일이 대표적인 경우이다. 하지만 대체로는 선지자들을 통해서 그들을 방문하셨다. 하나님은 "옛적에 선지자들로 여러 부분과 여러 모양으로 우리 조상들에게 말씀"하셨다(히 1:1). 그러나 나머지 방문 사례들 위에 우뚝 설 만한 한 가지 사건이 있었는데, 그것은 아드님을 통해서 방문하신 것이다. 이제 예수님의 이 방문에 관해서 몇 가지를 생각해 보자.

 A. 그 일은 오래 전부터 약속되고 기대되었다. 그것이 첫 약속의 본질이었고, 하와는 그 약속이 성취될 날을 사모했다. 아벨은 그 약속에 신앙의 눈을 고정시켰다. 예수께서는 "아브라함은 나의 때 볼 것을 즐거워하다가 보고 기뻐하였느니라"고 말씀하셨다(요 8:56). 그분(예수)께 대해 모든 선지자들이 증거하였고, 따라서 성육신 때까지 경건한 사람들은 그 일을 대망했다.

 B. 그것은 상세하게 예언된 방문이었다. 그리스도의 강생이 지니는 성격과 강생하실 장소, 그리고 때가 모두 예언되었다.

 C. 그것은 몸소 낮아지신 상태로 인해 두드러지는 방문이었다. 하나님의 아들이 강생하셔서 육신의 베일에 가리셨고, 땅에 오시기 위해 하늘을 버리셨으며, 구유에 나시기 위해 보좌를 버리셨다.

 D. 그럴지라도 그것은 장엄하고 영광스러운 방문이었다. 그분의 탄생을 알리는 별로 인해 하늘이 빛났고, 공중에는 찬송 소리로 울려 퍼졌다. 천사들이 내려와 그분의 탄생을 선포했다.

 E. 그것은 엄청난 사랑이 담긴 방문이었다. "하나님이 세상을 이처럼 사랑하사." "사랑은 여기 있으니 우리가 하나님을 사랑한 것이 아니요 오직 하나님이 우리를 사랑하사 우리 죄를 위하여 화목제로 그 아들을 보내셨음이라"(요일 4:10). 따라서 그것은 구속의 권능과 자비를 지닌 방문이었다. "그 백성을 돌아보사 속량하시며"(68절).

II. 메시야에 대한 상징적 표현: **'구원의 뿔'**

 A. 뿔은 권능과 힘의 상징이다. 참조. 삼상 2:1; 삼하 22:3.
 B. 혹은 이것이 죄인들이 목전의 위험을 면하기 위해서 도망쳐간 제단

의 뿔을 가리킬 소지도 있다. 죄인들은 살인의 경우를 제외하고는 그곳을 피난처로 삼을 수 있었다(참조. 왕상 1:50; 2:28; 출 21:14). 그리스도는 회개하고 긍휼을 얻기 위해 피해온 죄인에게 구원의 뿔이 되신다. 다른 곳에 가서는 구원을 얻을 수 없으며, 그곳에 가서 멸망할 사람은 아무도 없다.

III. 이 사건을 기념하면서 하나님께 드려야 할 찬송

"찬송하리로다. 주 이스라엘의 하나님이여." "말할 수 없는 그의 은사를 인하여 하나님께 감사하노라"(고후 9:15). 찬송은 여러 가지 방법으로 드릴 수 있다.

A. **입술로** 이것이 신자가 드려야 할 본연의 찬송이다. "내 입이 기쁜 입술로 주를 찬송하되"(시 63:5).

B. **마음의 정서로** 이것은 그리스도를 생각하고 묵상하고 사랑하고 그 안에서 기뻐함으로써 드리는 찬송이다. "내가 여호와를 인하여 크게 기뻐하며 내 영혼이 나의 하나님으로 인하여 즐거워하리니 이는 그가 구원의 옷으로 내게 입히시며 의의 겉옷으로 내게 더하심이 ……"(사 61:10).

C. **삶의 행실로** "이는 너희를 어두운데서 불러내어 그의 기이한 빛에 들어가게 하신 자의 아름다운 덕을 선전하게 하려 하심이라"(벧전 2:9). "나의 계명을 가지고 지키는 자라야 나를 사랑하는 자니"(요 14:21). 하나님의 뜻을 행하고 그분의 뜻을 실행하는 것이 중요하다. 그리스도인들은 입술의 고백에 상응하는 정신과 행실을 나타내야 한다.

— 자베스 번스(Jabez Burns).

눅 1:74-75. 섬기시는 하나님의 모습

이 단락은 사가랴의 찬송 가운데 예언 부분이며, 같은 장에 소개된 마리아의 찬송(46-55절)과 매우 흡사하다. 두 찬송 모두 주로 히브리적 성격을 띠고 있으며, 거의 모든 절이 시편이나 선지자의 상응 부분을 갖고 있다. 본문은 섬기시는 하나님의 진정한 모습을 가리킨다.

하나님이 섬기시는 일에서 — 그리고 오직 이 일에서만 — 우리의 온전함과 행복을 발견할 수 있다. 그분의 섬김은 구속 받은 영혼의 행복이다. 하지만 그 섬김이 어떻게 이루어질까?

1. 두려움이 없이. "두려움이 없이 섬기게 하리라." 주님의 태도에는 노예가 품은 직한 공포도, 움츠림도, 비굴함도 없다. 기쁨과 신뢰와 충직한 사랑만 있을 뿐이다. 하나님은 반드시 섬김을 받으셔야 하지만, 전제군주가 아닌 지극히 사랑이 많은 아버지로서 섬김을 받으셔야 한다. 하나님께는 두려움의 원천이 없다. 하나님은 사랑이시고, 만민의 참된 친구이시다.

2. 의로. "성결과 의로." 성결은 인간이 하나님과 맺은 관계들을 특별히 가리킨 것일 수가 있고, 의는 인간이 동료 인간들과 맺은 관계들을 가리킨 것일 수도 있긴 하지만, 두 단어의 의미는 공정 혹은 의라는 단어로 이해된다. 하나님을 의로 섬기려면 진실하게(요 4:24), 숭엄하게(마 6:24) 섬겨야 한다. 모든 경우 모든 행위에 하나님의 뜻을 결정 요인으로 삼아야 한다.

3. 끊임없이. "종신토록." 우리는 우리 힘을 앞세워 가지고는 섬길 수 없다. 그래가지고는 더더욱 새 사람의 본성에 합당하게 섬길 수 없다. 종신토록 섬기는 것이야말로 우리의 모든 기능들에 부합하며, 그래야만 우리의 능력을 더 신장시킬 수도 있다. 그러한 자세로 내놓는 섬김만큼 더 복된 영향을 끼치는 것이 없다. 그것은 우리에게 참 행복을 가져다 주며, 다른 사람들에게도 복을 끼친다. 그러므로 건강과 능력과 기회가 닿는 한 "기쁨으로 여호와를" 섬기자(시 100:2). 이러한 섬김은 허무하게 끝나지 않을 것이며(고전 15:58), 상이 적지 않을 것이다(마 10:42; 눅 6:35; 마 25:21). — 데이비드 토머스 (David Thomas).

누가복음 2장

눅 2:1-20. 천사들이 선포하고 사람들이 확증한 성탄절 메시지

I. 천사들

한 천사가 나타난 다음(10절), 허다한 천군이 그 천사와 함께 했다(13절). 과거에도 천사들이 하나님께 메시지를 받아 인간들에게 전한 적이 여러 번 있었지만, 이번만큼 좋은 소식을 전달한 적이 없었다.

A. 천사들이 메시지를 전달한 대상. 하층민에 속하는 목자들에게 메시지를 전달했다. 그들은 자신들이 맡은 소임대로 밤중에 양들을 근실하게 지키고 있던 비천한 종들이었다. 가이사 가문의 사람들도, 거만한 바리새인들도 아닌, 경건한 시므온처럼 "이스라엘의 위로를 기다리는" 사람들에게 천사들이 나타났다(25절; 참조. 시 25:14).

B. 천사들이 선포한 내용: "구주". 이 말은 몇 가지를 드러낸다.
  1. 우리의 죄악됨과 무기력함.
  2. 복음의 본질: 구원.
  3. 하나님의 무한한 사랑.

C. 천사들이 선포한 내용: 구주가 "오늘날". 이 말은 다음을 생각나게 한다.
  1. 그 동안 기다려온 기나긴 세월.
  2. 예언의 말씀의 진실함.
  3. '때가 참', '받으실 만한 때'. 우리가 아는 은혜의 날은 하나밖에 없

다. "오늘날 너희가 그의 음성을 듣거든 …… 너희 마음을 강퍅케 하지 말라"(히 3:7-8; 참조, 약 4:13-14).

　D. 천사들이 선포한 내용: 구주가 오늘날 "너희에게". 이스라엘에게, 이방인들에게, 모든 세대 모든 사람들에게 구주가 나셨다.
　　1. 모든 사람들에게 이 구주가 필요하다.
　　2. "한 주께서 모든 사람의 주가 되사 저를 부르는 모든 사람에게 부요하시도다"(롬 10:12).

　E. 천사들이 선포한 내용: "너희가 보리니." 천사들은 목자들에게 올바른 길을 지시하셨다. 이처럼 하나님은 고귀한 말씀으로 우리에게 생명의 길을 보여주신다. 이것과 관련하여 우리는 다음을 기억해야 한다.
　　1. 우리의 책임.
　　2. 우리의 기회.

II. 목자들

　A. 처음에 그들은 두려워했다. "크게 무서워하는지라"(9절). 이것은 이상한 일이 아니다. 죄인이 하늘로부터 온 메시지를 들을 때 무서워하는 것은 당연한 일이다.

　B. 그러나 그러면서도 믿었다. 이것은 15절에 기록된 그들의 말과, 16절에 기록된 그들의 행위에 잘 나타난다. "빨리 가서." 자기들이 들은 메시지를 의심하지 않았던 것이 분명하다.

　C. 따라서 기뻐했다. "하나님께 영광을 돌리고 찬송하며 돌아가니라"(20절).

　그렇다면 우리도 마음으로 목자들을 따라 베들레헴으로 가서 우리의 귀하신 구주와 주를 뵙고서 그들과 함께 기쁨을 나누자.　　— 엘링슨.

"주님, 그 기쁨은 만민을 위해 내신 것이오니,

저희로 그 기쁨에 참여할 수 있게 하옵시고,
천사들의 메시지를
모든 귀 기울이는 마음들에 전하게 하옵소서.
주님, 듣지 않으려 하는 사람들을 위해
그들이 들을 때까지 저희가 기도하게 하옵소서.
이로써 저희가 기도로써 돌보는 모든 영혼이
당신의 약속된 기쁨에 충만케 하옵소서."   — 익명의 저자.

눅 2:1-14. 성탄절 복음의 기이한 점들 (시 118:23)

I. "이는 여호와의 행하신 것이요"

하나님이 타락한 인류에게 최초로 구주를 약속하신 이래로(창 3:15), 인류는 의식적으로든 무의식적으로든 복되신 구주를 기다려 왔다. 구약 성도들의 기대와 갈망이 가끔 선명하고 강한 발언으로 표출되었다.

A. "아브라함은 나의 때 볼 것을 즐거워하다가"라고 예수님은 말씀하셨다(요 8:56). "'기뻐하다가'. 이 단어에는 기쁨의 뜻뿐 아니라 갈망의 뜻도 담겨 있다"

B. 야곱은 임종의 순간에 이렇게 말했다. "여호와여 나는 주의 구원을 기다리나이다"(창 49:18).

C. 익명의 시편 저자도 거의 동일한 말을 남겼다. "여호와여 내가 주의 구원을 사모하였사오며"(시 119:174).

D. 구주를 "평강의 왕"이라고 부른 이사야도 다음과 같은 예언으로써 구약 성도들의 기대를 표현했다. "그 날에 말하기를 이는 우리의 하나님이시라. 우리가 그를 기다렸으니 그가 우리를 구원하시리로다"(사 9:6; 25:9).

E. 시므온도 옛 경륜하에서 살아온 성도들의 맨 끝에서 "이스라엘의 위

로를" 기다리고 있었다(눅 2:25).

그리고 "때가 차매 하나님이 그 아들을 보내사"(갈 4:4); "말씀이 육신이 되어 우리 가운데 거하시매"(요 1:14). 그리고 천사도 이렇게 고지할 수 있었다. "오늘날 다윗의 동네에 너희를 위하여 구주가 나셨으니 곧 그리스도 주시니라."

"크도다 경건의 비밀이여, 그렇지 않다 하는 이 없도다. 그는 육신으로 나타난 바 되시고"(딤전 3:16). "이 날은 여호와의 정하신 것이라. 이 날에 우리가 즐거워하고 기뻐하리로다"(시 118:24).

그렇다면 본문에 기록된 몇 가지 기이한 점들을 살펴보자.

II. "이는 우리 눈에 기이하도다"

A. 세상의 군주가 하나님의 뜻을 받들어 예언의 말씀이 성취되도록 한 점(눅 2:1-6. 참조. 미 5:2; 요 7:42).

B. 비천한 농촌 여성이 하나님의 아들의 어머니가 된 점(7절. 참조. 마 1:18-25; 사 7:14).

C. "신성의 모든 충만이 육체로 거하시"는 분(골 2:9)께서 구유에 누이신 점(7절. 참조. 고후 8:9).

D. 주의 천사가 사람들 가운데 지극히 낮은 자들에게 가장 위대한 소식을 전한 점(8-12절. 참조. 고전 1:26-29; 요 7:48).

E. 죄인들이 불순종과 불신앙으로 하나님을 등진 상황에서, 구원받을 필요가 없는 허다한 천사들이 합창으로 하나님을 찬송한 점(참조. 사 53:1; 요 1:11; 12:37-41; 롬 10:16).

하지만 하나님의 은혜의 약속은 여전히 우리에게 유효하다. "너희가 전심으로 나를 찾고 찾으면 나를 만나리라"(렘 29:13). "여호와의 증거를 지키고 전심으로 여호와를 구하는 자가 복이 있도다"(시 119:2). 이렇게 하나님을 찾는 사람들은 성탄의 진정한 의미를 알고, 천사들이 선포한, 그리고 그리스도께서 베푸시려고 오신 평화와 기쁨을 소유하게 될 것이다.

— 엘링슨.

눅 2:1-14. 성탄의 기쁨

그리스도께서 탄생한 일은 인류 역사에서 가장 기쁜 사건이다. 왕자들이 화려한 궁전에서 태어난 일도 종종 왕국 전체를 들뜨게 하는 큰 사건이 되었다. 하지만 마리아가 베들레헴의 마구간에서 아기 예수를 낳았을 때는 하늘이 기뻐했다. 목자들은 한밤중에 유대 산지에서 하나님의 영광을 보았고, 그 찬란한 빛 가운데서 천사들이 "무서워 말라"고 외쳤다. 하늘로부터 거대한 합창단이 내려와 허다한 천군들이 "지극히 높은 곳에서는 하나님께 영광이요 땅에서는 기뻐하심을 입은 사람들 중에 평화로다" 하고 찬송했다(14절).

그것이 땅에 밝아온 첫 성탄절 아침이었으며, 그것은 기쁨의 아침이었다. 천사들 사이에 기쁨이 있었고, 하나님의 마음에 기쁨이 있었으며, 그 기쁨이 온 하늘을 진동케 했고, 장차 땅을 가득 채우고 보좌 앞에서 영원한 노래에 스며들 것이다.

성탄절은 기쁨의 절기이며, 그렇게 기뻐할 충분한 근거가 있다. 그럴지라도 사람들이 성탄절에 품는 기쁨이 모두 진실한 것이며, 이 위대한 기쁨의 진정한 의미를 깨닫고서 기뻐하는 것인가? 불행하게도 그렇지 않다. 그리스도인일지라도 자신이 왜 이 절기에 큰 행복을 경험하기를 바라는지, 그리스도인들이 무슨 이유로 서로에게 행복한 성탄절이 되기를 기원하는지 곰곰이 생각해 보고 반성하는 것이 옳다. 그 이유를 우리는 복음서 본문에서 충분하게 발견할 수 있다. 성탄절에 기뻐할 이유에 관해서 생각해 보자.

I. "무서워 말라. 보라 내가 온 백성에게 미칠 큰 기쁨의 좋은 소식을 너희에게 전하노라. 오늘날 다윗의 동네에 너희를 위하여 구주가 나셨

으니 곧 그리스도 주시니라." 이 말씀은 주의 천사가 들에 있는 목자들 앞에서 한 것이다.

그렇다면 한 번 자문해 보자. 그 거룩한 밤에 제거되었던 두려움은 어떤 것이었던가? 그 대신 깃든 기쁨은 어떤 것이었던가?

A. 첫째 질문에 대한 대답은 죄 때문에 생긴 두려움이다.

B. 둘째 질문에 대한 대답은 하나님과의 화목과 속죄가 사람들 가운데 발생한 일이다. 이 질문들을 따로 살펴보면서, 다음을 생각해 보자.

하나님은 사람을 자기 형상으로 지으셨고, 아담은 죄가 없이 하나님의 손에서 태어났다. 하지만 사람은 시험을 받고서 타락했고, 죄가 온 인류에게 마치 유산처럼 전가되었다. 따라서 육체로 태어난 사람은 예외 없이 본질상 진노의 자녀이다.

인류는 점차 참 하나님을 잊었다. 그 결과 다양한 형태와 모양의 이방 종교들이 존재하게 되었다. 창조주 대신에 피조물이 숭배되었다. 죄와 그에 따른 두려움이 하나님의 가장 고귀한 피조물의 정신과 혼과 몸을 어둡게 가렸다. 하나님께서 아브라함의 민족을 선택하시고 이 백성을 구원하셔서 자신의 나라로 삼으셨는데도 불구하고, 이 백성과 인류는 죄의 저주 아래 있었다. 이렇게 된 원인은 참 하나님과 그의 말씀이 계시되었는데도 불구하고 그들이 여전히 주님으로부터 떠나 있었기 때문이다. 그래서 선지자 이사야는 주님의 심정을 대변하여 "내가 종일 손을 펴서 자기 생각을 좇아 불선한 길에 행하는 패역한 백성들을 불렀나니"라고 말했다(65:2).

그러므로 두려움이 자기 마음의 정욕을 좇아 방랑한 이방 세계와, 율법이 요구하는 것과 자신들이 행할 수 있는 것 사이에 큰 격차를 느낀 유대인들을 무겁게 짓눌렀다. 그래서 신의 진노를 달래기 위해서 피 흘리는 제사들이 생긴 것이고, 이런 이유에서 심지어 다윗처럼 하나님의 마음에 합당한 사람조차 자신의 죄와 많은 허물들을 사유해 달라고 하나님께 거듭해서 간구했던 것이다.

하지만 [이것이 둘째 질문에 대한 대답이 된다] 이러한 두려움의 밤이 온 세상을 무겁게 짓누르고 있을 때, 지극히 자비로우신 하나님께서 예언으로 약속하셨던 별들을 보내사 환히 비추게 하셨다. 이방인들의 가슴 깊은 곳에도 열망이 일어났던 것이다. 그것은 땅에 임하게 될 평화와 새 생명의 때에 대한 성스러운 대망이었고, 장차 오셔서 세상을 구원하실 신인(神人)을 향한 갈망이었다.

이스라엘에도 선지자의 음성이 클라리온처럼 청아한 소리로 울려 퍼졌다. 그것은 장차 나실 아기에 관한 예언이었다. 그 아기는 인류에게 주어질 아들이었고, 야곱에게서 나올 별이었고, 유다 지파에서, 베들레헴 에브라다에서 나올 가지였다. 베들레헴은 유다의 무수한 성읍들 중에서 작은 성읍이었지만, 그곳에서 영원 전부터 계셨던 이스라엘의 통치자가 나올 것이었다.

그들의 갈망과 약속들이 무르익었을 때, 이방인들 중에서 동방 박사들 같은 경건한 사람들이 이 왕의 아들의 탄생을 알릴 별을 찾고 있을 때, 시므온과 안나 같은 이스라엘의 '조용한 이들'이 매일 언약이 성취될 때를 기다리고 있을 때, 하나님께서 인간을 구원하시기 위해서 준비해 오신, 그리고 그 일을 위해서 인류를 준비시켜 오신 때가 마침내 도래했다.

이렇게 된 것은 하나님께서 당신의 독생자를 보내셔서 저를 믿는 자마다 열망치 않고 영생을 얻게 하려 하신 것이었다.

이렇게 된 것은 하나님의 아들이 세상을 지극히 사랑하셔서, 우리가 맞고 견뎌야 할 채찍과 형벌을 몸소 담당하시고, 우리를 하나님과 화목시키시고, 우리를 하나님의 유업으로 만드시기 위해서 하늘의 영광을 버리시고 사람의 육신을 입으신 것이었다.

그러므로 하늘의 천사들은 오늘날 다윗의 동네에 구주가 탄생하셨다는 기쁜 소식을 즐거이 선포했다.

그러므로 들판에서 온 목자들과, 동방에서 온 박사들과, 조용히 대망을 품고 살아온 참 이스라엘 사람들이 그 아기를 품에 안고서 하나님께서 보내신 구원을 본 일로 하나님께 찬송을 할 때, 사람들 사이에도 큰 기쁨이 있었다.

그리스도께서 아기로 태어나신 이래로 장구한 세월이 흘렀다. 무수한 권좌들이 폐허 속에 나뒹굴었다. 강력한 황제 아우구스투스도 오래 전에 재와 먼지가 되었고, 천하를 다스리던 그의 제국도 더 이상 존재하지 않는다. 헤롯은 무덤에서 썩었고, 많은 피를 흘린 그의 칼도 예리하던 날을 잃어버렸다.

하지만 천사의 찬송은 모든 민족 모든 나라에서 거듭 울려 퍼진다. 목자의 무리는 모든 민족과 부족과 방언을 포괄하는 하나의 회중이 되었고, 베들레헴의 별은 불신앙의 어두움을 쫓아내는 태양이 되었고, 영적 흑암과 절망에서 암중모색하는 인간들에게 새 날이 되었다.

그리고 설혹 아우구스투스와 같은 이방의 정신과 헤롯과 같은 잔인한 정조(情操)가 득세한 것처럼 보이고, 그리스도와 그분의 일과 복음에 대한 미움이 커져 가는 것처럼 보이는 때가 있을지라도, 구유와 십자가는 여전히 무수한 사람들에게 구원과 복락의 표지로 남아 있다. 헬라인들에게는 미련한 것이고 유대인들에게는 거스르는 것이 믿는 모든 사람들에게는 구원에 이르는 능력이 되었다.

사랑하는 성도 여러분, 오늘 이 표지가 우리 앞에도 서 있다. 그것은 천사들이 말한 그 표지이다. "너희가 가서 강보에 싸여 구유에 누인 아기를 보리니 이것이 너희에게 표적이니라."

강보에 싸여 구유에 누인 아기 그리스도, 하나님의 아들에 관한 성탄절 복음이 오늘날 저 북방 얼음 섬과 남방 산호섬을 비롯한 모든 나라에서 무수한 언어로 선포되어 무수한 영혼들에게 기쁨과 복락을 전달하고 있다.

이 큰 절기에 우리가 영적으로 냉랭하거나 죽은 상태로 버려져 있지 않기를 바란다. 아기로 나신 그리스도께서 무엇보다도 우리에게 우리의 죄를 깨닫게 하시기를 바란다. 그러나 그보다 더 간절히 바라는 것은 그 안에서 우리가 죄로부터 구원을 얻었음을 깨닫게 되는 것이다. 예수 그리스도의 이름으로 우리가 구속과 생명을 얻었음을 느끼고 확신한다면, 우리는 이 성탄절을 기뻐할 만한 진정하고도 합당한 이유를 가진 셈이다.

II. "무서워하지 말라." 그 기이한 밤에 우리에게서 어떤 두려움이 사라졌는지, 그 대신 어떤 기쁨이 찾아왔는지 묻는다면, 이렇게 대답해야 한다.

A. 근심과 고통으로 생긴 두려움이 제거되었다.
B. 신앙에서 생긴 조용한 기쁨이 찾아왔다.
첫째 질문과 관련하여 다음 내용을 생각해 보자.

하나님께서는 처음부터 땅이 근심과 걱정과 염려로 가득 차게 되기를 바라지 않으셨고, 오히려 사람이 자기를 지으신 하나님과 사귐을 갖고 그분의 평화 안에서 만족하고 살게 되도록 하셨다.

하지만 죄가 하나님을 진노케 했고, 거룩하시고 의로우신 하나님께서는 죄가 그 두려운 본색을 드러내도록 허용하셨고, 죄의 자연스럽고도 필연적인 소산인 근심과 악과 고통이 사람들 위에 군림하도록 허용하셨다. 이미 아담 앞에서 사람의 범죄로 인해 땅을 저주하셨으며, 같은 이유에서 하와에게 그릇된 행위로 인해 어떤 비참한 결과가 초래될 것인가를 예고하셨다.

죄는 즉시 그 열매를 거두기 시작했다. 인류의 첫 시조부터 자신의 혈육이 형제의 손에 죽는 말할 수 없는 재앙을 견뎌야만 했다. 그 뒤로 얼마나 큰 비참과 고통이 세상을 무겁게 짓눌러 왔던가!

이스라엘 자손들이 죄의 짐에 눌려 얼마나 고통하고 허덕였던가! 야곱은 자녀들에게 그들이 자신의 백발로 슬피 음부로 내려가게 한다고 탄식했고, 욥(30:31)은 "내 수금은 내 곡성이 되고 내 피리는 애통성이 되었구나"라고 말한다. 이제 둘째 질문을 생각해 보자.

마침내 때가 차서 베들레헴의 별이 환히 빛날 때, 근심과 두려움의 밤이 기쁨의 낮으로 변했다. 베들레헴에 아기로 나신 그리스도가 우리에게 하늘에 우리의 아버지가 계시다고 가르치심으로써 슬픔과 고통을 참되게 해석해 주셨기 때문이다. 하늘에 계신 우리 아버지는 그 길이 우리의 길과 같지 않고, 그 생각이 우리의 생각과 같지 않으며, 그 길은 언제나 그 자녀들을 구원하고 잘 되게 하는 길이요, 모든 일이 합력하여 선을 이루게 하는 길이다. 베들레헴에 아기로 나신 그리스도께서 아버지의 깊은 사랑을 보여 주심으로써 슬픔과 고통의 진정한 의미를 분명히 가르쳐 주셨을 뿐 아니라, 우리와 똑같이 시험을 받으셨으나 죄도 간사함도 드러내지 않으셨으므로 친히 우리의 모범이 되어 주셨다.

그리스도는 가난이 무엇인가를 아신다. 아기로 태어나셨을 때 강보에 싸여 구유에 누이셨고, 성년이 되어서도 머리 둘 곳이 없었기 때문이다.

그리스도는 폐부를 찌르는 듯한 슬픔을 아신다. 몸소 세상으로부터 몰이해를 당하시고, 원수들에게 미움을 당하시고, 친구들에게 버림과 배반을 당하셨기 때문이다.

그분은 살을 저미는 듯한 육체의 고통을 아신다. 몸소 채찍질을 당하셨고, 가시면류관을 쓰셨고, 여섯 시간 동안이나 십자가에 달려 이루 말할 수 없는 고통과 공포의 죽음을 당하셨기 때문이다.

그럴지라도 그리스도는 온유하셨다. 배반을 당했을 때도 배반하지 않으시고 오히려 원수들을 사랑하셨고, 그들을 위해 기도하셨고, 자신을 아버지의 뜻에 내맡기셨으며, 번민의 순간에도 자신의 뜻이 아닌 아버지의 뜻이 이루어지기를 위해 기도하셨다.

성탄절에 아기로 탄생하신 그리스도께서 하신 일은 이 정도로 그치지 않았다. 하나님께서 인류에게 고통과 슬픔을 주신 숭엄한 뜻을 우리에게 보이시고 우리 모두를 위해 모범이 되셨을 뿐 아니라, 당신의 자취를 따라갈 능력도 주셨다. 이는 우리에게 당신의 성령을 주셔서 당신을 믿을 수 있게 하시고, 당신을 사랑하고 당신과 당신의 영광을 위해 살아가고 일할 수 있게 하셨기 때문이다. 그리고 이 능력 곧 이 위로자께서 우리에게 평화를 주셨다. 그것은 땅에 임한 하나님 나라의 평화이며, 우리가 하나님과 화목했음을 아는 확실한 지식과 그의 은혜와 자비로 영생을 얻을 것이라는 확고한 소망에서 오는 평화이다.

사랑하는 성도 여러분, 우리가 각기 놓인 상황과 처지에는 틀림없이 여러 형태의 슬픔과 고통과 근심이 있을 것이다. 하지만 예수께서 우리와 가까이 계시며, 그분이 자신을 신뢰하는 사람들의 위로자이시라는 점을 잊지 말자.

예수께서 나사로의 누이에게 하신 말씀은 여전히 참되다: "내 말이 네가 믿으면 하나님의 영광을 보리라 하지 아니하였느냐"(요 11:40). 여러분이 복음을 배워 예수 그리스도를 살아 계신 하나님의 아들로 믿었다면, 슬픔과 근심 중에서도 하나님의 영광을 틀림없이 보게 될 것이다. 어떤 상황에 처해 있든 아버지와 같이 인자한 하나님의 손길을 보게 될 것이기 때문이다. 따라서 베들레헴에 아기로 태어나신 그리스도께 둔 믿음은 이 믿음의 위로가 없을 경우 의심과 근심으로 가득 차 있을 영혼에게 평화와 만족을 전해 준다.

III. "무서워하지 말라." 만약 세 번째로 같은 질문을 끄집어내어, 그 기이한 밤에 인류에게서 어떤 두려움이 제해졌으며, 그 대신 어떤 기쁨이 깃들었는가를 묻는다면, 우리는 이렇게 대답해야 한다:

A. 죽음의 두려움이 제해졌다.
B. 영생의 소망이 온 세상에 선포되었다.

첫째 질문과 관련하여 기억해야 할 점은 다음과 같다.

죄가 세상을 지배하는 것은 하나님의 원래 의도가 아니었다. 하나님의 의도는 인간이 충분한 수명을 누리면 에녹과 엘리아의 경우처럼 고통도 슬픔도 없이 세상에서 옮겨져, 세상으로 하여금 경건한 사람들은 죽음을 면케 된다는 것을 드러내시려는 것이었다.

하지만 사도 바울이 말했듯이 죄가 세상에 들어왔고 죄와 더불어 죽음이 들어왔다(롬 5:12): "이러므로 한 사람으로 말미암아 죄가 세상에 들어오고 죄로 말미암아 사망이 왔나니 이와 같이 모든 사람이 죄를 지었으므로 사망이 모든 사람에게 이르렀느니라."

사망은 이방인들을 이루 말할 수 없이 무겁게 짓눌렀다. 이교도들은 죽은 사람들이 가는 지하 세계, 죽음의 그늘이 음침하게 드리운 그 세계에서 죽은 자들을 덮고 있는 밤을 두려워했다. 심지어 이스라엘에서조차 선지자들과 선견자들이 죽은 자들에 관해 얼마나 음울하게 말했던가? 비록 다윗 왕은 "이는 내 영혼을 음부에 버리지 아니하시며"(시 16:10)라고 말했을지라도, 욥조차 이렇게 슬픈 어조로 말했다. "내가 돌아오지 못할 땅 곧 어둡고 죽음의 그늘진 땅으로 가기 전에 그리하옵소서. 이 땅은 어두워서 흑암 같고 죽음이 그늘이 져서 아무 구별도 없고 광명도 흑암 같으니이다"(욥 10:21-22). 하지만 둘째 질문으로 넘어가면 분위기가 판이하게 바뀐다. 그 대신 어떤 기쁨이 깃들었는가?

때가 차서 베들레헴의 별이 찬란하게 빛났을 때, 죽음의 밤은 생명과 빛의 낮 앞에서 사라졌다. 아기로 나신 그리스도는 죽음과 지옥의 정복자이시다. 그분이 부활의 아침에 살아나셨을 때, 그 큰 원수를 정복하시고 생명을 함께 가지고 오셨다.

구유 위에 비치던 성탄의 별은 열린 무덤 위로 떠오른 부활의 태양의 전조였다. 이 예수가 아버지의 우편에 앉아 계시면서 그가 부활이요 생명이심을 믿는, 그리고 비록 우리가 죽을지라도 그를 통해서 살아날 것임을 믿는 모든 사람에게 확신을 주신다(요 11:25, 14:2). 바로 이 이유에서 무덤을 가까이에 둔 노인들과 죽음을 눈앞에 둔 병자들, 아니 사실은 노소를 불문하고 모든 사람들이 베들레헴의 그리스도 안에서 생명과 영원한 행복을 주시는 분을 바라보며, 이러한 신앙은 결코 부끄럽지 않게 될 것이다.

사랑하는 성도 여러분, 이 위대한 절기를 진심으로 마음을 다해 기뻐하기를 원하는가? 그렇다면 여러분의 기쁨을 앞서 설명한 기반 위에 두기를 바란다.

베들레헴의 구유에 누인 아기에 관한 복음은 지금부터 영원까지 구원의 좋은 소식이다. 그분 안에 영원 무궁토록 빛과 생명과 기쁨이 있다. 그분을 떠나서는 죽음과 흑암과 끊임없는 고뇌가 있을 것이다.

말씀이 육신이 되셨기 때문에, 만약 우리가 하나님의 자녀요 그분을 통해 영생을 상속할 자들임을 믿는다면 우리에게는 성탄의 기쁨이 있다. 그러한 성탄의 기쁨이 우리의 것이 되기를 바란다. 아멘.

— 해롤드 쉬타인(Harold Stein), 덴마크, 1894.

눅 2:9-14. 복된 성탄 이야기에서 천사들이 차지하는 자리

하늘의 천사들이 영광스러운 성탄의 복음에 중요한 자리를 차지한다는 것이 얼마나 기이하면서도 자연스러운 일인가!

(1) 그들은 전에도 여러 번 하나님께 중요한 메시지를 받아 사람들에게 전했다.

(2) 그들은 인간의 구속에 관한 일들에 지대한 관심을 갖고 있다(벧전 1:12).

(3) 그들은 "죄인 하나가 회개하면" 기뻐한다(눅 15:10).

(4) 그들은 주께서 "자기 영광으로 …… 올 때" 주님을 수행할 것이다 (마 25:31).

(5) 그들은 구속받은 허다한 무리와 함께 "죽임을 당하신 어린양"께 영원히 찬송을 드릴 것이다(계 5:11-14).

따라서 때가 찼을 때(참조. 갈 4:4) 이 거룩한 존재들은 하나님의 사자들로 그리고 사람들을 위해 사역하는 자들로 무대에 나타났다(참조. 히 1:14). 여기서 눈여겨봐야 할 점들이 있다.

I. 하늘의 사자와 그가 전한 소식 (8-12절)

A. 그가 나타났을 때 영광스러운 현상들이 나타났다: "주의 영광이 저희를 두루 비취매"(9절).

B. 그의 말에는 사람들의 사정을 자애롭게 배려한 증거가 나타난다: "천사가 이르되 무서워 말라"(10절. 참조. 눅 1:30).

C. 그가 전한 소식은 "온 백성에게 미칠 큰 기쁨의 좋은 소식"이었다 (10절).

D. 그가 전한 소식은 명쾌하고 확실했다: "오늘날 …… 너희를 위하여

구주가 나셨느니라"(11절).

E. 그가 전한 소식은 새로 태어난 아기를 쉽게 찾을 수 있도록 안내해 주었다: "너희가 가서 강보에 싸여 구유에 누인 아기를 보리니"(12절).

II. 허다한 천군들과 그들이 부른 찬송 (13-14절)

A. 그들은 지극히 높은 곳에 계신 하나님께 영광을 돌렸다(14절).
B. 그들은 땅에 평화가 임할 것을 예언했다(14절).
C. 그들은 사람들에게 하나님의 호의를 선포했다(14절).
D. 그들은 홀연히 나타났다가 홀연히 사라졌다.
E. 하지만 그들이 전한 소식은 끝까지 남아 죄인들에게 "모든 사람에게 구원을 주시는 하나님의 은혜"(딛 2:11)가 전파되도록 할 것이다.

― 엘링슨.

눅 2:14. "하나님께 영광"

(만약 그러한 말을 거룩한 천사들이 했다면, 죄인들의 입에서 그런 말이 나온다면 다음과 같은 일에 얼마나 더 적합하겠는가!)

1. 인간을 구속하는 일.
2. 하나님의 인자하심을 나타내는 일.
3. 하나님과 인간을 화목케 하는 일.
4. 하나님의 구원이 만민에게 돌아가게 하는 일.
5. 생명의 주를 보내 우리를 죄와 사망과 그 대적의 세력에서 건지는 일.

― 엘링슨.

눅 2:10. 성탄의 기쁨 (어린이들과 나누는 대화)

요즘 여러분은 성탄절 선물과 성탄절 행사와 성탄절 파티를 잔뜩 기다리고 있다. 누구나 다 행복해 보인다.

하지만 성탄절이 왜 여러분에게 행복한 날인가? (이렇게 묻고는 어린이들에게 각각 대답하게 한다.) 맞다. 예수님이 태어나셨기 때문이다!

하지만 여러분도 알다시피 어느 가정이나 아기가 태어나면 행복해 하지 않는가? 그렇다면 우리들 주위에 아기가 태어난 것과 예수님이 태어나신 것이 어떻게 다를까? (어린이들은 다양한 설명을 내놓을 것이다. 하지만 다음과 같은 내용을 생각할 어린이도 있을 것이다:)

예수님은 보통 아기가 아니셨다. 하나님의 아들이셨다. 인간이면서도 하나님이셨다. 그러므로 천사들도 목자들에게 말할 때 "오늘날 …… 구주가 나셨으니 곧 그리스도 주시니라"고 말했다.

그러므로 우리는 행복한 것이다.

하지만 아무도 생일을 축하해 주지 않는 아기가 있다면 어떨까? 생일인데도 아무도 와서 말을 걸지도 않고, 아무도 선물을 주지 않는다면 어떨까?

그런데도 많은 사람들이 그렇게 한다. 예수께 말을 하려면 기도를 드려야 하는데, 그들은 기도를 드리지 않는다. 예수님이 성경에 해놓으신 말씀에 관심을 갖지 않는다. 예수님께 아무것도 드릴 생각이 없고, 다만 자기들만 생각해 주기를 원한다.

물론 우리는 그런 사람들처럼 되고 싶지 않다!

예수님은 우리를 위해서 아버지와 하늘을 떠나 땅에 오셨다. 평생 두루 다니시면서 착한 일을 행하시다가 결국에는 우리를 구원하시려고 고난과 죽음을 당하셨다! 물론 우리는 그분을 사랑해야 한다. 만약 우리가 그분을 사랑한다면 그분의 생일을 올바른 방식으로 축하해 드려야 하고, 매일 그분을 위해서 살아야 한다.

성경 어느 곳에는 예수님이 성령으로 기뻐하셨다고 기록되어 있다(참조. 눅 10:21). 다시 말해서 행복해 하셨다는 말씀이다. 그렇다면 그분의 생일에, 그리고 일년 내내 그분을 어떻게 행복하게 해드릴 수 있을까? (여러 가지 대답이 쏟아질 것이고, 모든 대답이 다 정답일 수 있다. 이를테면 예수님께 기도를 드리고, 찬송을 드리고, 예수님을 사랑하고, 다른 사람들을 위해서 이기적인 행동을 삼가는 등의 대답이 나올 수 있다. 하지만 이런 것들만으로는 우리 구주를 행복하게 해드릴 수 없다.)

그렇다. 예수님은 우리 자신을 원하신다. 우리 마음을 드리기를 원하신다!
— 엘링슨.

예화: "기쁨의 성읍"
몇 년 전 아프리카 콩고 강변의 어느 작은 마을에 아주 불행한 사람들이 많이 살고 있었다. 그들은 배우지 못해 읽지도 쓰지도 못했고, 나무와 진흙으로 얽어서 만든 지저분한 집에서 살았다.

그 이교도의 마을에 선교사 몇 분이 찾아왔다. 선교사들은 그 불행한 사람들에게 구주께서 죄인들을 구원하시고 사람들의 마음에 기쁨을 주시려고 하늘에서 오셨다고 말했다. 원주민들은 선교사들이 우스운 사람들이라고 생각하면서도 그들의 말을 끝까지 참고 들었다.

그런데 하나님께서 선교사들의 증거에 복을 주셔서 사실상 그 작은 마을에 사는 모든 원주민들이 그리스도를 자기들의 구주로 믿게 되었다. 그리고는 곧 그 이교도들의 마음과 가정에 많은 변화들이 일어나 그들과 그들의 마을을 익히 알고 있던 주변 부족들이 더 이상 그들을 알아볼 수 없게 되었다.

그러던 어느 날 그 마을 주민들이 한데 모여서 자기들의 마을을 '기쁨의 성읍'으로 부르기로 결정했다. 그것은 다만 자기들이 예수 그리스도를 구주로 받아들인 뒤부터 얼마나 행복하게 되었는가를 세상에 알리기 위함이었다.

이것은 복음이 어떤 변화를 일으킬 수 있는가를 보여 주는 한 가지 예에 지나지 않는다. 성탄절 시즌에 도시들의 여러 대형 상점들에 가면 다양한 '기쁨의 성읍'을 만날 수 있다. 하지만 신자라면 누구나 일년 내내 '기쁨의 성읍'에서 살 수 있다.
— 선데이 스쿨 타임즈(Sunday School Times)에 실린 기사를 정리함.

눅 2:11. 구주의 탄생

성탄절 복음에 해당하는 이 한 절에서 우리는 다음 사실들을 배울 수 있다.
  1. 하나님은 신실하셔서 반드시 약속을 이루신다. 비교. 미 5:2; 눅 2:1, 6.
  2. 하나님은 섭리로써 만사를 주관하신다. 심지어 강한 권력을 쥔 로마 황제조차 하나님께서 베들레헴에서 그리스도가 태어나게 하실 목적으로 부리신 종이었다.
  3. 천상의 세계는 지상에 대해 관심을 갖고 있다. 천상의 존재들이 구주의 탄생을 고지했고, 구주의 탄생을 기뻐했다.
  4. 이제는 영원한 멸망을 두려워할 필요가 없다. 구주께서 탄생하셨다! 그런데 왜 두려움에 눌려 살며, 절망 속에서 죽는 것인가?
  5. 이제 더 이상 인간 중재자들이나 제사장들이 필요가 없다. 그리스도, 메시야, 즉 기름부음을 받은 대제사장이 오신 것이다.
  6. 그리스도께서 주(主)이시라는 영광스러운 사실을 배울 수 있다: "그리스도 주시니라." 우리는 그분을 대제사장으로서 이루신 속죄를 통해 구원을 끼치시는 분으로 뿐 아니라, 그 뒤로 우리를 다스리시고, 그 인자하신 통치 앞에 우리가 기쁘게 복종해야 할 분으로 받아들여야 한다!
— 웨일랜드 호이트(Wayland Hoyt), 1891.

"만약 그리스도께서 만유의 주가 아니시라면, 아예 주가 아니신 셈이다."
— 익명의 저자.

눅 2:14. 천사들의 노래

이 노래를 제대로 이해하려면 노래를 구성하는 부분들을 알아야 하는데 그것은 알기가 어렵지 않다. 그 부분들은 모든 숫자들 중에서 가장 복된 숫자로 구분된다. 왜냐하면 그것은 복되신 삼위일체의 수이기 때문이다. 교부들은 삼위일체의 신비를 이 노래의 부분들에서 발견했다. "지극히 높은 곳에 계신 하나님"(한글개역성경, 지극히 높으신 곳에서는 하나님께) 안에서는 성부를, "평화"("그는 우리의 화평이신지라", 엡 2:14) 안에서는 성자를, "기뻐하심" 안에서는 사랑의 본질이시요 성삼위 하나님의 사랑 매듭이신 성령을 발견했다. 여기서 우리는 다음 사실들을 발견한다.

I. 일의 삼중성
  A. 영광.
  B. 평화.
  C. 기뻐하심.

II. 삼각 관계
  A. 하나님.
  B. 땅.
  C. 사람들.

III. 삼중의 측면
  A. 하나님께는 영광.
  B. 땅에는 평화.
  C. 사람들에게는 호의와 은혜 혹은 기뻐하심.

그분이 하나님이신 하늘로 영광이 돌아간다. 인간이 사는 땅에는 평화가 돌아간다. 그 다음에는 하나님과 인간이 한 분 그리스도이시고, 합리적인 영혼과 육체가 한 인간인 것처럼, 이 둘로 구성된 그리스도께서는 이 둘의 참되고 진정한 원인인 하나님의 기뻐하심을 전달하신다. 이 땅에 계실 때는 평화를 끼치시고, 저 높은 하늘에 오르신 뒤에는 자기 백성에게 영광을 보증하신다. 따라서 우리는 이 땅에서 하늘의 영광과 땅의 평화를 구하며 인생을 산 뒤에는 저 높은 곳으로 견져 올림을 받을 것을 신뢰한다.
― 랜슬롯 앤드루스(Lancelot Andrewes), 1555-1626
(1619년 성탄절에 영국 제임스 왕 앞에서 행한 설교 요약문의 일부.)

눅 2:21. 신년예배 설교

신년은 한 해를 설계하는 날이요, 온갖 좋은 각오들을 다지는 날이다. 사람들은 이 날 개인사와 가정사를 어떻게 풀어갈지, 어떤 일을 이루어 갈지 계획한다. 하지만 앞날을 내다보고 계획을 세울 때는 멀리 내다봐야 하지만 대부분의 사람들은 그렇게 하지 않는다.

신년에 생각해야 할 두 가지 큰 진리

I. 세월은 유수와 같다

A. 본문. 천사들이 베들레헴 들판에서 천상의 노래로 기이한 아기의 탄생을 축하한 이래로 여드레가 지나갔다. 그 영원하신 분은 벌써 시간의 과정에 접어들어 계셨고, 그분의 날수와 연수가 사람들의 자녀들과 다름없이 벌써 계수되고 있었다. 그분의 인생 길은 비교적 짧았다. 하나님의 아들이 지상에 육신을 입고 계셨던 시기는 불과 33년밖에 되지 않았는데, 이 날은 33년 가운데 처음 8일이 지나간 순간이었다.

B. 적용. 구주께서 탄생하신 이래로 8일이 되었다는 누가복음의 이 진술이 우리의 마음에 어떤 위대한 진리를 일러주는가? 이 진술은 세월이 얼마나 신속히 흘러가는지 생각하도록 만든다. 신년예배 설교 주제로 얼마나 적합한 말씀인가! 우리가 땅에서 순례해야 할 또 한 해가 벌써 시작된 것이다. 세월이 얼마나 속히 지나가는가! 365일이 얼마나 빨리 흘러가는가!

어렸을 때와 청년기에는 시간이 이렇게 빠른 줄 자각하지 못했다. 하지만 세상살이의 방식이 철저히 몸에 배고 하루하루 똑같은 일을 하며 살아가면서부터는 세월이 화살처럼 날아간다는 말이 실감이 난다. 시편 90:4-6, 10의 말씀이 절로 이해가 된다.

잃어버린 시간은 만회할 수 없다. 지나간 세월을 도로 불러 다시 살 길이 없다. 여러분은 하나님께서 여러분에게 주신 날들과 해들을 충실하고 의미 있게 사용하기를 바라는가?

II. 예수 그리스도는 어제와 오늘과 영원토록 동일하시다

A. 예수라는 감사한 이름이 신년으로 들어가는 문 위에 걸려 있다. 그 이름이 지나간 해에 우리를 인도하셨다. 땅의 상황들은 바뀌지만, 예수는 영원부터 영원까지 자기를 경외하는 자들에게 은혜를 베푸시는, 동일하게 자비로운 구주로 남아 계신다.

B. 누가복음은 그리스도께서 이 날에 할례를 받으셨다고 전한다. 우리의 자녀들이 세례로서 사죄를 받고 그리스도인들이 되듯이, 이스라엘의 자녀들도 할례로써 사죄를 받고 하나님의 택하신 백성 가운데 들어갔다.

하지만 거룩하신 아기 예수께서 무슨 이유로 할례를 받으셔야 했을까? 그분에게는 죄가 없었다. 하늘의 천사보다 더 순결하고 성결하셨다. 그런데도 우리를 위해서 율법 아래로 들어가셨다. 이스라엘의 여느 아기와 다름없으신 분처럼 할례를 받으셨다. 율법의 주인이시요 율법을 내신 분이 이렇게 율법에 종속되신 이유는 우리가 지키지 못한 율법을 우리를 위해 성취하시려는 것이었다 (참조. 갈 4:4-5).

C. 새해에는 그리스도께서 우리의 불멸의 영혼들에게 자양을 공급하시듯이, 우리의 죽을 몸들에도 자양을 공급하실 것이다. 우리 복음서에 기록된 새 아기의 이름은 "수태하기 전에" 천사가 일컬은 것이다. 아기는 천사가 일어준 이름으로 불렸다. 크고 전능하신 하나님은 지극히 작은 일도 기억하시고 생각하는 분이시므로, 그분의 말씀은 한 마디도 땅에 떨어지지

않는다. 하나님은 당신의 모든 은혜의 언약들을 반드시 이루실 것이다.
― H. S. (설교 잡지 <Homiletic Magazine> 중에서.)

눅 2:21. 예수라는 이름

"그 이름을 예수라 하니 곧 수태하기 전에 천사의 일컬은 바러라."

이 단락에서 누가는 주님이 할례 받으실 때 지극히 거룩한 이름을 받으신 일을 주목한다. "수태하기 전에 천사의 일컬은 바니라." 천사장 가브리엘이 동정녀 어머니에게 수태를 고지했을 때, 그가 하늘에서 받아 전한 소식은 이러했다: "마리아여 무서워 말라. 네가 하나님께 은혜를 얻었느니라. 보라 네가 수태하여 아들을 낳으리니 그 이름을 예수라 하라"(눅 1:30-31). 그리고 나중에 마리아가 요셉과 정혼했을 때, 그리고 마태가 전한 대로 "성령으로 잉태된 것"이 드러나서 요셉이 "저를 드러내지 아니하고 가만히 끊고자" 했을 때, 주의 천사가 그에게도 나타나 이렇게 말했다. "다윗의 자손 요셉아 네 아내 마리아 데려오기를 무서워 말라. 저에게 잉태된 자는 성령으로 된 것이라. 아들을 낳으리니 이름을 예수라 하라. 이는 그가 자기 백성을 저희 죄에서 구원할 자이심이라"(마 1:18-21).

I. 이런 질문을 함직하다. 아무리 우리 주님의 이름일지라도, 왜 한 이름을 이토록 중시해야 하는가?

A. 오늘날의 사고 습관은 이름들을 가볍게 생각하게 만든다. 우리는 이름들을 실재들과 대비하고, 단어들과 사물들을 대비한다. 그리고 사람들의 이름들에 관해서도, 우리는 대개 그 사람이 어떤 이름을 갖고 있는가 하는 것보다 그의 품행이 어떤지, 혹은 그보다는 그가 어떤 사람인지를 관심 있게 바라본다. 이름이란 과거의 그림자이거나 미래에 영향을 주려는 무모한 시도쯤으로 생각한다. 이름은 어떤 사람을 다른 사람과 구분하는 사회적 표지에 지나지 않으며, 거기에 무슨 신비스러운 의미를 붙이는 것을 불합

리한 일로 여긴다.

B. 성경이 전반적으로 이름, 특히 사람들의 이름에 상당한 의미를 매긴다는 것은 피상적인 독자라도 쉽게 알 수 있다. 예를 들어 족장들과 그 밖의 사람들에게는 저마다 분명한 이유를 가지고 이름이 붙었다. 그리고 이 이유는 문맥에서 자주 설명되는 그 단어 자체의 자연스런 의미에 놓여 있다. 더욱이 한 사람이 다양한 이름이나 전혀 새로운 이름을 갖는 경우도 가끔 있는데, 대표적인 경우가 아브라함과 사라였다.

C. 성경은 어떤 이름들보다 하나님의 성호에 지극히 큰 중요성을 매긴다.

1. 성경은 하나님의 성호에 합당한 영예를 돌리라고 명한다(시 29:2). 그분의 성호가 이스라엘 안에 크시며(시 76:1), 온 땅에 아름답다고 한다(시 8:1). 그 성호는 거룩하고 지존하다(시 111:9). 성경은 사람들이 하나님의 성호를 사랑하고(시 69:36), 그 성호를 경외하고(말 4:2), 그 성호를 찬송하고(시 69:30), 그 성호를 구하고(시 83:16), 그 성호를 알고(시 9:10), 그 성호를 선포하고(시 22:22), 그 이름을 위해 성전을 건축하고(대하 6:34), 성전에 그 성호를 두는(대하 6:20; 20:9; 렘 7:12) 일에 관해 말한다. 성경에는 이런 표현들이 한두 번 나오는 게 아니라 끊임없이 나온다.

2. 성경은 하나님의 성호를 마치 살아 있는 존재처럼 다룬다. 마치 그 성호가 그 안에 담긴 하나님의 본성과 동일한 것처럼 다룬다. 신약성경에서 예수라는 성호는 귀신들을 쫓아내는 능력으로 언급되며(막 16:17; 눅 10:17), 그 이름 앞에 천지 만물이 꿇어 엎드려 경배해야 한다고 언급된다(빌 2:10).

II. 이름이란 무엇인가?

I. 답:
A. 이름이란 힘이다. 이름이 수천만 명의 사람들의 상상력을 사로잡고

그들의 운명을 끌고 가는 정치적 힘을 발휘하는 경우가 심심치 않게 발생한다. 그렇지 않다면 긴 계보를 형성한 로마의 황제들이 어째서 카이사르나 아우구스투스라는 칭호를 채택했겠는가?

 B. 이름이 좋게든 나쁘게든 윤리적 힘이 되는 경우가 빈번하다. 모든 나라 모든 도시 모든 마을 모든 가문에 사람들을 긴밀하고 일관성 있게 결집시켜 마치 그 이름의 부속물들처럼 만드는 이름들이 있다. 활력과 깨우침을 주는 이름들도 있고, 어둡고 암울하게 만드는 이름들도 있고, 망신스러운 이름들과 영예로운 이름들도 있다. 아무리 단조로운 이름이라도 그것이 발휘하는 강한 혹은 미묘한 영향력과 완전히 무관할 수 없으며, 게다가 그 실질적인 힘은 상상력이 덜한 사람도 쉽게 느낄 수 있다.

 부모라면 아무리 시급하고 중대한 일이 있더라도 자녀의 이름을 지을 때는 이 점을 감안해야 한다. 자녀에게 신앙의 의미를 담아 이름을 지어주는 것은 해도 되고 안 해도 되는, 그리고 아무렇게나 혹은 재미로 해도 되는 일이 아니다. 자녀는 어릴 때부터 이미 성(姓, family name)에 윤리적 사회적 유산을 담아 가지고 있다. 자녀가 전쟁터와 같은 삶의 현장에 나서기 전에 가문의 이름에 의해 조상의 재능과 용기와 근면을 입든, 아니면 게으름과 무능을 입는다. 성(姓)은 자녀를 자기 부모에게서 나도록 하신 섭리에 의해 결정된다. 따라서 그가 수태되기 전에 하늘에서 그에게 이러저러한 이름이 붙는다. 하지만 본명의 경우는 어떠한가? 본명은 나그네 인생길을 가는 동안 매일 매시 가장 친근하게 지니고 다니게 될 것이고, 자신과 남들에 관한 생각을 형성하는 데 도움을 될 것이다. 본명은 여러분 부모가 자녀에게 지울 수 없도록 지어주는 것이다. 그것을 지혜롭게 지어줄 수도 있고 어리석게 지어줄 수도 있으며, 유익하게 지어줄 수도 있고 해롭게 지어줄 수도 있다. 여러분이 인생의 길을 다 간 뒤에도 자녀에게 지어준 이 이름은 그대로 살아남아서, 인생의 행복한 기억의 하나가 될 수도 있고, 책임을 제대로 이행하지 못한 데 대한 아쉬움으로 끝내 여러분을 괴롭힐 수도 있다.

 우리 주님께서도 인간 세상에 오셨을 때 세상의 상황들을 받아들이시고,

이름들이 수세기에 걸쳐 인간들의 생각에 발휘해온 힘에 순응하셨다. 유대인으로 세상에 오셨으므로 자연히 히브리식 이름을 갖게 되셨다. 물론 그것은 천사들이 그의 모친과 양부(養父)에게 일러준 이름이긴 했지만 말이다. 그 이름은 하나님의 거룩한 성호인 '여호와'를 비롯하여 그분의 사역들이나 속성들에 연관된 많은 성호들에 속한다. 여호하난은 '주는 자비하시다' 라는 뜻이고, 여호야다는 '주는 지혜로우시다', 여호야긴은 '주는 성취하는 분이시다', 여호야김은 '주는 일으켜 세우는 분이시다', 여호나답은 '주는 후하게 베푸는 분이시다', 여호야다는 '주는 아름답게 장식하는 분이시다', 요세덱은 '주는 의로우시다', 여호람은 '주는 지존하시다', 그리고 여호사밧은 '주는 재판장이시다' 라는 뜻인데, 마찬가지로 요수아 혹은 예수도 지극히 거룩하신 하나님의 히브리식 성호에 도움 혹은 구원의 개념을 연결한 이름이다. 천사는 이렇게 말했다. "아들을 낳으리니 이름을 예수라 하라. 이는 그가 자기 백성을 저희 죄에서 구원할 자이심이라"(마 1:21). — 리든(H. P. Liddon).

눅 2:25-32. 시므온

시므온에 관해서는 다른 곳에서 정보를 얻을 수 없다. 본문은 그의 생애를 압축적으로 묘사한다. 축소판 초상화라고 할만하다. 그에 관한 본문 내용에는 네 가지 점을 주목해야 한다.

I. 그의 인격

그는 "의롭고 경건한" 사람이었다. 전자는 그의 사회적 면모를, 후자는 그의 신앙적 면모를 묘사한다. '의롭다'는 말은 제대로 이해하자면 헌신성과 그 밖의 탁월한 인격을 가리킨다. 보편적(우주적) 성결이 곧 의(정의)이다. 자신과 세상과 하나님께 의로운 것이다.

'경건하다' 라는 말은 종교적 성격의 발전에 특히 적용되며, 경외, 감사,

예배를 뜻한다.

본문에서 이 두 단어는 당연히 보편적 탁월성을 가리키는 데 쓰였다. 인간 사회가 이 주제를 사실상 오해하고 있기 때문에 두 가지 점을 분명히 밝혀두고 지나가야 한다.

A. 거짓 '의'와 '경건'이 종종 사람들 사이에서 발견된다. '경건'이 없는 곳에, 사실상 모든 종교적 관습들이 무시되는 곳에, 전통적으로 '사회 윤리'로 간주되는 것이 존재하는 경우가 종종 있다.

반대로, 전통적으로 '경건' 혹은 종교가 존재하는 곳에 사회적 저급함과 부정직이 있는 경우도 종종 있다. 어떤 사람들은 사회에서 사기와 방탕을 일삼으면서도 종교 의식을 끔찍이 준수하고 성가대에 열심히 봉사하고 이단들을 통렬히 비판한다. 과거의 바리새인들이 전형적인 표본이었다. 그들은 사람들에게 보이려고 오래 기도하면서도, 뒤로는 과부의 가산을 삼켰다.

B. 참다운 '의'와 '경건'은 서로 뗄 수 없이 붙어 있다. 신앙이 없는 곳에는 참다운 사회 윤리도 없다. 하나님을 향한 올바른 정서와 품행이 없는 곳에는 인간에 대한 올바른 정서와 품행이 있을 수 없다. 하나님께 대해 정당한 정서를 품지 않는 사람은 어떤 사람에 대해서도 고결한 정서를 품을 수 없다. 경건은 인간 행위에서 윤리적으로 의롭거나 덕스러운 모든 것을 흘러나오게 하는 샘물이다.

II. 그의 사회 의식

이 '의롭고 경건한' 사람은 자기 이익만을 추구하는 좁은 세계에 갇혀 살지 않았다. 자기 나라와 세상을 염두에 두며 살았다. 메시야를 기다릴 때도 다음과 같이 온 세상을 배경에 두고서 기다렸다.

A. 자기 나라와의 독특한 관계에서. 그는 메시야를 이스라엘의 '위로자'인 동시에 이스라엘의 '영광'으로 간주했다. 자기 나라가 국내의 독재 세력들과 외국의 침략자들, 그리고 내부의 윤리적 부패로 인해 겪고 있는 사

회적 정치적 종교적 곤란들을 직시하고 깊이 느꼈다. 나라 곳곳에서 먹구름처럼 몰려오는 환난의 그늘을 바라보면서, 아주 걱정스러운 심정으로 참 '위로자'를 기다렸다.

하지만 그는 메시야를 '위로자'로 이해했을 뿐 아니라 이스라엘의 '영광'으로도 이해했다. 그리스도는 위로만 하시지 않고 고귀하게, 영광스럽게 하시는 분이다. 시므온은 메시야를 이렇게 자기 나라와의 관계에서만 놓고 바라보지 않았다.

B. 인류와의 보편적 관계에서. 시므온은 메시야를 "만민 앞에 예비"된 "구원"이요 "이방을 비추는 빛"으로 이해했다. 여기에 그의 사회 의식이 있다. 그는 메시야를 기다리되 자신만을 위해서가 아니라 자기 나라와 세상을 위해서도 기다렸다. 오실 메시야가 그의 대망이었고, 기도의 숨결이었고, 대화의 주제였고, 긴 세월의 어두운 그늘을 뚫고 그의 영혼을 환히 비추는 빛이었다.

이러한 시대 정신이 경건의 필수적인 요소이다. 자기 시대의 인류를 향해 뜨거운 관심을 느끼지 않는 사람은 하나님의 사람이 아니다.

III. 그의 신앙적 직관

이러한 숭고한 성도를 가르친 사람은 누구였을까? 누가 과연 이 사람을 과거의 유명한 현자들과 심지어 그 시대의 고상한 지식인들 위에 우뚝 서게 만들었을까? 본문은 그 질문에 "성령"이라고 대답한다. 본문에 기록된 세 가지 의미심장한 표현들이 그가 성령 안에 거했음을 암시한다.

A. 성령이 "그 위에" 계셨다. 이 표현은 하나님께서 자기와 함께 계심을 그가 자각했다는 뜻일 수도 있다. 그는 하나님이 자기 위에 계시는 것을 느꼈다. 따뜻한 햇볕이 들판에 가득 내리듯이, 따뜻하고 사람을 살리는 하늘의 광채가 그 위에 내렸다. 또 한 가지 표현은 이와 같다.

B. 성령이 그에게 지시하셨다. 성령께서 어떤 방법으로 지시하셨는지는 전해지지 않는다. 구약의 방식대로 시대의 징조를 보여주셨을 수도 있고,

직접 말씀해 주셨을 수도 있고, 내면에 환상을 보여주셨을 수도 있지만, 우리로서는 정확한 경위를 알 길이 없다. 하지만 그가 안 것은 자기가 그리스도를 발견한 것이 아니라, 그리스도께서 자신에게 계시되셨다는 것이다. 세번째 표현은 그의 영혼이 성령과 밀접한 관계를 맺고 있었음을 암시한다.

C. **그는 성령의 감동으로 성전에 들어갔다.** 뭔가 모를 이상한 정조(情操)나 신비스러운 충동이 그를 그 순간에 성전으로 들어가게 만들었다. 그는 "성령의 감동"을 받았다. 하나님은 언제나 신자들에게 교사가 되신다. 누가 그분처럼 가르치겠는가? 성령은 언제나 참된 영혼들의 교사이시다. 그는 우리를 모든 진리로 인도하신다.

IV. 그의 행복한 결말 (28-29절).

"시므온이 아기를 안고 하나님을 찬송하여 가로되, 주재여, 이제는 말씀하신 대로 종을 평안히 놓아 주시는도다." 시므온은 이 때 세 가지 것을 느꼈음직하다.

A. **죽음이 하나님의 지배하에 들어갔다.** "주재여 …… 종을 평안히 놓아 주시는도다." 이것은 "주께서 허락하지 않으시면 저는 갈 수 없습니다"라고 말한 것과 같다. 이것은 영광스러운 진리이다. "주께서 인간을 죽음으로 나아가게 하십니다"라는 뜻이 담겨 있다. 아무도 생명을 거둬갈 수 없다. 예비 무덤이라는 것이 없다. 우리가 죽을 시간과 장소와 상황은 모두 미리 정해져 있다.

B. **죽음이란 세상으로부터 떠나는 것일 뿐이다.** 죽음은 존재의 적멸(寂滅)이 아니다. 단지 영혼의 거처와 환경이 바뀌는 것일 뿐이다. 바울 사도는 "나의 떠날 기약이 가까왔도다"라고 말한다. 지구상에 태어나 살았던 모든 세대 사람들이 지금도 여전히 살아 있다.

C. **그리스도를 영접한 사람에게는 죽음조차 복스럽다.** "만민 앞에 예비된" 분을 품에 안았을 때 그의 마음이 얼마나 감격스러웠을까! 그 순간에 그의

마음에는 하늘이 기쁨으로 가득 밀려왔다.

　그리스도를 품에 안은 그는 죽음을 환호하며 맞이했을 것이다.

— 데이비드 토머스(David Thomas), 1860.

눅 2:25-32. 그리스도인의 진정한 귀감이 된 시므온

1. 하나님의 도우심을 인내하며 기대함: "기다리는 자라."
2. 구주가 오신 줄 알았을 때 크게 만족함(28-31절).
3. 평화롭게 생을 마감하기 위해 오랫동안 준비함(29절).　　— H. E.

눅 2:33-35. 시므온이 그리스도께 관해서 행한 예언

　어머니들은 자연스럽게 자녀들의 신체적・지적・도덕적 발달에 깊은 관심을 가지며, 커서 훌륭하게 될 조짐이 있는지 주의깊게 살핀다. 낯선 사람이나 잠시 들른 사람에게는 쉽게 눈에 띄지 않는 싹을 어머니들은 대체로 발견한다(혹은 발견할 수 있다고 생각한다). 자녀가 장차 커서 지닐 인격과 직업에 관해 마음으로 그려보기도 한다. 하지만 불행하게도 현실은 사뭇 다르게 전개되곤 한다.

　'내 아이는 커서 어떤 사람이 될까?' 많은 어머니들이 이런 의문을 품는다. 물론 대답을 알 길이 없다. 하지만 아주 많은 것이 어머니의 자세에 달려 있다. 자녀의 인격 형성에 얼마만한 관심을 기울이는가, 어떤 사상을 주입하는가, 어떤 원칙을 부여하는가, 어떤 훈육을 실시하는가, 얼마만한 인내로 자녀를 관찰하는가, 어떤 친구들을 사귀도록 허용하는가 하는데 아주 많은 것이 달려 있다. 하지만 자녀가 결국 수치와 근심을 끼치게 될 경우 모든 것이 다 부모의 탓만은 아니다.

　자녀의 앞날에 관해 명백하게 계시 받은 어머니가 있었다. "이 아이는 …… 위하여 세움을 입었고." 이 아이와 관련하여 두 계층이 지적된다. 한 계층은 패하고 한 계층은 흥한다. 여기서 그리스도는 네 가지 면으로 소개된다.

1. 저락(低落)과 멸망의 원인으로. "이 아이는 이스라엘 중 많은 사람의 패(敗) …… 함을 위하여 세움을 입었고." 참조. 이사야 8:14-15; 벧전 2:7-8; 롬 9:31-33; 마 21:44. 사람들을 구원할 수 있는 유일한 능력이 그들의 불신앙과 반역 때문에 그들에게 멸망의 원인으로 작용할 수 있다. 유대 민족이 그리스도를 반역하더니 급기야 로마인들에게 멸망당했다. 매사가 다 그렇다. 그리스도를 구주로 영접하고 왕으로 공경하고 친구로 사랑하지 않으면 멸망이 찾아올 것이다. 저항하거나 반대하려고 하면 당사자만 해를 입을 뿐이다. 바위 위에 올라서지 않고 바위를 향해 돌진하는 것과 다를 바 없다. 복음은 사람을 원 상태로 그냥 내버려두지 않는다. 복음은 사람을 정복하거나 더욱 완고하게 만든다. 죽이지 않으면 살린다. 자연에서는 동일한 대상이 사뭇 다른 결과들을 이뤄낼 수가 있다. 불은 진흙을 굳게 하지만 밀랍을 부드럽게 녹인다. 태양은 강철처럼 얼어붙은 겨울 땅을 녹이지만, 축촉한 땅을 바짝 마르게 한다. 채소가 자라나게 하지만 쉬이 시들게 한다. 빛은 건강한 사람의 눈에는 반갑지만, 병약한 사람의 눈을 해친다. 강한 바람이 어떤 사람에게는 활력을 주지만, 다른 사람들에게는 고통을 더한다. 꿀은 대개 입에 달지만, 열이 높은 사람에게는 쓰다. (참조. 고후 2:15-16).

2. 윤리와 신앙의 장성을 위한 방도로. 그리스도는 "많은 사람의 …… 흥함"을 위하여 세움을 받았다. 참조. 이사야 28:16. 신자는 그리스도 위에 삶을 건축한다. 그리스도와 그분의 복음은 정말로 고상한 삶을 살 수 있는 기반이다. 사람은 자신의 인격을 성경의 계명들 위에 세우지 않으면, 세상의 법과 원칙들 위에 세운다. 죄가 사람을 저급하게 추락시키지만, 기독교는 그들을 이끌어 올리고 고상하게 만든다. 죄는 비참을 일으키지만, 기독교는 기쁨을 준다. 죄는 절망으로 끝나지만, 기독교는 밝고 복된 소망을 일깨우고 확증하고 끊임없이 확장한다. 사람들은 문명이 많은 것을 수립했다

고들 한다. 하지만 문명 자체가 기독교에 큰 빚을 졌다는 사실은 자주 망각한다. 그리스도를 영접하기 전에는 마음이 철저히 바뀔 수 없다. 그리스도를 영접함으로써 비로소 고귀한 삶이 시작된다.

3. 비난과 질책의 대상으로서. "비방을 받는 표적이 되기 위하여." 시므온의 예언 가운데 이 부분만큼 신속하고 명쾌하게 성취된 것이 없다. 한때 그리스도는 먹기를 탐한다는 비방을 받으셨다. 다른 때는 미쳤다는 말도 들으셨다. 친구들도 "그가 미쳤다"고 했고, 원수들은 "저가 귀신들려 미쳤거늘 어찌하여 그 말을 듣느냐"고 했다.

그리스도께서 그토록 인내하며 용감하게 받으신 조롱과 비방을 제자들도 견뎌야 한다. "또 칼이 네 마음을 찌르듯 하리라"는 표현은 마리아가 그리스도의 수난을 지켜볼 때 겪을 마음의 고통을 가리키는 듯하다. "예수의 십자가 곁에는 그 모친 …… [이] 섰는지라"(요 19:25).

그리스도의 고난에 동참하지 않고는 아무도 그리스도와 관계를 가질 수 없다. 그의 이름이 훼방을 받을 때, 그의 사명이 조롱을 당할 때, 그의 명예가 공박을 당할 때, 칼이 우리 마음을 찌르듯 해야 할 것이다.

4. 인간 마음을 들춰내는 분으로서. "이는 여러 사람의 마음의 생각을 드러내려 함이니라." 그리스도가 비방을 받을 때 사람들이 거룩함을 얼마나 미워하는지 드러나게 될 것이다. 사람들이 그리스도를 어떤 태도로 대하느냐 하는 것이 인격을 판단하는 시금석이 되었고, 지금도 그러하다. 그리스도를 영접하거나 배척함에 따라 두 진영 가운데 한 진영에 속한 것이 드러난다. 거듭나지 못한 사람들은 그리스도의 복음 앞에 설 때 교만과 시기와 아집과 세속성을 드러내게 마련이다.

— 오스틴(Fred J. Austin), 1885.

눅 2:34-35. 복음이 지닌 무너뜨리고 들춰내는 힘

시므온은 성육신하신 분을 품에 안고서 하나님께 찬송을 드리고, 기쁜 마음으로 세상을 떠나기를 소원한 뒤, 예수의 부모를 돌아보면서 그들에게 축복하고 그 모친 마리아에게 이 아기에 관해서 말했다. 그 내용이 암시하는 바는 다음과 같다.

I. 복음의 무너뜨리는 힘

시므온은 이 거룩한 아기가 "이스라엘 중 많은 사람의 패하고 흥함을 위하여 세움을" 입었다고 예언한다. 이 예언이 무엇을 뜻할까? 세 가지로 말할 수 있을 것이다.

A. 그의 체제가 교만한 자들을 무너뜨릴 것이고, 겸손한 자들을 일으켜 세울 것이다. 그리스도의 복음이 이뤄내는 첫째 일은 교만한 사람을 깊은 굴욕으로 떨어드린 다음 다시 우주에서 위대하고 선한 모든 것과 복된 사귐에 들어가도록 일으켜 세우는 것이다. "무릇 자기를 높이는 자는 낮아지고 자기를 낮추는 자는 높아지리라." 십자가 면류관의 조건이며, 겸손의 골짜기는 저 높은 천상의 영예에 이르는 길이다. 복음은 이렇게 사람의 영혼에 철저히 무너뜨린 뒤 결국 일으켜 세운다. "모든 이론을 파하며 하나님 아는 것을 대적하여 높아진 것을 다 파하고 모든 생각을 사로잡아 그리스도에게 복종케 하니"(고후 10:5).

B. 그의 체제는 거대한 사회 변혁을 일으킬 것이다. 복음은 사회의 어떤 영역에 전파되든지 사회의 상황을 크게 바꾸어 놓는다. 한때 높은 지위를 누리던 교만하고 거만하고 고압적인 사람들이 추락하고, 낮은 사람들이 그들의 자리를 차지한다. 복음을 우리 나라 구석구석에 전파해 놓으면 이제껏 보지 못했던 큰 사회적 혁명들이 일어나는 것을 보게 될 것이다.

C. 그의 체제는 어떤 사람들에게는 해를, 다른 사람들에게는 복을 끼칠 것이다. 이것은 매우 엄숙한 진리이다. 선지자 이사야는 메시야가 어떤 사람들에게는 "거치는 돌, 걸리는 반석이 되실 것"이라고 예언했다(사 8:14; 참조. 롬 9:32-33; 벧전 2:8). 사도 바울은 복음이 "이 사람에게는 사망

으로 좇아 사망에 이르는 냄새요 저 사람에게는 생명으로 좇아 생명에 이르는 냄새라"고 말한다(고후 2:16).

그렇다면 복음이 어떻게 해를 끼칠까? 1) 의도적으로 해를 끼치는 것이 아니고, 2) 원래의 경향이 그런 것도 아니고, 3) 하나님이 적극적으로 그렇게 하시는 것도 아니다. 복음이 해를 끼치는 경위는 세 가지로 설명할 수 있다. 1) 허다한 사람들이 기독교를 배척한다. 2) 복음을 배척하는 것은 중죄이다. 3) 가장 큰 죄가 가장 비참한 상황을 초래할 것이다. 많은 사람이 복음에 힘입어 높은 지위에 오르게 될 것이고, 많은 사람이 바닥을 잴 수 없는 재앙의 심연에 떨어질 것이다. 많은 사람이 결국 자기들이 '복된 소리'를 들은 날을 저주하게 될 것이다. 그렇다면 기독교는 혁명적 세력인 셈이다.

II. 복음의 들춰내는 힘

"여러 사람의 마음의 생각을 드러내려 함이니." 본문에서 시므온은 그리스도께서 원수들의 마음과 모친의 마음에 끼치실 영향력을 다 포함해서 말한다. 그리스도를 보고서 원수들은 적대적인 발언을 토해낼 것이다. 그들에게 그리스도는 "비방을 받는 표적", 즉 원수들의 혀가 중상모략의 화살을 쏘아댈 표적이 될 것이다. 그리스도의 생애에서 실제로 이 일이 발생했다. 서기관들과 바리새인들과 제사장들과 관원들이 그리스도께 관해 앞다퉈 비방을 퍼부었다. 그리스도의 교회도 같은 대접을 받는다. 현세적인 사람들과 불신자들은 항상 교회에 비판을 퍼붓는다. 하지만 본문에서 시므온은 그리스도께서 당신의 모친의 마음에 끼치실 영향에 대해서도 말한다. "칼이 네 마음을 찌르듯 하리라." 자신의 거룩한 아들에 대해서 많은 사람들이 퍼붓는 비방과 그에게 가해지는 잔혹한 행위들이 비수처럼 그 마음을 찌를 것이다. 마리아의 가슴에 애절하게 끓어오르던 고뇌를 어떤 어머니가 이해할 수 있겠는가? 이처럼 그리스도는 원수들과 친구들의 생각을 드러내신다. 그리스도께서 사람들의 생각을 어떤 식으로 드러내실까?

A. 그 생각들을 행동으로 옮기게 함으로써 드러내신다. 그리스도께서는 짧은 공생애 기간에 이스라엘의 정신을 흔들어 깨우셨다. 유대의 정신은 오랫동안 잠들어 있었다. 어느 곳에도 독립된 사상이 없었다. 모든 것이 틀에 박히고 단조로웠다. 유대의 지성의 바다에는 자유로운 사고의 물결이 조금도 일지 않았다. 물이 정체되어 있었고, 기계가 멈춰 있었다. 하지만 그리스도께서 곧 상황을 뒤바꿔 놓으셨다. 그 시대의 정신 세계를 깊이 휘저으셨고, 그것이 여러 가지 생각들로 소용돌이치게 만드셨다. 영혼의 샘들을 건드리셨고, 이성의 바퀴가 신속히 굴러가게 하셨다. 그리스도께서는 언제나 이렇게 일하신다. 잠든 생각을 흔들어 깨우신다. 그분의 복음은 생각을 일으키게 하는 원동력이다. 그리스도는 사람들의 생각을 들춰내신다.

B. 그들의 도덕적 성품을 들춰냄으로써. 사람이 속에 품고 있는 진짜 생각은 그리스도 복음의 압박과 빛에 의해 나올 때 제 모습을 드러낸다. 서기관들과 바리새인들과 많은 유대인들이 그리스도께서 오시기 전까지는 위대한 신앙인들로 서 있었다. 그런데 영원한 진리의 광채가 그들의 행위와 교리를 비추자 그들은 지옥처럼 어두운 몰골로 드러났다. 오늘날도 마찬가지이다. 모두가 저마다 고결하고 윤리적인 것처럼 보이지만, 일단 충만히 전파된 복음 앞에 서면 속이 얼마나 부패했는지 금방 드러나게 되어 있다. 세련되고 절제된 삶을 살기로 유명한 사람들도 여러분이 전파한 복음의 영성 앞에 서면 그 속에 있는 저급한 물질주의가 그대로 드러난다. 자유로운 지성으로 유명한 사람들도 복음의 원만한 교리 앞에 서면 자기들이 얼마나 편견에 사로잡혀 왔는지 금방 드러난다. 관대하기로 유명한 사람들도 복음의 자기 희생 정신 앞에 서면 자기들이 얼마나 이기적인 삶을 살아왔는지 드러난다. 복음은 사람들의 생각을 들춰낸다. 자신들의 진정한 자화상과 사회상과 세계상을 고스란히 드러낸다.

― 토머스(D. Thomas), 1860.

누가복음 2:36-38. 안나는 절제된 삶을 사는 참된 그리스도인 과부의 표본이다. 항상 신앙과 절제와 기도와 구제에 힘쓴 것이 이 여성의 생애였다.   — 케넬.

눅 2:42-49. 어린 구주께서 성전을 방문하심

1. 본문에 미루어, 예수의 부모는 지정된 예배에 빠짐 없이 참석한 듯하다.

예수의 부모는 가난했다. 게다가 사는 곳이 성전에서 아주 멀리 떨어져 있었다. 하지만 유월절이 다가왔을 때 이런 점들을 핑계 삼아 거룩한 성에 가지 않는 일이 없었다. 교회에 출석하는 데 아무런 장애도 없으면서도 사소한 이유를 핑계 삼아 출석하지 않는 사람들이 있다. 많은 사람들이 굳이 교회에 나가지 않더라도 집에서도 충분히 잘 믿을 수 있다고 생각한다. 종교란 마음과 정신의 문제이며, 이런 외적인 의식과 행사와 집회란 다 부질없는 것이라고 말한다. 이런 사람들은 예수의 부모에게서 배울 교훈이 있다.

2. 예수께서 열두살이 되시자마자, 이 경건한 부모는 연중 절기들에 그를 데리고 거룩한 성과 성전으로 간 듯하다.

딱히 무슨 이유가 있어서 그랬다는 언급이 없다. 당시의 경건한 유대인들은 그 나이가 된 소년들을 데리고 큰 절기들에 참석했던 것이 관습이었던 것 같다. 예수의 부모로서는 예수에 대한 경건한 소원도 있었을 것이고, 신앙적 주제로 끊임없이 질문을 하는 소년 예수를 만족시키려는 의욕도 있었을 것이다. 어쨌든 그 부모는 소년 예수를 데리고 성전으로 갔는데, 이런 태도는 모든 부모가 보고 배워야 할 것이다.

3. 소년 예수께서는 거룩한 성과 성전을 방문한 이번 일이 영적 시야를 크

게 트이는 방편이 되었을 것이다.

  자기 속에 갇힌 정신은 정체하게 되고 제대로 기능을 수행하지 못하게 된다. 새로운 자극을 주고 새로운 의문을 일으켜 충분히 기능할 수 있게 하는 어떤 것과 접촉할 필요가 있다. 정신에 살아 있는 불씨를 갖다 대서 활활 타오르게 해야 한다. 그렇게 전율하도록 깨우치는 순간들이 삶과 인격은 제 방향과 활력을 얻는다. 아우구스티누스가 "일어나 읽으라"는 음성을 들은 것도 바로 그런 순간이었다. 그 순간에 아우구스티누스는 새로운 세계에 눈을 떴고, 새로운 정신의 길을 걷기 시작했으며, 새로운 영적 생활에 접어들었다. 소년 예수가 하나님의 성전을 방문한 그 경험이 얼마나 생명력 넘치는 변화의 씨앗을 그 속에 심어놓았고, 덕과 은혜를 얼마나 풍성하게 해주었을지 우리로서는 다 헤아릴 수 없다. 그렇다면 여러분의 자녀들도 어릴 때부터 하나님께 드리는 예배에 접하게 하는 것이 옳다.

  4. 본문으로 미루어, 경건한 요셉과 마리아조차 소년 예수를 성전으로 데려갈 때 그리 큰 기대를 하지 않은 듯하다.

  그 부모는 절기의 의무를 마치고 "하룻길"을 갔다가 밤에 여관에 들어가 여장을 풀려 할 때 예수가 없는 것을 보고 크게 당황했다. 만약 그 때 잠시라도 실제 벌어졌던 사실들을 상상만 했어도 그렇게 당황하지는 않았을 것이다. 예루살렘으로 돌아간 뒤에도 사색이 되어 며칠 밤낮을 찾아 헤매고 다녔다. 성전에서 문의자들 사이에 계실 줄은 미처 생각하지 못했다. 자녀들을 가장 잘 아는 부모가 생각하거나 믿고 있는 것보다 더 많은 일들이 자녀들의 마음에서 벌어지고 있는 경우가 많다. 겉으로는 명랑하고 하찮게 보여도 부모가 까맣게 모르고 있는 동안 속은 여물어 있을 수가 있고, 인생의 목적이 형성되고, 마음이 신적이고 거룩한 일들에 열려 있을 수가 있는 것이다. 지하 깊은 곳을 흐르는 물이야말로 가장 깨끗한 물이다.

  5. 마지막으로, 본문을 놓고 볼 때, 그리스도께서 아주 어렸을 때부터 무엇이 그 정서와 생각을 강력하게 사로잡았으며, 소년으로서 무엇을 가장

중요한 일로 생각하셨을까?

"어찌하여 나를 찾으셨나이까? 내가 내 아버지 집에 있어야 될 줄을 알지 못하셨나이까?" 예수께서는 지상의 모든 혈육 관계보다 더 중요한 관계를 하늘에 두고 계셨다. 나이가 드실수록 지상의 혈육 관계들을 벗어나 수행하셔야 할 의무들이 있었으며, 그것들이 다른 모든 의무들보다 앞섰다.

그렇다면 예수께서 땅에 오셔서 처음 하신 이 말씀은 모든 청소년들이 무엇을 가장 중요한 의무로 알고 살아야 하는지를 일깨워 준다. 이 점을 보다 일찍 그리고 강렬히 자각할수록 더 예수를 닮게 될 것이고, 그의 인생도 더욱 소망이 있게 될 것이다. 여러분은 구주께서 소년 시절에 보여주신 모범을 마음에 새겨두지 않겠는가? 그분을 닮으려고 노력하지 않겠는가? 이 인상적인 교훈을 그냥 흘러 보내겠는가?

― 조셉 세이스(Joseph A. Seiss).

눅 2:44-52. 잃었다가 다시 찾은 그리스도

얼마나 인정 넘치는 기사인가! 예수의 부모가 큰 실의에 빠졌던 것은 당연한 일이었다. 아이를 잃어버린 경험이 있는 사람만이 그 심정을 안다. 아마 그보다 더 당혹스러운 일도 없을 것이다. 마리아와 요셉으로서는 예수를 잃어버린 것이 배나 고통스러운 일이었을 것이다. 이 사건에서 배울 수 있는 교훈이 있다.

I. 우리는 그리스도를 잃을 수 있다

어떤 사람들은 그런 상황에 빠진다. 잘 해나가다 가로막힌다. 그들이 내놓는 선은 아침의 구름과 같다. 그리스도를 잃어버리는 일이 어떻게 해서 발생할까?

A. 하나님의 집을 떠남으로써. 마리아와 요셉은 성전을 떠났을 때 예수를 잃어버렸다. 교회 예배에 꼭 참석하지 않거나 참석할지라도 한눈을 파는

데 위험이 도사리고 있다. 예배를 무시하는 순간부터 타락할 때까지는 불과 며칠이 걸리지 않는다. 예배 때는 그리스도가 선포되며, 그것이야말로 은혜를 받는 중요한 방법이다. "믿음은 들음에서 나며"(롬 10:17). 캐나다의 어느 지역은 성경 보급률에서 타 지역에 뒤지지 않았지만, 목회자가 한 분뿐인데다 그 목회자마저 연로하고 약해서 매주 같은 설교를 반복할 수밖에 없었다고 한다. 그 지역에서 큰 배교가 발생했는데, 그것은 복음이 제대로 전파되지 않은 결과임에 틀림없다.

B. **번성함으로써**. 잔치라고도 볼 수 있는 절기에 예수의 부모는 예수를 잃어버렸다. 전국이 축제 분위기로 떠들썩했다. 여기에는 적지 않은 의미가 내포되어 있다. 많은 사람들이 세상에서 성공하면서 주님을 잃어버린다. "슬픔이 웃음보다 나음은." 여수룬은 살찌고 부대하고 윤택할 때 자기를 지으신 하나님을 버렸다(신 32:15). 다윗이 살인과 간음을 저지른 것은 어려웠던 시절이 아니라 강한 군주가 되었을 때였다. 데마는 "이 세상을 사랑하여" 사도를 버렸다.

C. **동행을 따라감으로써**. 마리아와 요셉은 "동행" 중에 있다가 아들을 잃어버렸다. "친족과 아는 자" 곁에 있었다. 불행하게도 친족은 영적으로 항상 도움만 되지는 않는다. 지인(知人)들도 때로 배교로 잡아끈다. 위대한 화가 밀레는 "검은 브라운슈바이크인"이라는 유명한 그림을 남겼는데, 이 그림에는 아름다운 처녀가 연인인 젊은 프러시아 장교를 붙들고서 전투에 나가지 못하게 하고 있다. 그리스도의 병사들이 친구들 때문에 '선한 싸움'을 하지 못하는 경우가 종종 있다. 잘 아는 사람들을 조심하라! "미련한 자와 사귀면" 자신도 미련한 자가 되어 해를 받게 되기 십상이다.

II. 우리는 그리스도를 찾을 수 있다.

A. **하나님의 집에서**. 우리 주님의 부모가 그리스도를 다시 만난 곳이 그곳이었다. 지금도 그리스도는 그곳에서 만날 수 있다. 그곳에 항상 웅변과 학식과 재능이 있지는 않을지라도, 그리스도를 확실히 발견할 수 있다. 그

렇지 못하다면 그것은 설교자의 수치이다. 목회자들은 모세를 본받아야 한다. 그의 목적은 자신을 나타내는 것이 아니라 이스라엘이 구원을 받을 수 있도록 뱀을 높이 들어올리는 것이었다. 오늘날 슬픔에 젖은 마리아 같은 사람이 "사람이 내 주를 가져다가 어디 두었는지 내가 알지 못함이니이다"라고 말한다면, 그 날은 오늘날 회당의 지도자들에게 불명예스러운 날일 것이다. 유럽의 어느 교회에 가면 강단 전면에 십자가를 부여잡은 나무 손이 장식되어 있는데, 그것은 모든 목회자들에게 인상적인 상징이 아닐 수 없다.

B. 하나님의 말씀에서. 성경에는 그리스도가 얼마나 많이 계신가! 성경은 구주를 드높인다. 구약성경에서는 율법과 선지자와 시편 저자가 그분을 가리킨다. 신약성경에서는 복음서 저자와 사도가 그분의 영광을 기쁘게 전한다. 성경에 관한 한 "그리스도는 만유"이시다. 루벤스(Rubens, 플랑드르의 화가, 1577-1640)는 성격이 따뜻하고 신앙이 깊은 아내를 너무나 좋아한 나머지 자신의 거의 모든 작품들에 아내의 초상을 그려 넣었다. 거룩한 예술가들인 성경 저자들도 주님께 대해서 그렇게 한다.

C. 속죄소에서. 주님은 그곳에 거하기를 좋아하신다. 그곳에서는 아무도 주님의 시선을 피하지 못한다. "죄인의 괴수에게 은혜가 넘치다"라는 말은 존 번연(John Bunyan)의 자서전 제목일 뿐 아니라, 은혜의 보좌에 새겨진 글귀이기도 하다. "나는 자비를 원하고 제사를 원치 아니하노라."

여러분은 그리스도를 잃어버렸는가? 그분을 다시 찾으라! 이 세상의 덧없는 일들로 자신을 만족시키려 하지 말라. 하늘의 만나를 구하라. 구하는 자를 주님은 빈손으로 돌려보내지 않으신다.

— 토머스 스티븐슨(Thomas R. Stevenson), 1874.

눅 2:49. 아버지의 일에 열중하신 그리스도

그리스도의 아버지의 일이 무엇이었는가?

1. 아버지의 일을 하는 것 — 요 9:4; 10:37.
2. 아버지의 말씀을 전파하는 것 — 요 17:8.
3. 아버지의 성품을 드러내는 것 — 요 1:14, 18.
4. 아버지의 이름을 영화롭게 하는 것 — 요 12:28.
5. 아버지의 뜻을 실행하는 것 — 눅 22:42.
6. 아버지의 사랑을 나타내는 것 — 요 16:27.
7. 아버지의 집으로 데려가는 것 — 요 14:2-3.　　　　— 엘링슨.

눅 2:51. 지극히 고상한 진리와 그것을 모신 지극히 거룩한 곳; 혹은 보물과 보물상자

"그 모친은 이 모든 말을 마음에 두니라"(참조. 눅 2:19).

I. 보물

"이 모든 말", 즉 그리스도께 관한 말들.

A. 모든 진리가 다 보물이지만, 그리스도께 관한 진리만큼 귀한 보물이 없다. 하나님의 아들; 죄에서 구원하시는 구주.

B. 진리는 여러 경로를 통해서 우리에게 오지만, 어디서 오든 그것은 다 보물이다. 마리아는 그것을 천사들과 목자들, 그리고 그 밖의 사람들에게 들었다.

II. 보물상자

"마음에." 그것은 "이 모든 말"을 간직한 소중한 장소이다. 진리를 담은 보물상자이다. (참조. 잠 3:3; 4:4).

A. 그러한 보물상자는 희귀하다. 마음에 새긴 글이야말로 쇠하지 않는 문학이다(참조. 단 7:28).

B. 그러한 보물상자는 쓸모가 있다. 마음에 둔 "이 모든 말"은 그것을 소유한 사람과 다른 사람들에게 다 크게 유용하다. "이 모든 말"은 어디서든 사람을 인도하고 격려한다. ― 토머스(U. R. Thomas), 1884.

누가복음 3장

눅 3:1-9. 그리스도의 길을 예비하러 온 사람

30년의 세월이 그리스도의 길을 예비하러 온 사람에게 그 흔적을 남겼다. 가장 보잘것 없는 음식과 의복만 가지고 자신의 육체를 철저히 제어했다. 그가 자연에서, 하나님의 말씀에서, 하나님과의 직접적인 사귐에서 받은 계시들은 엄격한 수도 생활을 견디낼 수 있는 사람에게만 부여되는 것이었다.

마침내 그가 자신을 무겁게 짓누르는 막중한 과제에 관해 입을 열 순간이 다가왔다. "디베료 가이사가 위에 있은지 열다섯 해[에]……요한이 요단강 부근 각처에 와서 죄 사함을 얻게 하는 회개의 세례를 전파하니." 그러자 즉시 사람들이 사방에서 그에게로 몰려들기 시작했다(마 3:5). 여기서 몇 가지 점을 살펴 보자.

I. 요한이 큰 인기를 얻게 된 요인들

A. 사람들이 선지자를 구경한 지가 너무나 오래 되었다. 마지막 선지자가 증거를 마친 이래로 수세기가 지나갔다. 당시에 살아 있던 가장 나이 많은 노인도 하나님의 선지자에게서 말씀을 들었다고 하는 사람을 기억할 수 없었다.

B. 요한은 신실한 증거를 현실 생활에서 많이 내놓았다. 자신이 알고 있는 것을 말했고, 자신이 본 것을 증거했다(참조. 요일 1:3). 그가 확신 있게 말한 것은 틀림없는 사실이다.

C. 요한은 사람들의 도덕적 신념에 호소했고, 그 신념을 외쳤다. 사람들은 자기들이 마땅히 있어야 할 자리에 있지 못하다는 것을 잘 알고 있었다. 사람은 회개하라는 설교에 몸을 움츠리게 될지라도, 그 설교가 자신의 실상을 드러내면 자기 영혼을 괴롭히는 그 소리를 듣지 않을 수 없다.

II. 요한이 전한 설교의 핵심

A. "천국이 가까왔느니라"(마 3:2). 유대인에게 이 말씀은 신정(神政)이 재수립되고, 하나님 나라 역사에서 하나님이 친히 입법자요 왕이셨던 위대한 시절로 돌아가는 것을 뜻했다.

B. 천국 선포와 나란히 "장차 올 진노"에 대한 선포가 타협 없이 이루어졌다(눅 3:7). 요한은 왕이 오시면 자기 탐닉과 죄에 갇혀 살던 사람들이 불가피하게 고통을 당하게 될 것이라고 보았다(참조. 눅 3:7, 9).

C. 요한이 가장 자주 사용한 말은 "회개하라"는 것이었다. 아브라함의 직계 혈통을 들먹인다든지, 겉으로 레위기의 율법을 충실히 지킬 것을 강조하는 것으로는 충분하지 않았다(참조. 마 3:8-9; 눅 3:8).

— 마이어(F. B. Meyer).

D. 요한은 시험의 시기가 있을 것을 선포했다. 그 때가 임박했다고 보았다(참조. 마 3:10; 눅 3:9). 왕께서 은혜의 때에 우리에게 오실 때 그를 영접해야지, 그렇지 않다가 복음이 더 이상 전파되지 않을 때는 그분께 배척을 당하게 될 것이다!

E. 요한의 설교에서는 율법의 말씀이 우레처럼 울려 퍼지지만, 그 사이에는 은혜의 말씀도 들린다. 참으로 회개하는 사람들은 "죄 사함"을 받을 것이다(3절). 오직 그들만 "하나님의 구원하심"을 볼 것이다(6절).

— 엘링슨.

눅 3:1-2. "하나님의 말씀이……요한에게 임한지라."

누가는 하나님의 나라에서 새 시대가 시작되는 것을 기록하고 있다. 우선 배경을 설명하고 등장 인물들을 소개한다. 새로운 나라가 맞서 싸워야 할 정권들과 권력자들을 요약한다. 그의 생각은 티베리우스 카이사르가 황제의 위엄으로 통치하고 있는 로마로 날아간다. 저마다 제 직위를 차지하고 있는 빌라도와 헤롯과 빌립과 루사니아가 그 앞에 떠오른다. 예루살렘에서 위축된 상태에 있는 안나스와 가야바를 생각한다. 그들이 얼마나 거만하게 권력을 쥐고 흔들고 있는가! 이 사람들이 얼마나 거만하게 권력을 쥐고 흔들고 있는가! 이들이 얼마나 자신만만하게 세도를 부리고 있는가! 그런데도 이 당당한 무리들에게 불길한 빛이 감돈다. 수척한 몰골에 남루하게 옷을 입은 채 광야에서 금욕 생활을 하던 유대 제사장의 아들에게 하나님의 말씀이 임했다. 그 말씀은 백성의 양심을 찔러 되살아나게 하고, 그들의 신앙을 쇄신하고, 그들을 속박에서 풀어주었다. 그 말씀은 장차 이 모든 군주들과 방백들을 몰아세울 것이고, 이들의 전제 권력은 시들어 버릴 것이다.

하나님의 말씀이 임할 때 새로운 시대가 시작된 경우가 종종 있었다. 그 말씀은 세속 권력과 영적 어둠이 거만하게 장악하고 있는 세상 속으로 들어온다. 그리고는 조롱의 말과 적대적인 공격과 십자가의 처형에 부닥친다. 하지만 하나님의 말씀은 언제나 한 가지 목적을 띠고서 임한다. 그것은 사람들을 영과 혼과 육의 예속 상태에서 구속하고 건져내기 위해서 임한다. 말씀이 사람들의 마음에 들어갈 때, 그것이 힘을 발휘하여 행동으로 바뀔 때, 악의 지배는 분쇄된다. 전제 권력이 사라진다. 전제 군주들이 자신들의 권좌에서 쫓겨난다. 하나님의 말씀은 자라서 흥왕하게 된다. 하나님 나라 안에서 새 시대가 시작되었다. 이러한 진리를 하나님의 말씀이 역사하는 세 가지 큰 영역에서 살펴보자.

 1. 하나님의 말씀이 임하여 세상을 구속함.
 2. 하나님의 말씀이 임하여 시대를 구속함.
 3. 하나님의 말씀이 임하여 영혼을 구속함.

― 클라우(W. M. Clow).

눅 3:3. 회개해야 하는 이유

1. 회개하지 않는 모든 죄인들에게 형벌이 가해질 것이기 때문이다. 요한은 "임박한 진노"(마 3:7)를 말할 때 이 점을 분명히 해두었다.

2. 이 형벌을 피하는 길은 진정으로 회개하는 것이다. 회개는 죄를 철저히 깨달음으로써 맺는 결실이며, 죄의 본질과 결과를 정확히 배움으로써 나타나는 결과이다.

3. 종교적 규례에 겉으로 순복한다고 해서 반드시 진정으로 회개했다는 증거인 것은 아니다. "아브라함이 우리 조상이라"(8절). 규례는 정신이 변하지 않은 상태에서도 얼마든지 완벽하게 지킬 수 있다.

4. 진정한 회개는 그에 따른 윤리적 행위들을 보고서 알 수 있다. "그러므로 회개에 합당한 열매를 맺고"(마 3:8). 죄를 미워하고, 자기를 부인하고, 다른 사람들을 관대하게 평가하고, 시련에 처할 때 인내하고, 하나님의 자비에 끊임없이 감사하는 것이 그런 열매들에 해당한다.

― 휴스(R. Hughes).

눅 3:21. 누가가 기록한 예수님의 기도들

예수께서 세례를 받으실 때 기도하셨다고 전하는 저자는 누가뿐이다(3:21). 아울러 그는 예수께서 문둥병자를 고치신 뒤 광야로 물러가 기도하신 일과(5:16), 산에서 밤새워 기도하신 일(6:12), 가이사랴 빌립보로 가시는 동안 기도하신 일(9:18), 영광스럽게 변화하실 때 기도하신 일(9:28), 예루살렘에 죽으러 올라가실 때 기도하신 일(22:32), 겟세마네 동산에서 땀이 핏방울이 되어 땅에 떨어지기까지 기도하신 일(22:44), 로마 병사들이 자신을 십자가에 못박는 동안 기도하신 일(23:34), 십자가에서 돌아가시기 직전에 기도하신 일(23:46)을 기록한다. (만약 감사 기도를 포함시킨다면 누가복음에 기록된 예수님의 기도를 다 열거한 셈이다. ―

H. E.)　　　　　　　　　　— 앤드루 스타우트(Andrew P. Stout), 1882.

눅 3:21. 예수께서 드리신 기도들

(주의: 예수께서 드리신 기도들은 연속 설교의 토대로 사용할 수 있다. 그러므로 위에 소개한 목록에 덧붙여, 다른 복음서들에 기록된 예수님의 기도들을 실제 기도하신 내용뿐 아니라 기도하셨다는 언급까지 포함해서 다음과 같이 소개한다:)

　마태복음 11:25-26; 14:23; 26:39, 42, 44; 27:46.
　마가복음 1:35; 6:46; 14:32, 35-36, 39; 15:34.
　요한복음 11:41-42; 12:27-28; 17:1-26.

　물론 주님이 가르치신 기도(마 6:9-13, 눅 11:2-4)는 다른 범주에 속한다. 하지만 히브리서 5:7이 예수께서 "육체로 계실 때" 드리신 기도에 관해 언급한 내용은 간과해서는 안 된다.　　　　　　— 엘링슨.

누가복음 4장

눅 4:16-22. 비참과 긍휼; 혹은 죄인과 그의 구주

예수께서는 당시에 나사렛으로 가셔서 첫 공식 설교를 하셨다. 그분은 오늘도 당신의 말씀을 통해서 다시 오신다. 당시에는 자기 백성에게 찾아가셨으나 "자기 백성이 영접치" 아니하였다(요 1:11). 이 장에서 배척의 분위기가 점차 가중되는 것을 주목하라: 15, 22상, 22하, 28-29절(참조. 24절).

I. 죄인의 참상을 열거함

A. "곤고한 것과 가련한 것과 가난한 것과 눈 먼 것과 벌거벗은 것"(계 3:17).
B. "마음 상한 자"(사 61:1. 참조. 롬 7:24).
C. "포로된 자"(잠 5:22; 요 8:34; 롬 7:14).
D. "눈 먼 자"(엡 4:18. 참조. 요 9:40-41).
E. "눌린 자"(참조. 잠 5:22; 눅 10:30).

II. 구주의 자비를 선포함

"복음을 전하게 하시려고 내게 기름을 부으시고." 복음에는 어떤 것이 들어 있을까?

A. "은혜의 지극히 풍성함"(엡 2:7; 고후 9:8; 사 55:1-2; 계 3:18; 사 66:2하).

B. "소성"(蘇醒)(사 57:15; 시 34:18; 51:17; 147:3).
C. "건지심"(골 1:13; 시 102:19-20).
D. "다시 보게 함"(사 42:6-7; 막 8:22-25; 눅 18:40-43; 요 9:25).
E. "자유"(시 107:10-16; 146:7하).

예수께서는 이렇게 말씀하셨다. "이 글이 오늘날 너희 귀에 응하였느니라." "우리가 하나님과 함께 일하는 자로서 너희를 권하노니 하나님의 은혜를 헛되이 받지 말라. 가라사대 내가 은혜 베풀 때에 너를 듣고 구원의 날에 너를 도왔다 하셨으니 보라 지금은 은혜 받을 만한 때요 보라 지금은 구원의 날이로다"(고후 6:1-2). — 엘링슨.

눅 4:16. "예수께서……회당에 들어가사"

1. 예수님은 정규적으로 예배를 드리는 습관을 갖고 계셨다. "규례대로."
2. 예수님은 정규적으로 예배를 드리는 장소를 갖고 계셨다. "회당."
3. 예수님은 정규적으로 예배를 드리는 시간을 갖고 계셨다. "안식일에."
 — 엘링슨.

눅 4:16. 공예배에 참석하신 우리 구주의 습관

"예수께서 그 자라나신 곳 나사렛에 이르사 안식일에 자기 규례대로 회당에 들어가사." 여기서 우리 구주의 지상 생활에서 중요했던 한 부분을 살펴보게 된다.

1. 우리 주님은 종교 지도자들이 크게 악하고 심지어 하나님께 관해 무지한 줄을 아시면서도 예배에 참석하셨다. 이 경우에 관원들과 백성이 어떤 태도를 보였는가를 눈여겨보라(28-29절). 다른 사람들의 과오를 들먹이면서 자신의 의무나 특권을 소홀히 하지 않는 법을 배워야 한다.

2. 예수님은 회당에서 전에 모르시던 어떤 것을 듣거나 배울 수 없는 상

황에서도 예배에 참석하셨다. 율법이 그림자라면 예수님은 그 실체이셨으며, 선지자들의 예언을 성취하신 분이셨다. 그러한 예수께서 보이신 태도를 생각할 때, 오늘날 우리도 아무리 호방하고 고매한 지식을 가졌을지라도 공예배에 참석하지 않는 것을 정당화할 수 없다. 참조. 요일 2:21; 히 10:24-25.

3. 예수님은 성전에서 거행된 절기들뿐 아니라 회당에도 정규적으로 참석하셨다. 여러분이 만약 큰 행사가 있을 때만 교회에 출석한다면, 그렇게 해가지고는 신실한 신자들이 하나님의 집에서 얻는 기쁨도 유익도 얻을 수 없다는 것을 유념해야 한다(시 84:10).

공예배는 세상 속에서 하나님을 증거하는 일이다(시 122:1-4; 마 5:16. 참조. 눅 9:26; 12:8). 공예배는 개인에게 필수적이며, 신자들 상호간의 사귐에도 꼭 필요하다(롬 12:4-5; 고전 12:13-27).

이렇게 공예배가 우리 주님께서 친히 본을 보이신 은혜의 방도로서, 우리의 영적 안녕과 하나님의 영광과 지상에서 하나님 나라의 전진에 필수적인 일이라고 한다면, 이 일을 가볍게 대해서는 안 될 것이다.

— 휴 존스(Hugh Jones).

눅 4:18. 윤리적 치유

"나를 보내사 상한 마음에게 고침을." 본문에 기록된 우리 주님의 말씀에는 세 가지 교훈이 분명하게 내포되어 있다.

1. 우리가 사는 세상에는 비참함이 있다. 마음 상한 자들이 있다. 마음은 폭정과 비방과 실망과 사별과 특히 죄책감으로 인해 상한다. 사람들이 하루가 멀다하고 번민 중에 내뱉는 얼마나 큰 탄식이 하늘에 사무치며, 얼마나 많은 눈물이 땅에 떨어지며, 얼마나 큰 고뇌의 물결이 인간 영혼들을 통해 밀려오는가! 그것을 아는 분은 한 분뿐이다.

2. 이 참상은 하나님이 이뤄놓으신 것이 아니다. 이것은 하나님이 이러한 참상을 제거하기 위해 예수님을 보내신 사실이 암시한다. 하나님은 인

간을 상한 마음으로 창조하지 않으셨고, 마음을 상하게 하는 것도 창조하지 않으셨다.

3. 이 참상은 언젠가 세상에서 완전히 사라질 것이다. 하나님은 그 일에 합당한 치유자를 세상에 보낼 것이다. 하나님은 그 질병의 본성과 범위를 아시며, 그것을 제거하기에 필요한 조건들을 아신다.

— 데이비드 토머스(David Thomas), 1859.

눅 4:19. 유대 민족의 희년 – 복음 시대의 상징

"주의 은혜의 해." 이 구절에는 희년(禧年)이 암시된 듯하다. 50년마다 돌아오는 희년에는 전국에 나팔을 불어 히브리 노예들이 석방되고, 부채가 탕감되고, 재산이 원 가문들에게 회복되는 것을 선포했다(레 25:8-17).

— 알버트 반스(Albert Barnes).

유대인의 희년은 두 가지 큰 원칙을 가르친다. 첫째, 사회는 그 자체 안에 퇴행적 세력을 갖고 있다. 둘째, 사회를 바로 세우는 힘은 하나님께로부터 온다. 유대인 희년과 복음 시대 사이에는 다음과 같은 점들에서 유사점을 발견하게 된다. (1) 희년이 도입된 방식에서 — "속죄일"에. (2) 그 범위의 보편성에서 — 온 땅의 유대인들을 대상으로. (3) 그것이 부여하는 유익들에서 — 우리가 여기서 따로 생각해야 할 유사점은 이 셋째 점이다.

1. 부채 탕감. "매 칠년 끝에 면제하라"(신 15:1-6). 영적으로 우리는 하나님과의 관계에서 모두 부채를 안고 있는 사람들이다(참조. 갈 5:3하). 죄는 해도해도 다 갚을 수 없는 막대한 부채이다. 하지만 복음 시대에 이 부채는 어떤 경우라도 면제될 수 있다(행 13:38).

2. 복역 기간의 만료. 희년이 도래하면 노예는 해방되어 본연의 신분을 되찾는다. 영적인 면에서 볼 때, 거듭나지 않은 사람은 모두 죄 아래 팔린 노예들이다. 하지만 복음은 영적 자유를 선포한다. 그것은 하나님의 자녀들의 영광스러운 자유이다.

3. 재산 회복. 다양한 시민들이 상실했던 모든 재산이 이제 원 소유자들에게 되돌려진다. 우리는 죄인들로서 무엇을 상실했던가? 영적인 지성과 윤리적 자유와 양심의 평정과 무한하신 아버지와의 사귐을 상실했다. 복음 안에서 이 모든 것이 도로 우리에게 돌아온다. 우리는 다시 "하나님의 후사요 그리스도와 함께 한 후사"가 된다. 곧 "썩지 않고 더럽지 않고 쇠하지 아니하는 기업"을 이을 후사가 된다(벧전 1:4). "만물이 다 너희 것임이라"(고전 3:21).

4. 안식을 누림. 희년이 되면 사람들은 수고를 그치고 몸을 쉬었고, 사회적 조화가 생겼다(레 25:11, 17). 하지만 여호와께서는 "악인에게는 평강이 없느니라"고 말씀하셨다(사 48:22). 악인에게는 모든 것이 격동하고 혼란하고 산란하다. 사람들이 스스로와 사회와 자연과 더불어 싸운다. 복음 아래서는 모든 사람이 "모든 지각에 뛰어난 하나님의 평강"을 누릴 수 있다(빌 4:7). "이미 믿는 우리들은 저 안식에 들어가는도다"(히 4:3). "그러므로 우리가 저 안식에 들어가기를 힘쓸지니"(히 4:11).

채무를 진 유대인으로서, 희년을 알리는 나팔 소리가 울려 퍼질 때 그냥 가만히 있으면서 그 날 고지되는 복을 기쁘게 받지 않은 사람이 과연 있었을까?　　　　　　　　　　　　　　　　— *The Homilist*, 1873.

복음 선포는 그리스도께서 눈 먼 죄인들을 밝히 보게 하시고, 상한 마음을 위로하시고, 갇힌 영혼을 죄와 사단의 예속에서 건지시기 위해 친히 실천하시고, 사도들과 말씀 사역자들에게 당부하신 중대한 의무이다. 구원을 이루시는 하나님의 능력인 영원한 복음을 전파하는 이 숭엄하고 존귀한 의무를 하찮게 생각하는 사람들이란 인류에게 얼마나 큰 원수들인 셈인가?　　　　　　　　　　　— 윌리엄 버킷(William Burkitt).

눅 4:23-30. 자기 백성에게 배척을 당하신 예수

"그는 멸시를 받아 사람에게 싫어버린 바 되었으며"(사 53:3). 사실상 우리 주님의 지상 생활 전부가 이 구약 예언의 성취였다. 그리스도께서는 이 예언대로 예루살렘에서 받으셨던 대우를 나사렛에서도 똑같이 받으셨다. 참조. 요 1:10-11.

예수의 가르침은 서기관들의 가르침과 달랐으며, 그분의 생활은 바리새인들의 생활과 달랐다. 사람들은 이것을 달가워하지 않았으며, 지도자들은 분개했다. 그래서 그들은 예수를 멸시했다.

유대인들은 게다가 "우리들은 아브라함의 자손이라. 남의 종이 된 적이 없거늘"이라고 항변했다(요 8:33). 하지만 예수는 그들과 다른 생명과 자유의 길을 가리키셨다. 이것을 그들은 따르려 하지 않았고, 그래서 예수를 배척했다. 그들이 예수를 격렬하게 배척한 데에는 또 다른 이유가 있었다. 본문에서 그것을 확인할 수 있다. "이 사람이 요셉의 아들이 아니냐." "저희가 놀라 가로되 이 사람의 이 지혜와 이런 능력이 어디서 났느냐." 참조. 마 13:54-58, 막 6:2-3.

하지만 이것은 편견에서 나온 의아함이었고, 불신앙에서 비롯된 놀라움이었다! "거기서는 아무 권능도 행하실 수 없어 다만 소수의 병인에게 안수하여 고치실 뿐이었고 저희의 믿지 않음을 이상히 여기셨더라"(막 6:5-6). 하지만 예수께서는 그들이 익히 아는 두 사례를 들어 그들을 주목하게 하시고, 그들을 깨우치고 경고하려 하셨다.

I. 사렙다 과부 (왕상 17:8-16)

A. 그 여인은 이방인 곧 시돈 사람이었다.
B. 그 여인은 기댈 데라곤 전혀 없는 과부였다(12절).
C. 하지만 선지자를 영접하고 그의 말을 청종했다.
D. 그 여인은 하나님의 사람에게 순종과 믿음과 봉사를 드림으로써 큰 상을 받았다(16절).

II. 수리아 사람 나아만(왕하 5장)

A. 그도 이방인으로서 진리에 대해 외인이었다.

B. "아람 왕의 군대장관 나아만은 그 주인 앞에서 크고 존귀한 자니 …… 저는 큰 용사나 문둥병자더라"(1절).

C. 그는 자신의 처지를 알고서 비천한 계집종의 말을 귀담아 듣고는 선지자의 말에 순종했다.

D. 그 역시 믿음과 순종으로 인해 상을 받았고, 훗날 이스라엘의 하나님께 경배했다(14, 17절).

III. 하지만 유대인들은 달랐다

A. 그들은 자기들이 아브라함의 혈통이므로 당연히 하나님의 참 백성이 될 자격이 있다고 생각했다(참조. 요 8:33, 39).

B. 그들은 예수의 지혜와 능력에 놀라면서도 "요셉의 아들"이란 점을 들어 그에게 배울 필요가 없다고 말했다(마 13:54).

C. 그들은 마음이 상한 자들을 고치러 오신 위대한 의사이신 그리스도를 배척했다(눅 4:18; 참조. 5:31-32).

D. 그들은 예수와 그의 영향을 제거하려고 했다가 비참하게 실패했다(28-30절. 참조. 요 8:59; 10:39).

그러자 예수께서는 자신의 길을 가셨다(눅 4:30). 그리고는 사도들과 칠십 문도에게 당부하시기를, 사람들이 그들을 영접하지 않으면 그 완고한 사람들을 그리스도와 그의 말씀을 배척한 데 반드시 따를 심판에 버려 두고 그냥 가라고 하셨다(마 10:14-15; 막 6:10-11; 눅 10:10-12. 참조. 행 13:51).

결론: 하나님의 말씀을 전파하는 데는 막중한 의무가 따른다. 하지만 진리를 듣는 특권에도 같은 의무가 따른다. 예수께서는 제자들을 파송하시면서 이렇게 말씀하셨다. "너희 말을 듣는 자는 곧 내 말을 듣는 것이요 너

희를 저버리는 자는 곧 나를 저버리는 것이요 나를 저버리는 자는 나 보내신 이를 저버리는 것이라"(눅 10:16). ― 엘링슨.

눅 4:23-24. 나사렛 사람들의 편견, 혹은 사회적 궤변

예수께서는 이제 나사렛에 가셨다. 요한복음에 따르면 이곳은 예수님의 "고향"이었다. 가버나움에는 예수의 "본 동네"라는 칭호가 붙었는데, 이는 예수께서 공생애의 상당 기간을 그곳에서 보내셨고, 대부분의 권능을 그곳에서 행하셨기 때문이다. 하지만 나사렛은 예수를 어려서부터 잘 아는 사람들이 사는 곳이었다. 예수께서는 성년이 될 때까지 이곳에서 사셨다. 이곳의 웅장한 풍광과 세련되지 못한 사회에서 30년 가량을 지내시면서 연구하고 땀흘려 일하셨다. 따라서 "나사렛 예수"와 "나사렛 사람"이라고 불리셨다.

본문은 나사렛인들의 편견 혹은 사회적 궤변에 관해서 네 가지 점을 암시한다.

I. 그러한 편견이 의외로 강하다

예수께서 그들에게 심어주신 인상은 분명히 강렬한 것이었다. "저희가 놀라 가로되 이 사람의 이 지혜와 이런 능력이 어디서 났느냐." 예수의 가르침이 그들의 이성과 양심에 파고들었다. 그 가르침에 감히 논박을 할 수 없었다. 자신들의 윤리 상태가 예수의 원칙들에 수긍하지 않을 수 없게 만들었다.

그런데도 그들에게는 예수의 가르침을 통째로 거역하게 만드는 어떤 것이 있었다. 그들 속에 있는 어떤 것이 마치 물로 불을 끄듯이 예수의 가르침이 자기들의 마음에 불처럼 타오를 때 그것을 소멸했다. 그들의 본성에 심긴 어떤 것이 자기들의 가슴에 생명의 씨앗이 떨어질 때 즉시 그것을 멸했다.

이 어떤 것이 과연 무엇이었던가? 그것은 가난한 이웃이 훌륭한 스승이 될 수 없다는 미련한 편견이었다. 그들의 영혼에 뿌리박혀 있었던 것 같은 이 개념이 이성과 양심으로 인정한 것조차 받아들이지 못하게 했다. 자기들 앞에 선 그가 훌륭한 스승이라고 느끼면서도 해묵은 편견이 그 느낌을 압도해 버렸다.

편견은 언제나 이렇게 사실을 중화시키는 힘을 갖고 있다. 누구에게든 그것이 자리잡고 있으면 알칼리성이 산성을 중화시키듯 진리를 중화시킨다. 설득력 있는 논리와 호소력 있는 설교도 상대의 마음에 편견이 있으면 쉽게 중화되어 효력을 잃게 될 수 있다.

II. 그러한 편견은 지극히 어리석은 것이다

A. 가르침 자체가 훌륭한 것은 가르치는 자의 상황과 전혀 무관하기 때문이다. 사람에게 가장 필요한 것이 진리이다. 자신의 어려운 문제들을 풀고, 의문들에 대답하고, 기운이 살아나게 하고, 힘을 실어주고, 삶을 인도하는 것이 진리이다. "진리를 사고", "지혜를 구하는 것"을 필생의 업으로 삼아야 한다.

윤리적 진리는 누가 어느 시대에 전파하든 동일하다. 윤리적 교훈의 옳고 그름은 그것을 전파하는 사람과 별개이다. 그러므로 어떤 교사의 가르침을 들을 때 지녀야 할 합리적인 질문은 그가 이웃인가, 외인인가 하는 것이어서는 안 되고, 그가 학벌이 좋은가 좋지 않은가 하는 것이어서도 안 된다. 좋은 집안 출신인가 그렇지 않은가 하는 것이어서도 안 된다. 이런 것들은 모두 부수적인 요인들일 뿐이다. 진정으로 합리적인 질문은 그가 가르치는 내용이 참된가 하는 것이다. 사람이 비록 초라할지라도 그의 가르침이 훌륭하다면 그 앞에서 수긍하는 것이 옳다. 만약 가르침이 그릇되다면 당사자가 아무리 훌륭한 위인일지라도 그의 가르침을 가볍게 일축해야 한다. 편견이 어리석은 또 다른 이유는 다음과 같다.

B. 미천한 배경에서도 세계적인 스승들이 나왔기 때문이다. 심리학적으

로도 생계를 유지하기 위해 열심히 일하면 정신 건강과 활력도 증진된다.

사회학적으로도 자기 힘으로 벌어먹고 사는 사람들은 자신의 지적 윤리적 능력을 활용하게 마련이다. 그럴 경우 예견과 계획과 고안과 인내가 생기지 않을 수 없다. 이런 것들은 넉넉하고 편안하게 사는 사람들이 추구하기 힘든 지적 발전에 도움이 된다.

인류의 여러 위대한 스승들이 대부분 가난한 집안 출신들이라는 것이 역사적 사실이라고 한다면, 그들을 향상시킨 것은 살기 위해 열심히 일해야 했던 상황이었다. 예수께서는 유대인들에게 그들의 위대한 스승들을 상기시키신 것인지도 모른다. 엘리사만 해도 쟁기질을 하다가 선지자로 부르심을 받았고, 아모스도 양을 치다가 선지자의 지위에 올랐으며, 다윗도 미천한 생활을 하다가 왕위에 올랐고, 그런 이유에서 어느 시대에든 위대한 스승과 시인과 영웅으로 인정을 받은 것이다.

III. 그러한 편견은 대단히 흔하다

예수께서는 "선지자가 고향에서 환영을 받는 자가 없느니라"고 말씀하시면서 그런 뜻을 은연중에 비치셨다. 왜 선지자가 고향에서 환영을 받지 못할까? 고향에서 배출된 스승이 특히 가난한 집안 출신일 경우에는 왜 대체로 얕보는 것일까?

A. 고향 출신의 스승에게서 탁월한 점보다는 결점이 더 잘 보이기 때문이다. 인간의 눈은 이웃의 부족한 점들을 파악하는 데 예리하다. 우리 눈에는 대체로 이웃의 단점이 장점보다 크게 보인다. 아무리 훌륭한 사람이라도 나름대로 약점을 가지고 있는 법이다. 우리가 먼 거리에서 사랑하고 존경하는 사람들도 가까운 곳에서 어느 정도 지내보면 그들도 단순히 인간들임을 알게 된다. 하지만 그리스도의 이웃들은 아무도 그분에게서 도덕적인 흠을 발견할 수 없었다. 이 사람은 성격이 변덕스럽고, 거짓말을 가끔 하던 그 사람이 아니냐고 말할 수 있는 사람이 아무도 없었다.

B. 고향에서 배출된 스승은 신비스러운 면이 없기 때문이다. 사람은 알

려지지 않음으로써 발휘하는 매력이 있는 법이다. 그의 지위, 업적, 학문, 인품이 모두 상상에 의해 부풀려진다. 모르는 사람이 훌륭한 말을 하면 우리는 그를 훌륭하게 생각한다. 기이한 말을 하면 그를 기이하게 생각한다.

C. 고향에서 배출된 스승은 반발심을 일으키기가 더 쉽기 때문이다. 이것은 항상 그렇다. 교만과 시기는 자라난다. 마음에 허영이 남아 있으면 이웃이 자신의 힘과 공로와 영향력을 깎아 내리는 것을 볼 때 모욕감과 분노가 일어나게 마련이다. 우리는 될 수 있으면 우리가 속한 작은 사회에서라도 가장 크게 되고 싶어한다. 본문의 유대인들이 나타낸 그런 편견이 인간 사회에 만연한 데에는 그런 이유도 있다. 마음속에 자리잡고 있는 이런 소영웅주의가 외지인이었다면 대대로 칭송과 존경을 아끼지 않았을 그런 훌륭한 사람들을 이웃이라는 이유로 배척하고 심지어 죽이기까지 하는 것이다!

IV. 그러한 편견은 큰 해를 끼친다

A. 그러한 편견은 그리스도를 믿지 못하도록 방해한다. 편견은 언제나 믿음과 반대된다. 베이컨(Bacon)이 맨 처음 해야 했던 작업은 자신이 우상들이라고 부른 다양한 편견들을 배제하는 일이었다. 이런 편견들은 지성을 가두는 족쇄이고, 시야를 가리는 구름이며, 진리를 고착시키는 나사이다.

B. 그들은 믿지 않음으로써 하나님이 하시려는 일을 가로막았다. 그것은 매사에 다 그렇다. 농부가 자기 논밭에서 하나님의 역사를 보고 싶으면 자연 법칙과 자기 논밭의 토질을 믿어야 한다. 정치가가 하나님께서 자기 나라에 권능을 행해 주시기를 기대한다면 법을 제정하고 집행할 때 "의(義)는 나라로 영화롭게 한다"라는 진리를 신뢰해야 한다. 매사에 다 그렇다. 하나님께서 믿음을 쓰셔서 어떤 일을 하셨는지 알고 싶은가? 히브리서 11장을 읽어 보라.   — *The Genius of the Gospel.*

눅 4:31-37. 하나님의 아들이 육체로 나타나신 일이 인류의 상황에, 그리고 타락한 천사들의 상황에 끼친 서로 다른 영향.

얼마나 비상한 만남인가! 이 기사에 사건이 얼마나 낯선 것인가! 그 자리에 있었던 사람들은 모두 놀라움에 큰 충격을 받았을 것이다. 시간과 공간으로 멀리 떨어져 있는 우리조차 이 비범한 만남의 기사를 읽을 때 전율하지 않을 수 없다.

우선 더러운 귀신이 들어간 사람과, 그 안에 "신성의 모든 충만이 육체로" 거하시는 분이 한 지붕 밑에서 가까이 얼굴을 마주한 채 만난 장면이 눈에 들어온다.

하나님의 아들이 육체로 나타나신 일은 어떤 세상도 알지 못했던 기이하고 중요한 사건이다. 이 사건이 여호와 하나님의 광활한 통치 안에서 다른 지식인들의 관심사에 어떠한 직접적인 혹은 간접적인 영향을 끼쳤는지 우리는 알 수 없다. 하지만 이 사건이 우리의 상황과 타락한 천사들의 상황에 끼친 영향에 대해서는 어느 정도 이해할 수 있다.

예수 그리스도께서 땅에 오신 일은 실로 우리에게는 빛과 생명과 소망의 기둥이었다. 하지만 타락한 천사들의 진영에는 대단히 공포스러운 어둠의 구름이었다.

본문에 기록된 더러운 귀신의 말에서 그 차이를 살펴보자.

1. 더러운 귀신(참조. 막 1:21-28)은 예수께서 자기들, 즉 타락한 천사들을 멸하고, 사람들을 구원하러 오셨다고 말한다.

"우리를 멸하러 왔나이까." 그럴지라도 우리는 할 말이 없습니다라는 뜻이 본문에 암시되어 있다. "하나님의 아들이 나타나신 것은 마귀의 일을 멸하려 하심이니라." 그분이 "혈육에 함께 속하심은 사망으로 말미암아 사망의 세력을 잡은 자 곧 마귀를 없이 하시며 또 죽기를 무서워하므로 일생에 매여 종노릇하는 모든 자들을 놓아주려 하심이니." 이렇게 마귀를 멸하고 그에게서 인류를 건져내는 것이 그분이 오신 큰 목적이었다. 그들의 존재를 멸하시려는 것이 아니다. 그들은 영원히 멸절되지 않을 것이기 때문이다. 본문의 더러운 귀신이 두려워한 것은 존재의 영원한 멸절이 아니었다. 자기들의 일이 무산되는 것이, 즉 인류를 해치려고 세워놓은 악계가 무산되는 것이 그는 두려웠다.

반면에 그리스도께서는 인류를 구원하고 건지려고 오셨다. "인자의 온 것은 잃어버린 자를 찾아 구원하려 함이니라." 주께서 이 영광스러운 선언을 하신 말씀을 성경에서 얼마나 자주 듣게 되는가? "하나님이 세상을 이처럼 사랑하사 독생자를 주셨으니 이는 저를 믿는 자마다 멸망치 않고 영생을 얻게 하려 하심이니라." "하나님이 그 아들을 세상에 보내신 것은 세상을 심판하려 하심이 아니요 저로 말미암아 세상이 구원을 받게 하려 하심이라."

2. 더러운 귀신은 타락한 천사들이 구주이신 그리스도께 아무런 관심도 없다는 것과, 인간들만 구주께 관심이 있다는 것을 암시한다.

더러운 귀신이 한 말에는 다음과 같은 뜻이 담겨 있다. '우리가 당신과 무슨 상관이 있습니까? 아무런 상관도 없습니다. 우리는 당신이 구주이심을 알지만, 우리에게 구주가 아닙니다. 당신이 죄인의 모습을 취하신 것은 인간을 죄와 정죄에서 구속하시려는 것이지, 우리를 구속하시려는 것이 아닙니다. 우리는 당신에게 무한한 자비와 긍휼이 있다는 것을 알지만, 우리에게는 한 방울의 자비와 긍휼도 없습니다. 당신은 죄를 사하시고 극악한 죄인조차 구원하시지만, 우리는 당신의 능력으로부터 기대할 것이 아무 것도 없습니다. 우리를 그냥 내버려 두십시오. 이것이 우리가 당신에게 구하는 것입니다. 이것이 우리의 간절한 소원입니다.'

그의 경우가 우리와 얼마나 다른가! 그리스도 안에서 우리는 우리 구주께서 우리의 본성을 입으시고, 모든 점에서 우리와 같으신 것을 본다. "이는 실로 천사들을 붙들어 주려 하심이 아니요 오직 아브라함의 자손을 붙들어 주려 하심이라." "한 아기가 우리에게 났고 한 아들을 우리에게 주신 바 되었는데." 그리스도께서 이 땅에서 사시고 돌아가시고, 사흗날에 다시 살아나신 것은 모두 우리를 위한 일이었다. 그는 우리의 화목제물이며, 우리를 위해 아버지께 간구하는 분이시다. "예수는 하나님께로서 나와서 우리에게 지혜와 의로움과 거룩함과 구속함이 되셨으니." 우리는 믿음으로 그분을 우리의 구주로 주장할 권리가 있고, 그의 이름으로 담대하게 하나님의 보좌 앞에 나아가서, 그분의 속죄의 피로써 마련된 영생에 속한 모든 복을 받을 권리가 있다.

3. 더러운 귀신은 예수가 하나님의 아들과 인간들의 구주임을 아는 지식이 타락한 천사들을 염려와 절망에 빠뜨린다는 것을 암시한다. 인간들에게는 동일한 지식이 생명과 구원으로 인도한다.

"나는 당신이 누구인줄 아노니 하나님의 거룩한 자니이다." 이 지식이 그를 칼처럼 찔렀다. 이 지식이 그를 떨게 하고 크게 소리지르게 했다. 사실상 그는 훌륭한 신앙고백을 한 셈이다. 그것은 훗날 시몬 베드로가 했던 것과 동일한 고백이었다. 귀신은 그리스도를 믿고, 그 앞에서 떨고, 그에게 신앙을 고백했지만 그것은 아무런 의미가 없는 것이었다. 그 사실을 그도 잘 알았다.

악한 귀신들이 그리스도를 알고 인정하는데, 인간들은 그를 모르고 부정하는 것이 놀랍지 않은가?

베드로가 동일한 고백을 했을 때, 예수께서는 "바요나 시몬아 네게 복이 있도다"라고 말씀하셨다. 동일한 지식과 신앙이 타락한 천사들에게는 고통과 번민이 되지만, 타락했으나 구속함을 받은 사람들에게는 평화와 구원과 생명이 된다. "영생은 곧 유일하신 참 하나님과 그의 보내신 자 예수 그리스도를 아는 것이니이다." ― 리스(W. Rees), 1857.

눅 4:33-35. 귀신들

I. 그들의 화육(化肉)

A. 윤리적인 면에서, 경건치 않은 사람들은 모두 귀신들려 있다. 그들은

거짓과 야심과 불경건 같은 마귀의 원칙들에 지배를 받는다. 불행하게도 우리는 동료 인간들이 분노하고 방탕하고 무모하게 행동하는 모습에서 그들이 귀신들려 있는 징후를 발견한다.

B. 성경 기사들에서도 귀신 들린 사례들을 자주 발견한다(예. 마 17:15, 18; 막 9:17-27; 눅 9:37-42 등). 많은 사람들은 이런 현상이 다양한 정신적 육체적 질환들을 설명하기 위한 유대적 가설들에 지나지 않는다고 이해하는데, 그것은 귀신들의 발언을 고려할 때 근거가 부실하다(막 1:23-24; 3:11-12; 5:7). 귀신들은 인간들의 범주를 벗어나는 일정한 지식을 갖고 있고(막 1:24), 자신들의 정체를 잘 알고 있다(마 8:31).

II. 그들의 대담함

A. 귀신은 회당에 갔다. 따라서 어떤 교회들에 가는 것도 그의 영역을 벗어나는 것이 아닐 것이다. 세상에는 귀신이 제정한 예배 의식을 사용하고, 귀신이 작성한 신조들을 표방하는 교회들이 있다.

B. 하지만 귀신이 그리스도께서 계신 교회에 가는 것은 대담한 짓이다. 교회야말로 귀신이 가장 시급하게 해야 할 일이 있는 곳이다. 우리 교회들에는 어떤 '귀신들'이 있을까? 교만과 회의와 세속성과 소극성의 귀신들이 있지 아니한가?

III. 그들의 비열함

A. 본문에서 귀신은 자비를 의도적으로 걷어차는 모습을 보인다. "우리가 당신과 무슨 상관이 있나이까." 당신은 인간들의 구속자요 구주이지만, 우리는 당신과 상관이 없습니다.

B. 이 귀신은 큰 재앙을 염려하는 듯하다. "우리를 멸하러 왔나이까." 그들은 어떤 멸망을 염려했을까? 기억과 의식과 존재와 의무의 멸망을 염려했을까? 그렇지 않다. 그들은 이런 것들이 사라지는 것을 오히려 환호했을 것이다. 그들이 두려워한 것은 인류를 지배해온 권세가 사라지는 것이었

다.

IV. 그들의 신학

A. 그들은 하나님을 믿었다. "나는 당신이 누구인줄 아노니 하나님의 거룩한 자니이다." 그들은 무신론자들이 아니었다.

B. 그들은 그리스도를 메시야로 믿었다. "하나님의 거룩한 자." 이 두 가지는 기독교의 핵심 진리들이다. 우주를 다스리시는 한 분 하나님과 인류를 구원하시는 한 분 구속자를 믿은 것이다.

V. 그들의 멸망

이 귀신은 이제 두 가지 면으로 멸망을 당했다.

A. 기도가 거절당함으로써. "잠잠하고." 그리스도께서는 사람들에게는 기도를 권장하신다. "구하라 그러면 너희에게 주실 것이요 찾으라 그러면 찾을 것이요 문을 두드리라 그러면 너희에게 열릴 것이니." 하지만 귀신들의 기도는 듣지 않으신다. 그들의 외침은 그리스도의 마음에 아무런 감동을 일으키지 못한다.

B. 귀신의 지배를 폐하심으로써. "그 사람에게서 나오라 하시니 귀신이 그 사람을 무리 중에 넘어뜨리고 나오되 그 사람은 상하지 아니한지라." 그리스도께서는 마귀의 일을 멸하러 오셨고, 장차 그를 모든 믿는 자들의 영혼들에서 몰아내시고 지상에서 그를 쫓아내실 것이다.

이 더러운 귀신이 윤리적으로 비참한 상태에 있는 인간 영혼과 유관하다는 점을 기억하는 것이 유익하다. 그 사람의 영혼이 더럽혀졌다는 데에는 변론이나 의문의 여지가 없다. 양심과 역사와 관찰과 성경이 그것을 증거한다. 영혼의 이 네 가지 윤리적 상태에 관해서 우리는 네 가지 의견을 제시한다.

1. 그것은 비정상적이다. 영혼은 처음에 거룩하신 하나님의 손에서 나왔을 때는 더럽지도 않았고 더러울 수도 없었다. 흠도 없고 순결했으며, "빛

들의 아버지"께로부터 나온 광채였다. 그것은 스스로 더럽혀졌고, 부패의 진창에 던져졌다.

2. 그것은 죄책이다. 사람은 비록 스스로 더럽히도록 유혹을 받고, 타락한 지대에 들어가도록 유혹을 받았지만 강요받지는 않았다. 자유로웠다. 사람은 우발적으로 스스로를 더럽힌 것이 아니라 의도적으로 더럽혔다. 강요에 떠밀려 더럽힌 것이 아니다. 사람은 자유로웠다. 윤리적 정신의 본질은 강요를 받을 수 없다는 데 있다. 사람은 자발성과 자유를 부여받았다. 따라서 사람이 타락한 것은 수치요 죄악이다!

3. 그것은 누추하다. 불결한 것은 눈을 거스른다. 불결한 사람, 불결한 옷, 불결한 그릇은 혐오감을 일으킨다. 하지만 우주에서 가장 혐오스러운 것은 더러운 정신이다. 그것은 "가증한 일"(렘 44:4)이다. 하나님 곧 윤리적 우주의 마음은 그것을 혐오한다. 거짓과 비열함과 부정직과 이기심과 허영은 본질상 혐오스러운 것들이다.

3. 그것은 가변적이다(참조, 35상). 옷에서 얼룩을 제할 수 있듯이, 죄도 영혼에서 제할 수 있다. 그리스도의 가르침과 생애와 죽음이 발휘하는 구원의 능력은 죄를 씻는 샘을 이루며, 그 샘에서 씻으면 아무리 타락한 영혼도 순결하게 될 수 있다. "우리를 사랑하사 그의 피로 우리 죄에서 우리를 씻으시고(한글개역성경 난하주)."　　　　　　　— 토머스(D. Thomas).

누가복음 5장

눅 5:1-11. 교회의 사명과 시련

그리스도께서 일으킨 기적들은 그분이 하나님께 받은 사명을 입증하는 신임장들이었고, 그가 하나님께로서 온 스승임을 입증하는 증거들이었다. (참조. 요 2:11; 3:2; 9:16하; 10:37-38; 14:11; 행 2:22). 하지만 기적들은 그리스도의 가르침을 인증하는 표에 그치지 않고, 그것을 전달하는 수단이자 매체가 되기도 했다. 천상의 진리들을 예시하는 상징들이자, 거룩한 것들을 표현하는 비유들이었다.

기적들은 변증뿐 아니라 교훈의 성격도 띠었다. 증명하고 확증할 뿐 아니라 예시하고 가르치기도 했다. 문둥병자들을 깨끗하게 하신 기적(눅 17:11-19)은 죄인들이 깨끗케 되는 것을 묘사하고, 갈릴리 바다에 일어난 풍랑을 잔잔케 하신 기적(마 8:23-27)은 교회를 삼키려고 일어나는 풍랑들을 꾸짖으시는 것을 묘사하고, 청각장애자의 육체적 불구를 고치신 기적(막 7:31-37)은 죄인들의 영적 질병을 고치시는 것을 묘사하는 식이다. 본문에서도 마찬가지이다. 베드로에게 많은 고기를 잡게 하신 기적은 교회의 사명과 시련들을 묘사한다.

I. 교회의 사명

A. 베드로의 사명은 고기를 낚는 것이었다. 예수께서는 깊은 데로 가라고 말씀하셨다. 그러기 전에 베드로는 장시간("밤이 맞도록") 열심히("수고를 하였으되") 그물질을 했었다. 하지만 예수님의 말씀을 듣고서 올바른

방법으로("말씀에 의지하여"), 올바른 장소에서("깊은 데로 가서"), 올바른 방법으로("그물을 내려") 큰 성공을 거두었다(잡은 고기가 두 배에 가득 찼다).

B. 교회도 그렇게 일해야 한다. 교회의 사명은 사람들을 낚는 것이다. 그들을 낚아 그리스도께 바치는 것이다("네가 사람을 취하리라"는 구절은 헬라어로 "네가 사람을 사로잡으리라"임<한글개역성경 난하주>). 교회는 재물을 사용하고 또 자신까지 사용해 가면서 열심히 일해야 한다(참조. 고후 12:15). 죄의 밤이 지배하는 동안, 즉 세상이 끝날 때까지 오래 일해야 한다. 아울러 올바른 태도로, 즉 인간 이성이나 시류에 편승하는 방침에 따르지 않고 예수님의 말씀대로 일해야 한다. 그리고 올바른 장소에서("깊은 데로 가서", 즉 온 세상에 나가서 — 막 16:15: 큰 노력을 기울이고 많은 책임을 맡으면서), 올바른 방법으로(복음의 그물, 막 16:15) 일해야 한다. 그러면 성공을 거두게 될 것이다(그 성공은 사 55:11에 약속되고, 행 2:41에 실현되고, 오늘날도 여전히 실현되어 간다).

II. 교회가 겪는 시련들

A. 베드로는 시련을 겪었다. 밤이 맞도록 그물질을 하였으나 고기를 잡지 못하여 지치고 실의에 빠졌다. 노력했으나 허사였다. 하지만 성공에도 나름대로의 시련이 따랐다. 그물이 찢어지기 시작했고, 배들이 가라앉기 시작했다.

B. 교회도 나름대로의 시련을 겪는다. 그물을 던지지만 잡히는 것이 별로 혹은 전혀 없는 것처럼 보일 때가 많으며, 교인들도 지치고 실의에 빠진다. 최선을 다해보지만 사역이 힘들고 오래가며, 그런데도 때로 우리가 아무 일도 해놓은 것이 없는 것처럼 보인다(행 13:46). 아마 우리가 그리스도의 말씀보다는 우리 자신의 지혜와 판단과 힘을 의지하고 있는지 모른다. 그리스도의 말씀이나 계명을 도외시하고 우리 자신의 열정과 욕심에 쫓기고 있는지도 모른다.

C. 그런데 우리의 노력에 성공이 따를 때, 교회가 허다한 무리를 회개시켜 교인으로 만들 때, 이 때도 시련과 위험이 따른다. 이런 때는 교인들의 마음이 방만하고 부주의해져서 분열과 다툼이 생기기 쉽다. 그리고 '고기'가 도망친다. 이러한 시련에 처했을 때는 예수님의 말씀을 되새기고, 힘을 합해서 사역하고, 서로를 도와야 한다(롬 14:19). 마지막으로, 스스로 겸비하고 모든 영광을 하나님께 돌려야 한다(시 115:1).

― O. K. (세인트루이스 컨콜디아 신학교 교수), 1905.

눅 5:5. 이의를 달지 않는 순종

"얻은 것이 없지마는 말씀에 의지하여."

제자들은 밤새 수고했으나 아무 것도 건지지 못했다. 그럴 때 그리스도께서 깊은 데로 가서 그물을 내려 고기를 잡으라고 말씀하셨다. 이들은 이의를 달지 않고 순종을 했고, 곧 큰 보상을 받았다. '그럼에도 불구하고'라는 태도가 본문을 이해하는 실마리가 된다.

I. 이 구절에 암시된 제자들의 태도

A. 신앙의 태도. "혹시 저 분의 말씀대로 했다가 허탕을 칠지 모른다. 우리는 밤새껏 수고를 했는데도 아무 것도 잡지 못했다. 저 깊은 물로 나가라고 하시는데, 그곳은 고기를 잡기에 좋은 장소가 아닌 듯하다. 그럴지라도!"

B. 그것은 사랑을 가지고 취한 태도였다. "주님, 저는 왜 그렇게 말씀하시는지 이해할 수 없습니다. 하지만 그물을 던지라고 말씀하시니 그대로 하겠습니다." 그것은 종이 주인을 사랑하는 심정으로 품는 확신이다.

C. 그것은 이의를 달지 않고 순종하는 태도였다. 우리는 이 사랑과 믿음과 순종의 행위가 얼마나 풍성한 보상을 받았는지 안다. 즉각적인 실천이 있었고, 즉각적인 보상이 있었다. 그리스도를 순종해서 낭패를 보는 경우

란 없다!

순종에는 복이 따른다. 나아만은 이 교훈을 배워야만 했다. 효력은 요단강에 내려간 행위 자체에 있지 않고, 하나님의 음성에 순종한 데 있었다. 나아만은 말씀에 순종해야 했고, 그렇게 순종함으로써 도움을 받았다. 예수께서는 문둥병자 열 사람에게 "가서 제사장들에게 너희 몸을 보이라"고 말씀하셨다. 그들은 속으로 이렇게 말했을 것이다. "그런데 그렇게 해봐야 무슨 소용이 있을까? 우리는 문둥병이 잔뜩 걸렸는데, 만약 이대로 제사장들에게 가면 그들을 우리를 도로 쫓아낼 것이다. 그건 우리에게 아무런 도움도 되지 않는다." 하지만 "저희가 가다가 깨끗함을 받은지라."

하나님께 복을 받고 싶다면 순종해야 하는 것이다.

II. 이의를 달지 않고 순종하는 태도는 회심하지 않은 사람에게 특히 적합하다.

그리스도인이 되고 싶어하는 사람들이 있다. 하지만 그들은 "주님, 저는 이해가 되지 않습니다. 믿고 난 다음에 어떻게 될지 결과도 두렵습니다. 당신이 왜 그런 계명들을 내셨는지도 모르겠고, 그것을 실천할 방법도 모릅니다"라는 식으로 이유를 늘어놓는다.

죄에 병든 허다한 영혼들이 결국 고침을 받지 못하고 만다. 그것은 그들이 가끔씩이라도 고침을 받고 싶어하지 않기 때문이 아니라, 그리스도를 그분의 말씀대로 받아들이고, 결단력을 가지고 순종의 길에 나서지 않기 때문이다.

예수께서는 "다 내게로 오라. 내가 너희를 쉬게 하리라"고 말씀하신다. 하지만 여러분은 "주님, 쉼을 주시면 당신께 가겠습니다" 하고 말한다. 예수께서는 "나의 멍에를 메고 내게 배우라. 그러면 너희 마음이 쉼을 얻으리니"라고 말씀하신다. 하지만 여러분은 "주님, 내 영혼에 쉼을 주시면 당신의 멍에를 메겠습니다"라고 말한다.

이런 식으로 느끼고 행동하는 사람이 많으며, 이렇게 하기 때문에 제자리에서 맴돌다가 멸망하는 것이다.

III. 의문을 달지 않는 순종은 유혹을 받고 주저하는 모든 그리스도인들에게, 신령한 생활에 더 깊이 들어가기를 주저하는 그들에게도 적합하다.

— 핼럭(G. B. F. Hallock).

눅 5:8. 죄가 이탈을 재촉하다

시몬 베드로는 다른 때는 어땠는지 몰라도 이 경우에는 깊은 죄책감을 느끼고서 "주여 …… 나는 죄인이로소이다"라고 진지하게 자백했다. "나를 떠나소서"라는 말과 함께. 이것은 죄인인 자신이 그러한 구주 앞에 서 있는 것이 적절치 않다고 느꼈기 때문이다.

이 세상에는 자기들이 죄인이라고 쉽게 자백하는 사람들이 많이 있지만, 그들의 자백은 때로 자기 의를 가리는 일종의 베일에 지나지 않는다. 속으로는 정말로 자신이 죄인이라고 생각하지 않는 것이다. 죄에 대한 진실한 가책이 없다.

I. 오늘날은 죄책감을 품고 있는 사람이 왜 적을까?

구원받지 못한 사람들을 놓고 이야기한다.

A. 우선 죄 자체에 관해 올바로 생각하는 일이 희박하기 때문이다. 믿지 않는 사람에게 죄인이냐고 묻는다면, 그는 극악한 범죄자냐고 묻는 것으로 이해한다. 그가 하나님 앞에서 큰 죄인이라고 말해주면, 그는 자신이 신성모독자, 위증자, 도둑, 간음자, 살인자로 지목을 받는 것으로 생각한다. 이런 죄들을 짓지 않았더라도, 인간에게는 하나님께 대한 미움이 깊이 뿌리 박혀 있다. 질병들일지라도 겉으로 나타난 증상과 아무런 상관없는 질병들이

많이 있는 것이다.

오래 전에 런던에 큰 전염병이 돌아서 많은 인명을 앗아갔을 때, 볼에 아주 작은 붉은 반점만 생겨도 그것이 죽음의 징후요 곧 죽음이 찾아온다고들 말했다.

B. 오늘날 죄책감을 품고 사는 사람이 적은 이유는 우리가 생각조차 않는, 그리고 부작위(不作爲)의 죄라고 할 만한 죄들도 많기 때문이다. 죄는 하나님의 뜻에 명백히 위배되는 일뿐 아니라, 하나님의 거룩한 뜻에 부합하지 않는 일까지도 포함하는 것이다. 예를 들어 법을 적극적으로 지키지 않거나 계명을 무시하거나 의무를 수행하지 않는 것이 그런 예에 해당한다.

하나님의 말씀이 죄에 관해서 가르칠 때 행하지 않은 것을 죄라고 가르치는 부분을 본 적이 없는가? 예를 들어 요한복음 16장에서 예수 그리스도는 장차 오실 성령과 그분이 하실 일에 관해 말씀하시면서 "그가 와서 죄에 대하여 …… 책망하시리라. 죄에 대하여라 함은 저희가 나를 믿지 아니함이요"라고 하셨다. 대 심판을 예고하신 마태복음 25장에서는, 왕이 영광의 보좌에 앉을 때 영원한 형벌로 던져지는 사람들이 있을 것인데, 이들은 "이 지극히 작은 자 하나에게 하지 아니한 것이 곧 내게 하지 아니한 것이니라"는 이유로 그러한 운명에 처해질 것이라고 한다. 그리고 사도 바울도 고린도인들에게 편지를 쓸 때(고전 16:22) 자신의 글을 받아 적던 서기에게서 펜을 취하여 친필로 "만일 누구든지 주를 사랑하지 아니하거든 저주를 받을지어다"라고 쓴다.

믿지 않고, 행하지 않고, 사랑하지 않는 이런 것들이 하나님께서 죄인들을 벌하시되 당신의 면전에서 영원히 쫓아내시기까지 하실 때 제시하시는 세 가지 근거이다.

C. 죄에 대한 인식이 바르지 않기 때문이다. 날 때부터 소경이 되어 본다는 것이 무엇인지 모르는 사람이나, 날 때부터 귀가 멀어 듣는 것이 무엇인지 모르는 사람, 혹은 날 때부터 느낌이나 감각을 상실하여 정상적으로 사물을 파악하지 못하는 사람과 같다. 이보다 더 열악한 것은 죄에 익

숙해져서 갈수록 죄에 무감각해지는 것이다.

> "악은 기골이 장대한 괴물이어서,
> 그냥 보기만 해도 혐오감이 든다.
> 그래도 자꾸 봐서 낯이 익으면
> 처음에는 견디다가 연민이 생기고, 나중에는 끌어안게 된다."

D. 죄에는 사람을 속이는 힘이 있기 때문이다(요일 1:8). 하나님의 말씀이 어떻게 가르치는지 기억하라: "만일 우리가 죄 없다 하면 스스로 속이고 또 진리가 우리 속에 있지 아니할 것이요." 마음이 악한 사람이 자기가 죄가 없다는 신학을 만들어 낸다. 사람들은 왜 자기가 죄인이 아니라고 믿고 싶어하는 것일까? 자기들이 죄인이라고 생각하면 마음이 불편해지기 때문이다.

사람들이 죄라는 문제를 대하는 방식이 대체로 이러하다. 그들은 죄에 대한 올바른 개념이 없고, 죄에 대한 명백한 인식이 없고, 그로써 죄가 속임으로 그들 속에 고이 간직되어 있는 것이다.

II. 죄와 그 본질에 관해서 이러한 그릇된 개념과 빈약한 인식과 속임의 올무에서 어떻게 하면 벗어날 수 있을까? 어떻게 하면 우리가 죄인이라는 것을 알 수 있으며, 하나님께서 우리를 보시는 대로 스스로를 볼 수 있을까?

A. 우선 하나님께서 우리에게 내리신 평가를 받아들여야 한다.

여러분은 여러분의 죄를 보지 못하지만, 하나님은 여러분의 죄를 어떻게 생각하시는지 말씀해 놓으셨다. 따라서 여러분이 해야 할 일은 하나님이 여러분에게 내리신 평가를 받아들이는 것이다. 하지만 성경을 펴서 그 평가를 읽어보면 워낙 강경해서 받아들이기가 두렵다! 다음 구절들을 읽어 보라. 창 6:5, 11, 12(노아의 시대); 시 14:2-3(솔로몬의 시대); 롬 3:10-

18(바울의 시대).

B. 둘째로, 하나님이 진리와 생명, 의무와 행실에 관해 내신 완벽한 표준을 고려해야 한다.

사람들이 흔히 하는 방식은 — 하지만 이것은 매우 어리석고 악한 행위이다 — 자신을 다른 사람들과 비교하여 평가하는 것이다.

하나님은 당신의 귀한 말씀 안에서 완벽한 교리의 표준을 주셨고, 주 예수 그리스도 안에서 완벽한 품행의 표준을 주셨다. 만약 스스로 죄인이 아니라는 생각이 은연중에 든다면 여러분의 인격과 행실을 예수님 곁에 나란히 놓고서 여러분이 완벽한 표준에서 얼마나 떨어져 있는가를 확인해 보라. 그러면 하나님께서 왜 여러분을 큰 죄인으로 여기시는지를 이해할 수 있을 것이다.

구약과 신약 성경에서 이런 사례들을 많이 찾아볼 수 있다. 아담과 하와, 창 3:8; 모세, 출 3:6하; 다니엘, 단 10:8; 요한, 계 1:17상.

여러분과 나는 예수의 신성에 참여하기 전까지는 거룩하신 하나님 앞에 설 수 없다. 예수의 신성에 참여한다면, 우리는 독수리처럼 하늘로 날아올라가 순결한 눈으로 정오의 햇살처럼 눈부신 의의 태양을 바라볼 수 있다.

— 피어슨(A. T. Pierson), 1892.

병행단락들: 마 4:18-22; 막 1:16-20(참조. 요 2:5 이하). 매클라렌(Maclaren)은 누가복음 5:4에 대한 강해에서 "어부들에게 내리신 지시"를 다루면서, 이 주제하에 다음을 논한다. (1) 섬김의 법, (2) 반응, (3) 결과. 아울러 8절을 요한복음 21:7과 결합하여 다루면서, "동일한 사람이 동일한 배경과 상황에서 동일한 주님 앞에서 동일한 동기에 영향받아 행동했으나" 결과는 정반대였던 사실로부터 여러 가지 교훈을 이끌어 낸다.

— H. E.

누가복음 6장

눅 6:20-26. 참 행복

복음의 교훈들을 싫어하는 사람들은 복음의 계명들도 못지 않게 싫어한다. 물론 일반적인 윤리를 인정하기도 하고 실천하기도 한다. 하지만 예수의 윤리성에 대해서는 지나치게 엄격하다 하여 호감을 갖지 않는다. 앞에 있는 말씀이 이 점을 뒷받침한다. (이 단락이 기독교 신앙의 깊은 신비들에 직접 관련이 없다는 점을 유의해야 한다. 오히려 이 단락은 대단히 실질적인 성격을 띤다. 그리고 단어들의 의미도 명쾌하여서 별도의 해설이 필요가 없으며, 곡해의 가능성이 거의 없을 만큼 분명하다.) 본문은 다음과 같은 생각을 일으킨다:

I. 세상이 행복에 관해 갖고 있는 거짓 개념들

A. 이 주제에 관해서는 철학자들이 많은 사색을 남겼지만, 세상이 대체로 동의하는 견해들이 몇 가지 있다. 그들은 재물이 많으면 행복도 증가한다고 생각한다. 염려와 곤궁에서 벗어나면 행복도 커질 것이라고 생각한다. 마음 편하게 즐거운 일들에 몰입하면 행복도 커질 것이고, 무엇보다도 세상에서 존경과 명예를 얻으면 행복이 완성될 것이라고 생각한다.

B. 하지만 이런 생각들은 크게 잘못되었다. 물론 이런 낙(樂)의 근원들이 당장에 위안을 주는 것이 사실이다. 게다가 재물과 안락과 기쁨과 좋은 평판을 순수하게 누릴 수 없다는 것도 아니다. 그러나 행복이 이런 것들로 구성된다고 생각한다면, 그리고 이런 것들을 풍성하게 소유한다면 설혹 영

적인 복들이 결여되더라도 그것을 벌충할 수 있다고 생각한다면 그것은 큰 오산이다. 영적인 복들은 이 세상의 재물보다 훨씬 더 가치가 크다.

C. 그것보다 더 치명적인 기만이 없다. 우리 주님께서 그릇된 판단을 하실 리가 없다. 그런데도 부자들과 배부른 자들과 웃는 자들과 칭찬 받는 자들에게 큰 화를 경고하신다. 그리고 화를 경고하실 때마다 그 이유를 설명하신다. 현세적 만족들로 배부른 자들은 영생을 위해 아무런 준비도 하지 않는다. 따라서 이생의 것들만 가지고 남겨질 때 그들은 영원히 가난하게 될 것이다. 그들은 지금 이 세상 사람들과 함께 자기들의 몫을 누리므로, 내세에서 자신들의 몫을 받을 것이다(참조. 눅 16:19-31).

II. 성경이 표현하는 행복들

A. 가난과 주림과 슬픔과 멸시는 물론 그 자체로는 유쾌하지 않는 것들이다. 그리고 그런 것들이 저절로 복과 연관되는 것도 아니다. 그런데도 특정 상황에서는 소중한 것이 될 수가 있다. 그리스도를 위해 가난과 슬픔을 견딘 사람들도 있고, 지금도 그런 사람들이 있다. 그리스도의 종들로서는 그분께 충성한다는 이유로 따돌림과 멸시를 받는 것이 흔한 일이다(참조. 빌 1:29).

B. 영적인 의미에서 가난과 배고픔 같은 것들은 커다란 복이다. 우리 주님의 말씀에는 영적인 의미가 담겨 있다(참조. 마 5:3-4). 우리가 배고플 때 밥을 갈망하듯 그리스도를 갈망하는 것이 얼마나 바람직한 일인가? 의에 굶주리는 것처럼 훌륭한 일이 어디 있는가? 우리의 부패 때문에 애통해 하는 것만큼 좋은 일이 어디 있는가? 그를 위해 수치를 견디는 것만큼 좋은 일이 어디 있는가(참조. 행 5:41)? 이런 일들을 경험하는 사람들은 세상적 슬픔이 틈타지 못하도록 경계하며, 영적인 위로로 만족을 얻는다.

C. 영적 고난을 겸손히 받아내는 사람들은 장차 올 세상에서 풍성하게 보상을 받을 것이다. 장차 올 세상의 풍성한 영광이 현재의 모든 상실을 보상할 것이다. 최상의 거처에서 누릴 충만한 기쁨(시 16:11)이 주린 영

혼을 가득 채울 것이다. 그곳에서 주체할 수 없이 부어질 기쁨이 이 땅에서의 덧없는 슬픔을 씻고도 남을 것이다. 그리고 하나님께서 성도들과 천사들이 모인 자리에서 우리에게 베푸실 영예는 우리가 그리스도로 인해 잠시 견딘 수치를 잊게 할 것이다.

— 찰스 시몬(Charles Simeon), 1847.

눅 6:20. 겸손의 복스러움

부족한 부분을 보다 온전한 부분을 가지고 해석해야 한다는 정당한 원칙에 입각하여, 우리는 이 단락의 의미를 마태복음에 기록된 "심령이 가난한 자는 복이 있나니"라는 말씀으로 결정하며, 따라서 다음과 같이 결론짓는다(여기서 발전되는 두 가지 점은, 1) 방법의 편협성이란 바람직한 것이 아니며, 2) 영성이 빈약한 것은 절대로 좋지 못하다는 것이다):

마음이 겸손한 것은 죄인들에게 바람직한 일이다. 스스로 무자격하다고 느끼는 사람들은 복이 있다. 그 이유는 다음과 같다.

I. 이것이 참되며, 따라서 올바른 일이다

진리는 언제나 어느 상황에서나 오류보다 선호되어야 한다. 사람에게는 자신이 선한 존재이며, 자신이 해야 할 모든 도리를 하고 산다는 생각만큼 더 큰 위안이 없다. 하지만 자신이 오류와 죄에 빠져 있으면서 그런 위안을 얻는다면 그것만큼 더 공허하고 썩은 것이 어디 있겠는가! 그런 사람에게는 자신이 씻음과 자비가 절실히 필요한 죄인임을 아는 것보다 더 좋은 일이 없다.

교회나 국가가 실제로는 몹시 가난하고 약한데도 스스로 부유하고 강하다고 생각하는 것만큼 불쌍한 일이 어디 있을까! 어떤 것이 절실히 필요로 할 때 그것을 구하면 받을 수 있음을 깨닫게 된, 그래서 반드시 그것을 구하는 사람이 (불쌍하지 않고) 얼마나 부러운 사람인가!

하나님 앞에서 자신의 무자격함을 깊이 의식한다는 것은 자신을 있는 그대로 아는 것이다. 우리의 천부 앞에서 우리가 마땅히 장성했어야 하는 분량만큼 장성하지 못한 것을 뼈저리게 인식하는 것이다. 이것은 물론 슬픈 상황이긴 하지만, 여전히 오류와 기만에 빠져 있는 것에 비하면 복된 상태이다.

II. 겸손한 것은 받아들이기 쉬우며 따라서 소망스러운 것이다

사람은 자신이 안전하고 안정되다고 상상할 때 자신의 진정한 곤궁을 의식하지 못한다. 하지만 마음이 참으로 겸손한 사람, 즉 하나님 앞에서 자기 죄를 깨닫고 자신이 완전한 상태에서 얼마나 멀리 떨어져 있는지를 인식하는 사람은 구주가 필요하다는 것을 깨닫게 된다.
  A. 무지를 인정하면 신적 스승을 반기게 된다.
  B. 죄를 인정하면 신적 용서를 기뻐하게 된다.
  C. 약함을 인정하면 전능하신 권능에 기대게 된다.
  D. 오류와 부족을 인정하면 주님의 인도와 지시에 순응하게 된다. 그리고 그리스도 앞에 굴복함으로써 하나님 나라에 들어간다.
                                          — 헨리 코테릴(Henry Cotteril).

눅 6:24-26. "화 있을진저"

이 말씀은 문자 그대로 이해하기보다 새겨서 이해해야 한다. 본문은 사람이 부자이고 배부르고 웃고 칭찬을 받는다는 사실 자체만을 놓고 하시는 말씀이 아니다. 오히려 이런 것들에 행복을 두고, 그 안에 낙을 두고 소망하는 것이 아닌 소유한 것으로 자신을 평가하는 행위를 놓고서 하시는 말씀이다.

부유하면서도 의로운 사람, 지위가 높으면서도 인정이 있는 사람, 세상의 재물을 많이 갖고 있으면서도 그 마음에 교만과 헛된 자신이 없는 사람, 이런 사람은 마음을 하나님의 은혜에서 돌아서게 하기 십상인 유리한 조건들에도 불구하고 은혜에 부요로운 사람이다.

아울러 본문에서 주님의 의도는 당신의 제자들이나 말씀 사역자들이 본무를 수행함으로써 세상 사람들 사이에 좋은 평판을 얻는 것을 비판하시려는 것이 아니다. 하지만 말씀 사역으로 그런 평판을 얻는다는 것이 얼마나 희소한 일인가를 알아야 한다. 훌륭한 분들도 악평을 듣는 수가 많다. 선지자들도 복음 전도자들도 사도들도 심지어 그리스도께서도 삶과 사역의 대상으로 삼은 사람들로부터 항상 선의나 좋은 말을 받지는 못했다.

대중은 덕스러운 사람들보다 허영을 좇는 사람들을 칭찬한다. 세상은 대대로 잔인한 조롱과 신랄한 책망과 예리한 독설을 하나님의 종들에게 퍼부었고, 그로써 만대의 종들에게 우리 구주께서 본문에서 선언하신 화로부터 면할 수 있게 해주었다: "모든 사람이 너희를 칭찬하면 화가 있도다. 저희 조상들이 거짓 선지자들에게 이와 같이 하였느니라."

— 윌리엄 버킷(William Burkitt).

눅 6:26. 인기에 따르는 위험들

"모든 사람이 너희를 칭찬하면 화가 있도다." 모든 사람이 우리에게 좋은 말을 한다면 그들이 우리에게 내리는 판단이 그릇되었을 가능성이 크다. 사람들은 서로의 진정한 성격을 잘못 판단하기 쉽다. 하지만 대중의 평가가 잘못된 것일지라도 그것은 우리의 마음을 현혹하는 경향이 있다. 그 평가에 현혹되면 실질적인 결과들이 따른다. 그리고 그 결과들은 기독교적 관점에서 볼 때 중대하고 심지어 위험하기까지 하다. 그 결과들이 어떤 것들일까?

1. 겸손의 상실. 모든 사람이 칭찬하는 그가 참 겸손이 무엇인지 어떻게 알 수 있겠는가? 겸손이 좌정하고 있는 곳에는 하나님 나라에 합당한 정신이 자리잡을 수 없다.

2. 경성(警醒)의 상실. 죄에 대해 주의하지 않고 정신을 차려 깨어 지내지 않는다면 어떻게 경성할 수 있겠는가? 굳이 경성할 필요가 어디 있겠는가?

3. 영적 능력의 상실. 칭찬은 본질상 사람을 무기력하게 만드는 것이다. 칭찬은 긴장을 풀게 만든다. 먼저 자기 만족이 생기고, 자연스럽게 노력을 중단하게 된다.

좋은 평가를 받는 것이 칭찬을 바라게 하고, 결국 칭찬을 받기 위해 살도록 만든다. 사람들의 칭찬은 우리를 땅에 붙어살게 하고, 하늘을 잊게 만드는 경향이 있다. 그리스도인이 된다는 것은 마음을 그리스도께서 거하시는 하늘에 두는 것이다. — 보건(C. J. Vaughan).

눅 6:36. "너희 아버지의 자비하심 같이 너희도 자비하라"

자비하다는 것은 잘못을 범하고 불행을 당한 사람에게 인정과 따뜻한 마음을 품고, 비록 자격이 없는 사람들일지라도 동료 인간들의 위로와 존립을 위해 배려하는 것이다. 자비한 사람은 친절하고 죄인에게도 동정을 베푼다.

항상 따뜻하고 자비로운 마음을 품기란 쉽지 않다. 인간의 본성은 매우 매정하고 추해서 따뜻한 마음을 유지하기가 참 어렵다. 하지만 어려운 만큼 보람도 크다. "자기의 마음을 다스리는 자는 성을 빼앗는 자보다 나으니라." 그는 정복자보다 위대하며, 더 고상한 일을 한다.

I. 자비하라는 권고의 필요성

A. 세상에는 마음이 관대하고 친절한 사람이 많지만, 그와 정반대되는 사람이 더 많다. 사람이 다른 사람을 배려하는 것도 이기적인 동기가 사라지면 그리 대단하지 않게 된다. 실질적이고 항구적인 동정이 많지 않다. 세상에서 아무리 따뜻한 우정도 쉽게 차가워지고 금이 간다. 오랜 세월 동안

형성된 우정도 말 한 마디로 깨져버리는 일이 종종 있다.

B. 사람에게는 대단히 매정한 구석이 있다. 복수심이 꽉 차 있다. 불쾌감을 자극하기란 아주 쉽지만, 용서를 받고 친절을 일으키기란 쉽지 않다. 과오를 묵인하거나 모욕을 용서하거나 감정을 해친 사람을 따뜻하게 대할 수 있는 사람은 극히 드물다.

C. 사람은 짐승들에게까지도 잔인하다. 땅과 그 위에 거하는 무수한 짐승들이 인간 때문에 고통을 당하는데도, 사람은 땅과 짐승들에게 몰인정하며, 종종 아무런 이유도 없이 학대한다. 잔인함이 온 세상에 가득하며, 말 못하는 짐승들을 갈수록 괴롭힌다.

개는 자신의 권리를 호소할 수도 없고, 부당한 매질을 당할 때 유순하게 대답할 수도 없다. 황소는 죽도록 일을 해도 불평할 수가 없으며, 조금만 쉬었다 일하자고 간청할 수도 없다. 말은 먼길을 달려서 지쳤어도 목표 지점에 가서 숨을 몰아쉴 때까지 고통을 내색하지 않는다. 평생 고생하여 노쇠해져도 그 수고를 기억해 주는 사람은 아무도 없다.

II. 우리 앞에 놓인 전형. "너희 아버지……같이"

A. 하나님은 자비하시고 인자하시고 노하기를 더디하시고 아무도 멸망을 당하기를 원치 않으신다. 사람들이 종종 하나님을 크게 모욕하고 이루 말할 수 없이 그릇 행하여 진노를 받아 마땅할지라도, 하나님은 죄를 갚기를 매우 더디하신다.

B. 하나님은 종종 고통을 일으키실지라도 그것은 우리를 멸하시려는 것이 아니라 치유하고 회복시키려는 데 뜻이 있다. 하나님은 당신이 지으신 피조물들을 긍휼히 여기시고, 그들에게 자비하시며, 심지어 죄인들을 구원하시고 그들을 본연의 상태와 행복으로 회복시키시기 위해서 당신의 아들을 보내셔서 고통과 죽음을 당하게 하신다.

C. 하나님은 모든 사람에게 선하시며, 그 행하시는 모든 일에 자비가 배여 있다. 하나님은 베푸시고 용서하신다. 우리의 몸과 영혼에 필요한 모든

것을 배려하시며, 우리의 몸과 영혼을 위해 항상 일하신다. 어린 까마귀가 먹을 것이 없어 울 때 그 소리를 들으시며, 젊은 사자가 굶주려 울 때 먹이를 주신다.

이렇게 만물에 자비를 베푸시되 특히 타락한 가련한 인간들에게 자비를 베푸시는 점에서, 하나님은 우리의 전형이 되신다. 하나님이 자비하시듯이 우리도 자비해야 한다. ― 세이스(J. A. Seiss).

눅 6:38. "주라 그리하면 너희에게 줄 것이니"

1. 주면서 사는 것이 인간에게는 필요하다. 모든 사람은 서로 의존하며 산다. 하나님께서는 한 사람의 부족이 다른 사람의 풍요에 의해 채워지도록 만물의 이치를 정해 놓으셨다. 그러므로 소유하지 못한 사람에게 우리가 소유한 몫을 나눠주는 것이 필요하며, 그리스도인의 의무 가운데 대단히 중요한 요소이다.

2. 세상은 육체와 영혼 양면에서 절박한 필요로 가득 차 있다. 식량이 필요한 주린 사람들이 있고, 옷이 필요한 헐벗은 사람들이 있고, 찾아가 돌봐줘야 할 병자들이 있고, 도움이 필요한 장애자들이 있고, 보호해 주어야 할 고아들이 있고, 배움이 필요한 무지한 사람들이 있고, 실의에 빠져 격려가 아쉬운 사람들이 있고, 오류에 빠져 바른 길을 되찾아야 할 사람들이 있고, 인습에 젖어 있어 계몽이 필요한 사람들이 있고, 온갖 고통에 시달려 안위가 필요한 사람들이 있는데, 좋은 여건에 있는 사람들이 마음을 넓히고 손을 펴야만 이들이 필요한 것을 얻을 수 있다.

3. 성경에서 바른 정신으로 베푸는 것을 의무와 명예와 복으로 말하는 곳이 얼마나 많은지 알고 나면 놀라게 된다. 하나님과 천사들과 자연이 모두 큰 기부자들이다. 마찬가지로 인간들도 그리스도 예수 안에서 하나님과 올바른 관계를 회복하게 되면 자기들이 가진 것을 곤궁한 사람들의 비참함을 덜고 궁핍한 사람들에게 도움이 되도록 자원하여 기쁘게 베풀며 사

는 것이 당연하다. 그러므로 성경은 이렇게 훈계한다. "오직 선을 행함과 서로 나눠주기를 잊지 말라. 이 같은 제사는 하나님이 기뻐하시느니라"(히 13:16). "네가 이 세대에 부한 자들을 명하여 마음을 높이지 말고 정함이 없는 재물에 소망을 두지 말고 오직 우리에게 모든 것을 후히 주사 누리게 하시는 하나님께 두며"(딤전 6:17-19).

4. 사람들이 이 율법을 지키는 정도만큼 번성과 복의 분량도 결정될 것이다. "이것이 곧 적게 심는 자는 적게 거두고 많이 심는 자는 많이 거둔다 하는 말이로다." "너희의 헤아리는 그 헤아림으로 너희도 헤아림을 도로 받을 것이니라."

— 세이스(J. A. Seiss), 1876.

눅 6:39. 세상에 진정으로 필요한 것

세상이 필요로 하는 것은 더 많은 빛이 아니다. 빛은 이미 충분히 있다. 필요한 것은 그 빛을 볼 수 있도록 열린 눈이다. 빛은 어둠을 제거할 뿐 소경을 고치지 않는다. 하늘의 빛은 화경(火鏡)으로나 볼 수 있을 만큼 눈부시게 집약될 수 있다. 하지만 소경의 눈에 그 빛이 비취더라도 그 눈은 그 빛을 볼 수 없다. 그러므로 스스로를 위해 매일 "주님, 제 눈을 열어주소서"라고 기도해야 한다. 그리고 세상을 위해서도 기도해야 한다. 어떤 사람은 이렇게 말한다. "세상이 얼마나 처참한 상태에 있는가! 세상을 인도한다고 하는 지도자도 앞 못보는 소경이 아닌가!"

— 나이트(G. H. Knight).

눅 6:40. "제자가 그 선생보다 높지 못하나 무릇 온전케 된 자는 그 선생과 같으리라"

가르치고 배우는 것보다 흔한 것이 없지만, 그것보다 더 중요하고 심각한 것도 없다. 이와 관련하여 몇 가지 점을 생각해 보자.

I. 하나님의 지혜는 가르치고 배우는 것이 가능하다

　A. 가장 존귀하고 유익한 생각과, 구원하고 거룩케 하는 복음 진리는 어린이에 의해서도 전달될 수 있다.
　B. 좌절에 빠진 사람들을 위로하고, 그들을 격려하여 고귀한 희생을 할 수 있게 하는 진리는 무학(無學)한 사람의 입술로도 전해질 수 있다.
　물론 수학과 과학과 역사와 철학처럼 소수의 사람만 가르칠 수 있고 소수의 끈기 있는 사람들만 배울 수 있는 진리들이 있는 것이 사실이다. 하지만 우리가 "생명의 양식으로 삼는" 진리는 명쾌하게 가르치고 배울 수 있다. 단순한 사람도 그것을 전할 수 있고, 무학한 사람도 그것을 받을 수 있다.

II. 이 교리의 한계

　A. 사람은 자신이 깨달은 분량만큼만 다른 사람에게 전달할 수 있을 뿐이다. 자신이 직접 깨닫지 못한 것을 다른 사람에게 줄 수 없다. 초보적이고 필수적인 신앙 진리들을 쉽게 익힐 수 있어도, 더 고등하고 심오한 진리들이 있으며, 남들에게 알리는 게 대단히 바람직한 사상과 정서가 있다. 하지만 이런 것들은 근실하게 익혀야 하며, 그렇지 않으면 남들에게 전달할 수가 없다.
　자녀들과 학생들과 교인들은 신앙적 진리를 깨닫는 면에서 부모와 교사와 목회자의 수준을 넘어설 수 없다. 그들의 이해는 부모와 교사와 목회자의 이해에, 즉 영향이 닿는 정도에 국한된다. "제자가 그 선생보다 높지 못하나."
　B. 사람은 자신에게 있는 탁월한 점을 다른 사람에게 본 보일 수 있을 뿐이다. 스승이 제자에게 할 수 있는 최선의 일은 지식을 전달하는 것이 아니라, 영향을 주고, 고귀한 포부를 심어주고, 열정을 일으키고, 연구와 근면과 헌신과 인내의 정신을 심어주는 것이다. 그런데 이런 것들 심어주고

일으키려 할 때 자신의 수준을 넘어서서 할 수 없다. 예수님의 제자들은 그들이 온전케 될 때, 즉 주님이 그들을 이끌고 가시는 만큼의 지혜에 도달했을 때 주님이 도달하신 최고의 경지에 도달할 수 있지만, 주님은 그들을 더 이상의 높은 경지로 인도하실 수 없다. 다른 영향들이라면 그들의 세계를 더 넓히고 높일 수 있겠지만, 그 스승은 그 이상의 일을 할 수 없다. 사람의 유용성은 그의 인격으로 평가해야 한다. 제자는 스승에게서 어떤 유익을 얻는 한 스승을 넘어서지 못하는 법이다.

III. 모든 그리스도인 부모와 교사와 목회자에게 부여된 의무

A. 자신이 얻을 수 있는 모든 참 진리로 자신의 정신을 살찌게 해야 한다.

B. 가능한 모든 신앙의 덕을 구비하는 데 힘씀으로써 인격을 연마해야 한다.

C. 항상 주님의 발 앞에 앉아 배움으로써 오는 새롭고 정련된 영향들에 마음을 열어야 한다. 주님께 배우면, 오직 주님께 배워야만, 우리도 남들에게 신령한 지식을 전할 수 있는 위치에 서게 될 것이다.

— 윌리엄 클락슨(William Clarkson).

누가복음 7장

눅 7:11-17. 그리스도의 연민

성경은 세계와 같다. 인류가 어떻게 비참한 길을 걸어왔는지 구체적으로 되돌아보지 않고서는 그 안을 들여다 볼 수 없다. 하지만 이것만이 성경에서 발견할 수 있는 전부가 아니다. 하늘의 연민은 가시적이고 위대하다. 이 연민을 본문의 감동적인 기사에서 확인하게 된다.

기독교 사가들이 그리스도의 심정을 기록하는 경우란 극히 드물다. 사가들의 주된 과제는 그리스도의 정서보다는 기이한 행동과 은혜로운 말씀에 있다. 그러므로 사가들이 상황을 진술하다가 주님이 느끼셨던 심정을 구체적으로 언급할 때는 그것이 대단히 괄목할 만한 상황이었으리라고 확신해도 무방하다. 그 부분에는 자세히 주목하고 살필 만한 어떤 내용이 틀림없이 있다.

"사람들이 한 죽은 자를 메고 나오니 이는 그 어미의 독자요 어미는 과부라." 우리 주님은 이런 정경을 무관심하게 지나치실 수 없었다. 그분의 마음에는 그 정경이 강한 정서를 불러일으켰음에 틀림없다. 그것은 연민이었다. 이 점과 관련하여 본문에 네 가지 점이 구체적으로 기록된 것을 보게 된다. 그것은 주께서 품으신 연민의 성격과 목적, 그것을 이끌어낸 원인, 그리고 그것이 이뤄낸 결과이다.

I. 그 연민의 성격을 생각하라

원어에는 그 연민이 깊고 자애로웠다는 뜻이 함축되어 있다. 그것은 우리가 이웃의 슬픔에 관해 들을 때 품는 가벼운 동정심이 아니라, 친구나 자녀의 고통을 바라볼 때 마음에서 격하게 움직이는 생생하고 강렬한 정서이다. 불쌍한 자를 바라볼 때 생기는 정서를 뛰어넘어 그들과 같은 위치에 설 때 생기는 정서이다.

이 정경에서 정말로 불쌍한 사람은 죽은 사람이 아니라 살아서 아들의 관을 따라가는 과부였다.

A. 그렇다면 여기서 우리 주님이 연민을 품으신 대상은 살아 있는 사람이었음을 배워야 한다.

B. 아울러 죽은 자에 대한 슬픔이 산 자에 대한 연민을 가로막아서는 안 된다는 것도 배워야 한다.

II. 그 연민의 목적을 생각하라

III. 주님께서 연민을 품게 되신 원인을 생각하라

이 과부는 우리 주님의 친구도 아니었고 제자도 아니었다. 적어도 본문에는 그렇게 기록되지 않는다. 게다가 이 여성은 주님께 동정을 구하지도 않았다. 다만 그 가련한 모습이 주님께 연민을 일으켰다. "주께서 과부를 보시고 불쌍히 여기사."

여러분이 고통을 당하고 있는가? 문제는 그 고통이 어디서 유래했는가 하는 것이 아니라, 여러분이 이미 그리스도께서 연민을 품고 바라보시는 대상 중 한 사람이 되었다는 것이다. 이 땅에는 주께서 연민의 눈으로 바라보지 않으시는 죄인이 없다. 어느 누구의 가슴 에이는 아픔도 주께서 가슴 아프게 바라보지 않으시는 것이 없다.

IV. 그 연민의 결과를 생각하라

그러한 무수한 사례들 중에서 한 가지 사례만 본문에 기록되었다. 그 연민이 단어들로 표현되었다. 하지만 단어들이라고 해야 두 개밖에 되지 않는다. 예수께서는 죽은 청년의 어머니에게 "울지 말라"고 하셨다. 그런데

이 짧은 두 단어도 얼른 보면 대단한 뜻도 실려 있지 않은 듯하다. 우리 주님은 과부인 그 어머니에게 독자의 장례 행렬에서 울음을 금하게 하실 뜻도 없었고, 한 마디 말로 눈물에 앞이 가린 그 어머니의 슬픔이 덜어지는 것도 아니었다. 그렇다면 왜 이 말씀을 하셨을까?

A. 그 말씀이 우선 고통 당하는 자를 위로하고 싶어하시는 구주의 진정한 마음을 드러낸다고 보면 크게 틀리지 않는다.

조금만 지나면 이 과부의 슬픔은 끝날 것이다. 우리 주님은 이것을 아셨다. 친히 그 슬픔을 기쁨으로 바꾸어 놓으실 작정이셨다. 그럴지라도 아주 잠깐이나마 울도록 내버려두실 수 없었다. 그런 심정에서 사실상 무의식적으로 "울지 말라"고 하셨다. 가슴 뭉클한 정경이다.

B. 그리스도의 이 말씀에서 주님이 인간의 마음을 알고 계신다는 것을 읽을 수 있다.

슬픔이 깊으면 말수가 적다. 이성적인 사유가 힘들어진다. 이성적인 말로 위로하려 했다가 상대에게 부담을 주고 지치게 하기 십상이다. 사실 깊은 고통에 빠져 있으면 이성적인 사유를 하기가 어렵다. 정서만 잔뜩 살아난다. 따라서 정서에 초점을 두고서 그의 마음에 접근해야 한다.

주 예수 그리스도는 인간의 마음을 아신다. 마음이 어떻게 작용하고 어떻게 느끼고 어떻게 진행되는지를 아신다. 그 전모를 하신다. 본문에는 "주께서 과부를 보시고 불쌍히 여기사"라고 기록되어 있다. 그런 심정을 짧은 말에 담아 표현하시고는 입을 다무셨다.

— 찰스 브래들리(Charles Bradley), 1861.

눅 7:14-15. 잃었던 목숨을 되찾은 과부의 아들

고통만큼 훌륭한 스승이 없다고들 한다. 하지만 고통만 스승인 것은 아니다. 긍휼과 슬픔도 고통 못지 않은 스승들이다. 슬픔은 긍휼로 이어질 때, 즉 우리에게 긍휼의 필요를 깨닫게 하고 그것을 구하게 만들 때에야

비로소 항구적인 유익을 끼친다. 성령께서 곤궁에 처한 사람을 일으켜서 복 주실 때 쓰시는 위대한 방법은 사랑이다. 즉, 예수 그리스도 안에 풍성하게 나타난 하나님의 은혜를 발견하게 하시는 것이다. 그러므로 현저한 재난들뿐 아니라 현저한 긍휼들도 우리를 깨우치게 한다. 그 소임은 고통에 처한 사람을 기쁘게 하는 것으로 끝나지 않는다. 우리 마음에 따뜻한 감사의 심정을 일으키는 것으로 끝나는 것도 아니다. 재난들과 긍휼을 바라는 심정들은 하늘이 내린 스승들이며, 고통과 마찬가지로 하나님의 심판대 앞에서 우리에게 유리하게 증언할 수도 있고 불리하게 증언할 수도 있다.

본문에서 깊이 상심한 여성이 우리 주님의 눈길을 사로잡았다. 그 여성은 과부였고, 주님이 그 여성을 보았을 때 독자의 관을 따라 장지로 가고 있었다. 그 불쌍한 처지를 보시고서 주님의 마음이 움직였다. 잠시 행렬을 멈추신 주님은 아주 짧게 두 마디 말씀을 하셨고, 그런 뒤 살아 계신 하나님의 영광을 나타낸 지극히 큰 긍휼이 발휘되었다. 본문에는 이 사건이 간결하고 힘있는 필치로 진술되어 있다. 저자의 진술이 하도 아름다워서 자칫하면 거기에 매료되고 감동만 받을 뿐 정작 본문이 우리에게 주려는 교훈을 망각하기 쉽다.

본문이 던져주는 생각할 주제는 이 상심한 여성이 고통을 통해서 받은 위로이다. 다섯 가지 견지에서 이 점을 생각할 수 있다.

I. 언제 위로가 찾아왔는지 생각해 보라. 전혀 기대하지 않던 순간에 위로가 찾아왔다.

부모의 마음에 희망이 얼마나 끈질기게 붙어 있는가 하는 것은 부모밖에 모른다. 이 여성은 며칠 전에 그리스도의 인자하신 말씀을 듣고, 혹은 그냥 그분 모습만 뵙고도 잔뜩 기대에 부풀어 있었을는지 모른다. 주님은 많은 병자들을 고치셨다. 이 여성도 얼마나 간절한 마음으로 주님께 아들을 위해 간구했을까! 하지만 이제는 절망뿐이었다. 아들이 죽었다. 수의(壽

衣)에 칭칭 감긴 아들이 관에 실려 성문을 지나가고 있었다. 조금만 더 가면 무덤에 들어갈 것이다. 따라서 이 여성은 아무 말도 하지 않는다. 이 낯선 위로자가 동정을 표시한 것이 감사했겠지만, 그에게 도움을 청하지도 않고 기대하지도 않는다.

여기서 이런 교훈을 배울 수 있다. 즉, 어떤 처지에 있는 그것을 절망이라고 생각해서는 안 된다. 여러분이 하나님께서 도울 수 없는 곳에 떨어져 있다고 생각해서는 안 된다.

이러한 경계가 크게 필요한 사람들이 있다. 이들은 슬픔이 닥치면 곧 좌절한다. 한밤중에 해 뜨기를 기대하지 않듯 위로를 기대하지 않는다. 하지만 그리스도께는 너무나 늦어서 우리를 돕지 못하시는 일이 없다. 영원의 이 측면에서는 사람이 어쩔 수 없이 절망할 수밖에 없는 지점이나 상황이라는 게 없다. 용서받을 수 없다고 지레 포기할 죄가 없고, 치유 받을 수 없다고 지레 좌절할 악이 없으며, 빛과 기쁨을 다시는 볼 수 없다고 주저앉게 하는 어둠도 없다. 위로는 대개 가장 절망적인 것처럼 보이는 상황에서 가장 가까이 다가온다. 희망을 가질 만한 다른 근원들이 모두 사라질 때까지 가만히 기다리시는 것이 하나님께서 가끔 사용하시는 방식이다.

이스라엘이 애굽에서 나올 때처럼 위급한 상황이 없었다. 멸망이 불가피해 보였다. 한편에는 비하히롯이라는 높은 절벽 지대가 솟아 있었고, 맞은편에는 애굽인들의 요새들과 수비대들이 자리잡고 있었다. 앞에는 성난 바다가 넘실대고 있었다. 뒤에는 분노한 바로가 군대와 병거들을 몰고 추격해 오고 있었다. 가련하게 된 이스라엘 백성은 잠시 좌절에 빠졌지만, 다음 순간 하나님의 구원을 보았다. 새 날이 채 밝기도 전에 적군은 바다에 몰살한 반면에, 그들은 구원의 노래로 해변을 진동케 했다.

II. 이 사례에서 하나님이 구원하시는 방법을 눈여겨보라.

도움은 상심한 여성이 기대하지 않은 분에게서 예상하지 않는 방법으로 찾아왔다. 여성이 생각한 위로라곤 자기도 속히 죽어 자기에게 올 수 없는 남편과 아들에게 자기가 직접 가게 되기를 바라는 것뿐이었을 것이다. (참조. 삼하 12:23) 장례 행렬의 주변에 사람들이 많이 있었지만, 아무도 나사렛 예수가 그 여성을 위로하리라고 기대하지 않았고, 더욱이 죽은 아들이 살아나 어머니의 눈물을 닦아주리라고는 상상도 하지 않았다.

큰 긍휼이 우리가 기대한 방법으로 찾아오는 일은 좀처럼 없다. 주님은 대체로 예상치 않는 방법과 예기치 않은 때에 우리를 가까지 찾아오신다. 광야에서 이스라엘이 굶어 죽을 처지에 놓였을 때 하늘로부터 양식이 내려왔다. 목말라 죽게 되었을 때에 하나님께서 굳은 반석에서 물을 내셨다. 우리에게 진정한 긍휼은 어떻게 찾아오는가? 그것은 우리를 경이감에 젖게 하는 방식으로 찾아오며, 그 속에서 우리 하나님의 자비와 큰 권능을 보게 하신다.

III. 본문의 사례에 나타난 권능을 생각해 보라.

이 감동스러운 정경을 제대로 이해하려면 유대인들의 장례가 오늘날 서구 사회의 장례와 다른 형태로 치러졌음을 유념해야 한다. 시신을 장지까지 운구할 때 유대인들은 시신의 얼굴을 가렸다. 몸은 세마포로 정성껏 동인 뒤 뚜껑이 없는 관대(棺臺)에 놓았다. 따라서 우리 주님이 부활하신 뒤 세마포와 수건이 빈 무덤에 개켜져 있었다는 말은 들어도 관 이야기는 들을 수 없는 것이다. 그들은 관을 사용하지 않았다.

이 사건을 이해하는 데는 이런 점을 유념하는 것이 중요하다. 청년이 정말로 죽었다는 것을 모든 사람들이 알 수 있었던 것이다. 많은 무리가 그의 시신을 보았다. 따라서 그가 소생한 것은 실제로 기적이었다.

그러면 이제 구주께서 우는 어머니에게서 그 아들의 시신에게로 걸음을 옮기신 모습을 주목하자. "가까이 오사 그 관에 손을 대시니." 운구하던 사람들은 장차 땅과 하늘이 그 앞에 감히 서지 못하고 물러날 그 자태에 경외심을 느끼고서 걸음을 멈추고 섰다. 잠시 주변이 긴장과 경이로 고요했다. 그 때 이 인자하신 분께서 친히 하나님의 엄위와 권위를 나타내셨다.

숨소리조차 내지 못하던 무리가 "청년아 내가 네게 말하노니 일어나라" 하는 말씀을 들었다. 그리고는 도저히 믿기지 않는다는 듯한 그들의 눈앞에 죽은 자가 그 말씀을 듣고 일어났다. "죽었던 자가 일어 앉고 말도 하거늘."

청년은 이제 그리스도의 권능을 증거하는 살아 있는 기념비였고, 그분의 신적 권위를 아무도 부정할 수 없도록 입증하는 증인이었다.

IV. 이 기적의 여파는 대단히 컸다

그 어머니와 아들이 훗날 어떻게 했다는 말은 들을 수 없다. 추측컨대 그렇게 재회하면서부터 하나님을 찬송하며 사는 새로운 삶을 시작했을 듯하다. 하늘을 들여다 볼 수 있다면 그 두 사람이 전능하신 주님의 발 앞에서 권능과 사랑뿐 아니라 구원까지도 그의 이름에 돌리는 모습을 틀림없이 볼 수 있을 것이다.

그 사건을 지켜본 허다한 무리는 적어도 한동안은 깊은 인상을 받았다. 그리고 성령께서 그 자리에 가만히 계시지 않았다. 그들 가운데 큰 흥분이 일어났고, 그들의 발언이 기록되었는데, 이것은 본문에 기록된 긍휼이 우리를 위한 것임을 가르치시려는 뜻일 것이다.

하지만 주님의 큰 긍휼이 나타난 그 기사를 읽을 때 우리가 각별히 지녀야 할 자세가 무엇이겠는가? 그것은 나인 성에서 이 기적을 지켜본 사람들이 지녔던 자세와 다르지 않다. 신적 임재 앞에 겸손과 경외의 심정을 품고, 그리스도를 숭엄하게 생각하고, 그 앞에 신앙을 분명하게 고백하고, 그분의 선하심과 진실하심을 감사한 마음으로 인정하고, 그분의 긍휼을 신뢰하는 것이다. "모든 사람이 두려워하며 하나님께 영광을 돌려 가로되 큰 선지자가 우리 가운데 일어나셨다 하고 또 하나님께서 자기 백성을 돌아보셨다 하더라."

고통과 상심에 처한 사람이 예수 그리스도께 나아가 위로를 구하기를 주저하는 것이 얼마나 이상한 일인가!

이 위대한 구주와 가까이 사귀게 되는 것이 우리에게 얼마나 중요한 일인가!

애통하며 회개하는 사람이 이제 주 예수 그리스도께 나아가 구원을 바랄 때 얼마나 큰 확신을 가지고 나아갈 수 있는가!

우리는 그분의 약속을 소중히 간직하고 그 큰 구원을 믿음으로써 영광을 돌려야 마땅하다. "그가 우리에게 약속하신 약속이 이것이니 곧 영원한 생명이니라." ― 찰스 브래들리(Charles Bradley).

눅 7:36-50. 죄인이었던 여인

이 감동적인 기사에 환하게 빛나는, 예수께서 죄인들에게 베푸신 기이한 사랑은 사람이나 천사들의 웅변으로는 제대로 말할 수 없고, 다만 사랑의 심정으로라야 제대로 말할 수 있다. 대 그레고리우스(Gregory the Great)는 이렇게 말했다. "나는 이 기사를 대하면 설교 본문으로 삼고 싶은 마음이 생기지는 않고 자꾸 눈물이 나려고 한다." 과연 신자라면 본문에서 상한 갈대와 같은 사람의 모습을 보고, 여호와의 기름부음 받은 분이 시온에서 슬퍼하는 자에게 화관을 주어 그 재를 대신하며 희락의 기름으로 그 슬픔을 대신하며 찬송의 옷으로 그 근심을 대신하게 하시는 상한 심령을 고치는 분으로서 신적인 사랑과 자애와 엄위를 나타내시는 모습을 볼 때 동정의 눈물과 감사의 눈물과 기쁨의 눈물을 흘리지 않을 수 없다.

"이 여자를 보느냐"고 예수께서는 시몬에게 물으셨다. 이것은 주께서 우리에게 그 여자에게서 당신이 죄를 사하시고 새롭게 하시고 평화를 주시고 사랑을 회복해 주시는 분임을 보도록, 그리고 그 여자의 사례에서 지침과 격려를 받도록 물으시는 질문이기도 하다. 그렇다면 우리는 그 정황을 곰곰이 생각해 보고 그 안에 실린 교훈을 깨달을 필요가 있다.

1. 예수께서 바리새인 시몬의 집에 들어가신 일. 예수님은 겸손하고 간절하게 도움을 청하는 곳이면 어디든지 기꺼이 가심으로써 겸손과 사랑을

나타내셨다. 거만하고 당당한 사람이 청을 해도 그것을 거부하지 않으셨다.

시몬이 예수를 청한 것은 구주께서 천상의 교훈과 신적 복을 베푸실 일을 기대했기 때문이 아니라, 가난한 나사렛의 랍비에게 호의를 베풀려고 생각했기 때문이다. 따라서 백부장(마 8:8)처럼 영광의 왕이 자기 집에 들어오시는 것을 감당치 못하겠다는 심정은 아예 없었고, 다만 지배 계층에서는 믿는 자가 없고 주로 가난하고 배우지 못한 사람들을 친구와 동료로 두고 있는 분을 초대와 환대로써 좀 추켜 드리려는 의도가 있었을 뿐이다. 그런데도 예수님은 초대에 응하셨는데, 이러한 모습에서 자기를 낮추시는 사랑을 확인하게 된다.

2. 예수께서 바리새인과 그의 친구들와 함께 식사를 하신 일. 그들이 얼마나 구원과 생명에 가까이 있었으면서도 그 사실을 깨닫지 못했던가! 그것은 소경들이 빛의 근원에 가까이 있게 된 것과 같았다. 그는 한때 빛이 있으라 해서 빛이 있게 하신 분으로서, 이제 그들의 눈을 뜨게 하실 수 있었고, 그들에게 하나님의 나라를 보여주실 수 있는 분이었다. 포로된 자들과 갇힌 자들이 자유를 선포하고 결박된 자들을 해방시키러 오신 분 가까이에 있었다. 병든 자들과 죽어 가는 자들이 지금 병든 자를 고치고 새 생명과 활력을 불어넣어 주실 전지하시고 전능하신 의사 앞에 와 있었다.

외부의 관찰자들에게 그들이 육체를 따라 심판하시는 그분께 얼마나 가까이 있는 것처럼 보였겠는가! 그런데도 그들과 구주 사이에 난 거리가 얼마나 무한한가! 영혼과 하나님 사이에는 무한한 심연이 놓여 있다. 외양적인 종교 지식과 경건과 열정은 우리를 하나님께 보다 가까이 데려다 주지 못하며, 내면의 진리를 기뻐하시는 하나님께서 친히 우리 속사람에게 지혜를 깨우쳐 주시기 전까지는 바깥에 남아 있을 수밖에 없다. 오직 하나님께 의해서만 모든 골짜기가 높아지고, 모든 산과 언덕이 낮아지고, 굽은 것이 펴지고, 거친 곳이 평평해지고, 사막에 우리 하나님께로 나아가는 대로가 뚫린다. 그러면 주의 영광이 나타날 것이다.

3. 죄인인 여인과 예수님 사이에는 골짜기들과 산들과 굽고 거친 곳들이 많이 있었다. 여인은 사실상 광야에서 살았으며, 바리새인들처럼 종교적 특권과 의식이 가득한 동산에서 살지 못했다. 죄인이었으며, 심지어 죄인들의 눈에 보기에도 죄인이었다. 하지만 주님은 그 여인을 가까이 두셨으며, 거역할 수 없는 힘으로 가까이 오게 하셨다.

어릴 적에 그 여인의 입가에 떠오르던 순진무구한 웃음과 그 입에서 나오던 깨끗하고 경건한 말을 어린 시절에 함께 살던 사람들 외에 누가 알겠는가! 지금 이 여인의 얼굴에 타락이 어떤 흔적을 남겨 놓았는가! 여인은 죄와 어둠과 악과 타락으로 빠져 들어갔다. 세상의 유혹들, 간사한 마음의 허영과 교만과 고집, 그리고 영혼들을 크게 속이고 멸망에 처박는 자 — 이 세 가지가 여인을 유혹하고 속이고 제압한 뒤 제 마음대로 부린 세 가지 큰 영향력이었다.

한때는 아름답고 번성하다가 화재나 전쟁의 마수가 할퀴고 간 뒤 잿더미로 변한 도시를 보면 마음이 착잡해진다. 하지만 이것을 타락하고 상실된 인간 영혼과 어찌 견줄 수 있겠는가? 여기에 얼마나 큰 파멸이 있는가! 육체는 성령의 전으로 지음을 받았고, 영원한 영광 속에서 혼과 영혼이 거할 영광스럽고 아름다운 거처가 되도록 지음을 받았다. 혼과 영은 하나님의 형상대로 영원하고 무한하신 여호와를 알고 사랑하고 즐기도록 지음을 받았다. 그런데 이제 육체와 영과 혼이 시간과 영원 속에서 죄와 어둠과 죽음에 넘겨졌다.

본문은 그 여인을 소개하면서 "죄인인 한 여자가"라고 말한다. '이 세상에서 하나님도 없고 소망도 없이 상실과 죽음으로 내려가 있었던 여자가'라는 뜻이다. 이 말에는 큰 슬픔과 이루 말할 수 없이 쓰라린 저주가 짙게 배여 있다.

4. 가련한 상한 갈대여! 그대는 몸을 똑바로 고누고 서서 기운을 내고 힘을 집중할 능력이 없다. 가련한 상한 마음이여! 인간의 어떠한 노력으로도 그대를 다시 건실하고 즐겁게 만들 수 없다. 그대의 힘은 쇠했고, 그대

의 생명은 떠났으며, 그대의 기쁨과 해맑음은 사라졌다. 사람들은 상한 갈대를 동정하고 상한 마음에 눈물을 뿌리고, 천사들은 애잔한 마음으로 그것을 지켜볼 수 있지만, 인간이든 천사든 새 생명과 새 기운과 새 기쁨을 상한 마음에, 자기의 죄 때문에 슬퍼하고 몸서리치는 마음에 불어넣는 기적을 일으킬 수 없다.

하지만 영광스러운 임마누엘께서는 그 일을 하실 수 있다. 아버지께서 그에게 이 일을 맡기셨다. 아버지께서 잃어버린 자들을 고치고 새롭게 하라고 그에게 성령으로 기름 부으셨다. 그는 순결하고 더럽혀지지 않고 악의가 없고 죄인들과 멀리 떨어져 계신다. 그런데도 죄인들을 사랑하시고 동정하시고 구원하신다. 거룩하시면서도 그들의 친구이시다. 강하시면서도 온유하시다. 신이시면서도 연민을 품으신다. 의로우시면서도 용서하신다.

그는 문둥병자를 만지신다. 그러면 자신은 무흠하게 남아 계시면서 문둥병자가 깨끗해진다. 그는 죄인들을 용서하시며, 그의 사죄의 말씀과 인자와 자비의 입맞춤이 그들을 성도로 변화시키며, 그들에게 성결과 진리를 사랑할 마음을 불어넣으신다. 예수가 그의 이름이다. 그는 상한 갈대를 꺾지 않으시며, 꺼져가는 심지를 끄지 않으신다. 그의 팔에는 무한한 힘과 무한한 인자가 있다.

거룩하시고 의로우신 하나님만 죄인들을 구원하실 수 있다. 우리와 같으시고 우리와 일체가 되신 분만 우리가 갈망하는 긍휼을 주실 수 있다.

죄인들은 그것을 알고 느꼈다. 그러므로 그들은 그에게 나아갔다.

죄인인 여인은 그가 거룩한 분이면서도 죄인들의 친구라는 말씀을 듣고서 마음에 다시 희망이 고동치기 시작했다. 믿음이 불꽃처럼 튀었다. 하지만 그것은 하나님이 주신 것이기에 이제는 꺼질 수 없었다. 예수님의 호의에 자신의 생명이 달려 있다고 여인은 느꼈다. 그의 용서와 용납에 평화와 안식이 달려 있다고 느꼈다. 그렇게 굳게 믿었다. 하지만 떨렸다. 이전에 느끼던 고뇌와 절망에서 벗어났다는 느낌은 있었지만, 여전히 불확실과 의심에 처해 있었다. 이제 새로운 경험에 발을 들여놓게 되었다. 그것은 처음으로 자기 죄를 자각한 순간부터 빠져들었던 별빛 하나 없는 고독과 자학의 밤과는 판이한 경험이었다. 하지만 여전히 빛은 없었다. 새벽이 신비롭게 동트려 하고 있었지만, 근심이 다 사라진 것은 아니었다. 다윗은 나단을 통해서 자기 죄와 징계에 관한 고지를 들었고, 아울러 사죄의 약속도 받았다. 그럴지라도 자기 죄를 자백하고 하나님 앞에 겸비하고 하나님의 인자하신 얼굴을 구할 때까지 안식을 몰랐다(시 51:12). 이 가련한 여인도 이렇게 해서 사죄의 소망을 얻었고, 믿고 평화에 들어가기 시작했다. 하지만 예수께 나아가 대면하기까지는 안식을 몰랐다.

5. 그것은 생명에 이르는 회개였고, 그것은 그 여인을 예수께 데리고 간 믿음이었다. 여인은 예수께서 바리새인의 집에 식사 초대를 받으셨다는 것을 알았다. 자기가 시몬의 집에 가면 경멸과 문전 박대밖에 당할 게 없다는 것을 알았지만, 마음의 소원이 너무 크고 강렬했기에 모든 어려움과 장애를 잊어버리고 무시했다. 한 가지 큰 목표에 몰입하자 다른 생각은 모두 사라졌다. 온 세상이 그 여인에게 죽어 있었다. 오직 한 분만 그 여인의 영혼을 위해 계셨다.

그 여인은 죄인이었고, 예수는 죄인들의 거룩한 친구이셨다. 성전도 제단도 제사장도 여인이 정말로 구하는 것을 가져다 줄 수 없었다. 여인의 마음에는 죄인들을 하나님과 화해시킬 수 있고, 죄인들에게 하늘 아버지와의 사귐을 회복하게 하실 수 있고, 그들을 죄책과 죄에서 정결케 하실 수 있는 참되고 영원하신 대제사장을 찾아갈 생각밖에 없었다. 그는 선하고 신실하고 사랑이 많은 목자이신 예수 그리스도이시다.

6. 여인은 예수께 대한 경모와 감사와 존경의 뜻으로 향유가 담긴 옥합을 가져왔다. 물론 그렇게 한 것은 자기 죄를 자백하고, 그 거룩하신 분을 거룩하게 받들고, 그의 호의와 지도를 구하기 위함이었다. 하지만 막상 예수 앞에 나아갔을 때 입에서 한 마디 말도 나오지 않았다. 혀가 움직여주지 않았다.

여인이 용기를 내어 시몬의 집에 찾아간 것은 대단한 노력이었다. 그렇게 하기까지는 큰 갈등을 치러야 했다. 내밀한 곳에서 온 영혼이 움직였다. 그러다가 이제 구주이신 그분을 뵙게 되었다. 그분 앞에 가자 여인은 자기가 죄인임을 더욱 절실히 느꼈지만, 그분이 여인에게 유일한 소망이었고 유일한 빛이었다. 여인은 그분 발 앞에 엎드려 하염없이 눈물을 흘렸다. 그것은 비통한 슬픔과 복된 소망과 거룩한 사랑에서 흘러나온 눈물이었다. 슬픔의 샘이 열렸고, 여인은 자기 죄를 기억했으며, 신적인 순결과 사랑의 빛 속에서 자신이 그토록 오랫동안 뒹굴어온 이기적이고 하나님을 등진 어두운 삶을 바라보았다. 이제 하늘이 자기 위에 열린 듯했고, 하나님의 사랑과 복의 찬란한 빛줄기가 죄 많은 자기 영혼에 쏟아져 내리는 듯했다.

하염없이 쏟아지는 눈물 ― 이 눈물이 얼마나 많은 이야기를 웅변으로 한 것인가! 예수께서는 눈물 속에 담긴 이야기를 들으셨다. "하나님이여 주의 인자를 좇아 나를 긍휼히 여기시며 주의 많은 자비를 좇아 내 죄과를 도말하소서"(시 51:1-4). 여인은 눈물로 그리스도의 발을 씻겨 드리고, 머리털로 발을 닦아 드린 뒤, 그 발에 입맞추고 향유를 부었다. 그런데 주목할 점은 예수께서 여인의 행동을 보시고서도 몸을 움츠리지 않으셨다는 사실이다. 주님은 여인의 슬픔과 사랑과 굴복을 거절하지 않으셨다.

여인은 주께서 자기를 받으셨다고 느꼈다.

아이가 어머니의 마음을 상하게 한 뒤 어머니가 다시 자기를 품에 안아 주고 따뜻하게 대해주시는 모습을 보고서 어머니의 사랑과 용서를 확신하듯이, 이 죄인도 지금 그런 심정을 느꼈다. "예수께서 나를 용서하셨다. 당신을 높이고 당신의 긍휼을 신뢰하도록 허락하신다."

얼마나 감동적인 장면인가! 예수는 거룩하시고 흠 없으시고 온전하신 신인(神人)이시고, 여인은 죄인이다! 그런데도 그 대조가 오히려 조화를 이룬다. "인자의 온 것은 잃어버린 자를 찾아 구원하려 함이니라." 주님은 병든 자를 고치시고, 상한 마음을 싸매 주시기 위해서 오셨다. 따라서 그것은 숙연하고 거룩하고 복된 만남이었다. 하늘의 천사들이 기뻐했고, 아버지께서 영광을 받으셨다. 구주께서 죄인을 받으시는 것만큼 하나님의 사랑을 가장 찬란하게 나타내는 것도 없다.

— 아돌프 새피르(Adolph Saphir), 1865

눅 7:36-50. 큰 용서, 큰 사랑

시몬이 배설한 잔치에는 세상적인 환대의 뜻이 담겨 있었다. 그것은 믿고 사랑하는 사람의 잔치 같지가 않았다. 하지만 남을 대접하기를 좋아하는 사람으로서 예수라는 인물과 그 가르침에 약간 고개를 갸우뚱하고 혹시는 호기심을 가지고 있었던 그 유대인은 예수를 보다 가까운 거리에서 자유롭게 접촉할 기회를 갖고 싶었다. 39절에 기록된 "이 사람이 만일 선지자더면"이라는 구절은 신앙과 불신앙 사이에서 오락가락하던 그런 마음 상태를 가리키는 듯하다.

시몬은 비록 그리스도를 초대하긴 했지만 손님에게 그다지 친절하지는 않았다. "너는 내게 발 씻을 물도 주지 아니하였으되." 게다가 친근감의 표시도 하지 않았고, 자신이 친구 혹은 제자임을 인정하지도 않았다: "너는 내게 입맞추지 아니하였으되." 그는 잔치의 흥겨움도 자제했다: "너는 내 머리에 감람유도 붓지 아니하였으되." 시몬은 주님과 가까이 있는 것이 왠지 불편했던 것이 분명하다. 게다가 주님과 편안한 관계를 맺을 생각도 하지 않았다. 속에 어떤 질문이 남아 있었든간에, 그는 여전히 바리새인 중의 하나였다. 제자가 아니었다. 이 기사에서 네 가지 점을 살펴볼 수 있다.

I. 죄인들이 그리스도께 나오다

A. 여인은 근실하게 나왔다. 그 걸음을 막을 사람은 아무도 없을 것이다.

B. 여인은 직접 나왔다. 중재인이나 소식 전달자에게 부탁하지 않았다.

C. 여인은 신뢰하는 태도로 나왔다. 그리고 회개하고 울고 믿었다.

D. 감사의 심정을 품고 나왔다. 그 감사를 말이 아닌 행동으로 표시했다.

II. 그리스도께서 죄인을 받아주시다

여인을 어떻게 받아주셨는가?

A. 곧장 받아주셨다. 예수께서는 한 점 의심도 두지 않으셨다.

B. 흔쾌히 받아주셨다. 참조. 42절(KJV): "둘 다 흔쾌히(frankly) 탕감하여 주었으니."

C. 꾸짖지 않고 받아주셨다. "모든 사람에게 후히 주시고 꾸짖지 아니하시는"(약 1:5) 분이시듯이, 용서도 그렇게 하시는 분이시다. 과거를 거론하지 않으신다.

III. 바리새인의 간섭

시몬은 예수님의 태도에 마음이 편치 않았다.

A. '죄인'을 질책했다. 이것은 만용이었다.

B. 주님을 질책했다. 주님이 여인을 대하시는 방식에 반대했다. 만약 예수께서 그 여인이 죄인인 줄을 모르신다면 선지자가 아니고, 만약 아신다면 선지자답게 행동하지 않는 것이라고 생각했다.

IV. 그리스도께서 바리새인을 꾸짖으시다

A. 주님은 스스로를 변호하셨다(41-43절의 비유).

B. 여인을 위해 변호해 주셨다(44-48절).

C. 시몬을 책망하셨다(44-46절). 여인이 큰 사랑을 보인 반면에 너는 무관심했다! 네게 나는 아무것도 아닌 반면에, 여인에게 나는 전부이다!

— 보나르(H. Bonar).

누가복음 8장

눅 8:4-15. 물질 세계에서의 큰 것들 – 영적 세계에서의 더 큰 것들의 상징들

하늘 아래서 가장 가치 있는 것 세 가지가 이 비유에 소개되며, 이 세 가지가 훨씬 더 큰 실재들의 상징들로 사용된다. 그것은 흙과 진리와 스승이다.

I. 영혼의 상징으로 사용된 흙

흙 혹은 토양은 세 가지 점에서 인간의 영혼과 비슷하다.

A. 가치에서. 흙이 얼마나 고귀한 것인가! 감각이 있는 것이든 없는 것이든, 식물이든 동물이든 모든 생명체들이 다 흙에서 나오며, 흙에서 자양을 얻는다. 흙은 지상의 모든 생명체에 어머니인 동시에 유모이다. 인간 영혼도 마찬가지이다. 그 안에는 다함이 없는 사고의 배아(胚芽)들이 있다. 인간 영혼으로부터 모든 정부들이 나오고, 모든 사회 조직들과 모든 예술 작품들과 모든 종교들과 모든 책들이 나온다. 얼마나 무수한 종류의 식물들이 토양에서 싹을 터서 토양에 힘입어 자라나는가! 마찬가지로 인간 영혼으로부터 세상의 얼마나 많은 것들이 발생하는가! 국가들과 도시들과 기계들이 다 인간 영혼들에서 발생한다. 지상의 토양이 다음 점에서도 인간 영혼과 비슷하다.

B. 역량에서. 흙은 씨앗을 받아 싹을 트게 하고 자라게 하고 결실하게 하는 역량을 갖고 있다. 흙이 그렇게 씨앗을 받아서 자라게 하듯이, 인간

영혼도 하나님의 말씀을 사용하고 발전시킬 수 있다. 인간이 무한자의 말씀을 받아 발전시킬 수 있다는 것은 인간의 독특한 영광이다. 흙은 다음 점에서도 인간 영혼과 비슷하다.

C. **다양성에서**. 본문의 비유는 지상의 토양이 다양하다는 것을 보여준다. 딱딱하게 다져진 흙도 있고, 표면에만 덮인 흙도 있고, 가시가 자라는 흙도 있고, 좋은 흙도 있다. 인간의 영혼도 폭넓게 다르다. 냉랭한 사람이 있는가 하면 따뜻한 사람이 있다. 개울처럼 얕은 사람이 있는가 하면 바다처럼 깊은 사람이 있다. 부패한 사람이 있는가 하면 청결한 사람이 있다. 메마른 사람이 있는가 하면 비옥한 사람이 있다. 완전히 똑같은 영혼들은 없다.

II. 진리의 상징인 씨앗

씨앗은 다음과 같은 점들에서 진리와 비슷하다:

A. **생명력에서**. 마른 땅 속에 심긴 씨앗에는 얼마나 자랄지 모를 능력을 지닌 배아(胚芽)가 있다. 신적 진리에는 생명이 있다. 씨앗은 다음과 같은 점에서 진리와 비슷하다.

B. **완전성에서**. 씨는 그 자체로 완전하다. 거기에 더할 것도 없고 뺄 것도 없다. 쓸데없이 첨삭을 하면 씨는 죽게 된다. 신적 진리는 그 자체로 완전하다. 어떠한 개선도 인정하지 않으며, 그 단순함에서 완전하다. 씨앗은 다음과 같은 점에서도 진리와 비슷하다.

C. **번식력에서**. 씨앗 하나에서 수백만 개의 씨앗이 발생하다. 알곡 한 알을 심어 오랜 세월 그대로 두면 대륙 하나를 뒤덮을 것이다.

> "알곡 안에 알곡이 무수히 거하고,
> 각질 하나 속에 풍성한 추수가 잠자고 있다."

진리도 이와 마찬가지이다. 하나의 진리가 수백만 개의 진리를 태어나게 한다. 씨앗은 다음과 같은 점에서도 진리와 비슷하다.

D. 가치가 무한하다는 점에서. 씨앗에는 세상의 생명이 있고, 진리에는 영혼들의 생명이 있다. 그것은 "생명의 떡"이요 "생명의 물"이다. 마지막으로 살펴볼 점은 이와 같다.

III. 스승의 상징인 씨 뿌리는 자.

"씨를 뿌리는 자가 그 씨를 뿌리러 나가서." 씨 뿌리는 자는 흙과 씨 모두에게 가치를 두게 마련이다. 씨가 없는데 어찌 흙이 가치가 있겠는가? 씨를 덮을 흙이 없는데 씨가 무슨 소용이 있겠는가? 물질 세계에서 이루어지는 인간의 행위들 가운데 씨를 흙에 뿌리는 사람의 행위만큼 중요한 것이 없다. 세상에서 이루어지는 모든 영적 행위들 중에서 기독교 교사의 행위만큼, 즉 자기 시대의 사람들의 정신에 하나님의 위대한 진리들을 가르치는 사람의 행위만큼 중요한 것이 없다. 그리스도는 위대한 씨 뿌리는 자이셨다. 공생애 3년 동안 씨를 뿌리셨고, 당신의 모든 참된 사역자들을 통해서 지금도 씨를 뿌리고 계시다. 그들의 대화와 글과 행위와 설교를 통해서 씨를 뿌리신다. 씨 뿌리는 자들이 모든 들판, 모든 섬, 지구의 모든 대륙을 두루 다니며 모든 인간들에게 썩지 않을 씨를 뿌릴 그 날이여, 속히 오라! — *The Homilist*, 1876.

눅 8:4-15. 말씀의 씨앗이 우리들 사이에서 그다지 많은 열매를 맺지 못하는 이유

이것은 본문에 비추어 진지하게 고려해야 할 문제이다. 많은 답을 내놓을 수 있다. 그 중에서 몇 가지만 간추려서 소개한다.

1. 열매가 적은 이유는 많은 사람들이 하나님의 말씀 듣기를 게을리 하기 때문이다(참조. 롬 10:17; 히 9:25). 본문의 비유에 거론된 사람들이 모두 말씀을 들었지만(12-15절), 그랬는데도 주님이 "이 말씀을 하시고 외치시되 들을 귀 있는 자는 들을찌어다"(8절)라고 하신 점을 눈여겨볼

가치가 있다.

2. 열매가 적은 이유는 사람들이 하나님의 말씀에 대해서 마음을 완고하게 하기 때문이다. 성경은 시드기야 왕이 "마음을 강퍅케 하여 이스라엘 하나님 여호와께로 돌아오지 아니하였고"(대하 36:13)라고 말한다. 심지어 예수님의 제자들조차 "그 떡 떼시던 일을 깨닫지 못하고 도리어 그 마음이 둔하여"졌다(막 6:52). 따라서 "오늘날 너희가 그의 음성을 듣거든 너희 마음을 강퍅케 말라"(히 4:7)는 말씀은 항상 새겨들어야 할 중요한 훈계이다.

3. 열매가 적은 이유는 아주 많은 사람들이 말씀의 씨앗을 자라게 하지 않기 때문이다. 그들은 듣지만 피상적으로 듣기 때문에 씨가 뿌리를 내릴 수 없다. 혹은 히브리서 4:2의 말씀대로 "그 들은 바 말씀이 저희에게 유익되지 못한 것은 듣는 자가 믿음을 화합지 아니함이라." "잠깐 믿다가 시험을 받을 때에 배반하는 자요"(13절).

4. 열매가 적은 이유는 많은 사람들이 하나님의 말씀을 생활에 사용하지 못하기 때문이다. 그들은 "말씀을 들은 자"들이요, "말씀을 들을 때에 기쁨으로" 받는 자들이요, 말씀을 듣고서 "지내는" 자들이지만, 그러다가 예전처럼 "이생의 염려와 재리와 일락"에 빠진다. 이런 것들이 "가시떨기"로 상징되는 것을 주목하라. 하지만 예수께서는 우리를 이런 가시떨기들 곧 염려(마 6:35, 32)와 재물(마 6:19)과 쾌락(딤전 5:6)에서 보호하실 것이다.

말씀의 씨는 토양의 조건이 이런 곳과 유해한 가라지들이 자라는 곳에서는 제대로 결실을 할 수 없다.

하지만 더러는 "좋은 땅에 떨어지매 백 배의 결실을" 하였다. 이것을 아는 것이 얼마나 위로를 주는가. 많은 씨들이 낭비되지만, 다 낭비되는 것이 아니다. 모든 "씨 뿌리는 자"가 이 사실과 하나님의 다음과 같은 언약에서 교훈을 얻어야 한다: "눈물을 흘리며 씨를 뿌리는 자는 기쁨으로 거두리로다. 울며 씨를 뿌리러 나가는 자는 정녕 기쁨으로 그 단을 가지고 돌아오리로다"(시 126:5-6).

눅 8:4-15. 씨 뿌리는 자의 비유

본문은 우리 주님이 행하신 비유들 가운데 대단히 중요하면서도 이해하기 쉬운 비유에 해당한다. 이 비유는 하나님의 말씀이 전파될 때 나타날 결과를 매우 인상적으로 묘사한다. 따라서 그 교훈은 하나님의 말씀을 전하는 사람들과 듣는 사람들 모두에게 매우 중요하게 된다. 이 비유를 이해하고 그 교훈을 적용하려 할 때 정직하게 자신의 마음을 살펴볼 필요가 있다.

1. 우선 확인할 수 있는 것은 본문에 한 종류의 씨만 언급되며, 그 씨가 하나님의 말씀으로 설명된다는 점이다(11절).

나는 가끔 이런 점이 궁금해진다. 만약 예수께서 우리가 하나님의 말씀에다 섞어 전하는 이질적인 요소들과 쓸데없는 내용들을 모두 채로 걸러내신다면 우리가 전하는 설교들 중에서 과연 남는 부분이 얼마나 될까? 우리가 그저 이삼십 분 동안 청중들을 재미있게나 하고 그들의 관심을 붙잡아 두는 것으로 만족하게 될까봐 두렵다. 반면에 우리의 교회들에서는 설교자가 웅변적인 설교를 할 수 있거나 그 날의 주제에 대해 재미있게 말할 수 있다면 설교를 잘 했다고 생각할 만한 사람들이 있을 수가 있다.

따라서 우리는 마귀가 아주 바빠지도록 설교해야 한다! "이에 마귀가 와서 그들로 믿어 구원을 얻지 못하게 하려고 말씀을 그 마음에서 빼앗는 것이요"(12절). 이 점을 생각하자! 하지만 그는 "착하고 좋은 마음으로 말씀을 듣고 지키어 인내로 결실하는"(15절) 사람들한테서는 말씀을 빼앗아 갈 수 없다.

2. 둘째로 확인할 수 있는 것은 말씀의 씨가 다양한 장소에 심겨져 서로 다른 결과를 낸다는 점이다(5-8절).

씨 곧 말씀은 동일하다.

전하는 사람 곧 씨 뿌리는 사람도 똑같이 신실할 수가 있다.

하지만 토양은 다양하게 다르다!

그렇다. 말씀은 항상 그 내용과 효과가 똑같다. 하지만 유감스러운 것은 인간의 마음이 가인과 아벨 이래로 그랬던 것처럼 사뭇 다르다는 점이다.

"너희가 믿음에 있는가 너희 자신을 시험하고 너희 자신을 확증하라"(고후 13:5). "우리가 스스로 행위를 조사하고 여호와께로 돌아가자"(애 3:40).

3. 셋째로 확인할 수 있는 것은 본문에 언급된 네 가지 대표적인 토양 가운데 '옥토'라는 이름이 붙은 것은 하나뿐이라는 점이다(15절).

우리는 씨를 뿌린다. 그 씨가 서로 다른 토양들에 떨어진다. 하지만 싹이 나서 자라면 오직 한 곳에서만, 즉 한 가지 종류의 토양에서만 결실한다. 심지어 본문에 암시된 비율조차 의미심장할 수가 있다. 하지만 하나님의 말씀의 씨앗이 왜 우리 사이에서 그토록 적은 열매를 내는 것일까?

우리 마음이 너무 완고하게 되어서 말씀의 씨앗이 심길 만한 자리를 찾을 수 없는 것이 아닌가? (5, 12절).

우리가 영적으로 너무 일천해서 말씀이 항구적인 만족도 주지 못하고, 시험을 받을 때 붙들어 주지도 못하는 것이 아닌가? (6, 13절).

우리가 "이생의 염려와 재리와 일락"에 너무 관심이 많은 나머지 말씀의 씨앗을 배양하는 것을 잊고 그로써 열매를 맺지 못하는 것이 아닌가? 그런데 이런 핑계들이 하나님 앞에서 통할까? — 엘링슨.

누가복음 9장

눅 9:51-62. 예수님의 장부다우신 면모

화가들이 그려놓은 우리 주님의 초상화들을 보면 대개 여성스러울 뿐 아니라 나약하다. 강단에서 목회자들이 언어로 그리는 그리스도 예수의 모습도 크게 다르지 않다. 그것은 실제 그리스도의 모습이 아니다.

1. 예수의 장부다움은 큰 위험 앞에서 조금도 두려워하지 않으시는 모습에서 잘 나타난다. 이것은 그분의 생애 기록에서 몇 번이고 거듭해서 나온다. 본문의 51절을 보자. 예수께서는 자신이 예루살렘으로 올라가셔서 수욕과 고통과 번민과 죽음을 당하실 것을 아셨다. 요한복음 12:27-28과 18:3-8에서도 비록 바라보는 각도는 다르지만 동일한 사실을 확인할 수 있다.

2. 예수의 장부다움은 대범하신 언사에 잘 나타났다. 대제사장 안나스와 총독 빌라도 앞에서 취하신 태도와 말씀에서 이것을 볼 수 있다. 요 18:19-23, 33-37; 19:8-11.

3. 예수의 장부다움은 전투적 정신에 잘 나타났다. 예수께서는 "상한 마음을 고치시고"(**KJV**, 눅 4:18. 한글개역성경, 포로된 자에게 자유를), 수고하고 무거운 짐진 자들을 쉬게 하시려고(마 11:28) 오셨다. 하지만 역사에 일찍이 없었던 가장 치열한 전투를 앞장서서 치르는 불굴의 지도자가 되기 위해서도 오셨다. 마태복음 10:34은 이 점을 충분히 예증한다. "인자가 전쟁을 치르러 나가신다"는 찬송에는 위대한 진리가 담겨 있다.

4. 예수의 장부다움은 사람들을 대하실 때 두려움 없이 솔직하셨던 모습에 잘 나타났다. 이런 주님의 모습을 누가복음 9:57-58과 누가복음

14:25-33에서 잘 볼 수 있다. 주님은 사람들이 평화와 기쁨과 무한한 상급에 대해 갖고 있는 갈망뿐 아니라, 그들의 의협심과 자기 희생 정신에도 호소하셨다. 오늘날은 의분을 일으키는 복음을 전해야 할 필요가 크다.

5. 예수의 장부다움은 모든 형태의 죄에 절대로 타협하지 않으신 태도에 나타났다. 주님은 언제나 죄를 혐오스럽고 가증스럽고 사람을 멸망하고 노예로 예속하는 것으로 평가하셨다. "죄를 범하는 자마다 죄의 종이라" (요 8:34). 주님은 온갖 형태의 죄를 미워하고 비판하셨다. 누가복음 16:18; 13:3-5; 요한복음 5:14; 8:11. 죄에 양보하거나 죄를 조금도 봐주는 법이 없으셨다.

6. 예수의 장부다우심은 휘지 않는 결연함에 나타났다. 본문의 59-62절을 보라. 이 두 사람의 요청은 얼른 봐서는 합리적으로 보이지만, 예수께서는 그렇게 보이지 않았다. 예수께서는 두 사람에게 즉각 행동에 나설 것을 요구하셨다. 그것은 권유가 아니라 명령이었으며, 주님은 한 뼘도 물러설 여지를 주지 않으셨다. 얼마나 적극적이고 단호하신 태도인가! 윤리적 문화주의자와 도덕적 자유주의자의 나약하고 감상적인 태도를 조금도 찾아볼 수 없다. 그는 하나님이 지으신 전형적인 남자이셨다.

7. 예수의 장부다우심은 위선과 망상과 가식과 자기 의와 자기 만족과 자기 기만과 모호한 죄를 질타하실 때 나타났다. 누가복음 16:14-15을 읽어 보라. 우리 주님의 이 말씀이 얼마나 신랄하고 예리한가? 특히 누구를 대상으로 하신 말씀인지를 생각하면 신랄함의 강도가 더 크게 느껴진다. 주님은 스스로 정통신앙과 도덕성과 숭엄한 이상을 자부하던 자들에게 이 말씀을 하셨다. 하지만 보다 신랄하고 단호한 말씀을 읽어 보라: 마태복음 23:13-17.

8. 예수의 장부다우심은 다른 사람들을 고통과 파멸에서 구원하시기 위해서 고통과 번민 앞에 섰을 때 한 점 진리도 양보하지 않고 담담히 기쁘게 그 상황을 받아들이신 데서 나타났다. 우리 주님은 하나님과 진리에 절대 충성하는 길을 걸으셨다. 그 길에 십자가가 암울하고 무섭게 버티고 서 있었음에도 개의치 않으셨다. 십자가 앞에서 아버지께 구하셨다면, 아버지

께서 즉시 열두 군단의 천사들을 보내셔서 주님을 구하셨을 것이다(마 26:53). 하지만 만약 십자가를 피하면 죄인들이 영원히 멸망하고 만다는 것을 아셨다. ― 토리(R. A. Torrey).

눅 9:54-56. 천벌을 내려달라는 외침과 주님의 꾸짖으심

I. 천벌을 내려달라는 외침

야고보와 요한은 사마리아인들에게 천벌이 내리기를 바랐다. 그런 심정은 이교도들에게나 합당한 것이다.

A. 그것은 사람 내면에 존재하는 정의감의 왜곡된 표출이다. 정의감이란 누구에게나 있다. 이것은 인간 영혼의 원기이자 영광이지만, 보복으로 표출되지 않는다. 보복은 순전히 동물적인 것이다. 야수들에서 그런 것을 볼 수 있다. 이기심과 자만과 질투가 보복을 외친다. 하지만 정의는 교정(矯正)을 요구한다. 차분함과 위엄이 정의의 본질이다.

B. 그것은 우리 자신의 인격을 철저히 무시하는 것이다. 우리는 주일마다 교회에서 "저희는 본성상 죄가 있고 부정하며, 저희는 생각과 말과 행위로 당신께 죄를 범했나이다"라고 자백한다. 따라서 천벌을 구하는 것은 인격을 판단하고 운명을 결정할 대권을 스스로 취하는 것과 다름없지 않은가? (참조. 요 8:3-11.)

C. 그것은 하나님이 보응하신다는 사실을 망각한 소치이다. 땅에서 심판하시는 하나님이 계시는데, 그분은 "원수 갚는 것이 내게 있으니 내가 갚으리라"고 말씀하셨다(롬 12:19). 덕(德)이 있는 신자는 명예와 감정에 손상을 입었어도 기다릴 줄 알며, 함부로 하나님의 대권을 취하려고 하지 않는다.

D. 그것은 기독교 윤리학에 무지한 소치이다. 내게는 두 가지 사실이 공리처럼 박혀 있다. (1) 기독교는 인류를 위한 법이다. 인류를 위한 법이 되

어야 하는 것이 아니라, 당연히 법이다. (2) 기독교는 모든 원한과 보복에 반대한다.

II. 그리스도의 책망

"너희는 무슨 정신으로 말하는지 모르는구나"(55절 난하주). 세 가지 점을 살펴보자.

A. 사람은 어떤 정신이 자신을 주관하고 있는지 이해해야 한다. 이러한 뜻이 그리스도의 말씀에 함축되어 있다. 정신이 행위에 성격을 부여한다. "대저 그 마음의 생각이 어떠하면 그 위인도 그러한즉"(잠 23:7).

B. 사람은 종종 자신을 주관하는 정신을 잘못 파악한다. 야고보와 요한도 그랬다. 그들은 그리스도께 대한 사랑과 정의로 천벌을 구했다고 생각했음직하다.

C. 생명을 멸하기를 바라는 정신은 그리스도께 속한 것이 아니다. "인자는 사람의 생명을 멸하러 온 것이 아니요 구하러 왔노라"(56절 난하주). 멸망의 능력은 마귀의 것이고, 구원의 능력은 하나님의 것이다. 물론 기독교가 자기 방어나 물리력에 의한 자기 방어를 금한다는 뜻은 아니다. 하지만 기독교는 얼마만한 힘을 동원하여 자기를 방어하든 사람을 사랑하라는 법이나 인간 생명의 신성함을 범해서는 안 된다고 요구한다.

— 데이비드 토머스(David Thomas).

눅 9:56. 주께서 오신 목적이 아닌 것들

우리 주님께서는 다음과 같은 목적으로 오시지 않았음을 기억하는 것이 좋다.

1. 율법이나 선지자를 폐하러 오시지 않고 완성하러 오셨다. 마 5:17.
2. 의인을 부르러 오시지 않고, 죄인들을 불러 회개시키려고 오셨다. 마 9:13.

3. 섬김을 받으러 오시지 않고, 섬기러 오셨다. 마 20:28.

4. 사람의 목숨을 멸하러 오시지 않고, 구원하러 오셨다. 눅 9:56.

5. 자기의 뜻을 행하러 오시지 않고, 아버지의 뜻을 행하러 오셨다. 요 6:38.

6. 세상을 심판하러 오시지 않고, 세상을 구원하러 오셨다. 요 12:47.

— 다우니(H. K. Downie).

눅 9:57-62. 변덕스러운 제자들

예수께서는 친히 모든 사람을 아셨다(요 2:24). 본문에 그 현저한 예가 있다. 갈릴리에서 마지막 여행을 마치고 사마리아를 지나오셨을 때 허다한 무리가 따랐다. 그들 중에 본문에 언급된 세 사람이 있었다. 이들은 세 부류의 변덕스러운 유형을 보여준다.

I. 성급하고 열정적인 제자(57-58절)

A. 그는 지적인 깨달음보다 고양된 감정에 이끌려 결정을 했다. 그리스도의 경이로운 사역들, 권능의 행위들, 대중의 찬사, 그리고 혹은 그리스도의 능력에 힘입어 개인의 고통에서 벗어난 경험이 그의 감정을 극도로 고조시켰다. 오늘날도 이런 부류에 해당하는 사람들을 많이 볼 수 있다.

B. 그는 자신의 능력을 지나치게 과신했다. "어디로 가시든지 저는 좇으리이다." '주님께는 지금 많은 추종자들이 있습니다. 물론 그들 중에서 더러는 주님을 버리고 가리라는 것을 저도 압니다. 하지만 그 누가 자신의 옛 직장과 종교로 돌아가더라도, 저는 주님을 좇겠습니다.' 베드로에게서도 이런 성향을 볼 수 있다. 그도 그리스도 앞에서 "다 주를 버릴지라도 나는 언제든지 버리지 않겠나이다"라고 장담했던 것이다(마 26:33).

C. 그는 앞으로 닥칠 어려움들을 과소평가했다. 그리스도께서 잠시 후에 걷게 되셨던 고독한 길과, 제자들이 겪어야 할 큰 고통에 관해서 별로 생

각하지 않았다. 그러면서도 그리스도와 함께 갈 준비가 되어 있다고 생각했다. "어디로 가시든지 저는 좇으리이다." 불행하게도 비용을 따져보지 않고 그리스도를 따르겠다고 나선 사람은 그가 마지막이 아니다. (참조. 눅 14:28-33).

D. 그는 합당치 않은 동기를 가지고 그리스도를 좇으려고 했다. 그리스도께서 그에게 하신 대답에 이 점이 분명히 나타난다. 그는 그리스도께서 경이로운 일들을 하시는 것을 본 뒤에 그를 따르는 것이 명예와 부를 얻을 수 있는 가장 안전하고 좋은 길이라고 생각했다. 그의 동기가 얼마나 부당한 것이었는가! 어느 시대나 열정의 힘에 의지하는 제자는 다 이렇다.

II. 냉랭하고 꾸물거리는 제자(59-60절)

그는 다른 사람처럼 지나치게 서두르지 않는다. 그 문제에 관해 좀더 시간을 갖고 생각하고 싶어한다. "나로 먼저 가서 내 부친을 장사하게 허락하옵소서." 이 말에는 다음과 같은 뜻이 담겨 있는 듯하다. '나로 아버지가 돌아가실 때까지 함께 살도록 허락해 주옵소서. 아버지가 돌아가시면 다른 일을 다 제쳐두고서 응당 주님을 따라야 하겠지요.' 얼마나 냉랭한 태도인가!

불행하게도 그는 오늘날 많은 사람들을 대표한다. 그들은 신경 써야 할 일이 많아서 지금 주님을 따르지를 못한다. "복음의 숭고한 요구에 대해 죽은 자들은 생명 없는 육체에 몰두하게 내버려 두라."

III. 우유부단하고 생각이 많은 제자(61-62절)

그는 첫째 부류처럼 지나치게 성급하지도 않고, 둘째 부류처럼 굼뜨지도 않다. 주님을 따르려는 결심이 서 있다. 하지만 그의 마음에는 복잡한 것이 많아서 주님께 침울한 표정으로 대답한다. 집에 가서 가족을 마지막으로 보고, 친족들에게 작별을 고하고, 그들의 동의를 받을 기회를 얻고 싶었다. 이런 부류의 사람들은 다른 곳에 가서 애써 찾지 않아도 우리 교회에서 얼마든지 찾을 수 있다. 더러는 그리스도인이 됨으로써 친족들과 친구들의 감정을 해치고 불쾌하게 만들까봐 우려한다. 더러는 예배와 신앙의 의무들을 두려워한다. 더러는 기독교가 요구하는 희생과 자기 부인을 두려워한다. 그러한 정신은 그리스도를 따르려는 사람에게 전혀 적합하지 못하다. "손에 쟁기를 잡고 뒤를 돌아보는 자는 하나님의 나라에 합당치 아니하니라." — 토머스(H. E. Thomas), 1857.

눅 9:62. 신실하게 쟁기질을 할 사람들

(아래 소개할 진술들은 휴 래티머〈Hugh Latimer〉가 1548년에 전한 설교를 간추린 것이다. 그는 가톨릭 교도였던 메리 여왕의 명령으로 화형을 당하던 순간에 동료를 향해 오래 기억에 남을 만한 예언적인 말을 했다: "리들리 형제, 마음을 편히 가지시고 장부답게 처신하십시오. 우리는 오늘 하나님의 은혜로 다시는 꺼지지 않을 촛불을 영국에 환히 밝힐 것입니다.")

정말로 쟁기질을 할 사람들은 하나님을 위해서, 그리고 형제들을 신앙으로 바로 세우기 위해서 신실하게 일해야 한다. 농부가 생계 유지를 위해 근면하게 일하듯이, 설교자는 영혼을 먹이기 위해 근실히 일해야 한다. 이 두 분야의 일은 사람에게 가장 긴요한 일로서 앞으로도 계속되어야 한다. 설교자는 자신의 직무에 게을러서는 안 된다. "손에 쟁기를 잡고 뒤를 돌아보는 자는 하나님의 나라에 합당치 아니하니라."

누가복음 10장

눅 10:17-20. 생명책

본문에는 칠십 인이 돌아와 자기들이 각처로 다니며 복음을 전했던 일을 듣고 주님께 보고하는 내용이 실려 있다. 그들은 행복한 표정으로 돌아왔다. 보고할 좋은 내용이 있었기에 모두들 마음이 뿌듯했다. "칠십 인이 기뻐 돌아와 가로되 주여 주의 이름으로 귀신들도 우리에게 항복하더이다"(17절).

주님께 자신을 드린 사람은 주님을 섬기는 데서 행복을 찾을 것이고, 주께서 지시하신 길로 갈 경우 사역에 열매를 보게 될 것이다.

칠십 인은 게다가 특별한 능력도 받았다. 그것은 전에는 사람들에게 부여된 적이 없었던 능력이었다. 그리고 그들은 이 능력이 자기들에게서 나온 것이 아닌 줄을 인식했다. "주의 이름으로." 그럴지라도 그들이 "우리에게"라는 말을 강조하고, 자기들의 사역에 따른 외적인 결과에 크게 기뻐한 것이 얼마나 자연스런 일이었는가!

그들로서는 분명히 기뻐할 이유가 있었다. 자신들의 연약한 가운데서 주님의 능력이 온전해지는 것을 깨달았기 때문이다(고후 12:9; 참조. 히 11:34). 하지만 주님은 칠십 인에게 그들이 다른 사람들에게 선포했던 그 복에 그들도 참여했음을 일깨우심으로써, 진정으로 기뻐해야 할 더 고상하고 고결한 이유를 생각하도록 만드셨다.

우리도 다양한 활동과 의무들로 바쁘고, 교회의 다양한 부서에서 적극 활동하느라 하나님께서 우리 개인들에게 당신의 자녀로서 주신 복을 기뻐하고 그 일로 하나님을 찬송하는 일을 잊고 살기가 얼마나 쉬운가! 이 점에서 우리에게도 칠십 인이 받아야 했던 훈계가 필요하다. 주께로부터 "너희 이름이 하늘에 기록된 것으로 기뻐하라"는 말씀을 들을 수 있는 사람은 참으로 복되다.

이 말씀은 성경을 읽는 모든 사람들에게 친숙하고 소중한 주제를 생각나게 한다. 그것은 다름 아닌 생명책이다.

이 주제는 거룩한 역사가 시작된 순간부터 경건한 사람들이 생각했던 것이다. 모세와 다윗이 그 주제에 관해 말했고, 이사야와 다니엘이 그 주제에 관해 글을 남겼다. 사도 요한과 바울도 생명책을 언급했다. 하나님께서 옛 시대에 그것을 말씀하셨는데, 예수께서 낮아지사 육신을 입으셨을 때 그 주제를 다시 한 번 거론하셨다.

'생명책'이라는 표현과 그것의 동의어들은 족보를 기록하던 고대의 관습에서 유래한 것일 수도 있고, 어떤 사람들의 추측대로 다양한 목적으로 시민들의 명부를 작성해 두던 관습에서 유래한 것일 수도 있다. 어찌됐든 간에 다음 사항을 명심해야 한다. 성경에 나오는 상징은 항상 상징 자체보다 더 큰 것과, 상징에 내포된 개념보다 더 중요한 개념을 가리킨다!

본문의 경우에 '책'의 상징으로 표현된 기이한 진리가 있다. 이 단어를 문자적으로 이해하여 하늘에 정말 책들이 보관되어 있다는 뜻으로 이해할 필요는 없다. 하지만 이 단어는 이 독특한 상징으로 우리에게 전달되어야 할 특정 사실들을 가리키는 것이 틀림없다! 그러므로 이 단어가 암시하는 진리들 가운데 몇 가지를 진지하게 생각해 보자.

1. 이 땅에서 우리의 존재는 일시적인 경험에 지나지 않는다.

우리는 우리가 살았다고 생각하고 말한다. 하지만 그렇게 말할 때는 일시적이고 인간적인 개념을 가지고 말하는 것이다. 요한은 예수께 관해서 "그 안에 생명이 있었으니"라고 말한다(요 1:4). 예수께서는 자신을 가리켜 "생명"이라고 하시며, "내가 온 것은 양으로 생명을 얻게 하고 더 풍성히 얻게 하려는 것이라"고 말씀하신다(요 10:10). "내게 사는 것이 그리스도니"(빌 1:21). "오직 이것을 기록함은 너희로 예수께서 하나님의 아들 그리스도이심을 믿게 하려 함이요 또 너희로 믿고 그 이름을 힘입어 생명을 얻게 하려 함이니라"(요 20:31). "아들을 순종치 아니하는 자는 영생을 보지 못하고 도리어 하나님의 진노가 그 위에 머물러 있느니라"(요 3:36).

2. 영혼들의 구원이 하늘의 주된 관심사이다.

성경은 죄인 하나가 회개하면 천사들이 기뻐한다고 하며(눅 15:10), 천사들이 복음의 비밀을 살펴보기를 원한다고 한다(벧전 1:12). 그렇다면 그리스도를 통해서 하나님의 은혜를 받는 모든 사람에 관해 기록이 남는 것은 하나도 이상할 것이 없다.

이사야는 이스라엘이 회개하고 하나님께 은혜 받는 자리를 회복할 것을 말하면서, 구속받은 영혼들을 "예루살렘에 있어 생존한 자 중 녹명된 모든 사람"으로 묘사한다(4:3). 그것은 우리에게도 주된 관심사가 되어야 한다! 사도 바울은 "여러 사람에게 내가 여러 모양이 된 것은 아무쪼록 몇몇 사람들을 구원코자 함이니"라고 말했는데(고전 9:22), 그 정신이 우리에게 더욱 필요하다.

3. 모든 신자의 이름이 일일이 기록된다.

얼마나 위로를 주는 진리인가! "하나님의 견고한 터는 섰으니 인침이 있어 일렀으되 주께서 자기 백성을 아신다 하며"(딤후 2:19).

모세는 자기 이름이 그 책에 기록된 것을 알았다. 그리고 바울은 자기 동역자들을 거론하면서 "그 이름들이 생명책에 있느니라"고 말한다(빌 4:3).

(나는 "하늘에서 명단을 부를 때"라는 찬송을 좋아한다. 이 찬송은 '내 이름이 거기 써 있는가'라는 후렴과는 달리 작사자의 확신을 드러내기 때문이다.)

세계대전 때 참전 군인들 중 전사자 명단이 발표되었을 때 어떤 사람들은 전사했는데도 이름이 빠져있었고, 다른 사람들은 명단에 들어 있었는데 훗날 살아 있는 몸으로 나타났다. 하지만 천국에서는 그런 실수가 발생하지 않으며, 생명책은 모든 경우를 일일이 결정할 것이다!

4. 성경에서 그 주제를 언급한 부분들을 공부해 보면 생명책에서 이름이 말소될 수도 있다는 슬프고 두려운 사실도 발견하게 된다.

먼저 출애굽기 32:31-33을 읽어보자: "[모세가] 여호와께로 다시 나아가 여짜오되 슬프도소이다 이 백성이 자기들을 위하여 금신을 만들었사오니 큰 죄를 범하였나이다. 그러나 합의하시면 이제 그들의 죄를 사하시옵소서. 그렇지 않사오면 원컨대 주의 기록하신 책에서 내 이름을 지워 버려 주옵소서. 여호와께서 모세에게 이르시되 누구든지 내게 범죄하면 그는 내가 내 책에서 지워버리리라."

다윗도 메시야에 관한 시편에서 기도를 드릴 때 행악자들과 관련하여 이 두려운 가능성을 의식했다(시 69:28). "저희를 생명책에서 도말하사 의인과 함께 기록되게 마소서." 예레미야 17:13과 계시록 22:19도 함께 참조하라.

하지만 신자는 두려워할 필요가 없다. 다니엘조차 "환난이 있으리니 이는 개국 이래로 그 때까지 없던 환난일 것이며"라고 말하고 나서 "그 때에 네 백성 중 무릇 책에 기록된 모든 자가 구원을 얻을 것이라"고 덧붙여 말하기 때문이다(12:1).

계시록 3:5에도 승천하신 주님의 복된 약속이 있다. "이기는 자는 이와 같이 흰옷을 입을 것이요 내가 그 이름을 생명책에서 반드시 흐리지 아니하고 그 이름을 내 아버지 앞과 그 천사들 앞에서 시인하리라."

5. 그렇다면 이러한 신적 계시들과 은혜의 약속들에 비추어 볼 때, 영감된 저자가 "하늘에 기록한 장자들의 총회와 교회"로 언급한 복된 무리에 우리 자신이 속해 있다는 것을 확인하는 것이 우리의 의무이다.

계시록 13:8에는 "어린양의 생명책에 창세 이후로 녹명되지 못하고 이 땅에 사는 자들"에 관해 기록되어 있는데, 이들은 살아 계신 하나님 대신에 짐승을 섬기는 자들이다. 이들은 자신들이 자행한 두려운 배교의 결과들도 틀림없이 겪게 될 것이다.

또한 계시록 20:12, 15에도 크고 흰 보좌에서 집행될 심판이 언급된다. "또 내가 보니 죽은 자들이 무론대소하고 그 보좌 앞에 섰는데 책들이 펴 있고 또 다른 책이 펴졌으니 곧 생명책이라. 죽은 자들이 자기 행위를 따라 책들에 기록된 대로 심판을 받으니 …… 각 사람이 자기의 행위대로 심판을 받고 …… 누구든지 생명책에 기록되지 못한 자는 불못에 던지우더라."

그런 뒤에는 무엇이 있는가? 그런 뒤에는 그 영혼들의 영원한 운명이 영원히 결정된다!

하지만 그들이 누구인가? 그들은 은혜의 시대에 그리스도를 통해 하나님이 주신 구원을 거절한 사람들이다. 그들 외에는 심판대에 나타나지 않을 것이기 때문이다. 그 이름이 생명책에 기록된 사람들에게는 심판이 이미 지나갔다. 요한복음 5:24. "내가 진실로 진실로 네게 이르노니 내 말을 듣고 또 나 보내신 이를 믿는 자는 영생을 얻었고 심판에 이르지 아니하나니 사망에서 생명으로 옮겼느니라."

마지막으로, 이 장에는 하늘의 예루살렘이 묘사되는데, 만약 지상의 용어들로 그 영광스러운 곳에 관한 개념을 조금이라도 전달할 수만 있다면, 아무도 자기 이름이 생명책에 기록된 것을 확인하기 전까지는 그냥 하루 해를 넘기지 않을 것이다.

"계 21:27 무엇이든지 속된 것이나 가증한 일 또는 거짓말하는 자는 결코 그리로 들어오지 못하되 오직 어린양의 생명책에 기록된 자들 뿐이라"(계 21:27).

"그 두루마기를 빠는 자들은 복이 있으니 이는 저희가 생명나무에 나아가며 문들을 통하여 성에 들어갈 권세를 얻으려 함이로다"(계 22:14).

우리는 여전히 은혜의 시대에 살고 있다. "성령과 신부가 말씀하시기를 오라 하시는도다. 듣는 자도 오라 할 것이요 목마른 자도 올 것이요 또 원하는 자는 값없이 생명수를 받으라 하시더라"(계 22:17).

여러분의 이름은 생명책에 기록되어 있는가? 성령께서는 여전히 죄인들에게, 와서 그 이름을 생명책에 기록되게 하라고 부르신다! — 엘링슨.

눅 10:18. 사단, 그의 정체와 이름과 지위와 활동들

I. 빛의 천사로 지음을 받음 — 겔 28:12-15.

II. 그의 타락: "내가……하리라" — 사 14:12-14.

III. 그의 이름들:

   A. 루시퍼(히브리어, 밝은 아침의 별〈계명성〉) — 사 14:12.
   B. 뱀(히브리어, 쉿 소리를 내는 자) — 창 3:1, 2, 4, 13, 14; 계 21:9, 14, 15; 20:2.
   C. 사단(히브리어, 대적; 헬라어, 고소자) — 마 4:1; 계 20:10.
   D. 마귀(헬라어, 비방자, 중상자) — 마 4:1; 계 20:10.
   E. 바알세불(갈대아어, 파리 혹은 거름의 신) — 마 10:25.
   F. 임금(헬라어, 수장) — 요 14:30; 16:11; 엡 22:2.
   G. 이 세상의 신 — 고후 4:4.
   H. 아바돈(히브리어, 멸망의 천사) — 계 9:11.
   I. 아볼루온(헬라어, 파괴자) — 계 9:11.
   J. 큰 용(헬라어, 전설상의 뱀, 유혹자) — 계 12:3-17.

IV. 그의 지위:

   A. 보좌 - 공중의 — 엡 2:2.
   B. 어둠의 세상을 주관하는 지위 — 엡 6:12; 계 12:7.
   C. 땅을 지배하는 지위 — 마 4:8-9; 고후 4:4; 벧전 5:8.

V. 그의 활동들:

    A. 거짓말, 살인 — 요 8:44.
    B. 미혹 — 고후 11:14-15; 계 12:9.
    C. 고통을 가함 — 욥 1:12-19; 눅 13:16; 계 2:10.
    D. 고소 — 요 1:6-11; 2:1-6; 계 12:10.
    E. 시험 — 대상 21:1; 마 4:1, 11; 막 1:12-13; 눅 4:1, 13; 22:31.
    F. 진리를 호도 — 고후 4:4.
    G. 삼킴 — 벧전 5:8.

VI. 그가 처할 운명:

    A. 하늘에서 내던져짐 — 눅 10:18; 요 12:31; 계 12:7-11.
    B. 천년간 결박됨 — 계 20:1-3.
    C. 불못에 던져짐 — 계 20:7-10.

— 헨리 프로스트(Henry W. Frost).

눅 10:18. 사단: 삼키는 자

1. 사단은 하나님의 말씀이 뿌려질 때 그것을 삼키려고 한다(마 13:4, 19).

2. 그는 탕자처럼 사람들로 하여금 하나님께 받은 능력을 탕진하게 한다(눅 15:30).

3. 그는 절조 없는 자들로 하여금 과부의 가산을 삼키도록 만든다(마 23:14).

4. 그는 신자들로 하여금 서로 퉁명스럽게 대하도록 자극하고, 피차 물고 물리게 한다(갈 5:15).

5. 그는 불신자들을 선동하여 신자들을 박해함으로써 삼키게 한다(고후

11:20).

6. 그는 할 수만 있다면 그리스도와 그의 백성을 삼키려 한다(계 12:4).
— 마쉬(F. E. Marsh).

눅 10:23-24. 복된 특권들

많은 사람들은 자신들이 유복한 처지에 있을 때 그것을 잘 모른다. 아주 좋은 여건에서 사는 사람들도 자신들의 여건을 절반도 제대로 평가하지 못한다. 이것은 특히 영적 특권들에 관해서 그러하다.

사도들조차 이 점에서 자신들이 얼마나 좋은 처지에 있는가에 관해 훈계를 들을 필요가 있었다. 그런 훈계를 들을 때조차 그들은 하나님께서 자기들에게 허락하신 선한 섭리의 성격과 가치를 충분히 다 이해하지 못했다.

질병과 궁핍이 찾아오면 그것을 예리하게 느끼게 된다. 하지만 복에 관해서는 당연한 것으로 여긴다. 구주께서는 우리가 그렇게 느끼고 행동하기를 원치 않으신다. 당신이 베푸신 은혜들, 특히 우리의 영적이고 객관적인 처지와 관련하여 베푸신 복들을 이해하고 평가하기를 바라신다. 이것이 본문의 교훈에 잘 나타나 있다.

I. 족장들과 선지자들에게 몇 가지 매우 숭고한 은혜들이 허락되었다.

A. 하나님은 여러 가지 현저한 계시들을 쓰셔서 당신을 그들에게 알리셨다.

B. 그들은 장차 오실 구주에 관해 여러 가지 소망스러운 사상을 품었다. 아브라함은 그분의 날을 바라보고서 기뻐했다.

C. "[그리스도께서] 받으실 고난과 후에 얻으실 영광"(벧전 1:11)이 환희에 찬 용어로써 선지자들에 의해 예고되었다.

하지만 그들은 자기들 속에 계신 성령께서 가르치려고 하시는 바를 충분히 이해하지 못했다. 그들은 예표들과 부분적으로 깨달은 예언들을 통해서 성령의 의도를 이해했다.

II. 사도들에게 베풀어진 지극히 큰 은혜들

A. 그들은 그리스도를 대면하여 보았다. 요한은 이렇게 쓴다. "말씀이 육신이 되어 우리 가운데 거하시매 (우리가 그 영광을 보니 아버지의 독생자의 영광이요) 은혜와 진리가 충만하더라"(요 1:14; 참조. 요일 1:1-3).

B. 그들은 그리스도의 친구들이었다. 그분의 말씀을 들었고, 그분의 권능의 역사들을 보았다. 그분은 공적으로 가르치신 말씀을 그들이 이해하지 못했을 때는 그들에게 사적으로 설명해 주셨다. 과거의 어떤 왕들도, 심지어 모세와 다윗과 엘리야와 그 어떤 선지자들도 이러한 특권을 누리지 못했다.

C. 그들은 그리스도의 부활의 증인으로 부름을 받았다(행 1:22; 4:33). "제자들이 나가 두루 전파할쌔 주께서 함께 역사하사 그 따르는 표적으로 말씀을 확실히 증거하시니라"(막 16:20).

III. 그런데도 오늘날 우리가 누리는 특권은 구주께로부터 친히 말씀을 듣던 사람들의 특권보다 훨씬 크다

A. 그들이 가졌던 모든 것을 사실상 우리도 가지고 있다. 그들이 본 것을 우리도 그들의 눈을 통해서 본다. 그들이 들었던 것을 우리도 그들의 귀를 통해서 듣는다. 그들이 구주의 생애와 활동에 관해 목격했던 모든 것을 우리도 그들의 증거를 통해서 목격하는데, 그들이 이해했던 것보다 훨씬 더 풍성하게 이해한다. 그리스도께서 주리시고 목말라 하시고 "머리 둘 곳"도 없이 지내실 때 그들이 어떻게 그분의 진정한 엄위를 깨달을 수 있었겠는가? 그들은 주님이 위대한 기적들을 행하시고 기이한 교훈을 가르치실 때 큰 기대를 품었다가, 그분이 잡히시고 단죄를 받으시고 십자가에

달려 죽으시고 무덤에 장사되시는 것을 지켜볼 때 철저히 혼란에 빠졌다. 그분이 부활하시고 오순절 사건이 임하기 전까지 그들의 기대가 얼마나 부족하고 망상에 가득 차 있었던가!

B. 우리 앞에는 구속의 전체 계획이 분명하게 놓여 있다. 우리는 예수께서 죽음을 당하시기 위해 천사들보다 조금 못하게 되셨다가 이제는 영광과 존귀로 면류관을 쓰고 계시다는 것을 안다. 구약의 모든 예표들이 그분 안에서 완성되었고, 모든 예언들이 영광스럽게 성취되었다는 것을 우리는 안다. 그 구원의 능력이 무수히 많은 사람들을 지배하고 있고, 그 충만한 은혜가 도처에 나타나 있는 것을 본다.

C. 사도들이 구주께 본문의 말씀을 들으면서 어떤 축하를 받았든간에, 우리는 그들보다 훨씬 더 큰 축하를 받는다. 우리는 사도들에 비해 참 신앙을 가로막는 요소들을 덜 갖고 있는 상태에서 그들보다 더 많은 것을 보고, 알고, 깨닫기 때문이다. 만약 예수께서 찾아가셔서 행하신 일들로 인해 가버나움이 하늘까지 높아졌다고 한다면, 하나님께서 이 시대의 백성들을 교회들과 성경들과 그 구원 진리에 대한 설교들을 통해서 높이신 하늘은 그보다 훨씬 더 밝고 광활하다.

그런데 선지자들과 임금들이 그토록 보고 싶어했으나 보지 못했던 것을 환히 보고, 그들이 듣고 싶어했으나 듣지 못했던 것을 들으면서도 마음에 감응이 일어나지 않는다면 그것이 얼마나 슬픈 일인가! 복음과 이 은혜의 시대를 정당하게 이해했다면 그런 반응이 나오겠는가? 이 "인자의 날"에 이 복된 운명이 우리에게 전달되기까지 지불된 노고와 피와 재물만 가지고 평가한다면, 어느 시대 어느 민족 중에서도 이처럼 고귀한 영적 유산을 물려받은 적이 결코 없었다.

그리고 우리가 그리스도인으로 부르심을 받는 영광스러운 지위와, 모든 사람들에게 그 문이 활짝 열려 있는 현실을 바라볼 때, 많은 사람들이 소홀히 취급하고 멸시하는 이 숭고한 운명은 어떤 단어들로도 말할 수 없고, 어떤 정신으로도 계산할 수 없다.

과연 우리가 보는 것들을 보는 눈들과 우리가 듣는 것들을 듣는 귀들은 복이 있다!

IV. 하지만 우리가 깨닫든 깨닫지 못하든, 이 영광스러운 은혜와 기회에는 그에 부합한 책임이 따른다

많은 것을 받았으므로 많은 것이 요구된다. 소홀히 취급한 은혜가 크면 클수록 그들이 그것을 소홀히 한 죄도 커진다. 심판 날이 오면 큰 특권을 받고도 향상을 보이지 않은 사람들이 가장 준열한 심판을 받을 것이다.

A. 그렇다면 여러분 벗들이여, 우리가 우리의 특권들을 어떻게 대하고 있는지 잘 살피자. 그 특권들이 우리에게 복이 되려면 우리가 그런 특권들을 받은 자들임을 늘 자각하고 살아야 한다. 거기서 빗나가지 않도록 항상 정신을 차려야 한다. 만약 그 빛이 없다면, 확신이 없다면, 복음의 약속이 없다면 우리는 어찌 될 것인가! 복음이 계시하는 속죄를 통하지 않고는 사죄를 받을 길이 없다. 복음이 제시하는 구주를 통하지 않고는 죽음을 맞이할 때도 한 줌 소망도 지닐 수 없다. 복음이 가리키는 하늘 외에는 정말로 복된 하늘이 없다.

B. 거기서 그치지 않는다. 우리 자신의 소명과 선택을 근실히 확인한 뒤라도 감사의 심정에서 다른 사람들도 우리와 동일한 복에 참여할 수 있도록 우리가 어떤 일을 해야 한다는 점을 잊어서는 안 된다. 빛 가운데서 기뻐했으면 그 빛을 널리 전하는 것이 우리의 사명이다. 이 의무에 우리 각 사람은 나름대로 사명을 갖고 있다. — 조셉 세이스(Joshep A. Seiss).

눅 10:25-28. "내가 무엇을 하여야 영생을 얻으리이까"

아담과 하와가 에덴 동산에서 쫓겨난 이래로 이것이 타락한 인류에게 가장 중요한 질문이었다. 어떤 세대든 이 질문이 제기되며, 율법과 복음에 계시된 하나님의 진리에 접촉하는 사람은 누구나 조만간 그 의식 속에서 이 질문이 제기될 것이다.

그리고 성령의 영향을 받는 모든 사람은 만족스러운 대답을 발견할 때까지 의심하고 불안해하고 불만족하고 근심하고 심지어 상실된 상태로 남아 있을 것이다. 사실상 본성상 "허물과 죄로" 죽어 있는 사람(엡 2:1)이 영생에 이르는 길을 찾을 때까지 그의 존재는 풀리지 않은 문제이고, 삶의 목적 자체도 절망적인 패러독스로 남는다.

하지만 그 질문은 주님의 귀에는 반가운 것이며, 동료 인간들의 구원에 관심이 있고 주님의 영광을 증진하기 위해 힘쓰는 그분의 모든 종이 기쁨으로 받아들일 만한 것이다.

그렇다면 죄인들이 영생을 상속하려면 무엇을 해야 할까?

1. 이 질문은 대단히 진지하게 제기해야 한다. 이 율법사는 그렇게 하지 않았다(25절). 그의 태도는 예를 들어 오순절에 사도들 곁에 모인 사람들의 태도와 달랐다. 그들은 죄를 깨닫고서 "형제들아 우리가 어찌 할꼬" 하고 물었다(행 2:37). 빌립보의 간수도 근실하게 "내가 어떻게 하여야 구원을 얻으리이까" 하고 물었다(행 16:30).

2. 그 대답은 최고의 권위자께 구해야 한다. 우리 자신의 이성에 의지하거나 우리 자신의 정서를 신뢰해서는 대답을 얻을 수 없다. 우리에게 영생을 주시되 풍성히 주시기 위해서 오신 분께 의뢰해야 한다(요 10:10). 우리를 그리스도를 믿음으로 구원에 이르는 지혜가 있게 할 수 있는 성경의 계시에 의존해야 한다(딤후 3:15: 참조. 요 20:31).

3. 성경의 교훈을 받아들일 뿐 아니라 우리 구원의 지도자께서 가리키시는 방향을 따를 준비가 되어 있어야 한다(참조. 본문의 26-28절과 요한복음 8:31-32).

4. 우리가 지닌 영생의 유업이 전적으로 관계에 달려 있다는 점을 유념해야 한다! "자녀이면 또한 후사 곧 하나님의 후사요 그리스도와 함께 한 후사니"(롬 8:17).

5. 이 관계가 신앙에 달려 있다는 점을 기억해야 한다. "아들을 믿는 자는 영생이 있고"(요 3:36). "게으르지 아니하고 믿음과 오래 참음으로 말미암아 약속들을 기업으로 받는 자들을 본받는 자 되게 하려는 것이라"

(히 6:12). — 엘링슨.

눅 10:29-37. "가서 너도 이와 같이 하라." 본문의 사마리아인이 어떻게 이웃에 대한 바른 태도를 중시했는가?

1. 그는 "여행하는 중"이었기 때문에 강도들에게 해를 당한 사람을 돌보지 못할 만큼 바쁘지 않았다. 그는 "거기 이르러" 그를 보았다(33절).
2. 그는 예수 그리스도의 참 제자들의 특징인 연민을 나타냈다. "그를 보고 불쌍히 여겨"(33절하).
3. 그는 불쌍한 처지에 빠진 사람이 유대인이라는 사실을 고려하지 않고, 제사장과 레위인의 행동에 개의치 않고 그를 돕는 책임을 떠맡았다.
4. 그는 보상을 바라는 마음 없이, 심지어 앞으로 그를 보살필 책임까지 떠맡으면서까지 자기가 그 사람에게 할 수 있는 일을 해주었다.

그럴지라도 이것은 이 비유가 우리 앞에 그려 놓는 그림의 그림자밖에 되지 못한다! — 엘링슨.

눅 10:38-42. 베다니 (서론)

훌륭한 분들과 연관된 장소들은 언제나 흥미를 끈다.

영광의 주님께서 땅에서 가장 소중한 우정을 나누신 배경으로 다른 모든 지역들 위에 우뚝 선 그 장소에 얼마나 장엄한 도덕적 후광을 둘러야 마땅한가! 주님께서 육체로 계시던 동안 밟으셨던 다른 지역들도 나름대로 거룩한 기억들을 간직하고 있는 것이 사실이다. 베들레헴은 말구유와 신비스런 별과 찬송하던 천사들의 기억을, 나사렛은 주님이 장성하실 때까지 간직된 정의 기억을, 디베랴는 주님의 발을 그토록 자주 적셨던 해안이나 배에 탄 그분을 품에 안았던 잔잔하거나 풍랑으로 일렁이던 바다의 기억을 간직하고 있다. 팔복을 강설하시던 산꼭대기도 있고, 주님께서 한밤 중에 기도하신 산도 있고, 변민하시던 동산도 있고, 돌아가신 언덕도 있다. 하지만 신앙의 눈으로 볼 때, 이렇게 주님이 순례를 하신 그 어느 곳도 베다니의 집과 마을처럼 주님이 거하기를 좋아하셨던 곳이 없었다.

그곳에서 거룩한 대화가 오갔던 시절은 이미 오래 전에 지나갔다. 그 명예로운 가족은 오래 전부터 무덤에서 자고 있다. 베다니의 주님은 수세기 동안 훨씬 더 따뜻하고 밝은 가정에 거하고 계신다. 이렇게 남은 것은 기억뿐이지만, 그곳은 여전히 그분의 임재로 향기를 발한다. 땅에서 들을 수 없는 그분의 음성이 여전히 그 주위에 울려 퍼지는 듯하다. 이 마을은 1900년 동안 위에 있는 진정한 베다니를 향해 걸어가고 있는 많은 지친 나그네들에게 기쁨과 격려를 주었다! — 맥더프(J. R. Macduff).

눅 10:38-42. 베다니에서의 예수

예수께서 "자기 땅에 오매 자기 백성이 영접지" 아니하였다(요 1:11)는 성경의 불평은 물론 충분한 근거가 있다. 하지만 고상하고 힘이 되는 예외적 사례들도 없지 않다. 그렇다고 해서 예를 들어 바리새인이 예수님을 자기 집에 초대하여 함께 식사를 한 일 같은 사례들은 거기에 포함시키는 것은 아니다. 예수를 단순히 의인이나 선지자의 한 사람으로 받아들인 사람들은 그분께 합당한 태도로 받아들이지 않았기 때문이다. 주님은 당신께 합당한 대로, 당신 자신의 이름으로, 그리고 아버지의 이름으로 영접해야 한다. 주님이 이런 영접을 받으신 경우란 극히 드물다. 하지만 이렇게 영접하는 사람들을 만나실 때 주님은 기뻐하셨다. 따라서 우리는 그런 사례를 보고서 배워야 한다. 본문은 그런 사례를 소개한다.

I. 구주께서 친히 오신 데 따른 기쁨

A. 그것은 구원이 그들의 집에 임한 기쁨이었다. 그들은 주께서 삭개오

같은 사람에게 무엇을 가르치실는지 본능적으로 이해했다. 그들은 주님이 오시는 것을 바라볼 때 일상의 단조로움을 깨는 친구의 반가운 방문쯤으로 여기지 않고, 여호와의 복된 분께서 진리를 가르치려고 오시는 방문으로 여겼다. 그리고 예수께서 자기들에게 보이고자 하신 개인적 호의를 인식하고서, 자기들이 많은 사람들 앞에 구별된 것을 보는 정도만큼 기쁨도 컸다.

B. 그것은 평범한 기쁨이었다. 두 자매가 다 그것을 느꼈다. 따라서 그것이 그들 사이에 새로운 사귐의 끈을 형성했다. 두 자매는 정신적으로 많은 차이가 있을지라도, 예수를 똑같은 마음으로 사랑한다는 이 점에서는 하나였다. 그리고 두 자매 모두 똑같이 예수님의 사랑의 대상이었다. 이 사랑을 위해서 두 자매는 비록 방식은 달랐지만 예수께서 찾아오신 일을 기회로 삼았고, 그 고귀한 시간을 활용했다.

II. 예수님의 오심을 사랑으로 맞이한 태도

A. 마르다의 경우는 주는 사랑이었다. 힘닿는 데까지 예수님을 위해서 무슨 일이든 할 의지가 있었다. 만약 그런 봉사가 세상적인 노력을 통해 이루어지더라도 그것을 결코 하찮은 사랑의 표시라고 할 수 없다. 마르다는 만민을 섬기러 오신 예수님을 섬기고, 그로써 자신이 그분의 참 제자임을 입증하는 데 온통 관심이 쏠려 있었다. (참조. "너는 내게 발 씻을 물도 주지 아니하였으되"〈눅 7:44〉, "내가 주릴 때에 너희가 먹을 것을 주었고"〈마 25:35〉.) 하지만 마르다의 사랑은 주는 사랑이었기에 동생의 사랑보다 높지 못했다.

B. 마리아는 받는 사랑을 나타낸다. 즉시 예수께 나아가 겸손히 그 발 앞에 앉았다. 자신이 주님 앞에 있다는 사실을 잊은 채 받고 또 받을 것이다. 이기심으로 받지 않고 사랑으로 받는다. 그렇게 받는 태도에는 그분의 은사들뿐 아니라 그분 자신이 주어질 것이다. 주님께서 집에 계시는데도 아무도 그 값없고 열린 샘에서 물을 긷지 않았다면 그 집에 더 계시고 싶

어하지 않으셨을 것이다. 마리아에 의해 예수님은 가장 깊은 의미로 "그의 이름으로" 받아들여지셨다.

III. 예수님 때문에 베다니에 생긴 불화

주님은 당신 때문에 세상에 투쟁과 불화가 일어날 것이라고 분명히 말씀하셨다. 이렇게 하는 것이 당신의 의도이며, 그 목적 때문에 세상에 오셨다는 것을 감추지 않으셨다(참조. 마 10:34-35; 눅 12:49, 51-53).

물론 한 집에 평화의 자녀들과 불화의 자녀들이 있으면 이런 현상이 발생하리라는 것을 쉽게 예상할 수 있다. 그리스도는 마음의 시금석이시며, 그분이 가는 곳마다 그곳에 불화의 씨앗을 뿌리고 자라게 하신다.

하지만 뜻밖의 일이 벌어진다. 식구들이 믿음과 사랑의 띠로 예수께 연합된 베다니의 이 가정이 갈등의 장소가 된 것이다. 이 상황에 대해서는 설명이 필요하다. 그것을 어떻게 설명해야 할까?

A. "주여 내 동생이 나 혼자 일하게 두는 것을 생각지 아니하시나이까." 사랑의 심정으로 했는데 잘못하고 오해받고 멸시받는다고 느끼게 되는 것은 고통스러운 일이다. 마르다는 자신을 내세우거나 자신의 봉사를 부당하게 자찬한 것이 아니라, 예수께서 자신을 철저히 간과하신다고 생각한 것이다. 자기는 그분께 친절히 대하고 그분을 위해 자신을 완전히 희생할 수도 있는데, 그분은 자기에게 마음도 눈길도 주지 않으신다고 생각한 것이다.

B. 하지만 이 거친 말은 주님을 향한 것이 아니라, 마리아를 향한 것이었다. 그 말대로라면 마르다는 질투를 한 셈이다. 마리아가 사실상 주님을 독차지함으로써 주님께서 다른 사람들을 생각할 겨를이 없게 만들었다는 것이 마르다의 생각이었다.

C. 여기에 덧붙여야 할 것은 주님이 오심으로써 생긴 기쁨이 금방 사라져 버렸다는 점이다. 예수께서 오실 때는 아주 반가이 영접했고, 처음 한두 시간은 잔치 분위기로 보냈지만, 이제 그러한 불화 때문에 기쁨이 사라져

버렸다.

하지만 이 정도의 생각 가지고는 그 불화를 만족할 만큼 설명할 수 없다.

IV. 불화의 원인을 설명함

A. 마르다가 예수께 항의한 것은 물론 사랑의 심정에서 흘러나온 것일 수도 있지만, 이 사랑은 겸손을 상실했다. 봉사를 할 때 사랑으로 하지 않고 감사와 인정을 기대하고, 결국 어떤 형태로든 보상을 바라는 심정이 끼어 든다면, 봉사는 — 설혹 그것이 희생일지라도 — 진정한 가치를 잃고 만다!

B. 마르다가 동생에게 질투를 느낀 원인은 예수를 그만큼 사랑했기 때문이었다. 하지만 바로 이 이유 때문에 이 사랑은 순수하고 온전할 수 없었다. 질투는 시샘을 드러내고, 시샘은 참되고 온전한 사랑과 조화를 이루지 못한다.

C. 마르다가 기쁨을 잃고 그렇게 불쾌감을 표현한 것은 틀림없이 사랑 때문이었다. 하지만 불화의 원인이 실은 자신의 잘못에 있음을 마르다가 깨닫지 못하는 한 어리둥절한 상황이 계속되었을 것이다.

물론 예수님은 이 경우에 아무런 잘못이 없으셨다. 잘못은 마르다에게 있었다. 하지만 이 불화가 생긴 원인이 예수님 당신께 대한 사랑에 있었기 때문에, 예수님은 세월이 치유할 때까지 불화를 계속 방치해 두지 않으셨다. 온유하면서도 분명한 말씀으로 상황을 훌륭하게 바로잡으셨다.

V. 예수께서 베다니에서 발생한 불화를 치유하실 때 쓰신 원칙

A. 주님은 "한 가지만이라도 족하니라"는 원칙을 사용하셨다. 이 표현은 일반적인 의미로도 이해할 수 있고, 물론 그렇게 하는 것도 옳다. 이런 의미대로라면 그리스도께서 친히 "너희는 먼저 그의 나라와 그의 의를 구하라"(마 6:33)는 말씀을 해석해 주신 셈이 된다. 이것이 한 가지 족한 것이

고, 가장 선한 것이다. 그럴지라도 이 말씀은 마르다에게 적용되지 않는다. 마르다는 이미 그리스도를 진실하게 믿는 신자였던 것이다. (참조. 요한복음 11:27에 기록된 마르다의 고백.) 설명을 좀더 하자면 다음과 같다.

B. 주님은 "마리아는 이 좋은 편을 택하였으니"라는 원칙을 사용하신다. 본문에는 마리아가 "주의 발 아래 앉아 그의 말씀을" 들었다고 기록되어 있다. 따라서 이 경우에 한 가지 족한 일은 예수의 말씀을 경청하는 일이다. 마리아는 그 기회를 정당하게 사용했다. (참조. 요 12:8, "나는 항상 있지 아니하니라.") 마르다는 그렇게 하지 않았다.

VI. 예수께서 이 사건을 통해서 가르치시는 교훈

A. 마르다와 관련하여: 주님은 마르다가 열심히 봉사한다고 하나 실상은 아무 유익도 얻지 못하는 것을 보시고 긍휼히 여기셨다. 마르다가 당신을 사랑하기 때문에 그런 불평을 했다는 것도 인정하셨다. 그럴지라도 예수께서 하신 책망에는 마르다가 홀대를 당했다면 그것은 본인 잘못이라는 뜻이 함축되어 있다.

B. 마리아와 관련하여: 예수께서 마리아를 칭찬하신 이유는 마리아가 "좋은 편"을 택하였기 때문이고, 결과에 개의치 않고 속에서 우러나오는 소원대로 했기 때문이다. 주님은 마리아의 판단을 옳다고 인정해 주셨다. 지상의 어떤 권력도, 심지어 언니도 그 판단을 가로막을 수 없었다.

— 스타인마이어 박사(Dr. Steinmeyer), 베를린, 1868.

그리스도를 영접하는 데에는 두 가지 방식이 있다. 하나는 그분을 우리의 수혜자로 만드는 것이고, 다른 하나는 우리가 그분의 수혜자가 되는 것이다.

그리스도를 공경하는 데에는 두 가지 방식이 있다. 하나는 그분께 우리의 노력과 헌상과 수고를 드리는 것이고, 다른 하나는 그분으로 하여금 말씀으로 우리를 먹이고 복 주시고 구원하시게 하는 것이다.
— 렌스키(R. C. H. Lenski).

눅 10:38-42. 중요한 쟁점들; 혹은 배워야 할 중요한 교훈들

1. 삶의 가장 큰 당위: "한 가지만이라도 족하니라."
2. 삶의 가장 큰 책임: "택하였으니."
3. 삶의 가장 큰 특권: "주의 발아래."

주님이 여러분의 스승인 줄을 알고서 그분의 말씀에 귀 기울이라. 그분을 여러분의 주인으로 택하라. 그분을 친구로 알고서 사귐을 가지라.
— 엘링슨.

눅 10:38-42. 마리아의 지나친 배려

인생에서 발생하는 모든 상황과 조건에는 나름대로의 올무와 위험이 따른다. 모든 사람들이 쉽게 노출되는 유혹들과 악들이 있으며, 심지어는 합법적인 것들에도 위험이 도사리고 있다. 이럴 때 신중함이 중요한 덕목이지만, 신중은 종종 이기심과 불신으로 전락한다. 신앙에서는 관대와 환대가 두드러진 자리를 차지한다. 하지만 이 점에서도 지나침으로써 해로웠던 한 가지 사례가 있었다.

I. 마르다가 염려한 증거

여기서는 이와 관련하여 세 가지 기준이 사용된다.

A. 마르다의 마음은 번잡한 일로 인해 산란했다. 마르다는 "준비하는 일이" 많았다. "많은 일"이 오히려 해로웠고, 차라리 접대의 일을 줄였으면 그리스도께서 기뻐하셨을 것이다. 정말로 필요한 일들은 몇 가지 되지 않

는데, 방만하게 일을 벌이는 경우가 우리에게는 많다.

　B. 마르다는 조바심으로 애가 탔다. "네가 많은 일로 염려하고 근심하나." 그럴지라도 육체와 영혼의 명예를 지키기 위한 매우 적절하고 긴요한 배려가 있다.

　C. 마르다는 심지어 근심하기까지 했다. "염려하고 근심하나." 당황하여 평정과 차분함과 기쁨을 잃었다. 이것은 차분하고 평온하고 행복한 상태와 정반대된다. 따라서 이것도 마르다가 염려한 증거이다.

II. 이러한 무절제한 염려의 해악

　A. 마르다는 염려함으로써 더 좋은 것에 관심을 쏟지 못했다. 그곳에는 예수께서 와 계셨다. 그런데도 그분 말씀을 귀 기울여 듣지 않고, 그 좋은 기회와 특권을 잃어 버렸다. 지나친 염려로 성경 읽기와 기도를 소홀히 하게 되는 경우가 종종 생긴다.

　B. 거기서 비판 정신이 생겼다. "주여 내 동생이 나 혼자 일하게 두는 것을 생각지 아니하시나이까." 퉁명스러운 말이었고, 화가 났다는 증거였다. 마르다는 이런 점에서 화를 잘 내고 까다로운 부류에 속했다.

　C. 염려하다가 구주께 명백한 실례를 범했다. "주여 …… 생각지 아니하시나이까." 손님이 어떤 분이신지 잊은 것일까? 그분의 양식과 음료가 무엇이라는 것을 몰랐던 것일까? 하나님의 계획과 섭리와 그분을 대할 때는 지나친 염려가 항상 위험하다.

　D. 염려하다가 주님께 책망을 받았다. "마르다야, 마르다야." '왜 그리 염려하느냐? 너는 마리아를 탓하지만 이 말을 꼭 네게 해야겠다.' "한 가지만이라도 족하니라. 마리아는 이 좋은 편을 택하였으니 빼앗기지 아니하리라." 세상적 염려는 그리스도께 항상 불쾌한 것이고, 영혼에게는 해로운 것이다.

III. 이런 유의 염려와 그 결과를 어떻게 피할 수 있을까

A. 영적인 것들을 우위에 둔다. "먼저 그의 나라와 그의 의를 구하라." "한 가지만이라도 족하니라."
　B. 세상의 일에 절제를 기른다. "너희 관용을 모든 사람에게 알게 하라. 주께서 가까우시니라"(빌 4:5. 참조. 11절; 딤전 6:8; 히 13:5-6).
　C. 세상적 염려는 아무리 해봐야 소용이 없는 줄을 속히 깨닫는다. "너희 중에 누가 염려함으로 그 키를 한 자나 더할 수 있느냐"(마 6:27).
　D. 우리가 지향해 가고 있는 영원을 신중하게 생각한다. 곧 우리는 모든 것을 뒤로 한 채 세상을 떠날 것이다. 가난과 부도 기쁨과 슬픔도 모두 뒤로 한 채 떠날 것이다. 천국과 영원을 생각하라! 나그네가 뭘 그리 염려하고 조바심을 내는가, 영광의 나라의 시민들이여!
　　　　　　　　　　　　　― 자베스 번스(Jabez Burns), 1844.

눅 10:38-42. 우리 가정에 오시는 예수님

　1. 예수님은 우리 가정에 오고 싶어하신다. "내가 오늘 네 집에 유하여야 하겠다"(눅 19:5).
　2. 예수님은 우리의 '초대'를 기쁘게 받으신다. 마르다는 그분을 자기의 집으로 맞이했다(눅 10:38. 참조. 요 11:20).
　3. 예수께서는 우리의 손님이실 뿐 아니라 주인이 되실 것이다. "마리아라 하는 동생이 있어 주의 발 아래 앉아 그의 말씀을 듣더니"(눅 10:39). 이것이 주님이 찾아오신 일의 "좋은 편"이다!
　4. 예수께서는 우리가 "우리와 함께 유하사이다"라고 말하기를 기다리신다(눅 24:29). 그리고 만약 그분을 진정으로 우리 마음에 맞이했다면, 그분이 우리 가정에 오셔서 항상 우리와 함께 유하시기를 바라게 될 것이다.　　　　　　　　　　　　　― 엘링슨.

누가복음 11장

눅 11:5-8. 기도에 대한 격려

이 비유는 일상 생활에서 일어날 수 있는 작은 사건에 기초를 두고 있다. 기도에 대한 교훈을 말씀하시는 가운데 삽입된 것이므로 이 비유의 의미와 목적은 분명하다. 그리고 과연 9절에 이르러서 주님은 친히 이 비유를 적용하신다.

이 비유에서 주님은 자기 백성들에게 몇 가지 격려의 말씀을 하신다.

I. 곤경에 처해 있을 때는 언제든지 하나님께서 가서 도움을 청하라고 하신다

   A. 왕과 군주들은 사람들이 자기를 접견할 수 있는 시간을 정해 놓았다(참조. 에 4:11).
   B. 재판관은 정한 시간에만 재판 자리에 앉는다.
   C. 사회는 대체로 예절에 의해 움직인다. 그러나 하나님은 다르시다. 하나님은 기이한 사랑으로 자비의 문을 활짝 열어놓으셨다. 하나님은 환경이나 장소 때에 제한을 두시지 않는다. 언제든지 여러분이 원할 때 하나님께 가면 환영을 받는다.

우리가 궁핍할 때는 언제든지 하나님께서 자비를 베푸실 때이다(히 4:16; 시 62:8).

II. 친구가 친구에게 하듯 하나님께 담대히 도움을 청하라고 하신다

여기서 다음의 사실들에 주의하자.

A. 관계. "너희 중에 누가 벗이 있는데." 여기서 벗이란 단순한 이웃간이 아니라 가깝고 신뢰할 수 있는 관계임을 뜻한다. 하나님은 스스로 낮아지셔서 자기 백성의 "친구"가 되신다(요 15:15; 참조. 약 11:23; 출 33:11).

B. 이 관계를 기꺼이 받아들이는 정신. "친구는 사랑이 끊이지 아니하고 형제는 위급한 때까지 위하여 났느니라"(잠 17:17). 이 관계에는 솔직함과 허물없음, 간절한 호소가 있다. "사람과 하나님 사이에와 인자와 그 이웃 사이에 변백하시기를 원하노니"(욥 16:21).

III. 우리의 궁핍함을 근거로 호소하라고 하신다

A. 곤경에 처한 "형제"가 있다(5절). 이것은 많은 사람들의 형편을 나타낸다(신 15:11). 이것은 우리 자신의 형편일 수 있고 다른 사람들의 형편일 수도 있다. 오늘날 얼마나 많은 사람들이 이런저런 이유로 그런 형편에 처해있는지!(시 9:18).

B. 음식물이 전혀 없다. "내가 먹일 것이 없노라." 이것은 종종 우리가 당하는 현실이다. 뜻은 있지만 능력이 없을 수가 있다. 마음에는 동정심이 일지만 손이 짧아 구원할 수가 없다. 이런 곤경에서는 기도가 유용하다. 우리의 곤경은 하나님의 기회이다.

C. 상황이 절박하기 때문에 특별한 노력이 필요하다. 이런 절박한 환경은 우리가 하나님께 나아가기 전에 먼저 행동을 취하도록 요구한다. 그 다음에 우리는 마음을 다잡고 확신을 가지고 하나님을 의지할 수 있다. 어떤 의미에서 하나님은 우리를 돕지 않으시면 안 된다. 우리가 실패하거나 망하도록 두면 하나님의 영예가 가려질 것이기 때문이다.

IV. 하나님의 자원은 아무리 큰 곤경도 해결하기에 충분하다는 믿음을 가지고 호소하라고 하신다

틀림없이 이 사람은 과거에 자기 친구로부터 언제든지 도움을 받았던 것이 분명하다. 과거의 그런 경험 때문에 이 사람은 확신하였다. 친구에게 자기 사정을 제대로 알리기만 할 수 있다면, 친구가 행동하도록 설득할 수만 있다면 모든 것이 잘 되리라고 생각했다. 그런데 어찌 하나님을 사람에 비할 수 있겠는가? 주께서 하시기 어려운 일이 있겠는가? 하나님의 자원은 무한하며, 하나님은 도우실 수 있을 뿐만 아니라 도울 뜻도 가지고 계신다. 창조와 십자가가 하나님께서 "구원하시기에 능하다"는 사실을 증명한다.

V. 퇴짜를 맞고 거부를 당하는 것 같을지라도 계속 기도하라고 하신다 (7-8절)

이 비유에서 친구는 요청을 거절할 뿐만 아니라 밤늦은 시간에 일어나야 한다는 것을 불쾌하게 생각한다. 하나님께는 이런 일이 있을 수 없다. 하나님에 대한 거짓되고 무가치한 개념들을 우리 마음에서 모두 깨끗이 씻어버리고 절대적으로 하나님을 신뢰하도록 인도하시려는 것이 바로 그리스도께서 오신 목적이었다. 바디매오와 수로보니게 여인처럼 우리도 믿음이 시험받을 수 있다. 우리도 아삽처럼 말하지 않을 수 없을지 모른다. "하나님이 은혜 베푸심을 잊으셨는가?"(시 77:9) 그러나 낙망하지 않도록 하자. 곤경은 시험이다. 낙담거리는 믿음을 불러일으킨다. 우리는 의심하기보다는 신뢰함으로써 하나님을 더 영예롭게 하며, 응답이 지체되고 기대에 어긋날 때 기도가 약해지기보다 실패처럼 보이는 상황에서도 인내로 계속 기도할 때 하나님을 더 영예롭게 한다.

"하나님께서 한 동안 선물을 허락지 않고 미루시는 것은 여러분이 더 큰 것을 바라도록 하시기 위해서이다"(아우구스티누스).

VI. 믿음의 기도는 결국에 가서 반드시 응답 받는다고 말씀하신다

이 비유에서는 끈질김이 승리한다(8절). 들볶인 이웃이 지고 만다. 그는 게으름을 털고 일어난다. 이성이 다시 힘을 발휘한다. 인정 많은 그 사람이 본 모습을 드러낸다. 그는 "소용대로" 넉넉하게 준다. 여기서 우리에게 격려가 되는 사실은 무엇인가? 약하고 죄 많은 사람도 자기 친구에 대해 이렇게 대한다면 하늘에 계신 우리 아버지의 사랑에서 우리가 무엇을 기대하지 못하겠는가?

우리는 다음과 같은 사실들을 확신해야 한다. 우리는 어느 때든지 하나님께 나아갈 수 있으며, 우리의 요청이 하나님의 뜻에 맞는다면 참으로 간절히 구할 수 있고, 우리가 아무리 구한다 하더라도 하나님의 사랑과 능력에서 나오는 무한한 자원이 고갈될 수 없다는 것을.

— 윌리엄 포사이스, 런던, 1878.

누가복음 11:9. "이 명령이 세 번 반복되는 것은 단순히 여러 번 반복되는 것 이상의 의미를 지니고 있다. '추구하는 것'은 '구하는 것' 이상의 일이고 '문을 두드리는 것'은 '추구하는 것' 이상의 일이기 때문이다. 단순히 기도하라고 하지 않고 구하는 자가 바라고, 하나님께서 주실 수 있기를 기다리는 복을 가져가기까지 갈수록 더 절박하게 기도하라고 권고하신다." — 트렌치(R. C. Trench).

우리는 자비의 문을 두드리고 나서 응답을 듣고 들어가기를 기다리지 않고 도망쳐버리는 경우가 너무도 많다. 그래서 우리는 마치 우리의 기도가 응답되는 것을 두려워하기라도 하는 것처럼 행동한다. 너무도 많은 사람들이 그런 식으로 기도한다. 이들은 응답을 기다리지 않는다. 우리 주께서는 이 비유에서 우리가 구해야 할 뿐만 아니라 응답을 기다리기도 해야 한다고 가르치신다. 응답이 오지 않으면 그 이유를 알려고 해야 한다. 우리에게는 단지 구하기만 해도 얻는 좋은 복이 많이 있다고 믿는다. 그러나 우리 삶에서 밝히 드러내야 할 것이 있기 때문에 받지 못하는 복들도 있

다. 다니엘은 바벨론에서 자기 백성의 구원을 위해 기도하기 시작했을 때 어떤 문제가 있는지 하나님께서 왜 자기 백성에게서 얼굴을 돌리셨는지 알고자 애썼다. 이와 같이 우리 삶에는 복을 받을 수 없게 만들고 있는 것이 있을 수 있다. 그런 것이 있다면 우리는 그 점을 알려고 해야 한다.

어떤 사람은 이 주제에 관해 이같이 말했다. "우리는 걸인의 겸손함으로 구해야 하고 종의 신중함으로 찾아야 하며 친구로서의 확신을 가지고 문을 두드려야 한다."　　　　　　　　　　　　　　　　　― 무디.

눅 11:9-10. "사람은 항상 기도해야 한다"

1. 기도는 세상에서 가장 잠재력이 큰 것이다. 기도 자체가 특별한 것이 아니고 하나님이 모든 것이 되신다는 말이다. 이는 기도가 하나님을 붙잡기 때문이다. 아니, 좀더 정확히 말하자면, 기도는 하나님께서 사람을 붙드시므로 무한자께서 인간사에 개입하시도록 하기 때문이다. 전능하신 분께서 사태의 한 가운데 계실 때는 아무도 이길 수 없는 무적의 하나님이심을 드러낸다. 그러므로 사도 바울은 이같이 증거할 수 있었다. "내게 능력 주시는 자 안에서 내가 모든 것을 할 수 있느니라"(빌 4:13).

2. 따라서 믿고 기도하는 사람은 세상에서 잠재력이 가장 큰 사람이다. "엘리야는 우리와 성정이 같은 사람이로되 저가 비오지 않기를 간절히 기도한즉 삼 년 육 개월 동안 땅에 비가 아니 오고"(약 5:17). 이것은 사람이 특별한 존재가 아니라 사람을 통해 일하시는 하나님이 모든 것이 되신다는 말이다. 이는 믿고 기도하는 사람은 구하는 자로서 바른 위치에 서고 하나님을 인자하고 자비가 풍성하신 분으로서 바른 위치에 모시기 때문이다. 하나님의 은혜와 능력이 이같이 자유롭게 베풀어질 수 있게 되면 그 은혜와 능력이 복의 홍수가 되어 땅에 흘러 인생의 황무지가 기뻐하고 장미꽃처럼 꽃을 피우게 된다(참조. 사 35:1).

3. 그 다음으로 이 세상에서 우리에게 필요한 것은 기도이다. 응답 받는 기도를 하기 위해서는 참되게 기도하는 사람이 필요하다. 기도에 관해 생각하고 기도에 관해 말하며 혹은 기도를 위해 시간을 내려고 하는 사람이 아니라 지금 기도하고 항상 기도하려고 하는 사람이 필요하다. 기도에 대한 그럴듯한 이론이나 좋은 의도로는 세상을 움직이는 팔을 움직이지 못한다. 그 팔을 움직이는 것은 끊임없이 믿음으로 드리는 희생적인 기도이다. "할 수 있거든이 무슨 말이냐 믿는 자에게는 능치 못할 일이 없느니라"(막 9:23). "구하라"는 이 하나님의 명령에 감추어 있는 그 가능성을 다 헤아릴 수 있는 사람이 있겠는가?

오, 주님이여 저도, 눈물로 이렇게 외치지 않을 수 없나이다. "나의 믿음 없는 것을 도와주소서"(막 9:24). 제 연약한 믿음으로 당신의 확신케 하는 이 말씀을 계속해서 붙들게 하소서. "구하는 이마다 받을 것이요 찾는 이가 찾을 것이요 두드리는 이에게 열릴 것이니라."   — H. 엘링슨.

눅 11:9-10. 기도에 대한 생각

기도를 바르게 드리기 위해서 사람은 걸인의 겸손함을 가지고 구해야 한다. 또 훌륭한 종의 신중함을 가지고 찾아야 하고 친구로서의 확신을 가지고 두드려야 한다. 사람들이 다른 일로 귀찮은 일들에 시달리고 받을 선물을 그토록 오랫동안 기다리게 되는 것은 스스로의 교만과 완고함 때문이며 힘이 부족하기 때문이다. 하나님께서 응답을 지체하시는 것은 자비와 지혜와 사랑 때문이며, 당신의 선물과 자비를 더 풍성히 부어주시기 위해서이다. 이는 하나님께서 우리 속에 경건과 인내와 다른 적절한 기도의 기질을 형성하고자 애쓰며 그에 따라 하나님 선물의 장엄함과 은혜의 풍성함을 갖추어 주시고자 하기 때문이다.   — 파스케르 케넬(1634-1719).

눅 11:11-13. 하물며!

성경은 하나님으로부터 오는 계시일 뿐만 아니라 하나님에 대한 계시로서 하나님의 마음과 생각과 온 성품을 알려 준다. 여기서 세상 부모와 하늘의 부모가 대비되는데, 이는 우리가 하늘의 부모에 대해 마땅히 가져야 할 신뢰를 보이도록 하기 위함이다.

여기에는 비교와 대조가 나온다. 우리는 세상의 부모와 하늘의 부모 사이의 대비 혹은 차이에 특별히 주의해야 한다. 본문의 요점은 특별히 이 점에 더 많은 주의를 기울이도록 한다. 본문의 그 요점에서 우리는 "하물며"라는 말씀의 취지를 알게 된다.

1. 세상의 부모는 약하나 하나님은 전능하시다. 하나님은 아버지로서의 모든 능력뿐 아니라 훨씬 더 많은 것을 지니고 계신다. 하나님은 언제나 충만하시다. 더할 것이 없을 정도로 충만하시다. 하나님은 언제든지 주실 수 있고 언제든지 우리를 대신해서 일을 떠맡으실 수 있다. 하나님의 전능하심은 충만하다. 본문의 이 주장은 거부할 수 없는 힘을 지니고 있다!

2. 세상의 부모는 무지하나 하나님은 지혜로우시다. 세상 부모는 무엇을 언제 어떻게 주어야 할 지 모른다. 하나님의 주시는 방식은 지혜롭다. 하나님의 기술은 무한하다. 하나님은 주시는 일에 실수하시지 않는다. 하나님은 지혜롭게 주시며, 우리에게 필요한 것이 무엇인지 아시므로 아무렇게나 주시지 않는다.

3. 세상 부모는 쉽게 화를 내지만 하나님은 오래 참으신다. 아버지는 자녀를 다루는 일에 인내가 필요하다. 사랑이 있으면 자식에 대해 인내한다. 그러나 세상 아버지의 인내는 한계가 있다. 아버지의 인내도 지친다. 그래서 때로 화를 낸다. 그러나 하나님은 그렇지 않으시다. 하나님의 인내는 무한하시다. 하나님은 모욕을 참고 냉담함을 견디시며, 과거에 자녀가 아무리 진노하게 했을지라도 구할 때는 언제든지 주신다.

4. 세상 부모는 변하나 하나님은 변치 않으신다. 세상에서는 아버지의 사랑이라도 덧없고 변할 수가 있다. 세상 아버지들은 변덕스러워서 기분에 따라 주기도 하고 거절하기도 한다. 하나님은 변치 않으신다. 하나님의 감정이나 행하고 주는 방식은 언제나 동일하시다. 변함도 없으시고 회전하는

그림자도 없으시다(약 1:17).

　5. 세상 부모는 어찌할 바를 모르는 때가 많지만 하나님은 결코 그런 일이 없으시다. 세상 부모는 자원에 한계가 있고 또 무엇을 해야 할 지 모를 때가 있다. 하나님은 아무리 많은 청원을 듣고 아무리 많은 탄원자가 나서더라도 지치는 일도 없으며 성가시게 생각하시는 일도 없다. 하나님의 방대한 가족이 필요로 하는 것이 하도 다양해서 당황하고 어찌할 바를 모르는 일이란 결코 없으시다. 하나님은 마치 돌보아야 할 다른 일은 아무 것도 없는 것처럼 각 사람의 사정에 충분히 주의를 기울이실 수 있다. 하나님의 손과 마음과 머리는 모든 필요를 채우고도 남을 만큼 충분히 넉넉하시다.

　6. 세상 부모는 변덕스럽지만 하나님은 복되신 분이시다. 우리가 자녀에게 주는 일은 그 순간의 우리 마음 상태에 따라 많이 달라진다. 의기소침해 있을 때는 주는 일이 즐겁지 않고, 주기를 거절하는가 하면 단지 구하는 자녀에게 시달리지 않기 위해 주어버리는 경우도 있다. 마음이 어두우면 우리는 움츠러들고 이기적이 되기도 하며 다른 사람들을 무시하기도 한다. 그러나 한참 기쁠 때는 주는 것이 우리의 체질인 것 같이 느껴진다. 이렇게 할 때 우리의 기쁨은 넘친다. 우리는 주지 않을 수 없고 많은 요청을 받아도 즐겁고 심지어는 줄 기회를 찾기까지 한다. 복되신 하나님께서 그러하시다. 하나님의 온전한 복은 주는 일을 통해서 흘러나간다. 하나님께서는 친히 모범을 통해 "주는 것이 받는 것보다 복이 있다"고 가르치신다.

　7. 세상 부모는 언제나 줄 수 없지만 하나님은 주실 수 있다. 하나님의 마음과 하나님의 보고는 다함이 없다. 과거에 부모가 선물을 주었다고 해서 미래에도 선물을 주리라는 보장을 할 수 없다. 그러나 하나님의 선물은 미래의 선물에 대한 보증이 된다. 하나님의 모든 선물, 특별히 하나님의 사랑하시는 아들을 선물로 주신 사실이 장래의 모든 선물을 보증한다(롬 8:32). 우리는 입을 벌리고 손을 뻗치기만 하면 된다. 하나님께서 마지못해 주시는 일이란 없다. 모든 것을 사랑으로 주신다. 그럴지라도 구하는 일

이 필요하다. 구하는 것은 우리가 하나님께 의존해 있음을, 곧 피조물의 태도를 보이는 것이다. 그러나 하나님께서는 모든 사람에게 후하게 주기를 기뻐하신다. "그러므로 때를 따라 돕는 은혜를 얻기 위하여 은혜의 보좌 앞에 담대히 나아갈 것이니라." — 호라티우스 보나르, 1874.

눅 11:14-28. 사단의 처소

바리새인들은 예수님을 멸시하였고 불신앙으로 거부하였다. 기회가 있는 대로 그들은 주님의 이적을 부인하였고, 부인할 수 없을 때는 예수께서 마귀의 힘을 빌어 귀신을 내어쫓는다고 악하게 말하였다. 이에 대해 주께서는 본문의 비유적인 말로 답변하신다. 여기서 다음의 사실들을 유의해 보자.

I. 사단에 대한 현저한 묘사

A. 이러한 존재의 실재를 성경에서 확실하게 인정하고 있다. 하나님의 말씀은 하나님의 존재에 대해 선언하는 것만큼이나 명백하게 인격적인 마귀의 존재에 대해서도 가르친다.

B. 본문에서는 사단의 능력에 대해 이야기한다. 본문에서 사단은 "강한 자"로 묘사된다. 천사들은 사람보다 능력이 탁월하다고 한다. 악한 천사들이 타락으로 인해 그 능력이 손상됐다고 생각할 수 없다. 사단의 능력은 다음과 같은 점들을 나타낼 수 있다.

1. 사단의 권위. 사단은 군주이며 이 세상 신이다. 사단은 불순종의 권세자들을 다스리는 통치자이다.

2. 사단의 영토. 사단의 영토는 참으로 넓고 광대하다! 사단은 하나님의 땅을 찬탈하였으며, 이 세상에서 어둠의 나라와 수많은 신민들을 갖고 있다.

3. 사단의 활동. 그리스도의 시대에 많은 인간의 몸이 악한 영들에 사

로잡혀 있었다(참조. 본문과 그 밖의 예들).

   C. 본문에서는 또한 사단이 어떻게 자신의 소유를 유지해왔는지가 나타난다. 수천 년 동안 학식과 과학, 철학, 인간의 행복을 달성하기 위한 수많은 방법들이 헛되고 무익하였다. 사단은 하나님의 통치를 광범위하게 거부하였다.

II. 사단의 처소는 바로 사람의 마음이라는 참된 설명

   A. **사단은 바로 인간 마음에 거한다.** 여기가 바로 그의 처소이다. 하나님의 영께서 신자 속에 거하듯이 사단의 영은 거듭나지 못한 영 속에 거한다. 사단은 깨닫지 못하도록 기만의 휘장을 둘러 친다. 사단은 악마적인 고집으로써 심판의 품위를 떨어뜨리게 만든다. 사단은 부정한 그림으로써 사람들의 상상을 더럽힌다. 그는 세상적인 것들을 좋아하게 만들고 마음속에 허영과 교만과 시기심을 충동질한다.

   B. **사단은 이 세상에 보좌를 두고 있다.** 하나님은 거듭나지 않은 자의 주가 아니시다. 사단은 이 세상에서 높임을 받고 섬김을 받는다. 이 세상에서 지식인들로부터 존경을 받으며 마음과 삶을 바치는 그들의 자발적인 봉사를 받는다. 사단은 거듭나지 않은 사람들의 마음과 지성을 지배하며 끊임없는 복종을 무한히 요구한다.

III. 사단이 자기 소유물을 유지하는 방식

   본문에서는 사단이 "자기 집을 지키므로" 저의 재물이 안전하게 있다고 말한다. 사단은 간계와 책략을 발휘하여, 교활함과 속임을 베풀어 자기 집을 지킨다.

   A. 자기 집을 어둠 속에 감추어둠으로써 지킨다. 어둠은 사단의 계획에 잘 맞는 요소이다(고후 4:4).

   B. 자연적인 감각에 호소함으로써 자기 집을 지킨다. 사단은 사람들이 이 세상의 부와 명예와 쾌락을 추구하도록 부추긴다.

C. 미루는 버릇을 통해 자기 집을 지킨다. 사단은 시간이 많고 수단도 충분하며 기회는 자꾸 반복된다고 말한다.

IV. 사단의 집이 포위되고 그 재물을 빼앗긴다

A. 이 일을 이룰 영광스런 인물. "더 강한 자가 와서"(능력과 은혜에서 더 강한 자이다).
B. 이 일에 사용되는 수단은 율법과 복음이다. 율법과 복음은 죄를 깨닫게 하고 하나님의 은혜를 계시하며 자유를 선포하는 수단이다.
C. 이 일로 인한 변화는 놀랍고 기쁜 일이다. 사단의 권세가 무너지고 그 자신이 쫓겨난다. 영혼은 그리스도의 처소가 되고 성령의 전이 된다.

— 자베스 번스.

눅 11:14-22. 사람을 지배하는 사단의 권세

주께서 마귀를 힘입어 귀신을 쫓아내고 있다는 비열하고 모독적인 주장에 대한 우리 주님의 답변은 "더 강한 자가 와서 저를 이길 때에는 저의 믿던 무장을 빼앗고 저의 재물을 나누느니라"고 답변하신다. 여기서 우리 주님은 사실상, 실제적인 존재로 인정하고 있는 악한 영을 너희 앞에서 내가 이기고 쫓아냈고 따라서 내가 그보다 강하다고 말씀하고 계시는 것이다. 본문에서 우리 구주께서 사용하시는 비유는 사람을 지배하는 사단의 권세에 대해 여러 가지 사실을 가르친다.

I. 강한 자의 권세이다

다음과 같은 사실에서 이러한 결론을 내릴 수 있다.
A. 우리 자신의 경험과 내적 숙고를 통해서 볼 때
B. 인류의 역사를 볼 때

C. 성경의 전반적인 증거를 볼 때

1. 성경이 사단을 지칭하고 있는 이름들은 다음과 같다. 용, 옛 뱀, 사자, 이 세상 임금, 공중의 권세 잡은 자.

2. 성경이 사단의 탓으로 돌리고 있는 황폐. 사단은 죄를 세상에 가져왔고, "말씀을 빼앗으며"(막 4:15), "믿지 아니하는 자들의 마음을 혼미케 한다"(고후 4:4).

D. 그리스도께서 본문에서 사단에 대해 부여하는 이름을 볼 때. "강한 자"(21절). 이 사실은 브라우닝 여사가 묘사하는 사단의 말을 볼 때 맞는 이야기이다.

> 내게도 힘이 있으니
> 하나님을 예배하지는 못할지라도
> 하나님을 볼 힘은 있도다
> 하나님께 부르짖지는 못하지만
> 하나님을 배반할 힘은 있도다
> 하나님이 되거나 하나님의 종이 되지는 못하지만
> 우주 안에 있을 힘은 있도다.

II. 자기 임무를 위해 무장한 강한 자의 권세이다

A. 사단은 전투를 치르기 위해 "무장하고" 있다. 그러므로 우리는 "하나님의 전신 갑주"로 준비해야 한다.

B. 사단은 "궤계" "화전" "올무" "깊은 것"이라고 언급되는 강력한 수단으로 "무장하고" 있다(계 2:24).

C. 사단은 거래의 규칙이나 사회의 관습, 사이비 과학의 절반의 진리들로 "무장하고" 있다(참조. 딤전 6:20).

D. 사단은 우상숭배와 미신과 위선으로 "무장하고" 있다.

III. 그것은 지극히 귀중한 소유물에 대한 권세이다

본문에서 사단이 "자기 집"을 지킨다고 할 때, 우리는 사단이 자기 것으로 지키는 재물이 존귀하고 가치 있는 것이라는 암시를 받는다. 사람은 누구나 신체와 지능과 마음에 있어서 그러한 재물이다. 곧 사단이 지킬 만한 존귀하고 고귀한 처소이다.

이 건축물은 "신묘막측하게 지어졌고" 그 속에는 값으로 칠 수 없는 "재물", 즉 이성과 기억과 사랑이 있다.

IV. 소유물을 완전히 장악하려는 권세이다

본문에서 사단이 "자기 집을 지킨다"고 할 때 여기에 나타나는 사상은 동일하다. 너무 타락해서 지옥의 깃발이란 깃발은 모두 성채에 걸려 있는 것 같은 인간들이 있다. 아주 계획적이고 변함없이 이기적이며 타락해서 마치 악이 노골적으로 마음놓고 지배하는 것 같은 성품이 있다.

V. 오직 강한 자에게만 굴복하는 권세이다

강한 자, 곧 그리스도만이 홀로 악한 영을 정복하고 쫓아내시며 성경과 교회 역사에 기록된 것과 같은 승리를 가져오신다. — U. R. 토머스.

눅 11:27-28. 하나님의 말씀을 듣는데서 오는 복

무리 중에 있던 이 여인이 목소리를 높여 선언한 이 찬양에서 마리아가 자신에 관해 말했던 예언(눅 1:48)이 성취되는 것을 본다. 마리아는 다른 어떤 피조물도 받지 못했다는 의미에서 선택을 받았으므로 그 예언을 들을 만한 권한이 있고, 그 예언이 성취되었을 때 아무도 놀라지 않을 것이다. 예수께서도 마리아의 권한에 대해 논박하지 않고 복되다고 평가하신다. 그러나 예수께서는 그 권한을 마리아에게만 주려고 하시지 않는다. 그 권한은 하나님 말씀에 복종하는 모든 사람이 받을 수 있는 것이다!

그러나 주님께서 우리가 잘 알고 있는 "복되다"는 음성으로 이 포괄적인 말씀을 하실 때는 하나님의 말씀이 복을 받는 길을 가르쳐 준다거나 이 말씀을 수단으로 장차 복을 누리게 된다는 뜻으로 말씀하시는 것이 아니다. 그보다는 주님은 하나님의 말씀이 직접적인 복, 곧 느끼고 즐길 수 있는 복의 원천이라고 말씀하시는 것이다.

I. 하나님의 말씀을 통해 오는 이 복은 은혜의 선물이다

하나님의 말씀이 효력이 있다는 것은 일반적으로 다 인정하고 있는 사실이다. 하나님의 말씀은 민첩하고 두 날 가진 검처럼 예리하며 새 생명을 줄 수 있다. 즉 새 사람을 창조할 수 있다(약 1:18; 벧전 1:23). 사실 하나님의 말씀이 언제나 즉각적으로 복을 주는 것은 아니다. 오히려 불같고 소금 같은 하나님 말씀은 즉각적으로 고통을 일으킬 수가 있다. 그렇지만 신자의 경우에 하나님의 말씀이 달고 마음의 즐거움이 된다는 것은 언제나 진리이다(시 119:103, 111, 162; 참조, 시 1:2).

그러면 왜 이렇게 되는가?

A. 하나님의 말씀은 "마음의 생각과 뜻을 감찰하기"(히 4:12-13) 때문이다. 하나님 말씀은 사람에게 그 자신의 본성과 필요를 계시할 뿐 아니라 하나님의 은혜와 복을 받는 길도 가르쳐 준다(참조. 행 16:14).

B. 하나님의 말씀은 "새 사람"에게 신령한 음식을 주기 때문이다. 즉 새 사람이 먹고 자랄 "신령한 젖"(벧전 2:2)과 샘에서 나는 신선한 생명수(참조, 슥 13:1; 계 21:6)를 준다. 또한 말씀은 사람에게 "그 안에 지혜와 지식의 모든 보화가 감추어 있는"(골 2:3) 분을 계시하고 소개한다.

II. 말씀을 통해서 오는 복은 순종의 열매이다

이 하나님의 말씀을 우리는 듣고 지켜야 한다. 여기서 듣고 지킨다는 말은 몸과 마음이라는 말로써 전하는 개념에 상응하는 표현이다.

 A. "하나님의 말씀을 듣는 자는 복이 있도다." 하나님 말씀을 단순히 지적 연구의 대상이나 감각적 쾌락의 주제로 삼는 것이 아니라 말씀에 몰두하되 그 속에서 하나님이 뜻하신 바를 이루려고 몰두하는 것을 말한다(참조. 사 55:11).

 B. "하나님의 말씀을 지키는." 이 말뜻은 단지 우리가 말씀을 굳게 붙들고 어기지 않아야 하는 것이 아니라 하나님의 말씀을 온전히 성취될 예언의 말씀으로 알고 지켜야 하며, 어두운 가운데 비추는 등불이요 떠오르는 샛별로 알고 지켜야 한다는 것이다(참조. 벧후 1:19; 히 2:1-4; 시 19:11).   — 스타인마이어(Steinmeyer), 1869.

 매슈 아놀드는 성경의 불멸성에 대해 이같이 말한다. "성경만이 행복을 얻을 수 있는 참된 처방을 제공하고, 사람들은 행복을 바라기를 결코 그치지 않을 것이다."   — 덴튼(J. E. Denton)이 인용.

누가복음 12장

눅 12:4-5. 장차 받을 형벌

본문에는 참으로 엄숙하고 두렵고 중요한 사실이 가득한데 그것은 "하나님의 지혜"에서 나온 말씀이다. 대 사도는 "우리가 주의 두려우심을 알므로 사람을 권하노라"고 말했다. 한 두 마디 서론적인 말이 필요할 수가 있는데, 사실은 반드시 필요한 이야기일지 모른다.

1) 크고 복되신 하나님은 자신의 지적인 피조물들을 통치할 법을 세울 권한이 있으시다.

2) 이 법은 순종하는 자들에게 보상을 주고 불순종하는 자들에게는 형벌을 내릴 수 있다.

3) 이 세상에서는 사람들이 자신의 도덕적 성품이나 행동에 따라 형벌을 받거나 보상을 받지 않는다는 것은 분명한 사실이다.

4) 따라서 범죄한 자가 형벌을 받고 의로운 자가 보상을 받아야 하는 또 다른 세상이 있어야 한다.

5) 사람들이 장차 형벌을 받지도 않고 보상을 받지도 않는다면 하나님의 통치는 공평하지도 정당하지도 않다.

6) 그러나 성경은 오는 세상에서 보상과 형벌이 있을 것을 지극히 분명하고 충분하게 계시한다.

7) 우리는 이 주제에 관해서 하나님 말씀에 나와 있는 것을 제외하고는 아무것도 확실히 알 수 없다.

8) 그렇다면 하나님의 말씀만이 여러분이 지금 주의를 기울이도록 요청받고 있는 이 두려운 주제에 대한 지침과 계시가 되어야 한다.

I. 지옥이 있는 이유

세 가지 이유를 제시할 수 있을 것이다.

A. 첫번째 이유는 하나님에 관한 것이다. 하나님은 거룩한 분이므로 죄를 두고 보실 수 없다. 그런데 하나님의 원수들이 하나님이 보시는데 거하면서 하나님의 거룩한 천사들과 함께 섞여 사는 것이 이치에 합당하겠는가?

B. 두번째 이유는 거룩한 존재들에 관한 것이다. 거룩한 존재들, 곧 천사들과 영화된 성도들이 있다. 이들이 비열하고 악한 자들의 사회를 견딜 수 있겠는가? 그런 자들과 함께 있어야 한다면 의인들에게 다음 세상은 이 세상보다 더할 수 없이 비참한 곳이 될 것이다.

C. 세번째 이유는 악한 자들 자신에 관한 것이다. 이들이 속박되어서 하나님과 하나님의 거룩한 통치에 대해 영원히 반역하고 전쟁을 벌이도록 허락 받지 않는 것이 적당하지 못하고 옳지 못한 일인가? 감옥이 필요한 것은 사람들이 법을 지키도록 하고 시민의 권리를 존중하기 위해서이다. 여호와의 영예와 하나님의 공의로운 통치, 의인들의 행복, 악한 자들에 대한 제지 등, 이 모든 것을 위해서 지옥이 있어야 한다.

II. 지옥에 관한 성경의 설명

A. 지옥의 성격을 설명하고 있다. 지옥은 "바깥 어두운" 곳이다. 반역하고 경치지 않은 모든 자를 던져 넣을 구금의 장소, 곧 감옥이다. 그러므로 지옥은 본래 마귀와 그 사자들을 위해 예비되었다고 성경은 말한다(마 25:41). 사람들은 죄를 짓는 일에 합세함으로 마귀의 동무가 되고 마귀와 그 사자들을 위해 예비된 지옥에 함께 들어간다.

B. 비참함의 성격을 진술하고 있다. 그 비참함은 극단적이고 절대적이며 전혀 경감되지 않는 것으로, 살이 불과 유황에 타는 것처럼 끔찍한 일로 묘사된다. 울며 곡하고 이를 갈게 만드는 것으로, 처절한 고통을 받는 상태

로 묘사된다. "내가 이 불꽃 가운데서 고민하나이다"(눅 16:24).

C. 이 비참함을 일으키는 원인도 계시된다. 지옥의 비참함은 다음의 사실들 때문에 일어날 것이다.

1. 모든 기쁨을 잃게 되는데서. 멸망하는 자들에게는 평안도 기쁨도 행복도 없을 것이다. 공포와 고뇌를 단 한 순간도 중단시킬 수 없고 잠깐이라도 유쾌하게 지내는 틈이나 기운을 돋우는 순간이 없을 것이다. 그때는 이미 기쁨과 행복을 줄 수 있는 모든 원천이 영원히 사라져 버렸을 것이다.

2. 하나님의 진노의 형벌 때문에. 어떤 의미에서 하나님이 "악인"을 불쾌하게 생각하시고 그에게 정당하고 의로운 분노를 쏟으시는 것이다(참조. 시 11:5-6).

3. 간절한 갈망이 해소되지 않는데서. 이 사실이 부자와 나사로의 비유에서 어떻게 나타나는지 보라(눅 16:22-31). 그때 지옥에 있는 악인들은 타오르는 강렬한 소원이 있지만 그것을 해소하거나 실현할 수 있는 수단이 전혀 없다.

4. 양심의 가책 때문에. 그때는 죄가 지독하게 혐오스럽게 보일 것이다. 그때는 죄인이 자신의 행동이 너무도 어리석었음을 알게 될 것이다. "잠시 죄악의 낙을 누리기" 위해 영혼과 천국과 영원한 구원을 팔아버렸던 것이다. 그런 과거를 기억할 때마다 후회가 생길 것이다.

5. 자신들과 함께 비참함을 겪고 있는 자들 때문에. 지옥에는 세상의 모든 악한 자들, 서로를 미워하는 가증스런 자들이 있을 것이다. 괴악한 모든 성향과 죄로써 항상 세상을 괴롭힌 험악하고 타락한 모든 영들이 있을 것이다.

6. 절망이 영구히 확정된 것을 느끼는 데서. 멸망한 자들의 비참은 영원히 지속되고, 비참함이 경감될 가능성이 전혀 없다는 절망이 그들의 운명에서 가장 비통한 요소가 될 것이다. 하나님의 말씀은 멸망한 자들에게 전혀 희망을 주지 않는다.

우리는 비참과 영원한 고통뿐인 이 지옥에 가지 않도록 조심하라고 여러분에게 경고한다. 장래의 상태에 대해 잘못된 생각을 가짐으로써 스스로 속지 않도록 하라. 지옥을 피할 수 있는 길은 복음에 있다. 멸망을 원할 사람은 아무도 없다. 하나님은 "모든 사람이 구원을 받으며 진리를 아는 데 이르기를 원하신다"(딤전 2:4). 그리스도인이여 장차 올 진노에서 여러분을 구원하신 하나님을 기뻐하고 찬송하라. — 자베스 번스, 1851.

눅 12:4-12. "두려워하지 말라"

I. 이 경고는 확실히 필요하다

A. 사람의 이 두려움은 신성한 역사가 시작될 때부터 죽을 수밖에 없는 인간들에게서 분명히 나타났다. 두려움 때문에 아론은 금송아지를 만들었고, 요나는 다시스로 도망을 갔으며 이스라엘은 광야에서 40년을 허비하였다.

B. 이 두려움은 그리스도의 시대에도 뚜렷이 나타났다. 베드로가 주님을 부인한 것은 두려움 때문이었다. 두려움 때문에 "제자들이 다 예수를 버리고 도망하였다"(마 26:56). 두려움 때문에 빌라도는 예수께 사형을 언도하였다.

C. 사람의 두려움은 오늘날도 널리 퍼져 있다. 두려움 때문에 사람들은 죄인들과 타협하고 그리스도의 명예를 더럽힌다. 사람들에 대한 두려움 때문에 그리스도인들조차 사람들 앞에서 그리스도를 시인하지 않고 기독교의 원칙대로 살지 않는다.

II. 이 경고에 깊이 주의해야 한다

A. **우리를 위협하는 이 위험은 잠시 뿐이기 때문에.** 사람은 "몸을 죽이고 그 후에는 능히 더 못하는 자들을 두려워하지 말라"(4절).

B. **우리의 운명이 하나님의 손에 있기 때문에.** "그를 두려워하라"(5절). 참

새 한 마리도 잊지 않으시고 오히려 "네 머리털까지도"(6절) 세시는 그분이 "많은 참새보다 귀한"(7절) 그들을 또한 보호하실 것이다(행 5:17-20에 그 예가 나온다).

C. 우리가 하나님을 신뢰하고 사람들 앞에서 신실하게 하나님을 시인한다면 우리의 고난조차도 복된 목적을 이루고 우리 주님을 영화롭게 할 것이기 때문에(갈멜산에서의 엘리야, 다니엘과 그의 친구들의 경우가 그 예가 된다).

D. 또한 성령께서 오셔서 우리를 도우실 것이다(11-12절).

"저들이 싸우면서 친척과 재물과 생명을 가져가면 가져가게 두라. 그것이 우리의 적을 이롭게 하지 못하고 우리는 하나님 나라 안에 그대로 있을 것이다"(루터) ― H. 엘링슨.

눅 12:13-15. 그리스도께서 유업을 나누게 해달라는 요청을 거절하심

처음 볼 때는 그리스도께서 이 제자들 사이에 개입하기를 거절하시는 것이 이상하게 생각된다. 이들 사이에는 결정해야 할 공의의 문제가 있는 것이 아닌가? 그러나 우리 주님께서 취하신 입장은 잘못될 리가 없다. 주께서는 그 문제를 해결하는 일은 딱 잘라 거절하신다. 주께서는 그런 문제를 해결하러 세상에 오신 것이 아니었다. 다음의 점들을 생각해 보라.

I. 예수께서 이 요청을 거절하신 이유

때로 사람들은 예수 그리스도께서는 영혼을 영원히 구원하는 일만 하시고 다른 인간사에는 전혀 관심이 없다고 말한다. 이 설명이 그럴듯해 보이고 그래서 믿지 않는 자들이 열렬히 받아들인다. 그러나 우리는 그런 무기를 믿음 없는 자의 손에 맡길 수 없다.

우리 주께서는 영혼을 죄에서 구속하시는 일을 가장 중요하게 여기시지만 인간 본성 전체를 동정하신다. 불의를 볼 때 그 마음에 일어나는 고결한 분노, 연약한 자들과 낭패 당한 자들을 불쌍히 여기는 깊은 동정심, 신체적인 불행을 덜어주려는 끊임없는 노력, 지극히 적은 목소리로도 감동시키며 시대를 두고 울려 퍼지는 놀라운 사랑은 오늘날도 상처받은 마음들을 위로한다. 주님의 성품의 장엄한 이런 특징들은 피상적인 그 주장을 단번에 일축해버린다.

그렇다면 그리스도께서 이 논쟁에 개입하시지 않는 이유는 무엇인가? 사람을 개혁하는 방법에는 두 가지가 있다. 외적인 방법과 내적인 방법이 있다. 외적 방법에서는 결정을 선언하고 법을 세우며, 정치 체제를 바꾸며, 이렇게 해서 모든 도덕적·정치적 문제를 해결한다. 내적인 방법에서는 다른 모든 것에 앞서 마음과 뜻을 쇄신하려고 한다. 예수 그리스도는 후자의 방법을 택하셨고 굳게 지키셨다. 이 사실은 또한 그리스도 사명의 신성과 그의 사역의 영구한 가치를 나타내기도 한다.

예수께서 이 형제들이 왔을 때 전자의 방법을 택하셨다면 어떤 일이 일어났겠는가 한 번 생각해 보라. 주님의 결정은 민권의 문제를 해결하였을지는 모르나 그들의 마음은 바꾸지 못하였을 것이다. 그 형제들은 그 일이 있기 전이나 후나 똑같이 불의하고 악했을 것이다. 사랑과 정의가 승리하려면 두 형제가 구주의 가르침에 감동을 받아 자신들의 차이를 스스로 공정하고 의좋게 해결해야 한다. 바로 이것이 그리스도께서 이루려고 하셨던 승리임에 틀림없다.

이것이 전부는 아니다. 예수 그리스도께서 일단 세상일에 재판관이 되셨다면 로마의 권위나 노예들의 상태, 부자와 가난한 자의 관계 등, 많은 문제들이 예수께 제출되었을 것이다. 그랬다면 예수께서는 여러 가지 결정을 선언하고 사회의 불화와 많은 불의를 비난하셨을 것이다. 그 결과가 어떨 것이라고 생각하는가? 사회적으로 전쟁이 발생하고 전세계적으로 혁명이 일어나며 피바다가 이루어질 것이다. 이러한 값을 치렀다면 예수께서 세상을 변화시켰을 것이라고 생각지 말라. 이 두려운 전쟁을 치를지라도 세상은 과거보다 더 타락했다는 것이 나타났을 것이다. 사회를 거듭나게 하기 위해서는 사회를 뒤엎는 것으로 충분치 않으며, 그것은 밭을 비옥하게 만들기 위해서는 밭을 갈아엎는 것만으로 충분하지 않은 것과 같다.

A. 정치적 문제에 대하여.

역사를 보면 종교가 정치에 지대한 영향을 미친다는 것을 알 수 있다. 종교는 사람들을 만들고 그들의 운명을 결정한다. 힌두교의 카스트 제도와 이슬람교 붕괴의 밑바닥에는 종교가 있다.

나는 기독교가 여러 민족의 정치적 운명에 깊은 영향을 끼쳤다고 믿는다. 기독교는 나라들이 자유롭고 위대해지고 번영하도록 도울 수 있다. 그러나 어떤 조건을 갖추어야 기독교가 나라들을 향상시킬 수 있는가? 예수 그리스도께서 그러셨듯이 기독교는 순전히 영적으로 활동하고, 영혼을 해방시키며, 정의와 거룩함과 사랑을 선포해야 한다. 그러나 교회가 이 부분을 지나치게 겸손하게 생각하여 정치판으로 내려가 어느 정당의 동맹이 되면 자신의 대의명분을 훼손하고 자기 사명의 품위를 떨어뜨리게 된다. 교회는 자기 주님의 정신과 방법을 충실히 따를 때에만 사람들 가운데서 권위를 기대하고 유지할 수 있다.

B. 사회 문제에 대하여.

두 형제는 자기들의 유산 문제로 그리스도께 왔다. 그러나 주께서는 두 형제 모두의 친구이기 때문에 어느 쪽의 편도 들지 않으신다. 부자들은 그리스도께서 자기들의 명분을 유지해달라고 부탁하지만 어떻게 주께서 종종 재물과 관련되어 있는 불의를 용인하실 수 있겠는가?

가난한 자들은 구주께 자기들 편을 들어서 유산의 절반을 확보할 수 있도록 해달라고 기도한다. 그러나 그리스도께서는 그 일을 하기를 원치 않으신다. 공동의 권리라는 것이 있지만 이 영역을 떠나서는 평등이란 있을 수 없다. 자연이 재능이나 건강, 도덕적 능력에서 우리를 평등하게 만들었는가? 재산의 평등이란 아주 무시무시한 전제군주에 의해서나 겨우 유지될 수 있을 문제이다.

그리스도의 일은 이해관계 때문에 나뉘어 있는 사람들을 공통의 관심과 사랑으로 연합시키는 것이다. 이기적인 교만과 평등하고자 하는 시기심을 모두 반대하자. 모든 사람에게 기도하고, 겸손하며 서로 용서하고 사랑하라고 권하자. 하나님께서 부자와 가난한 자를 다같이 지으셨음을 기억하고 그 두 부류가 함께 모이는 영적 평등이 이루어지고 있는 성소로 오라고 하자.

II. 그리스도께서 선언하신 원칙

"삼가 모든 탐심을 물리치라 사람의 생명이 그 소유의 넉넉한 데 있지 아니하니라"(15절).

그리스도께서는 이 형제들의 마음을 읽고 그들의 분쟁의 진짜 이유가 어떤 것인지를 아셨다. 그것은 탐욕이었다. 거기에는 가진 자와 시기하는 자의 탐욕이 있다. 사람들이 보기에는 불평등하지만 하나님이 보실 때 두 사람은 평등하다.

그러나 이 문제의 근본을 살펴보자. 부를 소유하거나 더 많은 부를 갖기를 바라는 것이 잘못된 일인가? 복음에서나 정의의 입장에서나 경험으로 보거나 이에 대해서는 "아니라"고 답변할 수 있다. 사람이 자기가 처해 있는 범위를 넓혀가려는 것은 자연스런 일이다. 학자들은 더 많은 것을 알려고 하고 사업가들은 더 많은 것을 가지려고 한다. 이것은 당연한 일이다. 그 일을 금하면 모든 사업은 아무 결실도 내지 못할 것이며 여러분은 주도권을 읽고 진보를 이루지 못할 것이다.

그러면 그 악은 어디에 있는가? 일반 원칙을 살펴보자. 인생의 큰 목적은 하나님과 우리 동료 인간을 섬기는 것이다. 재능과 지식과 재산은 그 목적을 달성하는 수단이다. 그런데 수단을 목적으로 삼으면 악이 시작된다. 정당한 자기애는 이기주의로 타락하고 지식은 지적 우상이 되며 재물은 탐욕을 기른다.

예수 그리스도는 일하는 사람들과 재물을 소유하는 사람들을 정죄하시지 않고 탐욕스러운 자들, 곧 이 세상 재물에서 생명을 얻으려고 하는 자들을 정죄하신다. 성경은 다양한 모습으로 나타나는 이 악한 정신을 분별하고 반대한다. 이 탐심은 돈을 자기 과시와 유흥의 수단으로 알고 기뻐하는 여자의 모습이나 돈을 야망 실현의 디딤돌로 알고 귀중하게 여기는 남자의 모습으로, 혹은 돈 그 자체를 사랑하는 늙은 구두쇠의 모습으로 나타날 수 있다. 사람들이 이 우상을 좋아할 수도 있고 경멸할 수도 있지만 우상이라는 점에서는 동일하다. 그래서 이같이 탐욕스러운 자들은 모두 한통속으로 자기 소유에서 생명을 찾는다.

그런데 참된 생명은 거기에서 찾을 수 없고 인간 마음에서 찾을 수 있다. 무지한 자를 훌륭한 도서관에 집어넣고 병든 자를 진수성찬이 차려진 식탁에 앉게 하며, 시들해진 마음은 지극히 순수한 애정의 기쁨을 맛보게 해보라. 그러면 생명이 사람의 소유에 있지 않다는 증거를 아주 뚜렷이 볼 수 있을 것이다.

그러나 영원히 지속되는 참된 생명을 생각할 때는 어떻게 되겠는가? 우리가 우리 구주이신 재판장에게 계산서를 제출해야 하는 그 엄숙한 사실을 생각할 때는 또 어떻게 되겠는가? 그러면 세속적인 마음은 이같이 끔찍한 선고를 들을 것이다. "너는 세상 재물에서 생명을 구했고 네 이기심이 보상받기를 기대하였다."

생명은 다른 곳에 있다. 생명은 하나님의 사랑에서 찾을 수 있고, 우리가 알고 믿고 사랑한 예수 그리스도와의 친교에서 찾을 수 있다. 이것은 없어서는 안 될 유일한 것이며 참된 평화와 행복을 가져다줄 수 있는 유일한 것이다. 마음이 세상에 속고 세상 때문에 비통을 겪을지라도 여러분은 참된 생명을 소유하고 있는가? 하나님이 여러분에게 아버지가 되시고 예수 그리스도께서 구주가 되시며 영생이 참된 복이 되는가? 다른 모든 즐거움은 올무와 공허함이 되지만 이것은 기쁨의 원천이 된다. 세상이 부러워하는 것을 빼앗길지라도 그리스도의 변치 않는 사랑과 하늘의 유업에 대한 확신을 위안으로 삼는 사람은 행복하다.

— 유진 버시어(Eugene Bersier), 1878.

눅 12:16-21. 속됨

예수께서 이 말씀을 하실 당시에 유대인들 가운데는 두 가지 큰 죄가 널리 퍼져 있었다. 종교상 위선과 서로에 대한 탐심이 그것이었다. 종교는 마음 속에서 기승을 부리는 어둡고 악한 열정을 사람들이 보지 못하도록 감추는 가면에 불과하게 되었다. 탐심, 곧 부를 축적하려는 마음, 이익을 탐하는 마음이 그 시대의 지배적인 정서였다. 동일한 세속적인 그 정신은 오늘날도 존재하며, 그 정신에 대해 그리스도께서 이같이 말씀하신다. "자기를 위하여 재물을 쌓아두고 하나님께 대하여 부요치 못한 자가 이와 같으니라." 다음의 점들을 생각해 보자.

I. 세속적인 정신을 이루는 것

"세속적인 태도는 생활의 정신에 의해 결정되지 그 생활에서 친숙히 쓰고 있는 물건에 의해서 결정되는 것이 아니다"는 말이 있는데, 바른 지적이다. 세속적인 태도가 재물이 풍성한 사람에게만 있는 것이 아니다. 세상의 어떤 지위에만 특별히 적용되는 정신이 아닌 것이다.

A. 언제나 세상적인 것을 크게 생각할 때 세속적인 정신이 거기에 있다(17-18절).

B. 세상 물질을 인간 행복의 총계라고 생각할 때 세속적인 정신이 거기에 있다(19절).

C. 세상 물건을 이기적인 목적에만 사용할 때 세속적인 정신이 거기에 있다. "자기를 위하여 재물을 쌓아두고."

II. 그리스도께서 세속적인 생각에 빠지지 않도록 경고하시는 근거

A. 세상 물건은 만족을 주지 못한다.
  1. 세상 물건은 인간 본성에 부합하지 않는다.
  2. 세상 물건이 제공하는 만족은 언제나 미래의 일이다(19절).

B. 세상 물건은 불확실하다.
   1. 세상 물건을 누릴 수 있을지 불확실하다.
   2. 세상 물건을 그대로 보유할 수 있을지 불확실하다(20절).
C. 세상 물건은 무익하다.
   1. 세상 물건은 죽을 때 아무 소용이 없다.
   2. 세상 물건은 하나님의 법정에서 아무 소용이 없다.
D. 세속적인 생활은 경건하지 못하다. 그는 "하나님께 대하여 부요치 못한 자이다." — W. 퍼킨스, 1875.

눅 12:16-21. 부자의 어리석음

 1. 그는 생명의 가치를 평가하는 참된 기준을 잘못 알았다. 그는 자신의 인생을 생애 동안 벌어들일 수 있는 돈으로 평가하였다. 그는 재산을 증식시키는 것으로 자기 인생을 평가하였다. 그에게 이런저런 것들이 얼마만큼 가치가 있는지 물어 보라. 당장에 그는 자기가 축적한 돈의 액수를 가지고 그런 것들을 평가하려 들 것이다.

 2. 그는 자신의 남아도는 재물의 참된 용도를 잘못 생각하였다. 그는 필요한 것보다 많이 가지고 있었다. 그의 밭은 소출을 풍성히 냈다. 그는 남아도는 재물로 무엇을 할까 생각하기 시작하였고 자기를 위하여 쌓아두는 것 말고 다른 용도는 없다고 생각하였다. 그래서 헛간을 헐고 더 크게 지어 자기 인생에서 남아도는 것을 앞날을 위해 충분히 쌓아두려고 했다.

 3. 그는 참으로 즐겁게 사는 길을 잘못 알았다. 사람은 때로 집안이 조용하면 공상에 잠기기도 하고 난롯가에 앉아서 자기 영혼에게 말하기도 한다. 이 사람은 자기 영혼에게 이같이 말했다. "영혼아 여러 해 쓸 물건을 많이 쌓아두었으니 평안히 쉬고 먹고 마시고 즐거워하자."

 4. 그는 자기 생명을 그대로 유지할 것이라고 잘못 생각하였다. 그는 자기 앞날이 많이 남았다고 생각하였지만 단 하루밖에 남지 않았다. 그날 밤

그의 영혼은 자기를 지으신 하나님께 불려가고 모든 것은 그 뒤에 남게 되어 있었다. 그는 사업상의 약속을 한 번도 못 지킨 적이 없었지만 죽음의 약속을 지킬 준비는 전혀 되어 있지 않았다. 그는 파산하지 않기 위해 각고의 노력을 기울였지만 결국은 영원히 파산하고 말았다. 세상에서는 좋은 직함을 가졌지만 하늘에서는 아무 직함도 갖지 못하였다. 그는 이 세상 생명은 소중히 여겼지만 장래의 생명은 전혀 돌보지 않았다.
— 토머스 테인마우스 쇼어(Thomas Teignmouth Shore).

그가 지혜로운 사람이었다면 해야 할 일을 알았을 것이다. 굶주린 자를 먹이고 헐벗은 자는 입히고 무지한 자에게는 가르침을 베풀었을 것이다. 하늘에 보물을 쌓아두었을 것이고, 다른 어떤 방법보다 하늘에 보물을 쌓아 둔 데서 훨씬 더 큰 기쁨을 얻었을 것이다.

그는 단 한 가지를 제외하고 모든 가능성에 대해 신중하게 준비하였다. 그는 어떻게 헛간을 짓고 물건을 쌓아두며, 돈을 쓰고 즐길 지 계획을 세웠다. 오직 죽을 가능성만은 고려하지 않았다. 다른 모든 것은 준비하면서도 모든 일 중에 가장 확실한 일인, 자신이 죽을 수밖에 없는 존재라는 사실은 고려하지 않는 사람들이란 얼마나 어리석은지! — 무명씨.

눅 12:16-21. 어리석은 부자

그리스도께서 어리석은 부자가 사치품들을 흡족하게 쌓아놓은 것을 보고 자기 영혼이 축하하도록 묘사하고 있는 데서 참으로 기막힌 풍자를 보게 된다. 이것은 마치 사람이 순서를 뒤바꿔서 영혼의 자양분으로, 말하자면 위대한 사상이나 소망, 열망을 가지고 몸을 키우려고 하는 것과 같다. 이 사람은 얼마나 어리석기 짝이 없는지! 이 사람에게 참으로 비극적인 하나님의 음성이 들린다. "오늘밤에" 네가 온갖 좋은 것들을 준비하여 즐겁게 하려고 한 "네 영혼을 도로 찾으리니." 그를 어리석은 꿈에서 화들짝 깨게 만드는 말씀이 아닐 수 없다. — 윌콕스(G. B. Wilcox).

눅 12:32. 사역과 하나님의 나라

"적은 무리여 무서워 말라 너희 아버지께서 그 나라를 너희에게 주시기를 기뻐하시느니라."

기독교의 사역에 대해 생각하면서 기독교 사역의 고귀한 소망과 그 사역에 필연적으로 따르는 위험에 대해 잠시 생각해 보자. 본문 말씀은 우리에게 다음의 사실들을 시사한다.

1. 승리의 확실함. 이 말씀은 우리에게 큰 격려와 힘이 된다. 이때 말씀을 듣는 사람들에게는 그런 격려가 필요했었다. 이때 이들은 아주 희미하지만 자신들의 위치가 조금 전에 스스로에 대해서 생각했던 것과 전혀 다르게 되리라는 것을 막 깨닫기 시작하였던 것 같다. 그렇다. 이들이 기다리고 이야기하던 승리는 처음에 생각했던 것과는 판이하게 다를 것이었다. 이들에게 맡겨진 일은 적어도 이들이 초기의 열정을 가지고 생각했던 것과는 다를 것이므로 주께서 이들을 격려하고 계신다.

주께서는 이렇게 말씀하려고 하셨다. 너희는 사람들의 갈채를 받지 못하고 그들의 동정도 받지 못할 것이다. 사태는 온통 너희에게 불리하게 돌아가는 것처럼 보일 것이지만 그래도 너희는 승리할 것이다. 아버지께서 당신의 적은 무리를 사랑하셨고, 그 무리에게 그들이 하나님의 군대, 곧 하나님을 장수로 모시고 하나님과 함께 진군하고 있는 군대에 속해 있다는 사실을 기억하라고 명령하신다. 이 말씀을 듣고 승리를 확신하지 않는다면 하나님께 불충한 일이 될 것이다.

능력이나 경험이나, 도덕적 용기, 단호한 결심, 때로는 하나님의 뜻에 대한 열심에서까지 자신이 약하다고 느끼는 사람들은 임무를 맡고 있는 자기들은 위대한 왕국, 곧 지금까지 전진하였고 최후 승리를 거둘 때까지 전진할 하나님 나라에 속한 적은 무리라는 사실을 확신을 가지고 기억해야 할 것이다. 사람이 약할지라도 그의 "위에서 부르신 부름"에 충성하기만 한다면 그는 아무도 쉬지 않고 전진하며 아무도 저항할 수 없는 그리스도의 군대에 속해서 함께 진군하게 될 것이다.

2. 하나님 나라의 역사. 하나님의 나라가 목사를 통해서가 아니라 교회를 통해서, 곧 목사와 교인들 모두를 통해서 이 세상에서 발휘한 생생한 힘을 돌아보자. 지금 행해야 할 필요가 있는 일이 무엇인지 생각해 보라. 군대의 맨 앞장에 서 계신 하나님을 바라보고 하나님께서 주신 약속들을 보자. 그 다음에는 하나님께 감사하고 용기를 갖자.

무엇 때문에 많은 사람들이 그토록 자주 하나님 나라의 역사를 잊어버리고 도처에서 우리 주님의 승리를 기대하고 선포하기보다는 마치 교회가 포위된 요새를 지키기만 하거나 도저히 이길 수 없는 적을 만나 소망을 포기하기라도 한 듯이 행하는지 알 수가 없다. 교회가 많은 복을 받았던 것은 그리스도의 교회가 다가오는 폭풍에 온순하게 머리를 조아린 때가 아니었다. 많은 남녀가 머리를 똑바로 세우고 더 큰 기대를 가지고서 조용하지만 확신 있게 잔혹과 이기심과 탐욕에 맞서며 부정직한 말과 행동에 반대하며 사람들이 자기 아버지의 사랑에 대한 계시를 알고 베들레헴과 나사렛, 갈보리의 이야기를 알며, 그리스도의 말씀과 이적과 비유, 높이 들린 십자가, 열린 무덤을 알기를 간절히 바라는 열망을 가지고 앞으로 나아가는 때였다.

지금은 우리가 주님의 나라가 우리 가운데서 승리의 진행을 하고 있음을 확신 있게 이야기할 때인가? 나는 그렇다고 굳게 믿는다. 우리는 하나님께 감사하고 용기를 낼 특권을 받았을 뿐 아니라 그렇게 해야 할 의무도 지니고 있다.

사실 우리 교회의 역사를 기록한 페이지마다 많은 결점과 실수들의 흔적이 있고 지금 기록되고 있는 역사에도 그 흔적을 남기고 있다. 그러므로 우리가 될 수 있었고 마땅히 되어야 하는 모습을 현재 우리의 모습과 비교해 볼 때 회개하고 겸손하며 부끄러움마저 느끼지 않을 수 없다. 그러나 이런 생각을 가지고서 우리는 과거의 모든 실패와 현재의 모든 연약, 곧 현재의 모든 염려와 죄를 우리를 사랑하셔서 보혈로 우리의 죄를 씻어 주셨고 우리를 아버지 하나님에게 제사장 나라로 삼으신 주께 넘겨드리자. 그리고 우리의 소망을 이루고 우리의 기도가 응답 받게 하는 믿음을 달라고 주께 구하자. — 캔터베리 대주교, 랜덜 데이빗슨(Randall Davidson)

눅 12:33. 장래를 준비하고 있으면 염려에서 해방된다

거룩한 우리 주께서는 이 말씀을 하신 위대한 설교에서 모순처럼 보이는 두 의무에 대해 가르치셨는데, 장래에 관한 염려에서 자유로워야 할 것과 그러면서도 앞날을 위한 준비에 힘껏 노력해야 할 것에 대해 말씀하셨다. 이러한 의무들은 모순처럼 보일 뿐이다. 두번째 의무를 매우 충실하게 이행하는 사람은 첫번째 의무를 이행하는데 가장 적임자인 것이다. 여기서는 두번째 의무를 생각하면서 다음 사실들을 유의해 보자.

I. 앞날에 대한 어느 정도의 준비는 일반적으로 사람들이 다 하는 일이다

일기를 예측하는 능력과 불길함을 예감하는 본능 때문에 사람들은 모두 앞날의 위급한 상황을 해결해 줄 것으로 기대하는 자루와 지갑과 저금을 어느 정도 준비한다.

A. 어떤 사람들에게는 앞날을 예견하고 준비하는 것이 단지 가까운 미래, 즉 내일이나 모래, 혹은 다음달을 준비하는 것에 불과하다.

B. 또 어떤 사람들에게는 앞날을 예견하고 준비하는 것이 더 먼 미래를 대비하는 일이다. 비유에 나오는 어리석은 부자는 자기가 살 것으로 기대한 "여러 해"를 위해 준비하는데 매우 열심을 내고 신중하였지만 그 후로

계속 이어지는 먼 미래에 대해서는 전혀 준비하지 않았다.

II. 앞날에 대해 어리석은 준비를 하는 것은 사람들에게서 매우 흔히 볼 수 있는 현상이다

우리는 보물을 낡은 주머니에 넣었다가 보물이 주머니에 나있는 구멍으로 빠져 달아나 전혀 찾을 수 없게 된 사람들을 알고 있다.

A. 감각주의자들이 이렇게 한다. 이들은 눈이나 귀, 미각만을 만족시킨다. 감각 신경뿐만 아니라 신경 뒤에 있는 식욕도 쇠퇴한다. 미식가나 방탕한 사람의 재주와 욕망은 다같이 시들해진다. 마침내 그들은 하품하면서 "헛되고 헛되도다"라고 말하거나 "우리가 이것을 싫어하노라" 하면서 느낀다.

B. 세상 사람들은 보물을 닳아 없어지는 지갑에 넣는다. 그 보물이 부이든 명성이든 그는 그것을 곧 잃어버리게 될 곳에 건네고 맡긴다. 부에 대해서 생각하자면, 부는 많아지기도 하고 줄어들기도 하며, 많이 가지고 있다 해도 죽음이 오면 모두 잃고 만다. 명성에 대해서 말하자면, 대중의 갈채는 닳아 없어지는 빈 지갑과 같은 것이다. 한 날에는 "호산나" 소리를 듣지만 다음날에는 "십자가에 못박으소서"라는 말을 듣게 된다.

III. 앞날에 대한 지혜로운 준비는 그리스도를 배우려고 하는 사람은 누구나 할 수 있는 일이다

그 같은 지혜로운 준비를 하는데는 몇 가지 요소가 있다.

A. 이 세상에서 많은 것을 포기해야 한다. "네게 있는 것을 팔아라." 그것을 처분하여 나누어 가지라.

B. 참된 구제가 있다. "구제하라." 다른 사람들을 구제하고, 모든 물건을 사용하는 일에 사랑의 정신을 소중히 여길 때 우리는 처분함으로써 오히려 지키고, 허비함으로써 오히려 저축하는 것이다. 십자가는 줌으로써 더 부자가 되고 참으로 살기 위해 죽는 기술을 계시한다.

IV. 앞날에 대한 그 같은 준비에 확실한 보장이 있다

A. 이와 같이 보물은 "하늘에" 있다. 하늘에 있다는 것은 순전할 뿐 아니라 영원하며, 복될 뿐 아니라 영구적이라는 것을 의미한다.

B. 그러한 하늘은 외부의 어떤 공격을 받아도 무너지지 않는다. "도적도 가까이 하는 일이 없고" 내부적으로 악화되는 일도 없으며 "좀도 먹는 일이 없다."

사랑으로써 주는 생활, 곧 팔아 가난한 자들에게 생활은 이 세상의 자원을 낭비하는 것이 아니라 오히려 저축하고 있는 것이다. 이 밖의 모든 생활은 그 생의 보물을 위태롭게 한다.

— 우리자 리스 토머스(Urijah Rees Thomas), 1883.

눅 12:34. 바른 곳에 있는 마음

낮 동안의 사람의 마음과 생각과 계획, 밤 동안의 그 꿈은 그 사람이 가치 있게 여기는 것이 무엇이든 거기에 가 있다는 것이 참으로 맞는 사실임은 누구나 안다. 이것은 인간 본성의 원칙일 뿐이다. 여기서 우리 주께서 경고하시는 바는 우리가 이 보편적인 습관을 이용하거나 도덕적인 힘으로 사용하거나 우리의 일을 돕는 수단으로 삼되 지나치게 중시해서 거기에 눌리지 않도록 하라는 것이다. — 제임스 보건.

류머티즘으로 거의 불구가 되다시피 한 랭커셔의 한 노파는 막대기 두 개를 의지하여 필사적으로 절뚝거리며 교회에 가곤 하였다. 한 친구가 "할머니, 어떻게 그렇게 해서 교회를 다 다니지요?" 하고 물었다. 할머니가 답변하였다. "마음이 앞서 가면 늙은 다리가 따라가지요."

마음이 바른 곳에 있으면 마음이 모든 것을 있어야 할 자리에 있게 할 것이다. 우리는 바른 마음을 갖고 있는가?

1. 순결한 마음. 순결한 마음은 보는 마음이다. "마음이 청결한 자는 복이 있나니 저희가 하나님을 볼 것임이요"(마 5:8).

2. 소유한 마음. "믿음으로 말미암아 그리스도께서 너희 마음에 계시게 하옵시고"(엡 3:17). 그리스도를 소유하고 있으면 우리는 그리스도의 거룩케 하시는 은혜와 만족케 하는 사랑을 갖고 있는 것이다.

3. 기도하는 마음. "주를 깨끗한 마음으로 부르는"(딤후 2:22). 기도의 향기가 성별된 마음의 제단에서 피워 올라가면 응답의 불꽃이 틀림없이 내려올 것이다.

4. 변치 않는 마음. "마음은 은혜로써 굳게 함이 아름답고"(히 13:9). 마음이 은혜 안에서 굳게 서면 시험의 폭풍우를 뚫고 나갈 것이다.

5. 뜨거운 마음. "마음으로 뜨겁게 피차 사랑하라"(벧전 1:22). 뜨거운 사랑의 마음은 가장 고상한 열정이다. 하나님의 사랑의 불길이 마음 속에서 타오르면 사랑하기가 쉽다.

6. 굳센 마음. "마음으로 하나님의 뜻을 행하여"(엡 6:6). 하나님의 뜻이 우리를 지배하면 우리는 하나님 말씀의 원칙으로 지도를 받고 마음으로부터 "아멘" 하고 순종한다.

7. 담대한 마음. "만일 우리 마음이 우리를 책망할 것이 없으면 하나님 앞에서 담대함을 얻고"(요일 3:21). 자신을 정죄하지 않는 마음은 울타리가 되어서 우리를 의심과 절망과 두려움의 맹수로부터 보호할 것이다.

— F. E. 마쉬.

눅 12:35-40. 신실한 종

그리스도인이 본문에서는 여러 가지 인물로 묘사된다. (A) 허리에 띠를 띠고 등불을 들고서 지금은 여기에 안 계시지만 앞으로 오실 자를 증거하는 인물. (B) 또 다른 사람의 특별한 재산과 같은 존재로서 그 사람의 뜻을 알고 시행해야 하는 종. (C) 적(도적)이 오는지 망을 보는 파수꾼.

I. 신실한 종의 복됨

"주인이 종들의 이같이 하는 것을 보면 그 종들은 복이 있으리로다."

A. 복된 태도가 있다. 이것은 우리가 천국 생활과 장래의 영광에서 주님과 함께 하도록 만들기 때문에 복되다. 이러한 태도 때문에 우리는 사실 지금도 이 세상에 있지만 천국의 시민이 되는 것이다.

주님의 일에 종사하는 것은 복된 일이다. 약속이 있고 소망이 있으므로 우리는 계속해서 매우 실제적이고 복되게 주님의 일에 종사한다. 이런 태도를 지니면 고난을 만나도 고난이라고 생각지 않고 오히려 최상의 복을 얻는 기회로 생각하게 된다.

B. 주님께 봉사하는 것은 복된 일이다. "이같이 하는 것"이라는 표현은 주인이 없는 동안 종이 하는 행위를 가리킨다. 그것은 구원을 위하여 어떤 일을 하는 것이 아니라 이미 구원받은 사람을 위하여 행하는 것이다. 그 일에는 다른 무엇보다도 깨어 있음과 신실함, 지혜, 절제, 구별이 포함되며, 사실 장차 오실 주님을 위하는 것이라고 할 수 있는 모든 일이 포함된다.

C. 주님을 생각하는 것은 복된 일이다. 장래에 기쁜 일이 많을 때 앞날을 생각하면 매우 기쁘다. 우리는 하나님의 영광을 소망하며 기뻐한다. 약혼자는 사랑하는 사람과 결혼할 것을 생각할 때 기뻐하며, 우리는 우리의 믿음이 성취될 것을 생각할 때 기쁘다. 주님을 생각하는 것은 우리를 현재의 상황에서 해방시키는 강력한 수단이며, 우리가 고난을 견딜 때 돕는 유익이 된다.

그러나 신자라도 불성실한 종이 될 수 있고, 그러면 우리 주 예수 그리스도께서 오실 때 놀라고 부끄럽고 손해를 당하게 될 수 있다. 우리는 충분한 보상을 받는 종이 되도록 하자.

II. 신실한 종의 보상

주께서는 신실한 종에게 봉사하실 것이다. "주인이 띠를 띠고 그 종들을 자리에 앉히고 나아와 수종하리라." 이것은 은혜의 절정으로 볼 수 있는 일이다. 구속자께서 구속받은 자를 섬길 것이다. 주인이 종과 자리를 바꾸고 왕이 자기 신하의 시중을 드는 것이다.

그 보상이 어떤 것일지 우리는 명확하게 말할 수 없다. 보상은 다양한 형태로 시행될 것이다.

A. 장래의 영광에는 명예로운 차이가 있을 것이다. 이 세상에서 신실하게 일한 정도에 따라 통치자들이 각각 다섯 성읍, 열 성읍, 혹은 두 성읍을 다스릴 것이다. 별도 저마다 영광이 다르다. 하나님 나라에도 지극히 작은 자와 지극히 큰 자가 있을 것이다.

큰 자나 작은 자나 모두 온전히 만족할 것이나 이 세상에서 드린 봉사에 따라 거기에 상응하는 지위가 주어질 것이다.

B. 더 큰 것을 맡기는 보상이 있을 것이다. 작은 것에 충성하였기 때문에 "많은 것으로 맡기리라."

C. 주인으로부터 인정을 받는 보상이 있을 것이다. 주인으로부터 "잘하였도다"는 말을 듣는 것이다. 이 칭찬은 세상에서 주께 드린 모든 봉사나 주를 위해 받은 모든 고난에 대한 보상보다 큰 기쁨이 될 것이다.

― W. H. 워커, 1896.

눅 12:35-40. 우리 주께서 혼인 잔치에서 돌아오실 것이다

그러므로 우리는 마땅히 다음과 같이 해야 한다.
1. 기다려야 한다(36절; 참조. 약 5:7).
2. 견뎌야 한다(38절; 참조. 고전 15:58).
3. 항상 준비하고 있어야 한다(40절; 참조. 마 24:44).
4. 지혜롭고 신실해야 한다(35, 39절; 참조. 딛 2:12).
5. 소망을 품고 있어야 한다(37절; 참조. 딛 2:13).

― R. C. 렌스키.

눅 12:35-40. "그 주인을 기다리는 사람"

I. 바른 태도

   A. 기다린다(36절).
   B. 깨어 있다(37절).

II. 이 태도의 결과

   A. 신실하다(참조. 36,39절).
   B. 준비하고 있다(35,40절). "그 종들은 복이 있으리로다"(37절)!

— H. 엘링슨.

오, 어서 오소서. 만민의 주여!
주의 오심은 우리에게 기쁨이 되나니
그 진리 앞에서 모든 그림자가 사라질 것이며
주의 보시는 앞에서 거짓은 죽으리니
오, 어서 오소서. 주께서 가까이 오시면
의심과 두려움이 구름처럼 사라지나니

— 투테이트(Tutteitt).

눅 12:35-40. 관련된 주제들

1. 주를 기다림(36절).
2. 허리에 띠를 띰(35절).
3. 등불을 밝힘(35절).

— H. 엘링슨.

눅 12:36-37. 그리스도를 기다림의 결과

1. 항상 깨어 있음. "깨어 있는 것을 보면"(눅 12:37).

2. 확고부동한 충성. "각각 사무를 맡기며"(막 13:34).
3. 지치지 않는 인내. "너희도 길이 참고"(약 5:8).
4. 확실한 순종. "이렇게 하는 것을 보면"(마 24:46).
5. 더욱 거룩하여짐. "거룩함에 흠이 없게"(살전 3:13).
6. 끊임없는 위로. "서로 위로하라"(살전 4:18).
7. 그치지 않고 일함. "내가 돌아오기까지 장사할"(눅 19:13).

― 찰스 잉글리스(Charles Inglis).

아름다운 신부여 깨어 있으라, 하늘의 신랑이 가까이 오나니
그가 곧 와서 자기를 기다리는 사랑을 찾으시리니
그대의 주, 그가 결단코 곧 나타나
그대에게 그의 새 이름을 주시리니
사랑으로 준비하고 깨어서 그를 맞이하라
그의 심장이 그대로 인해 고동쳤나니
그대가 주를 영광 가운데서 맞이하고
지극히 아름다우신 그 왕을 볼 수 있도록 그리 하라

― 조셉 A. 세이스.

눅 12:35. 여러분은 준비되어 있는가?

예수께서는 주인의 오심을 예비하고 기다리는 사람들을 동방의 복식을 거론해 가면서 묘사하신다. 그렇게 기다리는 이유는 주인이 언제 올는지 확실하지 않기 때문이다. "생각지 않은 때에"(40절).

가장 두렵게도 소홀히 취급되면서도 가장 확실한 것이 바로 이 불확실성이다. 만약 사람들이 그 날과 시를 안다면 근심으로 가득 찰 것이다. 그 때를 모르기 때문에 모두들 대 격변에서 면제된 것처럼 살아가고 있다.

I. 주의 재림을 위해 준비하는 것은 그리스도인의 의무이다

하루하루 살아가는 것과 본문이 요구하는 정신 상태 사이에는 양립하기 어려운 점이 있는 것처럼 보인다. 하지만 이것은 잘못된 시각이다. 신앙 의무를 일상적으로 수행해 가는 것과 그 위대한 성취를 위해 준비해 가는 상태 사이에는 아무런 대립이 없다. 사실상 착실히 의무를 수행해 가는 것이 재림을 준비하는 데 필요하다. 만약 주님께서 오신다면 그렇게 사는 사람보다 더 준비된 사람을 어떻게 발견할 수 있겠는가?

II. 이 준비는 가능하다

가능하니까 주께서 요구하신 것이다. 무엇이 주의 오심을 맞는 정당한 태도일까? 속히 죽었으면 하는 바람도 아니다. 주의 오심을 맞이할 적합한 능력이 내게 있다는 지식도 아니다. 이것은 마음을 감찰하시는 하나님의 대권에 속한 일이다. 우리에게, 내게 속한 일이 아니다. 우리와 나는 스스로 속을 수 있기 때문이다.

그렇다면 주님의 당부에 부합하게 되려면 어떻게 살아야 할까?

A. 유일하게 나를 구원하실 수 있는 주님께 항상 정신을 모아 의지한다.

B. 그가 나의 주(主)이시고, 따라서 내게 신실한 봉사를 요구하신다는 사실을 늘 명심한다.

C. 매일 믿음으로 살면서 그의 약속들을 의지하고, 항상 함께 계셔 주시는 것을 기뻐한다.

III. 그러한 준비는 모든 점에서 바람직하다

현세가 끝나고 영원한 세계가 시작되는 것은 엄숙한 순간이다. 그 순간을 위해 준비하는 것이 현세에서의 위로와 영원한 세계가 시작되는 순간에서의 평정과 그 위대한 사건들을 맞이하는 데 다 바람직하다. "일생에 매여 종노릇"하는 것은 바람직하지 않다. 폭풍우에 들어가더라도 그것이 내 아버지의 음성이므로 나는 그 소리를 듣는 것이 좋다는 확신과 평정을 지녀야 한다. 재림에는 예행 연습이 없다. 홀연히 재림이 발생하면 그 때 가서는 준비할 시간이 없다. 주께서 재림하실 때 깨어 있을 종들은 복이 있다. 그 위대한 사건은 순간적으로 발생한다. 하지만 그것이 얼마나 복스러운 사건인가! 인생의 수고가 그치고, 시련이 끝나고, 순례가 끝난다. 그리고 선한 목자께서 천상의 평원에서 안전한 목장으로 인도하신다.

그 위대한 순간을 깨어 맞이할 수 있는 조건은 매우 간단하다. 죽기까지 충성하는 것이다. 주님께서 우리를 죽음까지, 그리고 그 너머까지 친히 인도하실 것이다. "허리에 띠를 띠고 등불을 켜고 서 있으라."

— 서터(H. Sutter), 1882.

눅 12:42-48. 그렇다면 누가 지혜 있고 진실한 청지기인가?

본문과 앞 단락을 놓고 볼 때(35-40절: 참조. 마 24:45과 그 문맥), 주께서는 여기서 다시 오실 일과 관련하여 제자들의 태도를 특별히 언급하시는 것이 분명하다. 하지만 제자들에게 말씀하셨다고 해서 우리 구주의 이 말씀을 소홀히 생각해서는 안 된다. 재림이 예기치 않는 순간에 갑자기 홀연히 임한다고 분명히 말씀하시지 않던가? 이 질문은 우리 각 사람이 하나님 앞에서 그리고 자신의 양심 앞에서 정직하게 생각해야 할 질문이다. 나는 주께서 본문을 말씀하실 때 염두에 두신 진실하고 지혜로운 청지기와 같은가?

본문에는 두 가지 중요한 사실들이 나타나 있다.

I. 주님은 언젠가는 다시 오신다

A. 주님은 예언의 말씀을 성취하시기 위해서 다시 오고 계신다. 이것은 성경의 여러 단락들에서 분명하게 진술되어 있지만, 한 단락만 소개해도 이해하는 데 충분할 것이다. "이와 같이 그리스도도 많은 사람의 죄를 담

당하시려고 단번에 드리신 바 되셨고 구원에 이르게 하기 위하여 죄와 상관없이 자기를 바라는 자들에게 두 번째 나타나시리라"(히 9:28).

B. 주님은 당신의 백성들에게 복스러운 언약을 성취시켜 주시기 위해서 다시 오고 계신다. "내가 너희를 위하여 처소를 예비하러 가노니 가서 너희를 위하여 처소를 예비하면 내가 다시 와서 너희를 내게로 영접하여 나 있는 곳에 너희도 있게 하리라"(요 14:2-3. 참조, 행 1:11).

C. 주님은 택하신 '신부'에 대한 사모의 정을 만족시키기 위해서 다시 오고 계신다. "성령과 신부가 말씀하시기를 오라 하시는도다"(계 22:17). "그의 얼굴을 볼 터이요"(계 22:4). "나는 의로운 중에 주의 얼굴을 보리니 깰 때에 주의 형상으로 만족하리이다"(시 17:15).

D. 주님은 수세기 동안 당신이 가르치신 대로 "나라이 임하옵시며"라고 기도해온 사람들의 간구를 들어주시기 위해서 다시 오고 계신다. "잠시 잠깐 후면 오실 이가 오시리니 지체하지 아니하시리라"(히 10:37).

Ⅱ. 주님의 백성은 재림의 복된 진리의 빛을 향해서 살아가야 한다

A. 이 진리를 자각하면 주님의 종들로서 각 사람이 지닌 책임을 항상 느끼게 될 것이다(45절).

B. 주님의 재림이 임박했음을 깨닫는 것도 깨어 있게 하는 또 한 가지 자극제가 된다. "주인이 이를 때에 그 중의 이렇게 하는 것을 보면 그 종이 복이 있으리로다"(43절).

C. 책임을 자각하는 것이 항상 신실하게 되는 데 도움이 된다. 우리 주님은 우리에게 주인을 기다렸다가 문을 열어주는 사람이 되라고 당부하신다(36절).

D. 항상 "복스러운 소망과 우리의 크신 하나님 구주 예수 그리스도의 영광이 나타나심을" 기다리며 살면(딛 2:13) 그런 신실한 생활로 인해 만날 수 있는 시련과 고난을 인내로써 이겨낼 수 있다. "참으면 또한 함께 왕노릇할 것이요"(딤후 2:12; 참조, 계 22:5). ― 엘링슨.

"이렇게 하는 것을 보면" — 즉, 자신에게 맡겨진 의무를 진실하게 수행하다가 재림을 맞이하면, 그런 종은 복이 있다. 우리가 할 일은 주님이 혹시 오실까 한가하게 구름이나 쳐다보는 것이 아니라, 재림의 때를 모르고 살지라도 "이렇게 하는 것", 즉 우리에게 정해진 임무를 부지런히 수행하는 것이다. — 비더울프(Wm. E. Biederwolf).

눅 12:42-48. 서론적 말씀

하나님 나라(32절)에 대한 매우 상징적인 언약이 실린 이 장에서, 베드로가 "주께서 이 비유를 우리에게 하심이니이까 모든 사람에게 하심이니이까" 하고 물었다(41절). 우리 주님은 대답을 하실 때 앞에서 "적은 무리여 …… 너희에게"라고 하신 말씀을 확증하시는 듯하다. 다시 말해서 온 교회에 대해 이 말씀을 하시는 듯하다. 주님은 이로써 이 서두의 말씀을 사도들을 향해서 하신다. "주께서 가라사대 지혜 있고 진실한 청지기가 되어 주인에게 그 집 종들을 맡아 때를 따라 양식을 나누어 줄 자가 누구냐?"

그러므로 하나님의 집을 맡아서 동료 종들을 다스리고, 그들에게 "때를 따라 양식"을 나누어주고, 각각에게 책임을 할당하고 큰상으로 격려하는 청지기들이 있다. — 조지 모벌리(George Moberly), 1875.

눅 12:42-48. 지혜로운 청지기

본문은 나의 청지기직에 관해서 가르친다. 나는 비록 오랜 세월 내 주님의 가르침을 받았으나, 그 교훈은 여느 때와 다름없이 오늘도 내게 절실하다. 나는 내 것이 아니고 주님의 것이며, 내 스스로의 주인이 아니라 그분의 종일 뿐이다. 나는 소유자가 아니라 청지기이며, 주님은 내게 맡기신 지극히 작은 것에 대해서조차 곧 내게 대해서 회계하실 것이다.

 1. 청지기가 할 일은 책임이 따르는 일이다. 인생이 쉽게 자기를 탐닉하며 가는 정도로 그쳐서는 안 된다.

 2. 청지기가 할 일은 쉽지 않은 일이다. 성실할 뿐 아니라 지혜로워야 한다.

 3. 청지기가 할 일은 복스러운 일이다. 그 일은 현세에서 만족을 주고, 내세에서 큰상을 준다.

 그러므로 내 주님께서 내 손에 맡기신 일을 진지하게 생각하고, 내가 과연 "지혜 있고 진실한 청지기"로서 이 일을 근실히 수행하고 있는가 반성해 봐야 한다. — 나이트(G. H. Knight).

눅 12:42-48. 책임과 특권

 두 가지를 유의하자.

 1. **보편적 책임**. 대니얼 웹스터(Daniel Webster)는 그의 뇌리에 들어왔던 가장 위대한 생각이 무엇이었느냐는 질문을 받았을 때 "하나님께 대한 내 개인의 책임이었다"고 대답했다. 이것이 그리스도인의 생활에 근간이 되는 진리이다. 우리는 "청지기들"이며, 장차 각자 맡은 일에 대해 "회계"를 해야 한다. 이것이 하나님의 보편적 법칙이다. 구름은 수분을 몰고 다니면서 땅에 비를 내리고, 땅은 그것을 받아 인간에게 향기로운 꽃과 아름다운 실과를 제공한다.

 새들의 노래와 땅의 비옥함이 인간의 행복에 유익을 끼치듯이, 우리가 소유한 은사와 재능과 능력은 모두 하나님을 섬기고 동료 인간들에게 유익을 끼치는 데 사용되어야 한다.

 2. **다양한 특권에는 다양한 책임이 따른다**. 은사와 재능은 사람마다 다

르며, 사람마다 다양한 능력이 부여된다. 어떤 사람들에게는 하나님께서 한 달란트를, 저 사람들에게는 다섯 달란트를 주시되, 많이 받은 사람들에게는 많은 것을 기대하신다. 실패한 데 따른 벌도 그 만큼 무겁다. 심지어 이 세상 여론조차 소임을 다하지 못한 고위 공직자를 비판하고 배임 행위에 대해서는 처벌한다. 사람은 방치된 채 자란 어린이보다 좋은 교육을 받은 어린이에게 더 많은 것을 기대하며, 실패한 것에 대해서도 기대한 분량에 따라 판단한다. 이것이 하나님의 방식이기도 하다.

— 프랭크 스미스(Frank Smith), 1885.

눅 12:42-48. "그 종이 복이 있으리로다"

I. 그는 자세 때문에 복이 있다
  A. 그는 그리스도를 자신의 구주로 생각한다.
  B. 그는 그리스도를 자신의 주인으로 생각한다.
  C. 그는 그리스도를 장차 오실 왕으로 생각한다.
II. 그는 하는 일 때문에 복이 있다
  A. 그는 부르심을 받고 거기에 자원하기 때문에 "종"이다.
  B. 그는 순종하고 신실하기 때문에 "지혜 있는 청지기이다."
  C. 그는 주인의 약속대로 장차 다스리는 자가 될 것이다. — 엘링슨.

눅 12:45. "만일 그 종이 마음에 생각하기를 주인이 더디 오리라"

우리 구주께서는 "주인이 …… 문을 두드리면 곧 열어 주려고 기다리는 사람과 같이 되라"(36절)고 자주 당부하셨다. 하지만 언제든 마음에 "주인이 더디 오리라"고 생각하는 종을 닮은 사람들이 있게 마련이다. 이들은 다음 몇 가지 부류로 나뉜다.

1. 기다릴 것을 강조하면서도 게을러서 깨어 있지는 않는 사람들.
2. 약속을 기억하면서도 준비는 하지 않는 사람들.
3. 신조로 신앙을 고백하면서도 행위는 부인하는 사람들.
4. 기도는 열심히 하면서도 실천은 하지 않는 사람들. 하지만 유의할 점은 "이렇게 하는 것"이 행위보다 태도, 즉 깨어 있는 태도를 가리킨다는 것이다. 참조. 37-39절. "지혜 있고 진실한 청지기"가 되고, 그 결과 주께서 다시 오실 때 더 높은 지위에 오르게 하는 것(44절)은 이렇게 깨어 있는 태도이다. — 엘링슨.

눅 12:48. 하나님이 적용하시는 비례 책임 원칙

"무릇 많이 받은 자에게는 많이 찾을 것이요 많이 맡은 자에게는 많이 달라 할 것이니라." 이 말씀을 올바로 인식한다면 시편 저자와 같은 심정으로 "여호와여 주는 의로우시고 주의 판단은 정직하시니이다"라고 노래해야 마땅하다(시 119:137).

우리는 우리가 받은 책임뿐 아니라 특권에 대해서도 이 원칙을 유념해야 한다.

1. 우리 부모의 자녀로서.
2. 우리 자녀의 부모로서.
3. 우리 주인의 종으로서.
4. 우리 종들의 주인으로서.
5. 위정자들의 시민으로서.
6. 시민들의 위정자로서.
7. 우리 주와 구주의 그리스도인으로서.

"너희 안에서 행하시는 이는 하나님이시니 자기의 기쁘신 뜻을 위하여 너희로 소원을 두고 행하게 하시나니"(빌 2:13). — 엘링슨.

그리스도를 믿는 믿음만 인생의 의무들을 진실하게 수행하는 데 필요한 능력을 주며, 마지막 날에 주님께 인정을 받을 수 있게 한다.

— 번스(Jabez Burns).

만약 내가 정말로 "종"이라면, 아벨처럼 양치는 사람이든, 다니엘처럼 정치가이든, 누가처럼 의사이든, 고넬료처럼 군인이든 어느 위치에서라도 항상 주님을 섬길 수 있다. — 나이트(G. H. Knight).

누가복음 13장

눅 13:6-9 열매 없는 무화과나무: 또는 열매 맺지 못하는 고백자의 결말

열매 없는 무화과나무는 물론 그것이 원래 의도했던 유대 민족뿐 아니라 이름뿐인 그리스도인을 나타내기도 한다. 우리가 주님의 포도원에 심겨지고 그분의 은혜와 보살핌을 통해 물을 공급받는 것만으로는 충분치 못하다. 성숙의 궁극적인 테스트는 열매를 통해 이루어진다.

농부는 빈 가지를 오랫동안 참고 놔둔다.

그는 끈질기게 기다리며, 죽어 가는 생명을 살리고 그 나무에서 열매를 얻기 위해 정성을 다한다.

사랑이 많으신 중보자께서는 믿음이 없는 자를 위해 간구하며, 자신의 은혜와 성령을 그에게 새롭게 공급하고, 수고로이 뿌리를 파며, 진리와 복된 성령으로 양분을 공급하신다.

그러나 마침내 한계에 이른다. 구원자께서도 더 이상 간구하지 않으신다. 사랑은 사랑의 기회를 이용하지 않으려는 사람을 위해 다른 사람들을 밀어내거나 그들에게 상처를 주어서는 안되며, 이것은 사랑이 스스로를 배반하는 것이다.

열매 없는 나무는 토양에 장애가 된다. 이런 나무는 토양과 포도원에서 자신의 자리를 버릴 뿐 아니라 포도원의 외관을 해치며, 다른 포도나무를 가리고, 농부로 비난을 받게 한다.

그래서 마침내 "찍어버리소서"라는 말이 나오며, 중보자는 이 마지막 말에 대해 더 이상 어떤 간청도 하지 않는다.

예루살렘도 포로기에 이렇게 잘렸었다.

마찬가지로 예수님과 그분의 제자들이 열매맺는 생명 있는 나무로 키우기 위해 그렇게 수고했던 열매 없는 나무도 로마 군대 앞에 쓰러졌다.

주님께서는 또한 버가모, 두아디라, 사데, 라오디게아 교회를 자신의 심판의 채찍을 경고하셨다.

마찬가지로 믿음이 없고, 자신의 기회를 등한시하며, 이기심과 게으름 때문에 구원자의 풍성한 은혜를 허비하는 개인은 특권과 기회의 자리에서 쫓겨나 마침내 심판을 받게 될 것이다.

때때로 이름뿐인 신자들에게 죽음이 아주 섬뜩한 위협으로 찾아온다. 그 영혼이 소망 없는 상태로 버려지지는 않겠지만, 그는 남은 생애를 기회를 잃었고 진리를 등한시했으며 상급을 잃었다는 무서운 생각에 사로잡혀 허비하게 된다. 그가 세상을 떠나면서 외치는 소리가 얼마나 슬프고 비통한가!

"나는 빈손으로
내 구원자를 만나야 하는가?"

그리고 이 엄숙한 질문은 얼마나 지혜로운가!

"나는 이렇게 내 주님을 만나며,
그 무서운 심판의 자리에
시든 잎만 가지고 갈 것인가?"
— 심슨(A. B. Simpson)

눅 16:6-9 열매 없는 무화과나무(새해에 해보는 생각)

그리스도께서 유대인들에게 경고를 주고 위해 이 비유를 말씀하셨을 것이다. 왜냐하면 유대인들이 받은 긍휼은 이루 헤아릴 수 없지만 그들의 특권의 날이 곧 끝날 것이기 때문이다. 그러나 비유의 주제는 그리스도인의 지식과 발전의 혜택을 받는 모든 사람에게도 적용될 수 있다. 여기서 우리는 몇 가지에 주목해 볼 수 있다.

I. 무화과나무가 심겨졌던 좋은 자리

무화과나무는 돌보지 않고 버려진 땅이 아니라 "포도원"에 심겨졌다. 거리가 아니라 포도원에 심겨져 보살핌을 받았다.

이것은 복음 시대의 특권과 복을 누리는 사람들이 처한 상황이다. 이것은 특히 교회 구성원들이 처한 상황이다.

II. 주인의 기대

"와서 그 열매를 구하였으나"(6절). 이러한 기대는 전적으로 합당한 것이었다. 포도나무는 유실수이다. 적절히 경작 조건 아래서 많은 결실을 기대하는 것이 당연하다.

하나님께서는 복음의 특권과 복을 누리는 모든 자들에게 열매를 기대하시고 요구하신다.

 A. 하나님께서는 그들의 마음이 믿음의 열매를 맺길 기대하신다.
 B. 하나님께서는 그들의 입술이 감사와 찬양의 열매를 맺길 기대하신다.
 C. 하나님께서는 삶에서 순종의 열매를 기대하신다.
 D. 하나님께서는 그들이 힘과 달란트를 사용해서 끝까지 섬기는 인내의 열매를 맺길 기대하신다.

III. 주인의 실망

"내가 삼 년을 와서 이 무화과나무에 실과를 구하되 얻지 못하니"(7절). 열매가 전혀 맺히지 않았다. 이 나무는 열매를 한 송이도 맺지 못했다. 나무는 푸르고 튼튼했었겠지만 열매가 없었다.

IV. 주인의 명령

"찍어 버리라 어찌 땅만 버리느냐"(7절).

A. 이 명령은 성급한 것이 아니었다. 3년간의 보살핌과 수고와 인내가 있었다.

B. 이 명령에는 충분한 이유가 있다. "어찌 땅만 버리느냐." 이 무화과나무는 그 자체로 쓸모가 없었다. 귀중한 땅만 차지하고 있었다. 이 나무는 다른 나무들이 자라고 열매맺는 데 필요한 토양의 양분을 빼앗고 있었다.

유대인들도 마찬가지였다. 열매맺지 않는 모든 고백자들도 마찬가지이다. 이들은 스스로 쓸모 없는 데서 그치지 않는다. 이들은 다른 사람들에게 해악을 끼친다. 여기에 주목하라.

V. 과원지기의 요구

"주인이여 금년에도 그대로 두소서"(8절). 그는 주인의 주장을 부인하지 않는다. 그는 그 나무가 계속 그곳에 있어야 한다고 주장하지도 않는다. 오히려 그는 간청한다.

A. 판단을 잠시 동안 — 1년 — 만 미뤄주십시오. 딱 1년만! 4계절이 한 번 돌아갈 때까지만! 한 해만 더 비를 맞고 햇볕을 쬐도록 기다려 주십시오!

B. 이 나무를 특별한 관심을 가지고 보살피겠나이다. "내가 두루 파고 거름을 주리니"(8절). 내가 원인을 찾아내고, 바로 잡을 수 있는 모든 합당한 방법을 다 사용해 보겠습니다. 그는 또한 이렇게 덧붙인다.

C. 주인님의 명령에 기꺼이 순종하겠나이다. 이것은 암시되어 있을 뿐만 아니라 직접 언급된다. "이 후에 만일 실과가 열면" 나무와 과원지기와 주인에게 모두 좋다. "그렇지 않으면 찍어 버리소서."

쓸모 없는 것을 위한 이러한 간청은 부모, 친구, 사역자의 기도에서 자주 나타난다. 그러나 우리 주님께서도 가장 고귀한 의미에서 이런 간구를 드리신다. 그분은 항상 중보기도를 드리신다. 그분은 이 땅에서 자신을 죽이는 자들을 위해 기도하셨다. 그분은 길 잃은 세상을 위해 하늘에서 기도하신다. 우리의 존재, 우리의 특권, 우리의 은혜로운 소명 모두가 그분을 통해서 우리에게 주어진다. 그분의 제사장적 직무를 통해 도끼질이 미루어졌다. 고통이 제거되고 생명이 연장되었다. 그러나 기억하라. 형벌의 유예는 용서도 아니며, 용납도 아니며, 구원도 아니다.

회개와 믿음과 열매가 없으면, 마침내 찍어버리라는 무서운 판결이 내려질 것이다.

본문을 통해 자신을 우리 자신을 진지하게 점검해 보도록 하자.

형식에 지나치게 치워졌던 사람들은 자신의 영혼 구원에 깊은 관심을 새롭게 가지도록 하자.

우리 모두 삶의 큰 목적을 기억하자. 그것은 하나님을 영화롭게 하며 마침내 영원한 복락을 얻는 것이다. ― 자베스 번스.

―――――――――

하나님이 누구이시며 죄인이 누구인가를 생각할 때 죄인들에 대한 하나님의 인내는 상상할 수 있는 가장 놀라운 것 중에 하나이다. 그러나 이 사실을 자주 생각하고, 찬송하며, 감사하고, 협력하는 사람이 있는가? 하나님의 인내는 크고 오래 계속된다. 그러나 마침내 그 인내가 다하면, 죄인에게 아무런 영향도 미치지 않는다. ― 파스케르 케넬.

―――――――――

나는 너무나 많은 은혜와 본과 경고를 누렸다. 하나님께서는 나를 너무나 오랫동안 면하게 해주셨지만 나는 그분의 선하심에 거의 아무런 보답도 하지 않았다. 차가운 기도, 인색한 구제, 떠도는 생각, 나태한 시간, 독이 있는 말, 이 모든 것이 그분의 다함이 없는 인내에 대한 나의 보답이었다! 언젠가 판결이 내려지고 내가 선을 행할 수 있는 시간도 끝날 것이다.

— "어떤 목사가"

새해에 우리에게 필요한 것

"내가 친히 가리라 내가 너로 편케 하리라"(출 33:14).

주님, 새해 내내
우리에겐 당신의 임재가 필요합니다!
참으로 슬프고 궁핍하오니
주여 더 가까이 오소서.
내일의 하늘엔 먹구름뿐이며
길은 생소하기만 하오나
두려움 없이 따르리이다
주님이 인도하시는 데로.

주님, 우리에겐 죄의 권세를 깨뜨릴
당신의 능력이 필요합니다!
강한 홍수처럼
원수가 밀려들지만
어떤 팔도 우리를 붙들 수 없으며
어떤 팔도
우리의 연약함과 근심의 짐을
담당할 수 없나이다.

주님, 우리에겐 당신의 인내가 필요합니다!
우리에게 맡겨진 일을 다하며,
기다리며, 경성하며, 기도할 수 있는
매일의 인내가 필요합니다.

주님, 당신의 달콤한 인내를 온전케 하소서
우리의 조급한 마음에,
모든 안달과 불평이
모든 두려움과 함께 사라질 때까지.

주님, 우리에겐 당신의 평안이 필요합니다!
당신이 고난의 십자가에서
죄인을 위해 피흘리시며 이루신 그 평안이,
용서에서 흘러나며
상처 입은 자를 싸매는 그 평안이,
가장 거친 자를 가장 온순하게 하는 그 평안이.

주님, 당신의 임재로 우리를 기쁘게 하시며
당신의 능력으로 우리를 다스리소서
인내가 우리를 두르며
평안이 우리의 영혼을 채우고
날과 해가 다하여
우리가 참으로 아름다운 왕이신
당신을 영원히 뵈올 때까지.

― 무명씨.

눅 13:10-17 자비의 이적과 그 실제적인 결과

얼링 일슨(Elling Eielsen)은 설교를 할 때면 언제나 본문을 한 절 한 절 연속적으로 사용했다. 왜냐하면 그는 하나님께서 정하신 말씀의 순서가 너무나 좋다고 생각했기 복음주의 루터교회(The Evangelical Luthran Church) 일슨 노회(Eielsen Synod)의 다섯 목회자 모두 지금까지도 이런 방법을 고수하고 있다. 본문은 이러한 방법을 기꺼이 허용한다. 따라서 우리는 누가만이 기록하고 있는 본문의 이적에서 얻을 수 있을 실제적인 교훈을 살펴보는 가운데 이러한 방법을 따르고자 한다.

여기서 몇 가지를 살펴보기로 하자.

1. 예수께서 안식일에 회당에 계신다(10절)

회당에 가시는 것은 그분의 습관이었다. 예수께서 회당에 가신 것은 가르치기 위해서일 뿐 아니라 예배하기 위해서이기도 했다. 다시 말해, 다른 사람들에게 본을 보이기 위해서일 뿐 아니라 자신의 유익을 위해서이기도 했다. 그래서 여행 중에 계실 때나 어느 지역에 낮 동안만 머물 때에도, 예수께서는 기도의 집에 가셨다.

오 주님, 우리가 당신의 날에, 당신의 집에서, 당신의 거룩한 말씀을 듣고, 읽고, 강론할 때 우리를 가르치소서. 설교자와 청중에게 당신의 복이 임하길 간구하며 당신이 우리로 깨닫게 하실 메시지를 받을 때 귀기울이게 하소서. 주님의 음성이 아직도 우리 가운데 들리니 귀기울이고 그분의 뜻이 무엇인지 헤아리자.

2. 전형적인 고난과 궁핍(11절)

불쌍하고 병약한 여인이 있었다. 의사인 복음서 기자는 그녀의 처지를 한결 상세하게 진단할 수 있었을 것이며 세부적인 것에 한결 더 관심을 가질 수 있었을 것이다. 누가는 그녀가 "귀신들려" 있었다고 말하며, 이것은 그녀의 질병이 우선적으로 정신적인 것이었으며 육신이 꼬부라져 있는 것은 정신적 질병의 결과였음을 암시하는 것으로 보인다.

우리는 "귀신들려" 일그러진 여인에게서 죄악된 습관의 영향 아래 있는 사람의 모습을 본다. 그는 하나님을 올려다 볼 수 없고, 자신의 죄의 결박에 묶여 있으며, 그의 생각은 항상 땅을 향한다. 아마도 이런 결박이 여러

해 계속되었던 것으로 보인다. 죄인은 자유를 얻을 수 없다. 돈에 대한 사랑, 죄악된 열정, 또는 과거 어리석은 행동에 대한 기억은 그가 도저히 벗을 수 없는 짐이다.

3. 해방의 말씀: 또는 자유의 선언(12절)

그녀는 누구에게나 동정의 대상이었을 것이다. 그러니 인정이 많으신 그리스도께는 더더욱 그랬으리라! 그러므로 예수께서 이 여자로부터 아무런 요청도 받지 않았는데도 자신의 은혜로운 사랑으로 그녀를 치료해주시려 했다는 것은 전혀 놀랄 일이 아니다.

하나님의 자비의 눈길은 깊은 고통 가운데 있는 죄인을 찾으신다. 죄인을 부르는 것은 그분의 내적인 말씀이다. 죄인을 이끌어 내고 고치는 것은 하나님의 주권적인 뜻이다. 그리고 죄인에게 힘을 주고, 복을 내리며, 그를 구원의 길로 인도하는 것은 그분의 은혜로운 손길이다.

이 능력과 자비의 말씀은 우리에게 주어지는 것이기도 하다. 그리스도께서는 지옥의 권세를 깨뜨리시고, 우리에게 나음과 생명과 은혜를 주셨다. 당신은 철저히 연약하며 스스로 아무것도 할 수 없다는 것을 인정하고 고백하라. 그러면 당신은 해방되었다고 선언하는 용서의 말씀을 받을 수 있을 것이다.

4. 나음을 주시는 그리스도의 손길: 그리고 자발적인 감사(13절)

그리스도께서는 이적으로 자신의 말씀과 사역을 확증하시고, 가르치는 일을 하시며, 몸을 치료하심으로써 자신이 영혼에게 어떤 일을 하러 오셨는지 보여주신다. (예수께서 먼저 여자를 "불러" 해방의 복된 말씀을 하셨으며, 그런 다음 "안수"하셨다는 사실도 주목할 만하다 — 먼저 복음으로 부르신다. 그런 다음 순종과 믿음과 복된 열매와 그에 뒤따른다! 참조. "내 말이 네가 믿으면 하나님의 영광을 보리라" — 요 11:40 — 편집자).

피조물이 창조주께 감사하고 그분을 인정하는 것은 창조주의 새로운 은혜이다. 우리가 그분의 선물에 대해 그분께 영광을 돌리는 것은 여전히 우리가 해야할 의무이자 일이다. 오 주님, 나의 굽은 것을 모두 펴시며, 내가 용서받은 모든 죄인과 함께 당신의 풍성한 자비를 찬양하게 하소서. 참조. 시 103:1-4, 행 3:9.

5. 사악한 분노; 또는 잘못된 열심(14절, 참조 롬 10:2)

종교가 시기와 탐심을 감추는 역할을 할 때가 많다. 이러한 사기극에 대해서는 아무리 경계하고 주의해도 지나치지 않다. 너희 안식일을 거룩하게 하려는 열심이 있는 체하는 자들아, 하나님의 일을 그릇 판단하는 눈먼 재판관들아, 그분의 선민을 그릇 고소하는 자들아, 그분의 말씀을 잘못 해석하는 우매한 해석자들아! 인간의 일과 하나님의 일, 돈을 위한 행동과 자비의 행위, 일반적인 노동과 꼭 필요한 도움과 구조를 구별하는 법을 배우라! 전자는 안식일에 하지 못하도록 율법이 금하는 것이지만, 후자는 율법의 완성이며 주의 날을 거룩하게 하는 것이다. 그리고 하나님께서 지키라는 안식은 거룩과 자선으로 그분 안에서 안식하는 것이다.

회당장이 주님께서 행하신 놀라운 일들을 비난한 것은 잘못이었다. 주님께서 하신 일은 하나님의 영광을 나타냈으며, 따라서 안식일에도 맞는 것이었다. 주일에 자비를 행하며, 병자와 연약한 자를 돌아보고, 사랑의 말씀을 전하도록 하자. 이 거룩한 날을 세상적인 일이나 죄악된 쾌락에 허비하지 말자.

6. 드러난 외식(15절); 또는 "사람이 자기를 살피고"(고전 11:28).

소는 보살핌을 받는 것이 당연하다. 하물며 하나님의 형상으로 지음 받은 너무나도 많은 귀중한 영혼을 하루하루 극한 결박이나 어둠 속에서 참된 행복을 맛보지 못하는 채로 버려 두는 것이 옳은 일이겠는가? 우리 주님께서는 오랫동안 꼬부라진 채 지내 온 불쌍한 여인을 긍휼히 여기셨다. 그러나 이 여인의 결박보다 더 심한 결박이 있다. 그것은 많은 형태의 죄의 결박이며, 많은 사람의 몸과 영혼이 죄에 결박되어 있다. 주님, 죄에 결박된 자들에게 자유를 주소서!

긴급한 필요와 자선은 모든 것을 초월하는 법이다. 인간은 관심이나 시기심에서 자신들이 사랑하지 않는 사람들의 모든 것을 쉽게 정죄해 버린다. 이들은 종교의 본질이 의식과 외적인 관습에 있는 것처럼 만들어 버리며, 이것을 어기는 것으로 보이는 모든 행위를 반종교적이며 신성 모독적인 것으로 취급해 버린다. 그리스도 바로 그분의 판단에서는 두 개의 다른 자를 가지는 것과 다른 사람들에게는 금하는 죄를 스스로는 매일 짓는 것뿐만 아니라 바로 이러한 행위가 외식(위선)이다. 참조. 롬 2:21-23.

7. 대답할 수 없는 질문(16절)

(실제로 어떤 사람들은 이것이 귀신들린 경우였다고 본다 — 한글 개역은 실제로 "귀신들려"라고 옮겼지만, KJV은 spirit of infirmity[질병의 영]으로 옮긴다 — 역자주. 왜냐하면 구원자께서는 이 여자가 "십 팔 년 동안 사단에게 매인 바" 되었다고 말씀하시기 때문이다. 그러나 바울이 자신의 "육체의 가시"를 가리켜 "사단의 사자"라고 말한 것과 욥기에서 사단이 욥의 질병의 가장 가까운 원인으로 제시되는 것에 비춰볼 때, 이 여인이 악한 귀신 들렸다는 추론은 거의 보증 받지 못하는 것으로 보인다.

— J. W. Chapman)

주님의 날에 주님의 일을 하는 것, 곧 사단의 일을 멸하는 것보다 더 적절한 일이 있겠는가? 몸을 이처럼 비참한 상황에 묶어두는 마귀의 결박은 얼마나 슬픈 것인가! 그러나 영혼을 죄의 폭정 아래 노예로 묶어두며, 이 땅의 쾌락과 소원에 얽어매며, 마음이 하나님을 향하지 못하게 하고, 하늘의 것들을 소망하지 못하게 하는 죄의 결박은 얼마나 더 슬픈가! 이러한 영혼의 해방을 위해 노력하는 것이 우리의 일이다.

8. 대조적인 결과: 부끄러움, 기쁨(17절)

인간은 진리에 오래 저항할 수 없다. 그러나 진리는 진리를 혼동하는 자들을 모두 바르게 되돌려 놓지는 않는다. 열정은 깨달음의 눈을 멀게 하며, 마음을 강퍅하게 해서 깨닫지 못하게 한다. (참조. 고후 4:3-4; 딤후 3:9; 벧전 3:16.)

다른 한편으로, 그리스도인이 자기 주인의 영광스러운 일을 기뻐하는 것이 가장 적절하다. 우리는 항상 우리의 기쁨과 그 외 경건한 모습을 통해 우리가 그리스도의 자비와 은혜의 일뿐 아니라 그분 자신에 얼마나 관심이 많은지 보여주어야 한다. 하나님께서 행하신 영광스러운 일들을 기뻐할 수 없는 그리스도인은 마음이 차가운 자들이다. 참조. 시 111:3-4; 눅 19:37-40

— 편집자.

눅 13:10-17 꼬부라진 여인

1. 사단에게 결박당함(16절).
2. 질병으로 꼬부라짐(11절).
3. 그리스도께 복을 받음(13절).
4. 하나님께 영광을 돌림(13절).

— 게리(W. J. Gerrie)

눅 13:10-17 비참한 고난자와 자비로운 구원자

I. 비참한 고난자: "아브라함의 딸"(16절)

A. 이러한 호칭은 그녀가 자신의 종교에 정말 열심이었다는 것을 말해 준다. 우리 각자에게는 어떤 이름이 어울리겠는가?

B. 그녀가 회당에 있었다는 것은 그녀가 예배를 중요하게 생각했다는 것을 암시한다. 우리와 하나님의 집은 어떤 관계인가?

C. 그럼에도 불구하고 그녀는 "귀신들려" 고통당하고 있었다. 우리 모두는 어떤 영적 질병으로 고통당하고 있지 않은가?

II. 그녀의 자비로운 구원자

A. 그분은 그녀의 고통의 근원을 지적하신다: "사단에게 매인 바 된"(16절). 사단은 지금도 유혹자요 멸망케 하는 자이다.

B. 그분은 그녀를 자비의 근원인 자신에게로 초청하신다(12절). "수고하고 무거운 짐진 자들아 다 내게로 오라"(마 11:28; 눅 4:18).

C. 그분은 해방의 말씀을 하신다(12절). 그리고 그녀에게 새 힘을 주신다. 참조. 눅 5:20, 사 40:31.

유대교의 형식적이며 냉랭한 예배 중에 기뻐 뛰었을 때 회당의 분위기는 분명히 바뀌었을 것이다.

그리스도인의 사랑과 열심의 온도계는 죄인들이 구원받고 구속받은 자들의 찬양이 회중에 울려 퍼질 때에도 올라갈 것이다. — 엘링슨.

누가복음 14장

눅 14:1-14 주일은 우리를 거룩하게 지켜준다

"사람이 안식일을 위하여 있는 것이 아니니"(막 2:27). 인간 창조 이후에 주어진 그 어떤 법이라 하더라도 그 목적이 인간을 경건한 자동기계로 축소시키는 것이라면 그것은 하나님의 법이 아니다. 유대인의 안식일도 하나님께서 원래 정하신 의도에서 벗어나 있었다. 그리스도께서 회당의 전통에 반하는 행동을 하셨을 때, 그분은 하나님의 법을 어기신 것이 아니었다. 오히려 회당이 하나님의 법을 어겼다. 왜냐하면 "안식일은 사람을 위하여 있는 것"이기 때문이었다. 그리스도인의 주일은 시간적으로도 지키는 방법에 있어서도 회당 안식일이나 모세의 안식일의 연속선상에 있는 것이 결코 아니다. 그러나 주일은 교회의 가장 유익한 의식이다. 왜냐하면 주일은 거룩에 큰 도움을 주기 때문이다. 우리가 주일을 거룩하게 지킬 때, 그 결과 주일은 우리를 거룩하게 지켜 준다.

1. 주일은 예수님의 가르침을 들을 기회를 준다. 주일은 우리들 가운데 많은 사람들이 주님의 가르침을 들을 수 있는 유일한 기회이며, 따라서 우리 모두에게 필요하다.

2. 주일은 그리스도인의 교제를 나눌 기회를 준다. 또한 주일은 우리들 가운데 많은 사람들이 그리스도인과 교제할 수 있는 유일한 기회이며, 따라서 우리 모두에게 필요하다.

이런 식으로 주일을 지키고, 주일이 당신을 거룩하게 지켜주는지 보라.

(셋째로 주일이 우리에게 주는 그리스도인의 자선을 실천할 수 있는 특별한 기회에 대해서도 덧붙일 수 있을 것이며, 야고보 1:27이 여기에 해

당될 것이다. — 편집자)

눅 14:6 "저희가 이에 대하여 대답지 못하니라"

다양한 부류의 사람들과 개인들이 말로 주님을 옭아매려 했다는 데 특별히 주목할 필요가 있다. 그러나 모든 경우에 예수께서는 "그 간계를 아시고"(눅 20:23) 신적인 지혜와 능력의 말씀으로 자신의 대적들을 침묵시키셨다.

1. 율법사들과 바리새인들이 그분을 "엿보고" 예수께서 안식일에 병고치는 것을 반대하려 할 때, 예수께서는 그들이 질문을 하기도 전에 대답하셨으며 그들은 아무 말도 하지 못했다. "저희가 잠잠하거늘 … 저희가 이에 대하여 대답지 못하니라"(눅 14:1-6).

2. 회당장이 분개하여 그리스도께서 "십팔 년 동안을 귀신들려" 있는 여인을 고치시는 것을 반대할 때, 예수께서는 그에게 질문을 던지셨으며 그러자 그의 반대는 잠잠해졌을 뿐 아니라 주님의 모든 대적들이 부끄러움을 당했다(눅 13:11-17).

3. 대제사장들과 서기관들이 예수님의 "말을 책잡으려고" 정탐꾼들을 보내 총독에게 그분을 고소할 거리를 찾으려 했으나 이 계획은 완전히 실패했다: "저희가 백성 앞에서 그의 말을 능히 책잡지 못하고 그의 대답을 기이히 여겨 잠잠하니라"(눅 20:19-26).

4. 사두개인들이 그분에게 죽은 자의 부활에 대해 물었을 때, "서기관 중 어떤 이들이 말하되 선생이여 말씀이 옳으니이다 하니 저희는 아무것도 감히 더 물을 수 없음이더라"(눅 20:27-40).

5. "대제사장들과 바리새인들이 그를 잡으려고 하속들을 보내니"(요 7:32) "그 중에는 그를 잡고자 하는 자들도 있으나 손을 대는 자가 없더라." 이들이 빈손으로 돌아온 하속들에게 "어찌하여 잡아오지 아니하였느냐"고 묻자, 하속들은 단 한 가지 변명을 늘어놓았다. "그 사람의 말하는

것처럼 말한 사람은 이 때까지 없었나이다"(요 7:44-46. 마 7:29과 눅 4:22도 보라).

6. 예수께서는 또한 자신의 제자들과 다음 세대의 사자들이 비슷한 위기와 반대와 대적들을 만날 것이라고 예견하셨다. 따라서 그분은 이러한 상황이 닥칠 때마다 적절한 말과 충분한 지혜를 주시겠다고 약속하셨다: "내가 너희의 모든 대적이 능히 대항하거나 변박할 수 없는 구재와 지혜를 너희에게 주리라"(눅 21:15. 본문의 12-19절을 보라. 그리고 다음도 참조하라. 마 10:18-20; 눅 12:11-12; 행 6:8-10).

7. 그러나 어떤 논리나 논증으로도 자신을 변호할 수 없게 될 사람들이 있다. 거역하는 죄인들은 최후의 판결을 듣기 위해 최고 재판관 앞에 설 때 영원한 절망 가운데서 침묵할 수밖에 없다. 왜냐하면 이들은 한 분밖에 없는 "하나님과 사람 사이에 중보"를 거부했기 때문이다(딤전 2:5). 이들은 그리스도를 통해 주어지는 하나님의 은혜를 멸시했기 때문에 영원히 율법 아래 있으며 율법의 무자비한 형벌 아래 있다. 그리고 "우리가 알거니와 무릇 율법이 말하는 바는 율법 아래 있는 자들에게 말하는 것이니 이는 모든 입을 막고 온 세상으로 하나님의 심판 아래 있게 하려 함이니라"(롬 3:19). "사람아 네가 하나님의 판단을 피할 줄로 생각하느냐"(롬 2:3; 참조. 히 10:28-29).

그러나 죄인아 들어라. 단 한 번 예수께서는 빌라도의 재판석 앞에 서서 고소당하고 판결을 받으실 때 대답하실 수 없으셨다. 그분이 이 때 침묵하셨던 것은 그 자리에 당신을 대신해서, 나를 대신해서 서 계셨기 때문이다(사 53:7; 눅 15:3-5). 그러므로: 롬 3:21-26.　　　　　　— 엘링슨.

눅 14:7-11 "벗이여 올라 앉으라"

이 비유를 단순히 사려분별에 대한 조언으로 받아들인다고 하더라도, 이 말씀을 하신 분을 생각할 때 여기에는 분명히 우리에게 단순히 들려지는 것 이상의 의미가 숨겨져 있다. 이 비유를 참되고 진실된 겸손을 명하는 것으로, 생각해볼 가치가 있는 유일한 존경이란 겸손하고 다정한 마음을 가진 사람들에게 값없이 주어지는 것이라는 가르침으로 받아들여도 되지 않겠는가? 이 비유를 경험이 충분히 확증하는 진리, 즉 가장 세상적이며 이기적인 사람들도 비세속적인 것에 대해 진정한 존경심을 가지고 있으며, 이들이 자신들보다 더 사랑받는 것을 참고 볼 수 있는 사람들이란 너무나 온화하고 곱고 이타적인 마음을 가지고 있어서 다른 사람들보다 더 많은 사랑과 존경을 받으려고 발버둥치지 않는 사람들뿐이라는 사실을 나타내는 것으로 받아들여도 되지 않겠는가?

세상도 우리가 세상을 대하는 바로 그 방식으로 우리를 대한다. 우리가 사람들을 우리 길에서 밀어내면, 그들 역시 우리를 밀어낸다. 우리가 그들에 대해 좋지 않은 계획을 꾸미고 시행하면, 그들 역시 우리에게 좋지 않은 계획을 꾸미고 시행한다. 그러나 우리가 친절을 보여주면, 그들은 우리의 친구가 되길 주저하지 않는다. 우리가 정말 온유하고 순수하게 그들을 대하면, 그들은 자신들에게는 없는 덕 때문에 우리를 존경한다.

우리 삶의 초조와 고통의 절반은 우리가 소중히 여기는 것에 대한 과대평가, 이웃의 칭찬과 동정과 도움에 대한 터무니없는 요구, 다시 말해 그럴 자격이 거의 없으면서도 권위와 존경을 요구하는 이기적이고 오만한 마음에서 나온다. 그러므로 겸손하고 만족해하며 고운 마음씨를 가진 사람들, 다시 말해 서두르지 않고, 맨 앞에 서길 원치 않으며, 사회에서 누가 알아주길 원치 않고, 권위와 지위에 대한 책임감을 너무나 깊이 느끼는 나머지 이것들을 탐하지 않으며, 남의 눈에 띄지 않게 살길 좋아하지만 이웃을 돕고 섬길 기회를 그냥 지나쳐 버리려 하지 않는 사람들을 만날 때, 우리는 이처럼 곱고 친절하며 차분한 마음을 가진 사람들에게 놀라며 우리가 그들을 알고 있는 이상으로 그들을 존경하게 된다. 우리는 그들에게 어떤 존경도 아끼지 않는다. 최고한 우리는 우리만큼 자만심 세고 세상적이며 이기적인 사람들보다는 차라리 이들이 우리 앞에 우리 보다 위에 서길 원한다.

아주 무지한 자들이 자신의 지혜를 가장 깊이 확신한다. 편협한 마음을 가진 자들이 언제나 자신이 옳다고 가장 강하게 확신한다. 믿을 게 가장 적은 자들이 자신을 가장 깊이 믿는다. 가장 높은 자리에 가장 어울리지 않는 자들이 그 자리를 차지하려고 안달한다. 다스릴 능력이 가장 적은 자들이 다스리고 싶어 가장 안달이며 다스리지 못하게 될 때 가장 초조해하며 분개한다.

그러므로 이들에게 가장 필요한 것은 이들이 견줄 수 없는 권세가 있으신 분의 음성, 곧 교회에서나 어디서건 간에 되지도 않은 이유로 자신에게 합당하다고 생각하는 자리에 앉을 것이 아니라 그보다 낮은 자리에 앉으라고 명하시는 음성을 듣는 것이다. 이들이 보다 낮은 자리 — 얼마 후면 더 편안하게 느낄 것이다 — 에 앉기 시작할 때의 부끄러움은 그를 구해주는 부끄러움일 것이다. 이것은 "만족의 비천한 시작"으로, 다시 말해 참된 존경으로 커가는 겸손의 씨눈으로 증명될 것이다. 이 경우 이들의 낮아짐은 높아짐의 첫 단계가 될 것이다. — 사무엘 콕스(Samuel Cox, 1886).

눅 14:7-11 동료에게 인정받기

주님께서는 그분의 나라의 이 위대한 원리를 우리의 사회 생활에 유익할 수 있는 사려분별(신중함)에 대한 조언으로 시작하신다. 이것은 사려분별과는 반대되는 행동, 곧 식탁에서 가장 높은 자리를 차지하려는 이기적이고 꼴사나운 다툼에서 암시되었으며, 주님께서는 제자들의 사려를 분별할 줄 아는 모습을 보길 원하셨다.

1. 우리는 이 비유에서 우리가 동료들에게 평판이 좋길 바라는 것이 옳은 일이라는 것을 알 수 있다. 예수께서는 사람에게 존경받는 것이 우리가 마땅히 염두에 두어야할 목적이라고 지적하신다. 우리가 사회의 판단에 대한 "지혜로운 자의 지혜로운 무관심"을 위해 노력하고 기도할 수 있겠지만 무작정의 무관심은 경계하는 것이 당연하다. 그리고 우리는 하나님의

존경뿐 아니라 인간의 인정도 받을 수 있도록 노력해야 할 것이다.

2. 이 비유는 또한 거만함이 아니라 겸손이 여기에 이르는 길이라는 것을 말해준다. 사실 자신의 가치를 철저히 과소 평가해서 평생 보다 낮은 위치에서 보다 적은 일을 하는 사람들이 많다. 이와는 반대로, 자신에게는 있지도 않은 능력을 있는 것처럼 생각하고 그가 물러나길 모든 사람이 바라는 자리에 끝까지 미련을 가지기 때문에 그에 대한 일반적인 평가와 그가 미치는 도덕적 영향력에서 심각한 상실감으로 고통당하는 사람이 매우 많다. ― 클락슨(Wm. Clarkson, 1884)

눅 14:7-11 인간의 낮아짐과 높아짐

I. 겸손한 사람

스스로를 높이는 사람은
　A. 자신의 영적 존엄성을 높이 평가하는 사람이 아니다.
　B. 부지런함과 계획을 통해 다스리는 자리에 오른 사람이 아니다.
　C. 자신의 동료들이 요청하는 힘과 명예의 자리를 조용히 취하는 사람이 아니다.
　D. 자신이 많은 순간 길을 잃었으나 영적 고결함을 유지한 데 대해 진정한 감사를 드리는 사람이 아니다. 시 41:12, 딤후 4:7.
　그러면 스스로를 높이는 사람은 누구인가? 그는
　1. 자신에게 있지도 않는 의를 자신에게 돌리는 사람이다.
　2. 오히려는 그 반대이면서 자신이 하나님과 바른 관계에 있다고 생각하는 치명적인 잘못을 범하는 사람이다. 계 3:17.
　3. 그 믿음이 죽은 교리에 불과하며, 그 "열심"이 맹목적인 열광에 불과하며, 그 소망이 빈약한 환영(幻影)에 불과한 사람이다.

II. 높임을 받는 사람

스스로를 낮추는 사람은
A. 자신을 비하하는 말을 하는 사람이 아니다.
B. 자신을 강하게 질책하는 신성한 웅변에 마음이 동할 수 있는 사람이 아니다.
그러면 스스로를 낮추는 사람은 누구인가? 그는
1. 하나님의 말씀의 가르침과 그분의 성령의 조명하심을 통해 자신의 연약함과 무가치함을 진정으로 깨달은 사람이다.
2. 그러므로 자신의 죄를 하나님께 고백하고 오직 그분의 용서의 은혜를 구하는 사람이다.
3. 날마다 하늘에 계신 아버지의 뜻을 행하려고 노력하면서 하나님께 힘을 구하는 사람이다.　　— 윌리엄 클락슨(William Clarkson, 1884)

눅 14:7-11 야심찬 손님의 비유

여기서 주님께서는 기회가 있을 때마다 제자들에게 주셨던 겸손에 대한 많은 교훈 가운데 하나를 우리에게 가르쳐주신다.
1. 본문이 오늘 우리 생활에 적용할 수 있는 중요한 사회적 원리를 제시한다고 생각하라.
그리스도의 교훈은 인간의 내세를 존중할 뿐 아니라 이 땅에서 인간이 누릴 행복도 염두에 두며 따라서 인간의 매일의 생활에 영향을 미치려는 의도를 담고 있다. 가장 경건한 가정은 참으로 가장 행복한 사회적 상태이다.
2. 본문이 우리와 하나님, 우리와 인간 사이의 관계에 있어 우리가 해야 할 종교적 의무를 말한다고 생각하라. 구원자께서는 친절과 부드러움과 예의의 완벽한 모범이셨다. 그분은 제자들 역시 보다 고귀한 것들뿐 아니라 이러한 덕목에서 본이 되게 하려 하셨다. 그러니 어느 누구도 이것을 가볍

게 생각해서는 안된다. 로마서 12:3, 베드로전서 5:5을 기억하라(그리고 고린도후서 8:9도 잊지 말라 — 편집자).

3. 마지막으로 이 비유의 보다 직접적인 영적 적용을 생각하라. 우리의 구원자께서는 복음의 큰 잔치에 초대된 그리스도인들에게 "상좌에 앉지 말라"고 말씀하신다. 일시적인 것들과 영원한 것들 사이에는 분명한 차이가 있으며, 영원한 것에서 가장 고귀한 자리는 분명히 가장 탁월하고 가장 앉고 싶은 것이다.

다시 말하지만, 잠시 동안이라면 이 모든 것이 우리에게 뭐가 중요하겠는가(시 39:5-6, 전 2:16)? 이 세상의 것들을 우리의 주로 의지하는 대상으로 삼지 않는 것이 가장 참된 지혜이다(전 4:6, 고전 7:29-31).

— 바멜드(G. W. Barmeld, 1887)

눅 14:12-15 잔치

그리스도인의 가정들은 사교적 모임들을 좋아한다. 이러한 모임들은 사교적인 마음에서 나오며, 기독교는 이러한 모임의 원리를 인정한다.

예수께서는 여러 잔치에 참석하셨다. 그분의 생각은 조소적인 사람들, 무뚝뚝한 사람들, 사람을 싫어하는 사람들, 금욕적인 사람들과는 달랐다.

성경은 우리에게 "서로 대접하기를 원망 없이 하라"고 명하지만 잔치에도 바른 것이 있고 잘못된 것이 있다. 본문은 바른 잔치에 대해 말해주며, 참된 잔치는 이타적이며, 자비롭고, 복된 것이라는 추론을 내리게 해 준다.

I. 참된 잔치는 이타적인 것이다

"네가 점심이나 저녁이나 베풀거든 벗이나 형제나 친척이나 부한 이웃을 청하지 말라 두렵건대 그 사람들이 너를 도로 청하여 네게 갚음이 될까."

A. 이 말씀은 절대적인 의미로 이해되어서는 안된다. 주님께서는 우리가

"벗이나 형제나 친척이나 부한 이웃"을 잔치에 초대해서는 안된다는 뜻으로 말씀하신 것이 아니다. 다른 경우들에서처럼, 여기서도 부정문으로 주어진 가르침은 비교의 의미로 이해되어야 한다. 이러한 부류의 사람들을 초대하지 말라는 말씀은 바른 잔치는 전적으로 이타적이어야 한다는 원리를 제시하기 위한 것일 뿐이다.

B. 물론 주님께서는 손님들이 우리의 호의를 갚도록 허락하면서 그들의 초대를 받아들이는 것이 해롭다는 뜻으로 말씀하신 것이 아니다. 내가 보기에 이 말씀은 우리의 교제가 반드시 이타적이어야 한다는 의미일 뿐인 것 같다.

C. 자신이 배설한 잔치에 자신의 호의에 보답할 것으로 기대되는 사람들을 초대하는 사람은 우리 사회의 후한 본성에, 그리고 우리 종교의 기풍에 거스르는 죄를 짓는 것이지만, 이것은 일반적인 현상이다. 초대된 손님들은 고객, 단골손님, 환자 또는 그밖에 이런저런 면에서 주인의 이익에 도움이 되는 사람들일 가능성이 높다. 이것은 심각한 악이다.

1. 이것은 잔치를 위선적인 것으로 만들어 버린다. 이러한 모든 모임은 후한 애정에서 나온 것이라고 말한다. 사랑이 잔치를 배설하고 사람들을 초대한 것으로 여겨진다. 그러므로 이기심에서 친구들을 부른 사람은 위선을 행하고 있는 것이다.

2. 이것은 잔치를 실망스럽게 만든다. 이기적인 동기에서 나온 행동은 결코 만족을 줄 수 없다.

3. 이것은 잔치를 그리스도를 헤치는 행위이다. 그리스도께서는 모든 이기심은 미워하신다.

II. 참된 잔치는 자비롭다

"가난한 자들과 병신들과 저는 자들과 소경들을 청하라"(13절).

기독교는 우리가 잔치를 배설할 때 단순히 이타적인 마음 그 이상을 요구한다. 기독교는 우리에게 자비로울 것을 요구한다. 존 뉴턴이 말했듯이

"우리 구원자께서 우리에게 초대하도록 명하신 자들은 일반적으로 무시당하는 자들이라는 사실에 주목해야 한다." 어디에나 우리 주변에는 정말 비참한 상황에 있는 자들, 병신들, 저는 자들, 소경들이 있게 마련이다.

  A. 이들은 당신의 환대가 가장 필요한 자들이다. 이들에게는 당신이 나눠주어야 하는 양식이 필요하며, 따라서 당신의 풍성함은 이들의 궁핍함을 채우기 위한 것이다. "너희는 가서 살진 것을 먹고 단 것을 마시되 예비치 못한 자에게는 너희가 나누어 주라"(느 8:10).

  B. 이들은 당신의 환대를 가장 감사할 것이다. 가난한 자들이 당신의 환대를 받도록 초청하는 것은 결코 당신의 체면을 손상시키는 일이 아니다. 그들의 누더기 아래는 당신의 영혼만큼 고귀한 영혼들이 있으며, 그들의 인격은 어떤 경우에는 당신보다 더 고상하다. 인간은 자신보다 낮은 자들의 수준에 맞춰 자신을 낮출 때보다 자신의 위대함(큼)을 가장 잘 보여줄 수 있다. 가난한 자의 종이 가장 큰 자이다. 우리는 모두 이 부분에서 얼마나 부족한가! 우리는 가난한 자들을 우리의 잔치에 초대하는가? 아니다! 그들이 문을 두드리며 도움을 간청할 때, 우리는 그들을 빈손으로 돌려보낼 때가 많지 않은가?

III. 참된 잔치는 복되다

"저희가 갚을 것이 없는고로 네게 복이 되리니"(14절).

  A. 당신은 지금 복을 받을 것이다. 가난한 자들이 당신을 축복할 것이다. 욥이 뭐라고 말했는가? "귀가 들은즉 나를 위하여 축복하고"(욥 29:11). 당신의 영혼이 당신을 축복할 것이다. 아낌없이 주는 사람은 누구나 "주는 것이 받는 것보다 복이 있다"고 느낀다(행 20:35).

  B. 당신은 내세에 복을 받을 것이다. "이는 의인들의 부활 시에 네가 갚음을 받겠음이니라"(14절).

  1. 의인들이 있다.
  2. 의인들은 부활할 것이다.

3. 부활 때에 모든 거룩한 섬김이 보상될 것이다.

그 날의 상급에서는 가장 작은 섬김 — 과부의 동전, 가난한 자의 냉수 한 그릇 — 도 인정될 것이다. 그 때에는 사랑과 자비의 마음이 모두의 운명을 결정할 것이다. 마태복음 25:34-40을 보라.

— 데이비드 토머스(David Thomas, 1866)

눅 14:12-14 환대

환대란 나그네에게 베푸는 사랑을 의미하며, 그들을 친절하게 대접하는 것으로 나타난다(롬 12:13). 이것은 언제나 예의바른 사람들 사이에서 매우 존경받는 일이었다. 성경은 족장들이 베푼 환대의 몇 가지 예를 보여준다. 아브라함은 세 천사를 영접하고, 그들을 진심으로 초대했으며, 아내 사라가 그들을 대접할 음식을 준비하는 동안 직접 그들의 시중을 들었다(창 18:2-8). 롯은 성문에서 손님들을 맞기 위해 기다렸다(창 19:1-3).

바울은 아브라함과 롯의 예를 통해 충성스런 자들을 격려하며, 그들이 환대를 베풀도록 설득한다. 주님의 영이 충만한 사도 베드로와 바울은 충성스런 자들에게 환대를 베풀기를 아주 애써 권했다(벧전 4:9). "서로 대접하기를 원망 없이 하고"(벧전 4:9). 그리고 사도 바울은 특히 하나님의 교회를 감독하는 자들에게 이 의무를 권한다. "그러므로 감독은 … 나그네를 대접하며 …"(딤전 3:2).

우리의 구원자께서는 그분의 사도들에게 이렇게 말씀하신다. "너희를 영접하는 자는 나를 영접하는 것이요 … 또 누구든지 제자의 이름으로 이 소자 중 하나에게 냉수 한 그릇이라도 주는 자는 내가 진실로 너희에게 이르노니 그 사람이 결단코 상을 잃지 아니하리라"(마 10:40, 42). 그리고 심판 날에 그분은 악인들에게 이렇게 말씀하실 것이다. "나를 떠나 마귀와 그 사자들을 위하여 예비된 영영한 불에 들어가라 … [내가] 나그네 되었을 때에 영접하지 아니하였고 벗었을 때에 옷 입히지 아니하였고 병들었을 때와 옥에 갇혔을 때에 돌아보지 아니하였느니라 이 지극히 작은 자 하나에게 하지 아니한 것이 곧 내게 하지 아니한 것이니라"(마 25:41, 43, 45).

　원시 그리스도인들은 환대를 베푸는 것을 그들의 중요한 의무로 삼았다. 그래서 이들은 이방인들이 이 때문에 그들을 존경할 정도로 이 의무를 아주 정확하게 수행했다. 이들은 모든 나그네에게 환대를 베풀었으나 주로 신앙과 종파가 같은 사람들에게 베풀었다. 신자들이 종파의 추천서 없이 출타하는 경우는 거의 없었으며, 이 추천서는 그들의 신앙의 정결성을 입증해 주었다. 이 추천서만으로도 그리스도의 이름이 알려진 어느 곳에서나 환대를 받기에 충분했다.　　— 알렉산더 크루던(Alexander Cruden)

　이스라엘은 언제나 환대(hospitality)로 유명했다. 그리고 성경뿐 아니라 랍비들도 이것을 아주 강한 어조로 명한다. 예루살렘에서는 어느 누구도 자기 집을 자신만의 소유라고 생각할 수 없었다. 순례자들이 모여드는 절기 때면 기꺼이 순례자들을 환대하려는 사람은 아무도 없었다고 한다. 아보트(aboth)라는 소논문은(1:5) 예루살렘에 사는 요하난의 아들 요세의 말에서 이것을 언급한다: "너희 집을 활짝 열고, 가난한 자들이 너희 집 자녀들이 되게 하라." 신약의 독자들은 탈무드에 따르면(Pes. 53) 벳바게와 베다니가 특히 절기 순례자들을 환대한 것으로 유명했다는 걸 알면 특히 흥미로워할 것이다. 예루살렘에서는 집에 손님이 묵을 방이 있다는 표시로 문 앞에 천 조각을 달아두는 것이 관습이었던 것으로 보인다. 어떤 사람들은 모든 집에는 사방의 여행자들을 반기기 위해 문이 네 개 있어야 했다고까지 주장했다. 주인은 예상되는 손님을 마중 나가고 또 전송하곤 했다(행 21:5).

　랍비들은 환대에는 이른 아침 학교에 가는 것만큼 또는 그보다 큰 공로가 포함된다고 했다. 이들은 자신들이 공부에 둔 가치를 고려하면서 이보다 더 나갈 수는 거의 없었다. 물론, 여기서도 랍비의 명령이 우선권을 가졌다. 그리고 현자(스승)를 즐겁게 하며 그에게 선물을 주어 전송하는 환대는 매일의 희생 제사만큼의 공로가 있는 것으로 여겨졌다(Ber. 10b).
— 알프레드 에더샤임(Alfred Edersheim),
『그리스도의 시대』(*In the Days of Christ*).

환대

"네 위로의 항아리가 떨어지고 있구나!
다시 들어서 서로 나누어라.
그러면 그 항아리가 흉년 내내
너와 네 형제를 섬기리라.
사랑의 하나님이 창고를 채우시거나
네 빈손을 다시 채우시리니
하나에게도 부족한 것이
둘에게 왕의 성찬이 되리라.
마음은 줌으로써 부요해지고
마음의 부는 생명을 얻는 데 있도다.
곳간에서 썩는 씨앗들이
들판에 황금 물결을 이루는도다.
네 짐이 힘들고 무거운가?
네 발걸음이 지치고 힘든가?
네 형제의 짐을 지라
하나님께서 그와 네 짐을 져주시리라.
산을 오르다 힘들고 지쳐
눈 가운데 잠이 들곤 했는가?
곁에 있는 얼어붙은 친구와 몸을 비벼라
그러면 둘이 함께 따뜻해지리라.
인생의 싸움에서 패배했는가?

> 네 주변에 많은 이가 상처입고 신음하는구나
> 그들의 상처에 네 향유를 아낌없이 부어라.
> 그러면 그 향유가 네 상처도 치유하리라.
> 마음이 빈 우물인가?
> 쉼 없이 솟는 샘만이
> 쉼 없는 소원을 채울 수 있으리라
> 마음이 살아 있는 능력인가?
> 자신만을 향할 때 그 힘은 줄어드는구나.
> 그 힘은 사랑으로만 살아날 수 있으며
> 섬기는 사랑으로만 커갈 수 있도다."
>
> — 찰스 부인(Mrs. Charles, 1873)

눅 14:15 하늘의 복을 바라라

하늘의 보화와 즐거움이 자신의 것이라고 믿는 사람은 그 기쁨을 억누를 수 없다. 예수께서는 모인 모든 사람들에게 영원한 상급에 대해 말씀하신다. 그런데 단 한 사람만이 마음을 열고 그 말씀을 받아먹는 것으로 보인다.

하나님 나라의 떡은 하나님 자신이시다. 영원한 진리이신 하나님께서는 예수 그리스도의 지체로서 그분을 먹인 자들은 먹이고 배부르게 하실 것이다.

하나님께서는 자신들의 썩어질 양식을 가난한 자들에게 나누어준 자들을 영원히 먹이실 것이다(13-14절). 마음과 지갑을 가난한 자들에게 여는 자는 복이 있도다.

천국은 참으로 온전한 행복의 나라일 것이다. 거기에는 어떤 고통이나

슬픔도 들어가지 못할 것이다. 모든 필요가 공급될 것이다. 오직 천국을 말하는 우리가 그 천국을 열심히 구해야 한다. 그렇지 않으면 결국 우리는 천국을 놓쳐버릴 것이다. 천국의 기쁨에 대해 말하기는 쉽지만 모두들 세상의 것들을 위해 살고 있다.

눅 14:16-24 복음의 잔치

그리스도께서 바리새인의 한 두령의 집에서 식사를 하시면서 이 비유를 말씀하셨으며 곁에는 바리새인과 한 부류인 사람들이 많이 있었다. 그들 중 하나가 하나님 나라에서 떡을 먹는 것이 매우 복된 일일 것이라고 말했다(15절).

이 비유에서 그리스도의 계획은 다음과 같은 점을 선언하는 것이었다. 그것은 이 사람의 말이 매우 바른 것이기는 하지만 그들 가운데 다수가 메시야 왕국의 성격에 대해 너무나 잘못된 세속적인 견해를 갖고 있기 때문에 그 나라의 복이 정작 그들 앞에 주어질 때 그들은 그 복을 싫어하고 거부하며 메시야의 호의를 거부하는 데 온갖 핑계를 대고 그 결과 그들은 메시야 왕국의 복에서 제외되며, 오히려 비천하고 무가치해 보이는 인간들이 그 복을 존중함으로 그 복이 이들에게 주어질 것이다.

큰 만찬의 친숙한 이미지는 복음 구원이라는 너무나 귀중하고 본질적인 복을 가리킨다.

I. 복음의 잔치

A. 이 잔치는 꼭 필요하다. 모두에게 이 잔치가 필요하며, 따라서 은혜가 이 잔치를 배설했다. 인간의 자연적인 환경은 악과 정죄와 무기력과 파멸과 비참함으로 가득하기 때문이다.

B. 이 잔치는 은혜롭게 준비되었다. 은혜의 하나님께서 이 잔치를 준비하셨다. 이전의 모든 세대는 이 큰 마지막 잔치를 준비하기 위한 것이었다.

그러나 그리스도, 곧 이 잔치의 주인께서 오셨을 때, 준비는 완전히 끝났다. 식탁이 펼쳐졌고 더 이상 아무런 준비도 필요 없다. 그러나 마지막으로 손님들이 자신의 자리에 앉아 그분의 풍성함에 참여해야 한다.

C. 이 준비는 죄인들의 필요에 적절하다. 이 잔치는 죄인의 경우에 아주 잘 적용될 수 있으며, 잔치를 배설한 주인의 지혜를 보여준다. 죄인을 위한 충분한 대속이 여기에 있다. 여기에서는 완전하고 값없는 용서, 정죄(심판)로부터의 해방, 포로된 자에게는 자유가, 눈먼 자에게 광명이, 절망 가운데 있는 자에게 평안과 위로가, 연약한 자에게 힘이, 시험당하는 자에게 승리가, 버려진 자에게 천국의 소망이 선포된다. 주리고 목마르며 병약한 죄인이 이 잔치에 오면, 그의 모든 필요를 적절히 공급받을 수 있을 것이다.

D. 이 잔치는 풍성히 준비된다. 이 잔치는 곧 동이 나 버리는 이 땅의 잔치와는 다르다. 생명의 떡, 생명의 물, "참된 양식" 그리고 "참된 음료"(요 6:55)는 결코 바닥이 나지 않을 것이다. "그 안에는 지혜와 지식의 모든 보화가 감취어 있느니라." 하나님께서는 "우리 주 예수 그리스도의 아버지께서 그리스도 안에서 하늘에 속한 모든 신령한 복으로 우리에게 복 주시되"(엡 1:3). 성령께는 모든 조명과 깨닫게 하심과 구원과 위로의 능력이 충만하다.

우리가 절대적으로 필요하고 바라는 모든 것을 풍성히 얻는다는 것은 얼마나 큰 특권인가!

E. 이 잔치를 배설하는 데는 말할 수 없을 만큼의 비용이 들었다.
구원자께서 지불하신 값은 무엇인가?

II. 와서 잔치에 참여하라는 초대

하나님께서는 당신의 피조물들의 행복을 원하시는데, 이러한 복음의 잔치에 참여하지 않고는 그 어디에서도 본질적인 행복을 얻을 수 없다. 따라서 그분은 "오소서 모든 것이 준비되었나이다"라고 말씀하신다.

A. 이 초대는 목회적으로 주어진다. 참조, 엡 4:11. 그리스도께서는 목회

자로서 이러한 초대를 하셨다. 그분은 인간을 사도로, 목사로 선택하여 도구로 사용하셨다. 이들은 타락한 인간에 대한 하나님의 모든 충고를 선포해야 하며, 인간들을 복음 잔치로 초대하면서 그들에게 복음 잔치의 적절성과 풍족성 등을 제시해야 한다.

B. 이 초대는 죄인들에게 주어져야 한다. 복음은 모든 피조물에게 전파되어야 한다. 유대인들이 초대의 첫번째 대상이었으며 그 다음이 이방인이었다. "유대인이나 헬라인이나 차별이 없음이라 한 주께서 모든 사람의 주가 되사 저를 부르는 모든 사람에게 부요하시도다 누구든지 주의 이름을 부르는 자는 구원을 얻으리라"(롬 10:12-13).

C. 초대의 계획은 죄인의 승낙이다. "와라." 잔치에 온다는 것은 무엇을 의미하는가? 이것은 주어지는 복의 필요성과 가치를 입증한다.

온다는 것은 그 복으로 마음이 향한다는 것을 암시한다. 이것은 아름답게 표현된다. "나를 보라." 이스라엘 백성이 놋뱀을 바라보고 나음을 입었듯이, 우리는 그들에게서 마음이 영적 복으로 향하는 데 대한 모형을 본다.

온다는 것은 또한 끈질긴 신청을 암시한다. 잔치 초대를 받아들인다는 것은 가서 잔치에 들어가게 해달라고 문을 두드리는 것을 뜻한다. 이것은 원래 받아들임과 관련이 있다.

III. 초대에 대한 거절

"다 일치하게 사양하여"(18절). 이러한 거절은 어디에서 비롯되는가?

A. 마음의 타락에서. 이러한 마음은 영적인 것을 거부한다. "육신의 생각"(롬 8:7), "육에 속한 사람" 등(고전 2:14).

B. 무지에서. 이러한 섭리의 필요, 곧 이러한 섭리의 풍성한 가치와 적절성과 복된 효과에 대한 무지에서이다.

C. 마음이 다른 것들에 팔려있다. 그러기에 이런 마음은 더 좋다고 생각되는 것에 자신을 준다. "하나는 가로되 나는 밭을 샀으매." 얼마나 심취해 있는가! 얼마나 많은 사람들이 이와 똑같이 행동하는지 모른다!

D. 이런 변명들은 마침내 복음의 모든 복에 대한 최종적인 거절과 절대적인 상실로 끝난다.
   E. 그리고 이러한 거절은 잔치를 배설한 주인의 불쾌감과 진노를 유발한다. 21, 24절을 보라. ― 1862.

눅 14:18 변명

아직도 사람들은 변명을 늘어놓고 있다.

우리는 자신들의 영적 필요를 먼저 보살피는 일이 얼마나 중요한지 깨닫지 못하는 사람들로부터 갖가지 변명을 들어왔다. 이들은 "이렇게 부탁하는데, 저는 빼주십시오"라고 말하는데, 그 이유는 다음과 같다.

1. 나는 집에서 성경 읽고 기도할 수 있기 때문이다.
2. 나는 내게 필요한 종교의 모든 것을 오두막에서 얻을 수 있기 때문이다.
3. 나는 교회 밖에서도 그만큼 훌륭한 그리스도인이 될 수 있기 때문이다.
4. 나는 지금으로서는 종교에 대해 생각할 시간이 없기 때문이다.
5. 나는 요즘 신경 써야 할 일이 너무 많기 때문이다.
6. 나는 생계를 위해 내가 할 수 있는 일을 다하고 있기 때문이다.
7. 나는 교파가 너무 많다고 생각하기 때문이다.
8. 나는 교회에는 위선자들이 너무 많다고 생각하기 때문이다.
9. 나는 교회에서는 헌금 요구가 너무 지나치다고 생각하기 때문이다.
10. 나는 젊었을 동안 인생을 즐겨야 한다고 믿기 때문이다.
11. 나는 내가 종교를 가진 사람들만큼 착하다고 믿기 때문이다.
12. 나는 정직하며 모든 사람을 공정하게 대해야 한다고 믿기 때문이다.

그러나 우리는 이런 변명 중 그 어느 것도 당장의 진짜 문제를 해결하지 못한다는 것을 안다. ― 엘링슨.

눅 14:18 사람들은 왜 그리스도인이 되려 하지 않는가?

I. 사람들이 그리스도인이 되려 하지 않는 이유

본문은 사람들이 그리스도인이 되지 않으려는 첫번째 이유에 대해 주목할 만한 점을 제시한다. 사람들은 그리스도인이 되는 것이 마치 호의의 문제인 것처럼 자신이 제외되길 요구한다. 이들은 무엇에서 제외되길 요구하는가? 본문의 비유는 사람들이 풍성한 잔치에서, 예수 그리스도를 통한 천국의 소망에서, 사랑의 하나님과 그분의 계명을 지키는 일에서, 이 세상에서 인간이 보다 유익하고 존경과 사랑을 받게 하며 영원한 복을 받게 하는 것으로부터이다. 이런 요구가 자연스러운가?

내가 이해하기로 사람들이 그리스도인이 되려 하지 않는 큰 이유는 종교를 반대하는 마음 때문이다. 이러한 반대는 큰 배교 — 아담의 타락 — 에까지 거슬러 올라갈 수 있는 모든 마음, 모든 세대에서 나타나는 신비스런 반대이다.

A. 당신에게는 복음이 제시하는 그런 구원이 필요 없으며, 당신은 구속자의 공로를 통해 용서받을 필요가 없다는 생각고 생각하기 때문이다. 이것은 당신의 마음은 본래 악보다는 선은 선택하는 경향이 있으며 당신이 살면서 저지르는 잘못은 비교적 적을 뿐이며 당신이 덕이 훨씬 많다는 생각이다.

B. 당신은 자신의 경우에는 길을 잃을 위험, 또는 심각한 경고가 필요한 그런 위험이 없다고 생각하기 때문이다. 이것은 이 땅에서 의무를 충실하게 행하면 내세에 대해 염려할 필요가 전혀 없다는 생각이다.

C. 기독교의 진리에 대해 비밀스런 회의주 때문이다. 기독교가 하늘의 계시라는 믿음이 확고하지 못하다.

D. 네번째 부류의 사람들은 하나님의 다스림이 바람직하지 못하고 험하다는 생각 때문이다. 주님께서 하신 한 비유에서, 어떤 사람이 이런 생각에

서 자신의 의무를 게을리하고 주님의 오심을 예비하지 않는다(마 24:24-26).

E. 다섯째 부류의 사람들은 교인 중 한 사람 또는 몇 명에 대한 반감 때문에 그리스도인이 되지 않으려 한다.

F. 여섯째 이유는 세속, 곧 세상의 유익이나 쾌락이나 명예에 대한 열망 때문이다.

II. 이런 이유나 변명들이 만족스러운가?

당신은 '누구에게 만족스러운가?'라고 물을 것이다. 나는 '양심과 하나님에게'라고 대답한다. 이것들이 충분한 이유가 되는가?

A. 당신은 이것들이 당신이 그리스도인이 되지 않고 은혜의 제안을 받아들이지 않는 진정한 이유라고 말할 수 없다. 이것들은 당신 자신의 마음에 너무나 만족스럽지 못하기 때문에 우리가 당신에게 가서 그리스도인이 되라고 권할 때 당신은 다른 이유들을 내세운다. 누가 자신이 그리스도인이 되려하지 않는 이유는 자신이 감각적이거나 교만하거나 세상적이거나 야심차거나 탐욕스럽거나 독선적이기 때문이라고 말하겠는가?

B. 이러한 변명들은 인간이 죄를 깨닫게 되는 순간 더 이상 서지 못할 것이다. 이 때 모든 사람은 자신이 오랫동안 하나님의 요구에 순종하길 거부했던 이유들이 형편없었다고 고백할 것이다.

C. 죽음이 가까웠다는 것을 의식할 때도 같은 일이 일어난다. 죽어 가는 죄인이 과거 자신의 모든 변명이 충분치 못했다는 것을 깨닫고 어쩌면 고백할 때 그의 마음에는 공포로 가득 찬다.

D. 마지막으로, 죄인의 모호한 변명은 하나님의 법정에서 인정되지 않을 것이다. — 알버트 반스(Albert Barnes)

눅 14:25-27 자기를 부인하며 예수님을 사랑하라는 요구

예수께서는 자신의 마지막이 가까워질수록 변덕스럽게 그를 좇는 사람들에게 자신의 요구들을 더욱더 단호하고 이상적으로 보여주셨다(— Lange). "무릇 내게 오는 자가 자기 부모와 처자와 형제와 자매와 및 자기 목숨까지 미워하지 아니하면 능히 나의 제자가 되지 못하고"(16절). "미워하지 아니하면"이라는 단어가 여기서 "덜 사랑하다"라는 뜻에 대한 관용적 표현이었다고 하더라도, 예수께서 여기서 "이 땅에서 가장 강한 유대와 의무도 더 높은 요구에 복종해야만 한다"고 가르치신다는 사실은 분명하다(—J. C. Gary).

구원자께서 여기서 의미하시는 것은 가장 가까운 친지에 대한 미움 그 자체가 아니라는 사실은 설명할 필요가 없다(참조, 엡 5:29). 이 말씀에서 주님께서는 마음과 그분의 나라 사이에서 돌이킬 수 없이 방해하는 것을 염두에 두셨을 뿐이며, "자기 목숨까지"라는 결론적인 어구에서 자신의 의미를 훨씬 구체적이고도 분명하게 밝히신다. 그리스도 안에서 혈족을 존중해야 하며 믿음이 가족의 유대를 해체하지 않으며 오히려 더 긴밀하게 하고 거룩하게 한다는 것이 확실한 것처럼, 우리 구원자의 시대뿐 아니라 지금도 믿음의 의무와 단순히 자연적인 사랑의 연합이 불가능한 상황이 있을 수 있으며 이럴 경우 갈등이 절대적으로 불가능하다는 것 또한 의심할 여지없는 사실이다. 마태복음 10:34-36을 참조하라.

자기를 부인하며 예수님을 사랑하는 요구는
1. 겉으로는 터무니없어 보이지만 지극히 간단하다.
2. 겉으로는 독단적으로 보이지만 완벽한 근거가 있다.
3. 겉으로는 과장된 것 같지만 절대적으로 필요 불가결하다.
5. 겉으로는 해로워 보이지만 무한히 복되다.
6. 겉으로는 초인적인 것 같지만 분명히 실행 가능하다.

— 랑게(Lange).

매사추세츠주 앤도버에 사는 스탠리라는 사람이 이런 이야기를 했다 (1883).

어느 날 이 구절을 놓고 토론을 하고 있는데 갑자기 활활 타고 있는 벽난로의 석탄더미에 한 줄기 햇빛이 비춰는 것을 보았다. 그 빛이 비췬 곳에는 밝은 붉은 빛이 완전히 새까맣게 변했다. 순간 이런 생각이 들었다. "그래! 이 구절에는 무슨 의미가 있어." 타오르는 석탄이 훨씬 더 강렬한 태양 빛 아래서는 검게 보이듯이, 그리스도께서는 그분을 향한 우리의 사랑의 빛이 우리의 세속적 사랑을 증오에 비교되게 할 정도로 강할 것을 요구하신다.

실제로 빨갛게 타고 있는 석탄이 태양 빛 아래서는 검게 보이지만, 그 석탄은 이전만큼 뜨겁고 어쩌면 태양의 열기가 더해져 더 뜨겁다. 그리스도에 대한 우리의 사랑 아래서는 미움으로 보일지라도 친구와 친지에 대한 우리의 사랑은 그 사랑에 의해 꺼지지 않을 것이며 더 깊고 더 순수해질 것이다.

『월간 설교』(*Homiletic Monthly*, 1883)에서.

우리는 그리스도를 따르는 데 방해가 될 때는 친지와 아담으로부터 온 물려받은 것은 무엇이든 "미워해야" 한다는 것이 법이다. 그러나 이러한 미움은 이것들에게 나쁜 일이 일어나기를 바라는 것이 아니라 최고의 선을 잃느니 차라리 이것들을 잃겠다는 동의이다.

여기에는 하나님의 법에 불순종함으로써 하나님을 버리느니 차라리 자신의 생명과 자신에게 가장 귀중한 것을 포기하는 사람들이 많은가? 그분보다 하찮은 것들을 좋아할 때가 많은 우리도 그러한 사람들인가? 하나님을 사랑하지 않으면서 또는 그분을 사랑하기는 하지만 모든 것보다 그분을 더 사랑하지 않으면서 하나님의 종인 체하는 사람은 기초 없이 집을 짓는 자이다.　　　　　　　　— 파스케르 케넬(1674-1719).

눅 14:28-33 참된 그리스도인이 되기 위해 치러야 할 대가

내 말을 오해하지 말길 바란다. 나는 인간의 영혼을 구원하는 데 어떤 대가가 필요하다고 말하고 있는 것이 아니다. 하나님의 아들께서 인간을 영원한 심판에서 구속하시려고 흘리신 피만이 영혼을 구원한다는 것은 당신도 너무나 잘 알고 있을 것이다. "[너희는] 값으로 산 것이 되었으니"(고전 6:20). 그리스도께서는 "모든 사람을 위하여 자기를 속전으로 주셨으니"(딤전 2:6). 그러나 내가 여기서 다루려는 주제는 전혀 다른 것이다. 참되고, 진정한 그리스도인이 되기 위해서는 어떤 값을 치러야 하는가?

단순히 외형적인 그리스도인이 되는 데는 지극히 작은 대가만 치르면 된다고 거리낌없이 말할 수 있다. 주일 예배에 참석하고, 주중에 웬만큼 도덕적이기만 하고, 주변의 수많은 다른 그리스도인들 만큼 하기만 하면 된다. 이 모든 것은 대가가 매우 적고 손쉬우며 어떤 진정한 자기 부인이나 자기 희생도 요구하지 않는다.

그러나 성경의 기준에 따르면 참된 그리스도인이 되기 위해서는 많은 대가를 치러야 한다. 이겨야 할 적들이 있으며, 싸워야 할 싸움이 있고, 치러야할 희생이 있으며, 버려야할 애굽이 있고, 건너야 할 광야가 있으며, 져야 할 십자가가 있고, 달려야 할 경주가 있다. 따라서 "비용을 예산"하는 것이 말할 수 없이 중요하다.

1. 참된 그리스도인이 되기 위해서는 자신만이 옳다는 독선을 버려야 할 것이다. 참된 그리스도인은 모든 교만과 자만심, 그리고 자신이 더 없이 선하다는 생각을 버려야 한다. 참된 그리스도인은 오직 과분한 은혜로 구원받았기에 다른 분의 공로와 의에 모든 것을 돌리고 오직 예수 그리스도만을 의지하면서 가난한 죄인으로 천국에 가는 데 만족해야 한다.

2. 참된 그리스도인이 되기 위해서는 자신이 즐기는 죄를 버려야 할 것

이다. 참된 그리스도인은 하나님 보시기에 악한 모든 습관과 행실을 기꺼이 버려야 한다. 참된 그리스도인은 주변 사람들이 뭐라고 말하거나 생각하든 간에 스스로 이러한 죄에 대적하며, 그 죄에서 벗어나며, 그 죄와 싸우고, 그 죄를 십자가에 못박으며, 그 죄를 다스리기 위해 노력해야 한다. 그가 소중히 여기는 어떤 특별한 죄와의 어떤 휴전도 있을 수 없다. 참된 그리스도인은 모든 죄를 자신의 치명적인 원수로 여기고 모든 거짓을 미워하며 멀리해야 한다(사 1:16; 겔 18:31; 단 4:27; 참조. 약 1:14-15).

3. 참된 그리스도인이 되기 위해서는 편안함에 대한 사랑을 버려야 할 것이다. 참된 그리스도인은 집에서 뿐만 아니라 낯선 사람들 사이에서도 매 시간 모든 곳에서 모든 사람에게 자신의 행동에 주의해야 한다. 참된 그리스도인은 자신의 시간, 혀, 성질, 생각, 상상, 동기, 대인 관계의 행동에 주의해야 한다. 이러한 것들에 주의하는 가운데, 그는 온전함에 훨씬 더 가까워질 것이지만 그는 이것들 가운데 어느 하나도 마음놓고 등한시할 수 없다. 참조. 잠 13:4.

4. 참된 그리스도인이 되기 위해서는 세상에 대한 세상을 버려야 할 것이다. 참된 그리스도인은 자신이 하나님을 기쁘시게 한다면 사람들이 그를 좋지 않게 생각하더라도 만족해야 한다. 참된 그리스도인은 조롱이나 비방이나 핍박당하는 것을 이상하게 생각해서는 안된다(참조. 벧전 4:12-13). 참된 그리스도인은 종교에서 자신의 의견이나 행동이 멸시와 비웃음을 사거나 자신의 말이 곡해되고 자신의 행동이 오해되더라도 놀라서는 안된다(참조. 요 15:20-21).

그렇다. 참된 그리스도인이 되기 위해서는 치러야 할 대가가 있다. 그러나 제 정신인 사람이 영혼이 구원받기 위해서라면 어떤 대가라도 치를 만하다는 것을 의심하겠는가? 배가 침몰할 위기에 있을 때, 선원은 값진 화물을 바다에 던지는 것을 전혀 아무렇지 않게 생각한다. 사지 중 하나가 썩어 들어가고 있다면, 그 사람은 아무리 고통스런 수술도, 심지어 생명을 구하기 위해 사지를 절단하는 것도 감수할 것이다. 확실히 그리스도인은 자신과 천국 사이에 가로놓인 것은 무엇이든 기꺼이 포기해야 한다. 아무런 대가도 치르지 않은 종교는 무가치한 종교이다! 십자가가 없다면 기독교는 결국 면류관이 없는 쓸모 없는 기독교로 드러날 것이다.

— 라일(J. C. Ryle).

눅 14:28-33 제자가 되기 위해 치러야할 대가

주님께서는 제자가 되기 위해 치러야 할 대가를 말씀하시면서 두 가지 비유를 하신다. 주님께서는 누가복음 15장에서 "나의 제자가 되지 못하고"라는 말씀을 세 번 반복하신다(26, 27, 33절). 그분은 결단의 엄숙함을 강조하고 계시며, 이 결심이 단순히 공허한 공언이 되어서는 결코 안되며 다음과 같은 것이어야 함을 보여주고 계신다.

1. 마음의 애정에 영향을 끼칠 수 있는 결심. 주님의 제자들은 분리를 감내해야 할 것이다(26절).

2. 삶의 행동에 영향을 끼칠 수 있는 결심. 주님의 제자들은 고난을 감내해야 할 것이다(27절).

3. 개인적인 소유의 사용에 영향을 끼칠 수 있는 결심. 주님의 제자들은 그분을 위해 모든 것을 잃을 것을 감내해야 한다(33절).

망대의 비유는 우리가 그분의 제자가 되는 대가(비용, 희생)를 계산해야만 한다는 것을 보여준다. 그런가 하면 두 왕의 비유는 그분의 제자가 되지 않는 대가를 계산하는 것도 중요하다는 것을 보여준다. 첫째 비유가 우리를 머뭇거리게 한다면, 둘째 비유는 우리에게 선택의 여지가 없음을 보여준다! 그분의 심판을 피하려면, 반드시 그분의 제자가 되어야 한다.

주님의 제자가 되기 위해 치러야 할 대가는 클 수 있겠지만 그분의 제자가 되기를 거부하는 데 대한 대가는 엄청날 것이다. 전자는 이 땅에서 귀중한 것의 많은 부분을 잃는 것을 의미할 수 있지만 후자는 내세의 모든 것을 잃는 것을 의미한다! 바울은 이익뿐만 아니라 손실까지 따져 그 대가를 계산하고서 이렇게 말할 수 있었다. "또한 모든 것을 해로 여김은

… 그리스도를 얻고"(빌 3:8).   — 하버숀(A. R. Habershon).

눅 14:34-35 맛을 잃은 소금

소금의 고유한 맛에 대한 예수님의 말씀은 당시로서는 상당한 과학 지식이었던 소금의 성분을 알고 계셨음을 보여주는 충분한 증거이다.

보통 소금은 염소와 나트륨으로 이루어져 있으며 따라서 염화나트륨은 적절한 이름이다. 소금특유의 맛은 염소 때문이지만, 이 원소가 발견된 것은 1774년이었다.

염소와 나트륨은 서로 친화력이 매우 강해서 자연 상태에서는 분리되지 않는다. 따라서 화학적 결합에 대한 실제적인 지식이 있어야만 마태복음 5:13, 마가복음 9:50, 누가복음 14:34-35과 같은 표현이 가능하다.

나트륨은 자연 상태에 풍부하기는 하지만 식물이나 곡물에서는 발견되지 않으며 비료로는 전혀 쓸모가 없다. 따라서 구원자께서 말씀하셨듯이 이것은 "땅에도 거름에도 쓸 데 없다." 왜냐하면 땅이 이것으로 뒤덮여 있었더라도 수확물에서는 그 흔적을 전혀 찾아볼 수 없기 때문이다. 따라서 이것은 "다만 밖에 버리워 사람에게 밟힐 뿐이니라"(마 5:13). 나트륨 자체는 독이 있다. 염소(소금의 맛)는 특유의 쏘는 맛을 줄 뿐 아니라 겨자, 양고추냉이, 후추 등의 맛을 지켜준다. 이러한 특징 때문에, 염소는 여러 음식을 보존하고 적절한 맛을 내는 데 사용된다.

이제 이러한 사실들을 영적인 부분에 적용해 보면, 그리스도인이 "세상의 소금," 곧 독성이 있고 "던져 버리기"에 적절할 뿐인 나트륨으로 대표되는 경건치 못한 자들 가운데서 예수님으로부터 오는 변화를 일으키며 이 변화가 중생하지 못한 자들에게서 일어나게 하는 "맛"이라는 것을 쉽게 알 수 있다.   — 앨런(W. T. Alan, 1893).

누가복음 15장

눅 15:1-7 잃은 양의 비유

이것은 잃은 자를 찾아 구원하시는 하나님의 사랑을 보여주는 비유이다. 우리의 구원자께서는 이 비유가 자신에게 적용된다는 것을 매우 분명하게 나타내셨다. 따라서 그분은 죄악된 인간의 회복과 관련해서 자신의 성품과 일을 분명하게 나타내려 하셨다. 이 비유가 보여주는 하나님의 다스림의 위대한 원리를 살펴보기로 하자.

I. 인간에 관한 하나님의 생각

　A. 하나님께서는 인간이 길을 잃었다고 생각하신다. 무리에게서 떨어져 험한 광야에서 길을 잃고 방황하는 양처럼, 인간은 하나님의 인도하심에서 벗어나 자신의 어긋난 욕망을 따라 죄와 방탕의 길로 갔다.

　B. 하나님께서는 인간은 회복이 가능한 존재라고 생각하신다. 하나님의 도움으로, 길을 잃은 자는 돌아올 수 있다. "인자의 온 것은 잃어버린 자를 찾아 구원하려 함이니라"(눅 19:10).

　C. 인간의 상태는 결과적으로 하나님의 긍휼을 호소하는 것이었다. 목자에게는 많은 양이 있지만 그는 한 마리를 잃어버린다. 목자는 없어진 한 마리가 당장 그리워진다. 허전함과 상실감이 곧바로 느껴진다. 그래서 목자이신 하나님께서는 만족하실 수 없다. 방황하는 자의 외침이 그분의 귀에 들리며, 그분의 마음은 그를 불쌍히 여기신다. 하나님께서는 너무나 무례하게 깨져버린 교제를 다시 회복하길 간절히 바라신다.

II. 인간에 대한 하나님의 방법

하나님의 행동이 적절한 것이라는 데 주목하라(4절). 이것은 지극히 자연스러운 모습이다. 누군들 그렇게 하지 않겠는가? 양이 지금 길을 잃었으며, 무리에서 떨어져 있는 이상 그에게 어떤 위험이 닥칠지 모른다. 그래서 목자는 당장에 그를 찾아 나서며 그 어떤 일도 이보다 우선시하지 않는다.

A. 하나님의 아들이 잃은 자를 직접 찾아 나서신다. 그분은 아흔 아홉 마리를 남겨두고 나머지 한 마리를 찾아 나선다. 그분의 사역은 길을 잃고 헤매는 자들을 향한 것이다. 바로 이 부분에서 그분의 사역이 특별하다. 그분은 의인을 부르러 오신 것이 아니라 죄인을 불러 회개시키러 오셨다.

B. 그분은 지칠 줄 모르는 사랑과 인내로 잃은 자를 찾으신다. "그 잃은 것을 찾도록"(4절). 그분은 끈기 있게 계속 찾으시며, 찾을 때까지 결코 돌아오지 않으실 것이다. 정말 감동적인 끈기와 결코 꺾이지 않는 인내로, 그분은 찾을 때까지 찾으신다.

C. 그분은 잃은 자를 찾았을 때, 그를 너무나 부드럽게 대하신다! 나무라거나 꾸짖는 말을 한 마디도 하지 않으신다. 그분은 너무나 부드러움과 다정함과 사랑 그 자체이시다.

III. 구속받은 인간에 대한 기쁨

A. 목자의 마음에 기쁨이 있다. 그분은 잃은 자를 찾고서 기뻐하신다.

B. 천국에도 기쁨이 있다. 죄없는 세상에 거하는 자들도 너무나 훌륭하고 영광스런 회복에 기뻐한다.

C. 그들의 기쁨은 어느 정도인가? 그 기쁨은 회개할 것이 없는 아흔 아홉에 대한 것보다 크고 강하다.

구원자께서는 지금도 죄인들을 영접하신다. 여느 때처럼 오늘도 그분은 자신이 구원할 자를 찾고 계신다.

— 조지 베인턴(George Bainton, 1875).

눅 15:1-2 죄인을 영접하시는 그리스도

"이 사람이 죄인을 영접하고 음식을 같이 먹는다"(2절). 바리새인들과 서기관들은 분명히 핏대를 올리며 "죄인"이란 말에 특히 힘을 주면서 이렇게 말했을 것이다. 이 말은 그리스도에 대한 모든 가능한 비방의 총체로서 속담처럼 되어 버렸다. 여기서 우리가 기억해야 할 것은 이 "죄인들"은 인간 쓰레기들이었으며, 예수께서는 이들과 함께 잡수실 때 사회적 관습뿐 아니라 전통을 어기셨다는 것이다. 그러나 예수께서는 서기관들과 바리새인들에게 가장 격분하셨으며, 자신의 성품을 전에 없던 후광으로 밝게 비추셨을 뿐이다! 우리는 여기서 두 가지를 확인할 수 있다.

1. 여기서 그리스도의 성품은 바로 그분을 비방하려던 자들에 의해 격찬된다.
2. 여기서 그리스도의 사역은 그것이 거짓이라고 입증하려 했던 자들에 의해 진실된 것으로 입증된다. ― 필드(W. Field, 1865).

눅 15:2 영광스런 진술

"이 사람이 죄인을 영접하고." 이것은

I. 부인될 수 없는 진술이다

그리스도께서는 죄인들을 영접하셨다. 삭개오, 시몬의 집에 나타난 여인, 막달라 마리아, 베드로 등.

II. 사실은 칭찬의 말이다

A. 이 진술은 최고의 겸손을 나타낸다. 거지의 손을 잡고 그를 자신의 궁전으로 인도하는 왕의 겸손은 타락한 죄인을 자기 앞으로 이끄시는 무

한히 거룩하신 분의 겸손에 비교될 수 있겠는가?

　B. 이 진술은 최고의 필요를 충족시킨다.
　1. 모든 인간은 죄인이다.
　2. 모든 죄인은 길을 잃었다.
　3. 길 잃은 모든 죄인에게는 구원자가 필요하다.

III. 세상에 소망을 주는 진술이다

그렇게 오랫동안 죄와 슬픔에 짓눌려 신음해 온 세상에게 내가 어떤 소망을 줄 것인가? 어디서 그 소망을 찾을 것인가? 과학이나 문학 또는 물질 문명의 발전에서가 아니라 "이 사람이 죄인을 영접하고"라는 이 말에 소망이 있다. 그리스도만이 죄인들이 필요한 모든 것을 주실 수 있다.

— 데이비드 토머스(David Thomas, 1876).

눅 15:2 죄인을 영접하시는 그리스도

1. 이 사실은 우리가 선포할 멋진 복음을 준다!

예수께서 죄인들을 영접하신다. 이것은 회개하는 자에게, 죄로 인해 삶의 수준이 떨어진 모든 자들에게 복된 소식이다. 따라서 죄는 용서받을 수 있으며, 영적 본성은 새로워지고, 영혼은 평안을 찾을 것이다.

당신의 모습 그대로 나오라. 그분은 죄인들을 영접하시기 때문이다. 지금 나오라. 그분이 죄인들을 영접하시기 때문이다. 다른 사람들은 당신을 멸시하겠지만, 그분은 죄인들을 영접하신다. 당신의 죄악된 친구들에게도 나오라고 권하라. 그분이 죄인들을 영접하시기 때문이다. 돈이나 공로 없이 나오라. 그분이 죄인들을 영접하시기 때문이다. 이 말씀이 당신의 기억을 사르고, 당신의 마음을 녹이며, 당신의 삶을 바꾸고, 당신의 영혼을 구원하며, 천국을 기쁨으로 채울 때까지 이 말씀을 바라보라.

2. 예수께서 죄인들을 영접하신다는 사실은 죄인들에게 얼마나 복된 것인가!

죄인들은 더럽지만, 그리스도께서는 그들을 깨끗케 하신다. 그들은 헐벗었지만 그리스도께서는 그들을 입히신다. 그들은 주렸지만, 그리스도께서는 그들을 먹이신다. 그들은 가난하지만, 그리스도께서는 그들을 부유하게 하신다. 그들은 무지하지만, 그리스도께서는 그들을 가르치신다. 그들은 길을 잃었지만, 그리스도께서는 그들을 구원하시고 위로하시며 영화롭게 하신다. 죄인들이여, 이런 친구를 사랑해야 하지 않겠는가!

― 훼일(W. Whale, 1876).

눅 15:2 "이 사람이 죄인을 영접하고"

1. 그분은 죄인들을 자신의 가슴에 영접하여 그들이 사랑받고 용서받게 하신다.
2. 그분은 죄인들을 자신의 학교에 영접하여 훈련시키신다.
3. 그분은 죄인들을 자신의 천국의 집에 영접하여 자신과 함께 있게 하신다.

― 하퍼(F. Harper).

눅 15:8-10 잃어버린 은화

우리는 이 은화(드라크마)의 성격과 상태와 되찾음에서 몇 가지를 배울 수 있다.

I. 은화가 보여주듯이, 그 주인과 관련해서 영혼의 성격을 알 수 있다

A. 영혼은 귀중하다. 어떤 물건의 가치는 그 주인에게 달려 있으며, 주인이 올바르게 사용할 때 선한 능력을 갖는다. 인간의 영혼은 귀중하다.

1. 그 영혼을 창조한 위대한 능력 — 하나님의 지혜와 — 때문이다.

2. 영혼은 하나님의 형상을 담고 있으며, 따라서 동전이 자신의 특별한 영역에서 힘과 권세를 나타내듯이, 이 땅에서 그분의 대표자이기 때문이다.

3. 영혼은 하나님께서 손으로 지으신 유일한 작품이며 영적 영향에 반응하는 유일한 존재이기 때문이다. 자연은 일시적인 대리자를 통해 하나님과 "교제하지만" 영혼은 그 창조자와 직접 교통한다.

B. 영혼은 불멸한다. 은은 때가 끼거나 녹더라도 여전히 은이다. 세상의 어떤 조건 — 슬픔, 핍박, 질병 — 도 영혼을 멸할 수 없다. 그러나 동전처럼, 영혼은 그리스도의 형상으로 다시 주조되어 새롭고 정결하게 나올 수 있다.

II. 은화의 상태가 보여주듯이, 영혼의 상태를 알 수 있다

A. 영혼은 길을 잃은 상태이다. 주인의 손에서 떠난 동전은 가치 없는 상태로 있다. 하나님을 떠난 영혼도 마찬가지로 잃어버려진 상태이다. 하나님에 대해, 자신에 대해 잃어버려진 상태이다.

B. 영혼은 쓸모 없는 상태이다. 잃어버린 동전은 사용되지 않는다. 마찬가지로 하나님을 떠난 영혼은 이 세상에서 선한 목적에 사용될 수 있는 능력을 잃었다.

III. 은화를 되찾는 과정이 보여주듯이 영혼을 회복시키시는 방법을 알 수 있다

A. 비유에서 여인은 촛불을 밝힌다. 동전을 찾기 위해서는 빛이 필요했다. 영혼은 어둠 속에 길을 잃었기에 길을 찾기 위해서는 위에서 비치는 영적인 빛이 필요하다.

B. "집을 쓸며 찾도록 부지런히 찾지 아니하겠느냐." 죄인이 하나님께 돌아가는 길을 찾기 전에 치워야 할 "쓰레기"도 많다 — 고집, 불순종, 불

신앙. 그러나 죄인의 소망은 여기에 있다: "인자의 온 것은 잃어버린 자를 찾아 구원하려 함이니라"(눅 19:10). — 클래세이(H. G. Classey, 1886).

눅 15:10 기뻐하는 천사들

1. 천사들이 기뻐하는 것은 불멸하는 한 존재가 죄로부터 구원받았기 때문이다.
2. 천사들이 기뻐하는 것은 하나님의 영광이 보다 뚜렷하게 나타났기 때문이다.
3. 천사들이 기뻐하는 것은 구속자의 구원 능력에 대한 또 하나의 증거가 추가되었기 때문이다.
4. 천사들이 기뻐하는 것은 그들이 새로운 동료, 그들의 사랑과 교제를 나눌 새로운 대상을 얻었기 때문이다.   — *The Preachers' Library.*

눅 15:11-24 탕자: 놀라운 그림

이 비유는 그 속에 구속 신학의 기본적인 가르침들을 너무나 완전하게 담고 있기 때문에 "성경 비유의 진주요 면류관," "복음 중의 복음"이라 불려왔다. 우리는 그리스도의 비유 중에서도 걸작이라 할 수 있는 이 비유에서 특히 여섯 장면을 살펴보기로 하겠다.

I. 청년은 아버지의 집에 불만이 있었다: 감정적인 배신

우리는 아버지와의 관계에서 버릇없고, 은혜를 모르며, 무례한 이 청년의 태도에서 그의 타락의 근원을 추적할 수 있으며 그리고 다음 몇 가지를 발견할 수 있다.

A. 청년에게는 자식으로서 아버지를 대하는 참된 마음이 없다. 자식으로

서의 참된 마음은 세 가지로 표현된다.

1. 감사 — 아버지의 사랑을 받고 자란 자녀가 해야할 막대한 의무에 대한 실제적인 자각.

2. 애정 — 자연스럽고, 신뢰하며, 존경하는 애정.

3. 행복을 비는 마음 — 우리를 존재케 하고 어린 시절 사랑으로 우리의 울타리가 되어주셨던 아버지의 마음을 흡족하게 하고 그분을 더 위로하려는 간절함 바람.

그러나 탕자의 요구에서는 이러한 자식으로서의 자세에 대한 모습이 조금도 없었다.

B. 행동을 결정하는 데 있어 자기 사랑이 부당하게 영향을 미친다. 아버지의 관심과 가족의 위로는 지금 일어나고 있는 자아 앞에서는 아무런 소용이 없었다. "재산 중에서 내게 돌아올 분깃을 내게 주소서"(12절). 그의 이기적인 사색이 그로 하여금 세 가지 치명적인 오해를 하게 한다.

1. **자유에 대한 오해.** 마침내 탕자는 순종과 부모의 구속으로부터의 해방을 자유라고 생각한다. 그러나 모든 경험은 이것이 환영(幻影)이라는 것을 보여준다. 자유는 자아를 섬기는 데 있는 것이 아니라 사심 없는 사랑의 행동에 있다.

2. **독립에 대한 오해.** 그는 자신이 자신의 주인이길 원했다. 사랑과 올바른 관계에서 비롯된 독립으로, 자녀가 필요 이상으로 부모에게 얹혀 살지 않게 하는 독립이 있다. 그러나 탕자의 관심이 여기에 있지 않았다. 그가 원하는 것은 자기 자신의 주인의 되는 것뿐이었다. 자기를 섬기는 일은 자기를 깎아 내리는 일이다.

3. **즐거움(쾌락)에 대한 오해.** 즐거움에 대한 그의 개념은 마침내 육적인 만족, 아버지의 눈에서 멀리 벗어나 죄악된 향락에 빠져드는 것이었다. 이것은 어리석은 생각이며 이러한 생각은 언제나 이기심을 유발한다.

II. 청년은 아버지의 집을 떠난다: 행동으로 나타난 배신이 장면에서는 특히 세 가지에 주목해야 한다.

A. 잘못된 것에 대한 허용. 아버지가 "그 살림을 각각 나눠주었더니"(12절). 이것은 하나님께서 죄인들을 다루시는 전형적인 모습 중 하나이다. 하나님께서는 죄인들에게 그들의 악한 욕망을 만족시키는 수단들을 허용하신다. 이러한 하나님의 행동은 다음 두 가지를 보여준다.

  1. 인간에게 책임이 맡겨진다. 인간은 자신이 찾는 것을 얻는다.
  2. 장차 분명히 징벌이 있을 것이다. 이러한 허용이 언제나 계속될 수는 없다.

B. 생각과 행동의 관계. 자신의 아버지에 대한 그의 감정은 "며칠이 못되어" 그의 행동으로 나타났다. 마음의 배신에는 언제나 삶에서의 배신이 뒤따른다.

C. 우리의 삶을 부자연스럽게 하는 죄의 능력. 자연적인 이성, 애정, 양심의 명령은 탕자에게 아버지와의 사랑의 교제를 계속하며 아버지께 계속 순종하라고 촉구했을 것이다. 그러나 죄에 대한 사랑은 자연스러워 보이는 것을 부자연스럽게 만들었다.

III. 청년은 아버지의 집을 멀리 떠났다: 거리낌없이 진척되는 배신

그는 지금 "먼 나라"에 있다. 그는 자신이 원하는 대로 할 수 있다. 영적인 의미에서 죄인은 "먼 나라"에 있다. 그는 진리, 덕, 하나님으로부터 멀리 떨어져 있다. 탕자는 이 먼 "나라"에서 단계적으로 네 가지 타락의 길을 걷는다.

A. 끝없는 허랑방탕. 그는 자신의 유산을 "허랑방탕하여" 허비해 부리고 자신의 육적인 욕망을 마음껏 채운다. 이것은 양심, 기독교 사역자, 또는 경건한 친구의 충고에 귀를 막는 죄인의 모습이다.

B. 궁핍. "그 재산을 허비하더니 다 없이한 후…저가 비로소 궁핍한지라." 이것은 끝없는 욕망이 불가피하게 이르는 단계이다.

C. 비루한 종살이. 그는 외국인의 종이 되었다. 죄인이 찾는 자유는 그를

종으로 만들어 버린다. 죄는 곧 노예제도이다.

　　D. 비참한 몰락. 유대 족속의 귀한 신분이었던 사람이 부정한 돼지를 먹이는 신세가 되는 것보다 더 비참한 몰락이 있겠는가?

IV. 청년은 아버지의 집을 생각했다

　탕자는 타락의 분기점에 이르렀다(17-19절). 우리는 여기서 세 가지 정신적인 상태를 볼 수 있다.

　　A. 이성의 회복. "이에 스스로 돌이켜." 죄인은 정신적으로 미쳐있다. 그는 무서운 발작을 일으킬 수 있다. 참조. 사 1:18.

　　B. 사고의 시작. 탕자는 이성이 회복되자 정상적인 생각이 가능해지기 시작했다. "내 아버지에게는 양식이 풍족한 품군이 얼마나 많은고."

　　C. 목적의 설정. 이러한 생각들이 감정에 작용하여 결단을 내리게 했을 것이다. "내가 일어나 아버지께 가서" 신실하게 고백하고 종으로라도 일하겠다.

V. 청년은 아버지의 집으로 돌아온다: 천국으로 가는 길(20-24절)

　그의 목적은 실제적인 것이었다. 어떤 사람들의 결심은 너무 약해서 실행에 옮길 수 없다. 희미한 목적은 좋은 의도의 무덤이다. "이에 일어나서 아버지께 돌아가니라."

　　A. 적절하게 작용한 올바른 자극. 탕자가 "스스로 돌이킨" 후에 깊은 사색에서 나온 것이 "내가 … 하리라"(I will)라는 결심이었다. 그가 실제로 아버지께 돌아간 것은 이러한 자극이 적절하게 작용한 것이었다. 양심이 "내가 … 하리라"고 말할 때, 한 순간의 논쟁도, 가로막는 생각도, 어떤 유보도 없이 즉시 행동이 이루어져야 한다. 참조. 시 119:59-60, 갈 1:15-16.

　　B. 하나님의 사랑이 감동적으로 나타났다(20절). 아버지는 즉시 아들을 알아보고 빨리 달려가 뜨겁게 포옹한다. 아들의 고집과 악한 행동에 대한

아버지의 침묵은 가장 뚜렷한 사랑의 표현이다. 참조. 약 1:5, 마 12:20.

   C. 진정한 회개가 분명히 이루어졌다(21절). 진정한 회개는 두려움에서 나오지 않는다. 아버지의 품에 안겼을 때, 아들의 두려움은 분명히 다 사라졌을 것이다. 그러나 그는 깊이 회개하고 있다. 사랑의 표현은 참된 회개를 낳는다. 다름 아닌 하늘의 사랑이 표현될 때만 타락한 마음의 짙은 안개가 걷히고 참된 회개가 이루어질 수 있다.

   VI. 청년이 아버지의 집에 다시 거한다: 천국 잔치가 시작된다

"저희가 즐거워하더라"(24절). 환희는 아주 흥분된 상태의 기쁨, 영혼을 채우고 넘쳐흐르는 기쁨이다. "저희"에는 아버지가 포함될 것이다. 왜냐하면 실제로 가장 먼저 기뻐한 것은 아버지였기 때문이다(22-24절). "저희"에는 아들도 포함되었다. 왜냐하면 그는 완전한 용서에 무한한 감사를 느끼고 있었기 때문이다. 감사는 기쁨이며, 천국에서는 하나님의 자비하심을 노래하는 찬양이 넘쳐흐른다.   — 데이비드 토머스(David Thomas).

눅 15:11-24 탕자

I. 거역하는 죄인을 따라가 보자

다음에 주목하라:
A. 죄는 악한 원리이다.
B. 죄는 파괴한다.
C. 죄는 자신의 파괴적인 결과를 배가시키고 있다.

II. 회개하는 죄인을 보자

여기서 회개의 네 가지 요소를 분석해볼 필요가 있다.

A. 성찰(17절). 죄는 일종의 정신 이상을 일으킨다. 먹기를 탐하고 방종을 좇는 동안, 마음은 격앙된다. "나는 여기서 주려 죽는구나." 이 외침에는 좋았던 과거에 대한 기억이 있다.

B. 결심(18절). 그는 자신의 불행한 상태를 인식하자마자 여기서 벗어나려고 결심한다. 그는 더 이상 아무런 행동도 하지 않는 상태로 있지는 않을 것이다. 그는 "내가 일어나"(I will arise)라고 공언하고 정말 일어난다.

C. 죄를 깨달음. 그는 하나님께 대한 죄와 자신에게 대한 죄의 관계를 아주 분명하게 깨닫는다. "내가 하늘과 아버지께 죄를 얻었사오니 지금부터는 아버지의 아들이라 일컬음을 감당치 못하겠나이다."

D. 하나님께 돌아감. 그의 맹세는 결코 공허한 맹세가 아니었다.

III. 회복되는 죄인을 보자

A. 하나님께서는 그가 처음에 회개하기 시작할 때 아셨다는 데 주목하라. "아직도 상거가 먼데 아버지가 저를 보고."

B. 하나님께서 회개하는 죄인을 반갑게 맞으시는 것을 보라. "측은히 여겨 달려가 목을 안고 입을 맞추니."

C. 하나님께서 영접된 죄인에게 자신의 애정을 얼마나 아낌없이 쏟으시는지 보라. 언제나 하나님의 사랑은 우리의 가장 밝은 소망보다 크게 나타난다.

D. 하나님께서 우주를 향해 당신의 기쁨을 나누라고 명하시는 소리를 들어 보라(23절). 잔치는 모든 민족의 기쁨을 나타낸다. 하나님께서 그분의 피조물로 하여금 나누고 선포하게 하신 것은 그분 자신의 기쁨이다.

— 아치볼드 알렉산더(Archibald Alexander, 1772-1851)

눅 15:11-14 예화

무디는 탕자에 대한 설교를 다음과 같이 끝맺는다:

"성경에서 방황하는 죄인이라는 주제만큼 나를 강하게 사로잡은 주제는 없습니다. 이 주제는 내 삶 깊숙이 파고듭니다. 이것은 내게 가족을 생각나게 합니다. 가장 먼저 기억나는 것은 아버지의 죽음입니다. 6월 어느 아름다운 날에, 아버지는 갑자기 세상을 떠났습니다. 어린 나에게 그 충격이 얼마나 강했던지 그 때를 결코 잊을 수 없을 것입니다. 생각나는 거라고는 아버지의 장례식뿐이지만 그분의 죽음은 내게 잊혀지지 않을 인상으로 남았습니다.

그 다음으로 생각나는 것은 큰형입니다. 어머니는 큰형에게서 외로움과 큰 고통을 달래는 위로를 기대했지만 형은 방랑자가 되었습니다. 형은 집을 떠났습니다. 어머니가 아들을 위해 얼마나 우셨는지는 굳이 말씀드릴 필요가 없을 것입니다. 어머니는 날마다, 달마다 아들이 돌아오길 기다리셨습니다. 어머니께서 밤마다 얼마나 울며 간절히 기도하셨는지는 굳이 말씀드릴 필요가 없을 것입니다. 어머니는 저희에게 우체국에 가서 형에게서 편지가 왔는지 보고 오라고 하셨습니다. 그러나 우리는 돌아와서 "엄마, 아직 편지 안 왔어요"라는 슬픈 소식을 전해야 했습니다. 아침에 일어나 어머니의 기도소리를 자주 들었습니다. "하나님, 우리 아들이 돌아오게 해주세요." 우리는 저녁이면 난롯가에 둘러앉아 어머니에게 아버지 얘기를 해달라고 했습니다. 그러면 어머니는 몇 시간이고 아버지 얘기를 해주셨습니다. 그러나 어쩌다 큰형 이야기가 나오면 모두가 조용해졌습니다. 어머니는 큰형 이야기를 할 때면 언제나 눈물을 흘리셨습니다. 어머니는 우리 앞에서 눈물을 감추려고 애쓰실 때가 많았지만 헛수고였습니다. 그리고 추수감사절이 되면, 어머니는 형을 위해 의자를 놔두곤 하셨습니다.

우리 친구들과 이웃은 형을 포기했지만 어머니에게는 형을 꼭 다시 볼 것이라는 믿음이 있었습니다. 한 여름의 어느 날, 낯선 사람이 집으로 다가오고 있었습니다. 수염을 길게 기르고 있었지만 어머니는 그 사람을 보자마자 일어나셨습니다. 그러나 곧바로 소리치셨습니다. "내 아들이야, 내 사랑하는 아들이 돌아왔어." 그리고는 문을 열고 나가셨습니다. 그러나 그 사람은 거기 서서 말했습니다. "어머니, 절 용서해주신다고 말씀하시기 전에는 절대 문지방을 넘지 않겠습니다."

큰형이 거기 오래 서 있어야 했다고 생각하십니까? 절대 그렇지 않았습니다. 어머니는 두 팔로 아들을 안고 흐느껴 우셨습니다. 탕자를 맞은 아버지가 그랬듯이 말입니다. 나는 먼 도시에 있을 때 이 소식을 들었습니다. 내게는 정말 기쁜 소식이 아닐 수 없었습니다! 하지만 탕자가 집으로 돌아올 때 이 땅의 기쁨이 어떻게 천국에서의 기쁨과 비교할 수 있겠습니까?

여러분의 아버지께서 여러분을 원하십니다. 사랑하는 아들들이여, 그분께 돌아가십시오. 여러분의 죄를 고백하면, 그분은 여러분에게 자비를 베푸시고 여러분을 용서하실 것입니다."

눅 15:11-14 탕자

이 아름답고 흥미로운 비유를 읽으면서 이 비유가 그려내는 진실된 모습, 이 비유에 풍성한 시각적 이미지, 그리고 이 비유를 기록하고 있는 간결한 언어에 놀라지 않을 수 없다. 이 비유의 상황은 첫째와 둘째 절에서 나타난다. 두 개의 작은 비유 — 잃은 양의 비유, 잃어버린 동전의 비유 — 가 앞서 주어지면서 이 비유를 적절하게 도입한다. 우리는 이 비유에서 세 가지 큰 교훈을 얻을 수 있다.

I. 죄인의 타락과 그 결과

A. 타락하고 죄악된 상태를 나타내는 증거들 가운데 하나는 하나님의 권위와 금지를 무시해 버리는 것이다. 죄는 우리가 사는 세상에서 이렇게 시작되었다. 우리의 첫번째 부모는 그들 앞에 주어진 금기를 깨뜨렸다. 따라서 탕자는 아버지의 집을 떠나 자신이 원하는 대로 생각하고 선택하고 행동하고 싶어 안달인 것으로 묘사된다 — 아버지의 간섭에서 벗어나고 싶어 미칠 지경이다. 이렇게 느끼고 행동하는 것이 죄의 본질이다. 충성스

런 시민, 선한 자녀, 신실한 종과 비교해 보라 — 이들은 윗사람의 뜻을 존중할 것이다.

B. 죄의 한 가지 상태는 하나님으로부터 떠나는 것이다. "둘째 아들이 … 먼 나라에 가." 죄는 하나님을 버리고, 그분의 길에서 떠나는 것이다. 죄는 영혼과 구원자 사이에 영적인 간격이 멀어지게 한다. 죄는 죽음의 길이다. 죄의 한 과정으로, 이러한 간격이 점점 더 멀어지고 넓어진다. 그리스도인은 날마다 천국에 조금씩 더 가까이 가고 있다. 죄인은 영원한 절망의 처소에 조금씩 더 가까이 가고 있다.

C. 죄의 행동은 천국의 복을 악용하고 허비하는 것이다. 하나님께서는 악인과 경건치 못한 자들에게도 그분의 풍성함을 일정 부분 허락하신다. "내게 돌아올 분깃을 내게 주소서." 피조된 만물은 하나님으로부터 자신의 몫을 받는다. 인간은 지존자가 주시는 많은 복을 누린다. 많은 특권이 딸린 삶, 건강과 육체적 위로, 이성과 그 밖의 정신적 능력, 타고난 은사와 달란트, 어떤 사람들에게는 부와 영향력, 많은 특권과 기회가 그것들이다. 그러나 죄는 이 모든 것을 무너뜨릴 때가 많다. 죄는 모든 것을 파괴한다.

D. 죄는 몸과 마음을 지극히 비참하게 만들 때가 많다. 탕자의 외침을 들어보라. "나는 여기서 주려 죽는구나"(17절). 그는 깍지로 배를 채웠을 것이며, 그의 급료는 굶주림을 채우기에 부족했을 것이다. 그러니 돼지의 신세가 그의 신세보다 나아 보였다. 죄가 이러한 결과를 낳는 적이 얼마나 많은가! 죄가 미치는 악은 참으로 엄청나다. 죄는 육체적, 정신적, 영적으로, 잠시 그리고 영원히 악한 영향을 미친다.

II. 죄악된 삶의 슬픈 결과

우리가 현재 다루고 있는 주제는 다음의 몇 가지를 생각하게 한다.

A. 죄악된 삶의 결과 중 하나는 무엇엔가 홀려 미쳐버리는 것이다. 탕자는 이성적인 피조물로서 생각하고, 성찰하고, 행동했을 때 "스스로 돌이켰다"(제 정신이 돌아왔다). 그 이전에 그는 "미쳐 있었다."

B. 죄 가운데 사는 삶의 또 다른 결과는 경솔함이다. 인간들은 알지도 못하고, 생각하지도 않으려 한다. 열정이 지배하고 다스린다. 어떤 인간이 고향과 타지를 바꾸며, 풍족함과 기근을 바꾸며, 멋진 옷과 누더기를 바꾸며, 존엄과 노예의 비천함을 바꾸며, 위로와 고통을 바꾸려 하겠는가? 그러나 모든 죄인은 이렇게 행동한다. 이들은 겉만 반짝이는 것을 얻으려고 금을 주며, 껍질을 위해 떡을 준다. 이들은 육신을 만족시키려고 영혼을 희생한다.

C. 죄악된 삶의 또 다른 결과는 고통이다. 그러나 고통은 다시 때때로 진지함과 성찰을 낳는 수단이 된다. 우리는 고통이 때때로 이런 결과를 낳는다고 말한다. 왜냐하면 슬프게도 많은 사람들은 고통의 용광로에서 더 타락하고 강팍해져 나오기 때문이다. 많은 사람들이 하나님을 저주하며 죽는다. 탕자는 "나는 여기서 주려 죽는구나"라고 생각했다. 참조. 피에 굶주린 므낫세: "저가 환난을 당하여 그 하나님 여호와께 간구하고 그 열조의 하나님 앞에 크게 겸비하여"(대하 33장).

D. 때때로 진지한 성찰은 참된 회개로 이어진다. 참된 회개는 우리의 발걸음을 우리가 버린 하나님께로 되돌리는 것이다. "내가 일어나 아버지께 가서." 악한 일을 그만두고 선한 일을 배우리라. 내 죄를 고백하고 자비를 구하리라. 바람도 많고 목적도 많지만 아직은 행동으로 옮겨지지 않았다. 결심이 있어야 한다. 이것이 꼭 필요하지만 모든 결심이 유효한 것은 아니다. 그러면 우리의 회개가 어떻게 하나님께 유효할 수 있는가?

1. 우리의 회개는 형벌에 대한 두려움은 물론 죄에 대한 자각에서 나와야 한다. 탕자는 자신이 죄를 지었으며 아들이라 불릴 자격이 없다는 것을 알았다.

2. 우리의 회개는 우리 자신의 연약함과 절망을 깨닫는 데서 나와야 하며, 하나님의 도우심과 자비를 전적으로 의지해야 한다. 사도 바울처럼 우리는 "주의 은혜가 내게 족합니다"라고 말할 수 있어야 한다(참조. 고후 12:9).

3. 우리의 회개는 열심 있는 기도를 수반해야 한다. 하나님의 지속적인

도움을 간구해야 하며, 철저한 절망 가운데 있는 사람의 간절함으로 열심히 간구해야 한다.

> "베드로의 말을 조심하고,
> 자신 있게 말하지 말라,
> 나는 결코 주님을 부인하지 않으리라고.
> 다만 내가 그러지 않게 도와주소서."
> ─ 자베스 번스(Jabez Burns, 1851).

누가복음 15:18. 인간이 참된 회개 없이 개심할 수는 있을지 모르지만, 어떤 인간도 영적 개혁 없이는 진정으로 회개할 수는 없다
─ 톱래디(Toplady).

누가복음 15:20. 헨리 피커링(Henry Pickering)은 굿나잇 키스를 하려고 아버지에게 온 어린 소녀의 이야기를 들려준다. 소녀는 방을 나갔지만 이내 다시 돌아와 아버지에게 키스를 한다. "좀 전에 아빠한테 '안녕히 주무세요'라며 키스를 했잖니?" 아빠가 말했다. "하지만 아빠가 키스를 안 해줬잖아요." 사랑스런 딸이 대답했다. 탕자는 먼 나라에서 돌아와 아버지 품에 안겼을 때 이런 키스를 결코 하지 않았다.

누가복음 15:21. 스펄전은 농아 학교 여학생들에게 이런 질문을 던진 선생님 이야기를 한다: 가장 달콤한 감정이 뭐지? 한 학생이 기쁨이라고 썼다. 또 다른 학생이 사랑이라고 썼다. 세번째 학생은 감사라고 썼다. 그러나 한 작은 소녀가 자신이 느꼈던 것을 썼으며, 그가 쓴 것은 회개였다. 분명히 탕자도 똑같이 썼을 것이다. 왜냐하면 그의 아버지의 사랑이 그의

가슴을 감사로 채우고 그의 눈에서 회개의 기쁨의 눈물이 흐르게 했을 것이기 때문이다.

누가복음 16장

눅 16:1-9 불의한 청지기

이 비유의 취지와 목적을 정확하게 파악하기 위해서는 이 비유를 주의 깊게 읽어야 한다. 여기서 예수께서는 불의한 청지기의 부정직을 칭찬하고 계신 것이 아니다. 뿐만 아니라 결론적으로 우리가 어떤 공로로 최후의 복을 보장받을 수 있는 가능성이 있다고 가르치고 계신 것도 아니다.

비유 전체는 지혜롭고 신중한 선견(先見)을 가르치기 위한 것이다. 불의한 청지기에게서 칭찬할 만한 것은 이것뿐이다. 그는 계산을 했고, 준비를 했으며, 미래를 위해 행동했다. 그는 주인의 재산을 허비했었다. 그는 땀흘려 일용할 양식을 마련할 힘이 없었다. 구걸을 하기에는 너무 부끄러웠다. 그래서 그는 결심했다. 주인에게 빚진 많은 사람들을 불러 빚을 감해줌으로써 그들의 호의를 사기로 했다. 나중에 필요할 때에 찾아가 그들의 도움을 받기 위해서였다.

주인은 불의한 종의 기민함과 재치를 들었다. 주인은 분명히 종의 부정직이 몹시 싫었겠지만 그가 보여준 기술과 신중함을 칭찬했다.

그러므로 예수께서는 대체로 이 세상의 자녀들이 그들의 세대에서는 빛의 자녀들보다 지혜롭다고 말씀하신다. 예수께서는 제자들이 이 땅을 떠날 때 그 친구들이 그들을 영원한 처소로 영접하도록 불의의 재물로 친구를 사귀어야 한다는 말씀으로 결론을 내리신다. 많은 사람들은 그리스도께서는 여기서 자신의 가난한 제자들에게 선을 행하는 데 재산을 사용해야 하며, 그러면 그들이 은인들을 기쁨으로 복된 처소로 맞아들일 것이라고 말씀하고 계신다고 주장한다. 그런 다음 그리스도께서는 "내가 주릴 때에 너희가 먹을 것을 주었고"라고 말씀하실 것이다(마 25:35).
　이 비유의 큰 모토는 이것이다: 영원을 생각하며 살아라.
　이렇게 하는 가운데

I. 잠시라도 네 마음의 눈을 영원에서 떼지 말라

　경주자가 골인지점을, 선원이 항구를, 나그네가 집을 생각하듯이 너는 영원으로 향하는 길을 가고 있다는 것을 매일 기억하라. 당신은 곧 영원한 것들을 만나게 될 것이다. 일터에서, 시장에서, 가정에서 영원한 것들을 생각하라. 영원한 것이 당신의 묵상과 성찰의 중요한 주제로 삼아라.

II. 영원을 위한 행동

　A. 오직 주 예수 그리스도 위에 집을 짓고, 오직 그분에게 용서와 성화와 영생을 의지함으로써 견고한 기초를 놓아라.
　B. 영원을 위해 수고함으로 온유함에서 자라라. 영과 은혜와 천국에서 꽃필 덕목들을 소중히 여기라. 하나님의 뜻에 온전히 순종하고 그분을 닮아가도록 노력하라. 천국을 생각하며, 영적인 것을 생각하라. 보화를 하늘에 쌓아라.
　C. 당신의 행동이 영원과 관련되게 하라. 세상적인 것들에서는 새 예루살렘의 시민으로 행동하라. 그리스도인으로 행동하라. 보다 구체적으로 말해, 모든 사람이 당신의 목적지를 알게 하라. 당신의 순례의 지팡이와 의복을 보여 주라. 항상 당신의 길을 가고 중단하지 말라.

III. 영원한 가치가 있는 것에 힘을 쏟아라

　A. 세상 사람들이 세상의 것을 얻기 위해 얼마나 노력하고 땀흘리는지 보라. 영원한 부요함을 얻으려는 당신은 얼마나 더 노력하고 땀흘려야 하겠는가!

B. 세상 사람들이 거의 아무런 유익이 없는 것을 위해 얼마나 큰 희생을 치르는지 보라. 당신 앞에 놓인 목표는 얼마나 웅대한가! 당신의 자기부인과 신실한 노력은 아무리 커도 지나치지 않다.

C. 세상 사람들이 어떻게 어려움을 견디고 이겨내는지 보라. 당신도 열심히 수고하며, 분투하고, 흔들리지 말라.

D. 세상 사람들이 모든 기회를 활용하길 얼마나 바라는지 보라. 당신도 그만큼 지혜로우며, 주의를 게을리하지 말고, 선을 행하는 모든 방법을 활용하라.

IV. 다음을 생각하면서 영원을 향해 나아가라

A. **현재의 불확실성**. 당신의 유예 기간(은혜의 날)은 극도로 제한적이며 이제 곧 끝날 것이다. 그러므로 부지런함과 열정이 너무나 필요하다.

B. **미래의 중요한 성격**. 영원한 것들은 참되며, 변하지 않는 실체이다. 천국과 그 영광은 영원하다. 지옥과 그 고통도 영원하다. 그리고 영원에는 삶의 애처로운 실수에 대한 어떤 만회도 없다. 거기서는 어떤 회개도 불가능하다. 거기에는 소망의 문이 없다. 거기에는 은혜의 보좌도 없다. 거기에는 정결의 샘도 없다.

V. 모든 환경에서 순간적인 유익보다 영원한 것을 사모하라

덧없는 세상의 번영보다는 영원한 번영을, 세상의 영광보다는 영원한 영광을, 죄와 감각의 쾌락보다는 영원한 즐거움을, 흙으로 지어진 잠시 동안의 집보다는 영원한 집을 사모하라. 사라질 일시적인 허영을 좇지 말고 보이지 않은 영원한 것을 보는 지혜를 가지라.

적용:
1. 영원한 것들에 대해 이처럼 지혜롭고 신중한 자들의 행동을 칭찬하라.

2. 이들을 격려하라. 이들의 상급은 매일 더 가까워지고 있다. 지혜는 곧 그 자녀로 인하여 옳다함을 받을 것이다(눅 7:35). 지혜 있는 자들은 곧 그들의 아버지의 나라에서 영원히 빛날 것이다.
   3. 세상 사람들에게 더 나은 선택을 촉구하라. 왜 이 세상의 유익에 빠져 있는가? 고귀하고, 더 낫고, 더 거룩하고, 당신의 능력에 보다 적절한 것, 당신이란 존재의 불멸성에 보다 적합한 것을 구하라.
   4. 생각 없는 자들에게 생각을 하도록 촉구하라. "그들이 지혜가 있어서 이것을 깨닫고 자기의 종말을 생각하였으면"(신 32:29).
— 자베스 번스(Jabez Burns, 1897).

눅 16:8-9 정책과 원칙

I. 여기 세상의 정책에 대한 분명한 칭찬이 있다

  A. 여기 앞으로 닥칠 걱정스런 일을 해결할 방도를 찾는 지혜가 있다.
  B. 여기 그 방도를 시행하는 지혜가 있다. 청지기는 결단력 있고 신속했다.

II. 여기 교회의 정책에 대한 암시적인 책망이 있다

  세상은 자신의 목적에 대해 교회보다 더 선견지명이 있고, 더 조직적이며, 더 확고하고, 더 악착스럽다.

III. 여기 모두에 대한 분명한 지시가 있다

  "친구를 사귀라"(9절).
  A. 엄청난 시련이 모두를 기다리고 있다.
  B. 친구를 사귀는 것이 누구에게나 이 시련을 맞는 데 도움이 될 것이

다.

  C. 우리는 이러한 친구를 사귀는 데 정열을 쏟아야 한다.

— 데이비드 토머스(David Thomas, 1861).

눅 16:9 "불의의 재물"

"불의의 재물"(mammon of unrighteousness)은 돈에 대한 묘사이며, 적절한 묘사이다.
  (1) 돈을 얻는 방법이 불의할 때가 많기 때문이다.
  (2) 돈이 불의하게 사용될 때가 많기 때문이다.
  (3) 돈에 담긴 정신이 불의할 때가 많기 때문이다.
  이 모든 묘사가 암시하는 것을 기억하면서 이 비유의 교훈을 생각해 보면, 이 비유의 일반적인 가르침을 둘로 요약해 볼 수 있다.

I. 돈에 대한 묘사는 돈이 나쁘게 사용된다는 것을 상기시킨다

  A. 돈이 가장 나쁘고 가장 악하게 사용된 경우는 유다가 주님을 배반하고 그 대가로 돈을 받았을 때였다.
  B. 그 다음으로 악한 경우는 마술사 시몬이 돈으로 성령을 사려고 했을 때였다.
  C. 그러나 결국 이러한 경우들은 매일 전 세계에서 탐심을 채우기 위해 돈이 악하게 사용되는 경우의 한 예일 뿐이다. 그리고 성경이 말하는 죄의 목록에서 탐심이 차지하는 자리를 보거나 역사와 개인의 일생이 보여주는 탐심의 파괴적인 힘을 보거나 간에, 우리는 탐심에 "불의"의 가장 역겹고, 흉악하며, 전혀 가증스러운 것이라는 이름을 붙이게 된다.

II. 비유의 교훈은 돈을 가장 고귀하게 사용하는 방법을 가르쳐 준다

청지기가 돈을 자신의 도우미로 삼았듯이, 우리는 보다 고귀하고 고상한 방법으로 그러나 유사한 선견지명을 가지고 돈과의 우정을 확실하게 해야 하며, 이것은 돈을 사용해서 친구를 사귐으로써 가능하다. 우리는 다음과 같은 점을 당연히 생각해야 한다.

A. 친구들이 특별히 필요할 때가 있다. 이런 경우들은 많이 들 수 있을 것이다. 그러나 여기서 "없어질 때에"(when ye fail)라는 말에는 죽음이 암시되어 있는 것으로 보인다. 우리는 어떤 파산 때보다도 죽을 때 더 철저히 "없어진다"(fail) 것이다. "우리가 … 아무것도 가지고 가지 못하리니"(딤전 6:7).

B. 특별한 때에 친구들이 줄 수 있는 복된 도움이 있다. 이들은 우리를 "영접할" 수 있다. 이들이 우리를 천국에 들여보낼 수는 없다. 오직 한 분의 이름으로만 들어갈 수 있다. 이들은 우리가 천국에 들어오도록 허락할 수도 없을 것이다. 다만 이들은 환영할 수 있을 뿐이다. 친구들이 존귀와 감사와 사랑의 관계 때문에 우리를 맞을 것이며, 그들의 인사와 축복은 낯설고 어색한 땅에서 매우 귀중한 것이 될 것이다. 오직 그리스도의 환영은 "너희가 이들에게 한 만큼"이다(참조. 마 25:45).

C. 죽음의 특별한 필요 속에서 친구의 복된 도움을 보장하게끔 돈을 쓸 수 있다. 친절을 베풀라. 필요를 채워 주라. 슬픔을 달래 주라. 영혼을 구원하라. 왜냐하면 경험되고, 표명되고, 증거된 사랑은 불멸하는 존재들 사이에 그 자신 역시 불멸하는 유대를 세우기 때문이다. 그러므로 누구든지 죽으면서 가져갈 수 없는 돈에 대해 "내가 무엇을 해야 하는가?"라고 지혜롭고 경건하게 묻게 하라. 돈을 쌓아둘 것인가? 자신을 위해 쓸 것인가? 덧없고 감각적인 것에 쓸 것인가? 천만에! 돈을 바르게 사용함으로써 가장 고귀한 우정을 확보하라. 그래서 어느 주교의 묘비에는 이렇게 적혀있다: "고인은 자선을 베풀어 재산을 하늘로 옮겨 놓았고, 그 재산을 가지러 하늘로 갔다." ― 토머스(U. R. Thomas, 1882)

눅 16:10-17 "너희 마음을 하나님께서 아시나니"

1. 하나님은 충성에 대해서 우리의 마음을 아신다(10:12). 충성은 삶의 모든 관계에서 요구된다. 가정에서, 사회에서, 정치에서, 그리고 종교에서도 요구된다. 그러나 이 덕목은 특히 우리 주님과 그분의 사도들에 의해 강조된다. 참조. 마 24:45-36; 25:21; 고전 4:2; 계 2:10.

2. 하나님은 우리의 세상적 야심에 대해서 우리의 마음을 아신다(13-14절). 참조. 눅 6:24-25; 딤전 6:6-10, 17-19; 약 5:1-5.

우리는 모두 다소간 의로운 재물에 의지하며, 우리 모두는 그 재물을 적절히 사용할 책임이 있다. 그리고 우리 모두는 마지막에 우리의 청지기 사역에 대해 셈을 해야 한다. 그 마음이 세상의 소유에 대해 바른 자만이 이렇게 할 수 있다.

3. 하나님은 참된 기독교 신앙에 대해서 우리의 마음을 아신다(15-16절). 참조. 눅 11:39 등.

"너희는 사람 앞에서 스스로 옳다 하는 자이나 너희 마음을 하나님께서 아시나니"(예화. 삼하 12:7).

4. 하나님은 우리와 그분의 말씀과 법과 복음의 관계에 대해서 우리의 마음을 아신다(16-17절).

"자기의 뜻을 좇아 진리의 말씀으로 우리를 낳으셨느니라"(약 1:18). 우리는 그 말씀 속에 계속 거해야 한다; 요 8:31-32; 딤후 3:14-15. 그리고 바로 그 말씀으로 우리의 영원한 운명이 결정될 것이다; 요 5:24-27; 12:48. 참조. 롬 2:16.

결론: "하나님이여 나를 살피사 내 마음을 아시며"(시 139:23). 참조. 시 26:2과 19:14.　　　　　　　　　　　　　　　　　— 엘링슨.

눅 16:10-12 작은 것에 충성하라

본문이 속한 단락은 부분적으로 비유적인데, 여기서 천국의 선생께서는 청중에게 두 가지를 상기시키신다.

(1) 인간은 수탁자들일뿐 그들이 가진 재산은 그들의 것이 아니다. 그들은 "청지기"일 뿐이며

(2) 그들의 청지기직을 바로 수행하기 위해서는 현명함과 정직 둘 모두가 필요하다. 그러나 본문은 우리의 청지기직에서 작은 것 대한 정직에만 초점을 제한한다.

본문은 세 가지 진리를 암시한다.

I. 인생은 "큰 것"뿐만 아니라 "작은 것"도 가지고 있다

'크다' 와 '작다' 는 상대적인 개념이다. '크다' 와 '작다' 는 것은 이성의 판단이며 따라서 판단자의 영적 수준에 따라 다양하게 적용된다.

A. 어떤 사람의 삶에는 다른 사람들의 삶과 비교해서 작은 것이 있다. 분명히 어떤 사람들은 그 신분과 소유와 하는 일에 있어 다른 사람들보다 훨씬 크다. 어떤 사람들은 다른 사람들의 "큰 것"과 비교할 때 작은 건강, 작은 달란트, 작은 소유, 작은 섬김, 작은 영향력을 가진다.

B. 같은 사람에게서도 "큰 것"과 비교할 때 작은 것이 있다. 우리에게는 어떤 때는 다른 때보다 더 큰 정열과 즐거움과 기회가 있다. 우리의 육체적 상태, 기분, 외적 환경은 때마다 크게 다르다. 우리의 일상적인 생활에도 "작은 것"과 "큰 것"이 있다.

II. 하나님께서는 "큰 것"뿐만 아니라 "작은 것"에도 충성할 것을 요구하신다

본문은 이것을 추정한다. 그리고 여러 사실이 이것을 뒷받침해준다.

A. 하나님은 큰 것만큼이나 작은 것에도 관심이 있으시다. 현미경이 이 사실을 확인시켜 준다. 하나님께서는 깊은 바다의 레비아탄이나 숲속의 거대한 짐승만큼이나 가장 작은 곤충의 기관에도 많은 관심을 쏟으신 것으로 보인다. 하나님께서는 우리의 머리털까지 세신다. 매일 그분은 벼 잎에 양분을 주시며, 벌레를 먹이시며, 나뭇잎을 자라게 하시며, 작은 식물이 아

름다운 꽃을 피우게 하신다. 작은 것들을 무시하지 말라. 하나님은 그렇지 않으시다.

　B. 우리의 일생 생활은 대부분 작은 것들로 이루어져 있다. 인생의 70평생에 날마다 큰 사건이 생기고, 놀라운 기회가 주어지고, 큰 상급이 내려지는 것은 아니며 이런 일은 좀처럼 일어나지 않는다. 우리의 일생 생활에서 일어나는 일들은 작은 것이다. 작은 행동, 작은 재산 증식, 작은 노동, 작은 말이 대부분이며, 크고 놀라운 일은 좀처럼 일어나지 않는다. 그러므로 우리가 작은 것에 정직하지 않다면 전혀 정직하지 않을 것이다. 사실 충성이란 목적 때문에, 우리 일생 생활의 작은 것들이 온전한 영적 의미 및 가치와 연결된다.

　C. 삶의 작은 것들이 큰 영향력을 갖는다. 등대의 등불을 깨끗이 하는 것은 작은 것이지만 단 하룻밤도 등한시할 수 없는 일이다. 한 마디 말은 작은 것이지만 왕의 입술의 말은 한 국가의 운명을 바꿔 놓을 수 있다.

　D. 그리스도께서도 작은 것들에 큰 관심을 기울이셨다. 참조. 과부의 연보(눅 21:1-4).

III. "작은 것"에 대한 처리가 "큰 것"에 대한 처리를 결정한다

　이것은 강하게 주장된다. "지극히 작은 것에 충성된 자는 큰 것에도 충성되고"(10절).

　A. 사람의 성품이 이것을 분명히 보여준다. 우리의 성품은 습관들로 이루어진다. 이러한 습관들은 행동의 원칙이 된다. 정직은 때때로 이루어지는 행동이 아니다. 그것은 언제나 한결같이 적용되는 행동의 원칙이다. 그러므로 작은 것에 성심을 다하고 충성하는 사람은 거의 분명히 더 큰 것에도 충성할 것이다. 작은 달란트를 하나님이 주신 선물로 생각하는 사람은 더 큰 것도 그렇게 생각할 것이 거의 확실하다.

　똑같은 이유에서 그 반대의 경우도 마찬가지이다. "지극히 작은 것에 불의한 자는 큰 것에도 불의하니라."

B. 사회가 보편적으로 이 원리를 인정한다. 사회는 대체로 이전의 보다 비천한 자리에서 자신의 성실성(충성)을 입증하지 못한 사람을 보다 책임 있는 자리로 승진시키지 않는다. 더 많은 것을 소유하면 부정직의 유혹도 그만큼 커지는 것이 사실이다. 그러나 작은 것에 습관적으로 정직한 사람은 그 원칙에 강하게 뿌리를 내리고 있기 때문에, 대체로, 부정직의 유혹도 물리칠 수 있다.

'작은 것에 충성하지 않는 사람은 큰 것에도 충성하지 못한다'는 속담은 사회적 경험을 통해 형성된 것이다. 우리가 작은 것을 맡았던 큰 것을 맡았던 간에, 거기에는 책임이 따른다. 모든 것은 — 큰 것뿐 아니라 작은 것도 — 우리의 영적 존재를 테스트하고, 발전시키며, 형성한다. 우리는 모든 것에 의해 더 충성스럽게 되거나 더 불의하게 된다.

충성은 승진의 조건이다. 적은 것에 충성하는 자는 많은 것을 주관하게 된다. 하나님 앞에서 무엇이 우리를 높여주겠는가? 우리의 두뇌도, 우리의 학식도 아니며, 우리의 부는 더더욱 아니다. 삶의 모든 부분에서 하나님께 대한 우리의 충성이다. 하나님, 커지기 위해 궁전에서 살 필요도, 제국을 건설할 필요도, 학문이 뛰어나 큰상을 받을 필요도 없으니 감사합니다. 필요한 것은 삶의 작은 것에 충성하는 것뿐이다.

— *Germs of Thought*(1866).

눅 16:19-31 부자와 나사로: 어떻게 부자가 가난하게 되고 가난한 자가 부자가 되는가?

본문의 놀라울 정도로 간략하고, 뚜렷하고, 교훈적인 묘사만큼 서로 다른 인생을 잘 그려 놓은 그림을 찾기란 불가능할 것이다. 부자는 자주색 옷을 입고 매일 값비싼 음식을 즐긴다. 그런데 바로 곁에 가난하고 연약하며 가련한 사람이 땅에 엎드려 부스러기를 구걸하고 있다. 어떤 사람은 이렇게 묻고 싶을 것이다. "왜 하나님은 이러한 불평등을 허락하시는가!"

더 두드러진 것은 이들이 다른 세상에 갔을 때의 모습이다. 누가복음에서는 베일이 벗겨지고, 우리는 죽은 자들이 가는 나라를 어렴풋이 볼 수 있다. 부자는 극도로 가난하고 비참한 상황으로 전락하며, 가난한 자는 풍성한 위로를 받는다. 이것이 그림의 뒷면이며, 여기에는 하나님께서 인간의 운명을 불공평하게 정하셨다는 이유로 그분에게 던져지는 모든 의심스런 물음들에 대한 완전한 해답이 담겨 있다.

이 비유는 오르막과 내리막을 그 교차점과 함께 보여준다. 한쪽에서, 우리는 눈부신 자리에서 가장 낮은 곳으로 떨어지는 사람을 본다. 다른 한쪽에서는 한 사람이 가장 낮고 비참한 자리에서 가장 복된 자리로 올라간다. 두 길이 교차하는 지점이 죽음이다. 이 지점부터 둘의 관계는 바뀐다. 이전에 위에 있었던 것이 지금은 밑으로 내려오고, 이전에 밑에 있었던 것이 이제는 위로 올라간다.

실제로 두 길의 성격은 매우 다르다. 오르막길은 좁다. 너무나 좁고 힘들어서 그 길을 오르는 사람은 거의 서 있을 수도 없지만, 천사가 그를 안식으로 맞아들일 때까지 적은 양의 부스러기에 만족하며 지친 몸을 끌고 올라야 한다. 내리막길은 넓고 쉽다. 이 길은 마지막 지점에 이를 때까지는 즐겁게 달릴 수 있는 길지만, 가장 깊은 곳에 이르면 뒤로 물러날 수 없다. 오랫동안 두 순례자는 나란히 걷는다. 한 사람은 다른 사람의 문 앞에 서서 애원하다시피 하지만 거의 소용이 없다. 곧 둘은 건널 수 없는 틈에 의해 갈라지고, 이제 부자가 전에 거지였던 사람의 문을 두드리지만 전혀 소용이 없다.

부자에게는 그를 따르는 형제가 많다. 그러나 가난한 사람은 그렇지 않다. 생명의 글을 찾는 사람은 소수에 불과하기 때문이다.

기독교 세계에 무관심이 팽배하고, 부자의 물질적·지적 속임수가 대중을 오도(誤導)할 때, 가장 중요한 것은 주님께서 넓은 길에 세워두신 경고판을 아주 유심히 쳐다보는 것이다. 주여, 우리의 묵상이 복되게 하소서!

I. 이 땅에서 인간과 그들의 삶의 형태가 어떻게 다른지 보자

A. 부자

1. "한 부자가 있어." 그에게는 매일 새로운 기쁨이 있다. 계절이 바뀔 때마다 큰 잔치가 벌어진다. 인생의 잔은 거품이 일고 심지어 넘쳐흐른다. 그런데 이 한 마디뿐인가? 그에 대해 다른 말은 전혀 없는가? 그런데 우리 눈에는 날마다 가난해져 가는 한 부자가 분명히 보인다. 하나님과 영원에 대한 모든 간절한 생각이 사라져 버린다. 양심이 점점 더 무디어져간다. 하나님과 인간에 대한 셀 수도 없이 많은 무관심한 행동으로 인해, 개인적인 죄악은 쌓여가고 마음은 점점 황폐해져 간다.

2. 아직도 그가 특별히 잘못되었다는 말은 전혀 없다. 그는 부자들 가운데 가장 나쁜 부류로 보이지는 않는다. 적어도 그에게는 어느 정도 인간적인 감정들이 남아 있었다. 나사로는 "헌데를 앓으며" 정말 역겨운 모습으로 그의 대문에 누워 있다. 부자는 나사로가 거기 누워 있도록 허락했다. 그는 이렇게 말할 수도 있었을 것이다. "자 이거나 가지고 썩 꺼져라. 아내와 아이들이 네 그 상처를 보면 비위가 상할 거다." 그러면 나사로는 그 집 앞을 떠나지 않을 수 없었을 것이다.

3. 더 나아가 부자는 하나님의 진리에 대해 상당한 지식이 있었다. 그에게는 모세와 선지자들이 있었으며, 그는 두 번이나 아브라함을 "아버지"라고 부른다. 그는 육신으로 살 동안 종교와는 전혀 무관한 사람으로 여겨지지는 않았을 것이다.

4. 다시 말하지만, 그는 형벌의 자리에 서서 형제들에 대한 인간적인 정을 느꼈다. "구하노니"(27절). 그는 부분적으로는 이기적인 마음에서 이렇게 구했을 것이다. 그러나 그는 형제들을 상당히 사랑했던 것으로 보인다. 그러나

5. 마지막으로, 그는 참된 믿음을 무시했다. 그는 모세와 선지자들에게도, 하나님께서 오랫동안 수고스럽게 부르신 회개의 부름에도, 날마다 나사로의 애걸하는 표정을 통해 그를 향한 하나님의 값없는 선하심을 전하는 무언의 설교에도 귀를 기울이지 않았다.

B. 나사로

"한 거지가 [있었다]." 여기서 우리는 고통에 고통을 견디며 가장 비참한 모습으로 살고 있는 사람을 본다. 그는 겉으로 보기에 너무나 비참하다. 역겨운 짐을 진 사람이 그 짐을 가능한 한 빨리 벗어버리고 싶은 것처럼, 그는 부자의 대문에 털썩 주저앉는다("눕다"라고 번역된 헬라어 단어는 이렇게 번역하는 게 나을 것이다).

1. 이 사람의 삶의 길은 가장 비참한 비극의 자리에서부터 계속해서 오르막길이었다. 부자의 이름은 제시되지 않았지만 그의 이름이 제시된다. 이 점이 다르다. 부자는 이 세상에서만 가계(家系, 족보)가 있었다. 그러나 나사로의 경우, 그의 소망은 보이지 않는 세계 깊이 뿌리를 두고 있으며 그의 이름과 함께 천국을 향해 자라고 있었다.

2. 그의 내면은 묘사되지 않았지만, 그의 이름은 의미가 깊다. 나사로는 "하나님은 나의 도움이시라"는 뜻이다. 사람들이 그를 덜 불쌍히 여길수록 그는 하나님께 더 많은 도움을 구했다. 우리는 그에게서 아무런 불평도 들을 수 없다. 그는 마음이 강퍅한 부자를 부러워하거나 욕하지도 않았다.

3. 이런 상황에서 그의 침묵은 하나님께 대한 강한 믿음에서만 솟아날 수 있는 인내력을 보여준다. 그의 이름은 "나병" 가운데서도 여전히 살아 있다.

II. 이 세상에서의 조건과는 반대되게 다음 세상에서 주어지는 보상을 생각해 보자

거기서의 차이는 여기서보다 더 크며, 하나님의 의가 분명하게 나타난다.

A. 나사로

거지가 얼마나 부유해졌는가! 그는 이제 높아졌으며, 그래서 그의 경우를 먼저 생각해 보기로 하겠다.

1. "이에 그 거지가 죽어"(22절). 그는 죽기를 얼마나 원했을까? 이제 그

의 구속의 시간이 왔다. 이곳 아래서는 아마도 개들 외에는 어느 누구도 그를 그리워하지 않았을 것이다. 그러나 그곳에서는 "성도의 죽는 것을 여호와께서 귀중히 보시는도다"(시 116:15).

2. 거지는 죽지 않았으며, 다만 그의 고통과 그의 병든 육체가 죽었을 뿐이다. 그의 영혼은 즉시 낙원의 족장들과 모든 경건한 이스라엘 사람들과의 복된 교제에 들어갔다. 땅에서는 그 누구도 그를 돌보지 않았다. 그러나 이제 천사들이 그를 시중든다. 장차 하나님의 나라에서 누릴 안식에 대한 소망이 땅에서의 고통 가운데서도 그의 확신을 지탱시켰다. 이제 그는 그 안식을 누린다. "하나님이 세상에 대하여는 가난한 자를 택하사 믿음에 부요하게 하시고"(약 2:5).

3. 하나님의 의로운 보상을 보라. 아브라함이 말하듯이, 나사로는 살았을 때 고난을 받았으나 "이제 저는 여기서 위로를 받고"(25절). 그의 삶의 수수께끼가 풀린다. 그가 "왜 나는 다른 사람들보다 더 많은 고난을 받아야 하는가?"라는 의문을 억제할 수 없었을 때가 많았을 것이다. 이제 모든 것이 분명해졌다. 그의 이름의 기도와 예언이 이루어졌다. 하나님께서 그를 도우셨다. 이제 그의 길고 복된 체험은 "현재의 고난은 장차 우리에게 나타날 영광과 족히 비교할 수 없도다"는 것이다(롬 8:18).

B. 부자는?
그의 운명도 미래 세계에서 이루어지는 보상을 보여준다.

1. "부자도 죽어"(22절). 그는 분명히 죽음을 반가운 손님으로 생각하지 않았을 것이다. 사람들이 영원의 문턱에 소망을 가지고 가느냐 소망 없이 가느냐에 따라 그들이 "마지막 원수"를 대하는 태도는 전혀 달라진다(참조. 고전 15:26).

2. "부자도 죽어 장사되매." 으리으리한 장례식이 치러졌을 것이다. 그러나 이것은 그의 이전 생활에 매우 잘 어울리는 그의 마지막 영광이었지만 현재 그의 무서운 가난에는 가장 어울리지 않는 것이다. 나사로의 장례는 언급되어 있지 않다. 그의 죽음은 사람들 사이에서 별 일(사건)도 아니었으며, 그의 장례도 치러질 만한 것이 아니었다. 이제 둘은 똑같은 흙에 묻

힌다. 죽음이 그들을 똑같게 만들었으나, 이것은 둘 사이의 더 큰 차이의 시작일 뿐이다

  3. 부자는 "멀리 아브라함과 그의 품에 있는 나사로를 보고"(23절). 이 거리가 그가 아브라함의 발자취를 얼마나 따르지 않았는가를 고통스럽게도 분명히 보여준다. 그에게 모세와 선지자들이 상기되며, 이것은 그에게 새로운 고통이다. 그는 자신이 이들에게 귀를 기울이지 않았다는 것을 고백해야 한다. 떠난 영혼은 헬라인들이 꿈꾸었던 것과는 달리 망각의 물을 마시지 않는다. "얘 너는 … 이것을 기억하라"(25절).

  오, 하나님의 거룩한 공의여! 이 세상의 차이가 미래의 삶의 복과 벌로 얼마나 완벽하게 보상되는가! 단 하루라도 돌아가 영원을 다르게 준비할 수 있다면, 이 가난하고 불행한 사람은 어떻게 하겠는가!

  당신은 지금도 현재를 살고 있다. 그런데 당신이 이 "형제들"에 속한다면 "내가 이 불꽃 가운데서 고민하나이다"(24절)라는 탄식이 당신의 귀에 헛되지 않게 하라. 부자가 요구한 일이 그가 의미한 것보다 더 고귀하게 당신에게도 일어났다. 한 사람이 죽은 자 가운데서 일어나 당신에게 증거했다. 그분은 슬픔의 사람, 죽음의 정복자이시다.

  — (Th. Christlieb에서 T. W. Mays가 불어를 번역한 것이다. 1878).

  아합은 포도원을 위해 자신을 팔았다. 유다는 은을 위해 자신을 팔았다. 아간은 모함과 옷을 위해 자신을 팔았다. 게하시는 은과 옷을 위해 자신을 팔았다(부자는 이생의 화려함과 쾌락을 위해 자신을 팔았다. — 편집자) 당신은 무엇을 위해 자신을 파는가?   — 기포드(O. P. Gifford).

    어떤 이들은 쾌락의 무릎에서
    운명의 호의를 찾지만
    모든 부자와 대가들이
    다 진정으로 복된 것은 아님을 생각하라.

— 번스(Burns)

눅 16:27-28 형제를 위한 부자의 기도

이 비유는 복음서에서 가장 두드러진 비유 중 하나이다. 여기서 주님께서는 한 장면을 제시하시는 데, 여기서 인생에서 있을 수 있는 가장 대조적인 상황이 전개된다.

I. 두 사람은 놀랍고도 완벽하게 대조를 이룬다

A. 대조는 먼저 이 땅에서 두 사람이 처한 상태에서 나타난다. 한 사람이 가진 것은 다른 사람은 전혀 가지지 못한다. 한 사람은 멋진 거처, 거의 왕과 같은 옷차림, 그의 식탁을 채우는 호화스런 삶, 그로 하여금 이러한 것들을 최고로 즐길 수 있게 하는 건강을 누리는 반면에 다른 한 사람은 어디에 머리를 두어야 할지도 모르고, 상처를 덮을 누더기도 부족하며, 부자의 상에서 떨어지는 부스러기를 개들과 다투어야 하고, 병으로 인한 고열을 계속해서 견뎌야 했다.

B. 하지만 둘은 모두 죽음의 권세에 복종하며, 죽음에서도 똑같은 대조가 계속된다. 한 사람의 장례는 통곡 소리가 요란하고 화려하게 치러진다. 반면에 다른 한 사람의 장례는 언급되지도 않는다. 이것은 두 가지 이유 때문이다. 부자의 장례에 비하면 그의 장례(장사)는 아무것도 아니었기 때문이다. 그리고 다른 세상에서 가난한 자의 바뀐 상태와 비교하면 그의 장례는 아무것도 아니었기 때문이다.

C. 영원에서도 대조는 계속되지만 완전히 뒤바뀐다. 자신의 저택에 있는 부자와 그 집 대문에서 누더기를 걸치고 쓰라린 상처를 싸맨 채 앉아 있는 가난한 사람이 너무나 대조를 이루었었다. 그러나 이러한 대조는 내세에 그들 각각의 상태가 보여주는 대조에 비하면 아무 것도 아니다. 가난한 사람은 더 이상 가난하지도 병약하지도 않으며 아브라함의 품에 안겨 있

고, 부자는 그가 소중히 생각했던 모든 것을 잃은 채 잃어버린 영들의 감옥에 갇혀있다.

II. 전체적인 대조는 세 가지를 암시한다

A. 하나님은 이 땅에서 인간을 평가하실 때 그들이 유지하는 신분이나 위치에 따라 평가하지 않으신다. 이것은 너무나 분명하기 때문에 증명이 필요 없다. 이것은 하나님은 인간들처럼 창고를 이 땅의 것들로 채우지 않으신다는 것을 말해준다. 하나님께서는 세상의 품삯으로 보상하지 않으신다. "하나님이 우리를 위하여 더 좋은 것을 예비하셨은즉"(히 11:40).

B. 인간의 서로 다른 조건들을 꿰뚫는 보상의 법이 있다. 우리가 한 면에서 부족한 것은 다른 면에서 채워진다. 일시적인 유익이 주어지지 않는 곳에서는 그에 대한 완전한 보상으로 영적 유익이 주어질 것이다.

C. 미래가 이 세상에서 일관되지 않아 보이는 하나님의 다스림을 설명하고 바로잡아 줄 것이다. 거기서 인간들은 다름이 아니라 개인적인 성품에 따라 대우될 것이다. 부자였거나 가난했거나 상관이 없다. 그가 자신의 하나님을 어떻게 느꼈고 그분께 어떻게 행동했느냐에 따라 모든 것이 결정될 것이다.

부자가 끔찍한 상황에 이른 것은 단순히 그의 사치스런 생활과 인간의 고통에 대한 무정한 무관심 때문이 아니라 이것들이 그 표시며 열매였던 내적인 영과 성품, 곧 지나치게 자신만을 생각하여 하나님을 완전히 잊어버리고, 세상에 너무나 사로잡힌 나머지 위에 것을 믿고 바라지 못한 마음 때문이었다. 그는 이런 마음으로 살다가 죽었고, 이제 그가 믿길 거부했던 세상에서 끔찍한 현실에 처해 있는 자신을 발견하게 된다.

— 퍼킨스(W. Perkins, 1876).

누가복음 17장

눅 17:11-19 죄와 문둥병의 비교

(편집자주: Alexander Macalister는 *International Standard Biblical Encyclopedia*에서 설교에서 문둥병을 죄의 한 모형으로 사용하는 것은 성경적이지 않다고 단언한다. 그는 시편 51:7을 이러한 사용을 정당화할 수도 있는 유일한 성경 구절로 인용하지만, 이 구절도 문둥병의 치료가 아니라 민수기 19:18을 가리킨다고 말한다. 그는 또한 교부들도 문둥병을 영적 범죄가 아니라 이단의 모형으로 여겼다고 말한다.

다른 한편으로, 유명한 설교 작가들과 설교자들은 문둥병을 죄의 한 모형으로 효과적으로 사용해왔다: Lange, Joseph A. Seiss, Alexander Maclaren; Albert Barnes 등.)

I. 죄는 문둥병처럼 끔찍하다

  A. **그 기원에 있어**. 마귀에게서 기원한다; 창 3:1-8. 참조. 요 8:44; 요일 3:8. 레위기 13:13b, 44-46의 문둥병에 대한 묘사를 보라.

  B. **그 본질 또는 본성에 있어**. 범죄(범법) 등. 요일 3:4, 6, 8, 10; 사 1:4-6; 렘 17:9.

  C. **그 외양이나 결과에 있어**. 롬 7:5, 8, 11; 약 1:15; 다음도 보라. 마 15:19-20; 딤후 3:2-7, 13; 딛 1:15-16; 벧후 2:13-14.

II. 죄는 문둥병처럼 분리시킨다

A. 문둥병자들은 "여호와의 전에서 끊어졌다"(대하 26:11).

B. 문둥병자들은 혼자 살아야 했다. "그가 부정한즉 혼자 살되 진 밖에 살지니라"(레 13:46).

C. 마찬가지로 죄인은 자신의 죄로 인해 하나님으로부터 분리되었다. "오직 너희 죄악이 너희와 너희 하나님 사이를 내었고 너희 죄가 그 얼굴을 가리워서"(사 59:2).

III. 죄는 문둥병처럼 인간들 사이의 차별을 없애고 그들을 하나의 공통된 계층 곧 범죄자 집단으로 묶는다

유대인들은 사마리아인들을 상종도 하지 않았으나(요 4:9) 사마리아 문둥병자는 다른 아홉과 함께 거해야 했다.

A. "차별이 없느니라 모든 사람이 죄를 범하였으매 하나님의 영광에 이르지 못하더니"(롬 3:22b-23).

B. "모든 사람이 죄를 지었으므로 사망이 모든 사람에게 이르렀느니라"(롬 5:12).

IV. 열 문둥병자의 경우처럼, 자비를 구하는 죄인들은 즉시 복된 구원을 얻는다

A. "저희가 가다가 깨끗함을 받은지라"(14절). 그들 모두가 나음을 입었다. 아홉뿐 아니라 "이방인"도 깨끗함을 받았다.

B. "누구든지 주의 이름을 부르는 자는 구원을 얻으리라"(행 2:21. 시 91:15; 렘 29:11-12도 보라). " 여호와의 손이 짧아 구원치 못하심도 아니요 귀가 둔하여 듣지 못하심도 아니라"(사 59:1).

VI. 열 문둥병자의 경우처럼, 죄인들은 믿음과 순종을 통해서만 하나님의 도우심을 발견할 것이다

A. 문둥병자들은 깨끗하게 되는 아무런 징후도 보지 못한 채 주님의 명령에 순종해서 제사장에게로 출발했다. "저희가 가다가 깨끗함을 받은지라"(14절).

B. 마찬가지로 죄인들도 복음의 객관적인 진리를 믿고 하나님의 부르심과 계명에 순종함으로써 죄로부터 깨끗케 되고 말세에 나타내기로 예비하신 구원을 얻기 위하여 믿음으로 말미암아 하나님의 능력으로 보호하심을 입을 것이다(벧전 1:5).

문둥병에서 깨끗함을 받는 사람은 열 명이었다. 그 중 아홉은 거기서 만족했다. 한 사람만이 돌아와 "하나님께 영광을 돌리며" 의롭다함을 받은 죄인에게 항상 적용되는 복된 말씀을 들었다: "네 믿음이 너를 구원하였느니라." — 엘링슨.

눅 17:11-19 하나님께 영광을 돌리라

우리는 하나님께 영광을 돌린다

1. **기도로** "예수 선생님이여 우리를 궁휼히 여기소서." 기도는 필요의 외침이다. 그 필요는 간절하다. 필요를 깨달았으면 표현해야 한다. 필요에 대한 외침은 신뢰를 암시한다. 기도는 아직도 그리스도께 나아가는 길이다. 그분만이 우리를 도우실 수 있다.

2. **기대와 순종으로** "저희가 가다가 깨끗함을 받은지라"(14절). 그들은 그리스도의 말씀을 의지하여 기대를 가지고 갔다. 도움에 대한 기대는 순종을 촉진하며, 이것은 하나님께 존귀한 것이며 복의 근원이다.

3. **감사함으로** "그 중에 하나가 자기의 나은 것을 보고 큰 소리로 하나님께 영광을 돌리며 돌아와"(15절). 치유의 사역은 우리의 것이 아니라 그리스도의 것이다. 그분의 일은 주는 것이며 우리의 일은 받는 것이다. 그러

므로 우리는 당연히 감사함으로 그분을 인정해야 한다. 문둥병자들은 제사장들에게 자신을 보이고 거기서 필요한 희생 제사를 드렸다. 모두가 나은 것을 고마워했다. 그러나 한 사람만이 낫게 하신 분에게 감사했다. 감사는 우리의 눈을 나음을 입은 우리 자신이 아니라 낫게 하시는 그리스도께로 돌려야 한다.

4. **고백함으로** "큰 소리로 하나님께 영광을 돌리며"(15절). 그리스도께서는 우리에게 그분을 고백하길 요구하셨으며 우리의 증거를 귀히 여기신다(마 10:32. 참조. 롬 10:9-10).

5. **순종과 섬김으로** "예수의 발 아래 엎드리어 사례하니 저는 사마리아인이라"(16절).

한 철학자가 한 노예를 해방하기 위해 그를 샀다. "이제 제가 하고 싶은 대로 할 수 있습니까?" 흑인이 물었다. "그래." 주인이 대답했다. 그러자 흑인은 기쁘게 대답했다. "그렇다면 당신의 종이 되고 싶습니다."

— 보건 프라이스(R. Vaughan Pryce, 1869).

문둥병은 현존하는 질병 가운데 가장 오래된 것 중 하나이다. 그러나 문둥병에 대한 성경의 정결 의식은 의학적 목적을 위한 것이 아니다. 동방에는 더 고통스럽고, 더 치명적이며, 더 전염성이 강한 질병들이 있었다. 그러나 이것들에 대해서는 한 마디 언급도 없다. 이 땅의 모든 질병 중에서 문둥병이 특별히 선택되어 특별한 규정의 대상이 되었다. 문둥병은 특별한 무능력들을 담고 있다. 문둥병의 전체적인 상황은 일반적인 것 이상이 여기에 덧붙여진다는 것을 보여준다. 문둥병은 질병 자체의 성격으로는 설명될 수 없는 방법으로 다루어진다. 그러므로 문둥병은 이 법의 다른 모든 규정들처럼 하나의 모형으로 여겨져야 한다. 문둥병은 죄에 대한 또 하나의 비유이다. 이것은 여기서 타고난 타락의 작용과 발전과 결과를 보여주

는 예이다.   — 조셉 세이스(Joseph A. Seiss)

눅 17:13-19 참된 감사

1. 그 기원이 자발적이다. "자기의 나은 것을 보고" 주저 없이 "돌아와."
2. 그 결정이 독립적이다. "그 중 하나가" 잠시도 다른 아홉의 배은(背恩)을 생각하지 않고 "돌아와."
3. 그 표현이 강하다. 사마리아인은 진정한 감사의 마음으로 가득 차 "큰 소리로 하나님께 영광을 돌리며."
4. 그 태도가 겸손하다. 그는 자신의 무가치함을 깨닫고 "예수의 발 아래 엎드리어 사례하니."
5. 그 결과가 복되다. 육적인 은혜에 대한 참된 감사는 추가적으로 영적인 복의 문을 연다(19절).
6. 그 표현에 있어 본이 된다. "그 중 하나가 … 돌아와." 심지어 그는 사마리아인이었다. 그러나 "열 사람이 다 깨끗함을 받지 아니하였느냐."
7. 그 적용에 있어 자신을 살핀다. 예수께서는 "그 아홉은 어디 있느냐"고 물으셨다. 그들 중에 여기 온 자가 있느냐?   — 엘링슨.

눅 17:15-19 "저는 사마리아인이라"

그러나 그는 또한
1. 주님과의 관계가 그와 함께했던 동료들과는 전혀 다른 사람이었다.
2. 주님의 자비를 받았던 자신의 첫번째 의무는 하나님께 영광을 돌리는 것임을 깨달은 사람이었다.
3. 자신의 감사를 자유롭게, 공개적으로, 강하게 표현한 사람이었다. 그는 "큰 소리로" 하나님께 영광을 돌렸다.
4. 주님의 은혜로운 도움뿐 아니라 자신의 무가치성을 알고 있는 사람

이었다. "예수의 발 아래 엎드리어."

5. 자신의 믿음의 증거로 감사를 드린 사람, 하나님께서 받으실 만한 감사를 드린 사람이었다.

6. 자신의 참된 믿음이 자신에 의해서가 아니라 주님에 의해 인정받고 칭찬받은 사람이었다.

7. 올 때는 "이방인"으로 왔지만(18절) 갈 때는 그리스도의 나라의 시민으로 간 사람이었다.   — 엘링슨.

눅 17:20-21 하나님 나라의 세 가지 특징

하나님께는 세 개의 큰 나라가 있다고 한다. (1) 한 나라에서 하나님께서는 당신의 백성의 뜻 없이 다스리신다. 그분은 생물과 무생물의 거대한 영역에서 이렇게 다스리신다. (2) 다른 나라에서, 하나님께서는 당신의 백성의 뜻에 반하여 다스리신다. 마귀, 타락한 영은 어디서나 뜻이 있다. 그러나 하나님의 법과 행동은 이들의 뜻에 직접적으로 반한다(참조. 시 76:10). (3) 마지막 나라에서, 하나님께서는 당신의 백성의 뜻과 함께 다스리신다. 이것은 순종하고 충성하는 영혼들의 나라, 곧 하나님께서 당신의 권능의 날에 즐겁게 헌신하게 하신 영혼들의 나라이다(시 110:3). 이 나라가 바로 본문이 말하는 나라이다. 이 나라가 바로 그리스도께서 이 땅에 세우러 오신 나라이며, 구약의 신정(神政)이 상징하며 구약의 의식들에 나타나고 구약의 선지자들이 묘사한 나라이다. 이 나라가 바로 그리스도께서 우리 모두에게 구하라고 명하시는 나라이다(마 6:33; 눅 12:31). 여기서 우리는 몇 가지를 살펴볼 수 있다.

1. 이 나라는 세상의 눈에 보이는 것이 아니다. 이 나라는 "볼 수 있게 임하는 것이 아니요." 이 나라의 왕에게는 멋진 궁전도, 상아 보좌도, 화려한 왕복도, 근사한 근위병도 없다. 이 나라는 보이지 않는다. 이 나라는 이러한 감각을 전혀 넘어서는 곳에 있다. 이 나라는 본질적으로 영적이다.

2. 이 나라는 특정한 곳에 있지 않다. "여기 있다 저기 있다고도 못하리니." 이 나라는 특정한 장소가 없다. 이 나라는 이 산에 있는 것도 예루살렘에 있는 것도 아니다(요 4:21). 이 나라는 이 성에 있는 것도 저 성에 있는 것도 아니며, 이 날에 있는 것도 저 나라에 있는 것도 아니다. 이 나라는 자유롭고, 사랑이 넘치며, 충성스런 영혼 속에 있다. 이 나라는 어느 장소에도 얽매이지 않으며 헌신된 생각과 예배의 날개를 달고 항상 옮겨 다닌다. 영혼들은 특정한 장소에 살지 않는다. 이들은 자신들의 주된 사랑의 대상, 곧 "영원히 거하는" 분에게서만 편안함을 느낀다(사 57:15).

3. 이 나라는 마음 속에 있다. "하나님의 나라는 너희 안에 있느니라." 이 나라는 "여기 있다 저기 있다"는 외적이며 지리적인 것을 암시하는 표현과는 반대된다. 이 나라는 생각과 열정과 의지와 온전히 영적인 행동에 대한 다스림이다.

"나라이 임하옵시며 뜻이 하늘에서 이루어진 것이 땅에서 이루어지이다"가 우리의 매일의 기도가 되게 하자. — *The Homilist*, 1880

눅 17:20-21 " 하나님의 나라는 볼 수 있게 임하는 것이 아니요"

1. 그 나라는 십자가에서 세워지기 때문이다
2. 그 나라는 세상에게 감춰지기 때문이다.
3. 그 나라는 고난 뒤에 가려져 있기 때문이다.
4. 그 나라의 영광은 아직 나타나지 않았기 때문이다.

— 렌스키(R. C. H. Lenski)

눅 17:22-30 노아의 때

주님께서는 자신이 다시 오시기 이전의 따와 노아의 때를 비교하시는데,

이것은 우리를 창세기 6장으로 인도하며 우리에게 몇 가지를 가르쳐 준다.

I. 노아의 때에 세상이 처했던 상황

A. 세상이 하나님을 마음에 두지 않았다. 타락, 폭력, 정욕, 육신의 쾌락, 허영, 일에 대한 몰두로 인해 인간의 생각이나 인간의 세상에 하나님을 위한 자리가 없었다(창 6:5, 11).

B. 하나님이 세상의 상황을 조사하셨다. 소돔의 경우처럼(창 18:20-21), 하나님께서는 세상의 상태를 보셨다. 하나님께서는 조사하시지만 서두르거나 아무렇게나 심판하지 않으시고 차분히 신중하게 심판하신다. 따라서 그분의 심판은 너무나 엄숙하며, 그분의 보응은 너무나 무섭다.

C. 이 모든 것에 대한 하나님의 심정. "땅위에 사람 지으셨음을 한탄하사 마음에 근심하시고"(창 6:6). 하나님께서는 인간의 방법을 따라 말씀하고 계시지만, 이 말씀은 깊은 감정을 토로하는 것이다. 하나님께서는 우리가 당신을 대하는 태도에 무관심하지 않으시다. 하나님께서는 마음이 갈기갈기 찢긴 아버지로서, 자신의 가장 귀한 소망이 깨진 상황에서 말씀하고 계신다.

D. 이 모든 결과에 대한 하나님의 생각. 하나님께서는 당신의 영(Spirit)을 거두셔야 한다. 그분의 영이 더 이상 애쓰지 말아야 한다. 하나님께서는 당신의 영이 이렇게 슬퍼하고 낙담하도록 허락하실 수 없다.

E. 하나님의 판결. "내가 … 쓸어버리되." "모든 혈육 있는 자의 강포가 땅에 가득하므로 그 끝 날이 내 앞에 이르렀으니"(창 6:7, 13). 하나님께서는 지금 당신의 심판을 선언하시고 당신이 하시려는 일은 나타내셔야 한다. 이 판결에서 인간은 자신의 죄악을 깨닫고 하나님께서 그 죄악을 얼마나 싫어하시는지 알아야 한다.

F. 하나님의 오래 참으심. 하나님께서는 즉석에서 판결을 선포하시지만 그 집행을 유예하신다. 그분은 오래 참으시고 누구 하나라도 멸망하길 원치 않으시기 때문이다(참조, 약 5:7; 벧전 3:20). 하나님께서는 인간에게

돌이켜 살 수 있는 시간을 120년이나 주신다(창 6:3).

G. 하나님의 주권적 은혜. 세상은 구원받지 못할 것이지만 하나님께서는 당신이 구원하실 사람을 두실 것이다. 그분의 사랑이 한 사람, 노아에게 임한다. 그분의 사랑이 노아를 선택한다. 그분의 사랑이 노아를 붙든다. 그분의 사랑이 노아를 지킨다. 나아와 그의 온 가족을 위해서이다. 이것이 은혜이다.

이것이 노아의 때의 모습이다. 이 때와 인자의 때를 비교해 보자.

II. 주님이 말씀하신 둘 사이의 유사성

A. 악이 만연하다. 노아의 때를 특징지었던 모든 것들이 인자의 때를 그대로 특징짓는다. 하나님께서는 죄의 진짜 모습이 나타나고 인간의 마음이 하나님을 대적하는 모든 면에서 분명히 드러나도록 죄가 무르익고 만개하도록 허용하신다. 하나님께서는 이것을 막으려 하셨다. 그분은 불같은 법을 주셨다. 선지자들도 세우셨다. 벌을 내리기도 하셨다. 마침내는 아들까지 보내셨다. 그러나 모두 소용이 없었다.

B. 인간은 하나님께 돌아오려 하지 않는다: 인간은 절제하려하지 않는다. 그래서 하나님께서는 인간을 그 상실한 마음대로 내어 버려두신다(롬 1:28). 뱀의 씨는 마지막까지 똑같다. 사단은 언제나 똑같다. 불법은 어둠의 파도를 점점 더 키워 마침내 이 땅이 지옥의 변두리로 만들려 한다(딤후 3:1-5; 벧후 3:3-4; 유 18-19). 오직 자신, 자기 뜻, 자기 만족, 방종, 육적인 쾌락, 정욕뿐이다. 이것이 현대의 "진보"이며 현대의 발전이다!

C. 하나님의 오래 참으심(벧후 3:9). 하나님께서는 참으로 오래 참으신다! 너무나 많은 자비를 베푸시며 너무나 많은 경고를 주신다! 그분의 오래 참으심은 측량이 불가능하다. 그분의 오래 참으심은 우리의 지식을 넘어선다. 그것은 끝없는 참으심이다. 이것이 바로 복음이 세상에 가르치고 있는 바이다!

D. 하나님의 경고. 노아의 메시지는 "내가 … 쓸어버리되"와 "모든 혈육

있는 자의 강포가 땅에 가득하므로 그 끝 날이 내 앞에 이르렀으니"였다. 우리에게 주신 경고는 훨씬 더 무섭고 분명하다: "만물의 마지막이 가까웠으니"(벧전 4:7)와 "보라 주께서 … 임하셨나니"(유 1:14)이다. 이 땅의 부주의한 자들아, 이 말을 듣고도 너희 마음이 움직이지 않느냐?

E. 한 무리의 증인. 노아와 그의 가족뿐이었다. 노아는 의의 전파자였다. "믿음으로 노아는 … 세상을 정죄하고"(히 11:7). 마지막 날에도 그럴 것이다. "인자가 올 때에 세상에서 믿음을 보겠느냐"(눅 18:8). 사단은 가능하면 선택받은 자들까지 속이려 할 것이다. 하나님께서는 강한 미혹을 보내실 것이다. 오직 소수만이 믿음을 지킬 것이다.

F. 증인들의 구원. 홍수가 임했으나 노아와 그의 가족은 안전하다. 홍수는 이들을 손대지 못한다. 하나님께서 이들에게 방주를 주셨다. 마지막 때에 성도들도 마찬가지이다. 이들은 심판의 홍수에서 구원될 것이다. 이들은 어느 정도의 고난을 겪어야 하겠지만 마지막 가장 무서운 고난은 면할 것이다(눅 21:36).

G. 갑작스런 심판. 그들은 홍수가 시작될 때가 몰랐다! 주님의 오심도 그러할 것이다. 그분은 도적처럼, 올가미처럼, 번개처럼 오실 것이다. 그들은 마지막까지 평안하고 안전하다고 했다. 그 순간 나팔 소리가 들린다. 주님께서 오신다! 예비하라! — 호라티우스 보나르(Horatius Bonar).

눅 17:22-30 "인자의 나타나는 날"

대부분의 사람들은 현재의 질서를 무너뜨릴 심판이 다가오고 있다는 생각에서 위안을 얻지 못한다. 이들은 오히려 가능한 한 이런 생각을 지워버리려 한다. 이들은 물질과 세상적인 것으로 판단하기 때문에 영적인 가치를 전혀 알지 못하며, 따라서 분명히 오리라고 생각은 하는 심판에 대한 공포감에 사로잡혀 있다.

그러나 그리스도인은 그렇지 않다. 그리스도인은 주님께서 심판하러 오실 것을 알고 믿을 뿐 아니라 자신의 구원자요 주님께서 오시는 것을 기뻐하며 인자의 날을 보길 학수고대한다.

당신도 그 날을 보길 고대하는가? 그렇다면

1. 그분의 은혜가 당신을 그분의 나라로 인도하게 하라. 하나님의 나라가 보존되고 확장될 뿐 아니라 당신의 마음에 굳게 설 수 있도록 하나님께 기도하라.

2. 믿음에 굳게 서라. 왕이신 그분께 대한 충성을 포기하지 않도록 주의하라. 일단 예수님을 그리스도로 인정하고 고백했으면 "믿는 도리를 굳게 잡을지어다"(히 4:14, 10:23).

3. 하나님을 경외함으로 행하라. 그러나 견고히 선다는 것은 가만히 서 있다는 뜻이 아니다. 인자의 날을 보길 원하는가? 그렇다면 세상적인 안전에 안주하지 않도록 주의하라. "그리스도 예수의 사람들은 육체와 함께 그 정과 욕심을 십자가에 못 박았느니라"(갈 5:24).

누가복음 18장

눅 18:11-18 과부와 불의한 재판관의 비유

이 비유는 주님의 재림을 기다리면서 원수와 싸우고 있는 교회를 보여 준다.

1. 과부. 어떤 도시에 한 과부가 있었다. 이 과부는 그리스도의 교회를 상징한다. 교회는 어린양의 신부이다. 하지만 지금은 신랑이 없는 상태이며 교회는 자신의 가장 큰 원수인 마귀의 증오와 공격에 홀로 노출되어 있다.

2. 원수. 우리는 이 원수가 누구인지 안다. 처음부터 사악한 자는 그리스도의 교회를 무너뜨리려 했다. 그는 계시록에 여자의 후손을 삼키려 기다리는 용으로 나타난다.

3. 청원(간구). 교회는 하나님께 기도로써 호소한다. 실제로 이 비유의 구체적인 교훈은 "항상 기도하고 낙망치 말아야 될 것"이라고 첫 절에 잘 나타나 있다. 비유에서 과부는 "하나님께서 그 밤낮 부르짖는" 것으로 나타난다(7절). 이것은 우리가 모든 형태의 대적과 고난에서 취할 수 있는 최상의 방어이다. 이것은 하나님과 인간을 위한 일을 하는 우리가 영적 싸움에서 사용할 수 있는 최상의 무기이다. 교회는 합심 기도의 능력을 새롭게 깨달아야 한다. 우리가 합심하여 기도할 때, 하나님께서는 당신의 마음을 움직여 우리를 위하여 일하시기 때문이다.

4. 하나님의 모습. 여기서 하나님은 불의한 재판관과 대조되는 모습으로 나타난다. 이 과부는 무관심한 재판관을 끈덕지게 괴롭혀 자신의 청원을 들어주게 만들었다. 그렇다고 해서 우리도 하나님을 끈덕지게 괴롭혀 우리

의 간구를 들어주시게 해야 한다고 생각해서는 안된다. 전체 비유는 대조법을 사용하고 있다. 불의한 재판관은 하나님과 대조를 이루며, 예수께서는 "하물며 하나님께서 그 밤낮 부르짖는 택하신 자들의 원한을 풀어 주지 아니하시겠느냐 저희에게 오래 참으시겠느냐"고 물으신다. 하나님께서는 택하신 자들의 호소에 분명히 응답하실 것이다.

　재판관의 모습은 우리의 기도를 독려한다. 하나님은 당신의 자녀들을 돕기를 좋아하시는 아버지요, 당신의 선하심과 은혜 때문에 기꺼이 복주길 원하시는 자비와 사랑의 하나님이실 뿐 아니라 의로우신 재판관이시기도 하다. 그러므로 우리는 하나님이 의로우신 재판관이라는 데 근거해서 그분께 정당한 요구를 할 수도 있다. 우리가 하나님께 기도하는 것은 전혀 그럴 권리가 없으면서 작은 양의 시주나마 바라는 탁발승과는 다르다. 오히려 우리는 법정의 재판관에게 나아가 국가의 법령과 법률의 형평성을 주장하며 자기 의뢰인의 정의를 자비의 차원이 아니라 권리의 차원에서 요구하는 변호사이신 하나님께 나아간다. 우리의 위대하신 대언자이신 주 예수 그리스도께서는 기도의 보좌 앞에 우리의 권리비(權利碑)를 세워두시고 우리 모두가 동등하게 하나님께 구할 수 있게 하셨다.

　5. 실패의 원인. 그런데 왜 우리는 응답을 보다 자주 받지도 못하고 보다 알찬 응답을 받지도 못하는가? 주님께서 그 이유를 직접 가르쳐 주신다. "인자가 올 때에 세상에서 믿음을 보겠느냐"(8절). 믿음이 부족하기 때문이다. 불신앙의 영 때문이다. 그러므로 이 비유의 큰 교훈은 "항상 기도하고 낙망치 말아야 될 것"이다. "항상"이라는 말은 우리가 모든 상황에서 언제나 기도해야 한다는 뜻이 아니라 줄곧(through) 기도해야 한다는 뜻이다.

　6. 그러나 비유의 마지막 교훈은 미래의 운명을 가르쳐 준다. 과부의 진정한 구원은 신랑이 올 때, "인자가 올 때에" 이루어질 것이다. 이것이 고난받는 교회와 기다리는 세대의 전망이다. 그 때는 모든 잘못이 바로 잡힐 것이다. 그 때는 잔인한 원수가 결박당하고 내어쫓길 것이다. 그 때는 어린 양의 신부가 해보다 밝게 빛나며 주님의 나라에서 주님과 함께 왕노릇할

것이다. 이것이 우리의 복된 소망이며, 따라서 우리는 이 영광스러운 날을 고대하며 그 날을 향해 달려가고 있다. ― 심슨(A. B. Simpson, 1906).

눅 18:1 "항상 기도하고"

누가복음 18장에 나타나는 기도자들의 다섯 가지 유형에 주목하라
1. 불의하게 고난당하는 과부(5절).
2. 종교적 관습을 지키는 바리새인(10-12절).
3. 자신에게 자비가 필요하다는 것을 깨닫는 세리(13절).
4. 자신의 상태에 만족하지 못하는 관원(18절).
5. 시력의 회복과 구원이 필요한 거지 소경(38절).

― 엘링슨.

눅 18:1 "항상 기도하고," 왜?

1. 우리의 많은 간구가 하나님이 본성이나 우리에 대한 그분의 태도를 바꿀 것이기 때문이 아니다.
2. 우리는 하나님께서 우리의 필요와 바람을 항상 상기시켜야 하기 때문이 아니다. "구하기 전에 너희에게 있어야 할 것을 하나님 너희 아버지께서 아시느니라"(마 6:8).
3. 우리가 많은 기도나 끊임없는 간구가 하나님의 특별한 은혜를 마땅히 받을 만하기 때문이 아니다. 참조. 마 6:7.
4. 하나님께서는 우리가 거듭 간구하지 않으면 은혜를 거듭 베풀려 하시지 않기 때문이 아니다. 참조. 엡 3:20.
5. 우리가 충분히 오래 기도하면 결국 모든 것을 얻을 수 있으리라고 기대할 수 있기 때문이 아니다. 참조. 고후 12:7-9.
  "항상 기도하고," 왜냐하면

1. 우리는 우리가 하나님을 의지하고 있다는 사실을 항상 확인해야 하기 때문이다. "우리가 그를 힘입어 살며 기동하며 있느니라"(행 17:28).
2. 우리는 항상 다소간 악한 권세 및 더러운 세력들과 접촉하고 있으며 따라서 하나님의 능력과 성결케 하는 힘과 항상 접촉할 필요가 있기 때문이다. 참조. 마 26:41.
3. 매일의 새로운 짐과 새로운 싸움은 새로워진 힘과 강해진 믿음을 요구하기 때문이다.
4. 그 옛날 충실한 히브리인들의 눈이 기도할 때 예루살렘을 향했듯이 우리의 마음은 언제나 은혜의 보좌를 향해야 하기 때문이다. 참조. 시 55:16-17.
5. 매일 하나님의 은혜는 새롭고, 우리는 기도할 때마다 새로운 승리를 보장받으며 하나님께 합당한 영광을 돌려드릴 수 있기 때문이다.

— 엘링슨.

눅 18:1 "항상 기도하고 낙망치 말아야"

이것이 기도의 본질이다. 그리고 우리는 다른 사람들은 기도에 대해 어떤 태도를 취하는지 알 수 없지만 우리 자신의 습관과 마음은 알고 있다. 각자 자신의 양심에 몇 가지 질문을 던져보고, 마음 깊은 곳에서 나오는 대답을 해보자.

1. 기도는 우리에게 신성한 특권인가 그렇지 않으면 그저 하나의 의무일 뿐인가?
2. 하나님께 말하는 것이 기쁜 일인가 그렇지 않으면 그분 앞에 기도하는 것이 짐일 뿐인가?
3. 우리는 기도할 수 있기 때문에 기도하는가 그렇지 않으면 기도해야 하기 때문에 기도하는가?
4. 우리는 우리 자신의 복을 위해서만 기도하는가 그렇지 않으면 그리

스도의 이름을 영화롭게 하기도 소원하는가?

5. 우리는 주님의 기도에 따라 먼저 하나님과 그분의 나라를 구하는가 그렇지 않으면 우리 자신의 정욕을 채울 수 있는 것들을 구하는가?(약 4:3).

6. 우리의 기도는 우리가 받기를 바라는 것들에 대한 실제적인 간구인 가 그렇지 않으면 우리의 믿음을 훨씬 넘어서는 열망일 뿐인가?

7. 우리는 "[당신의] 뜻이 … 이루어지이다"라고 기도하는가 그렇지 않으면 하나님께서 언제 어떻게 우리의 요구에 응답하시겠느냐고 묻는가?

우리의 기도가 얼마나 지속되느냐는 우리가 이것들을 비롯해 이와 비슷한 질문에 어떻게 대답하느냐에 달려 있다. — 엘링슨.

눅 18:9-14 성전에서 기도하는 세리와 바리새인

성경을 그림들을 전시해 놓은 큰 화랑이라고 생각할 수 있다. 각각의 그림들은 각각의 사람들을 나타낸다. 거기에는 지금까지 살았던 모든 부류의 사람들이 그려져 있다. 감각론자(호색가), 무절제한 사람, 세상적인 사람, 독선적인 사람, 위선자, 의심 많은 사람, 믿는 자, 이교도, 경건한 사람, 죄인, 성도 등 각자는 이 화랑에서 자신에 대한 영적 초상화를 발견할 수 있을 것이다. 이러한 사실은 성경이 인간과 세상에게 항상 흥미로운 대상이 되게 한다. 이 영광스러운 고서에는 하나님뿐 아니라 인간이 가득하다.

지금 우리 앞에는 두 개의 초상화가 있다. 둘 모두 완벽한 화가가 그리신 것이며 모든 터치가 정말 생명력이 넘친다. 그 중 하나는 교만한 형식주의자를 나타내며, 다른 하나는 겸손한 참회자를 나타낸다. 둘 사이에는 엄청난 차이가 있다.

같은 신학을 따르고, 같은 교회에 속하고, 같은 곳에서 예배를 드리지만 그 마음과 생각은 남극과 북극만큼이나 동떨어진 사람들이 있다. 같은 의자에 나란히 앉아 있지만, 한 사람은 바리새인이과 다른 한 사람은 세리이며, 한 사람은 교만한 형식주의자이고 다른 한 사람은 겸손한 참회자일 때가 많다. 그러나 여기서 그리스도께서 그리신 두 초상화에 어떤 차이가 있는지 살펴보자.

I. 한 사람은 당당하게, 다른 사람은 살며시 들어간다

A. 바리새인에게는 커다란 허식이 있는 것으로 보인다. 그는 자신이 속한 종파처럼 사람들의 주목을 끌려고 나팔을 불고 싶어한다. 그는 "사람에게 보이기를" 좋아했다(참조. 마 6:5). 그는 성전에 자주 가지만 하나님을 만나기 위해서 가기보다는 자신의 신앙을 칭찬해주는 사람들을 만나기 위해서였다.

만약 성전이 그 나라에서 가장 눈에 잘 띄는 곳이 아니라 사람들의 눈길이 자주 닿지 않는 외딴 곳에 있었다면, 아마도 그는 성전에 전혀 흥미가 없었을 것이다. 또는 예배가 민족의 두드러진 영광이 아니라 그 시대에 그다지 대중적인 것이 아니었다면, 그는 이 성소에 결코 드나들지 않았을 것이다.

B. 다른 한편으로 세리는 사람들의 시선에 움츠려드는 것으로 보인다. 그는 하나님을 만나기 위해 기꺼이 사람들의 눈을 피하려 한다. 그는 떠듬거리며 참회하는 자신의 목소리에 귀기울이지 않고 하나님의 음성에 귀를 기울였을 것이다. 겸손한 회개자는 사람들을 전혀 신경 쓰지 않는다. 그의 영혼은 하나님에 대한 생각으로 채워져 있기에 주변의 시선엔 아랑곳하지 않는다. 참된 경건은 영혼을 무한하신 분 안에 깊이 잠기게 한다.

II. 한 사람은 자화자찬하며 다른 사람은 자신을 비하한다

A. "바리새인은 서서 따로 기도하여"(11절). 이 표현은 바리새인 자신과 그가 속한 종파의 정신을 보여준다. 그는 세리에게 "가까이 오지 말고 저리 가, 난 너보다 거룩해"라고 말한다. 그러나 그는 여기서 그치지 않고 서서 늘 하던 말로 자화자찬한다: "하나님이여 … 감사하나이다." 얼마나 오

만한가! 그는 자신을 어떤 부류에 속한 사람으로 보지 않고, 모든 사람과는 다른 사람으로 본다. 그는 유일하게 선한 사람이다. 다른 사람들은 모두 부패했다.

1. "나는 다른 사람들과 같지 아니하고." 사회적인 도덕성에서 "다른 사람들과" 같지 않다. 다른 사람들은 토색하며, 불의하고, 간음을 행하는 자들이다. 그러나 나는 그렇지 않으며, 그뿐만 아니라 이곳에 기도하러 왔으며 겉으로 경건해 보이는 세리와도 같지 않다. 따라서 트렌치(Trench)의 말을 빌리자면, "그는 자신의 덕목이 보다 영광스럽게 빛나도록 어두운 배경을 조성하면서 기도한다."

2. 종교적인 의식주의에서도 다른 사람들과 같지 않다. "나는 이레에 두 번씩 금식하고 또 소득의 십일조를 드리나이다"(12절). 그는 의식(형식)이 요구하는 것보다도 많이 했다. 그래서 그는 스스로 만족해 있었다. 그는 결코 잘못된 일을 하지 않았다. 그에게는 해야할 고백이 없었다. 이것이 종교적인 형식주의자의 특징이다.

B. 그러나 세리의 경우에는 모든 것이 정반대이다. "세리는 멀리 서서 감히 눈을 들어 하늘을 우러러보지도 못하고 다만 가슴을 치며"(13절). 어거스틴은 이렇게 말한다. 그는 "하나님에게서 멀지 않게 서 있다. 왜냐하면 주님은 회개하시는 모든 심령에 가까이 다가가시기 때문이다." 그는 에스라(9:6)를 절감했다. "나의 하나님이여 내가 부끄러워." 탕자가 말했듯이 나는 "감당치 못하겠나이다"(눅 15:19, "가치 없는 자입니다").

III. 한 사람은 거짓 감사를 드리며 다른 사람은 참되게 간구한다

A. 바리새인은 기도를 하지 않았고, 죄도 고백하지 않았으며, 자비도 구하지 않았다. 온통 감사뿐이었다. 그러나 무엇에 대한 감사인가? 비록 그가 자신이 묘사한 그대로라고 하더라도, 이 모든 것은 아무것도 아니었다. 옳지 않은 것에 대한 절제가 정직은 아니다. 그의 형식을 아무리 잘 지키고 금식과 구제를 아무리 자주 했다 하더라도 거기에 참된 정신이 없었기에

무용지물이었다. 거짓된 감사는 항상 종교적 형식주의와 연관된다.

B. 세리의 행동은 바리새인의 모든 행동과 대조된다. 그는 덕에 대해 감사할 수 없다. 그에게는 내세울 덕이 없기 때문이다. 그는 가슴을 치며 "하나님이여 불쌍히 여기옵소서 나는 죄인이로소이다"라고 말한다. 바리새인이 자신을 가장 거룩한 자라고 말하듯이 불쌍한 세리는 자신을 가장 악한 자라고 말하는 것으로 보인다. "하나님이여 불쌍히 여기옵소서." 나는 죄인입니다. 내게는 아무 공로도 없습니다. 당신의 영원한 공의의 심판을 받아야 할 자입니다. 그러나 구하옵나니 자비를 베푸소서!

IV. 하나님은 한 사람은 받으시고 다른 사람은 거절하셨다

"내가 너희에게 이르노니 이 사람이 저보다 의롭다 하심을 받고"(14절). 트렌치는 이렇게 말했다. "그리스도의 말씀은 이 사람이 저 사람과 비교해서 의롭다 하심을 받았다는 뜻이 아니다. 왜냐하면 칭의에는 어떤 등급이 있는 것이 아니기 때문이다. 오히려 한 사람은 완전히 의롭다함을 받았지만 — 다시 말해 하나님께서 그를 의인으로 여기셨다 — 다른 한 사람은 그렇지 못했다." 그러므로 이것은 다음과 같은 말씀에 대한 예화일 수 있다. "주리는 자를 좋은 것으로 배불리셨으며 부자를 공수로 보내셨도다"(눅 1:53).

A. 바리새인은 하나님의 용서에 대한 어떤 새로운 인식도 없이 여전히 차고 죽은 모습 그대로 집으로 돌아갔다.

B. 그러나 세리는 아마도 다음 시편을 노래하면서 돌아갔을 것이다. "허물의 사함을 얻고 그 죄의 가리움을 받은 자는 복이 있도다"(시 32:1).

— 데이비드 토머스(David Thomas).

눅 18:9-14 바리새인과 세리의 비유

한 그리스도인 선생(T. T. Lynch)은 이 두 사람이 다시 성전에 올라가는 모습을 그려냈다. 바리새인은 세리의 말을 모방해서 자신의 기도를 수정한다. 세리는 자신의 변화된 삶에 대해 하나님께 감사한다. 그러나 다시 한 번 바리새인은 거절당했고 세리는 의롭다하심을 얻었다.

눅 18:9-14 바리새인과 세리

I. 두 사람이 같은 부분

A. 이들은 모두 예배한다.
B. 이들은 모두 바른 대상 — "하나님" — 을 예배한다.
C. 이들은 모두 같은 장소 — "성전" — 에서 예배한다.
D. 이들은 모두 죄가 하나님을 화나게 할 뿐 아니라 인간에게도 손상을 끼친다고 생각한다.

II. 두 사람이 다른 부분

A. 태도에서. "바리새인은 서서." 마치 자기를 봐달라는 듯한 태도이다. "세리는 멀리 서서." 자신의 죄를 뉘우치는 태도이다.
B. 정신에서: 바리새인은 교만하며 참으로 자신을 만족해한다. "하나님이여 나는 다른 사람들 곧 토색, 불의, 간음을 하는 자들과 같지 아니하고 이 세리와도 같지 아니함을 감사하나이다"(11절). 세리는 자신의 무가치함을 의식하고 가슴 깊이 자비를 구한다(13절).
C. 기도에서: 바리새인은 길게 기도하며, 하나님보다는 사람들이 들으라고 기도한다. 세리는 짧게 회개와 필요로 가득 찬 기도를 드린다.
D. 결과에서: "내가 너희에게 이르노니 이 사람이(세리) 저보다(바리새인) 의롭다 하심을 받고 집에 내려 갔느니라"(14절).

여기서 기도의 참된 정신을 배우라. "하나님의 구하시는 제사는 상한 심

령이라"(시 51:17).   — 켈리(T. Kelly)

눅 18:9-14 이 비유가 주는 생각들

I. 힘을 주는 생각들

A. 사람들이 일반적으로 최고의 존재를 믿는 것은 좋은 일이다. 바리새인과 세리 양쪽 모두 계시의 하나님을 믿었다.

B. 아주 많은 사람들이 교회를 하나님의 기관으로 인정하는 것은 다행스런 일이다. 두 사람 모두 그렇게 인정했다.

C. 사람들이 신앙과 경향이 다양함에도 불구하고 기도의 의무와 특권을 인정하는 것은 복된 일이다. 바리새인은 기도를 의무로 여겼으며, 바리새인에게는 기도가 특권이었다.

D. 더 나아가, 많은 사람들이 실제로 자신들의 신념에 따라 살려고 노력하는 것은 칭찬할 만한 일이다. 바리새인은 외적인 죄를 피했으며(11절) 금식을 하고 십일조를 드렸다. 세리는 자신에 대한 겸허한 평가에 맞게 행동했다.

II. 통탄스러운 생각들

A. 하나님을 믿는 많은 사람들이 교회에 출석하고 교회를 섬기는 일에 참여하지 않는다는 것은 슬픈 일이다.

B. 다소간 교회에 정기적으로 출석하는 많은 사람들이 참된 예배가 무엇인지 모른다는 것 또한 슬픈 일이다.

C. 하나님을 예배의 대상으로 인정하는 많은 사람들이 자신들에게 하나님의 구원의 은혜가 필요하다는 것을 인식하지 못한다는 것은 통탄할 일이다.

D. 몇몇 사람들의 종교 행위가 무익하고 헛되다는 것은 비극적인 일이다. 세리는 하나님의 자비를 믿으면서 "의롭다 하심을 받고 집에 내려 갔느니라"(13절). 바리새인은 올 때와 같은 상태로 자신의 의를 믿으면서 내려갔다(9절). 결론: 욥 4:24b. — 엘링슨.

눅 18:31-34 미리 정해진 자신의 고난을 완전히 알고 계신 주님

예수께서는 예루살렘에 올라가시면서 "열 두 제자를 따로 데리시고" 길에서 그들을 가르치셨다(마 20:17). 아직은 그들에게 감춰진 것에 대해 그들을 준비시키기 위해서였다(눅 18:34). 그래서 "예루살렘으로 올라가는 길에 예수께서 제자들 앞에 서서 가시는데 저희가 놀라고 좇는 자들은 두려워하더라"(막 10:32).

I. 그분의 고난의 세세한 부분까지도 오래 전에 예언되었다

A. 이방인들에게 넘기우심. "개들이 나를 에워쌌으며 악한 무리가 나를 둘러 내 수족을 찔렀나이다"(시 22:16).

B. 조롱당하심. "나를 보는 자는 다 비웃으며 … 내게 그 입을 벌림이"(시 22:7, 13).

C. 악의에 찬 대우를 받으심. "저희가 쓸개를 나의 식물로 주며 갈할 때에 초로 마시웠사오니"(시 69:21). "나를 때리는 자들에게 내 등을 맡기며 나의 수염을 뽑는 자들에게 나의 뺨을 맡기며"(사 50:6). "그들이 우리를 에워쌌으니 막대기로 이스라엘 재판자의 뺨을 치리로다"(미 5:1).

D. 침뱉음을 당하심. "수욕과 침뱉음을 피하려고 내 얼굴을 가리우지 아니하였느니라"(사 50:6).

E. 채찍에 맞으심. "그 얼굴이 타인보다 상하였고 그 모양이 인생보다 상하였으므로"(사 52:14). "나를 때리는 자들에게 내 등을 맡기며"(사 50:6).

F. 십자가에 달리심. "그들이 그 찌른바 그를 바라보고"(슥 12:10). "악한 무리가 나를 둘러 내 수족을 찔렀나이다"(시 22:16).

> 이제야 이루어졌도다
> 그 옛날 다윗이 참 예언의 노래가 ―
> 하나님은 나무에서 다스리시나니
> 이방인의 왕이 되셔야 하리로다.

G. 사흘만에 다시 사심. "주의 거룩한 자로 썩지 않게 하실 것임이니이다"(시 16:10). 참조. 행 2:31.

II. 주님께서는 이 모든 고난을 분명히 아셨다

"주님께서 십자가를 보실 때, 즉 십자가의 모든 고난과 고통과 비하의 단계들을(본문에서처럼) 보실 때, 수난의 각 단계가 그분의 마음에 하나씩 ― '그리고,' '그리고,' '그리고' ― 떠올랐다. 주님께서는 멀리 내다보이는 비하의 장면 장면들을 보신다." "미래를 알지 못한다는 사실이 자비롭게도 모든 인간의 심한 고통을 들어주지만, 예수께는 이것이 해당되지 않았다 … 우리는 요람에 누인 아기의 웃음이 얘기된 죽음의 고뇌로 어두워졌다고 말할 수는 거의 없겠지만, 주님께서는 이미 생각 속에서 십자가를 지고 계셨다 … 그분의 발걸음마다에 짙게 뿌려진 슬픔을 밟으며, 주님께서는 자신을 가장 고통스럽게 만드는 것을 응시하셨다. 그것은 마지막까지 짙어지며 절정을 향해 드리워지는 무서운 그림자였다."

― 존 케어드(John Caird, 1886).

눅 18:35-43. 바디매오: 고난, 무관심, 그리고 불쌍히 여김

이 이야기에 등장하는 세 유형의 인물이 우리의 주목을 끈다.

I. 간구의 모범을 보여주는 열렬한 간구자

그의 간구는 다음과 같이 특징된다.

A. 지성: 그는 그리스도에게서 인성과 연합된 신성을 보았다.

B. 열심: 그는 자신에게 필요한 것이 무엇인지 알고 있었다. 그래서 그는 열심히 외쳤다. "다윗의 자손 예수여"(38절).

C. 시기적절: 이것은 그리스도께서 여리고를 방문하신 첫번째이자 마지막 기록이다. 바디매오는 눈을 뜨게 해달라고 간구하기 위해 현재의 기회를 이용했다. 만약 그가 이 순간을 놓쳤다면, 평생 소경으로 지내야 했을 것이다.

II. 바디매오를 부당하게 꾸짖으며 예수를 따르는 무관심한 자들

이들이 열렬한 간구자를 꾸짖은 데 대해서는 세 가지 설명이 가능하다. 이들의 행동은 각자의 본성에 사뭇 어울린다. 이들은 단순히 다음과 같은 이유에서 이렇게 행동했을 수도 있다.

A. 궁핍한 자들에 대한 철저한 무관심에서. 우리가 영적인 종교 생활을 하고 있음을 보여주는 최고의 증거 중 하나는 다른 사람들의 복지에 깊은 관심을 보이는 것이다. 신앙을 고백하면서도 주변에 죽어가고 고통당하는 사람들을 보고 그들에게 손을 내밀지 않는 사람들이 있다면, 이들은 진리의 능력을 영혼 깊숙이 느껴본 적이 결코 없는 사람이거나 느꼈다 하더라도 다른 사람의 고난을 함께 느낄 정도로 그 느낌이 가슴에까지 뜨겁게 전달된 적이 없는 사람들이다.

B. 간구자의 동기에 대한 성급한 결론에서. 좁은 생각과 옹졸한 마음은 불가피하게 함께 간다. 냉정한 종교주의자는 세상에서 가장 무자비한 사람들 중 하나이다. 편협한 신앙이 많은 곳에는 참으로 불쌍히 여기는 마음이 매우 적다는 것이 하나의 정설이라고 말할 수 있을 것이다. 특별한 신조나 교회의 어떤 형식에 대한 뜨거운 열심은 있겠지만 참되고 살아 있는 기독

교에 대한 열심은 찾아보기 어렵다.

C. 구원자의 능력에 대한 불신에서. 구원자의 능력에 대한 확신의 부족이 무관심한 제자들의 큰 특징이었다는 것은 너무나 분명하다. 이것은 복음을 통해 이루어진 선을 과소 평가하는 데서, 지금까지 이루어진 일의 중요성과 결과에 의문을 제기하는 데서, 그리고 교회의 미래에 대해 가장 어두운 견해를 보이는 데서 나타난다.

III. 참된 동정이 무엇인지 보여주시며 불쌍히 여기시는 구원자

그분은 가던 길을 멈추셨다. 그리고 소경의 눈을 뜨게 하는 것이 자신의 품위를 떨어뜨린다고 생각지 않으셨다. " 네 믿음이 너를 구원하였느니라 하시매 곧 보게 되어 하나님께 영광을 돌리며 예수를 좇으니"(42-43절).

A. 그리스도를 따르는 몇몇의 무관심도 참으로 열성적인 간구자가 예수님께 오는 것을 막지는 못할 것이다. 많은 사람들이 바디매오를 입다물게 하려했을 때, 그는 더 크게 외쳤다. "다윗의 자손이여 나를 불쌍히 여기소서"(39절).

B. 우리가 우리의 영적 구원에 열심을 내면, 다른 사람들로 인한 어려움은 우리가 더 담대히 구원자께 나아가게 하고 영생을 굳건히 잡을 결심을 더 강하게 하도록 만들뿐이다. — 로버츠(J. G. Roberts, 1856)

눅 18:35-43 바디매오, 죄악된 인간의 상징

I. 우리는 그에게서 인간의 한 모습을 본다

A. 육에 속한 사람은 볼 수 없다: 초자연적 빛의 광선이 그의 마음의 어두운 틈을 뚫을 수 없다. 인간은 손상된 시력으로 고통당하는 반소경이 아니라 나면서부터 소경이다. 인간은 눈이 무엇으로 가려진 것이 아니라

소경이다. 여기에는 어떤 인공적인 것도 없다. 그는 나면서부터 소경이다. 여기 증거가 있다: "육에 속한 사람은" 즉 세상에 태어난 그대로의 인간은 "하나님의 성령의 일을 받지 아니하나니 저희에게는 미련하게 보임이요 또 깨닫지도 못하나니 이런 일은 영적으로라야 분변함이니라"(고전 2:14).

B. 이러한 암흑은 죄 때문이다. 죄는 우리를 하나님 앞에서 쫓아낸다. 죄는 우리를 천국에서 쫓아낸다. 죄는 우리에게서 모든 선을 빼앗는다. 죄는 우리를 우리의 창조자에게서 등을 돌리게 한다. 죄는 우리를 완전히 눈멀게 한다. 만약 우리가 이런 상태로 남게 되면, 우리는 이 비극적인 삶에서 벗어나 더 비극적인 삶으로, 곧 영원한 밤의 그림자가 잃은 자들에게 드리우는 곳으로 옮겨 갈 것이다. 이처럼 죄는 우리에게 치명적인 일을 한다!

나는 괴물 같은 죄를 그 모든 번쩍이는 색상 그대로 그려낼 수 있었으면 하는 바람을 자주 가졌다. 죄는 하이에나보다 더 흉악하고, 정신없이 지껄여대는 미치광이보다 더 끔찍하며, 위장한 도깨비보다 더 무서우며, 입 벌린 만(灣)보다 더 무섭고, 밤보다 더 검으며, 바다보다 더 크고, 가장 강한 독보다 더 치명적이다.

누가 죄를 측정할 수 있겠는가? 당신은 바다를 재듯이 이 바닥도 없는 만(灣)을 재려 할 수도 있다. 죄는 인간 속에 너무나 깊이 뿌리 내리고 있다. 이것은 내 말이 아니라 성경이 말하는 현실이다.

죄여, 너는 너무나 무섭고, 너무나 추하고, 너무나 기괴하구나! 인간이여 이 악한 괴물의 광란을 보라. 다윗은 죄를 한탄했다. 베드로는 죄에 대해 눈물을 흘렸다. 바울은 죄에 대해 하나님께 울부짖었다. 그리고 예수께서는 죄 때문에 죽으셨다! 그렇다. 무죄하고 흠이 없으신 예수께서 인간 앞에서 고난을 당하신 것도 바로 이 때문이다. 유대인들은 그분에게서 아무 죄도 찾지 못했다. 이방인들도 그분에게서 아무 흠도 찾지 못했다. 그러나 하늘의 하나님께서는 그분에게 우리의 모든 허물을 담당시키셨다. 하나님의 공의가 그분이 우리의 죄 때문에 죄가 되게 하셨다. 우리의 죄가 그분에게 전가되었고, 그분이 그 모든 죄값을 지불하셨다. 이것이 성경의 분명하고 확실한 가르침이다. 그래서 성경은 이렇게 말한다. "여호와께서는 우리 무리의 죄악을 그에게 담당시키셨도다"(사 53:6). 그래서 "저는 우리 죄를 위한 화목제물이니 우리만 위할 뿐 아니요 온 세상의 죄를 위하심이라"(요일 2:2).

II. 지옥의 마귀도 이것을 알기 때문에 당신도 이것을 알아야 할 뿐 아니라, 믿음만이 여기에 대한 관심을 줄 수 있기 때문에 당신은 이것을 믿기도 해야 한다

A. 믿음은 당신이 생명을 얻을 자격이 있게 만드는 공로가 아니다. 믿음은 그리스도 안에 있는 하나님의 은혜를 받은 수단일 뿐이다. 당신의 교회 출석과 고난과 시련과 많은 선행을 하나님께 내세우는 것은 오만한 짓이다. 이것들은 구원을 얻는 데는 아무런 가치도 없기 때문이다. 이것들은 배설물이다. 그러나 그리스도의 공로와 그분이 지불하신 죄값과 앞에서 말한 것들을 위해 자비를 구하는 것은 하나님을 기쁘시게 하는 일이며 성경적인 기도이다.

B. 믿음은 구원을 얻는 공로가 아니지만, 생명을 얻으려는 사람에게는 필수적이다. 인간은 죄에게 큰 빚을 졌다. 하나님께서는 그 빚을 갚을 것을 요구하셨다. 그리스도께서 그분의 피로 빚을 갚으셨다. 예수께서 십자가에서 죽으시면서 "다 이루었다"고 말씀하실 때, 그 엄청난 빚은 청산되었다. 그러나 죄를 사하기 위해 그리스도께서 드리신 피의 제사가 당신의 것이 되어야 한다. 당신은 믿음으로 그 제사가 당신의 것이라고 말해야한다.

— 아담스(F. W. Adams, 1905).

누가복음 19장

눅19:1-10 서론적 언급

한 저자(Ross, 1859)가 삭개오의 행동을 언급하면서 이렇게 말했다. "우리는 여기서 크고 지속적인 영적 유익은 그리스도에 대한 피상적인 지식이라도 얻으려는 시도의 결과일 수 있음을 배운다. 때때로 하나님께서는 종교의 외양에 대한 사용을 복 주셔서 영적 결과를 낳게 하시며, 영적 결과가 그 목적이 아닐 때에도 그렇다."

1. 몇몇 이런 것들은 필요하다. 성령께서는 지각과 이성의 자리를 빼앗지 않으신다. 인간은 그의 지각과 감정과 의지에 전달되는 자연적인 형태들과 무관한 즉각적인 전능한 행위로 인해 회심하지도 은혜에서 자라지도 않는다. 인간은 환상 중에 그리스도 앞으로 인도되지도 않으며, 삭개오처럼 나무에 오르거나 다른 일상적인 방법으로 먼저 인자를 보아야 한다. 듣는 것이 믿는 것에 선행하며 상대를 보고 아는 일이 사랑에 선행한다.

2. 몇몇 이런 것들은 유익하다. 우리의 영적인 키는 작다. 그러나 "나무에 올라감"으로써 그 약점을 보충할 수 있기에 비록 보잘것없다 하더라도 이러한 도움을 무시해서는 안된다. 그러므로 무엇이든지 우리의 영혼을 돕거나 힘있게 하거나 공격에 대비해 강하게 하는 것을 찾는 것이 중요하다. 의식(儀式), 예배의 외적인 양식과 같은 것들이 신실한 영혼을 돕는다. 단순하든 복잡하든 하나의 기도 양식(樣式)이 내버려두면 거의 표출되지 않으며 많은 사람의 마음 깊숙이 숨어있는 감정과 소원과 열망을 표현할 수 있게 해준다.

3. 하나님께서 외적인 양식(樣式)의 활용을 복주실 때가 많다. 그리스도

께서는 자신의 외적인 모습이라도 보려는 노력을 인정하셨다. 마음 속의 단순한 심미적 갈망이 때때로 그 사람을 예수의 발 앞에 인도하여 그가 그분을 배우게 하며 그분과 참된 영적 교제를 나누게 하는 수단이 된다. 음악, 시, 그림, 상징, 건축물, 의복, 꽃 등도 그런 역할을 할 때가 있다.

   4. 우리는 외적인 것에 머물러서는 안된다. 삭개오는 내려와야 했다. 많은 사람들이 그냥 나무 위에 머문다. 하지만 예수께서는 그냥 지나가 버리시고 다시는 돌아오지 않으신다. 그 자리에 앉아 당신의 주님께 가며, 좁은 길을 걸으며, 천국에 이르려는 노력을 하지 않는다면, 그리스도, 천국, 자신이 가야 할 길을 볼 수 있는 전망 좋은 곳을 찾는 것이 무슨 소용이 있겠는가?

19:1-10 죄인을 찾아 구원하시는 예수님

I. 멋진 선언(10절)

   A. 인자가 오셨다!
   B. 찾아 구원하러.
   C. 잃어버린 자들을.

II. 이 사실에 대한 멋진 예증(1-9절)

   A. 한 부자가 있다. 참조. 마 19:23-26.
   B. 그는 큰 죄인이다. 참조. 딤전 1:15.
   C. 그러나 그는 구하고(3절), 순종하며(5-6절, "속히 내려오라 — 급히 내려와"), 믿고(6절, "영접하거늘." 참조. 요 1:12), 기꺼이 공개적으로 선언하며 정직하게 반환하는 사람이다(8절).

                                                  — 엘링슨.

눅 19:1-10 삭개오

삭개오는 "세리장"이요 부자라고 소개된다. 이러한 사람들은 원한다면 부를 축적할 기회가 얼마든지 있었다. 그러나 이들은 부자였지만 경멸의 대상이었다. 이것은 놀라운 일이 아니다. 유대인들은 세금을 요구하는 로마 관리들을 미워했다. 그렇다면 세금을 걷는 동포는 얼마나 더 혐오했겠는가!

삭개오는 호기심이 발동했던 것으로 보인다. 그러나 그는 재산이 결코 채워줄 수 없는 평안을 갈망하고 있기도 했을 것이다. 그래서 우리는 다음과 같은 것들을 본다.

I. 극복된 어려움

A. 무리. 지금도 마찬가지다. 세상적인 일들이 많다. 사업으로 인한 스트레스, 그 때 그 때마다의 근심, 집안 일 등이 우리가 그리스도를 보지 못하도록 막는다.

B. 그는 키가 작았다. 키가 작은 사람은 여러 면에서 불리하다. 그러나 영적 난쟁이는 그 정도가 훨씬 더 심하다. "마음은 인간의 키이다." 한 사람을 평가하는 바른 잣대는 그의 영적인 키, 즉 그가 얼마나 거룩에 이르렀으며 경건과 열심에서 얼마나 뛰어난가를 보는 것이다.

생각 없는 구경꾼은 작은 사람이 나무에 기어오르는 것을 보고 웃었을 것이다. 예의를 차리는 사람들은 놀랐을 것이다. 그러나 삭개오에게는 부끄러워해야 할 이유가 훨씬 더 많은 행동들이 있었다. 우리 모두에게는 상대적으로 더 부끄러워해야 할 일들, 곧 우리가 주저하고 정신적으로 혼란스러워하는 일들이 있다.

C. 하나님께서는 우리가 우리 앞에 놓인 어려움을 극복하도록 준비해 놓으셨다. 하나님께서는 우리에게 은혜의 방편, 곧 진리의 말씀과 기도의 특권 등을 주셨다. 이러한 기회를 보다 충분히 활용하면, 우리는 삭개오처

럼 그리스도를 볼 뿐 아니라 그리스도께서 함께 계속적으로 거하게 하실 수 있을 것이다.

II. 보상받은 열심

A. 삭개오는 그가 구한 것 이상을 얻었다. 그는 그리스도를 보았을 뿐 아니라 그리스도께서도 그를 보셨고 그의 집에 유하겠다고 말씀하셨다. 삭개오는 자신의 직업이 암시하는 것보다 더 나은 사람이었을 것이다. 어쨌든 그리스도께서는 그의 마음과 소망과 필요를 아셨다.

B. 삭개오는 급히 내려와 즐거워하며 주님을 영접했다. 그는 주저하지 않았다. 즐겁게 환대했다. 사람들의 시선을 두려워하지 않았다.

C. 그러나 무리는 그의 기쁨을 함께 나누지 못했다. "뭇 사람이 보고 수군거려"(7절). 인생에서 다른 사람들의 즐거움을 제한하거나 망치는 것을 자신의 특별한 사명이라고 생각하는 사람들이 있다. 이들은 "저가 죄인의 집에 유하러 들어갔도다"며 수근거린다(7절). 그러나 병이 더럽고 전염된다고 의사가 병자를 피한다면, 병자가 어떻게 치료받을 수 있겠는가?

III. 주어진 구원

A. "오늘 구원이 이 집에 이르렀으니"(9절). 그리스도의 존재, 그분의 연민, 그리스도께서 삭개오에게 보이신 뜻밖의 영예가 그의 기분을 훨씬 더 좋게 했으며, 이 땅의 소유에 대한 그의 생각을 바꾸어 놓았고, 삭개오가 은혜로운 친구를 위해 모든 것을 기꺼이 포기하게 만들었다. 그러나 이것은 이 땅의 어떤 재산과도 그 가치를 비교할 수 없는 것 — 구원 — 을 받아들인 증거였을 뿐이다.

B. 유대인들의 편협한 신앙은 그를 그들의 사회에서 추방했지만 그리스도의 사랑은 그를 하나님 나라에 들어가게 했다. 10절은 오늘날에도 여전히 진리이다!　　　　　　　　　— 프레드 오스틴(Fred J. Austin).

게르버딩(G. H. Gerberding)은 『신약에 나타난 회심』(*New Testament Conversion*)이라는 자신의 저서에서 삭개오의 경우에서 끊어지고 단편적인 형태이기는 하지만 말씀의 능력, 앞선 은혜의 결과, 그리스도의 말씀(초대)의 능력에 온전히 복종하는 것으로 끝나는 회개하는 죄인의 일반적인 특징을 본다.

그는 "작은 은혜와 그 기회가 활용되는 곳에서는 더 큰 은혜와 그 기회들이 주어진다"고 말한다.

"참된 회심은 언제나 자신을 입증한다." 세리의 고백, 상환, 후함, 경건이 이것을 보여준다.

아돌프 새피르(Adolph Saphir)는 『회심』(*Conversion*)이라는 저서 — 『죽음에서 생명으로』(*From Death Unto Life*)와 『죄인과 구원자』(*The Sinner and the Savior*)라는 이름으로도 출판되었다 — 에서 5절에 대해 다음과 같이 말한다.

"삭개오야!" 이 부르심은 개인적인 것이다. 예수께서는 삭개오와 그의 길과 그의 소원을 아시며 개인적으로 그를 만나려 하신다.

"속히." 예수께서는 죄인이 불안과 위험 속에 계속해서 기다리길 원치 않으신다. 당신의 이름이 삭개오라면 서둘러라! 더 이상의 준비는 필요 없다. 모든 것이 준비되었다.

"내려 오라!" 죄인과 구원자는 반드시 만나야 한다. 구원자께서는 교만하며 자신을 의지하는 자에게 "내려오라"고 말씀하신다. 구원자께서는 겁이 많고 고통당하는 불쌍한 자들에게 "오라"고 말씀하신다.

"내가 오늘 네 집에 유하여야 하겠다"(5절). 구원자께서는 멸시받는 세리와 친구가 되시며, 이 불쌍하고 무거운 짐진 영혼의 바람과 소원을 이루어주려 하신다. 여리고에서, 그분에게는 이보다 더 중요한 일이 없다.

"내가 유하여야 하겠다." 하나님의 사랑이 주님의 마음을 강권했다. 그러나 구원자의 넘쳐흐르는 간절한 사랑 그 이상의 것이 "하겠다"(must)는 말로 표현된다. 이 말은 이제 막 이루어질 하나님의 영원한 목적, 그분의 뜻의 전달, 값없이 주시는 주권적이고 확실한 자비의 선언을 상징하기 때문이다.

우리는 예수께서 삭개오의 집에 머무셨던 몇 시간 동안 무슨 일이 일어났는지 모른다. 삭개오가 어떤 고백을 했으며, 마음을 어떻게 털어 놓았고, 어떻게 감사와 존경과 기쁨을 표현했으며, 어떤 조언과 가르침과 인도와 위로의 말을 들었는지 모른다. 우리는 그저 예수님과 삭개오가 만났다는 것을 아는 것으로 충분하다. 구원자께서 그분의 양을 발견하셨고, 그 양은 자신의 목자를 발견했다.

눅19:10 그리스도와 잃어버린 자

1. **그리스도의 인간관**: "잃어버린." 그분이 우리를 보시는 시각은 우리가 스스로를 보는 시각과 얼마나 다른가! 그분이 보시기에 우리는 길을 잃을 위험에 처해 있는 것이 아니라 길을 잃은 상태이다. 그리스도만이 "잃어버린"(lost)이란 말뜻의 깊이를 아실 수 있다. 그분만이 아버지와의 온전한 사귐이 무엇인지 아시기 때문이다.

2. **인간에 대한 그리스도의 사명**. "찾아 구원하려." 주님은 잃어버린 자를 무한한 연민의 눈빛으로 보신다. 우리에 대한 그분의 생각은 우리가 기대했던 것과는 너무나 다르지 않는가! 그분은 세상에 오셨다. 그분은 우리를 위해 죽으셨다. 그분은 우리를 찾으신다. 우리가 비길 데 없는 이러한 은혜를 거부할 수 있는가?

3. **인간에 대한 그리스도의 요구**. 우리 자신과 우리의 소유를 그분께 구별하여 드려라. 우리는 그분의 것이다. 그러니 그분을 위해 살도록 하자. 우리의 소유는 그분에게서 온 것이다. 그러니 그 소유를 그분의 영광을 위

해 쓰자!   — 프라이스(R. V. Pryce).

눅 19:10 잃어버린 자의 구원

구원, 곧 잃어버린 자의 구원은 신약의 두드러진 메시지이다. 참으로 이것은 그 자체가 하나님으로부터 오는 새로운 계시의 알맹이인 "복음" 곧 "복된 소식"이다. 구약은 인간에 대한 하나님의 요구와 인간이 하나님의 요구에 따르지 못한 것을 보여준다. 구약은 인간의 '잃어버린 상태'를 보여주며 이러한 인간에 대한 구원 계획의 약속들을 준다. 신약은 잃어버린 자를 위한 하나님의 구원 계획을 시행하며 이 계획을 필요한 모든 자들에게 제시한다.

죄없는 선행자에 대한 보상(상급)이 아니라 죄인의 구원이 복음서 이야기의 주제들 가운데 주제이다(참조. 눅 5:31; 마 9:13). "인자의 온 것은 잃어버린 자를 찾아 구원하려 함이니라." 주님께서는 매일 매일의 사랑의 사역에서 이 진리를 설명하시면서 이 진리를 거듭 거듭 구체적으로 확증하셨다.   — 헨리 트럼벌(Henry Clary Trumbull)

눅 19:41-44 "너의 날"

인간이여! 이것은 너의 영혼을 양육시키고 영원히 복된 운명을 보장하기 위한 "너의 날"이다(KJV의 "thy day"를 한글 개역은 "오늘날"이라고 옮겼다 — 역자주). 심금을 울리는 그리스도의 말씀은 "너의 날"과 관련하여 몇 가지 분명한 사실을 제시한다.

I. 너의 날은 너에게 엄청나게 귀한 복을 준다: "평화"

폭풍우 속의 선원, 싸움터의 애국자, 재판정의 죄인, 이 모두가 최고의 선으로 평화를 부르짖는다.

영적 "평화"는 아무것도 하지 않고 가만히 있는 것이 아니다. 영적 평화는 궤도를 빠르게 돌고 있는 행성들의 평화가 아니다. 이 모든 것은 조화로운 움직임일 뿐이다.

II. 너의 날은 이 복을 깨달을 수 있는 방법을 제공한다

복음, 오직 복음만이 "너의 평화에 관한 일"(한글 개역은 "오늘날 평화에 관한 일")을 담고 있다. 복음은 너의 지성을 해결할 수 있는 진리, 너의 양심을 평온케 할 수 있는 양식, 너의 애정을 조화시킬 수 있는 힘, 너희의 존재를 하나님 안에 두게 할 수 있는 견인력을 담고 있다.

III. 너의 날은 이러한 복을 보장하지 못한 채 지나갈 수도 있다

예루살렘 사람들의 경우가 그러했다. 이들의 경우, 평화에 관한 일들이 이들에게는 "숨겨졌으며" 그 날은 지나가 버렸다.

A. 너의 날은 죽음 이전에 끝날 수도 있다. 죽음에서 너의 날이 끝날 것은 분명하다. 죽음에서, 유예 기간은 모두 끝나고 보응이 시작된다.

B. 그러나 몇몇 경우에, 아마도 많은 경우에, 너희 날은 이 기간 전에 끝난다. 예루살렘 사람들의 경우가 그러했다. 이성은 떠나버릴 수 있다. 양심은 무감각해질 수 있다. 성령께서 떠나실 수 있다.

IV. 언제든지 너의 날이 복을 깨닫지 못하고 끝날 때마다 그 결과는 너무나 비참하다

이 사실에 구원자께서는 눈물을 흘리셨다. 그것은 애국자가 조국의 암울한 운명을 예견하고 흘리는 눈물도 아니며, 경제학자가 다가오는 엄청난 부의 몰락을 예견하며 흘리는 눈물도 아니고, 예술가가 너무나 멋진 건축물의 운명을 예견하며 흘리는 눈물도 아니다. 그분의 눈물은 박애주의자,

은인 — 구원자 — 의 눈물이다.

A. 그분의 눈물은 예견된 폐허의 크기를 말해준다. 무오하신 분께서 사소한 개연성에 눈물을 흘리시지는 않으실 것이다.

이 주제에서 두 가지를 배워라. (1) 인생의 바른 활용. 참된 평안을 얻기 위해 사용하라. (2) 인간의 무서운 영적인 힘. 인간은 삶을 그르칠 수도 있고, 무한한 사랑과 능력의 뜻에 반하게 행동할 수도 있다.

죄인이여, 오늘은 너의 날이다. 그 모든 순간을 참으로 영적인 것에 사용하라. 너의 날은 너무나 짧으니라!

— 데이비드 토머스(David Thomas, 1859).

"먼동과 함께 피어
낮 동안 만개하며 저녁에 지는 꽃은,
대양의 이마를 스치고 해변에 내려앉는
날개 달린 동풍은,
그루터기까지 태워버리는 불꽃은,
여름 하늘에 떨어지는 유성은,
사라지는 물방울은 — 그리고 하나의 우화(寓話)는,
물결 없는 그림자는, 하룻밤의 꿈은
우리의 세상 여정을 말해주는구나"

— 프라이어(Prior).

눅 19:45-48 이상적인 성전, 또는 세상에 있어야 할 성전

여기서 그리스도의 말씀과 행동은 성전 지녀야 할 본래 모습을 충실히 묘사해주는 사실들을 제시해준다.

I. 이상적인 성전은 인간과 위대하신 하나님의 특별한 만남의 장소이다

신적인 구속자께서는 여기서 성전은 자신의 집 ― "내 집" ― 이라고 말씀하신다. 성경은 여러 곳에서 성전을 "여호와의 집"이라 부른다. 어떤 의미에서 방대한 우주가 그분의 집이다. 그분은 모든 곳에서 살아 계시며, 측량할 수 없는 궁정의 모든 곳에 거하신다. 그러나 하나님께서는 자신의 백성이 자신의 가르침을 받고 자신을 예배하기 자신의 지시에 따라 위해 세운 장소와 특별한 관계를 가지신다. 그곳에서 그분은 다른 어떤 곳에서도 발견할 수 없는 능력 가운데 계신다. 그분은 그곳에서 구속하시는 하나님으로 계신다.

하나님께서는 광활한 우주 어디에서나 전능하신 창조자, 유지자, 주권자로 보이지만 성전에서는 죄인들의 구원자로 계시된다. 거기서 그분은 죄인들을 만나시고, 그리스도의 중보의 시은좌(施恩座)에서 그들과 교제하신다.

그리고 이것들은 죄인인 우리의 안녕에 필수적이다. 인간의 큰 소망은 성소에 나타난 하나님의 능력이다. 이 단락은 이상적인 성전이 어떤 것인지 보여준다.

II. 이상적인 성전은 인간과 하나님이 집단적으로 만나는 특별한 장소이다

성전은 사회적 목적을 위한 공적인 건물이었다. 성전은 한 사람을 위한 밀실이나 한 가족을 위한 사적인 거처가 아니었다. 성전은 모두를 수용하기 위한 장소였다. 성전은 인간들이 함께 하나님을 만나는 장소였다. 여기서 모든 지혜로운 자와 어리석은 자, 신분이 높은 자나 비천한 자가 모든 인습적인 구별에 관계없이 하나가 되었다. "무릇 그들을 지으신 이는 여호와시니라"라는 신성한 생각 아래 "빈부가 함께 만났다"(참조. 잠 22:2). 모든 계층의 신앙이 하나가 되어야 한다. 기도와 찬송과 모든 것이 하나가

되어야 한다. 예배는 인간 본성의 필요이며, 지혜롭고 오래된 하나님의 제도이다. 예배는 성경이 명하는 바이며, 모든 시대에 충성스런 본보기에 의해 인정된 것이다.

기독교인이라고 공언하면서도 공적인 예배는 가볍게 생각하는 사람들이 많다. 이들은 자신들은 성경을 읽으며 자신들의 거처에서 하나님을 예배하며 따라서 공적인 예배를 통해 다른 사람들과 함께할 필요가 없다고 생각하며 때때로 말하기도 한다. 이러한 사람들 다수가 결코 예배를 드리지 않는다는 사실이 염려스럽다. 사적인 예배를 소홀히 하는 사람은 공적 예배에 자주 참석할 수 있겠지만, 내가 생각하기에, 습관적으로 공적인 예배를 소홀히 하는 사람이 사적인 예배에 참석하는 경우는 거의 없는 것 같다. 사실 하나님의 백성의 공적인 모임을 조직적으로 소홀히 하는 사람들이 개인적으로 예배를 드리리라고는 거의 믿지 않는다.

공적 예배는 임의적인 제도, 곧 있어도 좋고 없어도 좋은 것이 아니다. 이것은 인간의 본성에서 비롯된 것이다. 인간이 고립된 존재이며, 우주에서 하나님 외에 모든 존재로부터 떨어져 혼자 산다면, 그의 개인적인 예배면 충분할 것이다. 또는 인간이 자신의 가족 구성원하고만 연결되어 있다면, 그가 가정에서 드리는 기도는 그에게 있어 충분히 공적일 것이다. 그러나 인간은 다른 사람들과 연결되어 있고, 다른 사람들과의 관계를 갈망하며, 인류에 대한 넓은 동정심을 가진 사회적인 존재이기 때문에, 그의 헌신(예배)은 다른 사람들과 연결되어야 한다. 공적 예배는 하나님이 정하신 것이며, 우리의 영적 본성을 교육하고, 정결케하며, 온전케 하는 데 꼭 필요하다. 여기서 하나님의 무한한 영향으로 인간의 마음에서 사랑이 움터난다. 여기서 인간은 외적인 구별에 대한 모든 교만한 생각을 잊으며, 자신이 지상의 가장 비천한 인간이라는 똑같은 처지에서 하나님 앞에 서 있다고 느낀다. 여기서 인간의 영혼은 죄인들의 고통을 동정하며, 그리스도 안에서 형제된 자들과 사랑으로 하나된다.

이것이, 부분적으로, 공적 예배가 하는 일이다. 공적 예배는 인간의 영혼을 끌어내어 하나님의 능력으로 참되며 사랑스럽고 하나님을 닮은 모든 자들과 연합하게 한다.

본문이 이상적인 성전에 대해 암시하는 것이 하나 더 있다.

III. 이상적인 성전은 위대하신 하나님과 인간이 경건과 인간 사랑의 시행을 위해 집단적으로 만나는 특별한 만남의 장소이다

본문은 성전이 특히 적어도 두 가지 목적으로 사용되어야 한다는 추론을 내릴 수 있게 해 준다. 그것은 기도와 자선이다.

A. 성전은 "기도하는 집"이라 불린다. 기도는 피조물이 그의 창조자에게 의지하는 존재임을 보여준다. 기도가 항상 우리 마음에서 떠나야 하지 않기에, 우리는 "쉬지 말고" 어디서나 언제나 기도해야 한다. 기도는 영혼의 호흡이다. 그러나 성전은 기도의 특별한 시행을 위한 곳이다. 우리는 성전에서 그리스도인으로서 마음을 한데 모아 헌신의 불꽃에 기름을 부음으로써 그 불꽃이 우리의 삶의 모든 부분에서 더 강하고 더 밝게 타오를 수 있게 해야 한다. 성전은 "기도하는 집," 곧 기도의 영이 생성되고 매일 우리의 의식을 다스리는 능력으로 자라야 하는 곳이다.

B. 성전은 기도의 집일 뿐 아니라 자선의 집이기도 해야 한다. 마태는 (21:14) "소경과 저는 자들이 성전에서 예수께 나아오매 고쳐 주시니"라고 적고 있다. 우리가 확신컨대 그리스도께서 성전에서 하신 일이 그 거룩한 경내에서 이루어져야 할 일이다. 성전은 기도의 영이 자라나는 곳일 뿐만 아니라 참된 자선이 자라는 곳이기도 해야 한다. 성전은 우리가 사회를 향해 사랑을 베풀고 궁핍한 자를 보살피는 실제적인 노력이 이루어져야 하는 곳이다. 성전에서 주린 자를 먹고 벗은 자를 입히며 병든 자를 고치는 것은 기도하는 것만큼이나 거룩한 일이다. 참된 성전은 기도의 집일 뿐만 아니라 자선의 집이기도 하다.

이것이 본문에 기록된 그리스도의 말씀과 사역이 암시하는 이상적인 성전에 대한 간략한 묘사이다. 참된 성전은 사회적 존재인 인간과 그의 창조자의 특별한 만남의 장소요, 사회적 존재인 인간과 그의 창조자가 경건과 인간애의 시행을 위해 만나는 특별한 만남의 장소이다.

"수면이 몸을 새롭게 하듯이 예배는 영을 새롭게 한다."
— 카봇(R. C. Cabot).

누가복음 20장

눅 20:27-40 사두개인들의 질문에 대한 그리스도의 논박

당시의 자유 사상가인 사두개인들이 스스로 부활의 교리와는 양립될 수 없다고 생각하는 가상의 사건을 진짜인 것처럼 그리스도께 들고 왔다.

1. 주님의 첫번째 논박은 천상적 존재의 본성에 대한 그들의 무지에 맞춰졌다. 주님께서는 "이 세상의 자녀들은 장가도 가고 시집도 가되 저 세상과 및 죽은 자 가운데서 부활함을 얻기에 합당히 여김을 입은 자들은 장가가고 시집가는 일이 없으며"라고 분명하게 말씀하신다(34-35절).

2. 그 다음으로 그리스도께서는 구약의 뜻하지 않은 부분, 곧 사두개인들이 유일하게 영감되었다고 주장하는 오경에서 그들에 대한 논박을 이끌어 내신다. 이 논증의 힘은 "아브라함의 하나님이요 이삭의 하나님이요 야곱의 하나님이시라 — 하나님이셨다가 아니라 — "는 현재 시제의 사용에 있다(— James Vaughan).

3. 따라서 "죽은 자의 살아난다는 것"은(37절) 하나님이 "죽은 자의 하나님이 아니요 산 자의 하나님이시라 하나님에게는 모든 사람이 살았느니라"가 그 이유이다(38절). 그리고 하나님께서 자신을 아브라함과 이삭과 야곱 — 분명히 죽음이라는 말의 일반적인 의미로는 죽었지만 — 의 하나님이라고 규정하시기 때문에, 이들 족장들도 틀림없이 죽은 자 가운데서 살아났을 것이다. 따라서 그리스도께서는 사두개인들이 가정으로만 말하는 것 — 부활 같은 것이 있다 — 을 그리스도께서는 사실로 정립하신다. 그러나 우리는 여기서 또 다른 사실을 보게 된다.

4. 거기(천국)에는 가치 없는 인물이 없다. 천국의 모든 거민은 "합당히 여김을 입는다"(35절, accounted worthy, 가치 있게 여겨진다). 인간들이 이 세상에 태어난 것은 그가 가치 있기 때문이 아니며, 그들이 이 세상에 살고 있는 것도 그들이 가치 있기 때문이 아니다. 참으로 이 세상에는 무가치한 사람들이 너무나 많다. 그러나 "불의한 자가 하나님의 나라를 유업으로 받지 못한다"(고전 6:9-10).

5. 천국에는 죽음이 없다. "저희는 다시 죽을 수도 없나니"(36절). 아담에서 모세까지, 모세에서 그리스도까지, 그리스도에서 지금까지, 모든 인간은 죽었고 또 죽는다. 그러나 "부활의 자녀"는 더 이상 죽지 않는다. 이들이 본질적으로 불멸하기 때문이 아니라 — 이렇게 되면 이들은 하나님으로부터 독립된 존재가 될 것이다 — 무한하신 분께서 이들이 영원히 살 것을 목적하셨기 때문이다.

6. 천국에는 영적 열등감이 없다. "[저희는] 천사와 동등이요"(36절). 지적인 능력과 성취에서가 아니라 죄에서 자유함에서 동등하다. 천사들처럼 모든 세속적인 욕심에서 자유하다. 이들은 "거룩한 천사들"이라 불린다. 천국의 구속받은 자들은 이들의 정결과 거룩의 성품을 함께 가질 것이다.

— 데이비드 토머스(David Thomas, 1875).

눅 20:27-40 사두개인들의 질문: 부활 후의 결혼 관계

사두개인들은 그 시대 유대 "교회" 내의 합리주의자들이었다. 이들은 당시의 경직된 정통 교리에 반발했다. 이들은 바리새인들의 교조주의에 너무나 식상한 나머지 스스로 거룩한 질문들에 대해 자신들만의 해답을 만들었다. 이들은 자유 사상가, 회의주의자, 오만한 주지주의자들이 되었다. 이들은 말을 많이 하며 살고 신적인 교리처럼 결코 자신들의 연구 대상이 아닌 주제들을 들먹거리는 사람들을 경멸의 눈으로 보았다. 비록 사두개인들이 이런 면에서 바리새인들을 거의 동정하지 않았지만(헤롯왕가에 대해서도 마찬가지였을 것이다), 이들은 그리스도에 대한 반대에서만큼은 의견을 같이 했다. 아마도 사두개인들은 그들의 오랜 적들(바리새인들)이 그리스도 앞에서 당혹해하고 혼란스러워하면서 쫓겨난 데 만족을 느끼면서 교만이 가득한 모습으로 당당하게 그리스도께 다가가 한 가지 질문으로 그를 공격한다. 스티어(Stier)는 이렇게 말한다. "이들은 자신들의 질문을 가장 날카롭게 던지기 위해 실제 사실처럼 호기심을 유발하는 경우를 그분 앞에 내어놓는다. 이 경우는 그 때 처음으로 생각해낸 것이 아니라 부활을 빈정대는 농담으로 이미 일반적으로 사용되던 것이었을 것이다. 일곱 형제가 모두 차례로 한 아내와 결혼했으나 후손이 없이 죽었다. 마지막으로 여인도 죽었다. 그렇다면 이제 선생께서는 소위 '부활' 때에, 우리가 기꺼이 믿으려 하는 소위 마지막 날에 어떻게 될지 우리의 의문을 풀어주실 수 있겠습니까? 일곱 형제들 사이에 얼마나 이상한 주장이 일어나겠습니까? 그녀는 누구의 아내가 되겠습니까?"

"여기서 이들은 자신들의 주장을 모세의 계명에 근거지운다. 그 때문에 이들의 질문은 힘을 더한다. 모세가 이생에서 이러한 의식을 제정했을 때 이생 후의 또 다른 삶을 당연한 것으로 여기고 그 때의 혼란을 준비했습니까?"

"우리는 이처럼 어리석은 자들에 대한 주님의 인내와 온유함과 지혜에 놀라지 않을 수 없다." 그리스도께서는 이러한 질문에 답하시면서 세 가지를 하셨다. 그분은 사두개인들의 오해를 지적하신다. 그분은 그들의 잘못을 바로잡으신다. 그분은 그들 자신의 성경을 사용하여 그들로 깨닫게 하신다.

I. 그리스도께서 그들의 오해를 지적하신다

"예수께서 대답하여 가라사대 너희가 성경도 하나님의 능력도 알지 못하는고로 오해하였도다"(마 22:29). 이들의 오해는 대부분의 오해가 그렇듯이 무지에서 비롯되었다. 매튜 헨리(Matthew Henry)는 "어둠 속에 있는 자들은 길을 잃는다"고 말한다. 소경은 당연히 걸려 넘어질 거라고 예상해야 한다.

A. 이들은 부활의 사실에 대해 오해했다: 이들은 죽은 자의 부활이 없다고 말했다. 이것은 이들의 신조의 가장 큰 결점 중 하나이다. "사두개인은 부활도 없고 천사도 없고 영도 없다 하고"(행 23:8). 본문에서 그리스도께서 이들에게 설명하셨으며 우리가 곧 살펴보겠지만, 이들이 성경을 알았거나 자연 어디에서나 볼 수 있는 "하나님의 능력"을 알았다면 부활의 사실을 부인하지는 않았을 것이다.

왜 이들은 부활을 부인했는가? 그 어려움 때문이었는가? 이들은 현대의 회의주의자들처럼 말했는가? 이들은 부활이 불가능한 일이라고 선언했는가? 부활이 유한한 인간의 마음에는 너무나 큰 일인 것은 사실이다. 그러나 어려움이란 유한한 인간에게 있어 상대적이다. 어떤 사람에게 어려운 일이 다른 사람에게는 전혀 어렵지 않을 수 있다. 아이의 힘으로는 도저히 불가능한 일이 어른에게는 간단하고 쉬운 일일 수 있다. 불가능이라는 개념은 전능자와 모순된다. 우리가 죽은 자의 부활이 있으리라는 말을 들었는데 그 일이 모든 피조된 존재의 에너지가 결합되어 이루어져야 한다면, 우리는 부활 교리가 믿을 수 없는 것이라고 선언할 수 있으리라. 그렇다면 우리는 피조물의 연합된 힘을 가로막고 능가하는 어려움들을 발견할 수 있으리라. 그러나 하나님께서 그 일을 하시리라는 말을 우리가 듣는 순간, 어려움이라는 개념은 어리석은 것이 되어 버린다. 바로 이 때 그리스도께서는 "너희가 성경도 하나님의 능력도 알지 못하는고로 오해하였도다"고 꾸짖으신다(마 22:29). 하나님의 능력을 알라. 그분의 능력이라면 자연의 어느 곳에서나 볼 수 있다. 그분의 능력을 안다면 부활의 사실을 전혀 의심할 필요가 없다.

B. 이들은 미래 상태의 성격에 대해서도 오해했다: "부활 때에 그 중에 뉘 아내가 되리이까"(33절). 부활의 사실을 부인하는 사람들이 이러한 질문을 하다니 이상한 일이 이상하지 않는가! 아마도 부활에 대한 이들의 불신앙은 사색적인 것이 아니었을 것이며, 따라서 이들은 부활에 어떤 진

리가 있는지 떠보았으리라. 어쩌면 이들은 위대한 선생이 부활에 대해 무엇이라고 말하는지 들어보려는 한가한 호기심에서 이 질문을 던졌으리라. 또는 부활 교리를 고집하는 것이 얼마나 어려운지 말하려고 이런 질문을 던졌으리라. 이들은 일곱 형제가 그 여자를 자신의 아내라고 주장할 수 없으며, 부활이 있다고 가정하면 거기에는 도저히 해결할 수 없는 사회적 문제들이 뒤따른다는 것을 넌지시 말하려 했다. 이들이 진정한 탐구자들이라면, 우리는 이들의 질문에서 온당치 못하거나 부자연스러운 점을 전혀 볼 수 없을 것이다. 어떤 상황에서는 이것이 애정을 암시하는 질문, 곧 유가족이 사랑에서 수천 번도 넘게 자문하는 물음이다. 이들이 이 질문을 한 이유가 무엇이든 간에, 이 질문은 부활에 대한 잘못된 개념을 나타낸다.

II. 그리스도께서는 이들의 잘못을 바로잡아 주신다(24;26절)

"저 세상과 및 죽은 자 가운데서 부활함을 얻기에 합당히 여김을 입은 자들은 장가가고 시집가는 일이 없으며 저희는 다시 죽을 수도 없나니 이는 천사와 동등이요 부활의 자녀로서 하나님의 자녀임이니라"(35-36절). 구원자의 이 말씀에는 세 가지가 암시되어 있다.

A. 높은 계층의 지성적 존재들이 있다. "천사들"이다. 그리스도께서는 이러한 존재들이 있다는 것을 입증하시려는 노력은 전혀 하지 않으신다. 그분은 이것을 기정 사실로 추정하신다. 그리스도께서는 이들에 대해 자주 언급하신다. 그분은 이들을 "군대," 곧 그분의 명령에 따르는 존재요, 섬기는 영들, 죄인이 회개하고 돌아오는 것을 기뻐하는 존재들, 그리고 최후의 심판 때에 자신(그리스도)을 호위하며 나타날 존재라고 말씀하셨다. 분명히 성경은 이러한 고귀한 지성적 존재들이 있다고 말하며, 이들의 특징은 고귀한 속성, 위엄 있는 약속, 하늘의 즐거움이라고 말한다.

B. 미래 상태의 인간은 사회적으로 높아질 것이다. 인간들은 "하나님의 천사들처럼" 될 것이다. 구속받은 인간들은 "천사와 동등"하게 될 것이다 (36절). 그들의 지성, 정결, 헌신, 피곤치 않고 행하는 능력에 있어서 그렇

게 될 것이다. 그러나 그리스도께서는 여기서 한 가지 특별한 점을 말씀하신다. 그것은 동물적인 관계보다 우월한 관계이다. 이들은 "장가가고 시집가는 일이 없다"(35절). 이것은 인간의 역사가 완전히 바뀐다는 것을 암시한다. 처음부터 인간들은 "장가들고 시집가고" 해왔다(마 24:38). 이러한 경향은 사회의 수레바퀴를 쉬지 않고 굴려온 원동력이었다. 그러나 이러한 원동력은 무덤을 넘어서지 못한다. 이러한 원동력은 몸과 함께 죽는다. 천국에서는 이러한 원동력이 없다.

C. 인간 가족이 완결된다. 결혼의 한 가지 목적은 종족을 영구 보존하는 것이었다. 결혼이 없으면 인간 가족도 증가도 멈춘다. 인간 가족은 완결된다. 이제 단 한 명의 구성원도 더해지지 않을 것이다. 첫째 사람이 있었으며 마지막 사람도 있을 것이다. 일단 완결된 가족은 항상 그렇게 유지될 것이다. 여기에 죽음이 들어오지 못할 것이며, 따라서 어떤 보충도 필요치 않을 것이다. "이 세상의 자녀들은 장가도 가고 시집도 가되 저 세상과 및 죽은 자 가운데서 부활함을 얻기에 합당히 여김을 입은 자들은 장가가고 시집가는 일이 없으며 저희는 다시 죽을 수도 없나니 이는 천사와 동등이요 부활의 자녀로서 하나님의 자녀임이니라"(눅 20:34-36).

III. 그리스도께서는 그들 자신의 성경으로 그들을 일깨우신다(32-38절)

"죽은 자의 부활을 의논할진대 하나님이 너희에게 말씀하신 바 나는 아브라함의 하나님이요 이삭의 하나님이요 야곱의 하나님이로라 하신 것을 읽어보지 못하였느냐 하나님은 죽은 자의 하나님이 아니요 산 자의 하나님이시니라"(마 22:31-32). 사두개인들은 오경을 신적 권위를 가진 것으로 받아들인다고 공언했다. 따라서 그리스도께서는 이들의 관심을 죽은 자의 미래 상태를 말하는 한 구절(출 3:6)로 유도하신다. 구원자께서 인용하신 구절과 이 구절에서 그분이 추론하신 바가 암시하는 바에 따르면, 여기에서 미래의 존재에 대한 그분의 논거를 힘있게 하는 생각들이 셋이 있다.

A. 지성적 존재가 소유할 수 있는 가장 고귀한 재산은 하나님이다. 그리

고 그분은 모든 충성스런 자들의 하나님이시다. 그분은 절대적인 선이시다. 다른 모든 것들은 상대적인 가치를 가진 뿐이며 그 존재는 부수적이다. 다른 모든 것들은 지나가는 그림자와 같다. 그분만이 영원하신 본질이시며 다른 모든 것은 지나가는 물줄기일 뿐이다. 그분은 무한하고 외적인 바다이시다. 그분을 가지는 것은 모든 것을 가지는 것이다. "여호와는 나의 분깃이시니"(시 119:57)라고 말할 수 있는 사람은 "무한한 지혜와 사랑과 능력과 부는 나의 것이다"라고 말할 수 있다. 하나님께서 당신이 그들의 것이라고 직접 선언하신다. 그분은 "아브라함의 하나님이요 이삭의 하나님이요 야곱의 하나님이시라"(37절).

B. 이 재산을 소유한다는 것을 의식 있는 존재를 암시한다. "하나님은 죽은 자의 하나님이 아니요 산 자의 하나님이시라"(38절). 그리스도께서는 이것은 자명(自明)한 명제, 곧 그저 믿어야 할 것으로 말씀하신다. 죽은 피조물이 어떻게 재산을 소유할 수 있겠는가? 더욱이 죽은 자가 어떻게 하나님 곧 가장 고귀한 재산을 소유할 수 있겠는가? 죽음이 백만장자를 사로잡은 순간, 그의 재산은 그의 손아귀에서 떠난다. 그것은 구름처럼 사라진다. "우리가 세상에 아무것도 가지고 온 것이 없으매 또한 아무것도 가지고 가지 못하리니"(딤전 6:7). 통치자들이 무덤에서 그들의 나라를 움켜쥘 수 있거나 부자들이 무덤에서 그들의 재산을 움켜쥘 수 있는가? 그러나 죽은 자들이 이 땅의 작은 재산도 움켜쥘 수 없다면, 무한한 재산, 곧 하나님을 움켜쥘 수 없으리라는 것은 말할 필요도 없다. 이것은 너무나 분명하기 때문에 구원자께서 여기에 대해 설명하시지 않은 것은 전혀 놀라운 일이 아니다.

C. 성경은 죽은 자들이 가장 고귀한 이 재산을 소유한다고 가르친다. 그리스도께서 인용하신 구절은 하나님께서 족장들이 죽은 지 오랜 후에 그들에 관해 모세에게 친히 하신 말씀이다. 아브라함과 이삭과 야곱은 하나님께서 그들의 하나님이라고 선언하신 이 말씀이 주어지기 오래 전에 막벨라 동굴에서 흙으로 돌아갔다. 그렇다면 추론은 어떻게 되는가? 비록 이들은 죽었지만 아직도 살아 있었다. "하나님은 죽은 자의 하나님이 아니요

산 자의 하나님이시라 하나님에게는 모든 사람이 살았느니라"가 그 이유이다(38절).

눅 20:27-40 부활

여기서 네 가지가 우리의 주목을 끈다:

I. 부활에 대한 반대 주장

사두개인들의 반대는, 비록 극단적인 경우로 설명되기는 했지만, 그들의 근거에서 볼 때는 아주 이치에 맞는 것이었다. 이들은 이생에서는 순차적인 관계들이 부활에서는 동시에 존재하게 될 때 반드시 혼란이 일어날 것이라고 주장했다. 현대에도 이와 똑같은 주장이 있다. 이들은 생명체를 구성하는 입자들은 끊임없이 변한다는 사실에 근거해서 부활의 어려움을 제시한다. 다시 말해, 한 영혼이 사실상 순차적으로 많은 원자단들과 결합해 왔다면, 부활 때에 그 원자단들 가운데 어느 것이 부활체와 결합하겠는가?

II. 여기에 대한 논박

주님의 대답은 고대와 현대의 어려움을 동시에 해결한다. 주님께서는 자신의 대적들에게 하나님의 분명한 계시는 모든 반대 주장을 가로막으며, 이런저런 결과들이 불가피하다는 추정은 전능하신 분의 자원을 우리 자신의 옹졸한 관념에 제한시키는 것이라는 점을 상기시키신다. 그런 후에 주님께서는 사두개인들의 전제, 곧 부활은 현재 생활의 모든 상태를 그대로 복원해야 한다는 전제가 잘못된 것이라고 말씀하신다. 반대로, 주님께서는 사두개인들에게 희망 없는 혼란을 일으키는 것으로 보이는 결혼 관계의 권리들이 더 이상 존재하지 않으리라는 것을 이들에게 확인시켜 주신다. 마찬가지로, 현대의 반대자들에 대해서도 똑같은 방법으로 대답할 수 있다. 즉 입자의 변화가 이 땅에서 몸이 정체성을 유지하는 데 방해가 되지 않는다면 이것이 우리에게 전혀 알려지지 않은 상황에서 그 몸이 정체성을 영원히 유지하는 데 방해가 되리라고 확신하기는 더더욱 어렵다.

III. 논증

주님께서 부활을 증명하면서 제시하시는 논증은 여호와께서 떨기나무 불꽃 가운데서 모세에게 하신 말씀에 근거한 것이다. 여기서 우리는 특히 두 가지에 주목해야 한다.

A. 이 논증은 인간의 어떤 본성에서 추론된 것이 아니라 영원하신 분에 대한 인간의 관계에서 나온 것이다. 이것은 높은 근거이며 안전한 근거이다. 하나님의 언약은 인간 개개인과 맺어졌으며, 그 언약에 담긴 약속들 가운데는 아직도 성취되어야 할 것들이 있다. 따라서 이들 약속이 성취되기 위해서는 미래가 필요하다. 언약은 여호와와 족장들 사이에 존재했다. 그러나 족장들은 수천 년간 막벨라 굴에 잠들어 있다. 이들은 더 나은 나라를 구했다. 그러나 "이 사람들은 다 믿음을 따라 죽었으며 약속을 받지 못하였다"(참조, 히 11:13-16). 이것이 불멸에 대한 그리스도인의 논증이다. 불멸은 거짓말을 할 수 없으신 분의 약속이다.

B. 우리는 불멸에 대한 주님의 가르침이 몸의 부활을 인간의 영원한 생명의 필수적인 부분으로 포함시키는 것을 본다. 이러한 약속들은 육체가 없는 영, 유령, 그림자가 아니라 인간 — 몸과 영혼이 모두 있는 피조물 — 인 족장들에게 속한 것이었다. 그러므로 이들은 몸과 영 가운데서 이러한 약속들을 반드시 받아야 한다. 여기서 복음은 인간의 가장 고상한 철학을 훨씬 초월한다. 도움을 받지 않은 이성은 영혼이 육체의 죽음 후에도 존재한다는 개연성만을 제시할 수 있을 뿐이다. 그러나 하나님의 계시는 "내가 육체 밖에서 하나님을 보리라"(욥 19:26. 한글 개역에서 "육체 밖에서"라고 번역된 부분이 KJV에서는 "in my flesh," 즉 "내 육체 가운데"라는 의미이며, NIV, RSV도 똑같이 번역했다 — 역자 주).

IV. 제한된 부활

이것은 중요하다. 구원자의 논증은 모든 인간에게 해당되는 보편적 부활이 아니라 그리스도 안에서 하나님과 언약 관계에 있는 자들에게만 해당되는 "생명의 부활"을 가리킨다. 이 사실은 35-36절에서 분명히 나타나며, 여기서 부활은 "죽은 자 가운데서 부활"(resurrection from the dead)라 불린다. 옛 성도들은 "더 좋은 부활을 얻고자 하여"(히 11:35, 빌 3:7-11과 요 5:29도 보라) 구차히 고난을 면하지 않았다. "내 아버지의 뜻은 아들을 보고 믿는 자마다 영생을 얻는 이것이니 마지막 날에 내가 이를 다시 살리리라"(요 6:40). — E. J. J. 1859.

눅 20:40 "저희는 아무 것도 감히 더 물을 수 없음이더라"

진리의 대적들이 침묵한다고 해서, 이것이 이들의 마음이 바뀌었거나 이성적인 확신이 바뀌었다는 표시는 절대 아니다. 이들은 논박의 방법으로 진리를 반대하는 일을 멈출 때가 많다. 하지만 이것은 진리를 잡을 더 위험한 덫을 놓고 공개적인 힘이나 은밀한 모의로 진리를 압박하기 위해서일 뿐이다 — 파스케르 케넬.

눅 20:36 천사들과 동등한 존재

시편기자는 "저를 천사보다 조금 못하게 하시고"라고 말한다(시 8:5; 참조, 히 2:7). 이것은 주목할 만한 말씀이다. 우리의 현재 상태는 매우 비천해진 상태이다. 하지만 이것은 우리가 육신의 장막에 거하는 잠깐 동안일 뿐이다. 우리는 머지 않아 눈물의 골짜기를 벗어나 하나님의 거대한 창조에 우리의 참된 자리를 찾게 될 것이다. 지금은 천사보다 조금 못하지만 그 때는 그들과 동등하며, 그들의 천국이 영원히 우리의 천국이 될 것이다.

이것이 주님께서 앞에서 믿지 않는 사두개인들에게 대답하시면서 선언하신 것이다. 사두개인들이 부인하는 천사들의 존재가 여기서 기정 사실로 추정된다. 주님께서는 천사들이 거하는 그 나라를 얻기에 합당하다고 인정받은 자들은 누구나 그들과 동등하다고 말씀하신다.

I. 우리는 어떤 면에서 천사들과 동등하게 되는가?

성경은 이러한 존재들에 대해 교의적인 진술을 하고 있지 않다. 그렇다고 하더라도, 성경에서 천사들은 우리가 이들의 뛰어난 특성을 오해할 수 없도록 이들에 대해 묘사한다.

A. 우리는 거룩함에 있어 이들과 동등하게 될 것이다. 이들은 거듭 "거룩한 천사들"이라 불리며, 이것이 이들이 결코 죄를 범하지 않기 때문이다. 몇몇 천사들이 타락하는 끔찍한 위기에서도, 이들은 처음 상태를 지켰으며 이제 그 정결과 지복(至福)을 인정받는다. 이들이 보좌 앞에 서 있는 모습, 성도들을 섬기는 모습, 구속받은 자의 영혼을 그들의 주님 앞으로 인도하는 모습을 보라! 얼마나 눈부신가! 얼마나 아름다운가! 한 번이라도 죄를 지은 존재들이 결코 죄를 지은 적이 없는 존재들만큼 거룩해 질 수 있겠는가? 영적 더러움, 곧 죄와 그 죄가 낳은 얼룩이 씻어질 수 있겠는가? 있다. "그 아들 예수의 피가 우리를 모든 죄에서 깨끗하게 하실 것이요"(요일 1:7).

B. 우리는 지성에 있어 천사들과 동등하게 될 것이다. 이들의 지혜는 틀림없이 깊고 심오하다. 왜냐하면 이들은 땅의 기초가 놓이기 전에 창조되었으며, 자신들의 웅대한 사역을 시작할 때부터 하나님의 일과 방법을 배워 왔기 때문이다. 우리가 이 점에서 천사들과 동등하게 된다는 것은 불가능해 보일 수 있다. 그러나 영적 세계에 들어갈 때, 우리는 너무나 놀라운 것들을 발견하며, 너무나 놀라운 신비를 풀며, 너무나 빛나는 영광을 보리라! 참으로 몇 가지 면에서, 구속받은 인간들은 천사들보다 더 높은 위치를 얻을 것이다. 왜냐하면 이들은 실제적이며 경험적으로 구속의 사랑의

신비를 알게 될 것이기 때문이다.

C. 우리는 행복과 기쁨에서 천사들과 동등하게 될 것이다. 천사들은 거룩하기 때문에 복된 천사들이다. 이들의 모습은 기쁨에 넘치며, 이들의 지복(至福)은 하나님과의 직접적인 교제이다. 참된 그리스도인들은 **땅**에서 행복하지만 이들의 행복은 슬픔과 섞여 있다. 따라서 우리의 시까지도 슬픔을 호흡하며, 우리의 언어는 고뇌와 고통과 번민의 말로 가득 하다. 그러나 그리스도인은 더 나은 것들을 얻도록 정해져 있다. **왜냐하면** 그는 더 이상 고통도 없는 세상, 그 눈에서 모든 눈물이 사라질 세상의 상속인이기 때문이다.

D. 우리는 불멸함에 있어 천사들과 동등하게 될 것이다. "저희는 다시 죽을 수도 없나니"(36절). 천사들은 결코 죽지 않는다. 이들의 본성은 깨끗하며, 이들은 처음 창조자의 손에서 나올 때처럼 활발하고 강하다. 인간은 죽는다. 그러나 죽은 것은 인간의 몸일 뿐이며 그의 영은 죽지 않는다. 우리는 계시뿐 아니라 과학도 인간 영혼의 불멸에 대한 증거를 담고 있다고 믿는다. 구속받고 **성화**된 인간들의 미래 존재도 천사들의 존재와 동등할 것이다. 의식 있고 인격적인 존재가 영원히 살 것이다. 이것은 하나님의 아들들의 특권이다.

II. 이러한 생각들은 어떤 교훈을 주는가?

A. 우리의 존엄을 말해준다. 수고와 노동 — 자주는 가장 비천한 고역 — 이 이 땅에서 하나님의 많은 자녀의 운명이며, **따라서** 이 땅에서 그는 전혀 무가치해 보이며 천사들보다 훨씬 비천한 존재이다. 그러나 천사들은 그렇게 생각하지 않는다(눅 16:22). 왜냐하면 이들은 미래에 하나님의 자녀의 운명이 어떨지 알기 때문이다. 그러므로 우리 복된 유산을 무가치하게 다루지 말라. 인간을 비천하게 만드는 것은 수고나 노동이 아니라 죄이다. 그러므로 유혹이 올 때, 스스로의 존엄을 지키고 유혹자에게 이렇게 말하라. "안돼! 나는 인간이며, 언젠가 천사들과 동등하게 될 거야. 그러니 네

말은 듣지 않겠어."

　B. 우리의 희망을 말해준다. 우리의 특권은 항상 위를 보는 것, 즉 영원한 언덕을 바라보며, 거룩한 천사들의 교제를 바라보는 것이어야 한다. 많은 그리스도인들이 슬픔에 젖어 머리를 떨구는 모습을 볼 수 있다. 그러나 지금은 천사들보다 비천하지만 머지 않아 천사들과 동등해지리라는 것을 기억하고 용기를 갖자. 그리고 천국에 들어갈 때 최고의 복락을 얻게 되리라는 소망을 갖자.

　C. 우리의 일에 대해 말해준다. 무엇이 우리의 일이 되어야 하는가? 모든 인간은 다소간 세속적인 일을 가져야 한다. 그는 그 일에 부지런하고 충실해야 한다. 그러나 천국의 소망을 가진 그리스도인으로, 우리의 일은 무엇보다도 미래 우리의 운명을 준비하는 것이어야 한다(참조, 빌 2:12). 우리가 이 땅에서 적극적으로 경건을 행하지 않고, 경험적이며 실제적인 기독교 신앙을 발전시키지도 않고, 죽임 당한 어린양의 보혈로 씻음을 받지도 않는다면, 우리의 몫은 거룩한 천사들이 아니라 타락한 천사들이며, 우리는 그들과 동등해지고 그들의 멸망의 운명이 우리의 운명이 될 것이다(마 25:41).

　참된 기독교 신앙을 당신의 중요한 일, 당신의 일상 생활에서 주된 관심사로 삼아라. 그럴 때만 당신의 미래가 복될 것이며, 당신은 마침내 영광스런 왕 앞에 서 있는 천사들과 동등해질 것이기 때문이다.

— 톤리 스미스(Thornley Smith, 1877).

눅 20:36 "부활의 자녀"

　부활의 자녀들은 하나님의 자녀들이다. 이들이 사는 것은 하나님께서 사시기 때문이다. 인간이 계속 존재하는 것은 하나님께서 계속 존재하시기 때문이다. 하나님께서는 인간들 사이의 관계들도 정하셨다. 그렇다면 인간들은 하나님을 떠나 그 관계들을 유지할 수 없지 않은가 — 하나님의 질서를 유지할 수 없지 않은가? 이 땅에서 일어나는 인간 관계의 사건들이 ― 인간 관계의 외적 규정들이 ― 하나님께서 보시는 그들의 참된 본성과 무슨 상관이 있는가? 불쌍한 인간이여! 여기서 너의 아내와 자녀인 자들이 거기서 너와 나눠질까 두려운가? 이것은 죽음의 꿈이다. 그분은 살아계신 하나님이 아닌가? 살아 계신 하나님, 산 자의 하나님이 아닌가? 하나님은 아버지들과 아이들의 하나님이 아닌가?

― 프레드릭 모리스(Frederick Denison Maurice, 1864).

누가복음 21장

눅 21:25-36 항상 깨어 있어라

성소의 등불을 항상 켜두기 위해서는 찧은 기름이 필요했다(참조. 레 24:2). 우리는 희망의 등(燈)을 손질하고, 거기에 성령의 약속과 예언을 채우는 일을 결코 잊어서는 안된다. 우리가 깨어 있으라는 것은 단순히 가능하거나 먼 미래에 있을 수 있는 일을 위해서가 아니다. 성경은 비록 우리가 주님께서 오실 시간을 알 수는 없다고 가르치지만 그분이 오실 것인지 안 오실 것인지 그 여부를 알 수 없다고 가르치는 것은 결코 아니다.

I. 그리스도의 재림이 아주 분명하게 계시된다

A. 성경은 그리스도의 지상 재림이 확실하며, 가시적이고, 인격적이라는 진술들로 가득 하다.

그분은 예루살렘 멸망과 보혜사의 강림 속에서 오셨다. 그분은 그분의 성도들의 죽음에서 오시며, 복음의 확산과 인간의 문명화에 영향을 끼치는 점차적인 변혁 속에서 오고 계신다. 그러나 예수께서는 자신의 정체성을 잃지 않으셨으며, 자신의 정체성이 역사나 섭리나 죽음에 너무나 깊이 녹아들게 하셨기에 우리는 이 모든 것에서 그분의 재림을 고대하지 않을 수 없다. 그분은 "내가 다시 와서[오리라]"고 말씀하신다(요 14:3).

그리스도의 실재적이고 인격적인 재림은 여기에 대한 성경의 명쾌한 묘사에서 더욱 강화된다(참조. 고전 15:51-52; 살전 4:13-18; 계 1:7-8).

B. 깊이 주목하고 숙고한다면, 우리는 이 모든 것을 특히 이 시대에 만

연된 오류, 즉 그리스도의 약속의 본질과 실체를 영화(靈化)하는 오류로부터 우리를 지키는 데 사용할 수 있다.

사랑은 결코 그림자나 닮은 것이나 대리인에 만족하지 않는다. 교회가 곁에 없는 주님에 대한 신부의 사랑을 항상 지켜왔었다면, 결코 비인격적인 재림의 암시조차 허락하지 않았을 것이다. 현재 세계에 대한 애착과 교회의 영광스런 소망에 대한 무관심이 이러한 생각을 낳았을 수 있었으리라고 의심하지 않을 수 없다.

"죄와 상관없이 자기를 바라는 자들에게 두 번째 나타나시리라"(히 9:28). 그분은 자신이 지금 세상에서(in) 구원하고 계신 자들을 세상으로부터(from) 구원하시며, 그들의 구속을 완성하시고, 그들이 "그 영광 앞에 흠이 없이 즐거움으로 서게 하실" 것이다(유 24). 그분은 모든 그릇된 것을 바로 잡으시고, 모든 선을 완성하시며, 신음하는 땅에서 저주를 제하시며, 모든 눈에서 눈물을 닦아주시며, 모든 고통을 끝내고, 승리 가운데서 사망을 삼켜버리기 위해 오실 것이다. 이처럼 끊임없이 반복된 약속은 그 어디에도 없다.

II. 그리스도의 재림 시간은 결코 계시되지 않았다

A. 왜 우리는 그 날짜도 전혀 모르는 사건을 위해 깨어 있어야 하는가? 성경에 따르면 우리가 그 때를 위해 깨어 있어야 하는 것도 바로 이 때문이다. "이러므로 너희는 장차 올 이 모든 일을 능히 피하고 인자 앞에 서도록 항상 기도하며 깨어 있으라"(36절). 그리스도의 재림의 사실이 확실한 만큼이나 그 시간은 불확실하다. 재림의 사건이 영감된 계시인 것만큼이나 그 날짜는 영감된 비밀이다. "때와 기한은 아버지께서 자기의 권한에 두셨으니 너희의 알 바 아니요"(행 1:7). 우리가 그렇게도 열심히 항상 깨어 있는 것은(36절) 바로 주님이 오실 그 날짜를 알지 못하기 때문이다. 바꾸어 말하자면, 하나님께서 이 비밀의 계시를 주지 않으신 것은 당신의 교회를 항상 깨어있어 소망과 기대를 잃지 않도록 훈련시키기 위해서라고

생각할 수 있다. 이러한 확실성과 불확실성의 결합이 깨어있음에 매우 강한 동기를 부여한다. 단단한 바위 해안의 모습은 표류하는 선원에게 희망과 주지만 그 사이에 있는 알려지지 않은 깊은 여울은 그로 하여금 난파되지 않도록 자신의 쪽배를 극도로 조심스럽게 운전하게 한다. 알려진 것은 확신을 불어넣는다. 알려지지 않은 것은 세심한 주의를 낳는다. 그리스도의 재림 날짜가 재림 사실만큼이나 확실하다면, 주님께서 자신의 재림과 관련하여 제자들에게 항상 깨어있고 세심한 주의를 기울이라는 명령을 제자들은 거의 지킬 수 없었을 것이다. 돌아오시는 신랑은 "우리의 믿음과 소망 가운데 살아 계시며, 멀지만 가까이 오셨고, 어떤 순간에 오시리라고 말씀하지 않으셨기에 언제나 오실 수 있다. 그러므로 우리는 그분의 오심이 너무 가까웠다고 깜짝 놀라며 그분을 섬길 일도 아니며 그분의 오심이 아직 요원하다는 것이 확실함으로 무관심으로 지낼 일도 아니다. 오히려 우리는 항상 깨어 있어 언제 일지 모르는 그 때를 열심으로 기다려야 한다."

B. 깨어있어야 한다는 이 엄숙한 의무는 시간적인 불확실성에 대한 선언과 함께 그때가 임박했다는 놀라운 선언들로 인해 한층 더 강화된다. "너희는 그 날과 그 시를 알지 못하느니라"(마 25:13)는 말씀은 "보라 내가 속히 오리니"(계 22:12)라는 말씀과 조화되며, "때와 기한은 아버지께서 자기의 권한에 두셨으니 너희의 알 바 아니요"(행 1:7)라는 말씀은 "보라 심판자가 문 밖에 서 계시니라"라는 말씀과 조화된다(약 5:9). 여기에는 어떤 모순도 없다. 뒤의 구절이 앞의 구절이 선언한 바를 철회하는 것도 아니다. 어떤 수정이나 변경도 없다. 그러나 함께 볼 때, 재림 본문들은 금지와 장려의 가장 절묘한 조화를 이룬다. 금지란 주님의 재림 시간을 정하는 억측에 대한 것이며, 장려는 깨어 있어 영광스런 재림의 사건을 열심히 고대하는 데 대한 것이다. 그리고 이 모든 훈계들은 상호 관계 속에서 이해되어야 하며, 우리는 이러한 훈계들을 진실 되고 의심 없는 믿음으로 받아들여야 한다. 차가운 불신앙이나 날짜를 계산하는 해석이 주님께서 이러한 훈계를 주신 세밀한 동기를 결코 해치지 못하게 해야 한다.

사도들은 주님께서 그들에게 주신 명령, 곧 깨어 있어 그 날을 고대하라는 명령을 소중히 여겼다. 그리고 신약을 전체적으로 연구해 보면 신약이 이 점에 있어 일관되고 변함이 없다는 것을 알게 될 것이다. 항상 깨어 있으라는 명령을 주신 것은 교회가 기대를 가지고 항상 충실한 상태를 유지하게 하기 위한 것으로 보인다. 구약의 예언도 신약의 이러한 특징을 그대로 가지고 있다. 가깝고도 먼 지평들이 아주 긴밀하게 섞여 있어서 우리에게 똑같이 가까운 것으로 보이며 역사의 성취들에 의해서만 나뉘어진다. 그리스도께서는 유대인 시대의 마지막에 대한 예언과 기독교 시대의 마지막에 대한 예언을 구분하지 않고 한 데 섞으신다. 뿐만 아니라 예루살렘의 멸망에 대한 묘사들은 이것이 하나의 모형인 심판에 대한 묘사들과 신비스럽게 혼합된다. 주님께서는 "이 세대가 지나가기 전에 이 일이 다 이루리라"(마 24:34)고 말씀하시며, 이런 가운데 당시 사람들뿐 아니라 흩어졌으나 멸망할 수 없으며 자신의 재림 때가지 남아 있어야 하는 유대 민족에게도 적용될 수 있는 말씀을 하신다. 좁은 의미로 해석하면, 이것은 사도들 자신의 시대에 전파되었다. (골 1:6, 23을 보라 — 편집자.) 지금 우리는 이 예언이 더 넓게 세계적으로 성취되고 있는 것을 본다. 따라서 그분의 말씀 전체가 그렇다 — 문자적 대상을 가리키는 비유는 실체에 대한 모형이며, 보다 짧은 시대는 보다 긴 시대의 모형이다.

주님께서는 우리에게 깨어 있으라고 명하셨다. 그분의 모든 계명과 약속, 그리고 예언 하나하나의 성취는 우리가 항상 깨어 있게 한다! 모든 위대한 역사적 성취는 우리로 깨어 있어 아침이 가까웠는지, 세상의 마지막을 알리기 위해 영원의 언덕이 닫히고 있지 않은지 분별하게 만든다. 깨어 있어 주님의 재림을 고대하며 준비하라는 명령은 인간의 눈에는 아무리 사소하게 보일지라도 권위 있는 하나님의 말씀이며 역사 내내 교회의 가르침이었다. — 고든(A. J. Gordon, 1883).

눅 21:25-36 주의 날의 구원

이 장은 주의 날에 대한 것으로 시작하지만 미래 속으로 들어가 우리를 그분의 재림으로 데리고 간다. "마지막 날"이 보다 특별하게 언급된다. 이 날은 주님께서 심판주요 왕으로 임하시는 것으로 끝이 난다.

I. 이 날은 재앙의 날이다

이스라엘과 교회 양쪽 모두에게 있어서 그렇다. 아니 세상에게도 이 날은 슬픔의 날이 될 것이다(25-26절). 이러한 슬픔은 과거 모든 재앙(재난)이 이 날에 한데 모인 것처럼 다양할 것이다. 그 때에는 하나님의 진노의 대접이 쏟아질 것이다. 과거 어떤 재앙도 여기에 비할 수 없다. 심판, 공포, 박해가 일어나며, 지진이 발발하고, 체제가 뒤집히며, 해와 달과 별들이 빛을 잃을 것이다. 이러한 것들이 그 무서운 날이 이르렀음을 알릴 것이다. 예루살렘의 멸망은 이것의 그림자였을 뿐이다.

II. 재앙은 매우 광범위하게 일어날 것이다

재앙은 소돔과 고모라의 멸망만큼이나 무서울 것이지만 훨씬 더 우주적일 것이다. 한 단순히 하나의 성이나 나라가 아니라 온 세상에 임하는 심판이다! 하늘과 땅, 바다와 육지, 이스라엘과 이방인, 예루살렘과 바벨론, 유대와 이두매 할 것 없이 모두가 이 심판을 맞을 것이다. 모두가 죄를 지었기 때문이다. 하나님의 칼이 임하되 남기지 않을 것이다. 그 날은 하나님의 보응의 날, 곧 죄와 우상숭배, 적그리스도의 반역, 유대인의 불신앙, 기독교에 대한 배교, 하나님 자신과 아들과 성령과 당신의 성경과 당신의 복음과 당신의 율법을 모독한 데 대한 보응의 날이기 때문이다. 대 홍수 때처럼, 보응은 온 땅에 넘칠 것이다.

III. 피하는 자들이 있을 것이다(36절)

이것은 심판이 임할 때면 언제나 있는 일이었다. 경건치 못한 많은 무리가 죽는다. 하나님의 목적은 죄에 대한 당신의 미움을 보여주는 것이었기 때문이다. 그러나 당신이 뜻하는 자들을 구원하시는 하나님의 은혜와 주권적인 즐거움을 선포하기 위해 소수의 사람들은 보존되었다. 홍수가 온 세상을 휩쓸었다. 그러나 노아와 그의 가족은 구원을 받았다. 하늘의 불이 도성들을 삼켰지만, 롯과 그의 두 딸은 보존되었다. 하나님이 내리실 마지막이자 가장 무서운 재앙에서도 마찬가지일 것이다. 남은자가 구원을 받을 것이다. 하나님께서는 당신이 어떻게 멸하실 수 있는지 뿐만 아니라 어떻게 보존하실 수 있는지도, 애굽에 어떻게 심판을 내릴 수 있는지 뿐만 아니라 이스라엘을 어떻게 안전하게 지키실 수 있는지도 보여주실 것이다.

IV. 구원은 하나님의 손과 권능으로 이루어질 것이다

이 구절은 이렇게 말하지 않는다. 그러나 다른 구절들은 하나님께서 구원하시기 위해 개입하실 것이라고 상세히 말한다. 참으로 이처럼 우주적인 보응이 몰아칠 때, 기적이 아니고서는, 다시 말해 에녹의 경우처럼 심판이 시작되기 직전에 심판에서 제외되거나 노아의 경우나 불 속의 세 청년의 경우처럼 심판 속에서 안전하게 보호되지 않고서는, 살아 남는다는 것은 생각하기 어려워 보인다.

V. 구원받은 자들은 깨어 기도하는 자들이다

예언서들에는 구원받을 소수의 선택된 충성스런 예배자들에 대한 암시들이 많이 나타난다. 우리는 보통 이러한 구절들을 단순히 일반적으로 적용하여 어느 시대의 재앙이나 가리키는 것으로 본다. 그리고 이러한 구절들이 이러한 의미를 담고 있으며, 어느 때든 슬픔 가운데 있는 하나님의 모든 백성에게 위로를 주기 위해 기록되었다는 데는 의심의 여지가 없다. 그러나 예언서의 다른 말씀처럼, 이 구절들도 보다 큰 의미를 담고 있으며 마지막 날에 대한 예언이라 할 수 있다. 시편 91편, 이사야 33:14-17, 말라기 3:16-17이 여기에 속한다. 이러한 구절들에서 구원받은 자들이 온전히 묘사된다. 본문의 간곡한 권고에서 주님께서는 두 마디 말씀으로 이들을 우리 앞에 세우신다: 깨어 기도하라. 참조. 벧전 4:7.

A. 깨어 있어라. 잠을 조심하라. 이 세상은 졸리는 세상이다. 좀 더 정확하게 말하면 죄에 빨리 잠드는 세상이다. 현재의 많은 것들이 우리를 잠들게 하려한다. 세상적인 번영, 위로, 사치, 위험과 박해로부터의 자유가 그렇다. 우리는 이러한 아편들, 이러한 악한 자의 마취제에 정복당할 위험에 처해 있다. 그러므로 깨어 있어라. 끊임없이 우리를 엄습하는 졸음에 대한 경계를 늦추지 말라. 쾌락이나 탐심이나 허영이나 안락함에 대한 사랑으로 인해 잠에 빠지지 않도록 경계하라. 깨어 있어라!

B. 기도하라. 깨어 있는 동안에 기도하라. 무릎으로 깨어 있어라. 깨어 있는 시간은 기도의 시간이어야 한다. 주님께서 우리에게 요구하시는 것은 그저 깨어 있는 것 이상이다. 기도하라. 항상 기도하라. 말 그대로 어느 때나 어느 계절에나 기도하라. 어제만이 아니라 오늘도 기도하라. 고난 가운데서 만이 아니라 번영 가운데서도, 슬프고 두렵고 연약할 때만 아니라 안전하고 평화로울 때에도 기도하라. 쉬지 말고 기도하라.

깨어 기도하는 자들이 다가오는 폭풍을 면하거나 안전하게 그 폭풍을 지나게 될 것이다. 오직 이들뿐이다. 하나님께서 그 날에 어떻게 구원하실지 말할 수 없다. 그러나 불병거를 보내시든 당신의 천사를 보내시든 간에, 하나님께서는 반드시 구원하실 것이다.

VI. 구원받은 자들은 인자 앞에 설 것이다

여기서 "서다"는 두 가지를 가리킨다. (1) 심판대 앞에 서는 것(시 1:5) 즉 주의 날에 무죄를 선언받는 것이다. (2) 계시록 7:9, 14:1, 5, 15:2, 22:4에서처럼 주님 앞에 서는 것이다. 그 날은 이들이 구원받는 날일 뿐 아니라 왕이신 그분 앞에서 영광과 승리를 맛보는 날이기도 하다. 이들은 그분의 얼굴을 보며, 그분의 이름이 이들의 이마에 있을 것이다. 이들은 그분의 영광스런 수행원으로서, 그분이 택하신 자들로서, 그분의 존귀한 자들로서, 그분이 복주신 자들로서 그분 앞에 설 것이다. 이들은 그분과 함께 고난을 받았기에 그분과 함께 왕노릇할 것이다.

— 호라티우스 보나르(Horatius Bonar, 1874).

눅 21:33 "내 말은 없어지지 아니하리라"

샌프란시스코에 위치하고 있으며 지진과 화재에도 온전히 무사했던 바이블 하우스(Bible House)의 현관에는 "주의 말씀은 영원하다"라고 적혀 있다.

지난 밤 대장간 곁에 잠시 멈춰
저녁의 정적을 깨우는 모루 소리를 들었다.
안을 들여다보며 보니 바닥에는
오랜 세월에 닳고닳은 망치들이 있었다.
"지금까지 모루를 몇 개나 쓰셨어요?"
"이렇게 망치들이 많이 닳은 걸 보면요 많이 쓰셨을 것 같은데."
"딱 하나뿐입니다" 그가 눈을 깜빡이며 대답했다.
"아시겠지만, 이 모루가 망치들을 모두 닳게 했지요."
그래서 나는 생각했다. 하나님의 말씀의 모루를.
그렇게 오랫동안 회의주의의 망치질을 받았지만
모루는 닳지도 않았다 — 망치만 닳았을 뿐.

— *The Sunday School Times.*

예화: 한 상인이 성경을 읽고 있는 회심한 식인종에게 말했다. "우리 나라에서는 그 책이 시대에 뒤떨어진 것이라오."

그러자 식인종은 이렇게 대답했다. "여기서도 이 책이 시대에 뒤떨어진 것이었다면 당신은 오래 전에 잡혀 먹었을 거요."

— *The Northern Christian Advocate.*

누가복음 22장

눅 22:14-20 그리스도를 기억하라

유대인의 유월절은 성목요일의 전통적인 의식으로 시작되었다. 재의 수요일(Ash Wednesday) 이후 사람들은 "베옷을 입고 재에 앉았으나"(마 11:21; 눅 10:13) 이제는 베옷을 벗어버렸다.

모든 누룩도 집에서 치워졌다. 이제 무교절이 시작될 것이기 때문이었다.

오후 세 시와 여섯 시 사이에 "흠없는" 유월절 어린양을 잡아 통째로 구웠다. 그리고 허리에 띠를 띠고 손에 지팡이를 들고 먹었다. 그러면서 히브리 가족들은 사실적인 방법으로 출애굽의 기억할 만한 사건들을 재연했다.

I. 무교병은 도덕적 정결을 상징했다. 왜냐하면 누룩은 죄의 상징으로 여겨졌기 때문이다. "적은 누룩이 온 덩어리에 퍼지는 것을 알지 못하느냐 너희는 누룩 없는 자인데 새 덩어리가 되기 위하여 묵은 누룩을 내어 버리라 우리의 유월절 양 곧 그리스도께서 희생이 되셨느니라"(고전 5:6-7).

II. 쓴나물은 이스라엘 사람들이 겪은 고난의 상징이었으며, 영적 순례자가 "약속의 땅"으로 가는 길에 만나는 고난의 상징이기도 하다. "우리가 하나님 나라에 들어가려면 많은 환난을 겪어야 할 것이라"(행 14:22).

III. 그리고 피는 유대인들에게 출애굽기 12:7을 상기시키기는 했지만 우리 주 예수 그리스도의 대속에 대한 상징적 선언이었다. "육체의 생명은 피에 있음이라 내가 이 피를 너희에게 주어 단에 뿌려 너희의 생명을 위하여 속하게 하였나니 생명이 피에 있으므로 피가 죄를 속하느니라"(레

17:11). "내가 애굽 땅을 칠 때에 그 피가 너희의 거하는 집에 있어서 너희를 위하여 표적이 될지라 내가 피를 볼 때에 너희를 넘어가리니 재앙이 너희에게 내려 멸하지 아니하리라"(출 12:13. 히 9:1-22도 보라).

그러나 고대 유대인들은 유월절의 상징적이며 예언적인 의미를 거의 깨닫지 못했던 반면, 우리 시대의 많은 교인들과 그리스도인들이 신약의 "유월절," 곧 주의 만찬의 진정한 의미를 파악하지 못한다! 여기서는 그리스도의 짧은 한 마디만에 대해 두 가지만 살펴보기로 하자.

IV. "이를 행하여 나를 기념하라"(눅 22:19)

A. 기억할만한 이 말씀은 예수 그리스도의 신성(하나님됨)을 우리에게 상기시켜 준다. 오직 성육하신 하나님의 아들만이 "이를 행하여 나를 기념하라"는 말씀을 적절하고 효과적으로 선언하실 수 있었다. 하나님만이 이렇게 말씀하실 수 있다. 우리가 복된 성찬에 참여할 때 하나님만이 기념될 가치가 있다. "참으신 자를 생각하라"(히 12:3).

B. 이 말씀은 또한 성경이 그리스도의 죽음에 부여하는 무한한 중요성을 보여준다. 어떤 사람들은 대속의 교리를 감히 축소 평가하지만, 우리는 주님께서 우리에게 자신을 기념하라고 말씀하신 것은 이 성찬을 행함으로 우리가 "주의 죽으심을 오실 때까지 전하는 것"(고전 11:26)이기 때문이라고 말하지 않을 수 없다. 그분의 죽음만이 구약의 유월절에 의미를 준다. 그분의 죽음만이 주의 만찬을 참된 신자에게 무한한 가치가 있는 성례가 되게 한다. 그분의 죽음만이 회개하는 영혼에게 용서와 영생이 필요하다는 확신을 불어넣어준다. — 엘링슨.

눅 22:18 하나님 나라의 새 포도주

"내가 이제부터 하나님의 나라가 임할 때까지 포도나무에서 난 것을 다시 마시지 아니하리라." 이 말씀에는 우리를 감동시키는 동시에 굴복시키는 고요한 침울함이 배어 있다. 간단한 말씀이지만, 여기에는 깊은 엄숙함이 배어 있다. 주님과 그분의 제자들 모두 슬펐다. 이것은 주님께서 하늘의 예루살렘에서의 영원한 만남의 날을 기약하며 제자들과 마지막으로 나누는 고별 만찬이었다. 그리고 그분의 말씀은 지칭 대상이나 내포하는 의미에 있어 결국은 사도의 말과 비슷하다: "너희가 이 떡을 먹으며 이 잔을 마실 때마다 주의 죽으심을 오실 때까지 전하는 것이니라"(고전 11:26). 우리는 이 말씀을 연구하면서 몇 가지를 발견할 수 있다.

I. 예수께서는 자신이 제자들과 함께 포도나무에서 난 것을 마셨던 때를 말씀하신다

예수께서는 제자들과 함께하신 이후로 줄곧 이렇게 하셨다. 만찬 때마다, 유월절마다, 시몬의 집에서, 갈릴리 가나에서 제자들의 공동 식사에 참여하시고 교제를 나누시면서 이렇게 하셨다. 예수께서는 이렇게 하시려는 소원을 앞에서 한 번 표현하셨다: "내가 고난을 받기 전에 너희와 함께 이 유월절 먹기를 원하고 원하였노라"(15절). 그분은 이제 그렇게 하고 계신다.

이처럼 예수께서는 인간적인 교제를 기뻐하셨다. 그분은 우리에게 기쁨을 주시러 오셨을 뿐 아니라 우리에게서 기쁨을 받으시러 오신 것이기도 하다. 그분의 기쁨은 인간의 아들들에 대한 것이었다. 예수께서 찾으시는 교제를 그분과 나누자.

II. 예수께서는 자신이 포도나무에서 난 것을 마시지 않으실 때를 말씀하신다

"내가 … 포도나무에서 난 것을 다시 마시지 아니하리라." 그분은 교제와 기쁨의 상징이었던 잔을 자신에게서 치우신다. 여기서 이 기간은 두 부분으로 이루어지는 것으로 암시된다.

A. 그분의 고통과 죽음의 기간. 예수께서 이 말씀을 마치신 후 곧바로

유다가 이끄는 원수들이 와서 그분을 체포했다. 이 기간에는 그분에 대한 배신, 도망, 부인, 채찍질, 십자가에 못박힘, 가시관 등이 있었다. 이 기간 내내 제자들과의 복된 교제는 일시적으로 중단되어야 했다.

B. 그분의 부활에서 재림 사이의 기간. 현재의 시기는 부재의 시기이다. 따라서 이 때는 그분의 온전한 기쁨의 시대가 아니다. 온전함은 아직도 미래의 일이다. 예수께서 자신의 사람들 곁에 계시지 않는 한, 그분이 택하신 자들이 함께 모이지 않는 한, "신부"가 준비되고 있는 한, 그분의 기쁨은 온전하지 못하다. 따라서 그분은 자신의 온전한 기쁨을 부활과 마지막 재결합의 큰 날까지 넘기시거나 미뤄두신다. 따라서

C. 예수께서는 자신의 사람들과 함께 포도나무에서 난 것을 다시 마실 때를 말씀하신다

이 날은 주님과 그분의 나라가 임하는 날이다. 그분이 왕관을 쓰시는 날은 "[그분의] 마음이 기쁠 때"이다(아 3:11). 이 날은 왕이신 그분의 영광이 빛나는 날이다. 이 날은 하나님이신 신랑과 그분의 신부인 교회의 혼인 날이다. 이 날은 그분이 피로 사신 신랑과의 온전하고 영원한 교제가 이루어지는 날이다. 이 때 그분은 포도나무에서 난 것을 "하나님 나라에서 새 것으로"(막 14:25) 마실 것이다. ― 호라티우스 보나르(Horatius Bonar).

구속의 은혜에 대한 감사와 천국의 지복(至福)에 대한 소망은 우리가 성찬 중에 마음과 가슴에 채워야 할 두 가지 생각이자 의무이다

― 케넬.

눅 22:43 위로의 사자

크게 흥미로운 사건은 겟세마네 동산에서 고뇌에 찬 싸움으로 크게 연약해지고 고독한 주님에게 힘을 주기 위해 천사가 나타난 것이다.

천사들은 그리스도의 이야기와 매우 긴밀하게 연결되어 있다.

1. 마리아에게 임박한 성육신을 알린 것이 천사였다.

2. 한 천사가 목자들에게 베들레헴에서 예수께서 탄생하셨다는 소식을 처음으로 전했으며, 천군 천사가 밤에 양떼를 돌보던 목자들의 귀를 놀라게 하는 찬양을 불렀다.

3. 예수께서 광야에서 40일간 들짐승들과 함께 계시며 사단의 시험을 받으신 후 천사들이 예수님을 시중들었다.

4. 무덤에 누인 예수님을 보러 찾아온 여인들에게 그분의 부활을 알린 것도 천사였다.

5. 제자들이 승천하시는 주님을 바라보고 있을 때 이들을 위로한 것도 천사들이었다.

따라서 외로운 고뇌의 시간에 주님의 구원 사역에 깊은 관심이 있는 천상의 존재들 중 하나가 주님의 위로자로 나타났다는 것은 전혀 이상해 보이지 않는다. 이 세상이 전부라면 이 세상의 것들은 무엇이든 얼마나 가치가 없겠는가! 세상은 대기가 천사들로 가득하며 하나님께로 이르는, 이 세상의 모든 선이 추수되는 다른 세상으로 이르는 빛나는 계단이 있다는 우리의 믿음에서 자신의 가치를 얻는다.

나는 지금 이 순간 이러한 싸움을 싸우고 있는 사람에게 말하고 있는 것이다. 당신이 호흡하는 공기는 원수들로 가득 차 있는 것으로 보이며, 당신의 전진은 모든 부분에서 가로막힌다. 그러나 당신은 하나님에 대한 믿음을 지키며, 당신의 기도에 응답하여 당신의 팔에 새 힘을 주는 그분의 천사들의 존재를 의식하는 한 두려워할 필요가 없다.

모든 인간의 눈에는 당신에게 승산이 전혀 없어 보인다. 그러나 하나님의 천군 천사가 당신의 편에 있으면, 당신은 반드시 이긴다. 도단의 엘리사를 온 산 가득 불병거들로 둘러 싸셨던 분께서(참조. 왕하 6:17) 당신의 여정에서 벌어지는 어떤 전투에서도 당신을 강하게 하실 수 있으며, 당신이 모든 대적을 물리치도록 도우실 수 있다.

— 루이스 뱅크스(Louis A. Banks, 1898).

눅 22:54-62 "베드로가 멀찍이 따라가니라"

베드로는 멀찍이 따라갔다. 이것은 위험스러운 일이었다. 그리고 베드로가 "그 가운데 앉았더니"(55절). 그곳, 곧 "멀찍이"는 유혹의 장소이다. 그리고 원수의 불가에 앉아 있는 것은 더 위험하다. 그러나 "복있는 사람은 악인의 꾀를 좇지 아니하며 죄인의 길에 서지 아니하며 오만한 자의 자리에 앉지 아니하고"(시 1:1).

모든 사도 중에서, 베드로는 우리가 가장 잘 이해할 수 있는 사도이다. 우리는 요한과 바울에 대해 읽을 때면 그들의 능력과 온전함에 기가 죽는다. 그러나 베드로는 너무나 많은 점에서 우리와 비슷하다.

I. 베드로에게는 많은 장점이 있었다

A. 그는 신실했다. 그는 인간이 정직할 수 있는 만큼 정직했다.

B. 그는 열성적이었다. 당신이 만약 이것이 그가 그렇게도 자주 실패한 이유라고 말한다면, 나는 당신에게 세상은 지나치게 소심한 사람들에게 빚진 바가 그다지 많지 않다고 대답할 것이다(— J. Wilbur Chapman).

C. 그는 용감했다. 이것은 그가 검을 뽑았을 때뿐 아니라 그의 뒤이은 모든 생애와 증거에서 입증된다.

II. 그러나 베드로는 실수도 했다

A. 그는 너무 자만했고 따라서 자신을 자랑했다. "다 주를 버릴지라도 나는 언제든지 버리지 않겠나이다"(마 26:33).

B. 그는 두려워했다. 베드로와 "제자들이 다 예수를 버리고 도망하니라"(마 26:56)

C. 그는 "멀찍이" 혼자 걸었다. 이로 인해

III. 그는 주님을 세 번 부인했다

A. 대제사장의 집 "문 밖에"(요 18:15-17).

B. "불빛을 향하여 앉은 것"(눅 22:56).

C. "한 시쯤 있다가"(눅 22:59). 예수께서 끌려가시면서 "돌이켜 베드로를 보시니 베드로가 주의 말씀 곧 오늘 닭 울기 전에 네가 세 번 나를 부인하리라 하심이 생각나서 밖에 나가서 심히 통곡하니라"(눅 22:61-62).

주님이 보신 베드로의 모습과 통곡의 눈물은 베드로에게서 새로운 삶과 새로운 비전이 시작되었음을 보여준다. 우리도 비슷한 경험이 있을 수 있다. 그러나 우리가 베드로처럼 회개한다면 우리의 과거에도 불구하고 우리에게는 더 밝은 미래가 기다리고 있다.   — 엘링슨.

누가복음 23장

눅 23:32-33 십자가의 산

(편집자주: 여기서 인용된 저자는 산과 관련된 성경의 여러 장면들에 대해 여러 장[章]을 쓴 후에 다음과 같이 계속한다:)

우리 앞에 있는 장면은 우리의 마음을 아프게 한다. 지금까지의 장면들은 다소간 당연한 일, 인생 여정의 한 부분으로 받아들여졌다. 그러나 십자가 산에 오르는 장면은 앞의 장면들보다 훨씬 특별하다. 여기서 몇 가지를 살펴볼 수 있다.

1. 애초에 이곳은 성읍의 변두리에 있으며 다소 높아 눈에 잘 띄는 언덕일 뿐이다.

2. 이 언덕은 더 높은 산들보다 오르기가 더 힘들다. 이곳을 오르기 위해서는 용기와 힘이 필요하다. 이곳을 오르는 것은 용감한 등반이다. 하지만 우리가 이곳을 혼자 오르신 분과 인생 여정을 계속해서 함께 가길 원한다면 모든 등반 중에서 가장 필요한 등반이다. 여기서 그분과 나눠진다면, 우리는 영원히 그분과 나눠지게 된다!

3. 우리는 이 산에 오르면서 떡과 물고기 때문에 따라왔으나 등을 돌리고 더 이상 그분과 함께하지 않는 무리들을 본다. 이들은 상을 원했으나 그 값(대가)이 너무 높다.

4. 그분은 이곳을 오르셔야 했다. 하나님께서 이것을 필요로 하신 것이 아니라 우리가 이것을 필요로 했다. 하나님께서는 두 가지 중 하나를 하셔야 했다. 그분은 인류의 구속을 포기하시든지 그렇지 않으면 그리스도께서 십자가의 산을 오르셔야 했다.

5. 우리가 갈보리 등반에 참여하는 것은 주님께서 오르셨던 것보다 결코 덜 중요하지 않다. 그래서 바울은 이렇게 말할 수 있었다. "그리스도의 고난이 우리에게 넘친 것같이 우리의 위로도 그리스도로 말미암아 넘치는도다"(고후 1:5). "우리가 하나님 나라에 들어가려면 많은 환난을 겪어야 할 것이라"(행 14:22). "참으면 또한 함께 왕노릇할 것이요"(딤후 2:12). "우리가 그와 함께 영광을 받기 위하여 고난도 함께 받아야 될 것이니라"(롬 8:17). ─ 윌리엄 폴하머스(William Robert Polhamus).

눅 23:32, 39-43 세 개의 십자가

하늘을 배경으로 서 있는 세 개의 십자가는 수 세기 동안 똑같이 분명하게 있다. 갈보리의 비극이 일어났던 높이 솟은 이 언덕에서 인간이 배울 수 있는 가장 위대한 교훈 중 하나가 주어졌다. 십자가 죽음의 세세한 부분이 너무나 잘 알려져 있기에 이 무서운 비극에 대한 어떤 부분도 정당화될 수 없다. 우리가 이 비극의 의미를 되새긴다면, 이 비극을 통해 여기서 사랑과 용서가 하나님의 마음에서 죄를 범하는 모든 인류에게 어떻게 나타났는가 아는 것만으로도 충분하다. 인류에게 주어진 가장 큰 복은 하나님께서 우리를 버리지 않으셨다는 지식이다.

어떤 사람은 모든 사람이 골고다 언덕에 세워진 세 십자가 가운데 하나에 못박힌다고 말한다. 이것은 우리가 십자가에 못박힐 것인가에 대한 문제가 아니다. 문제는 그 못박힘이 이루어질 십자가에 대한 것일 뿐이다. 우리 앞에는 세 개의 십자가 ─ 이기주의의 십자가, 내어맡김의 십자가, 자기 희생의 십자가 ─ 가 있다. 우리는 이 셋 중에 어느 것을 선택할지는 우리에게 달렸다. 하지만 그 결과가 우리가 어떤 선택을 해야할 지 말해준다.

1. 이기주의의 십자가

"달린 행악자 중 하나는 비방하여 가로되 네가 그리스도가 아니냐 너와 우리를 구원하라 하되"(39절).

이 사람의 삶을 지배해왔던 열정이 그의 죽음에서 두드러지게 나타났다. 지금까지 그의 범죄자의 삶을 지탱시켰던 것은 이기심이었으며, 그로 불손한 폭언을 서슴지 않게 한 것도 이기심이었다. 그가 살기를 바라는 것은 자연스러운 것이었다. 그러나 그의 영혼은 전혀 회개하고 있지 않았다. 그의 삶은 피투성이였다. 강도질이 그에게는 예삿일이었다.

그는 하늘과 땅 사이에 달려 있었다. 땅은 그를 버렸고 그는 하늘을 버렸다. 죽음이 그의 얼굴을 쏘아보지만 그는 하나님의 음성을 거부한다. 오래 전에 죽어버린 양심은 말하길 거부한다. 그에게는 조그마한 희망이나 생명의 불꽃도 없다. 그의 앞은 가장 어두운 밤처럼 캄캄하기만 하며, 죄가 더 이상 어둡게 할 수 없을 정도로 어둡다.

그의 몸은 로마 군병들에 의해 나무 십자가에 달려 있다. 그러나 그의 진짜 십자가형은 벌써 오래 전에 이루어졌다. 그의 영혼은 이기주의의 십자가에 달렸으며, 그를 십자가에 단 것은 그 자신의 이기적인 욕망이었다.

오로지 자신의 쾌락과 위안만 생각하는 사람들이 많다. 이들은 큰 범죄를 저지르지는 않을지 모르지만, 이들에게 있어 세상이 어떻게 돌아가는지는 거의 문제가 되지 않는다. 탐닉은 고통으로 이어졌다. 그가 부자였기 때문이 아니라 그가 이기적이기 때문이었다. 자아는 유혹자가 취하는 형태들 가운데 하나이다. 그 앞에서는 어떤 것도 신성하지 않다. 삶, 영예, 행복은 자아의 제단 앞에 희생된다. 이기적인 목적 성취가 목표인 어리석은 사람은 회개하지 않은 강도가 달렸던 바로 그 십자가에 자신이 자신을 달고 있다는 것을 알지 못한다.

2. 내어맡김의 십자가

회개하고 죽은 강도는 첫번째 강도와는 얼마나 다른가!

둘 모두 똑같은 죄인이며, 똑같이 자신들의 죄값을 치르고 있다. 그러나 첫번째 강도는 이기주의의 십자가에 오래 전에 못박힌 반면에, 두번째 강도의 영혼은 아직도 살아 있었다.

우리는 그에게서 회개하지 않는 죄인에 대한 꾸짖음을 듣는다. 그는 자신이 하나님과 인간 앞에서 지은 죄를 인정한다. 그의 영적 시력은 함께 달리신 신적인 동료는 죄가 없음을 알아볼 정도 아직도 예리하다. 그리고 "예수여 당신의 나라에 임하실 때에 나를 생각하소서"라는 그의 외침은 "내가 진실로 네게 이르노니 오늘 네가 나와 함께 낙원에 있으리라"는 확신의 대답으로 돌아온다.

회개하는 강도의 십자가는 자기를 내어 맡기는 십자가이다. 이 장면은 평안과 그리스도와의 교제의 장면이다. 자신의 죄에서 자유하고자 하는 죄악된 마음이 있는 곳이면 어디서나 메시지는 그리스도께 내어맡김이 생명과 천국의 기쁨으로 가는 문이라는 것이다. "만일 우리가 우리 죄를 자백하면 저는 미쁘시고 의로우사 우리 죄를 사하시며 모든 불의에서 우리를 깨끗케 하실 것이요"(요일 1:9).

아프로매톡스 법원에서 리 장군의 내어맡김이 여기에 대한 예화이다. 반역이 있는 한 자비란 없었다. 그러나 반역자가 항복할 때(내어 맡길 때), 그랜트 장군의 아량이 법정에서 베풀어졌다. "장군, 당신 말을 계속 키우시오. 당신의 전장에 그 말들이 필요할 것이오."

바울은 자신이 예수 그리스도의 종이라는 것을 당연히 자랑할 수 있었다. 왜냐하면 그는 자신을 그리스도께 무조건적으로 내어맡김으로써 그리스도께서 주시는 자유를 발견할 수 있었기 때문이다.

3. 자기희생의 십자가

이 십자가가 가장 고귀하다. 영광의 왕께서 이 십자가에서 죽으셨다. "사람의 모양으로 나타나셨으매 자기를 낮추시고 죽기까지 복종하셨으니 곧 십자가에 죽으심이라 이러므로 하나님이 그를 지극히 높여 모든 이름 위에 뛰어난 이름을 주사"(빌 2:8-9). 죄가 없으신 분께서 죄인들을 위해 자신을 내어주셨다. 하나님의 아들께서 죄악된 인간들을 위해 죽으셨다. 하지만 그 고통이 얼마나 컸겠는가? 하지만 그분은 오해받고 모욕을 받으신 채로 죽지 않으셨는가? 그분이 십자가를 견디시고 모욕을 참으신 것은 앞에 있는 기쁨을 위해서였다. 그리고 그분은 이렇게 아버지의 사랑과 뜻을 나타내셨기에 지금 "높은 곳에 계신 위엄의 우편에 앉으셨느니라 저가 천사보다 얼마큼 뛰어남은 저희보다 더욱 아름다운 이름을 기업으로 얻으심이니"(히 1:3-4).

갈보리 십자가는 왕관을 쓰신 그리스도의 보좌이다. 우리가 바울과 함께 그분의 보좌에 참예하려면 그리스도와 함께 십자가에 못 박혀야한다. 우리들 각자는 이 세 십자가 중 하나에 못박히고 있다. 첫 번째 십자가는 소망없는 캄캄한 밤을 바라본다. 두번째 십자가는 무덤 너머 하나님의 낙원을 바라본다. 그러나 세번째 십자가는 주권적인 구원자의 보좌, 곧 우리가 그 대가를 기꺼이 지불하려 한다면 그분과 함께 누릴 보좌를 바라본다. 이것은 단지 당신의 십자가를 선택하는 문제이다.

당신은 이 일을 회피할 수 없다. 당신의 선택이 마지막 좌우한다.

성밖 멀리 푸른 언덕이 있네,
우리 모두를 구원하시려 주님께서 십자가에 못 박혀 죽으신 곳이라네.
우리는 알 수 없네, 말할 수도 없네, 그분의 아픔이 어떠했을지를.
그러나 믿네, 그분이 달려 고난받으심이 우리를 위한 것이었음을.
그분의 죽음은 우리로 용서받게 하기 위함이요,
우리로 선하게 하기 위함이네,
우리로 천국에 이르며, 그분의 보혈로 구원받게 하기 위함이네.
다른 어떤 선으로도 죄값을 다 갚지 못한다네
오직 그분만이 천국의 문을 열고 우리로 들어가게 하신다네.
크고 크셔라 그 사랑이여. 우리 어찌 그분을 사랑하지 않을 수 있으리,
어찌 그분의 구속의 보혈을 의지하지 않으며
그분의 일을 하지 않을 수 있으리.

십자가의 산은 자기 희생의 십자가에서 가장 풍성한 의미를 갖게 된다. 새로운 힘이 인간의 아들들 가운데서 느껴진다. "누구든지 나를 위하여 제 목숨을 잃으면 구원하리라"(눅 9:24)는 가르침은 역사가 입증해준다.

인간은 하나님에 대해 자주 말했다. 그러나 지금까지 어떤 사람도 그분의 은혜가 어디까지인지 그 길이를 파악하지는 못했다.

죽으시는 하나님은 신학적으로 불가능하지만 영광과 경험에 있어 실제적이다. 인간을 위해 죽으시는 하나님은 자연적으로 생각할 수 없다. 우둔한 마음에 이러한 개념을 주입하기 위해서는 계시가 필요했다. 그러나 여기서 우리는 심오한 신비를 본다. 논리와 경험의 모든 규범들이 초월된다. 갈보리는 설명을 무시한다. 갈보리는 하나님의 무한하고 성육한 은혜를 담고 있다. 상처 입은 그분의 몸에서 영생이 흘러나온다.

인간은 경외심으로 이러한 광경 앞에 설 수 있을 뿐이다. 갈보리의 사실에 온전히 순종할 때, 이 사건은 우리에게 지워지지 않은 인상을 남기며 우리의 영혼은 그 계시에 빠져들게 된다.

은혜의 기적은 인간이 이해할 수 있는 어떤 법에 따라 일어나지 않으며 다만 믿음으로 받아들이는 마음에 따라서만 일어날 뿐이다.

— 윌리엄 폴하머스(William Robert Polhamus).

눅 23:33 갈보리의 두 가지 측면

갈보리는 두 가지 측면을 갖는다. 하나는 용서에 대한 것이며, 다른 하나는 평안에 대한 것이다. 전자는 성화를 위한 것이며 후자는 칭의를 위한 것이다.

1. 첫째, 우리는 십자가에서 자기를 내어주시는 하나님의 사랑을 본다. 하나님께서는 그리스도 안에서 실패와 죄로 가득한 우리의 본성을 취하시고, 나무에서 몸소 우리의 죄를 담당하시며, 우리를 자신과 화목시키셨다.

그리고 우리의 죄를 너무나 멀리 치워버리셨기에 무한한 공간도 이 거리에 대한 하나의 상징으로 사용될 수 있을 뿐이다.

"그 아들 예수의 피가 우리를 모든 죄에서 깨끗하게 하실 것이요"(요일 1:7). "우리가 그리스도 안에서 그의 은혜의 풍성함을 따라 그의 피로 말미암아 구속 곧 죄사함을 받았으니"(엡 1:7). "내가 저희 불의를 긍휼히 여기고 저희 죄를 다시 기억하지 아니하리라 하셨느니라"(히 8:12).

2. 그러나 십자가에 대한 두번째 시각이 있다. 그러나 이 시각은 역시 중요하기는 마찬가지이지만 자주 간과된다. 두번째로 십자가에 나아가면서, 영혼은 죽으시는 주님 안에서 자신을 발견한다. 자신이 그분과 함께 십자가에 못박혔음을 깨닫는다. 못과 창, 죽음의 고통, 그리고 구원자의 몸이 십자가에 달리는 것을 의식하게 된다. 옛 본성의 지배에서 벗어나고 이제는 죽은자 가운데서 다시 사신 그분과 연합한다.

우리는 이런 사실을 받아들이기가 무섭게 사도와 함께 이렇게 외친다: "내가 그리스도와 함께 십자가에 못박혔나니 그런즉 이제는 내가 산 것이 아니요 오직 내 안에 그리스도께서 사신 것이라 이제 내가 육체 가운데 사는 것은 나를 사랑하사 나를 위하여 자기 몸을 버리신 하나님의 아들을 믿는 믿음 안에서 사는 것이라"(갈 2:20). 또는 같은 서신서의 다른 말씀을 인용하자면, 우리는 "그리스도 예수의 사람들은 육체와 함께 그 정과 욕심을 십자가에 못박았느니라"는 사실을 인식하게 된다(갈 5:24).

이렇게 주님께서 죽으실 때 하나님의 목적 안에서 우리의 것이었던 것이 이제 십자가 앞에 나아가는 믿음의 행위에 의해 실제적 경험 가운데서 우리의 것이 된다는 사실이 너무나 분명해진다. 이처럼 십자가는 교의요 교리일 뿐 아니라 경험이기도 하다. 십자가는 우리를 우리의 이기적인 본성에서 해방시켜 하나님의 아들의 영광스런 자유로 옮기는 도구이다.

우리는 육신의 욕망을 통해 꿈틀대는 비천한 본성의 강한 열망들이 머리를 내밀 때마다 십자가를 바라보면서 우리의 "옛 사람"이 그리스도와 함께 십자가에 못박혔으며 죄의 권세가 우리를 이기지 못하리라는 것을 깨닫는다. 그리고 우리는 우리가 하나님의 아들로서의 삶을 살 수 있도록 성령께서 우리로 육신의 행동을 억제할 수 있게 해 주실 것을 간구한다.

격렬한 욕망과 불같은 악한 욕구와 시기와 질투와 분노에 사로잡혔던 사람을 보라. 폭풍이 일기 시작할 때, 그를 곧바로 십자가 앞으로 인도하고, 하나님의 목적에서 그의 옛 사람이 십자가에 못 박혔으며 육적인 욕망의 지배가 끝나고 하나님의 성령의 다스림이 시작되었음을 깨닫게 하라. 그로 하여금 이 사실을 확인하고, 반복하며, 감사하게 하라. 그의 영혼이 구속자의 최종적이며 변경될 수 없는 사역을 굳게 붙잡게 하라. 그러면 놀랍고도 믿을 수 없는 혁신이 즉시 일어날 것이다. 일어나던 폭풍우가 잠잠해질 것이며, 물결을 잠재우고 고요한 평안과 복을 주시는 음성이 들릴 것이다. 이 고요함 속에 성령께서는 내주하시는 그리스도의 생명을 온전케 하시는 복된 사역을 계속하실 것이다. — 마이어(F. B. Meyer).

눅 23:33 그분의 죽음을 통해 얻는 새 생명

우리는 십자가의 죽음을 우리 자신의 대체물, 곧 죽음의 고통을 면하는 하나의 수단으로 보는 데 만족해서는 결코 안 된다. 우리는 주님께서 주시는 새 생명에 대해 살기 위해 주님의 고난에 참여해야 하며, 그분과 함께 십자가에 못 박혀야 하고, 그분의 죽음에 연합하여 세례를 받음으로 자기 뜻을 온전히 버려야 한다. — 마이어(F. B. Meyer).

눅 23:34 알 수 없는 죄의 깊이

죄는 사실 죄인들의 일반적인 평가와는 사뭇 다르다. 여기서 이 진리를 설명하고 각기 다른 부류의 죄인들을 살펴보고자 한다.

I. 어떻게 해서 죄인들은 죄가 그렇게 하찮은 것이라는 생각을 갖게 되

는가?

A. 죄인들은 죄의 길을 가고 있는 동안 자신들의 느낌과 목적을 매우 제한적인 시각으로 바라본다. 그 결과 이들은 매우 악한 의도를 결코 의식하지 못하기 때문에 자신들은 그 다지 큰 죄인일 수 없다고 추론한다.

아마도 모든 죄에서, 이들은 한 때 하나님이나 하나님의 나라에 해를 끼치려 했다는 것을 기억하지 못할 것이다. 이들은 사실 모든 성향이 하나님을 대적함에도 불구하고 자신들이 하나님에 대해 악한 의도나 적대 감정을 결코 갖지 않았다고 생각할 정도로 철저히 속고 있다. 그리고 이들은 또한 자신들이 복음에 나타난 하나님의 모든 자비하심을 대적하여 스스로를 강퍅하게 하고 구속의 보혈의 강을 무모하게 공격하고 있을 때에도 이렇게 생각한다.

B. 많은 사람들은 하나님의 법에 대한 빈약한 개념(지식)으로 인해 자신의 죄에 대한 제한된 견해를 갖는다.

이들은 하나님은 영이시며, 그분은 생각과 바람을 손의 움직임이나 혀의 놀림처럼 실제적으로 자신의 법 아래 두신다는 것을 잊는다. 이들은 하나님께서 내적인 것은 거의 중요하게 여기지 않으신다고 생각하며, 율법을 하나님의 마음의 표현이라고 여기지 않는다.

C. 어떤 사람들은 인간의 본성에 흔한 결점들에 근거하여 개개인이 죄인이라는 것을 반대한다.

이들은 어느 종이나 일반적인 결점이 있으며, 따라서 자신들은 천사의 능력을 갖지 못한 것에 대해서 만큼이나 개인적인 죄에 대해서는 의식하지 않는다고 말한다.

D. 어떤 사람들은 자신과 더 큰 죄인들을 비교함으로써 자신의 죄에 대한 스스로의 개념을 축소시킨다.

이들은 자신들보다 더 깊은 죄악에 빠져 있는 다수의 사람들을 보며, 따라서 자신들의 죄는 작다고 결론내린다. 이들은 하나님의 법에 자신을 비추어 보는 대신, 죄악된 세상이 세워 둔 기준에 따라 스스로를 평가한다.

따라서 이들은 이러한 기준에 따라 거의 모든 삶에 대해 무죄를 선언할 수 있다. 이렇게 이들은 죄에 대한 바른 이해를 가로막는다.

E. 죄는 그것을 비추는 빛과 그것이 처한 환경에 따라 매우 다르게 보인다.

죄악된 친구들 틈에 있는 사람은 경건한 사람들 틈에 있는 사람들보다 죄에 대해 덜 느낀다. 죽음과 심판이 멀리 있을 때보다 임종의 자리에서 죄는 더 무섭게 보인다. 그리고 죄는 하늘의 빛이 그 위에 비췰 때 훨씬 더 무섭고 증오스러워 보인다.

F. 다시 말하지만 형벌의 지연은 인간으로 하여금 죄는 사소한 것이라는 생각을 굳히게 한다.

"악한 일에 징벌이 속히 실행되지 않으므로 인생들이 악을 행하기에 마음이 담대하도다"(전 8:11). 모든 죄에 하나님의 합당한 진노가 즉시 따른다면, 죄를 보는 세상의 눈이 즉시 바뀌지 않겠는가!

II. 죄는 사실 죄인의 평가와는 전혀 다른 것이다

A. 죄는 그 영향에 있어 죄인들이 평가하는 것과는 매우 다르다.

죄인들은 하나님의 나라가 영들의 나라이며, 영을 거역하는 것은 내란의 불과 검이 지상의 나라를 침입하듯이 사실상 하나님의 나라를 침입하는 것이라는 사실을 알지 못한다. 심판 날에 마음의 죄들이 행한 악행들이 낱낱이 드러날 때 죄악된 세상은 아연실색할 것이다.

B. 죄를 낳는 마음의 상태를 고려한다면 죄는 매우 다르게 보일 것이다.

어떤 사람은 불경스럽게 맹세하고 땅으로 자기 앞에 떨게 할 정도로 하늘을 모욕할 것이다. 그는 하나님의 모든 가르침을 매우 등한시하며, 가볍게 여기고, 비웃을 것이다. 그러나 자신의 모든 행동이 단순히 부주의함에서 비롯되었으며, 자신이 앞으로 하려는 것은 선한 일이라고 생각한다.

하나님께서는 죄를 매우 다른 빛에서 보신다. 그분은 어느 날 죄인으로 하여금 자신의 죄를 깨닫게 하실 것이다.

C. 죄에 대한 값비싼 보상은 죄가 하찮은 것이 아님을 보여준다.

우리는 하나님의 아들이 죄인을 대신해서 십자가를 지실 때 하나님께서 죄를 얼마나 미워하시는가를 본다! "자기 아들을 아끼지 아니하시고"(롬 8:32. 참조. 사 53:4-6과 특히 시 22:1-3; 마 27:46 — 편집자).

D. 영원한 보응은 죄가 여기서 평가되는 것과는 전혀 다른 것으로 보이게 한다.

세상의 모든 세대가 심판의 보좌 앞에 모일 때, 그 날의 목적은 죄가 무엇인지 그 무서운 실체를 밝히는 일이 될 것이다.

— 자베스 번스(Jabez Burns).

눅 23:34 용서

I. 알지 못하고 지은 죄도 용서받아야 한다

그리스도를 십자가에 못 박은 유대인들은 자신들이 전혀 의도하지 않은 두 가지를 했다.

A. 이들은 스스로를 파멸시켰다.
B. 이들은 하나님을 섬겼다. 참조. 행 2:23.

모든 죄인들은 이 두 가지를 하고 있다. 죄인들은 더 잘 알아야 한다. 죄인들은 더 잘 알았어야 했다. 이들이 상의했다면 성경뿐만 아니라 이들의 양심도 이들을 가르쳤을 것이다.

II. 용서는 하나님의 특권이다

어떤 인간도 죄를 용서할 수 없다. 오직 하나님만이 죄를 용서하실 수 있다. 따라서 그리스도께서는 하나님께 호소하신다. 개인적인 죄든 관계적인 죄이든 간에 모든 종류의 죄는 하나님께 대한 것이다. 따라서 그분만이 용서할 권리가 있다.

III. 이러한 특권의 시행은 그리스도의 중보를 통해 이루어진다.

그리스도께서 이를 위해 기도하신다: "아버지여 사하여 주옵소서."

IV. 죄인의 괴수까지도 이 중보를 누릴 수 있다

이들을 위해 그리스도께서 기도하셨다. "아버지여 저희를 사하여 주옵소서." — *The Homilist*, 1858.

우리들 가운데 잔인하고 못된 일을 당하면서 이렇게 마음으로 기도하는 사람이 어디 있는가? 우리들 가운데 자신의 원수를 용서하며 그들을 위해 하나님께 기도하는 사람이 어디 있는가? 그러나 예수께서는 말씀으로 뿐만 아니라 그가 행하신 모든 일 가운데서 이렇게 하셨다. 죄인들을 위해 용서를 이루는 것, 이것이 보라 그분이 죽으신 목적이었다. 그분은 죄인들을 위해 하나님께 능력으로 간구하신다.

눅 23:39-43 회개의 말과 자비

그리스도의 생애에서 양극단 — 존엄과 비하 — 이 함께한다. 이러한 양극단의 연합은 그분의 생애가 마지막에 가까울수록 더욱 강해진다. 갈보리에서 이러한 양극단의 연합은 절정에 이른다. 범죄자로 죽어 가는 처지에서, 예수께서는 하나님의 특권을 행하신다.

I. 회개의 기도

"예수여 당신의 나라에 임하실 때에 나를 생각하소서"(42절). 어떤 기도들은 우리 마음의 표면에서 나온다. 이런 기도는 바다 표면의 잔물결과 같다. 어떤 기도는 우리 본성의 깊은 데서 나온다. 이런 기도는 바다 밑의 진주와 같다. 회개하는 강도의 기도가 바로 이런 기도이다. 이것은 모든 참된 기도, 특히 회개 기도의 모형이다. 여기서 회개하는 강도의 기도를 살펴보기로 하겠다.

A. 그의 기도는 구원자에 대한 올바른 이해를 보여준다. "예수여 당신의 나라가 임하실 때에 나를 생각하소서." 환경이 거기에 처한 사람의 믿음을 북돋울 때가 많다. 믿지 않는 사람이 임종 때에 옆에서 제시하는 신앙고백을 받아들일 때가 많다. 이러한 회개는 어떤 제자가 그 강도에게 예수가 메시야이심을 가르치려 했다면 그는 회개하지 않았을 것이다. 그러나 죽음을 앞둔 시점에서는 그가 예수님을 영적 세계의 왕으로 인정하는 기도를 드리기가 쉽고 자연스러웠던 것으로 보인다.

B. 그의 기도는 불가항력의 믿음에서 나왔다. 회개하는 영혼의 믿음은 세 가지 질문에 흔들리기 쉽다.

1. 나는 받아들여질 만한 태도로 나오고 있는가? 내게는 사울처럼 눈이 머는 경험도, 간수장의 고뇌도, 마리아의 눈물도 없다. 나는 옳은가? 강도의 믿음은 이 질문에 대답했다. 그의 믿음의 기초는 자신이 스스로 알고 있는 최선의 방법으로 그리스도께 나아가고 있다는 의식이었다. 우리의 기도와 회개가 정직할 때 받아들여질 수 있다.

2. 예수께서 나를 구원하실 수 있는가? 그리스도의 구원 능력이 의심스러워 보였던 적이 있다면, 그것은 갈보리에서였다. 행악자가 십자가에 못 박히신 주님께 "예수여 나를 생각하소서"라며 그분을 신뢰할 수 있었다면, 우리는 영화롭게 되신 그리스도께 회개의 기도를 드림으로써 그분을 더욱 더 신뢰할 수 있다.

3. 예수께서 나를 구원하실 것인가? 구원자께서 자신을 영접하실지 의심할 수 있는 사람이 있었다면, 이 강도가 바로 그 사람이었다. 그는 평생 죄만 짓다가 왔으며, 회개의 시간도 갖지 못한 채 급하게 왔다. 그러나 그의 믿음은 그의 산더미 같은 죄보다 더 높았다. 이런 사람이 그리스도를

믿을 수 있었다면 누군들 그분을 믿지 못하겠는가?

C. 그의 기도는 진심어린 것이었다. 그는 큰 소리로 기도하지 않았을 것이다. 그의 기도는 겨우 몇 사람의 귀에만 들렸지만 너무나 진실된 것이었다. 이것은 다음에서 분명히 알 수 있다.

1. 그의 기도의 주제. 사람들이 예수께 왔을 때, 대부분은 현세의 유익을 위해서였다. 지금 여기 서 있는 간구자는 이전에 주님께 구했던 어떤 사람보다도 현세의 유익이 더 필요하지만 자신의 영혼을 위해서만 기도한다. 그의 영적 열심이 자신의 십자가형을 이차적인 문제로 보게 했다면, 그 열심이 얼마나 컸겠는가! 그리고 그의 열심은

2. 그의 간구가 작았다는 데서도 볼 수 있다. 어떤 사람들은 간구자가 더 열심일수록 더 많은 것을 구할 것이라고 생각한다. 거의 그렇지 않다. 어떤 거지도 자신을 당장의 굶주림에서 구해 줄 금덩이를 구하지는 않는다. 이때 이 강도가 세베대의 아내의 기도를 드렸다면 자신이 자비를 깊이 갈망한다는 것을 입증할 수 없었을 것이다. 죄 많은 여인이 진심으로 간구했는가? 수로보니게 여인이 그랬는가? 세리가 그랬는가? 보좌나 자리가 아니라 단순히 구원자께서 곁에서 죽어 가는 불쌍한 놈을 기억해 달라고 간구하는 강도의 기도는 훨씬 더 간절하고 진심어린 것이었다.

II. 자비의 응답

"내가 진실로 네게 이르노니 오늘 네가 나와 함께 낙원에 있으리라"(24장). 여기서 "낙원"이란 말을 자세히 살펴보지는 않을 것이다. 이 부분이 설교의 한 모서리를 차지할 수는 없다. 여기서는 언제나 낙원은 행복한 상태를 가리킨다고 말하는 것으로 충분하다. 오히려 여기서는 회개하는 자에게 낙원을 약속하는 자비의 영광을 살펴보기로 하겠다.

A. 예수께서는 망설이지 않으셨다. 초대교회는 사울을 받아들이길 주저했다. 아마도 지금도 많은 교회가 회개하는 강도를 문 앞에 계속 세워두려 할 것이다. 예수께서는 즉시 대답하셨다. 회개하는 자여! 교회가 당신의 마

음을 알지 못하더라도, 그리스도께서는 아신다! 교회가 당신을 구원받은 자들 가운데 받아들이길 주저하더라도, 그리스도께서는 당신을 영접하신다!

B. 예수께서는 비난하지 않으셨다. 바리새인들 같았으면 비난했을 것이다. 오늘날의 많은 교회들도 비난했을 것이다. 설령 그리스도께서 비난하셨더라도 우리는 놀라서는 안된다. 그러나 그분은 강도의 양심이 자신이 충분히 비난하고 꾸짖었다고 생각하신 것으로 보인다. 회개하는 자여! 교회가 당신을 비난하더라도 구원자께서는 그렇지 않으실 것이다! 당신은 그분의 미소를 간직하면서 그들의 찌푸림을 참아낼 수 있을 것이다.

C. 예수께서는 어떤 조건도 내세우지 않으셨다. 어떤 교회들은 회개하는 죄인들에게 엄청난 조건들을 내세우지 않는가! 주님께서는 그러나 오직 한 가지 조건만 말씀하신다. 그분에게 있어 "저가 기도하는 중이다"(행 9:11)는 것으로 충분하다. 회개하는 자여! 당신에 관하여 "저가 기도하는 중이다"라고 기록되었다면, 당신은 자비의 응답을 분명히 들을 것이다.

무례함에 대한 얼마나 값진 경고이며, 절망을 몰아내는 용기와 격려에 대한 얼마나 값진 교훈인가! — 잭슨(J. K. Jackson, 1863).

눅 23:39-43 죽어 가는 강도

우리는 이 흥미롭고 교훈적인 이야기에서 몇 가지를 배울 수 있다.

I. 강도의 회개

A. 하나님께 대한 회개. "네가 … 하나님을 두려워 아니하느냐."
B. 죄에 대한 회개. "우리는 … 이에 당연하거니와."

II. 강도의 믿음

A. 그의 믿음의 전력들. 그는 아마도 그리스도의 설교를 들었을 것이다. 그는 아마도 그분의 몇몇 이적을 목격했을 것이다. 그는 지금 그분의 인내를 보고 있다.

B. 그의 믿음의 비밀. 성령께서 참으로 회개하는 죄인의 마음에서 역사하신다.

C. 그의 믿음의 대상. 그분의 "행한 것은 옳지 않은 것이 없느니라." 그분은 또한 자신의 "나라"에 가실 것이다.

D. 그의 믿음의 질
  1. 소망하는 믿음.
  2. 겸손한 믿음.
  3. 개인적인 믿음.
  4. 기도하는 믿음.
  5. 강한 믿음.
  6. 미래를 내다보는 믿음.

— 베리(R. Berry, 1874).

눅 23:46 하늘에 계신 아버지께 대한 구원자의 신뢰

우리는 구원자께서 십자가에서 죽으면서 남기신 말씀들을 생각할 때 엄숙해지지 않을 수 없다.

I. 십자가에서, 예수께서는 영원하신 아버지에 대한 가장 높은 신뢰를 보여주신다

"아버지여 내 영혼을 아버지 손에 부탁하나이다." 아버지에 대한 무한한 신뢰를 표현하는 말씀이 아닐 수 없다!

A. 아버지의 존재에 대한 신뢰이다. 예수께서는 하나님께서 자기 곁에 계심을 느끼시며, 그분과 긴밀한 접촉을 하신다. 하나님께서 너무나 가까

이 계시기에, 예수께서는 자신의 영혼을 즉시 그분의 손에 맡기실 수 있었다.

　B. 아버지의 능력에 대한 신뢰이다. 예수께서는 아버지께는 자신의 불멸하는 영혼을 인도하시고 지키시고 복주실 수 있는 전능한 능력이 있다고 느끼신다.

　C. 아버지의 사랑에 대한 신뢰이다. 하늘에 계신 아버지의 사랑에 대한 주님의 믿음은 자신의 전능한 능력에 대한 믿음만큼이나 강하다. 따라서 예수께서는 기꺼이 자신을 아버지의 손에 맡기신다.

― 데이비드 토머스(David Thomas).

II. 하나님께 대한 이러한 신뢰는 참된 경건의 특징이다

　A. 이것이 평화로운 죽음의 비결이다. "완전한 사람을 살피고 정직한 자를 볼지어다 화평한 자의 결국은 평안이로다"(시 37:37). 스데반은 이것을 느끼고 조용히 말했다. "주 예수여 내 영혼을 받으시옵소서"(행 7:59).

　B. 이것은 자기를 내어 맡기는 삶의 비법이기도 하다. 하나님께 헌신하는 삶은 평화로운 죽음에 대한 최고의 보증이다. 우리의 마지막 시간은 우리가 어떻게 살았느냐에 따라 결정된다.

　C. 더욱이 이것은 열매맺는 삶의 비결이다. 구원자께서는 이 점에 있어 훌륭한 본을 보여주셨다. "나의 양식은 나를 보내신 이의 뜻을 행하며 그의 일을 온전히 이루는 이것이니라"(요 4:34). "아버지께서 내게 하라고 주신 일을 내가 이루어 아버지를 이 세상에서 영화롭게 하였사오니"(요 17:4). 구원자께서는 "다 이루었다"고 말씀하실 수 있었다. 그리고 열매맺는 섬김의 삶을 마감하시면서 온전히 자신을 내어 맡기셨다. "머리를 숙이시고 영혼이 돌아가시니라"(요 19:30).　　　　　― 엘링슨.

눅 23:46 영혼을 아버지께 맡기신 그리스도

우리 주님의 이 놀라운 말씀에서 다음과 같은 진리들을 추론할 수 있을 것이다.

I. 인간의 영은 몸이 소멸하더라도 죽지 않는다

  A. 참된 철학은 이것이 개연성이 매우 높다고 본다.
  B. 성경은 이것이 논쟁의 여지가 없는 사실임을 계시한다.

II. 인간의 영광은 아버지와 함께하는 데 있다

  A. 나의 끝없는 여정에서 나를 인도하시는 하나님.
  B. 불멸하는 나의 필요를 공급하시는 하나님.

III. 인간은 이 영광을 얻기 위해서 자발적으로 하나님께 헌신해야 한다

  A. 그분의 거룩한 법의 다스림을 받아야 한다.
  B. 복된 일에서 그분을 섬겨야 한다.

IV. 이러한 자발적인 헌신은 죽음에 영적 숭고함을 더해준다

  A. 이것은 죽음이 정복이 아니라 승리가 되게 한다(고전 15:57).
  B. 이것은 우리의 죽음을 비극이 아니라 "들어감"이 되게 하며, 우리가 우리 주 곧 구주 예수 그리스도의 영원한 나라에 들어가게 한다(벧후 1:11).   — 칼렙 모리스(Caleb Morris).

누가복음 24장

눅 24:1-9 빈 무덤

예수님의 낮아지심은 운명하실 때 최저점에 이르렀다. 그후 모든 것은 상황이 바뀌고 있다는 징후들을 보여주었다. 그분을 십자가에 못박았던 원수들이 그분을 영웅으로 떠받들기 시작했다.

아리마대 요셉과 니고데모는 영향력과 지위를 모두 갖춘 사람들로 그 때까지는 주님의 은밀한 친구들일 뿐이었다. 그런데 이제 이들이 십자가에 달리신 분의 시신에 대한 더 이상의 모욕을 막기 위해 시신을 자신들에게 내어 달라고 간청했다. 그리고는 시신을 기대 밖으로 극진히 처리했다. 이들은 가장 흉악한 행악자들 중 하나로 친구도 없이 동전 한 푼 남기지 않고 죽으신 분을 그럴듯하게 장사 지내고 좋은 무덤에 안치했.

그분의 낮아짐의 어둠은 그 한밤을 지났고, 이제 모든 것이 낮이 밝아오고 있음을 보여주기 시작했다. 그분의 원수들이 그분께 더 심하게 할수록 그분의 다가오는 승리가 더 분명해지고 명확해질 뿐이었다.

성금요일이 끝나고 부활절이 가까웠다. 중간에 이루어진 모든 일들이 부활절이 가까웠음을 보여준다. 부자이며 훌륭한 두 사람이 십자가에서 죽으신 분의 시신을 요구한다. 가이사의 권세 아래 있는 총독은 시신을 그들에게 내어 주도록 조심스럽게 명한다. 인간들에게 배척당하신 분께서 부자와 무덤을 같이 하신다. 그분의 무덤에는 국가의 봉인이 붙는다. 제국의 군사들이 그분의 무덤을 지킨다.

여인들은 그분의 시신을 처리하기 위해 향료를 모은다. 지옥의 마귀는 그분의 존재와 능력의 위엄 앞에서 떨고 있다. 감옥의 영들은 우주에 새로운 성취, 곧 그분이 영웅이신 새로운 성취가 이루어졌음을 감지한다. 영광스런 천사들은 새로운 대사로 파견되며, 그분의 시신이 누인 곳으로 신비스럽게 이동한다.

바위들이 스스로 요동한다. 죽은자들이 무덤에서 생기를 얻고 움직이기 시작한다. 새로운 시대가 밝는다!

―조셉 세이스(Joseph A. Seiss, 1876)

1. 아직도 밤이 거룩한 성을 덮고 있으며, 멀리서 동이 터 온다. 이 빛으로 인해 조용하고 황량한 거리를 지나는 사람들을 볼 수 있다.

이들은 십자가에 못박히신 주님의 여자 제자들이다. 이들은 머리를 숙이고 눈은 울어서 빨갛게 충혈된 채로 걸어가고 있다.

이들은 뜬눈으로 밤을 새웠거나 악몽에 시달렸을 것이다. 이제 안식일이 끝나자, 떠나신 친구의 주검이 무덤에 누일 때는 할 수 없었던 그분에 대한 마지막 사랑의 소임을 다하기 위해 고운 세마포와 화관과 향료를 가만히 요셉의 동산으로 가지고 가고 있다.

당신은 이들 대부분을 이미 알고 있다. 이들 가운데는 헤롯의 청지기 구사의 아내 요안나, 세배대의 아들이며 사도인 요한과 야고보의 복된 어머니인 살로메, 세 명의 마리아가 있다―글로바의 아내이며 작은 야고보와 요세의 어머니 마리아, 또 다른 마리아, 아마도 나사로와 마르다의 누이인 베다니의 마리아, 그리고 위난에서 구원받았고 지금은 다른 어떤 사람들보다 구원자에 대한 사랑이 뜨거운 막달라 마리아.

주님의 어머니 마리아는 이들 중에 있지 않다. 그녀는 십자가에 아들을 잃는 끔찍한 일을 당한 후 양자 요한의 집에서 눈물로 슬픔을 달래고 있다. 그녀는 오순절에 풍성한 위로를 받은 상태로 나타난다. 그녀는 다시 한 번 행복한 모습으로, 참으로 행복한 모습으로 나타난다. 그러므로 그녀가 우리의 시야에서 사라진 후, 우리는 "은혜를 받은 자"(눅 1:28)를 어디서 찾아야 할 지 알고 있다.

슬픔에 잠긴 여인들은 조용히 움직였다. 이들은 동산에 거의 다다랐을 때 조심스럽게 입을 열어 이렇게 말했다. "그런데 누가 무덤 입구의 돌을 치워 주죠?" 그래서 이들의 모든 바람과 생각은 이 사소한 걱정거리에 쏠려 있었다. 이들이 주님의 입에서 거듭거듭 들었던 분명한 예언들을 생각하면, 이러한 모습은 거의 있을 수 없는 것으로 보인다. 그러나 그분의 생애는 끔찍한 피투성이의 죽음으로 끝났으며, 이러한 사실은 무서운 폭풍처럼 이들의 소망과 회상이 익어 가는 황금빛 들판을 휩쓸었을 것이다. 이들이 말로 표현할 수 없을 정도로 놀랐다. 그 때문에 이들은 주님께서 자신이 십자가에 죽으신 후 부활하실 것에 대해 너무나 분명하게 말씀하신 것을 기억할 적절한 기회와 냉정을 찾지 못했다. 그렇다고 하더라도 이들은 주님의 말씀을 해결된 문제로 생각하고 거기에 영적 의미를 부여했던 것이 분명하다.

다시 말해, 이들은 기껏해야 주님의 말씀을 마지막 날의 부활에 대한 것으로 생각했을 뿐이었다. 현재로서, 그리고 항상, 주님은 이들의 어둡고 가려진 관념 속에 그저 죽은 분—생명 없는 주검—으로 나타났을 뿐이다. 따라서 이들은 오직 한 가지 일에만 애정어린 염려를 쏟아 붓고 있었다. 그것은 정성껏 경의를 다해서 그분의 시신을 땅의 품에 고이 잠들게 하는 것이었다.

지금도 이 여인들처럼 구원자의 무덤에서 돌을 치울 걱정을 하는 사람들이 얼마나 많은지 모른다! 그분의 거룩한 이름으로 세례를 받고 부르심을 입은 너무나 많은 사람들에게 그리스도는 지금도 여전히 하나의 시신으로 남아 있다! 이들은 지금 주님의 무덤으로 향하는 이 여성 제자들처럼 비탄에 빠져 있고 구원을 갈망한다면, 이들의 뒤이은 경험에서도 유사점을 분명히 찾을 수 있으리라! 그러나 부활하신 주님께서는 지금까지도 그분이 필요함을 느끼지 못하는 모든 사람들로부터, 자신의 의에 만족하는 모든 사람들로부터 물러나신다. 그렇다! 이들의 끊임없는 자기 사랑과 자족감이 이들의 환영(幻影)을 부추긴다. 이들은 지금까지도 죽은 자 가운데서 산 자를 찾고 있다. 하지만 하나님의 교회는 주님께서 부활하셨기 때문에 할렐루야 찬양을 결코 멈추지 않는다. 그리고 이들은 "예수께서 사셨으니 나도 그분 안에서 사네"라고 찬양하는 믿는 자들과 함께 기뻐하고 하늘 문이 그들에 열리는 것을 보는 대신 비탄에 잠긴 말을 되풀이해야만 한다. "죽은 자의 땅에서 돌아온 자는 아무도 없었다." 불쌍한 영혼들이여! 정말 불쌍히 여김을 받을 자들이로다!

2. 이들은 동산에 이르렀을 때에도 누가 무덤 입구의 큰돌을 옮겨 줄지를 걱정하고 있었다. 그러나 이들의 눈앞에 어떤 광경이 펼쳐지는가? 도대체 이게 무슨 뜻인가? 보라! 돌이 이미 한쪽으로 옮겨져 있고, 무덤 안이 훤하게 들여다보인다.

이들은 놀라운 광경에 당황해서 어찌할 줄을 모른다. 연약한 믿음에, 이들은 누군가가 주님의 귀중한 시신에 해를 가했을 것이라고 생각한다. 이들은 두려운 예감에 떨면서 무덤에 한 걸음씩 다가간다!

보라! 갑자기 무덤에서 번개같은 빗줄기가 흘러나온다. 그리고 이들은 그 찬란한 빛 곁에서 빛나는 옷을 입은 두 인물을 발견한다. 이들은 이 둘이 다른 세계에서 온 존재들, 즉 하나님의 천사라는 것을 즉시 알아챈다.

부활이 이와 같은 천사들의 출현을 동반했다고 해서 이상하게 생각지 말라. 어떤 사람이 진실 되게 깨달았듯이, 이러한 광경이 없었다면 그리스도의 부활은 꽃이 없는 봄, 빛이 없는 태양, 화관이 없는 승리와 같을 것이다. 전능자의 위엄이 그리스도의 부활과 관련해 가능한 모든 방법으로 계시되고 거룩한 천사들이 그분의 영광을 나타내는 가장 아름다운 빗줄기의 역할을 한 것은 옳았다.

그러나 이들이 나타난 것은 야외극이나 퍼레이드를 위해서가 아니라, 다른 모든 경우에서처럼 이 경우에도, 구원의 상속자들을 위해서였다. 이들은 메시지를 전달하기 위해 사자로 보냄을 받았다. 여인들이 놀라기가 무섭게, 무덤 속에서 두 천사 중 하나가 은혜로운 입술을 열어 슬픔에 잠긴 자들에게 말했다. "어찌하여 산 자를 죽은 자 가운데서 찾느냐 여기 계시지 않고 살아나셨느니라 갈릴리에 계실 때에 너희에게 어떻게 말씀하신 것을 기억하라 이르시기를 인자가 죄인의 손에 넘기워 십자가에 못박히고 제 삼일에 다시 살아나야 하리라 하셨느니라"(5-7절).

여기서 우리는 이 땅에 전해진 가장 복된 메시지 중 하나를 듣게 된다. 이 메시지가 전해지는 평이하고 간단한 양식(form)은 동시에 여기에 진리의 스탬프를 찍는다! 시인이나 신화학자라면 하나님의 사자들이 이 땅의 캄캄한 사망의 골짜기를 가장 밝은 소망의 별빛으로 비추는 사건을 힘차고 화려하게 선포하게 했을 것이다. 그러나 하늘의 사자들은 다만 인류에게 역사적 사실을 알리려는 것뿐이었으며, 시편과 노래들이 찬양한 이 놀라운 사건을 축하하는 일은 크게 은혜를 입은 자들에게 맡겼다.

3. 그러나 우리는 이들을 잠시 떠나 또 다른 사건으로 눈을 돌려보도록 하겠다.

우리는 이른 새벽에 여인들이 성벽에 거의 이르기도 전에 베드로의 기질을 가장 많이 닮은 막달라 마리아가 참지 못하고 이들보다 앞서 지름길로 달려갔다는 것은 이미 알고 있다. 그녀는 빈 채로 열려 있는 무덤을 보고는 이 놀라운 소식을 제자들에게 알리기 위해 지체 없이 예루살렘으로 달려갔다. 그녀는 도중에 요한과 그의 친구 베드로를 성에서 만나 슬픈 소식으로 아침 인사를 건넸다. "사람이 주를 무덤에서 가져다가 어디 두었는지 우리가 알지 못하겠다"(요 20:2).

이 소식에 두 사람은 급히 동산으로 달려갔다. 막달라 마리아도 동산으로 돌아갔으며, 아마도 이 두 사람에 뒤지 않게 도착했을 것이다. 이들이 무덤에 도착했을 때는 다른 여인들이 떠나고 없었다. 이들의 눈앞에 펼쳐진 광경은 마리아가 말한 그대로였다. 돌이 치워져 있고 무덤은 비어 있었다.

무덤에 가장 먼저 도착한 것은 요한이었다. 그러나 그는 경외심이나 두려움 때문에 무덤에 들어가지 못하고, 조금 밖에서 안을 들여다보았다. 무덤 안에는 사랑하는 주님의 시신을 쌌던 세마포가 놓여 있었다.

반면에 베드로는 어떻게 된 일인지 알아보기 위해 무덤 안으로 들어갔다. 그가 무엇을 보았는지는 우리도 알고 있다. 한쪽에 수건과 세마포가 가지런히 개어져 있었고 반대쪽에는 피가 흐르던 주님의 머리를 쌌던 수건이 역시 가지런히 개어진 채 놓여 있었다. 요한도 이것을 보고 싶었다. 그래서 경외스러운 마음으로 마치 거룩한 땅에 발을 들여놓는 것처럼 조심스럽게 무덤 안으로 들어갔다. 분명히 이처럼 수건과 세마포가 가지런히 개어진 채 놓여 있다는 사실이 이들에게는 누군가 주님의 시신을 해치지 않았으며 다른 어떤 일이 있었던 것을 말하는 것으로 보였을 것이다. 그러나 이러한 상황이 이들로 하여금 주님의 육체적 부활을 생각하게 하지는 못했다.

우리로서는 이해가 안가지만, 이것은 사실이었다. 복음서는 "저희는 성경에 그가 죽은 자 가운데서 다시 살아나야 하리라 하신 말씀을 아직 알지 못하더라"고 말한다(요 20:9). 진짜 이들은 이것을 알지 못했다. 이들이 대망의 메시야가 사망을 이기리라는 것에 대해 읽었거나 마르다와 마리아가 그들의 오라버니 나사로가 다시 살아나기 직전에 들었듯이 여기에 대해 주님의 입에서 직접 들었더라도, 그 말씀에 희석되고 영적인 의미로 부여함으로써 그 말씀의 참된 의미를 없애고 잃어버렸다. 이들은 낙담한 채 요셉의 동산에서 예루살렘으로 돌아왔다. 그러나 이들의 친구 막달라 마리아는 자신의 모든 것이셨던 분의 무덤을 떠날 수 없었다.

두 사람은 방금 다른 제자들이 모여 있는 집으로 돌아왔다. 그 때—이들이 도착하고 몇 분 후에—여인들도 도착했다. 우리가 보기에 이들은 매우 흥분한 상태로 제자들과 어울렸다. 여기서도 이들은 한 동안 입을 열지 않았다. 이렇게 놀라운 일을 믿을 수 있을까? 이미 이야기되었고 계속 이야기되어야 하는 사실이 이들에게는 너무나 큰 의미로 다가왔으며, 그 사실 자체가 너무나 영광스러운 것이었다. 그러나 지금 이들의 입술에서는 기쁨이 배어 난다. 그리고 이들은 자신들이 보고들은 놀라운 일들을 벅찬 가슴으로 말하면서 활발하게 토론을 벌였다.

이들은 자신들이 천사들을 보았다고 말하고, 천상의 사자가 제자들에게 알리라고 준 메시지를 전한다. 그러나 이들에게는 말해야 할 훨씬 더 중요한 것이 있다. 이들은 주님을 직접 보았다.

제자들은 이들의 말을 들었지만 자신의 귀를 의심했다. "주님의 무덤에 천사들이 나타났다고! 그 중 하나가 주님께서 부활하셨다고 했단 말이지! 거기다가 부활하신 주님과 직접 대화를 나누었다고! 이 모든 일이 어스름 녘에 일어나지 않았고, 이 메시지가 흥분하고 속기 쉬운 여인들이 아닌 다른 사람들의 입으로 전해졌다면 또 모르지! 요한과 시몬도 무덤에 갔었는데 아무것도 보지 못하고 듣지도 못했잖아!"

열한 제자는 이런 생각을 하면서 믿지 않는다. 좀 심하게 말하자면, 이들은 믿지 않으려고 애쓰고 있다. 이들은 여인들의 말이 "허탄한듯이 뵈어" 믿지 않았다. 불쌍한 사람들 같으니라고! 이들은 살아 계신 하나님의 능력과 사랑을 너무도 믿지 못했다. 이들은 그리스도께서 이루신 하나님의 구원 계획과 그분이 세상에 하신 사역의 목적을 깨닫는 능력이 너무나 적었다! 오순절의 빛줄기만이 이들의 어두움을 몰아낼 수 있다!

—크루마허(F. W. Krummacher, 1864)

눅 24:13-35 두 여행자에게 나타나신 그리스도

이 두 여행자들이 누구인지 분명하게 나타나지 않는다는 사실은 주목할 만하다. 틀림없이, 성경의 음악은 인간을 찬양하고 영화롭게 하려는 노래가 아니며, 성경의 역사는 유한한 이름들을 치장하기 위해 세워진 기념비가 아니다. 무한히 흥미로운 이 대화에 참여했던 유한한 존재들은 눈 깜짝할 순간에 나타났다가 이름 없는 존재로 사라진다. 그들 중 하나인 글로바의 이름만 알 수 있으며, 나머지 하나는 이름조차 알 수 없다.

어떤 사람은 그리스도의 가장 주목할 만한 말씀은 가장 주목할 만하지 못한 사람들에게 하신 말씀이라고 했다. 본문이 그 한 예이다. 이제 우리들 가운데 "모든 성도 중에 지극히 작은 자"(엡 3:8)일 뿐이며 때때로 우리의 무가치함을 절실히 느끼는 사람들은 본문에서 새로운 희망을 느껴보자.

—찰스 스탠포드(Charles Stanford, 1884)

눅 24:13-35 엠마오로 가는 두 제자

세상에서 가장 밝고 아름다운 날에, 두 제자는 가장 어두운 밤길에서처럼 걷고 있다. 이들이 자신들이 주님을 잃고 견뎌왔던 상실감이 어느 정도였는지 분명히 의식하지 못하고 있는 것은 사실이다. 그러나 이들은 자신들이 분명히 알지 못하는 것이 무엇인지 느꼈으며, 사도의 외침에 담긴 진리를 가장 확실하게 경험했다: "그리스도께서 다시 사신 것이 없으면 너희의 믿음도 헛되고 … 또한 그리스도 안에서 잠자는 자도 망하였으리니"(고전 15:17-18). 지금 누가 이들에게 하나님께서 죄인을 영접하시고 공의가 아니라 은혜를 베푸시리라는 것을 확실히 말씀하시는 분은 누구신가?

이들은 엠마오로 가는 언덕길을 가다 사사들의 무덤에 이르렀다. 이들은 스스로 이렇게 말했을 것이다. "옛 영웅들이여, 많은 세월을 여기 잠들어 있군요! 그대들은 소망 가운데 잠자고 있나요? 누가 지금 그대들이 소망 가운데 잠자고 있다고 보증해 주나요?"

이들은 엠마오에 이르렀다. 알지 못하는 분이 그들과 헤어져 길을 계속 가려 하신다. 그러나 두 제자의 간절한 마음은 그분이 떠나시지 않는 것이다. 그래서 두 사람은 그분에게 "우리와 함께 유하사이다"고 간청한다. 그분은 이러한 애절한 호소에 익숙지 않으셨지만 간청하는 두 사람의 마음을 아셨다. 이 간청에는 여기에는 말이 표현하려는 것보다 비교도 안될 정도로 많은 것이 포함되어 있다. 이것이 이들의 교제의 핵심은 아니었다. 이들이 자신들처럼 율법으로 정죄받은 불쌍한 죄인들에게 구원자, 화목자, 그리고 자신들과 하나님 사이의 중보자가 얼마나 필요한지를 깨닫게 된 것은 그분과 함께 길을 가던 중에 그분이 모세와 선지자의 글을 깨우쳐 주셨을 때였다. 그러나 아직도 또 복된 일이 이들에게 일어날 수 있다면, 이들의 알지 못하는 친구가 주님께서 정말 살아나셨다는 메시지를 이들에게 전하지 않고 남겨두셨다면 어떻게 되겠는가?

그 때 주님은 참으로 이들이 필요로 하는 구원자이셨을 것이다. 그 때

온 세상 앞에서, 영원하신 아버지께서는 그분에게 이 일을 맡기셨을 것이다. 그 때 모세도 사단도 이들의 양심도 이들을 더 이상 고소할 수 없었다.

이들이 "우리와 함께 유하사이다"며 그렇게 다급하고 간절하게 간청하는 모습이 아직도 이상하게 생각되는가? 여기서, 두 제자의 눈이 "가리워져서 그인 줄 알아보지 못하거늘"의 이유를 찾아라. 이들이 처음 주님을 만났을 때, 주님께서 자신의 정체를 밝히셨다면 어떻게 되었겠는가? 분명히 이들은 기뻐 놀랐을 것이다. 그렇지만 그것은 빛도 분명한 이해도 없는 놀람에 지나지 않았을 것이다. 이들은 부활하신 구원자를 환호하며 열정적으로 기뻐 뛰며 맞았겠지만 그분의 부활에 담긴 진정한 의미를 전혀 이해하지 못했을 것이다. 지금 그렇게 하시듯이, 주님께서 이들이 하나님의 말씀으로 일깨워진 후에 이들을 만나실 때, 이들은 자신들이 주님 안에서 무엇을 소유하고 있는지 깨닫는다. 이들의 기쁨은 확고한 기초가 있다. 이들의 기쁨은 명확한 대상이 있다.

이들은 그분을 시골 작은 집, 두 제자 중 하나의 집으로 모시고 간단한 식사를 서둘러 준비한다. 식탁이 마련되고, 세 사람이 둘러앉았을 때 손님께서 집주인으로서 권한을 행사하려 일어서신다. 그분은 떡을 취하신다. 이 모습에 두 사람의 마음에는 슬프지만 아름다운 기억이 떠올랐으리라! 그분은 감사 기도를 드리신다. 그리고 떡을 떼신다! 갑자기 두 사람의 눈이 열린다. 그래 주님이야! 주님이라고! 주님이 살아 나셨어!

—크루마허(F. W. Krummacher, 1863)

눅 24:13-35 두 제자에게 나타나신 그리스도

부활 주일에, 그리스도의 두 제자가 예루살렘에서 13킬로미터 정도 떨어진 엠마오로 돌아가고 있었다. 한 사람의 이름은 글로바이다. 하지만 다른 한 사람의 이름은 알 길이 없다. 그의 이름은 하나님의 손에 새겨져 있는 것으로 충분하며, 우리는 부활의 주님께서 자신의 모든 백성의 이름을 "어린양의 생명책"에서 읽어 내려가실 그 날에야 그의 이름을 알 수 있으리라. 본문을 살펴보자.

1. 슬픔에 찬 대화(13-14절).
2. 신분을 감추고 나타나신 그리스도(15-16절).
3. 은혜로운 질문(17절).
4. 놀라는 제자들(18절).
5. 슬픈 이야기(19-24절).
6. 더할 나위 없는 설명(25-27절).
7. 신성하고 끈덕진 간청(28-29절).
8. 복된 반응(29b절).
9. 주님을 알아보고 기뻐함(30-31절).
10. 기쁨의 회상(32절).
11. 홀연히 떠나심(33절).
13. 기쁨의 대화(34-35절).

이들은 잘 알려진 집의 문을 두드렸다. 아마도 주님께서 제자들과 마지막 유월절을 지키셨던 그 집이거나 동정녀 마리아가 지금 거하고 있는 요한의 집일 것이다. 그러나 문이 열리고 이들이 영광스런 소식을 전하자마자 집안에 있던 사람들이 "주께서 과연 살아나시고 시몬에게 나타나셨다"며 환호성을 올린다(34절). 막달라 마리아여, 글로바여, 그리고 이름 모를 제자여, 부활하신 주님께서 그대들에게만 나타나셨다고 생각지 말라. 그러므로 교회 음악은 화답이다. 한 쪽에서 "주께서 과연 살아나시고 내게 나타나셨다"고 외치면 다른 쪽에서 "주께서 참으로 살아나시고 내게도 나타나셨다"고 화답한다.

―조지 보드만(George Dana Boardman)

눅 24:13-35 그리스도인의 삶의 네 단계

나는 엠마오로 가는 두 제자의 이야기를 읽으면서 그리스도인의 삶에 네 단계가 있음을 보게 된다. 두 제자는 예수께서 살아나셨다는 것을 알지 못했다. 많은 그리스도인들이 이러한 상태에 있다. 이들은 십자가를 보고 그리스도를 믿으려고 몸부림치지만 그들을 위해 모든 것을 하시는 살아 계신 그리스도가 계시다는 것을 믿는 복은 결코 깨닫지 못했다. 천사가 여자들에게 한 말이 이들에게 해당될 것이다. "어찌하여 산 자를 죽은 자 가운데서 찾느냐"(눅 24:5). 여인들이 향품을 바르기 위해 찾아갔던 죽은 그리스도와 살아 계신 그리스도는 어떻게 다른가? 죽은 그리스도의 경우는 내가 그분을 위해 모든 것을 해야하지만, 살아 계신 그리스도의 경우는 그분께서 나를 위해 모든 것을 하신다.

1. 제자들은 슬픔 마음으로 아침을 맞았다. 내 생각에 이들은 밤새 한 잠도 못 잤을 것이다. 얼마나 끔찍이도 실망했으랴! 이들은 예수께서 이스라엘을 구원하실 것으로 기대했으나 그분은 그들의 눈앞에서 저주받은 채 죽으셨다. 한 주의 첫날(주일) 아침에, 이들은 슬픈 마음으로 일어났다. 그러나 가슴 아픈 슬픔을 표현할 수 없었다.

이것이 많은 그리스도인의 삶이다. 이들은 예수님을 믿고 의지하고 그분께 소망을 두려고 노력하지만 기쁨이 없다. 왜 그런가? 이유는 간단하다. 이들은 자신을 그들에게 계시하길 원하시는 살아 계신 주님이 있다는 사실을 깨닫지 못하기 때문이다.

2. 두번째 단계가 있다. 이 단계는 무엇인가? 그리스도께서 말씀하시는 단계이다: "마음에 더디 믿는 자들이여"(25절). 제자들은 여인들에게서 소식을 들었다. 그래서 이들은 동행하는 낯선 분에게 말했다: "예, 우리 중에 어떤 여인들도 이른 아침 무덤에서 본 일을 전하면서 우리를 놀라게 했습니다. 그 여자들이 그분의 시신을 보지 못하고 와서 말하기를 자신들은 천사들을 보았는데 그들이 그분께서 살아나셨다고 말했다고 했습니다." 이 말에 예수께서는 이렇게 대답하셨다. "이 어리석고 마음에 더디

믿는 자들이여!"

그렇다. 오늘날에도 십자가에 못박히신 그리스도뿐 아니라 살아 계신 그리스도에 대해 듣고 전자뿐 아니라 후자도 믿어야 한다는 것을 알며, 이것을 이해하고 받아들이려 노력하지만 여기서 기쁨을 얻지 못하는 그리스도인들이 있다. 왜 그런가? 이들은 그리스도께서 살아 계시다는 것을 느끼길 원할 뿐 이것을 믿고 싶어하지 않기 때문이다. 다시 말해 이들은 단순히 어린 아이 같은 믿음으로 그리스도께서 살아 계심을 받아들이는 대신 이것을 위해 일하길 원하고 자신의 노력으로 이것을 파악하길 원하기 때문이다. 이것이 두번째 단계이다. 첫번째 단계는 무지의 단계이며, 두번째 단계는 불신앙의 단계이다. 여기서 의심으로 가득 찬 마음은 부활하신 주님을 진정으로 믿을 수 없다.

3. 세번째 단계가 있다. 예수께서는 두 제자에게 오셔서 그들을 꾸짖으신 다음 이렇게 말씀하셨다. "미련하고 .... 마음에 더디 믿는 자들이여." 그분은 그들에게 성경을 펼치고 선지자들이 가르친 모든 놀라운 것들을 말씀하기 시작하셨다. 그 때 이들은 눈이 열려 성경을 깨닫기 시작했다. 이들은 예수께서 죽은 자 가운데서 반드시 살아나셔야 한다고 예언되었다는 것이 사실이라는 것을 깨달았다. 이들은 마음이 기쁨으로 뜨거워지는 것을 느끼기 시작했다. 그분, 곧 살아 계시고 부활하신 분에서 말씀하실 때, 그분에게서 강한 능력이 흘러나왔기 때문이었다.

당신은 "그게 바로 내가 갈망하는 복입니다"라고 말할 것이다. 그러나 하나님께서는 당신이 여기서 멈추길 허락지 않으신다. 당신은 마음이 뜨거워지는 세번째 단계에 이를 수 있겠지만 아직도 부족한 것이 있다. 그것은 하나님의 계시이다. 제자들은 그분의 신적인 능력을 맛보는 복을 누렸으나, 그분은 아직도 자신을 그들에게 밝히지 않으셨다. 우리가 하나님의 말씀을 접할 때, 하나님의 성도들과 복된 교제를 나눌 때, 우리의 마음이 뜨거워질 때가 얼마나 많은가! 이것은 하나님의 은혜와 성령의 역사를 맛보는 귀중한 체험이다. 그러나 여기에는 무엇인가 부족한 것이 있다.

4. 마지막 네번째 단계: 마음이 흡족한 단계. 예수께서는 자신을 우리에

게 계시하셨다! 부활하신 그분의 능력이 우리에게 전해졌다. 이제 우리는 말할 수 있다: "나는 주님을 만났네. 그분이 자신을 내게 알리셨네." 시간이 지나면 차가워지는 뜨거운 마음과 매일 나와 함께하시며 나를 안전하게 지키시고 돌보시는 나의 구원자로 자신을 계시하신 주님을 보는 것은 너무나 다르지 않은가!

   이것이 마음이 흡족한 단계이다.

   나의 친구들이여! 이것이 내가 여러분을 위해 구하는 것이며, 이것이 여러분 스스로 구해야 할 것이다. 나는 자신을 위해 이렇게 구한다. "주님, 당신은 영광의 하나님이시며, 부활하고 살아 계신 주님이시며 구원자이심을 나로 알게 하소서!"

—앤드류 머레이(Andrew Murray)

주와 같이 길가는 것 즐거운 일 아닌가
우리 주님 걸어가신 발자취를 밟겠네
한 걸음 한 걸음 주 예수와 함께
날마다 날마다 우리는 걷겠네

우리 모두 곧 예수와 함께 걷겠네
흰옷 입고 그와 함께 걷겠네
그가 우리의 슬픔을 기쁨으로
우리의 어둠을 빛으로 바꾸시겠네

예수여, 나를 더 가까이, 더 가까이 이끄소서
날마나 날마다 한 걸음씩
당신의 발자취를 밟으며
늘 당신의 길을 걷게 하소서

—무명씨

눅 24:36-49 제자들에게 나타나신 부활하신 그리스도

I. 그분은 제자들에게 평안의 인사를 건네시고 그들의 마음을 평안 케 하신다

"예수께서 친히 그 가운데 서서 가라사대 너희에게 평강이 있을지어다 하시니"(36절).

A. 이 축언은 인간 본성에 크게 부족한 부분이 있음을 보여준다. 지금 함께 모여 있는 열한 제자는 극도로 동요하고 흥분된 상태였으므로 이들에게는 이러한 평안의 축원이 특히 필요했다. 나사렛 예수와 그분의 십자가 죽음 그리고 그분의 빈 무덤에 대한 심란한 생각들이 이들의 마음에 계속해서 흔들어 놓았을 것이다. 이들은 이러한 소란을 잠재우고 폭풍이 잠잠하라고 명하는 음성이 필요했다.

그러나 이들이 이처럼 특별한 순간에 필요했던 것은 인간이 어디서나 필요로 하는 것이며, 더 악한 인간일수록 그 필요는 더 커진다. "오직 악인은 능히 안정치 못하고 그 물이 진흙과 더러운 것을 늘 솟쳐내는 요동하는 바다와 같으니라"(사 57:20).

B. 이 축언은 그리스도의 사역의 큰 계획을 보여주기도 한다. 그분은 평안을 주러 오셨다. "땅에서는 평화"는 천사들이 그리스도께서 나시던 날 아침에 베들레헴 하늘에서 바른 찬송의 한 부분이었다. 그분은 인간과 그 창조자와 화목시키러 오셨다. 그분은 인간에게서 하나님과의 최고의 교제를 회복시키러 오셨으며, 이것은 영적 평안의 필수 조건이자 절대적인 보증이다.

II. 그분은 제자들의 두려움을 진정시키기 위해 그들의 이성에 호소 하셨다

A. "저희가 놀라고 무서워하여 그 보는 것을 영으로 생각하는지라 예수

께서 가라사대 어찌하여 두려워하며 …"(37-38절). 왜 이들은 영을 두려워했는가? 자신들이 영이며, 영적 우주의 구성원들이 아니었는가? 무한하신 아버지는 영이 아니셨는가? 그리고 선지자들, 족장들, 그리고 이들이 존경하는 지난 시대의 성도들은 영이 아니었는가?

B. 영에 대한 두려움은 죄악된 양심의 상징이다. 죄악된 양심은 인간들로 하여금 보이지 않는 세계의 사자들을 거부하게 한다.

III. 그분은 제자들로 믿게 하시려고 증거를 보여주신다

A. 그분은 자신의 몸이 실재임을 증명하신다. "내 손과 발을 보고 나인 줄 알라"(39절). 그분은 자신은 죽기 전에 그들과 늘 함께 식사하던 바로 그 예수임을 보여주시면서 그들 앞에서 음식을 드신다.

B. "이에 저희 마음을 열어 성경을 깨닫게 하시고." 참조 43-46절.

IV. 그분은 제자들의 의무를 가르치기 위해 자신의 조직을 제시하신다

A. 그분은 자신의 조직의 대원리를 제시하신다. "그의 이름으로 죄사함을 얻게 하는 회개"(47절). 회개와 죄사함은 어디서나 인간의 안녕에 반드시 필요한 것이다.

B. 그분은 자신의 조직이 세계적인 것임을 제시하신다. "모든 족속에게." 이것은 어떤 특정한 계급이나 민족이나 나라가 아니라 모든 인간을 위한 것이다.

C. 그분은 자신의 조직의 확대 순서를 제시하신다. "예루살렘으로부터 시작하여 모든 족속에게 전파될 것이 기록되었으니 너희는 이 모든 일의 증인이라"(47-48절).

V. 그분은 제자들이 특별한 일을 할 수 있도록 그들에게 특별한 능력을 주시겠다고 약속하신다

"볼지어다 내가 내 아버지의 약속하신 것을 너희에게 보내리니"(49절. 참조. 요 20:22).

—토머스(D. Thomas)

눅 24:36-43 가장 중요했던 밤

제자들이 서로를 위로하고 며칠 사이에 있었던 이상한 사건들을 논의하기 위해 한데 모였다(문을 닫고, 요 20:19). 이들은 저녁 식탁에 둘러앉아 각자 자신이 보고 경험한 것을 말했다.

막달라 마리아는 이미 이른 아침에 무덤에서 돌아와 제자들에게 주님을 보았다고 말했다. 그러나 제자들은 그녀의 말을 믿지 않았다.

다른 여인들도 천사를 보았으며 그가 주님께서 부활하셨다고 말했으며, "제자들에게 알게 하려고" 돌아오는 길에 주님을 만났다고 증거했다(마 28:8). 그러나 이제 시몬 베드로도 주님을 보았다고 주장했다. 분명히 그는 잘못 보았을 리가 없었다. 왜냐하면 그는 더 이상 울고 있지 않았으며, 오히려 그가 세 번이나 부인한 주님을 만난 후에는 기뻐하고 있기 때문이었다.

그는 자신의 이야기를 거듭 되풀이했으며, 도마를 제외한 모든 제자들이 확신을 가지게 되었다. 그는 이 이상하고 믿을 수 없는 보고들을 더 자세히 캐보기 위해 나가고 없었다. 아마도 그는 이렇게 생각했을 것이다: '만약 주님께서 부활하시지 않았다면, 그분의 제자들 틈에 남아 있는 것이 아무런 소용이 없을 거야. 그러나 만약 주님께서 부활하셨다면, 유대 지도자들이나 로마 당국자들의 시기를 두려워하지 않을 거야. 아니 주님을 위해 다시 한 번 기꺼이 목숨을 걸 거야.' 참조. 요 11:6.

다락방의 제자들은 저녁 식사가 끝난 후에도 이야기를 계속했다. 그 때 갑자기 문지기가 두 사람이 왔다고 알려준다. 그 중 하나는 "글로바입니다"라고 말한다. 그러자 문이 재빨리 열렸다.

그러나 두 친구는 급히 돌아오느라 지칠 대로 지쳐 있었다. 모두들 너무 흥분해 있어서 먼저 입을 열 수 없었다. 모두들 찾아온 두 사람에게 "주께서 과연 살아나시고 시몬에게 나타나셨다"(눅 24:34)고 서로 먼저 말하고 싶었다.

마침내 흥분이 가라앉자, 엠마오에서 온 두 제자가 "길에서 된 일과 예수께서 떡을 떼심으로 자기들에게 알려지신 것을 말하더라"(눅 24:35).

"이 말을 할 때에 예수께서 친히 그 가운데 서서"(36절).

1. 제자들에게 자신이 부활하셨음을 확신시키기 위해 나타나셨다(36절).

2. 제자들에게 생기를 주시기 위해(고전 15:45) 그들에게 숨을 내쉬셨다(요 20:22).

3. 제자들을 위로하시고 그들의 두려움을 내어 쫓으셨다(37-38절).

4. 자신의 상처를 보여주시고 모든 의심을 몰아내셨다(39-40절).

―엘링슨

눅 24:36-43 예수께서 나타나심―약속을 지키심

1. "예수께서 친히 그 가운데 서서"(36절).
1. "두 세 사람이 내 이름으로 모인 곳에는 나도 그들 중에 있느니라"(마 18:20).

---

2. "어찌하여 두려워하며...너희에게 평강이 있을지어다"(38, 36절).
2. "내가 너희를 고아와 같이 버려두지 아니하고"(요 14:18).

---

3. "내 손과 발을 보고 나인줄 알라"(39절).
3. "조금 있으면 나를 보리라"(요 16:19).

---

4. "손과 옆구리를 보이시니 제자들이 주를 보고 기뻐하더라"(요 20:20). "저희가 너무 기쁘므로 오히려 믿지 못하고"(눅 24:41).

4. "너희 근심이 도리어 기쁨이 되리라"(요 16:20).

---

5. "내가 너희와 함께 있을 때에 너희에게…한 말이 이것이라"(눅 24:44).

5. "그의 말씀하시던 대로 살아나셨느니라"(마 28:6).

—엘링슨

눅 24:50-53 그리스도의 승천

우리의 복되신 주님께서는 이 땅에서 하셔야 할 일을 모두 마치신 후에 제자들을 "베다니 앞까지" 데리고 가셔서 자신은 지금 그들에게 가르치셨던 것처럼 그들을 떠나신다는 것을 눈으로 보여주시면서 하늘로 올라가셨다: "내가 아버지께로 나와서 세상에 왔고 다시 세상을 떠나 아버지께로 가노라"(요 16:28). 본문에서 우리는 두 가지에 주목해야 한다.

I. 주님께서 제자들을 떠나셨다

"세상에 있는 자기 사람들을 사랑하시되 끝까지 사랑하시니라"(요 13:31). 그리고 주님께서는 떠나시는 장면에서 그들에 대한 자신의 사랑을 가장 특별하게 표현하셨다: "손을 들어 저희에게 축복하시더니"(50절). 주님께서는 이렇게 하시는 중에 그들에게서 올리우셨다: "축복하실 때에 저희를 떠나 하늘로 올리우시니"(51절). 주님께서 자기 사람들을 축복하시는 가운데 승천하신 사실은 단순히 우연한 일로 넘겨 버릴 수 없는 것이다. 이것은 우리에게 두 가지를 일깨워 주는 것이 분명하다.

A. 주님께서 세상에 오신 목적이 무엇이었는가?
사도 베드로는 하나님께서 그리스도를 보내심은 "너희로 하여금 돌이켜 각각 그 악함을 버리게" 하시기 위해서라고 말한다(행 3:26). 인간은 하나님의 법을 어겼기 때문에 저주를 받았다. 뿐만 아니라 인간은 어떤 수단으로도 그 저주를 제거할 수 없으며, 어떤 복도 받을 수 없다. 죄가 그의 길에 넘을 수 없는 장애물을 놓아두었다. 그러나 예수께서는 이 장애물을 치우시는 일을 담당하셨다. 다시 말해, 그분은 자신을 희생 제물로 드리심으로써 죄를 속하시고 인간이 하나님과 화목할 수 있는 길을 열어 놓으셨다. 그분이 드린 이 희생 제사가 하나님께서 그분에게 맡기신 일을 다 이루는 것이었다(요 17:4).

그러므로 이제 그분은 자신의 제자들이 복되다고 엄연하게 선언하셨다. 그분의 제자들은 그분의 이름을 믿기에 복되며, 그분의 죽음에 관심이 있기에 복되며, 그분의 보호에 자신을 의탁했기에 복되며, 그분의 영광의 공동 상속자이기에 복되다. 대제사장이 희생 제사를 드린 후에 백성들을 축복해야 했듯이(레 9:22), 이제 예수께서는 자신의 구속 사역을 완성하셨으며 우리의 위대한 대제사장으로서 자신의 백성에게 모든 영적이며 영원한 복을 줄 권한을 부여받았음을 암시하신다(창 14:18-20; 엡 1:3).

B. 주님께서 세상을 떠나실 때 그분이 하셔야 했던 일은 무엇인가?

그분은 지금 자기 사람들에 대한 자신의 관심을 포기하려 하시는 것이 아니다. 이와는 반대로, 그분은 여느 때와 마찬가지로 그들에게 마음을 쓰시려 하신다. 그분은 하늘에 가셔서 이들을 위해 처소를 예비하시며(요 14:2), 이들을 위해 계속해서 중보하시며(히 7:25), 이들을 위해 스스로 우주를 경영하시며, 이들이 자신들의 다양한 필요에 따라 받을 수 있도록 이들을 위해 모든 은사와 은혜를 충족히 준비하실 것이다.

그분이 떠나심으로 눈으로는 그분을 뵐 수 없고 귀로는 그분의 음성을 들을 수 없게 되었지만 그분이 주시는 복을 받을 수 없게 된 것은 아니다. 그리고 믿음의 눈으로 그분을 볼 때, 우리는 그분이 세상에서 떠나시던 순간처럼 지금 이 시간에도 그분을 볼 수 있을 것이다. 그분은 지금도 자신의 사랑하는 백성을 복주시고 계신다. 그분은 "사람들이 그로 인하여 복을 받으리니 열방이 다 그를 복되다 하리로다"(시 72:17)는 말씀이 이루어진 자신의 사랑을 이 땅의 구석구석에까지 확대하실 것이다.

II. 주님의 승천이 제자들에게 끼친 영향

주님께서 제자들에게 자신이 떠나실 것을 말하자, 제자들은 근심했다(요 16:20). 그러나 이제 주님께서 정말 떠나셨는데도, 제자들은 모두 함께 기쁨이 충만해 있었다. 이들은 이제 주님의 나라에 대해 이전보다 더 잘 알고 있다. 참으로 이들은 마지막까지 세상적인 나라에 대한 기대를 버리지 않고 있었다(행 1:6-7). 그러나 주님의 떠나심은 이들의 환영(幻影)은 깨고 말았으며, 이들에게 더 큰복을 위해 주님을 바라보라고 가르쳤다.

이제 주님의 승천에 대한 목격이 제자들에게 미친 영향이 그 장면을 회상하는 우리에게도 똑같이 미쳐야 한다. 감히 말하건대, 당신도 사도들이 주님의 승천을 보고 떠날 때 받았던 바로 그 느낌 그대로를 가지고 이 자리를 떠나지 않는다면 아무런 소용이 없다. 그러므로 나는 지금 당신에게 이렇게 요구한다.

A. 그분께 경배하라. 그분은 경배 받으시기에 합당하다. "저희가 그에게 경배하고"라는 말에 주목하라(52절). "이는 모든 사람으로 아버지를 공경하는 것같이 아들을 공경하게 하려 하심이라"(요 5:23). 그러므로 이제 주님을 우리의 성육하신 하나님이요 구원자로 경배하자.

B. 그분을 기뻐하라. 주님께서 영광의 보좌에 앉으시고 "만물 위에 교회의 머리"(엡 1:22)가 되셨다고 생각할 수 있는 사람이라면 당연히 그분을 기뻐하지 않겠는가? 이런 기쁨이 그분의 백성의 특징이며(빌 3:3), 우리의 연약한 본성이 인정하듯이(벧전 1:8) 고조되고 뜨거워야 한다. 제자들은 "큰 기쁨으로 예루살렘에 돌아갔다"(52절).

C. 자신을 그분께 성별하여 드리라. 이 때부터 사도들은 자신을 온전히 헌신했던 것으로 보인다. 영혼 사랑에 대해, 우리는 사도들처럼 자신을 하나님께 온전히 드려야 한다. "값으로 산 것이 되었으니 그런즉 너희 몸

으로 하나님께 영광을 돌리라"(고전 6:20). 그분의 교회에서 공적 예배를 통해 그분을 섬기며, 아무도 보지 않고 다만 그분만이 보시는 우리의 골방에서도 그분을 섬기자.

D. 그분의 모든 약속이 성취되길 기다려라. 제자들은 예루살렘에서 약속된 능력이 고대하며 기다렸다. 주님께서는 우리가 몸과 영혼을 위해, 시간과 영원을 위해 바랄 수 있는 모든 것을 아시고 우리에게도 "보배롭고 지극히 큰 약속"을 주셨다(벧후 1:4). 그 때가 되면 예수께서는 하늘로 승천하실 때와 같은 방법으로 하늘에서 다시 오실 것이며, 그 때가 되면 마지막 약속이 성취될 것이다: "내가 다시 와서 너희를 내게로 영접하여 나 있는 곳에 너희도 있게 하리라"(요 14:3). 그 동안에 주님께서는 우리가 "그 주인이 혼인집에서 돌아와 문을 두드리면 곧 열어주려고 기다리는 사람과 같이" 허리에 띠를 띠고 등불을 밝히고 있는지 보실 것이다(눅 12:35-36).

―찰스 시므온(Charles Simeon, 1759-1836)

눅 24:50-53 승천

1. 주님께서 승천하실 때 하신 행동은 그 이전에 하신 모든 일과 조화를 이루다. "축복하실 때에 저희를 떠나"(51절). 이것이 주님의 일이었다. 그분은 마지막까지 자신의 본래 모습 그대로이셨다. 그 무엇도 그분을 바꾸거나 비통하게 할 수 없었다.

2. 승천은 주님 자신의 일을 행하는 것과 관련이 있다. 엡 4:8-13. 주님께서 승천하신 것은 온 세상을 자신의 복으로 채우시기 위해서였다. 주님께서는 자신의 삶의 정신을 뒤에 남겨 놓으셨다. 그분은 성령의 능력을 나타내셨다.

3. 승천은 제자들의 마음에 가장 숭고한 감정을 불어넣었다(52절). 경배, 즉 존경과 찬양과 초월적인 경이감을 불어넣었다. 기독교 신앙은 지식

그 이상이다. 기독교 신앙은 믿음과 소망과 사랑이다. 그리스도인의 사랑에 대한 열심이 없이 사는 데 만족하는 사람들이 얼마나 많은지 모른다!

4. 그리스도의 승천은 고결한 고난은 영광으로 이어지며 영광으로 끝난다는 것을 가르쳐 준다. 그리스도의 고난의 결말은 그분의 영광의 시작이었다. 그분의 성도들도 그렇지 않겠는가? 성도들에게 있어 죽음은 영광스런 삶으로 들어가는 승천이다(딤후 2:11-12).

—버나드(J. H. Benard)

토레이(R. A. Torrey) 박사는 그의 저서 『성경에 나타난 그리스도』(*The Christ of the Bible*)에서 그리스도의 승천은 "오늘날 대부분의 설교에서 거의 언급되지 않는 주제이다"라고 말한다. 그리고 그는 이렇게 덧붙인다: "그러나 성경은 그리스도의 승천에 대해 많이 말하며, 성경이 말하는 것은 매우 교훈적일 뿐만 아니라 매우 흥겹고, 격려를 주며, 기쁘고, 스릴이 넘치는 것이다."

토레이 박사는 "신약에서 예수 그리스도의 승천이나 승귀는 33회 또는 그 이상 언급된다"고 말하며 그 대표적인 구절 열 군데를 열거한다. 눅 24:50-53; 행 1:7-11; 히 1:1-4; 히 10:10-13; 엡 1:15-23; 히 6:18-20; 히 7:22-28; 히 9:21-24; 요 14:12; 빌 2:6-11(편집자).

눅 24:50-51 떠나심

마침내 떠나실 시간이 왔다. 주님께서 그들을 떠나시겠다는 발표는 없었지만, 그의 스승이 떠나기 전 엘리사가 느꼈던 직관 같은 것이 있었으리라. 그러나 주님께서 그들에게 나타나 그들을 베다니까지 데려가시는 일은 여느 때나 다를 게 없었다. (우리는 이곳이 정확하게 베다니였는지는 알 수 없다. 그러나 베다니 근처였고 예루살렘에서 조금 떨어진 곳이었다.) 주님께서는 여전히 그들에게 말씀을 하고 계셨으며, 떠나시기 전에 자주 그러하셨듯이 손을 들어 그들을 축복하셨다. 그러나 지금 주님께서는 그들을 축복하시면서 조금씩 그들의 눈앞에서 올라가고 계신다. 지금 그분의 조용하고 위엄 있는 얼굴은 사랑으로 빛나고 있다. 그분은 여전히 손을 펴서 그들을 축복하고 계시지만, 그분의 모습은 점점 더 높이 올라가고 있다. 사람들은 구름이 그분을 가려 더 이상 보이지 않게 될 때까지 그분에게서 눈길을 뗄 줄을 모른다. 그제야 정신을 차린 사람들은 마침내 주님께서 천국에 가셨다는 것을 깨닫는다.

주님께서 마지막으로 자기 사람들을 떠나시면서 보이신 태도와 그들의 머리 위에 손을 펴고 사랑의 축복을 하신 그 모습의 달콤하고 진한 향기를 무슨 말로 표현할 수 있겠는가!

―심슨(A. B. Simpson)

"내가 무엇을 찾고 있지?
주님께서 배반당하신 곳은
달빛이 감람나무 그림자를 드리운
겟세마네 동산이었다네.

"내가 무엇을 찾고 있지?
그리스도께서 십자가에 달리신 곳은
갈보리였다네.
갈보리의 잔인한 십자가
땅도 하늘도 버린 그곳에서
하나님의 사랑하는 분이 죽으셨다네.

"내가 무엇을 찾고 있지
죽으신 나의 구원자께서 누이신 곳은

돌이 옮겨진 무덤이었다네.
외로운 무덤은 눈물과 몰약으로 젖었다네.
"내가 무엇을 찾고 있지?
주님이 마지막 걸음을 옮기신 곳은
감람원이었다네.
아주 익숙한 감람원이
'바로 그 예수님이'
하나님의 보좌로 가셨다 말한다네.

"그러나 이 모든 광경이 너무나 무섭고 음울하며,
멀고, 희미하고, 흐릿하게 보인다네.
겟세마네는 두려움에 넋을 잃고
버려진 감람원은 시들어 보이며
모든 곳에 그분의 빈자리뿐이라네.

"그런데 여기서,
나의 하나님이여, 내가 당신을 찾나이다,
여기 내 마음 속에
십자가와 겟세마네가 있게 하시며,
당신의 죽음, 당신의 생명이 내 안에 계시되게 하소서
하늘의 신비로운 하나님이 …. "

—팩스턴 후드(Paxton Hood)가 인용

교회사에 나타난
마가·누가복음
명설교 요약

초판 발행 1999년 11월 25일
개정판 발행 2008년 4월 25일

———————————————

발행처 **크리스챤다이제스트**
발행인 박명곤
주소 경기도 고양시 일산동구 정발산동 1193-2
전화 031-911-9864, 팩스 911-9824
등록 제 98-75호
판권 ⓒ 크리스챤다이제스트 1999
총판 (주) 기독교출판유통
　　　전화 031-906-9191~4
　　　팩스 080-456-2580

· 값은 표지에 씌어 있습니다.

● 본사 도서목록은 생명의 말씀사 인터넷서점 (lifebook.co.kr)에서 출판사명을 "크리스챤다이제스트"로 검색하시면 됩니다.